लोक-चिंतन ग्रंथमाला

दलित ज्ञान-मीमांसा 01

नये मानचित्र

संपादक

कमल नयन चौबे

वाणी प्रकाशन

CSDS

विकासशील समाज अध्ययन पीठ

(सीएसडीएस)

वाणी प्रकाशन

4695, 21-ए, दरियागंज, नयी दिल्ली 110 002

फ़ोन : +91 11 23273167 फ़ैक्स : +91 11 23275710

शाखाएँ

अशोक राजपथ, पटना 800 004, बिहार

कॉफ़ी हाउस कैम्पस, महात्मा गांधी मार्ग, इलाहाबाद 211 001, उत्तर प्रदेश

महात्मा गांधी अन्तरराष्ट्रीय हिन्दी विश्वविद्यालय, वर्धा 442 001, महाराष्ट्र

www.vaniprakashan.com
marketing@vaniprakashan.in
sales@vaniprakashan.in

Dalit Jnan-Mimansa-01
Naye Manchitra
Edited by Kamal Nayan Chaube

ISBN : 978-93-5518-351-4
Dalit Literature/Social Science

पेपरबैक प्रथम संस्करण 2022
प्रकाशित प्रतियाँ 500

मूल्य : ₹ 695

आर. टेक ऑफ़सेट प्रिंटर्स, दिल्ली-110032 में मुद्रित

वाणी प्रकाशन का लोगो मक़बूल फ़िदा हुसेन की कूची से

अक्सर ख़बरें आती हैं कि दबंगों द्वारा दलित युवाओं की पिटाई की गई या शादी के दौरान घोड़ी पर बैठने या दबंग जाति की लड़की से विवाह करने के कारण उनकी हत्या तक कर दी गई। दूसरी ओर, दलितों के भीतर से भी छोटे-बड़े स्तर पर ऐसी आवाजें उठती सुनाई देती हैं कि राजकीय लाभ सिर्फ कुछ बड़ी दलित जातियों तक सिमट कर रह गए हैं। राजनीतिक स्तर पर भी दलितों के भीतर एक बिखराव दिख रहा है। दलितों का एक अच्छा ख़ासा तबक़ा संघ परिवार की ओर आकृष्ट हुआ है। गुजरात की मुसलमान विरोधी हिंसा में दलितों की सक्रिय भागीदारी पर कुछ दलित चिंतकों ने उनके बीच संघ परिवार की बढ़ती स्वीकार्यता को माना था। पिछले दो संसदीय चुनावों में संघ परिवार के साथ दलितों के एक बड़े तबक़े के जुड़ाव का तथ्य सुस्थापित ही हो गया है। जहाँ कई दलित विद्वान वैश्वीकरण के समर्थन में दलीलें दे रहे हैं, वहीं बाज़ार में दलितों के साथ कई स्तरों पर भेदभाव हो रहा है। शहर भी अस्पृश्यता और जातिवाद के साये में हैं।

इस रोशनी में यह देखना ज़रूरी है कि दलित मुद्दों पर विद्वानों द्वारा किये जा रहे सैद्धांतिक अनुसंधान की दिशा क्या है? दलितों के बीच से आने वाली आवाज़ों को किस सीमा तक तरजीह दी गयी है? क्या बड़ी दलित जातियों ने इन्हें सकारात्मक मानते हुए इनका स्वागत किया है? क्या ये आवाजें दलित आंदोलन के लिए विभाजनकारी हैं या इन्हें समतावादी समाज की दिशा में एक सकारात्मक क़दम समझा जाना चाहिए? इस संदर्भ में दलित स्त्रियों की आवाज़ों और भिन्नता की दावेदारी भी महत्त्वपूर्ण है। यह भी सोचना होगा कि दलितों के बीच संघ परिवार के बढ़ते प्रभाव की किस तरह व्याख्या की जा सकती है?

दो खंडों में प्रकाशित इस संकलन में सैद्धांतिक और दार्शनिक अनुसंधानों के साथ-साथ दलित राजनीति की पेचीदगियों और हाशिये के भीतर से उठने वाली आवाज़ों की शिनाख़्त करने वाले छब्बीस विद्वानों के निबंधों को सम्मिलित किया गया है। इन ग्रंथों को भारतीय भाषा कार्यक्रम द्वारा उन्नीस वर्ष पहले प्रकाशित संकलन *आधुनिकता के आईने में दलित* का विस्तार भी माना जा सकता है। उस कृति में दलितों के जीवन और राजनीति पर आधुनिकता के प्रभावों की गहराई से पड़ताल की गयी थी। इस कृति में पिछले दो दशकों में उभरे दलित विमर्श के सैद्धांतिक पहलुओं का मंथन करने वाले आलेखों के साथ दलितों के भीतर हाशियाकृत समूहों से संबंधित अनुसंधानों और दक्षिणपंथ की ओर दलितों के एक तबक़े के बढ़ते रुझान से संबंधित आलेख भी हैं। इनमें से अधिकतर रचनाएँ *प्रतिमान समय समाज संस्कृति* में प्रकाशित हो चुकी हैं। इस लिहाज से ये रचनाएँ पिछले दो दशकों में दलित मुद्दों के इर्द-गिर्द होने वाले चिंतन के कुछ अहम आयामों का प्रतिनिधित्व करती हैं।

माता-पिता को समर्पित
जिनसे ईमानदारी और लगन का पाठ सीखा

अनुक्रम

भाग 2. हिंदुत्व से अंतर्क्रिया

भाग 3. सांस्कृतिक मिथक और आधुनिकता

दो शब्द

उन्नीस साल पहले विकासशील समाज अध्ययन पीठ (सीएसडीएस) के भारतीय भाषा कार्यक्रम की लोक-चिंतन ग्रंथमाला के तहत मेरे संपादन में *आधुनिकता के आईने में दलित* का प्रकाशन हुआ था। वह शुरुआती दौर था। यह कार्यक्रम साहित्य, पत्रकारिता और मनोरंजन की गहमागहमी से भरपूर हिंदी की दुनिया में अपनी जगह तलाश रहा था। हमें नहीं पता था कि ऐसी कृतियों को पाठक कहाँ से मिलेंगे, उनकी समीक्षा कौन करेगा, और सार्वजनिक जीवन पर वे कैसा प्रभाव डालेंगी। लेकिन, *आधुनिकता के आईने में दलित* ने प्रकाशित होते ही हमारे सभी अंदेशों को बेबुनियाद साबित कर दिया। संकलन का अभूतपूर्व स्वागत हुआ, और देखते-देखते इसके कई पुनर्मुद्रण हो गये। अत्यंत गंभीर और सघन विमर्श से भरे हुए उन्नीस विद्वत्तापूर्ण निबंधों की इस कृति की माँग अभी तक पाठकों के बीच है। इसके बाद भारतीय भाषा कार्यक्रम ने कभी पीछे मुड़ कर नहीं देखा। एक तरह से *आधुनिकता के आईने में दलित* के ज़रिये ही हमें एहसास हुआ कि हिंदी की दुनिया में गंभीर विमर्शी लेखन की कितनी भूख है।

पाठकों को ध्यान होगा कि *आधुनिकता के आईने में दलित* के आवरण पर एक युवक का चित्र है जो सड़कों के किनारे मिलने वाले किसी एक ढाबे के भगोने में से बचा-खुचा भोजन निकालने में लगा हुआ है। उसकी पृष्ठभूमि में देवी पूजा में चढ़ाई जाने वाली गोटे वाली चमकदार ओढ़नियों के साथ-साथ गाँधी, संसद भवन और आम्बेडकर की तस्वीरें हैं। उस ज़माने में भी, और आज भी यह चित्र एक रूपक की तरह है जिसमें परंपरा और आधुनिकता के द्वंद्व से गुज़रते हुए दलित समाज के संघर्षों, आशाओं-निराशाओं और उसकी अत्यंत सीमित उपलब्धियों की झलक देखी जा सकती है। बीस साल

बाद ऐसा लगता है कि दलितों के लिए जो कुछ बदला है, वह बहुत कम है। अगर गुणवत्ता के लिहाज़ से देखा जाए तो उनके हिस्से में संसदीय लोकतंत्र की कई विकृतियाँ भी आयी हैं।

गुज़रे हुए दो दशकों में आधुनिकीकरण, लोकतांत्रिक राजनीतीकरण, सेकुलरीकरण और पूँजीवादी विकास की प्रक्रियाओं ने भारतीय राज्य और समाज को बड़े पैमाने पर बदला है। इनमें से ज़्यादातर बदलाव समाज-परिवर्तन की विचारधारात्मक संहिताओं के मुताबिक़ नहीं हुए हैं। चाहे मार्क्सवाद हो, आम्बेडकर के विचार हों या फिर उदारतावादी विमर्श के आग्रह हों, इन सभी संहिताओं को इन परिवर्तनों को निर्देशित करने के बजाय उनके साथ अपने-अपने समायोजन टटोलने पड़ रहे हैं। दलित समाज भी ऐसे ही अनपेक्षित परिवर्तनों से गुज़रा है। *आधुनिकता के आईने में दलित* के लेख यह बताते थे कि अनुसूचित जातियों को समान अवसर मुहैया कराने और सामाजिक न्याय के धरातल पर राष्ट्र-निर्माण में उनकी भागीदारी सुनिश्चित करने के रास्ते में केवल परंपरा ही नहीं, बल्कि आधुनिकता की शक्तियों की तरफ़ से भी अवरोध खड़े किये जाते रहे हैं। यह विमर्श आज भी प्रासंगिक है, लेकिन उसमें कई नये आयाम जुड़ गये हैं। दरअसल, इन नये आयामों ने इस विमर्श को मात्रात्मक और गुणात्मक रूप से एक नये मुक़ाम तक पहुँचा दिया है।

कमल नयन चौबे के सुयोग्य संपादन में प्रस्तुत लोक-चिंतन ग्रंथमाला के तहत यह द्विखंडीय संपादित रचना (*दलित ज्ञानमीमांसा : नये मानचित्र* और *दलित ज्ञानमीमांसा : हाशिये के भीतर*) दलितों की और दलितों से संबंधित ज्ञानात्मकता के नये पहलुओं को उनके समग्र जटिल विन्यास में प्रस्तुत करती है। इन अट्ठाइस लेखों में से अधिकतर भारतीय भाषा कार्यक्रम की पूर्व-समीक्षित पत्रिका *प्रतिमान समय समाज संस्कृति* में प्रकाशित हो चुके हैं। इससे पता चलता है कि यह पत्रिका पिछले सात साल में हिंदी में रचे जाने वाले समाज-विज्ञान का एक अनूठा समृद्ध अभिलेखागार बनती जा रही है। इस अभिलेखागार की कुछ और पठनीय सामग्री जल्दी ही पाठकों के सामने आने वाली है।

अभय कुमार दुबे

पावस, 2021

आभार

प्रस्तुत पुस्तक पिछले दो दशकों के दौरान दलित-विमर्श में उभरे कुछ प्रमुख सवालों पर केंद्रित है। इस लिहाज़ से पुस्तक में संकलित आलेख दलित-चिंतन के अंदरूनी अंतर्द्वंद्वों का प्रतिनिधित्व करते हैं। इसके साथ ही, इन आलेखों से दलित-विमर्श की दशा-दिशा का भी पता चलता है। कुछ आलेखों के अतिरिक्त अधिकतर आलेख मूल रूप से हिंदी में लिखे गये हैं। लेखों का चयन करते समय हमने इस बात का ध्यान रखा है कि पुस्तक में अकादमिक जगत के सुस्थापित विद्वानों के साथ युवा शोधार्थियों को भी जगह मिले। पुस्तक का एक विशेष आकर्षण डॉ. भीम राव आम्बेडकर का वह ऐतिहासिक लेख है जिसमें अस्पृश्यता, मृत गाय और ब्राह्मणवाद की उलझनों पर विचार किया गया है।

दलित ज्ञानमीमांसा के दोनों खंड (*नये मानचित्र* और *हाशिये के भीतर*) विकासशील समाज अध्ययन पीठ (सीएसडीएस) के भारतीय भाषा कार्यक्रम के निदेशक और *प्रतिमान* के मुख्य संपादक प्रोफ़ेसर अभय कुमार दुबे की कल्पना का मूर्त रूप है। यह पुस्तक अपने शुरुआती ख़ाके से लेकर अंतिम रूप लेने तक उनके सक्रिय मार्गदर्शन की गवाह रही है। इससे बड़ी बात यह है कि पिछले दो दशकों में उन्होंने मुझे और मेरे जैसे कई अन्य युवा शोधार्थियों में यह भरोसा पैदा किया है कि समाज वैज्ञानिक लेखन हिंदी में भी किया जा सकता है। अभयजी के इस मार्गदर्शन के लिए मैं उनका हृदय से आभारी हूँ। मैं भारतीय भाषा कार्यक्रम, सीएसडीएस से संबंधित आदित्य निगम, रविकान्त

और हिलाल अहमद जैसे वरिष्ठ विद्वानों का भी तहेदिल से शुक्रिया अदा करता हूँ जिनसे पिछले कई वर्षों से लगातार नया सीखने और नया काम करने की प्रेरणा मिलती रही है।

दलित मुद्दों पर एक ज़्यादा साफ़ समझ बनाने में मुझे अपने वरिष्ठ सहयोगी डॉ. राजकुमार से होने वाली चर्चाओं से काफ़ी लाभ मिला। नरेश गोस्वामी और मनोज मोहन से होने वाली चर्चाओं से भी पुस्तक को एक आकार देने में मदद मिली। अभयजी, नौशाद और विवेक ने प्रस्तावना के पहले प्रारूप को पढ़कर टिप्पणियाँ दी, जिससे मुझे इसे बेहतर बनाने में मदद मिली। मैं इन सबका आभारी हूँ। मृत्युंजय चटर्जी, और चंदन शर्मा का विशेष रूप से धन्यवाद जिनकी अथक मेहनत से पुस्तक के दोनों खंड अपने अंतिम रूप में तैयार हो पाए।

मुझे अपने अध्ययन कार्य को व्यवस्थित और ईमानदारीपूर्वक करने के लिए कई लोगों से प्रेरणा मिलती रही है। मैं विशेष रूप से निवेदिता मेनन और उज्ज्वल कुमार सिंह का कृतज्ञ हूँ, जिन्होंने राजनीति विज्ञान के विद्यार्थी के रूप में मुझे ख़ुद पर विश्वास करना सिखाया। माता-पिता का आशीर्वाद और बड़े भाई का मार्गदर्शन मेरे जीवन का संबल रहा है। मैं इन सबका हृदय से आभार व्यक्त करता हूँ। निश्चित रूप से इस पुस्तक की कमियों की ज़िम्मेदारी मेरी है।

कमल नयन चौबे
सितंबर, 2021

परिचय

दलित-विमर्श और उसके अंतर्द्वंद्व

कमल नयन चौबे

आज़ादी के बाद के सात दशकों में दलितों[1] के जीवन और उनकी राजनीति में बड़े पैमाने पर परिवर्तन हुए हैं। इन प्रक्रियाओं का भारतीय राजनीति की दशा और दिशा पर भी महत्त्वपूर्ण प्रभाव पड़ा है। बौद्धिक दुनिया में दलित-विमर्श और सैद्धांतिकी की एक नयी ज़मीन तैयार हुई है[2] जिससे राजनीति के साथ ही साथ साहित्यिक-सांस्कृतिक क्षेत्र में भी दलित-पहचान को पुष्ट किया है।[3] शिक्षित दलितों की जमात ने सर्वोच्च न्यायालय द्वारा दिये गये प्रतिकूल निर्णयों को बदलवाने में कामयाबी हासिल करके अपनी शक्ति और जागरूकता का प्रदर्शन किया है। सर्वोच्च न्यायालय

---

[1] संविधान में वर्णित अनुसूचित जाति की श्रेणी में सम्मिलित जातियों को सामाजिक और राजनीतिक रूप से 'दलित' के रूप में वर्णित किया जाता है. दलित शब्द का प्रयोग तीस के दशक में 'डिप्रेस्ड क्लासेज़' के हिंदी और मराठी अनुवाद के तौर पर किया गया था. तीस के दशक में शीर्षक से 'डिप्रेस्ड क्लासेज़' की नुमाइंदगी करने वाला एक अख़बार *दलित बंधु* प्रकाशित होता था. आम्बेडकर ने भी अपने मराठी भाषणों में इस शब्द का प्रयोग किया है. देखें, जॉन सी.बी. वेब्स्टर (2007) : 76; आम्बेडकर ने अपने पाक्षिक *बहिष्कृत भारत* में भी दलित शब्द का प्रयोग मोटे तौर पर एक ख़ास तरह के अनुभव और जीवन-स्थिति का वर्णन करने के लिए किया था। इसके तहत यह माना गया था कि ब्राह्मणवादी हिंदू व्यवस्था के सामाजिक, आर्थिक, सांस्कृतिक और राजनीतिक प्रभुत्व के कारण अछूतों का शोषण, दमन और बहिष्करण होता है. वैसे, आम्बेडकर ने संदर्भ के अनुसार अलग-अलग श्रेणियों का उपयोग किया. औपनिवेशिक राज्य के साथ उन्होंने 'डिप्रेस्ड क्लास' की श्रेणी का उपयोग किया; सवर्ण हिंदुओं के साथ संवाद की स्थिति में उन्होंने 'बहिष्कृत' शब्द का प्रयोग किया; वहीं, राजनीति के संदर्भ में उन्होंने अनुसूचित जाति शब्द का इस्तेमाल किया. अछूतों को रैडिकल बनाने और उनकी प्रभावकारी गोलबंद करने के लिए उन्होंने 'पद दलित' शब्द का प्रयोग किया. इसके माध्यम से वे उन लोगों का उल्लेख कर रहे थे, जो हिंदू सामाजिक व्यवस्था के पैरों तले कुचले गये थे. देखें, गोपाल गुरु (1998) : 16; गोपाल गुरु यह तर्क देते हैं कि दलित श्रेणी एक मेटाफ़िज़िकल या तत्त्वमीमांसीय निर्मिति नहीं हैं. यह अपनी ज्ञानमीमांसीय (एपिस्टमिक) और राजनीतिक ताक़त समुदाय के भौतिक और सामाजिक अनुभवों से हासिल करती है. यह श्रेणी बुद्ध, मार्क्स, फुले और आम्बेडकर के दर्शनों से वैचारिक सहायता प्राप्त करती है. इस प्रक्रिया में यह ईश्वर-केंद्रित होने के बजाय मानव-केंद्रित बन जाती है; इस अर्थ में यह 'हरिजन' शब्द के गाँधीवादी निहितार्थों की परोक्ष भावना से अलग है. देखें, गोपाल गुरु (2005) : 11.

[2] दलित विषयों पर होने वाले अनुसंधानों में पिछले दो दशकों में अत्यधिक वृद्धि हुई है. विभिन्न दलित और ग़ैर-दलित शोधार्थी और विद्वान बड़े पैमाने पर इस तरह का अनुसंधान और लेखन कर रहे हैं. आम्बेडकर के व्यक्तित्व और कृतित्व को वैश्विक व्यक्तित्वों और मुद्दों के संदर्भ में रख कर कई काम हुए हैं. मसलन, सूरज येंगडे और आनंद तेलतुम्बडे (2018) और दलित नारीवाद (मसलन, शर्मिला रेगे 2013). दलितों के भीतर ग़ैर-बराबरी के प्रश्न पर भी बहुत से विद्वान अब गहराई से विचार कर रहे हैं (मसलन, बद्री नारायण 2018, चंद्रैय्या गोपानी 2018). इसी तरह, कई अन्य आयामों के संदर्भ में गहरा अध्ययन हो रहा है. विशेष रूप से, गोपाल गुरु द्वारा भारतीय संदर्भ में अवमानना की अवधारणा को आगे बढ़ाने तथा उनके और सुंदर सरुक्कई के बीच हुए वाद-विवाद में ज्ञान की वस्तुनिष्ठता से अलग अनुभव और आत्मनिष्ठता (सब्जेक्टिविटी) की गुरु द्वारा की गयी दावेदारी ने सैद्धांतिक स्तर पर एक मजबूत तर्क प्रस्तुत किया है. देखें, गोपाल गुरु (2009); गोपाल गुरु और सुंदर सरुक्कई (2012).

[3] हिंदी सहित प्रमुख भारतीय भाषाओं में दलित साहित्य की प्रमुख धारा उभर कर सामने आयी है. इसने साहित्य की दुनिया में नयी तरह की हलचल पैदा की है. इस धारा की विशिष्टताओं को अब बड़े पैमाने पर स्वीकार किया जाना लगा है. हिंदी में दलित साहित्य के विकास की प्रमुख प्रवृत्तियों को समझने के लिए देखें, लॉरा आर. ब्रुक (2017) और कमल नयन चौबे (2019क).

ने 20 मार्च, 2018 को डॉ. सुभाष काशीनाथ महाजन बनाम महाराष्ट्र राज्य मामले में आदेश जारी करते हुए *अनुसूचित जाति और अनुसूचित जनजाति (अत्याचार निरोधक) अधिनियम, 1989* के तहत शिकायत दर्ज होने पर तुरंत रपट दर्ज करके गिरफ़्तारी करने पर रोक लगा दी थी। विभिन्न दलित संगठनों ने इसका तीखा विरोध किया। दलित बुद्धिजीवी और विभिन्न दलों के नेता भी इस मसले पर एक साथ आये। नतीजा यह हुआ कि केंद्र सरकार ने अगस्त, 2018 में संसद से क़ानून पारित करवाया, और सर्वोच्च न्यायालय के निर्णय को पलट दिया। बाद में फ़रवरी, 2020 में सर्वोच्च न्यायालय ने भी संसद के क़ानून की वैधता को स्वीकार कर लिया।[4] इसके अलावा, एक राष्ट्रीय प्रतीक के रूप में डॉ. भीम राव आम्बेडकर ने न सिर्फ़ दलितों के अन्यतम प्रेरणास्रोत की भूमिका निभाई है, बल्कि वे तमाम राजनीतिक दलों के लिए अपरिहार्य भी हो गये हैं। वामपंथ से लेकर दक्षिणपंथ तक — विभिन्न धाराओं का प्रतिनिधित्व करने वाले राजनीतिक दल अब डॉ. आम्बेडकर की महत्ता स्वीकार करने लगे हैं। बौद्धिक जगत में भी आम्बेडकर तथा उनके विचारों और कृतियों को लेकर होने वाले अनुसंधानों और अन्य विद्वानों से इनके तुलनात्मक अध्ययनों में काफ़ी वृद्धि हुई है। आर्थिक क्षेत्र में दलित उद्यमियों का एक ऐसा समूह उभर कर सामने आया है, जिसने व्यवसाय की दुनिया में उपस्थिति दर्ज करके दलितों के आत्म-सम्मान को एक नया आयाम प्रदान किया है।[5]

बहरहाल, इन तमाम सकारात्मक परिवर्तनों के बावजूद ऐसा लगता है कि दलित-विमर्श और राजनीति आज एक चौराहे पर पहुँच कर या तो ठिठक गयी है, या दिशाहीनता का शिकार है। दूसरी तरफ़ कई क्षेत्रों में अभी भी अस्पृश्यता क़ायम है।[6] शिक्षा और नौकरी की दहलीज़ पार

---

[4] देखें, मुरली कृष्णन (2020).

[5] देवेश कपूर, डी. श्याम बाबू और चंद्रभान प्रसाद (2014).

[6] 2006 में किये गये एक अध्ययन के के लिए चुने गये गाँवों में से आधे में पीने के पानी के साझा स्रोत तक दलितों की पहुँच नहीं थी. इनमें से बहुत से गाँवों में दलितों को पम्प के हैंडल को छूने की अनुमति नहीं थी. .... सार्वजनिक कोष से संचालित श्मशान घाट तक दलितों की पहुँच नहीं थी. उन्हें अपने लिए नियत किये गये एक अलग स्थान का उपयोग करना पड़ता था. 40 प्रतिशत से भी ज़्यादा स्कूलों में दोपहर के भोजन में

करने वाले शिक्षित दलित युवाओं तक को कई स्तरों पर प्रताड़ना का सामना करना पड़ता है। इसी का नतीजा था कि 2016 में हैदराबाद विश्वविद्यालय में रोहित वेमुला जैसे होनहार विद्यार्थी ने आत्महत्या कर ली, जिसने पूरे देश में दलित और ग़ैर-दलित संवेदनशील नागरिकों के भीतर गहरे दुख और आक्रोश की भावना को जन्म दिया।[7] तक़रीबन हर रोज़ समाचार पत्रों में भारत के विभिन्न भागों में दबंग जाति के लोगों द्वारा दलित युवाओं की पिटाई करने या उन्हें अपनी शादी के दौरान घोड़ी पर न बैठने देने या दबंग जाति की लड़की से विवाह करने पर हत्या तक कर देने की ख़बरें आती रहती हैं।[8] दूसरी ओर, दलितों के भीतर भी छोटे-बड़े स्तर पर कई ऐसे राजनीतिक आंदोलन शुरू हुए हैं जिनमें राज्य की वितरणकारी नीतियों के लाभ सिर्फ़ कुछ वर्चस्वशाली दलित जातियों तक सिमट कर रह जाने का मुद्दा उठाया जाने लगा है। राजनीतिक स्तर पर दलितों के भीतर एक बिखराव दिखता है। दलितों का एक ख़ासा बड़ा तबक़ा संघ परिवार[9] की ओर आकृष्ट हुआ है। हालाँकि गुजरात की

दलित बच्चों के साथ अस्पृश्यता का व्यवहार किया जा रहा था, और उन्हें खाने के लिए अलग पंक्ति में बिठाया जा रहा था. इसी अध्ययन में यह पाया गया कि कार्यस्थल पर भी इसी तरह का पदसोपान मौजूद है तक़रीबन एक-तिहाई ग्राम पंचायतों में चुने हुए दलित और ग़ैर-दलित सदस्यों को अलग-अलग बिठाया जा रहा था. अस्पृश्यता खान-पान के मामले में ज़्यादा खुल कर सामने आयी. हर तीसरे गाँव में रेस्टोरेंट और चाय की दुकानों पर 'अछूतों' के लिए अलग ग्लास और प्लेट की व्यवस्था थी. चार में से एक गाँव में दलितों को होटल या चाय की दुकान में आने की अनुमति नहीं थी. इन पहलुओं की विस्तृत समझ के लिए देखें, घनश्याम शाह, हर्ष मंदर, सुखदेव थोरात, सतीश देशपांडे और अमिता बाविस्कर (2006); कॉमन कॉज़, सीएसडीएस-लोकनीति, और अन्य द्वारा किये गये एक संयुक्त अध्ययन में यह बात आयी कि तक़रीबन 20 प्रतिशत पुलिसकर्मी पहले से ही यह मान कर चलते हैं कि *अनुसूचित जाति और अनुसूचित जनजाति (अत्याचार निरोधक)* क़ानून के अंतर्गत दर्ज होने वाली शिकायतें फ़र्ज़ी होती हैं. आधे से ज़्यादा पुलिसकर्मी यह मानते हैं कि पुलिस थाने के भीतर अनुसूचित जाति और अनुसूचित जनजाति के पुलिसकर्मियों के साथ समान व्यवहार नहीं होता. देखें, कॉमन कॉज़, सीएसडीएस-लोकनीति और अन्य (2019) : 111; इस रपट की समीक्षा के लिए देखें, कमल नयन चौबे (2019ख); कई अध्ययनों से यह बात भी सामने आयी है कि अनुसूचित जातियों को भोजन, पोषक तत्त्वों, स्वास्थ्य सेवाओं, शिक्षा, और सार्वजनिक रोज़गार के मामले में सरकार या सरकार से अनुमोदित एजेंसियों से भी भेदभाव का सामना करना पड़ता है. देखें, इंडियन इंस्टीट्यूट ऑफ़ दलित स्टडीज़ (2013). अस्पृश्यता से संबंधित एक अन्य अध्ययन के लिए देखें, नवसर्जन और रॉबर्ट एफ़. कैनेडी सेंटर फ़ॉर जस्टिस ऐंड ह्यूमन राइट्स (2010).

[7] रोहित वेमुला वाले मामले और उच्च अध्ययन संस्थानों में दलित छात्रों द्वारा झेले जा रहे उत्पीड़न की समझ के लिए देखें, डॉ. रतन लाल (2016); रामरतन वी. धूमल (2018).

[8] दलितों के साथ होने वाली मारपीट की ख़बरें तक़रीबन नियमित रूप से अख़बारों में छपती रहती हैं. इस संदर्भ में दो उदाहरणों के लिए देखें, बीबीसी (2017), (2018).

[9] संघ परिवार से तात्पर्य राष्ट्रीय स्वयंसेवक संघ (आरएसएस) और उससे जुड़े विभिन्न आनुषंगिक संगठनों से हैं. भारतीय जनता पार्टी (भाजपा) संघ का सक्रिय राजनीति से जुड़ा हुआ संगठन है. संघ के कुल-मिलाकर 36

मुसलमान विरोधी हिंसा में दलितों की सक्रिय भागीदारी सामने आने पर कुछ दलित चिंतकों ने दलितों के बीच संघ परिवार की बढ़ती स्वीकार्यता को माना था, लेकिन पिछले दो संसदीय चुनावों में (2014 और 2019) संघ परिवार के साथ दलितों के एक बड़े तबक़े के जुड़ाव का तथ्य सुस्थापित हो गया है। इसी तरह, जहाँ कई दलित विद्वान वैश्वीकरण के समर्थन में बहुत सारी दलीलें दे रहे हैं, वहीं बाज़ार में भी दलितों के साथ कई स्तरों पर भेदभाव हो रहा है। शहर भी अस्पृश्यता और जातिवाद के साये में हैं और अभी भी कई ऐसे काम सिर्फ़ दलित जातियों के लिए आरक्षित हैं, जिन्हें 'निम्न दर्जे' का काम माना जाता है (मसलन, नालियों की सफ़ाई)।

असल में, इस बात की पड़ताल किये जाने की आवश्यकता है कि दलित मुद्दों पर विद्वानों द्वारा किये जा रहे सैद्धांतिक अनुसंधान की दिशा क्या है? दलितों के बीच से उभरकर आने वाले हाशियाग्रस्त समूहों की आवाज़ों को किस सीमा तक तरजीह दी गयी है, अर्थात् क्या दलितों के बीच की वर्चस्वी जातियों ने इन आवाज़ों को सकारात्मक मानते हुए इनका स्वागत किया है? क्या ये आवाज़ें दलित आंदोलन के लिए विभाजनकारी हैं, या इन्हें वास्तविक अर्थों में लोकतांत्रिक और समतावादी समाज-निर्माण की दिशा में एक सकारात्मक क़दम माना जाना चाहिए? इस संदर्भ में दलितों के भीतर स्त्रियों की उभरती आवाज़ों और भिन्नता की दावेदारी का प्रश्न भी महत्त्वपूर्ण है। दलितों के बीच संघ परिवार के बढ़ते प्रभाव की किस तरह व्याख्या की जा सकती है? क्या इसे संघ परिवार के पारंपरिक रवैये में आये सुधार के रूप में देखा जा सकता है, या फिर यह कहना ज़्यादा सही होगा कि दलितों के भीतर एक बड़ा तबक़ा सत्ता में हिस्सेदारी की चाह के कारण संघ से जुड़ गया है?

लेखों के इस संकलन में दलित विषयों पर सैद्धांतिक और दार्शनिक बौद्धिकता से संबंधित अनुसंधानों के साथ ही साथ दलित राजनीति की उभरती पेचीदगियों, हाशियाकृत और भिन्नता की दावेदारी करने वाली

आनुषंगिक संगठन हैं. देखें, वॉल्टर के. ऐंडर्सन और श्रीधर डी. दामले (2018) : 258-59; नरेंद्र ठाकुर और विजय क्रांति (2015).

आवाज़ों की शिनाख़्त करने वाले निबंधों को सम्मिलित किया गया है। एक अर्थ में इस संपादित पुस्तक को विकासशील समाज अध्ययन पीठ (सीएसडीएस) के भारतीय भाषा कार्यक्रम द्वारा अभय कुमार दुबे के संपादन में प्रकाशित पुस्तक *आधुनिकता के आईने में दलित* का अगला भाग माना जा सकता है।[10] उस पुस्तक में दलितों के जीवन और उनकी राजनीति पर आधुनिकता के प्रभावों के विभिन्न आयामों की गहराई से पड़ताल की गयी थी। इस संपादित कृति में पिछले डेढ़ दशक में उभर कर सामने आये दलित-विमर्श के सैद्धांतिक पहलुओं पर मंथन करने वाले आलेखों के साथ ही साथ दलितों के भीतर हाशियाकृत समूहों से संबंधित अनुसंधानों और दक्षिणपंथ की ओर दलितों के एक तबक़े के बढ़ते रुझान से संबंधित कई आलेख सम्मिलित किये गये हैं। इनमें से कई आलेख *प्रतिमान* में पहले प्रकाशित हो चुके हैं और इस लिहाज़ से ये पिछले एक-डेढ़ दशक में दलित मुद्दों के इर्द-गिर्द होने वाले चिंतन के कुछ अहम आयामों का प्रतिनिधित्व करते हैं।[11] पुस्तक की इस प्रस्तावना में इन शोध-आलेखों के परिचय के साथ हाशियाकृत दलित समूहों की आवाज़, दलितों के हिंदू राजनीति की ओर बढ़ते रुझान और वैश्वीकरण के संदर्भ में दलितों के दृष्टिकोण से संबंधित वाद-विवाद में उभरने वाले विमर्श और प्रश्नों की पड़ताल की गयी है।

I

हाशिये के भीतर मौजूद हाशिये की आवाज़

दलित-विमर्श में समाज की जातिगत संरचना के ख़िलाफ़ तीखे सवाल उठाए जाते रहे हैं, और इन सवालों ने दलितों के भीतर नयी चेतना का समावेश किया है। लेकिन यह भी सच है कि इसमें ऐसी जातियों पर ध्यान केंद्रित करने की प्रवृत्ति है, जिनकी जनसंख्या तुलनात्मक रूप से ज़्यादा है और जो

---

[10] अभय कुमार दुबे (सं.) (2002).

[11] हालाँकि इस पुस्तक में सम्मिलित आम्बेडकर का आलेख 1940 के दशक में लिखा गया था, और शर्मिला रेगे का आलेख सबसे पहले 1999 में प्रकाशित हुआ था, लेकिन इनकी समकालीन प्रासंगिकता को देखते हुए इन्हें सम्मिलित किया गया है.

शैक्षणिक और सामाजिक रूप से भी गतिशील रही हैं। अमूमन दलित-विमर्श की मौजूदा संरचनाओं के तहत इन जातियों के मुद्दों और आकांक्षाओं को प्रतिनिधित्व मिलता रहा है। लेकिन, ख़ास तौर से दलित बौद्धिकों के बीच और आम तौर पर राजनीतिक विमर्श में सबसे हाशियाकृत दलितों के मुद्दों और चिंताओं की या तो उपेक्षा की जाती है या उन्हें जानबूझ कर एक तरफ़ रख दिया जाता है। बद्री नारायण ने इस संदर्भ में लिखा है कि 'वे दलित जातियाँ जो संख्या में बड़ी हैं तथा जिन्होंने राजनीतिक सशक्तीकरण की प्रक्रिया का लाभ उठा लिया है, और जो सामाजिक और सांस्कृतिक रूप से आगे बढ़ चुकी हैं, वे उन छोटी दलित जातियों की दयनीय स्थिति को लेकर चिंतित नहीं हैं, जो इस प्रक्रिया में छूट गयी हैं। ... वे इन छोटी दलित जातियों के समर्थन में सामने नहीं आतीं जबकि वे दलितों के उसी बड़े समूह से सम्बद्ध हैं।'[12] इन जातियों द्वारा अपनी माँगें उठाने के किसी भी प्रयास के बारे में यह माना जाता है कि ये माँगे आम्बेडकर-विरोधी भावना का प्रतिनिधित्व करती हैं, या फिर दलित एकता के लिए घातक हैं। कई बार यह तर्क भी दिया जाता है कि जो जातियाँ संख्यात्मक रूप से ज़्यादा हैं, उन्हें निश्चित रूप से दलितों को मिलने वाले प्रतिनिधित्व का बड़ा हिस्सा मिलेगा। लेकिन पिछले कई दशकों से दलितों के बीच के हाशियाकृत समूहों द्वारा अपने अधिकारों की माँग करने की प्रवृत्ति बढ़ी है। यद्यपि मुख्यधारा के दलित लेखन या सिद्धांतीकरण में इसे ज़्यादा तवज्जो नहीं दी गयी है, फिर भी ज़मीनी स्तर पर चलने वाले इन संघर्षों की समझ बना कर ही दलित राजनीति की उभरती प्रवृत्तियों को ज़्यादा गहराई से समझा जा सकता है।[13]

चंद्रैय्या गोपानी के अनुसार, हाशियाकृत दलित जातियों द्वारा यह तर्क दिया जाता रहा है कि एक निश्चित जाति में जन्म लेने के कारण एक व्यक्ति को कई तरह की जटिल सामाजिक असमर्थताओं का सामना करना पड़ता

---

[12] बद्री नारायण (2018) : 22.

[13] अनुसूचित जातियों में उप-श्रेणीकरण के संबंध में यगाती चिन्ना राव ने एक महत्त्वपूर्ण पुस्तक संपादित की है, जिसमें कुल 13 विद्वानों द्वारा अपने आलेखों के माध्यम से इस मुद्दे के विभिन्न आयामों की पड़ताल की गयी है. देखें यगाती चिन्ना राव (सं.) 2009.

है। अस्पृश्यता ऐसे भेदभाव का एक प्रमुख रूप है। इस प्रकार के व्यवहारों में भिन्न प्रकार के बहिष्करण और शोषण भी सम्मिलित हैं। दलित समुदायों के भीतर अपनायी जाने वाली अस्पृश्यता की सीमा या रूपों या उनके बीच मौजूद पृथकता को या तो सामान्य मान लिया गया है, या उन्हें विचार-विमर्श से बाहर रखा गया है।[14] दलितों के बीच मौजूद अस्पृश्यता के व्यवहारों के बारे में नवसर्जन ट्रस्ट गुजरात, और रॉबर्ट एफ. कैनेडी सेंटर फ़ॉर जस्टिस ऐंड ह्यूमन राइट्स, वाशिंगटन डी.सी. द्वारा 2010 में गुजरात के 1589 गाँवों का अध्ययन किया गया। इसमें यह दावा किया गया कि ग़ैर-दलितों द्वारा दलितों (वर्टिकल या ऊर्ध्व) तथा दलितों द्वारा दलितों के साथ (समस्तरीय या हॉरिज़ॉन्टल) भेदभाव किया जाता है। इसमें यह बात सामने आयी कि तुलनात्मक रूप से ज़्यादा जनसंख्या वाली दलित जातियाँ सामाजिक रूप से प्रभुत्वशाली हैं, और ये अन्य अस्पृश्यों को अपने से निम्नतर मानती हैं। दलितों के बीच भौतिक दूरी, अंतर्जातीय विवाह और अंतर्जातीय लोगों के साथ खान-पान का अभाव, पृथक् श्मशान या क़ब्रगाह जैसे व्यवहार स्पष्ट तौर पर मौजूद हैं। यह व्यवहार सवर्णों द्वारा दलितों के साथ किये जाने वाले व्यवहार से अलग नहीं है।[15]

दरअसल इस समस्या (दलित श्रेणी के भीतर भेदभाव) की गहनता इतनी ज़्यादा रही है कि तमिलनाडु और अविभाजित आंध्र प्रदेश में सबसे हाशियाकृत दलित समूहों के व्यक्तियों ने आत्मदाह तक करने का प्रयास

[14] देखें चंद्रैय्या गोपानी (2018); गोपानी यह भी स्वीकार करते हैं कि आम्बेडकर के अधिकांश लेखन और सम्बोधन में सभी अस्पृश्य जातियों को एक समूह के रूप में प्रस्तुत किया गया है. *हू आर अनटचेबल्स* ... में हमें इस बात की पर्याप्त समझ नहीं मिलती है कि अनुसूचित जाति के विभिन्न उप-समूहों के भीतर पदसोपान और अस्पृश्यता क्यों मौजूद है. लेकिन गोपानी इस बात पर भी ज़ोर देते हैं कि जब भी दलित समूहों में किसी एक जाति के ज़्यादा प्रतिनिधितव की बात आयी, तो आम्बेडकर ने सभी जातियों के प्रतिनिधित्व पर ज़ोर दिया. आम्बेडकर ने गोलमेज़ सम्मेलनों में सभी दलित या डिप्रेस्ड जातियों के लिए संघर्ष किया. जहाँ उन्होंने अल्पसंख्यक प्रतिनिधित्व पर टिप्पणी की, वहीं उन्होंने सबसे हाशियाकृत समूहों तक न्याय पहुँचाने के बारे में अपनी दृष्टि भी प्रस्तुत की. उन्होंने कहा कि 'इसके बारे में (सार्वजनिक सेवाओं और विधायी निकायों में प्रतिनिधित्व के बारे में) किसी भी अन्याय को सहन नहीं किया जाएगा, क्योंकि ऐसा अन्य समुदायों की क़ीमत पर होगा.' इसके आगे उन्होंने यह भी कहा कि विभिन्न लाभों को 'सिर्फ़ एक समुदाय को नहीं दिया जा सकता है. इसके बजाय, इसे सभी अल्पसंख्यक समूहों में बराबर बाँटा जाना चाहिए, या फिर उनकी (1) आर्थिक स्थिति, (2) सामाजिक हैसियत, और (3) शैक्षणिक प्रगति के उल्टे अनुपात (इनवर्स प्रोपोर्शन) में बाँटा जाना चाहिए. वसंत मून : (1989) 401-402, चंद्रैय्या गोपानी पृ. 197 पर उद्धृत.

[15] देखें, नवसर्जन और रॉबर्ट एफ़. कैनेडी सेंटर फ़ॉर जस्टिस ऐंड ह्यूमन राइट्स (2010).

किया है। श्रेणीकरण आंदोलन के दौरान सबसे हाशियाकृत जातियों ने जनसंख्या में अपने अनुपात के आधार पर सब-प्लान कोष तक की माँग शुरू कर दी है। तेलुगू भाषी क्षेत्र (आंध्र प्रदेश और तेलंगाना) में माडिगा, महाराष्ट्र में मांग (मतंग), तमिलनाडु में अरुंधतिया, कर्नाटक में मतिगा और उत्तरी भारत में भंगी या वाल्मीकी जाति के लोगों और ऐसे ही अन्य समुदायों की गोलबंदी और संघर्ष चल रहा है। इन संघर्षों की कसौटी पर अनुसूचित जाति और दलित की 'स्थापित' श्रेणियों का आलोचनात्मक परीक्षण किया जा सकता है। साथ ही, इन्होंने दो भिन्न अस्मिताओं अर्थात् दृश्य दलितों और अदृश्य दलितों के बीच अंतर पर भी बल दिया है (अदृश्यता दलितों के बीच हाशियाकरण के बारे में बताती है)।[16]

ऐसा नहीं है कि यह सवाल यकायक उठ खड़ा हुआ है कि दलितों को मिलने वाली आरक्षण जैसी सुविधाओं का लाभ सिर्फ़ बड़ी और तुलनात्मक रूप से मजबूत जातियों को ही क्यों मिल रहा है। केंद्र सरकार ने 1965 में विधि सचिव बी.एन. लोकुर की अध्यक्षता में एक समिति का गठन किया था। इसकी रपट में यह निष्कर्ष निकाला गया कि कुछ ऐसी जनजातियाँ और जातियाँ हैं, जो तुलनात्मक रूप से ज़्यादा विकसित हैं। इसलिए इन जातियों को अनुसूचित जाति या जनजाति की श्रेणी से बाहर करने या डी-शेड्युलिंग करने से ज़्यादा निम्नतर स्थिति वाले लोगों तक वितरणकारी प्रावधानों को पहुँचाने में सहायता मिलेगी। इस समिति को बहुत से नेताओं और संगठनों से यह अनुरोध मिला कि माला समुदाय को आंध्र प्रदेश की अनुसूचित जाति की श्रेणी से बाहर किया जाए।[17] कई राज्यों में अनुसूचित जातियों को इस तरह

---

16 चंद्रैय्या गोपानी (2018) : 181-83.

17 समिति की रपट के अनुसार उसे बहुत से नेताओं और संगठनों से यह अनुरोध मिला कि माला समुदाय को आंध्र प्रदेश की अनुसूचित जाति की श्रेणी से बाहर किया जाए. 'कुछ समय से इस बात के प्रमाण मिले हैं कि अनुसूचित जातियों और अनुसूचित जनजातियों के लिए तय किये गये लाभों और छूटों का बड़ा हिस्सा संख्यात्मक रूप से बड़े और राजनीतिक रूप से सुसंगठित समुदायों द्वारा ले लिया जा रहा है. छोटे और ज़्यादा पिछड़े समुदाय विशेष सहायता के सबसे ज़्यादा हक़दार हैं, लेकिन ये लोकतांत्रिक प्रक्रिया में पिछड़ जा रहे हैं. ... हमारा यह सुझाव है कि इस सूची में विविध जातियों और जनजातियों को प्रशासनिक रूप से इस तरह वर्गीकृत या श्रेणीबद्ध किया जाना चाहिए, जिससे योजना और विकास के कार्यों में ज़रूरतमंदों को ज़्यादा प्राथमिकता मिले, और तुलनात्मक रूप से विकसित समुदायों को निम्न प्राथमिकता मिले.' देखें गवर्नमेंट ऑफ़

विभाजित करने के लिए क़दम उठाए गये जिससे जनसंख्यात्मक रूप से छोटे और आर्थिक रूप से ज़्यादा दुर्बल समूहों को शिक्षा और नौकरियों के मामले में लाभ मिल सके। 1975 में पंजाब सरकार ने अनुसूचित जातियों को दो श्रेणियों में बाँटा। इसका मुख्य उद्देश्य दलितों के बीच उभरते आर्थिक, शैक्षणिक और रोज़गार संबंधी असमानताओं को दूर करना था। लेकिन ज़्यादा व्यवस्थित रूप से इस बारे में 1990 के बाद माँगें आनी शुरू हुईं। 1994 में अविभाजित आंध्र प्रदेश में माडिगा रिज़र्वेशन पोरटा समिति का गठन हुआ, जिसे डंडोरा आंदोलन के नाम से भी जाना गया। यह आंदोलन अनुसूचित जाति आरक्षण के उप-श्रेणीकरण से संबंधित था। जल्द ही इसने राष्ट्रीय स्तर पर वाद-विवाद को जन्म दिया। इस आंदोलन ने बाद के दौर में कर्नाटक, महाराष्ट्र, तमिलनाडु और देश के अन्य भागों में उप-श्रेणीकरण के संघर्षों को प्रेरित किया।[18] बिहार सरकार ने 2007 में दलितों के सबसे निम्न जातियों की स्थिति को देखते हुए महादलित श्रेणी का निर्माण किया और सरकार ने इनके लिए विशेष प्रावधान करने का फ़ैसला किया।[19] आरम्भ में बिहार के कुल 22 दलित जातियों में से 21 को महादलित की श्रेणी में सम्मिलित किया गया। इस श्रेणी का निर्माण महादलितों के विकास के लिए विशेष योजनाएँ बनाने के लिए किया गया था। बाद में जीतन राम माँझी की सरकार ने पासवान जाति को भी महादलित की श्रेणी में सम्मिलित कर दिया। बाद में जब नीतीश कुमार फिर से मुख्यमंत्री बने तो उन्होंने इस निर्णय को पलट दिया। किंतु 2018 में नीतीश कुमार ने फिर से दुसाध जाति को महादलित की श्रेणी में सम्मिलित कर दिया। इस तरह अब बिहार में सभी दलित जातियाँ महादलित श्रेणी के भाग हैं।[20]

बहुत-सी समितियों और आयोगों ने भी यह स्वीकार किया है कि पूरे भारत में अनुसूचित जातियों के भीतर बहिष्करण की स्थिति है और इनके बीच असमानता बढ़ रही है। कर्नाटक में माडिगा डंडोरा होराता समिति ने

इंडिया (1965); साथ ही देखें, चंद्रैय्या गोपानी (2018) : 191-92 पर उद्धृत.

[18] चंद्रैय्या गोपानी (2018) : 182.

[19] जॉर्ज कुनाथ (2013).

[20] मदन कुमार (2018).

अनुसूचित जाति आरक्षण के उप-श्रेणीकरण की माँग की है। काफ़ी आंदोलन करने और सरकार को कई सारे ज्ञापन सौंपने के बाद 2005 में तत्कालीन मुख्यमंत्री एन. धरम सिंह ने न्यायमूर्ति ए.जे. सदाशिव जाँच आयोग का गठन किया। इसका काम सभी अनुसूचित जातियों के बीच आरक्षण के समान वितरण की प्रणाली पर विचार करना था। इस कमीशन ने 2012 में अपनी रिपोर्ट प्रस्तुत की। कमीशन ने राज्य में अनुसूचित जाति की श्रेणी में सूचीबद्ध 101 जातियों के बीच मौजूद विषमता का परीक्षण करते हुए यह अनुशंसा की कि अनुसूचित जाति के आरक्षण का उप-वर्गीकरण किया जाना चाहिए। कमीशन ने इन जातियों को चार समूहों में बाँटने की अनुशंसा की : 1. दक्षिण समुदाय (राइट कम्युनिटी), 2. वाम समुदाय (लेफ़्ट कम्युनिटी) 3. स्पृश्य, और 4. अन्य अनुसूचित जातियाँ। राज्य में अनुसूचित जातियों के लिए 15 प्रतिशत आरक्षण की व्यवस्था को निम्नलिखित तरीक़े से आवंटित करने की अनुशंसा की गयी : वाम जातियों के लिए छह प्रतिशत, दक्षिण जातियों के लिए पाँच प्रतिशत, स्पृश्य जातियों के लिए तीन प्रतिशत और अन्य जातियों के लिए एक प्रतिशत।[21] हालाँकि विभिन्न श्रेणियों में सम्मिलित अनुसूचित जातियों ने इस रिपोर्ट का इस आधार पर विरोध भी किया है कि इस वर्गीकरण में विभिन्न जातियों की जातिगत स्थिति को ध्यान में नहीं रखा गया। इसी कारण, 2018 के विधानसभा चुनावों के पहले जब सिद्धारमैय्या सरकार ने इसे लागू करने की दिशा में क़दम उठाने की पहल की तो अधिकांश अनुसूचित जातियों के नेताओं ने इसका विरोध किया।[22] महाराष्ट्र सरकार ने 2003 में लाहूजी साल्वे कमीशन की नियुक्ति की। इसका काम अनुसूचित जातियों में आरक्षण के असमान वितरण का परीक्षण करना और इस संदर्भ में उपयुक्त अनुशंसाएँ देना था। इस कमीशन ने भी अनुसूचित जातियों के बीच संसाधनों के असमान वितरण को स्वीकार किया, और समान वितरण के लिए एक नीति की अनुशंसा की। महाराष्ट्र सरकार ने

---

[21] देखें, *द हिंदू* (2012).

[22] देखें, *द न्यू इंडियन एक्सप्रेस* (2018).

इसकी कई सिफ़ारिशों को स्वीकार किया, लेकिन अनुसूचित जाति के भीतर उप-श्रेणी बनाने के विचार को स्वीकार नहीं किया।[23] तमिलनाडु सरकार ने 2008 में एम.एस. जर्नादन कमिटी की रिपोर्ट को स्वीकार कर लिया। इसमें यह कहा गया था कि राज्य की नौकरियों में अनुसूचित जातियों को दिये जाने वाले कुल 18 प्रतिशत आरक्षण में 3 प्रतिशत अरुंधतियार और चक्कीलियार समुदायों को दिया जाए। लेकिन चूँकि कुछ परयार और आदि-द्रविड़ों ने इसे अदालतों में चुनौती दी, इसलिए यह मामला अभी भी लम्बित है।[24] 2008 में केंद्र सरकार ने उषा मेहरा कमीशन का गठन किया था, जिसका काम आंध्र प्रदेश में अनुसूचित जातियों को दी जाने वाली आरक्षण की व्यवस्था पर विचार करना था। इस आयोग ने भी यह सिफ़ारिश की कि इस आरक्षण का उप-समूहों में विभाजन किया जाना चाहिए। इसने यह भी कहा कि मौजूदा व्यवस्था में सबसे निचले स्तर तक लाभ पहुँचने की कोई संभावना नहीं है।[25] 28 अगस्त, 2001 को उत्तर प्रदेश के तत्कालीन मुख्यमंत्री राजनाथ सिंह ने एक समिति के गठन की घोषणा की, जिसका काम राज्य में अनुसूचित जातियों, अनुसूचित जनजातियों और अन्य पिछड़े वर्गों के लिए सरकारी नौकरियों में आरक्षण की व्यवस्था पर पुनर्विचार करना था। अपनी रपट में इस समिति ने यह स्वीकार किया कि आरक्षण के अवसरों और राज्य नीतियों के लाभ के संदर्भ में अनुसूचित जातियों और अन्य पिछड़े वर्गों के भीतर गहरी विषमता है। इसे ध्यान में रखते हुए इसने दलितों को दो अनुसूचियों में विभाजित किया – अनुसूची 'ए' में चमार, जाटव और धुसिया जातियाँ थीं, और अनुसूची 'बी' में अनुसूचित जनजाति श्रेणी की 65 अन्य जातियाँ थीं। दलितों को मिलने वाले 21 प्रतिशत आरक्षण में से अनुसूची

---

[23] अनूप हिरावले (2018); साथ ही देखें, बी.एस. वाघमारे (2010).

[24] देखें चंद्रैय्या गोपानी (2018) : 193.

[25] 2016 में माडिगा रिजर्वेजन पोराटा समिति द्वारा 27 नवंबर, 2016 को हैदराबाद में आयोजित एक रैली में एम. वेंकैया नायडू ने यह कहा कि 'मोदी सरकार अनुसूचित जातियों के श्रेणीकरण के पक्ष में है, जिससे माडिगा जैसे ज़्यादा पिछड़े समूहों को भी अनुसूचित जातियों को मिलने वाले आरक्षण का लाभ मिल पाए'. हालाँकि मोदी सरकार ने इस दिशा में कोई ठोस काम नहीं किया. देखें *द हिंदू* (2016).

'ए' को 10 प्रतिशत और अनुसूची 'बी' को 11 प्रतिशत आरक्षण देने की अनुशंसा की गयी। लेकिन बहुजन समाज पार्टी और समाजवादी पार्टी के विरोध के कारण इसके प्रस्तावों को लागू नहीं किया गया।[26]

इस बात में कोई संदेह नहीं है कि वास्तविक दलित-सशक्तीकरण तभी हो पाएगा, जब दलितों के भीतर हाशियाकृत समूहों का भी सशक्तीकरण हो — जब वे समूह भी महसूस करें उन्हें प्रतिनिधि निकायों या सरकारी नौकरियों में पर्याप्त प्रतिनिधित्व मिल रहा है। दुर्भाग्यवश अधिकांश राज्यों में दलितों के बीच कुछ संख्यात्मक रूप से मजबूत और थोड़ी बेहतर आर्थिक स्थिति वाले समूहों को ज़्यादा लाभ हुआ है। यद्यपि इस विषय पर बहुत कम शोध हुआ है, क्योंकि अमूमन ऐसे शोधों को दलित एकता को तोड़ने वाले शोधों के रूप में देखने की प्रवृत्ति रही है। किंतु विभिन्न राज्यों में दलितों के भीतर के कई समूहों ने ऐसी व्यवस्था बनाने के लिए संघर्ष किया है, जिससे सिर्फ़ दलितों की प्रभुत्वशाली जाति ही राज्य के पुनर्वितरण नीतियों का सारा लाभ न ले पाए। बद्री नारायण यह मानते हैं कि ज़मीनी स्तर पर मौजूद हाशियाकृत दलित जातियों की पहचानें सामाजिक-आर्थिक असमानता के विभिन्न स्तरों का प्रतिनिधित्व करती हैं। इन पहचानों की दावेदारी पदसोपान को चुनौती दे सकती है तथा विविध स्तरों पर सामाजिक संबंधों का लोकतंत्रीकरण कर सकती है।[27] कुल-मिला कर ये नयी दलित दावेदारियाँ सामाजिक न्याय, प्रतिनिधित्व, अनुभव, अस्पृश्यता और नेतृत्व के अर्थों और व्यापक निहितार्थों की आलोचनात्मक समझ बनाने का प्रयास कर रही हैं। और वे सबसे हाशियाकृत दलित समूहों के जीवन अनुभवों और प्रभुत्वशाली दलित जातियों के वर्चस्वशाली दृष्टिकोण की जाँच-पड़ताल के माध्यम से ऐसा कर रही हैं। दलितों द्वारा परिवर्तनकारी राजनीति को बढ़ावा देने का सामर्थ्य उनके द्वारा दलितों के बीच निम्नतम समूहों की मौजूदगी को मान्यता देने पर निर्भर करता है। जाति और वर्ग के दमन के ख़िलाफ़ अस्पृश्यों के एकजुट संघर्ष के लिए यह आवश्यक है कि मान्यता और पुनर्वितरण के प्रश्न को हल किया जाए।

---

[26] देखें चंद्रैय्या गोपानी (2018) : 192.

[27] बद्री नारायण (2015); साथ ही देखें, बद्री नारायण (2018).

II

राष्ट्रीय स्वयंसेवक संघ और दलित

पिछले दो लोकसभा चुनावों में मिली सफलता ने दलितों के बीच भाजपा का प्रभाव बढ़ने के तर्क को ज़्यादा प्रभावी तरीक़े से स्थापित किया है। इन दोनों चुनावों में भाजपा को अनुसूचित जातियों के लिए आरक्षित सीटों में अच्छी-ख़ासी कामयाबी मिली।[28] एक हिंदुत्ववादी दल की दलितों के लिए आरक्षित सीटों पर कामयाबी इसलिए हैरतअंगेज़ लगती है क्योंकि डॉ. भीम राव आम्बेडकर हिंदू धर्म की बुराइयों पर लगातार प्रहार करते रहें। मृत्यु से दो महीने पहले उन्होंने बौद्ध धर्म अपना लिया था। इसमें भी कोई संदेह नहीं है कि समकालीन दौर में आम्बडेकर का अनुयायी होने का दावा करने वाले दलितों की एक बड़ी जमात खुल कर भाजपा की राजनीति का विरोध कर रही है। हिंदुत्व की राजनीति का मुखर विरोध करने वाले एक्टिविस्टों में वर्तमान में गुजरात के विधायक जिग्नेश मेवानी और भीम आर्मी के संस्थापक चंद्रशेखर आज़ाद का नाम लिया जा सकता है। वहीं, आनंद तेलतुम्बडे एक ऐसे बुद्धिजीवी और एक्टिविस्ट हैं जिन्होंने खुल कर हिंदुत्ववादी राजनीति के बारे में लिखा है, और इसके कारण उन्हें जेल तक जाना पड़ा है। उन्हें 2018 में भीमा-कोरेगाँव में हुई हिंसा का आरोपी बना कर गिरफ़्तार किया गया।[29] असल में, हिंदुत्व की राजनीति का मुखर विरोध करने वाले दलित बुद्धिजीवियों और एक्टिविस्टों की सूची काफ़ी लम्बी है। वहीं, अनुसूचित जातियों के लिए आरक्षित क्षेत्रों में भाजपा की कामयाबी और उसे दलितों के मिलने वाले ज़्यादा वोटों से यह बात भी साबित हो चुकी है कि दलितों का एक बड़ा हिस्सा भाजपा से जुड़ चुका है; साथ ही, दलित बुद्धिजीवियों में भी एक समूह खुल कर संघ और भाजपा की तरफ़दारी कर रहा है। आख़िर इस परिघटना की व्याख्या कैसे

[28] अनुसूचित जातियों के लिए लोकसभा में कुल 84 सीटें आरक्षित हैं. 2019 में भाजपा को इनमें से 46 सीटों पर जीत मिली थी, वहीं 2014 में इसे अनुसूचित जातियों के लिए आरक्षित सीटों में से 40 सीटों पर जीत मिली थी. 2014 के लोकसभा चुनावों में भाजपा को अनुसूचित जातियों का 27.62 प्रतिशत वोट मिला था, 2019 के लोकसभा चुनावों में इसे दलितों का 35.34 प्रतिशत वोट मिला. इस तरह, अनुसूचित जाति के इसके वोटों में 7.72 प्रतिशत की वृद्धि हुई. स्रोतः सीएसडीएस डेटा यूनिट (2019).

[29] आनंद तेलतुम्बडे की गिरफ़्तारी और समकालीन दलित चिंतन में उनकी भूमिका की समझ के लिए देखें, जिग्नेश मेवानी और मीना कंडास्वामी (2020).

की जा सकती है? क्या संघ परिवार, विशेषकर भाजपा को यह कामयाबी कुछ तात्कालिक कारणों से मिली या एक लम्बी और अनवरत कोशिश का नतीजा है? क्या अपनी कोशिशों में संघ परिवार ने ख़ुद को बदला? क्या इसमें एक समूह के रूप में दलितों के अंतर्विरोधों अर्थात् विभिन्न छोटी दलित जातियों के हाशियाकरण ने प्रमुख भूमिका निभायी?

अमूमन कुछ अपवादों को छोड़ दें तो मुख्यधारा के समाजशास्त्रियों ने पिछले दो लोकसभा चुनावों में भाजपा की ओर दलितों के झुकाव के प्रश्न पर गहराई से विचार नहीं किया है।[30] कई बार जब इस तरह के प्रश्न उठाए गये तो उसके जवाब में दलित प्रश्नों पर चिंतन करने वाले कई बुद्धिजीवियों ने इसे नकारा, या फिर यह प्रश्न किया कि इस बात पर भी विचार करने की आवश्यकता है कि आख़िर उच्च जातियाँ पूरी तरह से संघ के ख़ेमें में क्यों चली गयीं?[31] लेकिन 2002 में गुजरात दंगों में दलितों के बढ़-चढ़कर हिस्सेदारी करने के मसले पर कई समाज-वैज्ञानिकों द्वारा गहराई से विचार किया गया। मसलन, आनंद तेलतुम्बडे ने इस बात पर बल दिया कि वैश्वीकरण की प्रक्रिया ने जीविका का संकट पैदा किया और जिसके कारण

[30] 2014 के लोकसभा चुनावों के बाद अजय गुडावर्थी ने इस बात पर ज़ोर दिया किया कि बिहार और उत्तर प्रदेश के ग्रामीण और शहरी — दोनों ही क्षेत्रों में दलितों में एक बड़ा हिस्सा नरेंद्र मोदी और भारतीय जनता पार्टी की ओर आकृष्ट हुआ है. उनके अनुसार, ऐसा लगता है कि दलितों को 'जाति उन्मूलन के अमूर्त और काफ़ी हद तक यूटोपियाई विचार की तुलना में हिंदू पहचान का दावा करके बहुमतवादी व्यवस्था में स्वीकार्यता पाना ज़्यादा आसान और हासिल करने लायक लक्ष्य लग रहा है.' गुडावर्थी इसके लिए दलितों के बीच विभिन्न तबक़ों के अलग-अलग हितों के अस्तित्व को सबसे बड़ा कारण मानते हैं. देखें, अजय गुडावर्थी (2014क); हालाँकि गुडावर्थी ने यह भी रेखांकित किया कि दक्षिणपंथ ने भले दलित-बहुजनों को ज़्यादा प्रतिनिधित्व दिया हो, लेकिन वह कोई गहन सामाजिक एजेंडा प्रस्तुत करने में नाकाम है. देखें अजय गुडावर्थी (2014ख); हालाँकि एन. सुकुमार ने गुडावर्थी के तर्कों को नकारते हुए इस बात पर ज़ोर दिया कि किसी भी आंदोलन की तरह दलित आंदोलन में भी विविधता है, और इसमें होने वाले किसी विचारधारात्मक बदलाव को सम्पूर्ण आंदोलन की नाकामी के रूप में नहीं देखा जाना चाहिए. साथ ही, दलित उन्हीं स्थानों पर संघ परिवार की ओर आकृष्ट हुए हैं जहाँ ऐतिहासिक रूप से दलितों की विचारधारात्मक गोलबंदी नहीं हुई है. उनके अनुसार, जब एक उच्च जाति का व्यक्ति भाजपा को वोट देता है; तो उसे 'प्रगति' और विकास के लिए वोट समझा जाता है, लेकिन यदि एक मध्यमवर्गीय दलित ऐसा करता है, तो उसे जाति उन्मूलन के विचार को त्यागने के रूप में देखना सही नहीं है. देखें, डॉ. एन. सुकुमार (2014); दरअसल, इस तरह के लेखन में संघ परिवार की राजनीति और दलितों के साथ उसकी अन्योन्यक्रिया को गहरे स्तर तक समझने की कोशिश नहीं की गयी है.

[31] 2019 के चुनावों के बाद दलितों के संघ परिवार और भाजपा से बढ़ते जुड़ाव संबंधी समाचार-माध्यमों के विविध विश्लेषणों को प्रश्नांकित करते हुए दिलीप मंडल ने यह प्रश्न उठाया कि दलितों के बारे में प्रश्न खड़े करने से ज़्यादा महत्त्वपूर्ण यह पूछना है कि आख़िर उच्च जाति के हिंदू भाजपा को अभूतपूर्व तरीक़े से समर्थन क्यों दे रहे हैं. देखें, दिलीप मंडल (2019).

साधनहीन लोगों को धार्मिक कट्टरपंथ और दक्षिणपंथी प्रतिक्रियावाद की ओर आकर्षण बढ़ा।[32] गुजरात दंगों के संदर्भ में ही दलितों के हिंदुत्ववादी शक्तियों की ओर बढ़ते आकर्षण पर विचार करते हुए गोपाल गुरु ने कई कारण गिनाए हैं, जिनमें से दो प्रमुख कारण हैं : पहला, वैश्वीकरण के हमले के कारण सार्वजनिक क्षेत्र का ख़त्म होना, जिसका नतीजा जातिगत टकराव के स्थान के ख़त्म होने के रूप में सामने आया; दूसरा, हिंदुत्व दलितों की सांस्कृतिक आवश्यकताओं को संतुष्ट कर रहा है।[33]

हालाँकि अभय कुमार दुबे ने दलितों के बीच भाजपा के बढ़ते पैठ के संदर्भ में इस बात पर ज़ोर दिया है कि 'मध्यमार्गी चिंतकों' (मोटे तौर पर उदारवादी-सेकुलर, जिसमें कई महत्त्वपूर्ण दलित चिंतक भी सम्मिलित हैं) ने मुख्यधारा के चुनावी राजनीति में हो रहे बदलावों की गहरी समीक्षा नहीं की। अभय दुबे का यह मानना है कि अमूमन दलित मुद्दों पर अनुसंधान करने वाले विद्वानों ने 'राजनीतिक सहीपन' की एक अवधारणा अपना ली। ऐसा करते हुए उन्होंने न तो दलित नामक श्रेणी के भीतर मौजूद विषमता और अंतर्द्वंद्व पर ध्यान दिया और न ही संघ परिवार के अपने विश्लेषण में पैनापन लाने की कोशिश की। उन्होंने दलितों के बीच संघ परिवार या (उनके हिसाब से) किसी भी नकारात्मक प्रवृत्ति के उभार के लिए 'ब्राह्मणवाद' की श्रेणी को अपना लिया। इसके कारण वे विभिन्न घटनाओं का सतही विश्लेषण ही कर पायें।[34] रजनी कोठारी ने 1984 में लिखे अपने एक लेख में तथा चुनावों के नृवंशीय गणनाशास्त्र में बदलने की परिघटना का उल्लेख किया था।[35] लेकिन 1993 के बाद उन्होंने कमज़ोर जातियों के सांप्रदायिकता विरोधी पहलुओं पर ज़ोर देना आरम्भ कर दिया। दुबे के मुताबिक़ अब कोठारी

[32] देखें, आनंद तेलतुम्बडे (20005क); (2005ख).

[33] गोपाल गुरु यह भी मानते हैं कि दलितों को जाति के प्रश्न पर वापस जाना चाहिए, और इसके आधार पर हिंदुत्ववादी शक्तियों की जाँच करनी चाहिए. वे इस बारे में मुख्यधारा की दलित राजनीति को भरोसेमंद नहीं मानते. इसलिए वे सांप्रदायिकता और वैश्वीकरण को बढ़ावा देने वाली शक्तियों का मुक़ाबला करने के लिए क्रांतिकारी राजनीति पर विचार करने पर ज़ोर देते हें. देखें, गोपाल गुरु (2005).

[34] अभय कुमार दुबे (2019).

[35] रजनी कोठारी (1993, प्रथम प्रकाशन 1984).

1984 के अपने लेख के तर्कों से दूर हट गये। इसी तरह, राजेन्द्र वोरा ने 2004 में प्रकाशित अपने लेख में बहुजन-बहुसंख्यकवाद और इसकी सीमाओं की ओर ध्यान दिलाया था। इसमें उन्होंने इसे प्रतीकों पर आधारित जातिगत बहुसंख्यकवाद में तब्दील होने की बात कही थी।[36]

असल में, इस संदर्भ में यह भी याद रखने की आवश्यकता है कि संघ ने भी दलितों के प्रति अपने दृष्टिकोण में लगातार बदलाव किया, और उन्हें अपने साथ जोड़ने की कोशिश की। गोलवलकर के नेतृत्व में संघ ने रूढ़िवादी-परम्परावादी दृष्टिकोण का अनुसरण किया। उस समय संघ द्वारा एक ऐसे विचार को बढ़ावा दिया गया, जिसमें चतुर्वर्ण व्यवस्था की निंदा नहीं की गयी, बल्कि इसे अच्छी व्यवस्था के रूप में देखा गया। अभय कुमार दुबे अपने अध्ययन में यह दिखाते हैं कि संघ ने अपने पुराने वैचारिक मार्गदर्शकों की बातों को पूरी तरह ख़ारिज न करते हुए भी उनके विचारों के समस्याग्रस्त पहलुओं को छोड़ दिया है।[37] उसने सत्तर के दशक में जाति व्यवस्था पर अपने विचारों में बदलाव आरम्भ किया। अब संघ द्वारा खुल कर यह कहा जाने लगा है कि वह जाति में विश्वास नहीं करता है। उसने अपने दृष्टिकोण में व्याक सुधार का प्रयास किया। अस्सी के दशक के आरम्भ में फुले और आम्बेडकर के नाम को दैनंदिन प्रातःकालीन प्रार्थना में सम्मिलित किया गया। 1983 से आम्बेडकर को पूरी तरह से अपने रंग में रँगने का प्रयास आरम्भ हुआ। इस साल संघ ने सामाजिक समरसता मंच के नाम से एक मंच तैयार किया। इसकी स्थापना के लिए यह कारण दिया गया कि हिंदू कैलेंडर के अनुसार वर्ष 1983 में संघ के संस्थापक हेडगेवार की जयंती 14 अप्रैल को पड़ती है। इस तरह, हेडगेवार और आम्बेडकर के बीच संश्लेषण या समन्वय स्थापित करने की कोशिश की गयी। इसके बाद से ही संघ परिवार के कुछ संगठनों ने ख़ुद को आम्बेडकर और उनके अनुयायियों से जोड़ने के

[36] राजेन्द्र वोरा (2004).

[37] अभय कुमार दुबे (2019). दुबे ने अपनी पुस्तक के अध्याय 1 और 2 में संघ में सत्तर के दशक में हुए विचारधारात्मक बदलावों की विस्तार से व्याख्या की है.

लिए 14 अप्रैल और 6 दिसंबर के दिन कार्यक्रम आयोजित करना शुरू कर दिया। 1983-1990 के बीच समरसता मंच ज़्यादा सक्रिय नहीं रहा। इस दौरान ग़ैर-दलितों के मन में आम्बेडकर के प्रति नापसंदगी को दूर करने का प्रयास किया गया और यह साबित करने की कोशिश की गयी कि आम्बेडकर हिंदुत्व के शीर्षस्थ व्यक्तित्वों में से एक हैं। 'समरसता' शब्द के उपयोग के बारे में एक ख़ास बात यह है कि इसका उपयोग करते हुए 'समता' या 'समानता' शब्द को तव्वजो नहीं दी जाती। समरसता, समानता के बजाय एकता को रेखांकित करती है। गोपाल गुरु का मानना है कि संघ आम्बेडकर को अपना कर अपनी छवि को मजबूत बनाना चाहता था, लेकिन इसके साथ ही वह आम्बेडकर की रैडिकल परिवर्तनकारी विरासत से दूर भी रहना चाहता था। गोपाल गुरु ने इसे आम्बेडकर का 'हिंदूकरण' करने की रणनीति की संज्ञा दी।[38] हाल के दौर में, नरेंद्र मोदी सरकार आम्बेडकर के लिए दिल्ली में स्मारक का निर्माण करवाया। उसने सुनिश्चित किया कि आम्बेडकर के लंदन स्थित घर को भी एक स्मारक बनाया जाए।[39] इसके अलावा, संघ ने भी यह सावधानी बरती है कि उसके किसी कार्य से दलितों के बीच कोई ग़लत संदेश न जाए।[40]

इसके साथ ही, संघ परिवार ने अपने दलित कार्यकर्त्ताओं और विद्वानों की मदद से अस्पृश्यता और दलितों की दुखद स्थिति के बारे में एक वैकल्पिक इतिहास की रचना भी आरम्भ कर दी। इस वैकल्पिक इतिहास में डॉ. विजय सोनकर शास्त्री जैसे संघ से जुड़े दलित लेखकों ने महत्त्वपूर्ण भूमिका अदा की। विभिन्न पुस्तकों के माध्यम से शास्त्री ने यह दावा किया कि अस्पृश्यता का उदय मुस्लिम शासन के आगमन के बाद हुआ। उनके अनुसार, 'भारत में उनके (मध्य-कालीन मुस्लिम आक्रांताओं) लिए सबसे बड़ी बाधा हिंदू धर्म था। विशेष रूप से ब्राह्मण, जो धर्म और संस्कृति के रक्षक थे और क्षत्रिय, जो भौगोलिक सीमाओं

---

[38] गोपाल गुरु (1991) : 339-41.

[39] आनंद तेलतुम्बडे ने इसे आम्बडेकर का 'स्मारक बनाने, लेकिन उनके मिशन को दफ़नाने' की संज्ञा दी. देखें आनंद तेलतुम्बडे (2015).

[40] मसलन देखें, वॉल्टर ऐंडर्सन और श्रीधर डी. दामले (2018) : 89-90.

की सुरक्षा करते थे (वे उनके लिए चुनौती थे)। उन्हें इस्लाम अपनाने के लिए मजबूर किया गया। उनके साथ काफ़ी अत्याचार किया गया ... कुछ क्षत्रिय और ब्राह्मणों ने यह फ़ैसला किया कि वे किसी भी क़ीमत पर इस्लाम नहीं अपनाएँगे- भले ही जीवन क्यों न बलिदान करना पड़े। उनके धर्माभिमान, स्वाभिमान और राष्ट्राभिमान को तोड़ने के लिए उन्हें (मनुष्यों का) मल ढोने और चमड़े के काम में लगा दिया गया। और इस तरह से अनुसूचित जातियों का निर्माण हुआ।'[41] निश्चित रूप से, शास्त्री के विचार अस्पृश्यता की उत्पत्ति के बारे में आम्बेडकर के विचारों को नकारते हैं। आम्बेडकर का यह मानना था कि अस्पृश्यता 400 ईस्वी के आस-पास आरम्भ हुई जब गोमांस के सेवन पर प्रतिबंध लगा दिया गया, और जो लोग गोमांस खाते रहे, उन्हें अस्पृश्य घोषित कर दिया गया। आम्बेडकर यह मानते थे कि हिंदुओं ने ही अस्पृश्यता को जन्म दिया। लेकिन सिर्फ़ शास्त्री ही इस बात को नहीं नकारते हैं, बल्कि संघ के कई प्रमुख नेता भी शास्त्री के विचारों पर ही ज़ोर देते हैं। दरअसल, संघ ने इसे अपने प्रमुख विचार के रूप में अपना लिया है। इसके पदाधिकारी कृष्ण गोपाल ने भी कई मौक़ों पर यह दावा किया कि भारत में मुस्लिमों के आने के बाद ही अस्पृश्यता की शुरुआत हुई।[42] इस तरह के विचारों को बढ़ावा देकर जहाँ एक ओर संघ ने हिंदू धर्म को अस्पृश्यता के पाप से दूर करने का प्रयास किया, वहीं इसने इसका ठीकरा मुस्लिम शासकों पर फोड़कर दलितों के मन में मुस्लिमों के ख़िलाफ़ नफ़रत की भावना भरने की कोशिश भी की।

लेकिन इसके साथ ही यह भी महत्त्वपूर्ण है कि दलित नेताओं और कार्यकर्त्ताओं का एक ऐसा बड़ा समूह उभर कर सामने आया, जिसने सत्ता हासिल करने या उससे नजदीकी क़ायम रखने को सबसे महत्त्वपूर्ण काम माना। इस संदर्भ में सुहास पल्शीकर ने यह विचार व्यक्त किया है कि चुनावी राजनीति की बाध्यताओं और बहुजन समाज पार्टी (बसपा) द्वारा दक्षतापूर्वक

[41] विकास पाठक (2015); डॉ. विजय सोनकर शास्त्री के इन विचारों के लिए देखें, डॉ. विजय सोनकर शास्त्री (2014); (2016).

[42] प्रज्ञा कौशिक (2019).

इनके उपयोग ने सत्ता के बारे में कार्यकर्त्ताओं के दृष्टिकोण में परिवर्तन किया है। दलित युवक मायावती और कांशीराम के प्रभामंडल से अत्यधिक प्रभावित हुए हैं। जबसे ये नेता परिदृश्य में सामने आये हैं, आम्बेडकर के लेखन के बारे में समझ में भी बदलाव हुआ है। अब यह विश्वास किया जाता है कि आम्बेडकर ने इस बात पर बल दिया कि दलितों को 'शासक' बनना चाहिए, और आम्बेडकरवाद मुख्य रूप से राज्य सत्ता से ही संबंधित है। संघ द्वारा आम्बेडकर को हथियाने से पहले ही बसपा ने आम्बेडकर की विरासत को काफ़ी नुक़सान पहुँचा दिया था। इसने दलित कार्यकर्त्ताओं को ग़ैर-विचारधारात्मक और तदर्थ गठजोड़ों के लिए तैयार किया।[43]

यही कारण है कि समय-समय पर सिर्फ़ बहुजन समाज पार्टी ने ही बेझिझक भाजपा से सहयोग नहीं किया, बल्कि रामविलास पासवान और रामदास अठावले जैसे दलित नेताओं को भी भाजपा से चुनावी गठजोड़ करने में कोई दिक़्क़त नहीं हुई। इस तरह, दलितों और दक्षिणपंथी ताक़तों के बीच आपसी अंतर्क्रिया के संबंध में कुछ बिंदुओं को रेखांकित किया जा सकता है : पहला, पिछले तीन दशकों की राजनीति ने जहाँ एक मजबूत दलित पार्टी के रूप में बसपा के उभार को रेखांकित किया है, वहीं यह बात भी साफ़ तौर पर सामने आयी है कि बसपा सभी दलित जातियों को अपने बैनर तले जोड़कर रखने में नाकाम रही है। इसका नतीजा उत्तर प्रदेश विधानसभा और लोकसभा चुनावों में बसपा के प्रदर्शन में गिरावट के रूप में सामने आया है। दूसरा, अमूमन दलितों का एक बड़ा तबक़ा राष्ट्रीय स्वयंसेवक संघ की ओर आकृष्ट हुआ है। इसका बड़ा कारण यह है कि संघ ने पिछले 40 वर्षों में दलितों को ख़ुद से जोड़ने लिए कड़ी मेहनत की है, और इसने अपने पहले के कई स्वीकृत सिद्धांतों को या तो त्याग दिया, या फिर उनमें संशोधन कर लिया। तीसरा, चूँकि अन्य सभी समूहों की तरह दलित भी एक समरूपी समूह नहीं है, इसलिए विशेष रूप से छोटे और उपेक्षित

[43] सुहास पल्शीकर (2005) : सुहास पल्शीकर का यह आलेख इस पुस्तक में भी सम्मिलित किया गया है.

समूहों में प्रभुत्वशाली जाति के नेतृत्व वाले दल से मोहभंग की स्थिति आयी है और चुनावी राजनीति में इसका लाभ भी भाजपा को मिला है। चौथा, जैसा कि पल्शीकर ने दिखाया है कि सत्ता की राजनीति के ज़ोर पकड़ने के कारण भी बहुत से छोटे दलों, नेताओं और युवाओं का संघ और भाजपा की ओर रुझान बढ़ा है। असल में, यह एक ऐसा क्षेत्र है जिस पर ज़्यादा विस्तार से और खुले रूप में अनुसंधान करने की आवश्यकता है। इसके लिए बने-बनाए मानकों से आगे जाने की भी ज़रूरत है।

III

दलित और वैश्वीकरण

आम्बेडकरवादियों के बीच समाजवाद और पूँजीवाद के संदर्भ में आम्बेडकर की व्याख्या को लेकर भी काफ़ी विवाद रहा है। सुखदेव थोरात और आनंद तेलतुम्बडे जैसे दलित चिंतकों ने इस बात पर बल दिया है कि आम्बेडकर समाजवादियों की नीतियों के निकट थे। मसलन, आनंद तेलतुम्बडे यह तर्क देते हैं कि 'उनकी (आम्बेडकर की) कम्युनिस्ट आंदोलन और दर्शन (मार्क्सवाद) में गहरी रुचि थी क्योंकि वे मानते थे कि यह शोषितों की मुक्ति पर केंद्रित है। यह उनके सार्वजनिक जीवन के आरम्भ से लेकर आख़िरी दिनों की घटनाओं से स्पष्ट है। अपने जीवन के आख़िरी दिनों में उन्होंने एक व्याख्यान दिया था जिसमें उन्होंने और कार्ल मार्क्स और बुद्ध की तुलना की थी ... हालाँकि यह भी सच है कि उन्हें मार्क्सवाद के कुछ सैद्धांतिक सूत्रों को अपनाने में गहरी आपत्ति थी, इसी कारण वे मार्क्सवाद में गहरी रुचि नहीं ले पाए।'[44] तेलतुम्बडे यह भी रेखांकित करते हैं कि भारतीय मार्क्सवादियों की कई नीतिगत और कार्यात्मक ग़लतियों के कारण भी आम्बेडकर कम्युनिस्टों से दूर होते गये और उन्होंने कई मौक़ों पर उनकी तीखी आलोचना भी की। लेकिन दलितों

---

[44] आनंद तेलतुम्बडे (2017) : 9.

के बीच के निहित स्वार्थी तत्त्वों ने इसका उपयोग दलित आंदोलन को रैडिकलवाद से दूर करने के लिए किया, शासक वर्गों ने भी दलितों के बीच इस प्रकार की सोच को बढ़ावा दिया।[45]

आम्बेडकर के समाजवादी सोच को रेखांकित करने के लिए अमूमन विद्वान उनके द्वारा इंडिपेंडेंट लेबर पार्टी के निर्माण और उसे 'श्रमिक वर्ग' की पार्टी के रूप में प्रस्तुत करने की घटना का वर्णन करते हैं।[46] इसके साथ ही, इस संदर्भ में *स्टेट्स ऐंड माइनॉरिटीज* (1946) में व्यक्त किये गये विचारों को उद्धृत किया जाता है। इसमें आम्बेडकर ने इस बात पर विचार किया कि दलितों के आर्थिक शोषण को रोकने के उपाय क्या हैं। उन्होंने भूमि का राष्ट्रीयकरण करके इसे हर किसी में वितरित करने की वकालत की। उन्होंने स्वास्थ्य, शिक्षा और बीमा के राष्ट्रीयकरण पर भी ज़ोर दिया। इसके अलावा, उन्होंने सरकारी नौकरियों और शिक्षा तथा विधायिका में आरक्षण पर बल दिया। वे यह मानते थे कि आर्थिक समानता आने पर उच्च जातियों की भेदभाव करने की क्षमता ख़त्म हो जाएगी। लेकिन इससे उनकी सामाजिक सत्ता ख़त्म नहीं होगी, इसलिए उन्होंने भेदभाव के ख़िलाफ़ सुरक्षा के रूप में नौकरियों, शिक्षा और विधायिका में आरक्षण पर बल दिया।[47]

---

[45] वही : 77-8; दलित प्ररिप्रेक्ष्य से जाति और वर्ग के सवाल पर तेलतुम्बडे के एक अन्य विश्लेषण के लिए देखें, आनंद तेलतुम्बडे (2016). गोपाल गुरु ने भी यह रेखांकित किया है कि 'वामपंथ अभी भी यह मानता है कि एक श्रेणी के रूप में वर्ग अन्य श्रेणियों से ज़्यादा महत्त्वपूर्ण है क्योंकि अभी भी इसमें एक आंतरिक सुसंगति है. वर्ग पर इसी भरोसे के कारण इसने जाति, जेंडर और पर्यावरणवाद जैसे अन्य मसलों को वर्ग के अधीन बना दिया है. .... इसे बदलने की आवश्यकता है, और असल में यह भारत के कुछ ख़ास भागों में बदल भी रहा है. तमिलनाडु में वामपंथियों के नेतृत्व वाला एंटी अनटचेबिलिटी फ़ोरम ऐसा ही एक प्रयास है'. देखें, गोपाल गुरु (2016) : 24.

[46] ग़ौरतलब है कि 1935 में भारत शासन अधिनियम की घोषणा होने के बाद 1937 में अखिल भारतीय स्तर पर चुनाव होने वाले थे. आम्बेडकर ने इन चुनावों में भागीदारी करने के लिए ही अगस्त 1937 में इंडिपेंडेंट लेबर पार्टी का गठन किया. आम्बेडकर ने इस पार्टी के गठन के दिन (15 अगस्त, 1936) *टाइम्स ऑफ़ इंडिया* को एक साक्षात्कार दिया. इसमें उन्होंने इस पार्टी को श्रमिकों के पार्टी की संज्ञा दी. उन्होंने अपने पार्टी के नाम की व्याख्या करते हुए यह कहा कि इसमें डिप्रेस्ड क्लासेज के स्थान पर 'लेबर' या श्रमिक शब्द का प्रयोग किया गया है क्योंकि श्रमिक में डिप्रेस्ड क्लास भी सम्मिलित है. वही : 24.

[47] सुखदेव थोरात (2018) : 272;

दूसरी ओर, चंद्रभान प्रसाद इस बात पर ज़ोर देते हैं कि 1951-52 में आम्बेडकर ने पहले संसदीय चुनावों के लिए अपनी पार्टी शेड्यूल्ड कास्ट्स फ़ेडरेशन का घोषणा-पत्र तैयार किया था, जो 1946 के पहले उनके विचारों में बदलाव को दिखाता है। इस घोषणा-पत्र में डॉ. आम्बेडकर साफ़ तौर पर यह कहते हैं कि 'पार्टी की नीति साम्यवाद या समाजवाद, गाँधीवाद या किसी अन्य वाद जैसी विचारधारा या कट्टर मत से बँधी हुई नहीं है। इसमें इस बात पर ज़ोर दिया गया गया कि 'जहाँ किसी उद्योग का राष्ट्रीयकरण मुमकिन और संभव होगा, उसे शेड्यूल्ड कास्ट्स फ़ेडरेशन अपना समर्थन देगी। जहाँ निजी उद्यम संभव है और राष्ट्रीयकरण आवश्यक नहीं है, वहाँ निजी उद्यमों को अनुमति दी जाएगी।' प्रसाद के अनुसार, '1952 का घोषणा-पत्र पढ़ने के बाद मैंने अपने विचारों में संशोधन कर लिया। लेकिन बदक़िस्मती से हमारे बुद्धिजीवी और नेता अभी भी 1940 के दशक के राज्य-समाजवाद के विचारों से जुड़े हुए हैं।'[48] प्रसाद यह मानते हैं कि वैश्वीकरण और पूँजीवाद ने दलितों के लिए एक अवसर उत्पन्न किया है कि वे गाँवों के शोषण से भरे माहौल से बाहर निकलकर अपने उद्यम के माध्यम से सफलता हासिल करें। वे इस बात पर बल देते हैं कि 'जाति और पूँजीवाद एक साथ अस्तित्व में नहीं रह सकते हैं। दलित-पूँजीवाद जल्द ही जाति को एक पुराना क़िला- एक अतीत की वस्तु में तब्दील कर देगा।'[49]

चंद्रभान प्रसाद जैसे कई विद्वानों ने यह दावा किया है कि वैश्वीकरण और पूँजीवाद दलितों के लिए फ़ायदेमंद है। मिलिंद काम्बले की पहल पर 2005 में पूना में दलित इंडियन चैम्बर्स ऑफ़ कॉमर्स ऐंड इंडस्ट्री की स्थापना की गयी। यह दलित उद्यमियों का संगठन है और 2020 तक भारत के 18 राज्यों के साथ-साथ अंतर्राष्ट्रीय स्तर पर भी सात स्थानों पर इसकी शाखाएँ (चैप्टर्स) स्थापित हो चुकी हैं। इसका मूल नारा यह है कि 'नौकरी माँगने वाले की बजाय, नौकरी देने वाला बनो।' और इसका मूल लक्ष्य पूँजी की

---

48 एस. आनंद (2016).

49 वही; साथ ही देखें, चंद्रभान प्रसाद (2009).

मदद से जाति से लड़ना है। मिलिंद काम्बले का यह मानना है कि जिस तरह 'अश्वेत पूँजीवाद' (ब्लैक कैपिटलिज़म) ने अमेरिका में अफ्रीकी-अमेरिकियों को प्रेरित किया था, हमारा दलित पूँजीवाद भी देश में इसी तरह की भूमिका अदा करेगा'।[50] देवेश कपूर, डी. श्याम बाबू और चंद्रभान प्रसाद ने अपने अध्ययन में 21 दलित उद्यमियों के अद्भुत विकास की दास्तान प्रस्तुत की है। इन दलित उद्यमियों ने सामाजिक, आर्थिक और राजनीतिक बाधाओं को तोड़कर उद्योग जगत में सफलता के झंडे गाड़े हैं।[51]

गोपाल गुरु ने दलित करोड़पतियों या धनाढ्य उद्यमियों के उभार को 'कम गहनता वाले चमत्कार' (लो इंटेंसिटी स्पैक्टेकल) की संज्ञा दी है। यह परिघटना इन दलितों को 'नैतिक स्वायत्तता' उपलब्ध नहीं कराती है, जो कि सत्य कहने के लिए आवश्यक है। उनके अनुसार, 'वैश्वीकरण और मुक्त बाज़ार शहरों के अभिशासन के दायरे में जाति की मौजूदगी को कम करने में सफल नहीं हुए हैं। हक़ीक़त यह है कि इसने नये रूपों में जाति को स्थिरता दी है, और इसने दलितों को जातिवाद के स्थायीकरण में भागीदार बनाया है।'[52] कई अन्य अध्ययनों में यह रेखांकित किया गया है कि बाज़ारीकरण जातिगत भेदभावों को ख़त्म नहीं करता है, ज़्यादा से ज़्यादा उसके स्वरूप में कुछ बदलाव आ जाता है। सुखदेव थोरात ने अपने अध्ययन में यह दिखाया है कि आर्थिक क्षेत्र में पूर्व अछूतों को विभिन्न बाज़ारों में भेदभाव का सामना करना पड़ता है। इसमें मज़दूरों को भाड़े पर लेने वाले बाज़ार, निवेश और सेवाओं की आपूर्ति करने वाले बाज़ार (जो खेतिहर और ग़ैर-खेतिहर उत्पादन के लिए आवश्यक होता है) तथा पूर्व-अछूत किसानों और ग़ैर-किसान उत्पादकों की वस्तु की बिक्री में बाज़ार में होने वाला भेदभाव सम्मिलित है।

[50] धनंजय राय (2013) : 67 से उद्धृत; हालाँकि धनंजय इस बात पर ज़ोर देते हैं कि अश्वेत पूँजीवाद (ब्लैक कैपिटलिज़म) का उदय रोज़गार और भेदभाव की समाप्ति के मामले में अफ्रीकी-अमेरिकीयों के लिए कोई ख़ास फ़ायदेमंद नहीं साबित हुआ है. इससे सिर्फ़ यही हुआ है कि बड़े धनवान लोगों में कुछ अफ्रीकी-अमेरीकियों का नाम भी सम्मिलित हो गया है. देखें धनंजय राय (2013) : 68.

[51] देवेश कपूर, डी. श्याम बाबू और चंद्रभान प्रसाद (2014); साथ ही देखें मिलिंद खांडेकर (2013); स्वामीनाथन एस. अंकलेसरिया अय्यर (2015).

[52] गोपाल गुरु (2012) : 45-46.

ग्रामीण क्षेत्रों में एक पूर्व-अछूत को खाना बनाने, रेस्टोरेंट में काम करने, और बच्चों के लिए मिड-डे मिल कार्यक्रम में काम करने का मौक़ा नहीं दिया जाता है; साथ ही, अन्य क्षेत्रों में उन्हें उच्च जाति के लोगों की तुलना में कम दिनों के लिए काम दिया जाता है, और अन्य क्षेत्रों में उनसे बलात् श्रम भी करवाया जाता है।[53] शहरी निजी रोज़गार में कम या बराबर योग्यता रखने वाले उच्च जातियों के उम्मीदवारों की तुलना में पूर्व-अछूतों के बहुत ही कम उम्मीदवारों को इंटरव्यू के लिए बुलाया जाता है।[54] पूर्व-अछूतों को खेतिहर ज़मीन ख़रीदने में भेदभाव का सामना करना पड़ता है।[55] उन्हें शहरों में किराये पर मकान लेने में भी भेदभाव का सामना करना पड़ता है।[56]

असीम प्रकाश ने भारत के छह राज्यों में 13 ज़िलों के 90 दलित उद्यमियों के अध्ययन के आधार पर जानकारी दी है कि दलित उद्यमियों और व्यापारियों ने अपने व्यापार के लिए लाभकारी दृष्टि से जगह ख़रीदी या किराये पर ली ज़रूर, लेकिन उन्हें अपनी दुकानों को अपनी जाति के क्षेत्रों में लाना पड़ा। उन्हें अपनी जाति से जुड़े लोगों के बीच से ही अपनी वस्तुओं के लिए उपभोक्ता मिले; उन्हें अपने व्यापार के लिए शुरुआती ऑर्डर हासिल करने में परेशानियों का सामना करना पड़ा; उच्च जाति के उद्यमियों की तुलना में अपनी वस्तुओं को कम दाम में बेचना पड़ा (ख़ास तौर पर, भोजन और अन्य खाने की वस्तुओं के संदर्भ में उन्हें ऐसा करना पड़ा); उन्हें लगातार इस ख़तरे का भी सामना करना पड़ा कि उच्च जाति के व्यापारी प्रतियोगिता में उन्हें पछाड़ने के लिए उनकी जाति की पहचान का सहारा लेकर उनके ख़िलाफ़ नकारात्मक प्रचार कर सकते हैं कि उनके द्वारा बेची जाने वाली वस्तुएँ अशुद्ध हैं; लाइसेंस और अन्य प्रकार का अनुमोदन हासिल करने में उन्हें राज्य से भी भेदभाव का सामना करना पड़ा। इस तरह, दलित पूँजी के मालिक के रूप में बाज़ार में प्रवेश करने में सफल ज़रूर हुए हैं, लेकिन उन्हें

[53] सुखदेव थोरात (2018).

[54] सुखदेव थोरात और पॉल अट्टेवेल (2010).

[55] सुखदेव थोरात और कैथरीन न्यूमैन (2010).

[56] सुखदेव थोरात, अनुराधा बनर्जी, विनोद मिश्रा और फ़िरदौस रिजवी (2015).

विभिन्न प्रकार के भेदभावों का अनुभव करना पड़ा, जिसके कारण उनके आर्थिक प्रदर्शन पर प्रभाव पड़ा है।[57] धनंजय राय इस बात पर ज़ोर देते हैं कि वैश्वीकरण दलितों की भागीदारी और उनके भीतर भागीदार होने की भावना को बढ़ाने में नाकाम रहा है, और इसके कारण भारत में दलितों की विपन्नता में वृद्धि ही हुई है। इस संदर्भ में वे 2002 में घोषित भोपाल घोषणा-पत्र की प्रासंगिकता को रेखांकित करते हैं, जिसमें दलितों की स्थिति को सुधारने के लिए राज्य की भूमिका को सर्वप्रमुख बताते हुए आरक्षण के दायरे को बढ़ा कर इसे निजी शिक्षण संस्थानों, सेना और न्यायपालिका पर लागू करने पर ज़ोर दिया गया है।[58]

दूसरी तरफ़ वैश्वीकरण के समर्थक इसे जाति को कमज़ोर करने वाला मानते हैं, लेकिन वैश्वीकरण का विरोध करने वाले या इसे संदेह से देखने वाले दलित विद्वानों ने दलित हितों के लिहाज़ से इसकी आलोचना की है। इनके अनुसार, वैश्वीकरण और बाज़ारीकरण के दौर में कुछ दलित उद्यमी उभरकर सामने आ सकते हैं लेकिन व्यापक स्तर पर यह दलितों के हितों के ख़िलाफ़ है। इसका कारण यह है कि यह सार्वजनिक क्षेत्र की भूमिका को सीमित करता है, जिससे दलितों के लिए आरक्षित नौकरियों की संभावना घटती है।[59] साथ ही, इससे पूँजी कुछ हाथों में केंद्रित हो जाती है। यहा कहा जा सकता है कि दलितों के लिए निजी क्षेत्र में आरक्षण इस दिशा में एक सकारात्मक क़दम हो सकता है। इससे न सिर्फ़ निजी क्षेत्र में दलितों की उपस्थिति में वृद्धि होगी, बल्कि ख़ुद निजी क्षेत्र भी सामाजिक यथार्थ को प्रतिबिंबित करेगा।

मुश्किल यह है कि निजी क्षेत्र ने अपने दायरे में किसी भी तरह के आरक्षण को स्वीकार करने से इंकार कर दिया है। वह ज़्यादा से ज़्यादा स्वैच्छिक रूप से दलितों, आदिवासियों और अन्य पिछड़े समूहों को उनके

---

[57] असीम प्रकाश (2015).

[58] रोचक बात यह है कि इस घोषणा-पत्र को लिखने का काम चंद्रभान प्रसाद ने किया था, जो आगे चल कर दलित पूँजीवाद के घनघोर समर्थक बन गये. देखें, धनंजय राय (2013) : 69-71.

[59] देखें, विवेक कुमार (2001); साथ ही देखें बंकिम चंद्र मंडल (2014).

जनसंख्या के हिसाब से प्रतिनिधित्व की दिशा में प्रयास करने के लिए तैयार हैं।[60] यद्यपि कई राजनीतिक दल निजी क्षेत्र में आरक्षण का खुले रूप में समर्थन करते रहे हैं, लेकिन इस दिशा में कोई ठोस सकारात्मक पहल नहीं दिखती है। चूँकि मुनाफ़ा निजी क्षेत्र की पहली वरीयता है, इसलिए ऐसा लगता है कि उसके द्वारा हमेशा ही आरक्षण जैसे सामाजिक न्याय के प्रावधानों को दूर रखा जाएगा। इसीलिए कई दलित चिंतक सार्वजनिक क्षेत्र को बचाने, उसका विस्तार करने और वहाँ आरक्षण के प्रावधानों को सही तरीक़े से लागू करने पर ज़ोर देते हैं।

मैंने पिछले तीन भागों में जिन आयामों की चर्चा की है, वे दलित जीवन और राजनीति से संबंधित ऐसे मसले हैं, जिन पर और ज़्यादा गहराई से अध्ययन करने की आवश्यकता है। इन तीनों आयामों के संदर्भ में दलित आंदोलन द्वारा अपनायी जाने वाली रणनीति इसके भविष्य की दिशा तय करेगी। निश्चित रूप से, दलित राजनीति के लिए यह आवश्यक है कि वह दलित श्रेणी के भीतर हाशियाकृत समूहों की आवाज़ों, आवश्यकताओं और आकांक्षाओं को गंभीरता से ले। इसी तरह, दलितों के एक तबक़े के दक्षिणपंथी रुझान के बढ़ने के मसले के साथ ही साथ वैश्वीकरण के दलितों पर प्रभावों के बारे में भी एक सुनियोजित रणनीति के साथ काम करने की आवश्यकता है। निश्चित रूप से, राज्य की भूमिका कम होने का सबसे ज़्यादा नुक़सान दलितों को ही हो रहा है क्योंकि सरकारी नौकरियों में आरक्षण दलितों के आगे बढ़ने में एक महत्त्वपूर्ण कारक साबित हुआ है। शायद दलित समूहों के लिए एक बेहतर रणनीति यह हो सकती है कि वे निजी क्षेत्रों में भी आरक्षण और शारीरिक श्रम से जुड़े कार्यों के लिए ज़्यादा बेहतर वेतन और सुविधाओं की माँग करें।

---

[60] दलित-पूँजीवाद के मुखर समर्थक चंद्रभान प्रसाद ने भी निजी क्षेत्र में क़ानून बनाकर आरक्षण देने की माँग नहीं की है, लेकिन वे मानते हैं कि निजी क्षेत्र को ख़ुद इस दिशा में पहल करने की आवश्यकता है. देखें चंद्रभान प्रसाद (2017); समय-समय पर विभिन्न दलों के नेता भी इसकी माँग करते रहे हैं. मुख्यधारा के किसी भी दल ने इस माँग की मुख़ालफ़त नहीं की है. किंतु उद्यमियों के द्वारा इस पर आपत्ति दर्ज कराई गयी है. मसलन, नवंबर 2017 में एसोचैम ने एक बयान जारी कर कहा कि 'निजी क्षेत्र की नौकरियों में आरक्षण देने का कोई भी क़दम भारत के निवेश वातावरण पर नकारात्मक प्रभाव डालेगा, इसलिए राजनीतिक दलों को निवेशकों को ग़लत संदेश देने से बचना चाहिए' (*द हिंदू*, 2017).

IV
अध्यायों की रूपरेखा

यह पुस्तक दो खंडों में तैयार की गयी है। पहले खंड में दलित ज्ञान-मीमांसा और राजनीति से संबंधित विविध आयामों को व्यक्त करने वाले आलेख सम्मिलित हैं, और दूसरे खंड में हाशिये के सशक्तीकरण और दलित-विमर्श में मौजूद कुछ प्रमुख वाद-विवादों से संबंधित आलेखों को शामिल किया गया है। दोनों के आरम्भ में प्रस्तावना दी गयी है, जिसमें दलित-विमर्श की मौजूदा स्थिति की पड़ताल करते हुए, विशेष रूप से दलितों के भीतर हाशियाकृत समूहों की आवाज़, दलितों की हिंदुत्व से अंतर्क्रिया और वैश्वीकरण के संबंध में दलित विद्वानों के बीच मौजूद वाद-विवाद की समीक्षा के साथ अध्यायों की रूपरेखा प्रस्तुत की गयी है।

पुस्तक के पहले खंड में शामिल किये गये आलेखों को तीन भागों में बाँटा गया है। पहले भाग में गहन सैद्धांतिक प्रश्नों से जूझते आलेख प्रस्तुत किये गये हैं।

सैद्धांतिक प्रश्न

पहले भाग में दलित राजनीति से जुड़े सैद्धांतिक प्रश्नों पर आलेख हैं। गोपाल गुरु ने अपनी रचना में यह तर्क प्रस्तुत किया है कि अनुभव में अंतस्थ स्थान (स्पेस) की अवधारणा चिंतन के निर्माण और उसकी अभिव्यक्ति के स्रोत का काम करती है। हालाँकि वे आदर्शवाद और भौतिकवाद जैसी अन्य विचार-सरणियों में चिंतन उत्पन्न करने की ज्ञानमीमांसीय क्षमता को पूरी तरह ख़ारिज नहीं करते, लेकिन उन्हें यह लगता है कि चिंतन का सार्वभौम चरित्र किसी विशिष्ट स्थिति की जटिलताओं को पूरी तरह पकड़ने में समर्थ नहीं होता है। गोपाल गुरु के अनुसार, सार्वभौम सिद्धांत का अमूर्त रूप आम्बेडकर या गाँधी को आकर्षित नहीं कर पाया है। इन दोनों विचारकों की श्रेणियों का निर्माण महज़ किताबी ज्ञान से नहीं, बल्कि संदर्भ के अनुभवों से निर्मित हुआ था।

आम्बेडकर द्वारा दलितों की, और गाँधी द्वारा किसानों की बौद्धिक और राजनीतिक गोलबंदी अनुभव से प्राप्त गहनता का प्रमाण पेश करती है। दोनों विचारक अपने सामाजिक क्षेत्रों में अलग-अलग श्रेणियों के साथ जाते हैं। ये अलग-अलग श्रेणियाँ उनके भिन्न-भिन्न अनुभवों से उत्पन्न हुई हैं। इनका टकराव उन स्थानों से होता है जो उनकी मुक्तिदायी योजना के विरोध में हैं। गाँधी की योजना में स्थानों को सुधारना और उनके वजूद को दुबारा हासिल करना शामिल है, वहीं आम्बेडकर इन स्थानों को रैडिकल ढंग से अपदस्थ करना चाहते हैं। बहरहाल, लेखक यह भी रेखांकित करते हैं कि आम्बेडकर ने गरिमा और आत्मसम्मान की जिस भाषा का प्रयोग किया उसे अपनाने और लागू करने के बारे भारत के सामाजिक अभिजनों और सत्ताधारी लोगों ने ईमानदारी से प्रयास नहीं किया।

अभय कुमार दुबे ने दलित आंदोलन की स्थापित वैचारिकी के तीन आयामों की समीक्षा की है — पहला, नये सामाजिक क्रांतिकारी, दूसरा बहुजन एकता की थीसिस और तीसरा ब्राह्मणवाद-विरोध के अत्यंत प्रचलित प्रत्यय के अंतर्विरोध। दुबे ने नये सामाजिक क्रांतिकारियों की श्रेणी में बुद्धिजीवियों की ऐसी जमात को सम्मिलित किया है, जो व्यावहारिक राजनीति में सक्रिय नहीं हैं, लेकिन उसे अपने बौद्धिक सूत्रीकरणों से प्रभावित करने की कोशिश करते हैं। पूरे नब्बे के दशक और इक्कीसवीं सदी के पहले दशक में इस विमर्श ने 'दलित', 'दलित आंदोलन', 'बहुजन', 'दलित-बहुजन' जैसी विचार श्रेणियों को स्थापित और पुनर्स्थापित किया है। दुबे का दावा है कि इस विमर्श ने एक ऐसे बौद्धिक फ़ैशन को जन्म दिया जिसमें उपरोक्त श्रेणियाँ 'पॉलिटिकल करेक्टनेस' का आधार बन गयीं। इसने सामाजिक-राजनीतिक स्तर पर हो रहे गहरी उथल-पुथल की सरलीकृत व्याख्या को बढ़ावा दिया।

दूसरे स्तर पर, दुबे ने बहुजन एकता की थीसिस पर विचार किया है। दुबे का ज़ोर इस बात पर है कि पिछड़ी जातियों या अनुसूचित जातियों की राजनीति को चुनावी गणनशास्त्र के रूप में देखा जा सकता है, जिसके तहत

कुछ संख्यात्मक रूप से मजबूत जातियों का सबलीकरण हुआ, और वे 'प्रभुत्वशाली जातियों' के रूप में उभरकर सामने आयी हैं। इसी कारण से आगे चल कर कई जाति आधारित पार्टियाँ सामने आयीं। तीसरे स्तर पर, दुबे का यह दावा है कि ब्राह्मणवाद पर काफ़ी हवा-हवाई तरीक़े से विचार किया गया है। ब्राह्मणवाद को हर तरह की समस्याओं के कारण के रूप में प्रस्तुत कर देने की प्रवृत्ति ने किसी समस्या पर गहराई से विचार की आवश्यकता को नेपथ्य में ढकेल दिया है।

भीखू पारेख ने अपने आलेख में अवमानना या ह्यूमिलिएशन से जुड़े कुछ सैद्धांतिक पहलुओं की गहराई से पड़ताल की है। उनके अनुसार, अवमानना का अर्थ होता है, अपनी ही नज़र में नीचे गिरना, या दूसरों की नज़र में नीचे गिरना या दोनों ही। पारेख का मानना है कि व्यक्ति स्तर पर अवमानना के साथ ही साथ संगठित या संस्थाकृत अवमानना का भी अस्तित्व होता है। ऐसी अवमानना उस समय सामने आती है जब सामाजिक संस्थाएँ और व्यवहार व्यक्तियों के समूहों के प्रति निरादर की भावना रखती हैं या व्यवस्थित रूप से उनके आत्म-सम्मान का उल्लंघन करती हैं। दासता, नस्ली पृथकता, पदसोपानीय हैसियत, अस्पृश्यता और जाति व्यवस्था पर आधारित समाज — ये सभी संस्थाकृत अवमानना के उदाहरण हैं। पारेख इस बात पर बल देते हैं कि व्यक्ति न सिर्फ़ एक व्यक्ति के रूप में बल्कि किसी समूह के सदस्य के रूप में अपनी भिन्नता के कारण भी सम्मान का हक़दार है। इस अर्थ में वे कांट के विचारों की सीमाओं को दर्शाते हैं क्योंकि कांट किसी व्यक्ति के व्यक्ति (या मनुष्य) होने के आधार पर ही सम्मान देने की बात करते हैं। कांट से आगे जाते हुए पारेख यह रेखांकित करते हैं कि आत्म-सम्मान के दो आयाम हैं — सार्वभौम और विशिष्ट। सार्वभौम आयाम मनुष्य के रूप में हर व्यक्ति के साथ जुड़ा होता है, वहीं विषिष्ट आयाम प्रत्येक व्यक्ति का विशिष्ट पहलू होता है। अवमानना पर आधारित प्रत्येक समाज अपना अस्तित्व क़ायम रखने के लिए प्रभुत्वशाली विचारधारा के साथ-साथ राज्य की भौतिक शक्ति पर निर्भर करता है। पारेख अवमानना की सामूहिक स्थिति

से निकलने के रास्ते की ओर इशारा करते हुए यह बताते हैं कि प्रभुत्वशाली विचारधारा की एक व्यवस्थित और ज़ोरदार तरीक़े से अभिव्यक्त होने वाली समीक्षा इसके प्रभाव को कमज़ोर करती है, तथा व्यक्तिगत और संगठित असहमति के लिए स्थान तैयार करती है।

मणीन्द्र नाथ ठाकुर ने प्रसिद्ध दलित चिंतक तुलसी राम की आत्मकथा *मुर्दहिया* को केंद्र में रखते हुए समाजशास्त्र के अध्ययन-पद्धति और तर्कों को प्रस्तुत करने की स्थापित परिपाटी की गहन समालोचना प्रस्तुत की है। पश्चिम द्वारा आधुनिकता के उदय के साथ जो अध्ययन-पद्धति स्वीकृत की गयी, उसे ही भारतीय समाजशास्त्र ने अपनाया, और इसके अंतर्गत होने वाले अध्ययनों को ही प्रामाणिक अध्ययन के रूप में स्वीकार करने की प्रवृत्ति रही है। ठाकुर के अनुसार, इसके कारण जीवन के ऐसे बहुत से यथार्थ समाज-शास्त्रीय अध्ययन का हिस्सा नहीं बन पाए, जो लोगों के अपने भोगे गये यथार्थ से सामने आते हैं। ठाकुर का मानना है कि *मुर्दहिया* शायद इसी से निकलने का उपाय है। *मुर्दहिया* और इस जैसे भोगे गये अनुभवों से जुड़े वृत्तांतों को भी समाजशास्त्रीय विश्लेषण का हिस्सा माना जाना चाहिए। पश्चिमी परिकल्पनाओं और उपागमों के बग़ैर भी पाठक समाज की समझ बना सकता है। वे यह रेखांकित करते हैं कि भारतीय विश्वविद्यालयों में दलित समाज पर उपलब्ध ज्ञान की तुलना मे *मुर्दहिया* में मौजूद समझ ज़्यादा गहन और विश्लेषणात्मक है।

सौम्यब्रत चौधरी ने अपने शोध-आलेख में राजनीति के बारे में आम्बेडकर के विचारों के अनूठेपन को रेखांकित किया है। इसके लिए उन्होंने राजनीति के बारे में अरस्तू के विचारों और आम्बेडकर के विचारों में भिन्नता को भी रेखांकित किया है। लेखक का मानना है कि अरस्तूवादी अवधारणा में राजनीति एक स्वयंसिद्ध मर्म की तरह प्रस्तुत की गयी है। इसीलिए अरस्तू ने महिलाओं और दासों सहित समाज के कुछ अन्य तबक़ों को राजनीति के क़ाबिल नहीं माना था, वहीं आम्बेडकर हर किसी को राजनीति के दायरे में सक्रिय करना चाहते हैं। इस लिहाज़ से राजनीति के बारे

में उनकी अवधारणा अरस्तू से काफ़ी आगे जाती है। संविधान सभा की बहसों के दौरान आम्बेडकर ने आरक्षित निर्वाचक मंडल जारी रखने के पक्ष में दलील देते हुए कहा था कि सवाल सिर्फ़ बहिष्कृत और हाशिये पर डाल दिये गये लोगों को गणतंत्र में प्रतिनिधित्व देने का नहीं है। असल में, आम्बेडकर मानते थे कि जब तक कमज़ोर तबक़ों को राजनीतिक बहसों में भागीदारी की आदत नहीं पड़ेगी तब तक न तो प्रतिनिधित्व के नये आयाम खुलेंगे और न ही उनका विस्तार होगा।

हिंदुत्व से अंतर्क्रिया

इस खंड के दूसरे भाग में चुनावी राजनीति में दलितों की भागीदारी, हाशियाकृत दलित समूहों की स्थिति और आकांक्षाओं की अभिव्यक्ति और हिंदुत्व के साथ दलितों की अंतर्क्रिया से संबंधित आलेख सम्मिलित हैं।

सुहास पल्शीकर ने अपने आलेख में विशेष रूप से महाराष्ट्र के संदर्भ में यह दिखाया है कि किस तरह हिंदुत्ववादी शक्तियों ने दलित राजनीति के कुछ महत्त्वपूर्ण घटकों को अपने साथ लाने का प्रयास किया है, और उन्हें इसमें अच्छी ख़ासी कामयाबी भी मिली है। पल्शीकर के अनुसार, दलितों के बीच जाति आधारित विभेद भी काफ़ी मुखर हैं। महाराष्ट्र में, बड़े पैमाने पर बौद्ध धर्म अपना चुके महार जाति को यहाँ के दो अन्य प्रमुख जाति समूहों चर्मकार और मतंग की तुलना में ज़्यादा विकसित और राजनीतिक रूप से ज़्यादा जागरूक माना जाता है। चर्मकार और मतंग समुदायों को हिंदू धर्म के नजदीक माना जाता है। भाजपा और शिव सेना ने 1990 के दशक में चर्मकार और मतंग समूहों को अपनी ओर खींचने का प्रयास किया, और उन्हें इसमें कामयाबी भी मिली। संघ ने अस्सी के दशक से ही आम्बेडकर को अपने पूजनीय चरित्रों में शामिल किया तथा दलितों को ख़ुद से जोड़ने के लिए लगातार प्रयास किया। डॉ. आम्बेडकर की रैडिकल विरासत को अप्रासंगिक बनाने का प्रयास किया गया है। दलित कार्यकर्त्ताओं और बुद्धिजीवियों के एक समूह ने भी बेहतर प्रतिनिधित्व के नाम पर शिव सेना से जुड़ने की तरफ़दारी की।

राजेन्द्र वोरा ने अपने आलेख में भारतीय राजनीति में जाति आधारित बहुसंख्यकवाद के क्षरण का विस्तार से विश्लेषण किया है। यह आलेख इसलिए महत्त्वपूर्ण है कि इक्कीसवीं सदी के आरम्भिक दौर में ही वोरा ने जाति की राजनीति की उन सीमाओं को रेखांकित कर दिया था, जो बाद के दशक में ज़्यादा खुल कर तथा भाजपा और नरेंद्र मोदी के पूर्ण बहुमत के साथ सत्ता प्राप्त करने के रूप में सामने आयीं। वोरा यह बताते हैं कि एक ओर मंडल राजनीति और दलित राजनीति से उभर कर आये दल और नेता कुछ प्रभुत्वशाली जातियों तक ही सीमित हो गये, और बुनियादी आर्थिक बदलाव का कार्यक्रम देने में नाकाम रहे, वहीं संघ परिवार और भाजपा ने पिछड़ों और दलितों में हाशियाकृत समूहों को ख़ुद से जोड़ने के लिए गंभीर प्रयास किया। वोरा इस बात पर बल देते हैं कि जाति-बहुसंख्यकवाद एक खोखली विचारधारा है और इसकी बुनियाद काफ़ी कमज़ोर है। यह फुले, आम्बेडकर और लोहिया के रैडिकलवाद का बहुत हल्का और विकृत संस्करण है। यदि बहुजनवाद ख़ुद को एक परिवर्तनकारी और समतावादी परियोजना से जोड़ना चाहता है, तो इसे लोहिया तथा आम्बेडकर की परिकल्पना पर आधारित समाजवाद को अपनाना होगा।

ज्योति मिश्रा और विभा अत्री ने अपने विश्लेषण में 2019 के लोकसभा चुनावों में दलितों के मत-व्यवहार का अध्ययन किया है। 2019 में दलितों के लिए आरक्षित निर्वाचन क्षेत्रों में भाजपा का प्रदर्शन अन्य दलों की तुलना में काफ़ी अच्छा रहा है। पार्टी ने दलितों के लिए आरक्षित कुल 84 निर्वाचन क्षेत्रों में से 46 सीटों पर जीत दर्ज की। इतना ही नहीं, भाजपा ने सीटों और मत-प्रतिशत, दोनों ही संदर्भों में अपने प्रदर्शन में सुधार किया है। भाजपा के सीटों की संख्या में छह और मत-प्रतिशत में 7.7 प्रतिशत की वृद्धि हुई। 2014 के चुनावों की तुलना में 2019 के चुनावों में भाजपा को दलितों का 7.72 प्रतिशत ज़्यादा वोट मिला, और उसे कुल मिलाकर दलितों के 35.34 प्रतिशत वोट मिले। असल में, देश के सभी 2014 की चुनावों की तुलना में 2019 के चुनावों में भाजपा को मिले दलितों के वोट में कमोबेश वृद्धि ही

हुई। इसका पहला कारण यह हो सकता है कि नरेंद्र मोदी के नेतृत्व वाली राजग सरकार ने ग़रीबों को ध्यान में रखते हुए कुछ सामाजिक कल्याणकारी योजनाएँ आरम्भ की। भारत में दलित मोटे तौर पर ग़रीबों की श्रेणी में ही आते हैं। भाजपा ने मुख्य रूप से ग़ैर-प्रभुत्वशाली और छोटे दलित समुदायों पर ध्यान केंद्रित किया। दलितों के बीच भाजपा का समर्थन बढ़ने का दूसरा कारण दलितों के बीच हिंदुत्व राजनीति और अल्पसंख्यक विरोधी भावनाओं की वृद्धि है।

सांस्कृतिक मिथक और आधुनिकता

तीसरे भाग में सांस्कृतिक रूपकों से दलित विद्वानों के टकराव और वैकल्पिक व्याख्याओं की अनथक कोशिशों तथा आधुनिकता और दलित पहचान की अंतर्क्रिया के कारण दलितों के सामने उत्पन्न होने वाली विविध समस्याओं से संबंधित आलेख सम्मिलित हैं। डॉ. भीम राव आम्बेडकर का आलेख गोमांस सेवन और ब्राह्मणवादी वर्चस्व से संबंधित कई महत्त्वपूर्ण प्रश्नों पर विचार करता है। जैसे, क्या गोमांस के सेवन का प्रश्न और भारत में छूआछूत के बीच कोई संबंध है? ब्राह्मणों के बीच मांसाहार का निषेध और विशेष रूप से गोमांस का निषेध किन परिस्थितियों की देन है? इन प्रश्नों के उत्तर में डॉ. आम्बेडकर ने अपने विशद अध्ययन से निष्कर्ष निकाला है कि निरुपाय जनों को घृणा और तिरस्कार का भागी इसलिए बनाया गया कि वे बौद्ध धर्म के अनुयायी थे, और उनकी अस्पृश्यता का मूल कारण यह बना कि वे गोमांस का सेवन करते थे। आम्बेडकर *ऋग्वेद* और अन्य ग्रंथों का उद्धरण देते हुए यह सिद्ध करते हैं कि आर्य भोजन के उद्देश्य से गायों का वध करते थे। उनके अनुसार, यह तथ्य पर्याप्त रूप से स्पष्ट है कि मनु की दृष्टि में मांस-सेवन निषिद्ध नहीं था और *मनुस्मृति* द्वारा यह बात भी सिद्ध की जा सकती है कि मनु ने गोहत्या पर प्रतिबंध नहीं लगाया था।

असल में, कर्मकांडों की भरमार के उस युग में शायद ही कोई दिन ऐसा जाता था जब गाय की बलि न दी जाती हो। ब्राह्मण के लिए तो हर दिन गोमांस की दावत का दिन होता था। आम्बेडकर मानते हैं कि गोमांस का सेवन छोड़ना और गोपूजा की शुरुआत करना ब्राह्मणों की एक रणनीति थी। गोपूजा का सुराग़ बौद्ध धर्म और ब्राह्मणवाद के अंतर्संघर्ष तथा ब्राह्मणवाद द्वारा बौद्ध धर्म पर प्रभुत्व जमाने की व्यूह रचना में खोजा जाना चाहिए। ब्राह्मणों ने गोमांस के सेवन को धर्म के विषय से जोड़ दिया और गाय को एक पवित्र पशु बनाकर रख दिया जिससे उसके मांस का सेवन करना धर्म-निषिद्ध हो गया। बौद्ध धर्म को मानने वाले और अन्य निर्बल लोगों को गोमांस का सेवन न छोड़ने के कारण धर्म-द्रोह का दोषी माना गया और उन्हें समाज में हाशिये पर ढकेल दिया। आम्बेडकर यह दलील भी देते हैं कि गाय का वध करना हिंसा की श्रेणी में आता था लेकिन मृत गाय का भोजन करना हिंसा नहीं माना जाता था। इसलिए निर्बल समुदाय के लोगों को मृत गाय खाने से किसी तरह का आत्मिक क्लेश नहीं होता था। चूँकि मृत गाय का मांस उनके जीवन का मुख्य आधार था, और इसके बिना वे भूखों मर जाते, इसलिए उन्होंने ब्राह्मणों या ग़ैर-ब्राह्मणों का अनुकरण करते हुए गोमांस के सेवन का त्याग नहीं किया।

संजय जोठे ने अपने विस्तृत आलेख में हाल के वर्षों में भारत के सार्वजनिक जीवन की सांस्कृतिक राजनीति में खलबली मचाने वाले महिषासुर-विमर्श से जुड़े विभिन्न पहलुओं का विश्लेषण करने का प्रयास किया है। असल में, महिषासुर-विमर्श एक नये इतिहास की खोज या मिथकीय पुनर्पाठ के प्रयास का ही एक भाग है। कभी फुले, पेरियार और आम्बेडकर ने भी इसी प्रकार मिथकीय पुनर्पाठ का प्रयास किया था। जोठे यह मानते हैं कि महिषासुर आंदोलन या इसके साथ आरम्भ हुए मिथकीय पुनर्पाठ का आंदोलन कोई छोटी-सी या अकेली पहल नहीं है। इसकी ऐतिहासिक दार्शनिक और धार्मिक सांस्कृतिक पृष्ठभूमि बहुत विराट है, और इस आंदोलन ने खो गयी कड़ियों को आपस में जोड़ा है। लेखक ने अपने अध्ययन में मुख्य रूप से तीन तरह के दावे प्रस्तुत किये हैं।

पहला, देव-असुर संग्राम के बहुत पहले ही आर्य और कोयवंशी गोंड संग्राम हो चुका था। दूसरा, गोंडों के संभुसेक, असुरों के महिषासुर और ब्राह्मणी धर्म के महादेव एक ही व्यक्ति या संस्था हैं, तथा शिव उनके विकृत या ब्राह्मणीकृत रूप हैं। तीसरा, श्रमण दर्शन और पारी कुपार लिंगों का पुनेम दर्शन आपस में जुड़े हुए हैं। बाद में, गौतम बुद्ध ने इसी पुनेम दर्शन की आरम्भिक प्रवृत्तियों और मान्यताओं पर अपना विस्तृत दर्शन निर्मित किया। संजय जोठे यह मानते हैं कि महिषासुर से संबंधित शोध बहुजन समाज की मूल संरचना और उसके ऐतिहासिक विकास और पतन की खोज है, जिसके माध्यम से ब्राह्मण या आर्य षड्यंत्र को उसकी पूर्णता में समझा जा सकता है। उनकी मान्यता हैं कि इसी के माध्यम से एक निरीश्वरवादी प्रकृतिरक्षक मातृ-सत्तात्मक और परलोक को नकार कर इस लोक में भरोसा करने वाले वैज्ञानिक और समतामूलक समाज का निर्माण किया जा सकता है।

सुभाष गाताडे ने स्वच्छ भारत अभियान की पृष्ठभूमि में भारत में सफ़ाई कर्मियों की अत्यंत त्रासदीपूर्ण स्थिति का वर्णन किया है। गाताडे मानते हैं कि 'स्वच्छ भारत अभियान' जैसे कई बार सरल दिखने वाले नारे आकर्षक अवश्य जान पड़ते हैं, लेकिन अमूमन उनके साथ यह संदेह जुड़ा रहता है कि ये जटिल हक़ीक़त के सभी आयामों को समझने में असमर्थ रहेंगे, और इसके चलते ऐतिहासिक विषमताओं, और अन्यायों को मजबूती प्रदान कर सकते हैं। लेखक ने मुम्बई और दिल्ली जैसे शहरों के आँकड़ों के माध्यम से इस बात पर ज़ोर दिया है कि सफ़ाई कर्मियों में से तक़रीबन सभी दलित जातियों से जुड़े होते हैं। इनके काम की स्थिति अत्यंत भयावह होती है, जिसके कारण बहुत से कर्मचारियों का काम के दौरान ही मृत्यु हो जाती है। गाताडे मानते हैं कि सफ़ाई के काम को सिर्फ़ दलित जातियों से संबंधित माना जाता है, ऐसा काम करने वाली जातियों को अलग-अलग स्थानों पर भिन्न-भिन्न नामों से जाना जाता है। सफ़ाई कर्मियों के मामले में भारत की स्थिति दक्षिण एशिया के अन्य देशों की तुलना में ज़्यादा ख़राब है क्योंकि अन्य दक्षिण एशियाई देशों में जाति या तो अनुपस्थित है या फिर उसकी मामूली उपस्थिति

है। गाताडे इस ख़तरे की ओर संकेत करते हैं कि स्वच्छ भारत अभियान जैसे कार्यक्रम सफ़ाई कर्मियों की दयनीय स्थिति को सुधारने, उन्हें बेहतर और सुरक्षित कार्य-स्थितियाँ प्रदान करने के बजाय सिर्फ़ इस काम को एक जाति विशेष से जोड़कर उसका महिमामंडन कर सकते हैं।

नवप्रीत कौर ने एक आधुनिकता के स्वप्न पर आधारित शहर के निर्माण और विस्थापन, पितृसत्ता और जाति के संदर्भ में इसके विभिन्न जटिल निहितार्थों का अध्ययन प्रस्तुत किया है। नवप्रीत ने अपने आलेख में अपने फ़ील्ड-वर्क के साथ-साथ विभिन्न साहित्यिक स्रोतों का इस्तेमाल करते हुए आधुनिक शहर चंडीगढ़ की स्थापना और पितृसत्ता और जाति से उसकी अंतर्क्रिया की कहानी बयान की है। उनके मुताबिक़ चंडीगढ़ को महज़ एक शहर न मानकर नेहरूवादी आधुनिकता का एक जीवंत नमूना, और नेहरू के मानस-पुत्र के रूप में देखा जाता है। लेकिन इस नये आधुनिक शहर के निर्माण ने बड़े पैमाने पर विस्थापन को जन्म दिया, जिसका प्रभुत्वशाली जातियों ने विरोध किया, लेकिन दलित जातियों में कई लोगों ने इसे एक उम्मीद की किरण के रूप में भी देखा, क्योंकि उन्हें यह लगता था कि शहर उन्हें एक नयी पहचान और नये तरह के अवसर उपलब्ध कराएगा। नवप्रीत इस बात पर ज़ोर देती हैं कि दलित अपनी जातिगत पहचान और आर्थिक अवस्था के कारण अमूमन शहर के हाशिये पर ही हैं, और अगर वे अपनी आर्थिक स्थिति सुधारकर शहर के केंद्र या संपन्न कॉलोनियों की तरफ़ आते भी हैं, जो या तो उन्हें अपनी जातिगत पहचान छिपानी पड़ती है, या कई स्तरों की अवमानना और बहिष्करण के साथ जीना पड़ता है।

चारु गुप्ता ने अपने शोध-आलेख में दलित चिंतक और समाज सुधारक संतराम बीए के जीवन, लेखन और जाति प्रथा और समाज सुधार के लिए किये गये कार्यों का विश्लेषणात्मक अध्ययन प्रस्तुत किया है। संतराम काफ़ी समय तक आर्य समाज के सदस्य रहें और 1922 में उन्होंने जात-पाँत तोड़क मंडल की स्थापना की थी। ग़ौरतलब है कि संतराम द्वारा ही 1936 में डॉ. आम्बेडकर को अपने इस संगठन के वार्षिक सम्मेलन में

मुख्य वक्ता के रूप में निमंत्रित किया गया था, किंतु संगठन के अन्य सदस्यों के विरोध के कारण डॉ. आम्बेडकर का व्याख्यान नहीं हो पाया। बाद में आम्बेडकर के भाषण का मजमून उनकी प्रसिद्ध कृति *ऐनिहिलेशन ऑफ़ कास्ट* के रूप में प्रकाशित हुआ। लेखिका ने संतराम के जीवन के जुड़े अंतर्विरोधों को खँगालते हुए उनके लेखन और विचारों की रैडिकल संभावनाओं को भी सामने लाने का प्रयास किया है। एक ओर वे जाति से मुक्त होने की इच्छा रखते हैं, तो दूसरी ओर हिंदू धर्म से भी उनका सरोकार बना रहता है। आर्य समाज से गहरे स्तर पर क्षुब्ध होने के बावजूद वे आर्य समाज और जाति विरोधी विचारों को एक साथ लाने की कोशिश करते हैं। फिर भी, लेखिका यह रेखांकित करती हैं कि उनका लेखन जाति पर एक वैकल्पिक अभिलेखागार निर्मित करने में योगदान देता है क्योंकि वे अपने लेखन में आर्य समाज, आम्बेडकर और अंतर्जातीय विवाह की भाषा का इस्तेमाल करते उन्होंने अंतर्जातीय विवाह को सेक्स-विज्ञान से जोड़ा और इसके माध्यम से जाति-लिंग की भौतिक और दैहिक जंजीरों को तोड़ने का प्रयास किया।

मैंने अपने आलेख में दलितों और मुस्लिमों के बीच संबंधों की जटिलताओं को सामने लाने का प्रयास किया है। इस संदर्भ में मैंने मुख्य रूप से तीन स्तरों पर अपना तर्क प्रस्तुत किया हैं : पहला, मुसलमानों के बीच दलित जातियों का अस्तित्व है, लेकिन उन्हें अनुसूचित जातियों की श्रेणी में सम्मिलित नहीं किया गया है; दूसरा, संघ परिवार आम्बेडकर के लेखन के कुछ हिस्सों का उपयोग अपनी मुस्लिम विरोधी राजनीति को दलितों के बीच वैधता दिलाने के लिए करता है; और तीसरा, दलित मुद्दों पर लेखन करने वाले कई विद्वान यह मानते हैं कि मुसलमान उनके साथ होने वाले अत्याचारों के बारे में ज़्यादा संवेदनशील नहीं हैं। मैंने रेखांकित किया है कि दलितों और मुसलमानों को साथ लाने का विचार काफ़ी आकर्षक है, लेकिन इसके लिए दीर्घकालिक योजना बनाकर सामाजिक स्तर पर काम करने की आवश्यकता है, अर्थात् दोनों समुदायों के लोगों के

बीच में अपनी हाशियाकृत स्थिति और परस्पर सहयोग की गहरी समझ बननी चाहिए। इसके बग़ैर सिर्फ़ दलों और नेताओं के चुनावी गठजोड़ से कोई लाभ नहीं होगा।

पुस्तक के दूसरे खंड दलितों में हाशियाकृत समूहों तथा गाँधी, नेहरू और आम्बेडकर के वैचारिक भिन्नताओं और साझापन की पड़ताल करने वाले आलेख सम्मिलित है। पुस्तक का यह खंड भी तीन भागों में विभक्त है।

दलित नारीवाद

शर्मिला रेगे ने दलित नारीवाद के विभिन्न आयामों और भारत की 'मुख्यधारा' के नारीवाद से इसकी भिन्नता को रेखांकित किया है। पश्चिमी देशों और भारत में नारीवाद से जुड़े कुछ सैद्धांतिक विमर्शों की विवेचना करते हुए उन्होंने दलित महिलाओं की भिन्न आवाज़ को मान्यता देने पर बल दिया है। हालाँकि रेगे यह तर्क भी देती हैं कि दलित महिलाओं के व्यवहारों और संघर्षों से उभरकर सामने आने वाला दलित नारीवादी दृष्टिकोण दलित नारीवादी बुद्धिजीवियों के लेखन में उत्पन्न हो सकता है; लेकिन यदि इसे अन्य समूहों के अनुभवों और विचारों से अलग-थलग कर दिया जाता है तो यह ज़्यादा समृद्ध नहीं हो सकता है। हालाँकि इन अन्य समूहों को भी ख़ुद को हाशियाकृत समूहों के इतिहासों, संबंधों के बारे में उनकी वरीयताओं और यूटोपियाओं तथा संघर्षों के बारे में शिक्षित करना होगा। रेगे कहती हैं और वे यह दलील नहीं दे रही हैं कि ग़ैर-दलित नारीवादी दलित महिलाओं के 'रूप में' या दलित महिलाओं 'के लिए' बोल सकती हैं, लेकिन वे दलित नारीवादियों के रूप में अपनी पुनर्खोज कर सकती हैं। इस तरह का दृष्टिकोण प्रत्यक्ष अनुभव आधारित 'प्रामाणिकता' और संकुचित 'पहचान की राजनीति' से बचता है।

सुनैना आर्य ने अपने शोध-आलेख में 'दलित पित्तृसत्ता' और इसके वर्णन के लिए प्रयुक्त कुछ अन्य शब्दों से जुड़ी राजनीति की पड़ताल की है। उन्होंने यह तर्क दिया है कि 'दलित' या 'अंतर्जातीय' या 'बहुल' पितृसत्ताओं का

नतीजा ब्राह्मणवादी पितृसत्ता की ग़लत समझ के रूप में सामने आया है। लेखिका बताती हैं कि समकालीन भारत के अकादमिक और राजनीतिक विमर्श में दलित पितृसत्ता श्रेणी की लोकप्रियता बढ़ी है। भारत के मुख्यधारा की नारीवादियों ने इस धुँधली अवधारणा को बढ़ावा दिया और यह तर्क दिया कि दलित पुरुषों को 'उच्च' जातियों द्वारा होने वाले शोषण के अंतर्गत अपनी मर्दानगी के बारे में भी कई प्रकार के व्यंग्य वाणों को सहन करना पड़ता है। इसका नतीजा दलित महिलाओं के ख़िलाफ़ उनके आक्रामक व्यवहार में सामने आता है। सुनैना यह तर्क देती हैं कि इस तरह की अवधारणा और इससे जुड़ा सिद्धांतीकरण जेंडर न्याय पर आधारित समाज की स्थापना के हमारे प्रयासों में कोई मदद नहीं करता, बल्कि इनसे भ्रम ही पैदा होता है। यह आवश्यक है कि नारीवादी शोध के विषय और लक्ष्य में परस्परव्यापन हो। लेकिन बहुत से सवर्ण और विशेषाधिकार प्राप्त लेखक/लेखिकाओं के लेखन में गहरी वचनबद्धता का अभाव होता है। मुक्तिकारी नारीवादी सिद्धांत के विकास के लिए यह आवश्यक है कि एक दलित नारीवादी दृष्टिकोण का विकास हो। यह दृष्टिकोण बुनियादी रूप से दलित भिन्नता और प्राथमिक रूप से दलित महिलाओं के अनुभवों पर आधारित होना चाहिए।

चारु गुप्ता ने अपने आलेख में यह बताया है कि आज़ादी के पहले के दौर में संयुक्त प्रांत (वर्तमान उत्तर प्रदेश) में औपनिवेशिक सत्ता, उच्च जाति और ख़ुद दलितों ने सामाजिक नियंत्रण और पहचान के संदर्भ में पुरुष की देह को कैसे देखा, और कैसे उसे एक नया अर्थ प्रदान करने का प्रयास किया। लेखिका बताती हैं कि वर्चस्वशाली संस्कृति द्वारा दलित पुरुषों को निम्न, कमज़ोर, मूर्ख और मंद बुद्धि, हिंसक, अपराधी, शराबी और कामलोलुप के रूप चित्रित किया गया। दलित पुरुषों ने अपनी मर्दानी छवि के सृजन और चित्रण का प्रयास किया तथा सम्मान और सामाजिक न्याय के लिए भी अपने लैंगिक दावे प्रस्तुत किये। चारु गुप्ता दलित पौरुष की विभिन्न अभिव्यक्तियों को जीवन जीने की रणनीति, एक विरोध, बेहतर अधिकारों, सम्मान और रोज़गार हासिल करने के माध्यम के रूप में प्रस्तुत करती हैं। लेकिन इसके साथ ही वे इस बात

पर भी बल देती हैं कि दलित पुरुषों ने अक्सर घरेलू क्षेत्र में पितृसत्तात्मक मूल्यों को अपनाया। कई बार इन मूल्य पर ज़ोर देने के पीछे मुख्य मंशा यह होती थी कि दलित स्त्रियों की सुरक्षा हो या उन्हें ज़्यादा सम्मान मिले। लेखिका यह रेखांकित करती हैं कि दलित पौरुष की अभिव्यक्तियाँ कभी भी पूरी तरह से एक जड़ या सुनिश्चित रूप में सामने नहीं आयीं और इसमें कई कमियाँ भी थीं। लेकिन फिर भी दलित पुरुषों ने इसके माध्यम से वर्चस्वशाली संस्कृति द्वारा थोपे गये मानकों का प्रतिरोध किया।

अपने आलेख में तरुशिखा सर्वेश ने पश्चिमी उत्तर प्रदेश स्थित अलीगढ़ ज़िले के शहरी और मुज़फ़्फ़नगर ज़िले के ग्रामीण इलाक़े की दलित स्त्रियों के अनुभवों, आकांक्षाओं और कार्यों के मूल्यांकन के माध्यम से सशक्तीकरण के बारे में उनके व्यक्तिपरक विचारों को सामने लाने का प्रयास किया है। लेखिका ने दलित स्त्रियों की उप-श्रेणियों और उनके बीच की भिन्नताओं पर ध्यान केंद्रित करते हुए घटनाप्रक्रियाशास्त्र (फेनोमेनोलॉज़ी) के गुणात्मक नज़रिये के माध्यम से जाटव और वाल्मीकि दलित महिलाओं के संदर्भ में दमन के बहुस्तरीय व्यक्तिपरक अर्थों और उनके लिए सशक्तीकरण के मायने की तस्वीर प्रस्तुत करने का प्रयास किया है। मसलन, वे यह बताती हैं कि जाटव समुदाय के अंतर्गत संस्कृतीकरण की प्रक्रिया हुई है, और इसके सदस्यों द्वारा उच्च जाति की हैसियत का दावा किया जाता है। लेकिन वाल्मीकि समुदाय के लोगों की स्थिति उनकी तुलना में ख़राब है। इसीलिए दलितों में जहाँ वाल्मीकि समुदाय की स्त्रियाँ घरों में काम करती हैं, वहीं जाटव समुदाय की स्त्रियाँ दूसरों के घरों में काम करने को अपनी तौहीन मानती हैं। इसके साथ ही, दलित स्त्रियों (और पुरुषों) को प्रभुत्वशाली जातियों के बहिष्कार और सामाजिक स्तर पर मौजूद पित्तृसत्ता (जो दलित पुरुषों में भी मौजूद है) का रोज़मर्रा के जीवन में सामना करना पड़ता है। सरकार की सारी योजनाओं में ऐसी महिलाओं की दशा में बदलाव कर सकने के सामर्थ्य की कमी दिखाई देती हैं। लेकिन वे यह मानती हैं कि महिलाओं को भूमि का अधिकार देना उनके सशक्तीकरण का औज़ार हो

सकता है, और दलित स्त्रियाँ अपनी मुक्ति परियोजना को तभी आगे बढ़ा सकती हैं जब वे उस भाषा और प्रतीकों का परित्याग कर दें, जिसे उन्होंने प्रभुत्वशाली वर्गों से ग्रहण किया है।

गाँधी, नेहरू और आम्बेडकर

दूसरे भाग में गाँधी, नेहरू और आम्बेडकर के विचारों की पड़ताल करने वाले आलेखों को स्थान दिया गया है। थॉमस पैंथम ने अपने शोध-आलेख में गाँधी और आम्बेडकर के अस्पृश्यता-उन्मूलन संबंधी विचारों का विश्लेषण करते हुए इनके बीच एक सेतु निर्मित करने का प्रयास किया है। पैंथम के अनुसार, कई मौक़ों पर उन्होंने एक-दूसरे के विचारों और कार्यों का विरोध किया, लेकिन कई अन्य मौक़ों पर उन्होंने खुले रूप में या परोक्ष तरीक़े से अस्पृश्यता-उन्मूलन के बारे में एक-दूसरे के चिंतन और कार्यों के मूल्य या औचित्य को भी स्वीकार किया। पैंथम मानते हैं कि कई बार ग़ैर-अछूत और रूढ़िवादी हिंदुओं को अपने से जोड़कर रखने की कोशिश के कारण गाँधी पूरी तरह से रैडिकल प्रस्तावों पर काम नहीं कर पाए। फिर भी, आम्बेडकर की कुछ आलोचनाओं की वैधता को स्वीकार करते हुए गाँधी ने जाति सुधार का ज़्यादा रैडिकल दृष्टिकोण अपनाया। पैंथम के अनुसार, भारतीय संवैधानिक नवीकरण में सामूहिक लेखनी (कलेक्टिव ऑथरशिप) को मान्यता दी जानी चाहिए। इसमें आम्बेडकर ने प्रमुख मुक्तिकारी भूमिका अदा की, लेकिन इसमें गाँधी की भी मुक्तिकारी भूमिका थी। वे मानते हैं कि गाँधी का हमेशा ही आम्बेडकर से एक तर्कमूलक या संवादी अंतर्क्रिया (डिस्कर्सिव ऑर डाय-लॉजिकल इंटरैक्शन) का संबंध रहा।

अपने आलेख में निशिकांत कोलगे ने सामाजिक न्याय के मौजूदा विमर्श में जाति-व्यवस्था के ख़िलाफ़ चलने वाले अभियानों में गाँधी के विचारों को पूरी तरह नकारात्मक मानने और उन्हें ख़ारिज करने की प्रवृत्ति को प्रश्नांकित किया है। लेखक का यह मानना है कि क्रांतिकारी रणनीति की मौजूदा आवश्यकताओं को पूरा करने के लिए दलित आंदोलन की बुनियादी

मान्यताओं में संशोधन की ज़रूरत है। ऐसे संशोधन के माध्यम से गाँधी और आम्बेडकर के विचारों को एक ही दायरे में लाया जा सकता है। लेखक यह भी मानते हैं कि दलित आंदोलन को कई संदर्भों में आम्बेडकर की कल्पना से आगे जाकर देखने की ज़रूरत है। उनके अनुसार, आंदोलन को ऐसी आधुनिकता से जोड़ा जाना चाहिए जो दलितों को जाति आधारित भेदभाव और शोषण से पूरी तरह मुक्त करे। इसमें गाँव जैसे पारंपरिक स्थान और शहर जैसे आधुनिक स्थान पर जाति की चुनौती का सामना करने के नये तरीक़ों को खोजा जाना चाहिए। कोलगे के अनुसार, इन दोनों के लिए गाँधी काफ़ी मददगार हो सकते हैं क्योंकि आम्बेडकर नहीं, बल्कि गाँधी यह समझ पाए थे कि परंपरा और आधुनिकता एक-दूसरे के उलट नहीं हैं, और न ही एक-दूसरे को ख़ारिज करते हैं, और इसलिए जीवन की परंपरा और आधुनिकता दोनों में ही दलितों का शोषण और उनकी मुक्ति, दोनों ही संभव है।

आलोक टंडन ने नेहरू और आम्बेडकर के विचारों में समानताओं और असमानताओं पर विचार करते हुए दोनों के विचारों का ऐतिहासिक दृष्टि से मूल्यांकन किया है। टंडन के अनुसार, इन दोनों ने विदेशों में रह कर शिक्षा प्राप्त की, और वहाँ के वैचारिक वातावरण के प्रभाव के कारण वे ज्ञानोदय के आदर्शों अर्थात् स्वतंत्रता, समानता, भाईचारा, वैज्ञानिक दृष्टिकोण और औद्योगिकीकरण के प्रबल समर्थक बन गये। लेकिन अलग-अलग सामाजिक पृष्ठभूमियों से आने के कारण धर्म परंपरा के प्रति उनका दृष्टिकोण एक-सा नहीं था। जाति आधारित भेदभावों का समूल नाश आम्बेडकर के जीवन का सर्वप्रमुख लक्ष्य बन गया, वहीं नेहरू के लिए यह विषय स्वतंत्रता संघर्ष के मुक़ाबले कभी महत्त्वपूर्ण नहीं रहा। नेहरू वर्ग की बात करते थे, आम्बेडकर जाति पर ज़ोर देते थे। दोनों ने हिंदू पुनरुत्थानवाद का विरोध किया। लेखक इस बात पर ज़ोर देते हैं कि आम्बेडकर ने परंपरा और आधुनिकता के द्वंद्व को नेहरू से ज़्यादा अच्छी तरह समझा था, और उनका एक हल देने का प्रयास भी किया था। नेहरू जहाँ पूर्व-आधुनिकता से कन्नी काटकर निकल गये, वहीं आम्बेडकर ने उसमें हस्तक्षेप करके उससे लोहा

लेने की ठानी। उन्होंने हिंदू परंपरा का विरोध किया तो बौद्ध परंपरा की भी आधुनिकता के मानदंडों पर समीक्षा की। पूँजीवाद से दोनों का ही विरोध था लेकिन एक न्यायपूर्ण समाज की स्थापना के लिए हिंदू धर्म परंपरा से संघर्ष की अहमियत जितनी आम्बेडकर ने समझी, उतनी नेहरू ने नहीं।

दलितों में दलित

तीसरे भाग में दलितों में भी हाशिये पर स्थित विभिन्न समूहों के जीवन और जीविका से संबंधित कई आलेख शामिल हैं। अपने शोध-आलेख में बद्री नारायण ने यह दिखाने का प्रयास किया है कि लोकतंत्रीकरण की प्रक्रिया और व्यापक संघर्षों के बाद दलितों को प्रतिनिधित्व मिला है, लेकिन यह प्रतिनिधित्व कुछ दलित समुदायों तक ही सीमित है, और अनेक दलित समुदाय (उत्तर प्रदेश में 62 दलित जातियाँ) अभी भी लोकतंत्र में अपना प्रतिनिधित्व दर्ज कराने में सफल नहीं हो पाए हैं। बद्री नारायण इन्हें अदृश्य दलित समूह की संज्ञा देते हैं। लेखक इस बात पर बल देते हैं कि राज्य के नेतृत्व में जनतंत्र प्रसार का जो अभियान चल रहा है उसमें सशक्तीकरण के साथ-साथ असशक्तीकरण की प्रक्रिया भी चल रही है। कमज़ोर तबक़ों के भीतर मौजूदा ताक़तवर सामाजिक समूह नहीं चाहते कि उन्हें मिले संसाधनों का हिस्सा अन्य कमज़ोर जातियों तक पहुँचे। जनतंत्र का यह रूप अपने-आप में आधिपत्यशाली समूह सृजित करता है जिससे उपेक्षित समूहों की स्थिति बेहतर नहीं बन पाती है, और इनकी सशक्तीकरण की चाह पूरी नहीं होती है। इसका एक सामान्य कारण यह माना जाता है कि उत्तर प्रदेश में दलितों की एक जाति अर्थात् चमार कुल दलित जनसंख्या का 56 प्रतिशत है। छोटे दलित समुदाय वोट बैंक की राजनीति में अपना दबाव बनाने में असमर्थ होते हैं। जागरूकता और शिक्षा की कमी होने के कारण इनमें किसी बड़े नेता का उदय भी नहीं होता है। बद्री नारायण इस बात पर बल देते हैं कि दलित आंदोलन की नैतिकता यह है कि वह अपने कमज़ोर और उपेक्षित समूहों को लोकतंत्र और विकास के फ़लक में समाहित करे।

रमाशंकर सिंह ने अपने आलेख में उत्तर प्रदेश की कुछ ऐसी दलित जातियों के जीवन संघर्षों का चित्रण प्रस्तुत किया है, जिनकी जनसंख्या काफ़ी कम है और जो मुख्य रूप से अपनी जीविका के लिए बाँसों पर निर्भर हैं। धरकार, बंसोड़, बंसफोर और डोम ऐसी जातियाँ हैं जिनका जीवन बाँस पर निर्भर करता है। ये बाँसों से दौरी, चटाई, डोलची, टँगना इत्यादि वस्तुएँ बनाते हैं। अत्यधिक ग़रीबी के कारण इन जातियों के बच्चे सही तरह से स्कूली शिक्षा भी हासिल नहीं कर पाते हैं। चूँकि इनकी जनसंख्या काफ़ी कम है, इसलिए चुनावी गोलबंदी में अमूमन ये हाशिये पर ही रहते हैं। रमाशंकर इस बात पर बल देते हैं कि प्रतिनिधिमूलक लोकतंत्र में ये समुदाय अपनी उपस्थिति दर्ज कराने में नाकाम रहे हैं। उनके अनुसार, 'जिसकी जितनी संख्या भारी, उतनी उसकी हिस्सेदारी' का नारा बड़े समुदायों में जोश भरता है, वहीं अमूमन छोटे समूहों की राजनीतिक और सामाजिक गतिशीलता को बाधित करता है। आज इन जातियों के सामने जीविका ही नहीं बल्कि अस्तित्व का संकट खड़ा हो गया है। लेखक के अनुसार, इन समुदायों की घोर ग़रीबी और वंचना के सूत्रों का राज्य के ढाँचे और उसकी परियोजनाओं में खोजा जाना चाहिए। राज्य इनके जीविका के मुख्य स्रोत बाँस पर माफ़िया की जकड़बंदी को तोड़ने में नाकाम रहा है, और धरकार जैसे समूह अभी भी स्थायी रूप से एक स्थान पर बस जाने के लिए संघर्ष कर रहे हैं।

संजू सरोज ने मुसहर और पासी समुदाय का तुलनात्मक अध्ययन प्रस्तुत किया है। इलाहाबाद जनपद में अपने अध्ययन के माध्यम से उन्होंने उन कारणों की पड़ताल की है, जिसके चलते मुसहर सीमांत स्थिति में हैं, और उनका जीवन, सम्मान और सबसे बढ़कर उनका प्रतिनिधित्व संकट में पड़ गया है। इस संदर्भ में उन्होंने पासी समुदाय से मुसहरों की स्थिति की तुलना भी की है। लेखिका यह तर्क देती हैं कि मुसहर समुदाय के प्रत्येक क्षेत्र में पिछड़ने का कारण उनकी आवासहीनता है। इसके चलते उन्हें सामुदायिक स्तर पर संचालित होने वाले कार्यक्रमों का लाभ नहीं मिल पाता। दूसरे शब्दों में वे आधुनिक राज्य द्वारा आरम्भ किये गये विभिन्न कल्याणकारी कार्यक्रमों का लाभ उठा पाने में अक्षम

रहे हैं। पासी समुदाय की स्थिति मुसहरों से काफ़ी बेहतर रही है, इसलिए वे राज्य की विभिन्न नीतियों का लाभ उठा पाए हैं। लेकिन वे इस बात पर ज़ोर देती हैं कि नीति निर्माताओं को नीति-निर्माण करते समय सबसे वंचित समूहों की स्थिति और आवश्यकताओं पर ध्यान देना चाहिए।

शिवानी कपूर ने इत्र और चमड़े के गंध और इसके पीछे काम कर रहे सामाजिक स्तरीकरण की विवेचना करते हुए यह बताया है कि मृत जातियों से चमड़ा निकालने जैसा काम कुछ दलित जातियों पर छोड़ दिया गया है। इस संदर्भ में लेखिका ने गंध से संबंधित सत्ता, पदानुक्रम और राजनीति का गहराई से विश्लेषण किया है। वे बताती हैं कि अंग्रेज़ी शासकों ने जाति व्यवस्था को एक संगठित रूप प्रदान किया। इसके चलते जातिगत कार्यों को बढ़ावा मिला, और चमड़ा व्यापार इसका एक ख़ास उदाहरण है। शिवानी कानपुर के आस-पास के क्षेत्रों में चमड़े की वस्तुओं के निर्माण से जुड़े कारख़ानों के अपने फ़ील्ड-वर्क के माध्यम से यह रेखांकित करती हैं कि इन कारख़ानों में चमड़े निकालने या उनकी सफ़ाई करने जैसे काम अधिकांशतः दलित जातियों के लोगों के हिस्से में ही आते हैं। उनके अनुसार, मृत्यु से जुड़ी दोनों जातियाँ डोम और चमार इस दूषित व्यवस्था से निरंतर गुज़रती हैं। चमड़ा उद्योग अस्पृश्यता पर या अस्पृश्य श्रम पर ही टिका हुआ है। चमड़े के काम में लगा उच्च जाति का व्यक्ति चमड़े के गंध से परेशान रहता है, लेकिन उसे सामाजिक बहिष्करण का सामना नहीं करना पड़ता, लेकिन चमड़े को निकालने और उसके सफ़ाई के काम में लगे लोगों को काफ़ी हद तक शहर से सामाजिक बहिष्करण का सामना भी करना पड़ता है। दरअसल, यह आलेख इस बनी-बनाई धारणा को पूरी तरह नकार देता है कि शहरीकरण या उद्योगीकरण अस्पृश्यता या जाति व्यवस्था से निकलने का माध्यम हो सकते हैं।

जितेंद्र कुमार ने बंजारा समाज, ऐतिहासिक रूप से उनकी स्थिति और उनकी वर्तमान दशा पर काफ़ी गहराई से विचार किया है। बंजारा समुदाय को औपनिवेशिक दौर में *आपराधिक जनजाति अधिनियम* के अंतर्गत अपराधी जनजातियों की श्रेणी में सम्मिलित किया गया। आज़ादी के बाद ये

अनुसूचित जातियों की श्रेणी में सम्मिलित हुए और इन्हें आपराधिक जनजाति अधिनियम को ख़त्म करके 'विमुक्त' कर दिया गया। जितेंद्र ने एक घुमंतू जाति के रूप में बंजारों की स्थिति का विश्लेषण करते हुए यह दिखाया है कि बंजारा न सिर्फ़ शिक्षा, राजनीतिक प्रतिनिधित्व और राज्य की योजनाओं के स्तर पर हाशिये पर है, बल्कि सामाजिक स्तर पर भी इन्हें स्वीकार नहीं किया जाता है, और इन्हें अभी संदिग्ध नज़र से ही देखा जाता है। लेखक के अनुसार, भारतीय लोकतंत्र में ऐसे समुदाय 'मूक समुदाय' में तब्दील हो चुके हैं, लेकिन यह ज़रूरी है कि इनकी आवाज़ को सुना और समझा जाए।

मैंने अपने आलेख में आदिवासी क्षेत्रों में रहने वाले दलितों की स्थिति की विवेचना की है। ऐतिहासिक, संवैधानिक-क़ानूनी और फ़ील्ड-स्टडी के अनुभवों के आधार पर मैंने यह दावा किया है कि भारत में कुछ क्षेत्रों (छठी और पाँचवीं अनुसूची और पूरे देश के वन्य क्षेत्रों) की परिकल्पना अनुसूचित जनजातियों या आदिवासियों के क्षेत्र के रूप में की गयी है। संविधान में इन क्षेत्रों में आदिवासियों के अधिकारों की सुरक्षा के विशेष प्रावधान किये गये हैं। संवैधानिक प्रावधानों के साथ ही साथ, विशेष रूप से पेसा और वन अधिकार क़ानून के प्रावधानों का विश्लेषण करते हुए और एक वन-टांगिया गाँव के फ़ील्ड-स्टडी के आधार पर मैंने यह दिखाया है कि संवैधानिक और क़ानूनी रूपरेखा में इन क्षेत्रों में आदिवासियों की तुलना में दलितों की स्थिति दोयम दर्जे की है। मैंने इस बात पर बल दिया है कि आदिवासियों से संबंधित संवैधानिक श्रेणियों और क़ानूनों के संदर्भ में इन इलाक़ों में रहने वाले दलितों की स्थिति और हितों पर भी ध्यान दिया जाना चाहिए।

पुस्तक में सम्मिलित अधिकांश आलेख *प्रतिमान समय समाज संस्कृति* में पिछले सात वर्षों में प्रकाशित हुए हैं। इनमें से अधिकांश आलेख मूल रूप से हिंदी में लिखे गये हैं, और कुछ आलेखों का अनुवाद किया गया है। ये सभी आलेख दलित सैद्धांतिकी, जीवन-अनुभवों और दलितों की राजनीति, और दलित श्रेणी के भीतर होने वाले उथल-पुथल का गहन विश्लेषणात्मक

अध्ययन प्रस्तुत करते हैं। ये न सिर्फ़ दलितों विषयों पर हो रहे कुछ महत्त्वपूर्ण अनुसंधानों का प्रतिनिधित्व करते हैं, बल्कि ये ऐसे कुछ मुद्दों को भी रेखांकित करते हैं जिन पर भविष्य में ज़्यादा गहराई से अध्ययन किये जाने की आवश्यकता है।

संदर्भ

अजय गुडावर्थी (2014क), 'अ राइटवर्ड शिफ़्ट टू दलित पॉलिटिक्स', द *हिंदू*, 12 सितंबर, https://www.thehindu.com/opinion/op-ed/comment-a-rightward-shift-in-dalit-politics/article6405607.ece देखने की तारीख़ : 10 अप्रैल, 2020.

———— (2014ख), 'द क्राइसिस इन दलित-बहुजन पॉलिटिक्स', द *हिंदू*, 4 नवंबर, https://www.thehindu.com/opinion/lead/the-crisis-in-dalit-bahujan-politics/article29872372.ece] देखने की तारीख़ : 10 अप्रैल, 2020.

अभय कुमार दुबे (सं.) (2002), *आधुनिकता के आईने में दलित,* वाणी प्रकाशन-विकासशील समाज अध्ययन पीठ, दिल्ली.

———— (2019), *हिंदू एकता बनाम ज्ञान की राजनीति,* विकासशील समाज अध्ययन पीठ-वाणी प्रकाशन, नयी दिल्ली.

अनूप हिरावले (2018), 'द डिमांड फ़ॉर सब-क्लासिफ़िकेशन ऑफ़ रिज़र्वेशन पॉलिसी : क्रिटिकल रिफ़्लेक्शंस', आईजेडीटीएसए, 3 (4).

असीम प्रकाश (2015), *दलित कैपिटल, स्टेट, मार्केट्स ऐंड सिविल सोसायटी इन अर्बन इंडिया,* ऑक्सफ़र्ड युनिवर्सिटी प्रेस, दिल्ली.

आनंद तेलतुम्बडे (2005क), 'इंट्रोडक्शन', आनंद तेलतुम्बडे (सं.), *हिंदुत्व ऐंड दलित्स : पर्सपेक्टिव फ़ॉर अंडरस्टैंडिग कम्युनल प्रैक्टिस,* सौम्या, कोलकाता.

———— (2005ख), 'हिंदुत्व, दलित ऐंड द नियोलिबरल ऑर्डर', आनंद तेलतुम्बडे (सं.), *हिंदुत्व ऐंड दलित्स : पर्सपेक्टिव फ़ॉर अंडरस्टैंडिंग कम्युनल प्रैक्टिस*, सौम्या, कोलकाता.

———— (2015), 'इन दाई नेम, आम्बेडकर', *इकनॉमिक ऐंड पॉलिटिकल वीकली,* खंड 50, अंक 40.

———— (2016), 'डाइकोटोमाइजेशन ऑफ़ कास्ट ऐंड क्लास', *इकनॉमिक ऐंड पॉलिटिकल वीकली*, खंड 51, अंक 41.

———— (2017), 'इंट्रोडक्शन : ब्रिजिंग द अनहोली रिफ़्ट', *बी.आर. आम्बेडकर : इंडिया ऐंड कम्युनिज़म (इंट्रोडक्शन बाइ आनंद तेलतुम्बडे)*, लेफ़्टवर्ड बुक्स, नयी दिल्ली.

आनंद तेलतुम्बडे और सूरज येंगडे (2018), 'इंट्रोडक्शन : रिक्लेमिंग द रैडिकल इन आम्बेडकर्स प्रैक्टिस', सूरज येंगडे और आनंद तेलतुम्बडे (सं.), *द रैडिकल इन आम्बेडकर : क्रिटिकल रिफ़्लेक्शंस*, पेंगुइन, गुड़गाँव.

इंडियन इंस्टीट्यूट ऑफ़ दलित स्टडीज (2013), *रोल ऑफ़ डिस्क्रिमिनेशन ऐंड जेनरल फ़ैक्टर्स इन एक्सेस टू गवर्नमेंट स्कीम्स फ़ॉर इम्पलॉयमेंट, फ़ूड, हेल्थ, लैंड ऐंड फॉरेस्ट इन पुअरेस्ट एरियाज इन इंडिया'*, रिसर्च रिपोर्ट, इंडियन इंस्टीट्यूट ऑफ़ दलित स्टडीज, नयी दिल्ली, 2013.

एस. आनंद (2016), 'कैपिटलिज़म विल टर्न कास्ट ऑर्डर इन टू अ रेलिक' (एस. आनंद इंटरव्यूज

चंद्रभान प्रसाद), 6 अप्रैल, *आउटलुक*, वेब पता : https://www.outlookindia.com/magazine/story/capitalism-will-turn-caste-order-into-a-relic/296952, देखने की तारीख़ : 8 अप्रैल, 2020.

कमल नयन चौबे (2019क), 'क्रिएटिंग अ काउंटर पब्लिक स्फ़ियर' (बुक रिव्यू), *इकनॉमिक ऐंड पॉलिटिकल वीकली*, खंड 54, अंक 14.

——— (2019ख), 'भारतीय पुलिस : उम्मीदों और अभावों के बीच', *प्रतिमान समय समाज संस्कृति*, वर्ष 7, अंक 14.

कॉमन कॉज, सीएसडीएस-लोकनीति और अन्य (2019), *स्टेट्स ऑफ़ पोलिसिंग इन इंडिया : पोलिस एडिक्वेसी ऐंड वर्किंग कंडीशंस 2019,* कॉमन कॉज़, सीएसडीएस-लोकनीति, टाटा ट्रस्ट, लाल फैमिली फ़ाउंडेशंस.

गवर्नमेंट ऑफ़ इंडिया (1965), *द रिपोर्ट ऑफ़ द एडवाइज़री कमेटी ऑन द रिवीज़न ऑफ़ द लिस्ट ऑफ़ शेड्युल्ड कास्ट्स ऐंड शेड्युल्ड ट्राइब्स,* डिपार्टमेंट ऑफ़ सोशल सिक्योरिटी, नयी दिल्ली

गोपाल गुरु (1991), 'हिंदुआइज़ेशन ऑफ़ आम्बेडकर इन महाराष्ट्र,' *इकनॉमिक ऐंड पॉलिटिकल वीकली,* 26 (7).

——— (1998), 'द पॉलिटिक्स ऑफ़ नेमिंग', *सेमिनार 471,* नवंबर.

——— (2005), 'दलित फ़ेस अ कल्चरल थ्रेट बोथ फ़्रॉम विदिन ऐंड विदाउट', संकलित, आनंद तेलतुम्बडे (सं.), *हिंदुत्व ऐंड दलित्स : पर्सपेक्टिव फ़ॉर अंडरस्टैंडिंग कम्युनल प्रैक्टिस,* सौम्या, कोलकाता.

——— (सं.) (2005), *अ ट्रॉफ़ी इन दलित पॉलिटिक्स*, विकास अध्ययन केंद्र, मुम्बई.

——— (2009), 'इंट्रोडक्शन : थियराइज़िंग ह्यूमिलिएशन', गोपाल गुरु (सं.), *ह्यूमिलिएशन : क्लेम्स ऐंड कांनेटेक्स्ट,* ऑक्सफ़र्ड युनिवर्सिटी प्रेस, नयी दिल्ली.

——— (2012), 'राइज़ ऑफ़ द दलित मिलियनेयर : अ लो इंटेस्टिटी स्पैक्टेकल', *इकनॉमिक ऐंड पॉलिटिकल वीकली*, खंड 47. अंक 50.

——— (2016), 'शिफ़्टिंग कैटेगरीज़ इन द डिस्कोर्स ऑन कास्ट ऐंड क्लास', *इकनॉमिक ऐंड पॉलिटिकल वीकली*, खंड 51, अंक 47.

गोपाल गुरु और सुंदर सरुक्कई (2012), *द क्रैक्ड मिरर : ऑन इंडियन डिबेट ऑन एक्सपीरियंस ऐंड थियरी,* ऑक्सफ़र्ड युनिवर्सिटी प्रेस, नयी दिल्ली.

घनश्याम शाह, हर्ष मंदर, सुखदेव थोरात, सतीश देशपांडे और अमिता बाविस्कर (2006), *अनटचेबिलिटी इन रूरल इंडिया,* सेज, नयी दिल्ली.

चंद्रभान प्रसाद (2009), 'चेंज इन कैपिटलिज़म, *द पॉयनियर*, 11 जनवरी.

——— (2017), 'टॉक प्वाइंट : नो जॉब कोटा : बट प्राइवेट सेक्टर शुड फ़ोकस ऑन वॉलंटरी एक्शन', *द प्रिंट*, 8 नवंबर, https://theprint.in/talk-point/talk-point-no-job-quota-private-sector-focus-voluntary-action/15070/] देखने की तारीख़ : 12 अप्रैल, 2019.

चंद्रैय्या गोपानी (2018), 'न्यू दलित मूवमेंट्स : ऐन आम्बेडकराइट पर्सपेक्टिव', सूरज येंगडे और आनंद तेलतुम्बडे (सं.), *द रैडिकल इन आम्बेडकर : क्रिटिकल रिफ़्लेक्शंस,* पेंगुइन, नयी दिल्ली : 181-200.

जॉन सी. बी. वेबस्टर (2007), 'व्हू इज़ अ दलित', एस.एम. माइकल (स,), *दलित इन मॉडर्न इंडिया,* सेज, नयी दिल्ली.

जॉर्ज कुनाथ (2013), 'कॉमप्लायंस ऑर डिफायंस? द केस ऑफ़ दलित्स ऐंड महादलित्स', *जर्नल ऑफ़ द एंथ्रोपोलॉजिकल सोसायटी ऑफ़ ऑक्सफ़र्ड,* खंड 5, अंक 1.

जिग्नेश मेवानी और मीना कुंडास्वामी (2020), 'व्हाई इज़ आनंद तेलतुम्बडे इज सो डेंजरस फ़ॉर नरेंद्र मोदी गवर्नमेंट', *द वायर*, 14 अप्रैल, https://thewire.in/rights/anand-teltumbde-arrest-narendra-modi, देखने की तारीख़ : 16 अप्रैल, 2020.

डॉ. एन. सुकुमार (2014), *दलित रिवोल्यूशन ऐंड हिंदुत्व काउंटर-रिवोल्यूशन इन इंडियन पॉलिटिक्स*, 16 सितंबर, *राउंड टेबल इंडिया : फ़ॉर ऐन इंफॉर्म्ड आम्बेडकर ऐज*,https://roundtableindia.co.in/~roundta3/index.php?option=com_content&view=article&id=7632:dalit-revolution-and-hindutva-counter-revolution-in-indian-politics&catid=119&Itemid=132, देखने की तारीख़ : 10 अप्रैल, 2020.

डॉ. विजय सोनकर शास्त्री (2014), *हिंदू वाल्मीकि जाति : एक गौरवशाली इतिहास के पतन का सिंहावलोकन*, प्रभात प्रकाशन, दिल्ली.

———————— (2016), *हिंदू चर्मकार जाति : एक स्वर्णिम गौरवशाली राजवंशीय इतिहास*, प्रभात प्रकाशन, दिल्ली.

डॉ. रतन लाल (2016), *और कितने रोहित? : चप्पे-चप्पे पर द्रोण, हर शाख पर मनु*, सम्यक प्रकाशन, दिल्ली.

द हिंदू (2012), 'सदाशिवा कमीशन रेकमेंड्स इंटरनल रिज़र्वेशन अमॉन्ग एससीज़', 15 जून, https://www.thehindu.com/news/cities/bangalore/sadashiva-commission-recommends-internal-reservation-among-scs/article3528992.ece देखने की तारीख़ : 16 अप्रैल, 2020.

द हिंदू (2016), 'एससी कैटेगोराइज़ेशन इजड ऑन मोदीज़ एजेंडा टू, सेज़ वैंकय्या', 27 नवंबर, https://www.thehindu.com/news/cities/Hyderabad/SC-categorisation-is-on-Modi%E2%80%99s-agenda-too-says-Venkaiah/article16711847.ece, देखने की तारीख़ : 15 अप्रैल, 2020.

द हिंदू (2017), 'रिज़र्वेशन इन प्राइवेट सेक्टर टू डेंट इनवेस्टमेंट क्लाइमेट', 13 नवंबर, https://www.thehindubusinessline.com/economy/reservation-in-private-sector-to-dent-investment-climate-assocham/article9956138.ece, देखने की तारीख़ : 12 अप्रैल, 2020.

द न्यू इंडियन एक्सप्रेस (2018), 'कर्नाटका : इम्पलीमेंटेशन ऑफ़ सदाशिवा कमीशन में बैकफ़ायर टू कांग्रेस', 3 फ़रवरी, 2018, https://www.newindianexpress.com/states/ karnataka/2018/feb/03/karnataka-implementation-of-sadashiva-commission-report-may-backfire-on-congress-1767606.html, देखने की तारीख़ : 16 अप्रैल, 2020.

दिलीप मंडल (2019), 'फ़ारगेट अबाउट दलित वोटर्स, टेल अस वाई अपर कास्ट हिंदूज़ वोटेड फ़ॉर बीजेपी लाइक नेवर बिफोर', *द प्रिंट*, 13 जून, https://theprint.in/opinion/forget-about-dalit-voters-tell-us-why-upper-caste-hindus-voted-for-bjp-like-never-before/249420/, देखने की तारीख़ : 10 अप्रैल, 2020.

देवेश कपूर, डी. श्याम बाबू और चंद्रभान प्रसाद (2014), *डिफ़ाइंग द ऑड्सः द राइज़ ऑफ़ दलित आंत्रप्रेनर्स*, रैंडम हाउस इंडिया, गुड़गाँव.

धनंजय राय (2013), *कॉन्टेम्परारी इंडियन पॉलिटिकल थियरी : अ क्रिटिकल एनालिसिस*, आकार बुक्स, दिल्ली.

नरेंद्र ठाकुर और विजय क्रांति (सं.) (2015), *अबाउट आरएसएस (राष्ट्रीय स्वयंसेवक संघ)*, विचार विनिमय प्रकाशन, दिल्ली.

नवसर्जन और रॉबर्ट एफ़ कैनेडी सेंटर फ़ॉर जस्टिस ऐंड ह्यूमन राइट्स (2010). *अंडरस्टैंडिंग अनटचेबिलिटी : अ कॉम्पेरेटिव स्टडी ऑफ़ प्रैक्टिसेज़ ऐंड कंडीशंस इन 1589 विलेजिज़*, वाशिंगटन डी.सी.

प्रज्ञा कौशिक (2019), 'अनटचेबिलिटी केम ऑफ़्टर एडवेंट ऑफ़ इस्लाम : आरएसएस लीडर कृष्ण गोपाल', *एएनआई : साउथ इंडियन लीडिंग मल्टीपल न्यूज़ एजेंसी,* 26 अगस्त, 2019, https://www.aninews.in/news/national/general-news/untouchability-came-after-advent-of-islam-rss-leader-krishna-gopal20190826230139/, देखने की तारीख़ : 7 अप्रैल, 2020.

बद्री नारायण (2015), 'डेमॉक्रैसी ऐंड आइडेंटिटी पॉलिटिक्स इन इंडिया : इज़ इट अ स्नेक ऑर अ रोप', *इकनॉमिक ऐंड पॉलिटिकल वीकली,* खंड 50, अंक 16.

बद्री नारायण (2018), *खंडित* आख्यान : *भारतीय जनतंत्र के अदृश्य लोग, अनु. रमाशंकर सिंह,* ऑक्सफ़र्ड युनिवर्सिटी प्रेस, दिल्ली.

बंकिम चंद्र मंडल (2014), 'ग्लोबलाइज़ेशन ऐंड इट्स इम्पैक्ट', *दलित वॉयस*, खंड 7, अंक 2.

बी. एस. वाघमारे (2010), 'रिज़र्वेशन पॉलिसी ऐंड द प्लाइट ऑफ़ मतांग्स इन महाराष्ट्र', *इंडियन जर्नल ऑफ़ पॉलिटिकल साइंस,* खंड 71, अंक 3.

बीबीसी (2017), 'इंडिया दलित मैन किल्ड 'फ़ॉर वाचिंग हिंदू सेलिब्रेशन', 2 अक्टूबर, https://www.bbc.com/news/world-asia-india-41466291, देखने की तारीख़ : 20 अप्रैल, 2020.

बीबीसी (2018), 'इंडियन लोएस्ट कास्ट दलित मैन किल्ड फ़ॉर ऑनिंग हॉर्स', 31 मार्च, https://www.bbc.com/news/world-asia-india-43605550, देखने की तारीख़ : 20 अप्रैल, 2020.

मदन कुमार (2018), ''पासवांस टू कम अंडर द कैटेगरी ऑफ़ 'महादलित' इन बिहार'', *द टाइम्स ऑफ़ इंडिया,* 14 अप्रैल 2018, https://timesofindia.indiatimes.com/india/paswans-too-come-under-category-of-mahadalit-in-bihar/articleshow/63764416.cms, देखने की तारीख़ : 16 अप्रैल, 2020.

मिलिंद खांडेकर (2013), *दलित मिलियनिरीज़ : 15 इंसपायरिंग स्टोरीज*, पेंगुइन, नयी दिल्ली.

मुरली कृष्णन (2020), 'सुप्रीम कोर्ट अपहोल्ड्स एससी/एसटी ऐक्ट अमेंडमेंट दैट बैंस प्री अरेस्ट बेल', *हिंदुस्तान टाइम्स*, 10 फ़रवरी, https://www.hindustantimes.com/india-news/supreme-court-upholds-amendment-to-2018-sc-st-act-that-reversed-verdict-that-banned-arrests-without-inquiry/story-IVnOEJFSZheWuC5amgBCHN.html, देखने की तारीख़ : 13 अप्रैल, 2020.

रजनी कोठारी (1993), 'चुनाव के खेल से निकली सांप्रदायिकता : बहुसंख्यकवाद की विकृति पर टिप्पणी' (अंग्रेज़ी में प्रथम प्रकाशन 1984), (अनु.) ध्रुव नारायण, अभय कुमार दुबे (सं.), *सांप्रदायिकता के स्रोत, विनय प्रकाशन*, दिल्ली.

राजेन्द्र वोरा (2004), 'डिक्लाइन ऑफ़ कास्ट मेजोरिटेरियनिजम इन इंडियन पॉलिटिक्स', राजेन्द्र वोरा और सुहास पल्शीकर (सं.), *इंडियन डेमॉक्रैसी : मीनिंग्ज़ ऐंड प्रैक्टिसेज़,* सेज पब्लिकेशंस, नयी दिल्ली.

रामरतन वी. धूमल (2018), *कास्ट डिस्क्रिमिनेशन इन हायर एजुकेजन,* इकनॉमिक ऐंड *पॉलिटिकल वीकली,* खंड 53, अंक 29.

स्वामीनाथ एस. अंकलेसरिया अय्यर (2015), *कैपिटलिज़म असॉल्ट ऑन द इंडियन कास्ट सिस्टम*

: हाउ इकनॉमिक लिबरलाइज़ेशन रिस्पॉन्ड लो कॉस्ट दलित मिलियनरीज़, पॉलिसी एनालिसिस, सीएटीओ इंस्टीट्यूट, वाशिंगटन, 21 जुलाई, https://www.cato.org/sites/cato.org/files/pubs/pdf/pa776.pdf, देखने की तारीख़ : 10 अप्रैल, 2020.

सुखदेव थोरात, 'पॉलिटिकल इकॉनॉमी ऑफ़ कास्ट डिस्क्रिमिनेशन ऐंड एट्रोसिटीज़ : व्हाई डज़ कास्ट डिस्क्रिमिनेशन परसिस्ट डिस्पाइट लॉ?', सूरज येंगडे और आनंद तेलतुम्बडे (सं.) द रैडिकल *इन आम्बेडकर: क्रिटिकल रिफ़्लेक्शंस,* पेंगुइन, नयी दिल्ली, 2018 : 255-277.

सुखदेव थोरात और पॉल अट्टेवेल (2010), 'द लीगेसी ऑफ़ सोशल एक्सक्लूज़न : अ कॉरेस-पॉन्डेंस स्टडी ऑफ़ जॉब डिस्क्रिमिनेशन इन इंडियाज अरबन प्राइवेट सेक्टर', सुखदेव थोरात और कैथरीन एस. न्यूमैन (सं.), *ब्लॉक्ड बाई कास्ट : इकनॉमिक डिस्क्रिमिनेशन इन मॉडर्न इंडिया,* ऑक्सफ़र्ड युनिवर्सिटी प्रेस, नयी दिल्ली.

सुखदेव थोरात और कैथरीन न्यूमैन (2010), 'कास्ट डिस्क्रिमिनेशन इन रूरल मार्केट्स', सुखदेव थोरात और कैथरीन एस. न्यूमैन, (सं.) *ब्लॉक्ड बाई कास्ट : इकनॉमिक डिस्क्रिमिनेशन इन मॉडर्न इंडिया,* ऑक्सफ़र्ड युनिवर्सिटी प्रेस, नयी दिल्ली.

सुहास पल्शीकर (2005), 'महाराष्ट्र : दलित पॉलिटिक्स इन द हिंदुत्व ट्रैप', आनंद तेलतुम्बडे (सं.), *हिंदुत्व ऐंड दलित्स : पर्सपेक्टिव फ़ॉर अंडरस्टैंडिंग कम्युनल प्रैक्टिस,* समय, कोलकात्ता.

सुखदेव थोरात, अनुराधा बनर्जी, विनोद मिश्रा और फ़िरदौस रिजवी (2015) 'अर्बन रेंटल हाउसिंग मार्केट : कास्ट ऐंड रिलिजन मैटर्स इन एक्सेस', *इकनॉमिक ऐंड पॉलिटिकल वीकली,* खंड 50, अंक 26-27.

सूरज येंगडे और आनंद तेलतुम्बडे (सं.) (2018), द *रैडिकल इन आम्बेडकर : क्रिटिकल रिफ़्लेक्शंस,* पेंगुइन, नयी दिल्ली, .

सीएसडीएस डेटा यूनिट (2019*),* लोकनीति-विकासशील समाज अध्ययन पीठ (सीएसडीएस), नयी दिल्ली.

शर्मिला रेगे (2013), *अगेंस्ट द मैडनेस ऑफ़ मनु : बी. आर. आम्बेडकर्स राइटिंग्स ऑन ब्राह्मनिकल पैट्रियार्की,* नवयाना, नयी दिल्ली.

यगाती चिन्ना राव (सं.) (2009), *डिवाइडिंग दलित्स : राइटिंग्स ऑफ़ सब-कैटेगराइजेशन ऑफ़ शेड्यूल्ड कास्ट्स,* रावत पब्लिकेशंस, जयपुर.

लॉरा आर. ब्रुएक (2017), *राइटिंग रेजिस्टेंस : द रेटॉरिकल इमैजिनेजन ऑफ़ हिंदी दलित लिटरेचर,* प्राइमस बुक्स, नयी दिल्ली.

वसंत मून (1989), *डॉ. बाबासाहेब आम्बेडकर : राइटिंग्स ऐंड स्पीचेज, वॉल्यूम 1,* गवर्नमेंट ऑफ़ महाराष्ट्र, मुम्बई,

वॉल्टर के. ऐंडर्सन और श्रीधर डी. दामले (2018), द *आरएसएस : अ व्यू टू द इनसाइड*, पेंगुइन-वाइकिंग, गुड़गाँव.

विकास पाठक (2015), 'दलित्स वर अपर कास्ट्स : बीजेपी लीडर', द *हिंदू,* 29 अक्टूबर, 2015, https://www.thehindu.com/news/national/dalits-were-upper-castes-bjp-leader/article7815509.ece देखने की तारीख़ : 7 अप्रैल, 2020.

विवेक कुमार (2001), 'ग्लोबलाइज़ेशन ऐंड इंपावरमेंट ऑफ़ दलित्स इन इंडिया', *इंडियन एंथ्रोपोलोजिस्ट*, खंड 31, अंक 2.

सैद्धांतिक प्रश्न

अनुभव, स्थान और न्याय

गोपाल गुरु
अनुवाद : कमल नयन चौबे

प्रतिमान, जुलाई-दिसम्बर 2013, वर्ष 1, अंक 2 में पूर्व-प्रकाशित : पृ.सं. 531-556.

इस लेख का शीर्षक दावा करता है कि इन तीन पदों में गहरा सह-संबंध है और वे आपस में मिल कर ही एक पूर्ण अर्थ का सृजन करते हैं। इसमें यह बताने की कोशिश भी है कि ये तीनों पद सिर्फ़ उपरोक्त अवधारणात्मक अनुक्रम में ही एक अर्थ का निर्माण करते हैं। शीर्षक यह भी बताता है कि अनुभव में अंतस्थ स्थान (स्पेस) की अवधारणा चिंतन के निर्माण और उसकी अभिव्यक्ति के लिए स्रोत का काम करती है। जिस सीमा तक उपरोक्त शीर्षक यह बताता है, उस सीमा तक इसमें एक ज्ञानमीमांसीय दावा भी शामिल है। लेकिन, इस प्रस्ताव के ज़रिये मैं यह दावा नहीं कर रहा हूँ कि आदर्शवाद या भौतिकवाद जैसी अन्य विचार-सरणियों में चिंतन उत्पन्न करने की ज्ञानमीमांसीय क्षमता नहीं होती। विचार के इन तंत्रों में ज़ाहिरा तौर पर युग-प्रवर्तनकारी क्षमता है। लेकिन मुश्किल यह है कि चिंतन का यह सार्वभौम चरित्र किसी विशिष्ट स्थिति की जटिलताओं और उसमें मौजूद ख़ास वास्तविकता को पूरी तरह पकड़ने में शायद ही समर्थ होता हो। मसलन, मार्क्स के पास वस्तुओं या घटनाओं को समझने के सार्वभौम सिद्धांत थे जिनके ज़रिये उन्होंने भारतीय यथार्थ की व्याख्या करने का प्रयत्न किया। भारतीय विद्वानों ने भी इन सिद्धांतों को भारतीय स्थिति पर लागू करने का प्रयास किया। फिर भी, इनमें से बहुत से विद्वान स्वीकार करते हैं कि हमारी सामाजिक हक़ीक़त को उसकी समस्त जटिलताओं के साथ उजागर करने में मार्क्स के इन सिद्धांतों की भूमिका सीमित ही रही है।

अनुभव का सैद्धांतिक बाना पहले से तैयार नहीं किया जा सकता। सरल शब्दों में कहा जाए तो अनुभव के सिद्धांत को अपनी चिंतनपरक प्राप्ति के लिए उस समय तक इंतज़ार करना पड़ता है जब तक वह अनुभव ख़ुद प्रथम पुरुष-अनुभव नहीं बन जाता। इसे दूसरे तरीक़े से कहा जाए तो सिद्धांतकार बेशक सिद्धांत-निर्माण का काम हाथ में ले सकता है, परंतु इसके लिए उसे किसी व्यक्ति या सामाजिक समूह के अनुभव के वस्तुनिष्ठ प्रमाण की आवश्यकता पड़ेगी। कहने का मतलब यह है कि सिद्धांत की चिंतनपरक प्राप्ति की संभावना मुख्यतः अनुभव के संदर्भ में ही पैदा होती है। यह अनुभव

ही सिद्धांत-निर्माण के लिए आवश्यक पृष्ठभूमि तैयार करता है। यह पृष्ठभूमि दो स्तरीय हो सकती है : वस्तुनिष्ठ (भौतिक) और व्यक्तिनिष्ठ (ज्ञानमीमांसीय)। इस लेख में मेरा आग्रह यह है कि अनुभव की प्राप्ति तो आत्मगत होती है लेकिन उसका सृजन स्थान के वस्तुनिष्ठ तर्क द्वारा संपन्न होता है। ऐसे में, अनुभव के इस सैद्धांतिक प्रस्तुतीकरण में आनुभविक स्थान मध्यस्थ की भूमिका निभाता है। इसलिए मैं यहाँ एक और बात कहना चाहता हूँ कि अव-धारणात्मक सामीप्य के धरातल पर हासिल चिंतनपरक प्राप्ति ख़ुद उस अनुभव पर निर्भर करती है जो एक ख़ास स्थान में अभिव्यक्त (कई बार हिंसक ढंग से) होता है। मेरा एक और तर्क यह है कि अनुभव का उत्पादन स्थान के पुनरुत्पादन पर निर्भर करता है। अर्थशास्त्रीय, औपनिवेशिक या विमर्शी अक्षों के इर्द-गिर्द रचित स्थान में अनुभव के विखंडित रूप उत्पन्न करने की प्रवृत्ति होती है। इसलिए मैं इस लेख में दूसरा तर्क यह दूँगा कि समय बीतने के साथ स्थानों की विचारधारात्मक पुनर्संरचना विभिन्न रूपों में अनुभव की स्थिरता और निरंतरता को बढ़ाती है। तीसरा, यह सच है कि दुश्मन या उत्पीड़क ही अनुभव का जनक होता है। लेकिन वह इस अनुभव को अपनी मर्ज़ी से पैदा नहीं कर सकता। दरअसल, उत्पीड़क को उत्पीड़न का अनुभव पैदा करने के लिए कुछ निश्चित सहायक स्थितियों की आवश्यकता होती है। उत्पीड़न के अनुभव को ताक़तवर पक्ष बहुधा हथियार की तरह इस्तेमाल करता है। इस तरह, उत्पीड़क के लिए यह अनुभव जहाँ प्रभुत्व क़ायम करने वाली राजनीतिक स्थिति की भूमिका निभाता है, वहीं सिद्धांतकार इसका उपयोग सिद्धांतीकरण के साधन या यंत्र के रूप में करता है। लेकिन इन दोनों ही कोशिशों में यह एक बात समान होती है कि ये दोनों ही पीड़ित के वस्तुकरण की बिना पर सफलता हासिल करते हैं।

लेफ़ेब्र से सूत्र लेते हुए मैं इस लेख में दलील दूँगा कि उत्पीड़क को यह आवश्यक स्थिति स्थान से ही मिलती है। वह बाद में स्थान का उपयोग एक ऐसा ख़ास अनुभव पैदा करने के लिए करता है जिससे पीड़ित व्यक्ति नैतिक रूप से पंगु हो जाए। उत्पीड़क स्थान को एक ऐसा मनमाफ़िक रूप देता है

जिसके माध्यम से पीड़ित पर उसका वर्चस्व और प्रभुत्व पूरी तरह क़ायम हो सके। वह प्रभुत्व क़ायम रखने के लिए स्थानों का उपयोग करते हुए अभूतपूर्व हिंसा का सहारा लेता है या फिर कई मरतबा अपना प्रभुत्व क़ायम रखने के लिए स्थानों का प्रयोग इस तरह करता है कि पीड़ित उत्पीड़क के प्रतीकात्मक संसार में आंशिक तौर पर समाहित हो जाए। मसलन, कोई उत्पीड़क किसी दलित या स्त्री को सांस्कृतिक स्थान में समायोजित करने की कोशिश में उस स्त्री को प्रतीकात्मक स्तर पर लक्ष्मी देवी के रूप में प्रतिष्ठित कर सकता है, भले ही वास्तविक जीवन में संपत्ति पर उसका कोई हक़ न हो। इसी तरह, वह एक अछूत को वैश्वीकरण के दौर में एक सुधी उपभोक्ता का तमगा पहना सकता है, भले ही वह अछूत व्यक्ति भुखमरी से ग्रस्त हो। विभिन्न स्थानों में सत्ता के एक प्रभावकारी रूप में व्याप्त वर्चस्व की यह स्थिति व्यक्ति के वस्तुकरण — किसी को 'अंकल टॉम' (दब कर रहने वाला व्यक्ति) या 'घमडया' (दब कर रहने वाले व्यक्ति के लिए मराठी शब्द) कहने पर निर्भर करती है। उत्पीड़क स्थान का उपयोग मनुष्य को घृणास्पद बनाने के लिए भी करता है। मसलन, मुम्बई का मध्यवर्ग जर्जर झुग्गियों में रहने वाले लोगों के साथ ऐसा बरताव करता है, मानो वे चलती-फिरती गंदगी हों। बहरहाल, 'पीड़ित' हमेशा इस दासता की स्थिति में नहीं रहते। दरअसल, वे स्थानों को ऐसा नया रूप देना चाहते हैं ताकि उत्पीड़क या अवमानना पैदा करने वाले किसी भी अर्थ को उनसे अलग किया जा सके। सच्चाई यह है कि प्रभुत्वशाली लोगों की वर्चस्ववादी राजनीति के कारण ही यह अर्थ पीड़ित के साथ चस्पाँ किया जाता है। पीड़ित इस स्थान की समतावाद के पक्ष में नयी पुनर्रचना और पुनर्विन्यास करता है। अगले खंड में मैं यह तर्क प्रस्तुत करूँगा कि पीड़ित व्यक्ति द्वारा सामूहिक गोलबंदी के लिए अपनायी गयी रैडिकल भाषा के पीछे इसी स्थान से जुड़ा हुआ अनुभव काम करता है। ग़ौरतलब है कि स्थानों में रद्दोबदल करने, उन्हें ख़त्म करने या उनका अतिक्रमण करने के लिए यह रैडिकल भाषा लाज़िमी होती है। इस भाषा के बिना ऐसे स्थानों का वर्चस्व तथा उनमें निहित भेदभाव बरक़रार रहता है।

लेफ़ेब्र तर्क देते हैं कि प्रभुत्वशाली स्थान निश्चित रूप से बंद होते हैं। इस तरह के स्थान पर क़ब्ज़ा जमाने या उससे बाहर निकलने के लिए आवश्यक है कि पीड़ित लोग सिर्फ़ उसी अनुभव को अपनाएँ जो इन स्थानों में निहित है। लेकिन साथ ही उस अनुभव को अमूर्त भाषा द्वारा और गहराई भी देनी होगी। दूसरे शब्दों में, पीड़ित लोग ख़ुद को पहले प्रभुत्वशाली स्थानों के भीतर मौजूद दास-पहचान के संदर्भ में पहचानते हैं और फिर इससे आगे जाने की कोशिश करते हैं। ख़ुद को सक्रिय या चिंतनक्षम एजेंसी के रूप में खोजने का मतलब अनुभव का सृजन करना है, न कि उस अनुभव का स्वामी होना। इस तरह पीड़ितों द्वारा आत्म का यह संधान उनकी सांस्कृतिक या बौद्धिक गोलबंदी की माँग करता है। गोलबंदी के ये रूप कुछ निश्चित क़िस्म की नैतिक और राजनीतिक श्रेणियों — गरिमा, आत्मसम्मान, आज़ादी, समानता और सामाजिक न्याय का स्पर्श करके या फिर स्थान के पुनर्विन्यास की राजनीति के तुलनात्मक महत्त्व से भिड़ कर ही संभव हो पाते हैं। इस शोध-पत्र में मैं आगे यह तर्क दूँगा कि आत्मसम्मान और गरिमा की भाषा की तरफ़ जाने की संभावना दासता के अनुभव से पीड़ित लोगों में ही ज़्यादा होती है। स्थानों को नये सिरे से गढ़ने, ख़त्म करने या उनसे मुक्त होने की क्षमता पात्र को वह तर्क मुहैया कराती है जिसके दम पर वह अपने अनुभव को स्थानिक और बौद्धिक गहनता देने के लिए एक नयी तरह की, और ज़रूरी अवधारणात्मक शब्दावली का इस्तेमाल कर सकता है। आम्बेडकर द्वारा दलितों की और गाँधी द्वारा किसानों की बौद्धिक/राजनीतिक गोलबंदी इस तरह की गहनता का प्रमाण पेश करती है। लेख के अगले हिस्से में मैं यह बात और विस्तार से रखूँगा कि गाँधी इस तर्क (नैतिक) को परंपरा के भीतर ढूँढ़ते हैं, तो दूसरी ओर ऐसा लगता है कि आम्बेडकर आंतरिक (बौद्ध धर्म या कबीर या ज्योतिराव फुले जैसी विविध परंपराओं से) और बाहरी (आधुनिक और शायद पश्चिमी)। दोनों ही तरीक़ों में तर्क-बुद्धि (रीज़न) का प्रयोग निहित है। जहाँ तक जन-गोलबंदी की बात है, ये दोनों ही चिंतक नैतिक (गाँधी के मामले में) और राजनीतिक (आम्बेडकर के मामले में)

श्रेणियों के निर्माण में अनुभव के साथ स्थान का भी प्रयोग करते हैं। दोनों ही विचारक अपने सामाजिक क्षेत्रों में अलग-अलग श्रेणियों के साथ जाते हैं जो उनके अलग-अलग अनुभवों से उत्पन्न हुई हैं। निश्चित रूप से इन दोनों का टकराव उन स्थानों से होता है जो उनकी मुक्तिदायी योजना के विरोध में हैं। स्पष्ट है कि गाँधी की योजना में स्थानों को सुधारना और उनके वजूद को दोबारा हासिल करना शामिल है, जबकि आम्बेडकर इन स्थानों को रैडिकल ढंग से अपदस्थ करना चाहते हैं। हम आगे यह देखेंगे कि दोनों मामलों में यह किस तरह घटित होता है।

ऊपर के वर्णन से यह बात पूरी तरह स्पष्ट है कि इस शोध-पत्र के शीर्षक में एक ख़ास तरह का ज्ञानमीमांसीय दावा किया जा रहा है। इस शोध-पत्र में यह तर्क दिया गया है कि अनुभव के बारे में सृजनात्मक चिंतन या इसके सैद्धांतिक प्रस्तुतीकरण के लिए अनुभव ही एक शुरुआती ज्ञानमीमांसीय स्थिति उपलब्ध कराता है। अनुभव और स्थान के बीच की मध्यस्थता से उभरने वाली श्रेणियों में एक विशिष्ट तर्क को मज़बूती देने की प्रवृत्ति होती है। इसके आख़िरी भाग में हम देखेंगे कि गाँधी ने विभिन्न समूहों के बीच एकजुटता लाने के लिए 'सेवा' की श्रेणी का प्रयोग किया। इसे वे एक ख़ास स्थिति अर्थात् 'भारत की आज़ादी' हासिल करने के लिए आवश्यक मानते थे। दूसरी ओर, आम्बेडकर ने आत्मसम्मान की श्रेणी का उपयोग किया। यह श्रेणी 'बहिष्कृत भारत' (बहिष्कृत यानी अछूत लोगों का भारत) से आगे प्रबुद्ध भारत (प्रबोधित लोगों के भारत) की ओर जाने पर ज़ोर देती है। गाँधी का तर्क यह है कि भारत की पुनर्रचना अलग तरह से होनी चाहिए। उनके विचारों में सामने आने वाली पुनर्रचना की प्रकृति अनैतिहासिक और मिथकीय है। दूसरी ओर, आम्बेडकर के तर्क में यह बात निहित है कि वे भारत की पुनर्रचना एक ऐसे रैडिकल अंदाज़ में करना चाहते हैं जो उसके वर्तमान स्वरूप से क़तई अलग हो। उनका यह तर्क बुनियादी रूप से ऐतिहासिक है। उसमें इस बात की स्वीकृति है कि बहिष्कृत भारत कुछ ख़ास तरह की सामाजिक प्रक्रियाओं का नतीजा है जो सामाजिक प्रभुत्व की

ऐतिहासिक ताक़तों के ज़रिये अपना वजूद क़ायम रखती हैं। यह तर्क इस बात पर भी ज़ोर देता है कि प्रबुद्ध भारत निरीश्वरवादी/नास्तिक परंपरा (हेट-रोडॉक्स ट्रेडिशन) के आलोचनात्मक विवेक से पैदा होता है। बहरहाल, गाँधी और आम्बेडकर में एक बात समान है। दोनों अनुभव को ही ज्ञानमीमांसा और आम लोगों की विचारधारात्मक/राजनीतिक गोलबंदी का शुरुआती बिंदु मान कर चलते हैं। गाँधी ने ख़ुद के साथ और दूसरों के साथ प्रयोग किये। इस तरह आम्बेडकर और उनके समुदाय का अनुभव गाँधी के प्रयोग की वस्तु बन गया। दूसरी ओर आम्बेडकर अनुभव के सत्तामीमांसक रूप से जुड़े हुए थे जो उनके भीतर एक जातिग्रस्त समाज के उच्च पदस्थ उत्पीड़कों द्वारा भरा गया था। गाँधी ने इसी कारण ऊँची जाति के उत्पीड़कों के साथ काम करने का फ़ैसला किया। उनका यह फ़ैसला सही था। गाँधी और आम्बेडकर, दोनों ने ही कुछ नैतिक/राजनीतिक श्रेणियों का निर्माण किया। आम्बेडकर ने इनका प्रयोग सामाजिक शुद्धीकरण के लिए किया। गाँधी ने इनका प्रयोग इसलिए किया ताकि वे लोगों को आत्मिक शुद्धीकरण के लिए प्रेरित कर सकें। बहरहाल, गाँधी और आम्बेडकर — दोनों ही प्रेरक श्रेणियों को पूर्व-सिद्ध (अ-प्रायरी) नहीं मानते थे। शायद गाँधी से ज़्यादा आम्बेडकर इस बात पर ज़ोर देते थे कि सामाजिक गतिशीलता की अंतर्दृष्टि और स्थानीय स्तर पर सामाजिक यथार्थ की रचना करने वाले महीन ब्योरों का परीक्षण ही ज्ञान का आधार होना चाहिए। गाँधी और आम्बेडकर के विचारों से कुछ सूत्र लेते हुए यह तर्क दिया जा सकता है कि कुछ लोगों को सार्वभौम सिद्धांत का अमूर्त रूप बहुत गहराई से ललचाता है, लेकिन सार्वभौम सिद्धांत का यह ख़ास गुण आम्बेडकर या गाँधी को आकर्षित नहीं कर पाया। इन दोनों विचारकों की श्रेणियों का निर्माण और उनका हुलिया उनके विस्तृत ज्ञान से उपजा था। परंतु उनका ज्ञान महज़ किताबी नहीं बल्कि संदर्भ के अनुभव से दीप्त था। इन दोनों विचारकों ने सामाजिक सच्चाइयों और भारत को अपने देश-व्यापी भ्रमण के ज़रिये समझा था। गाँधी और आम्बेडकर ने आनुभविक स्थानों की विस्तृत और गहरी जाँच-पड़ताल की

थी, किंतु उन्होंने इस आधार पर कोई सारतत्त्ववादी सार्वभौम सिद्धांत पेश करने से परहेज़ किया। समकालीन भारत में बहुत से टीकाकार अब गाँधी और आम्बेडकर, दोनों के ही विचारों का सार्वभौमीकरण करने की कोशिश कर रहे हैं। पर वे अकसर यह बात भूल जाते हैं कि ख़ास तौर पर गाँधी के वैचारिक विकास में अनुभव की बुनियादी भूमिका रही है। हालाँकि आम्बेडकर की श्रेणियों की जड़ें अज्ञेयवादी (एगनॉस्टिक) ज़मीन में देखी जा सकती हैं लेकिन उनका वजूद वहीं तक सीमित नहीं है।

चिंतन की ऐसी बहुत सी रूपरेखाएँ हैं जिनकी शुरुआत सार्वभौम सिद्धांत से होती है। मसलन, आदर्शवादी (कांट और हीगेल) एक पूर्व-सिद्ध सिद्धांत से शुरुआत करते हैं या फिर भौतिकवादी विचारक (मार्क्स) एक संदर्भ से जुड़ी अनुभव-सिद्ध हक़ीक़त (फ्रांस का गृहयुद्ध आदि) को सार्वभौमिक रूप से पेश करने की कोशिश करते हैं। पर इसका मतलब यह नहीं है कि सार्वभौम सिद्धांत से शुरुआत करने के कारण उनमें विचारों के सृजन की ज्ञानमीमांसीय क्षमता नहीं होती। वास्तव में यह बात तो हम सभी स्वीकार करते हैं कि सार्वभौम चिंतन की इन धाराओं ने अपने तात्कालिक स्थान का अतिक्रमण किये बिना ही विचारों के क्षेत्र में युगांतरकारी व्यवस्थाओं को जन्म दिया है। मसलन, मार्क्स और हीगेल में से कोई भी भारत नहीं आया, लेकिन वे भारत के बारे में महत्त्वपूर्ण विचार व्यक्त करते हैं। पर हम यह भी अनुभव करते हैं कि चिंतन का यह सार्वभौम चरित्र एक जटिल और निश्चित परिस्थिति के यथार्थ विशेष को पकड़ने में ज़्यादा समर्थ नहीं होता है।

इसी तरह कुछ विद्वान यह मानते हैं कि चिंतन की उत्तर-औपनिवेशिक रूपरेखा में कमी यह है कि वह भारत के राष्ट्रवादी चिंतन को मुकम्मल तौर पर समझने के लिए स्थान की श्रेणी को अहमियत नहीं देती। लेकिन, उत्तर-औपनिवेशिक चिंतन की यह आलोचनात्मक पड़ताल इस बात को पूरी तरह स्वीकार करती है कि राष्ट्रवादी दौर के भारतीय राजनीतिक चिंतन पर युरोपीय ज्ञानोदय की छाया (डेरिवेटिव इम्पैक्ट) के अनावरण में यह सिद्धांत काफ़ी उपयोगी रहा है। लेकिन मैं राष्ट्रवादी चिंतन के बारे में उत्तर-औपनिवेशिक

विश्लेषण से आगे जाकर यह तर्क देना चाहता हूँ कि एक व्याख्यात्मक श्रेणी के रूप में स्थान भारतीय हक़ीक़त के विविध आयामों की अच्छी समझ क़ायम करने में ज़्यादा मददगार हो सकता है। मनु गोस्वामी पार्थ चटर्जी के एक महत्त्वपूर्ण ग्रंथ का हवाला देते हुए यह दावा करती हैं कि अपनी समस्त वांछनीयता के बावजूद इस तरह का हस्तक्षेप इसलिए पर्याप्त नहीं लगता क्योंकि चटर्जी ने राष्ट्रवादी चिंतन और उसकी गतिकी की जैसी आलोचना की है वह अपनी सामग्री के लिहाज़ से युरोपीय परंपरा पर बहुत ज़्यादा निर्भर करती है। इसलिए गोस्वामी की यह दलील काफ़ी पुख़्ता लगती है कि भारत पर औपनिवेशिक प्रभाव की पूरी समझ के लिए हमें स्थान की अवधारणा पर भी ध्यान देना चाहिए।

एक ख़ास अर्थ में चटर्जी के बारे में उनकी यह आलोचना सही है। लेकिन जिसे वे चटर्जी के लेखन की सीमा बताती हैं, वह ख़ुद उनकी तर्क-योजना पर भी लागू होता है। मैं स्थान और अनुभव के अपने विश्लेषण में यह दिखाऊँगा कि गोस्वामी जिस अर्थ में स्थान का प्रयोग करती हैं उसमें अनुभव की हक़ीक़त से जुड़े सभी संदर्भ बिंदु शामिल नहीं होते हैं। दूसरा, गोस्वामी का यह कहना सही है कि स्थान का उपयोग एक केंद्रीय श्रेणी के रूप में किया जाना चाहिए लेकिन इस संबंध व स्थान के बारे में हेनरी लेफ़ेब्र के प्रसिद्ध लेखन से कुछ चुनिंदा विचारों को ही पेश कर पाती हैं। मसलन, लेफ़ेब्र से सूत्र लेते हुए गोस्वामी स्थान को औपनिवेशिक राज्य और भारतीय समाज के बीच बने सामाजिक संबंधों के रूप में चिह्नित कर उसे नये सिरे से परिभाषित करती हैं। और एक बार फिर लेफ़ेब्र के लेखन को आधार बनाते हुए यह दलील देती हैं कि स्थान को एक साथ कार्रवाई का मुख्य क्षेत्र और कार्रवाई का आधार होना चाहिए। इस बात में किसी शक की गुंजाइश नहीं है कि यह दलील औपनिवेशिक राज्य के ख़िलाफ़ राष्ट्रवादी कार्रवाई की समझ के लिए बहुत ही उपयोगी है। लेकिन लेफ़ेब्र के विचारों के इस अधिग्रहण की मुख्य सीमा यह है कि वह औपनिवेशिक राज्य की 'परोपकारी शासक' वाली आत्म-समझ को सिर्फ़ सत्ता के औपनिवेशिक विन्यास के

भीतर ही चुनौती देना चाहती है। इससे सत्ता के स्थानीय विन्यास के तहत बहुत से सामाजिक समूहों को प्रताड़ित करने वाले स्थानीय शासकों को बहुत ज़्यादा छूट मिल जाती है। ज्योतिराव फुले ने इन स्थानीय शासकों को 'सेठजी और भाटजी' की संज्ञा दी थी। दूसरी ओर, आम्बेडकर ने इन्हें ब्राह्मणसाई और भांडवाल साई (ब्राह्मणवाद और पूँजीवाद) की संज्ञा दी थी। सत्ता के इस स्थानीय विन्यास की गतिकी का भारतीय सामाजिक चिंतन के निर्माण में एक निश्चित प्रभाव रहा है, जिसे कुछ सामाजिक समूहों की स्थानिक अवस्थिति से उपजे अनुभवों के ज़रिये बेहतर ढंग से समझा जा सकता है। लेफ़ेब्र से एक अन्य सूत्र लेते हुए इसे और विस्तार से स्पष्ट किया जा सकता है। लेफ़ेब्र, और निश्चित रूप से फ़ूको भी, यह मानते हैं कि आनुभविक स्थान सिर्फ़ भूगोल या ख़ाली तटस्थ स्थान नहीं होता, बल्कि वह एक संस्कृतिकृत (कल्चरलाइज़्ड) परिघटना है। इसलिए वह मुख्यतः एक ऐसी परिघटना है जो यह बताती है कि लोगों को सीमित, बंद और विभाजित जगहों में रख कर कैसे नियंत्रित किया जाए। इस आलेख में मेरा तर्क यह है कि स्थान की यही संकल्पना भारत में बीसवीं सदी के प्रारम्भिक सामाजिक चिंतन में ज्ञानमीमांसीय भूमिका निभाती है। मैं अपने तर्क को मज़बूती देने के लिए उन विद्वानों के विचारों से कुछ सूत्र लूँगा जो उदारतावाद और साम्राज्य के अंतर्संबंध को समझने के लिए स्थान को एक महत्त्वपूर्ण श्रेणी मानते हैं। मसलन, उदय मेहता और शंकर भास्करने के लेखन में कुछ ऐसे आवश्यक सूत्र चिह्नित किये जा सकते हैं जिनसे साम्राज्य की परिघटना के आस-पास विकसित हुए भू-क्षेत्र और उदारतावादी चिंतन के बीच की कड़ी को समझा जा सकता है।

लेख के अगले हिस्सों में मेरा तर्क यह रहेगा कि विचार के विकास की ज्ञानमीमांसीय स्थितियाँ ख़ुद-ब-ख़ुद स्थान की उत्पत्ति नहीं करतीं। दरअसल, स्थान केवल उसी स्थिति में ज्ञानमीमांसीय संभावना पैदा कर सकता है जब उसके साथ अनुभव का तत्त्व जुड़ा हो। यही नहीं, विविध स्थानों में अंतस्थ अनुभव की भिन्नता के आधार पर एक ख़ास तरह का विचार एक विशिष्ट

प्रकृति और अनुक्रम भी हासिल कर लेता है। मसलन, महाराष्ट्र के ज्योतिराव फुले और दक्षिण के पेरियार रामास्वामी नायकर जैसे ग़ैर-ब्राह्मण चिंतकों की स्थानिक अवस्थिति ने उनका जाति पर आधारित भेदभाव के ऐसे अनुभवों से साबक़ा कराया, जिससे राजनीतिक के ऊपर सामाजिक को वरीयता देने के हालात बने। इस तरह अनुभव स्थान में एक तरह की गतिशीलता पैदा कर देता है। गतिशील स्थान या स्थानों की गतिशीलता नयी और पुरानी अवधारणाओं के आपसी संबंधों पर सवाल खड़े करती है। नये और पुराने स्थानों का तनाव इस ओर संकेत करता है कि पुराने स्थान नयी अवधारणाओं का डट कर मुक़ाबला करते हैं। लिहाज़ा, स्थान की गतिशील प्रकृति स्थिर स्थानों की मानकीय सीमाओं की ओर इशारा करती है और साथ ही मुक्ति की एक नयी शब्दावली की सैद्धांतिक संभावना भी मुहैया कराती है।

दूसरे शब्दों में कहा जाए तो यह नयी भाषा सामान्यतः बाहर से लाई गयी तर्क-बुद्धि के कारण पुनर्विन्यस्त पुराने स्थानों से उत्पन्न होती है। भारत के संदर्भ में स्थान का पुनर्विन्यास करने वाली यह आवश्यक स्थिति साम्राज्य के उदारतावाद से पैदा होती है। और इसी बिना पर स्थानों में कई सारी अवधारणाओं का मार्ग प्रशस्त होता है। ख़ुद आम्बेडकर को यह लगता है कि उदारतावाद के दख़ल से दलितों के बीच परंपरा द्वारा बताए गये सच को अपदस्थ किया जा सकता है और इसकी मदद से उनमें नये सच को खोजने के लिए आलोचनात्मक ऊर्जा उत्पन्न की जा सकती है। आम्बेडकर के अनुसार, चूँकि नये सच में परंपरा शामिल नहीं होती इसलिए लोगों को इसे स्वीकार करने में वक़्त लगता है। यह बात उस सच पर लागू नहीं होती है जिसमें परंपरा शामिल होती है। ख़ासतौर पर लोग जाति-व्यवस्था के आसपास रचित सामाजिक प्रक्रियाओं से उभरने वाले सच को ज़्यादा आसानी से स्वीकार करते हैं। जाँच और ख़ुद पर संदेह करने की उदारतावादी चेतना लोगों को इस बात के लिए प्रेरित करती है कि वे पदानुक्रमीय स्थानों में अपनी स्थिति के बारे में सवाल करें। यह चेतना लोगों को ऐसे नये स्थानों की कल्पना करने के लिए भी प्रेरित करती है जो उन्हें ज़्यादा समतावादी

जीवन देने का वायदा करते हों। भारत के कुछ अनुभवों के आधार पर यह बात ज़्यादा मज़बूती से कही जा सकती है। इस संदर्भ में मैं ख़ास तौर पर भारत के पश्चिमी भाग के उदाहरण पर विचार करूँगा। इसका कारण यह है कि दूसरे भागों की तुलना में मैं इस भाग से थोड़ा ज़्यादा परिचित हूँ। अपने तर्कों का विकास करते वक़्त मैं ख़ास तौर पर उदय मेहता (लिबरलिज़्म ऐंड एम्पायर) और रमन शंकरने (फ़्रेमिंग इंडिया, वॉयेज़) की किताबों के संदर्भ का प्रयोग करूँगा। दोनों लोग साम्राज्य की परिघटना के आस-पास विकसित हुए भू-क्षेत्र और उदारतावादी चिंतन की आपसी कड़ी समझने के लिए आवश्यक सूत्र उपलब्ध कराते हैं। इस परचे में लेफ़ेब्र के शोध को आधार बना कर यह तर्क दिया गया है कि विचार और अवधारणाएँ अपने-आप प्रमुखता हासिल नहीं करतीं। सच्चाई यह है कि उनकी यह गुरुता स्थानों की प्रकृति पर निर्भर करती है। ख़ासतौर पर भारत जैसे संदर्भ में, जहाँ स्थानों की व्यवस्था पदसोपानीय है, वहाँ इस तरह के स्थान से संस्कृतीकरण की अवधारणा अनिवार्यतः उत्पन्न होगी। यदि स्थान तुलनात्मक रूप से खुले हुए हैं तो उनसे एक अलग तरह की शब्दावली पैदा होगी। इस तरह की शब्दावली में पश्चिमीकरण, व्यक्तिवाद, नागरिक समाज, गरिमा और आत्म-सम्मान आदि जैसे शब्द शामिल होंगे। यदि ये स्थान औपनिवेशिक हैं तो उनसे एक अलग शब्दावली सामने आएगी, जिसमें राष्ट्रवादी साँचे के भीतर स्वशासन और आज़ादी जैसे शब्दों को जगह दी जाएगी। स्थानों को विशेष महत्त्व देने या उन्हें पवित्र मानने से ऐसी अवधारणाएँ सामने आती हैं जो एक तरह से सम्प्रभु हो जाती हैं। मसलन, राष्ट्रवादी स्थान को 'भारत माता' का रूप प्रदान करने से राष्ट्रवादी स्थान पवित्र बन कर किसी भी तरह की पड़ताल या आलोचना से परे चला जाता है। इस तरह की निर्मिति स्वशासन और आज़ादी जैसी सम्प्रभु शब्दावली की जगह किसी दूसरे क़िस्म की शब्दावली को दुश्मन मान लेती है। इस तरह दलित दृष्टिकोण से उभरने वाली आत्म-सम्मान और सामाजिक न्याय की शब्दावली को इस पवित्र स्थान के विरुद्ध मान लिया जाता है।

इसलिए भारतीय संदर्भ में सम्प्रभु अवधारणा के रूप में हमारे पास स्वशासन की अवधारणा है। विचारों को सफलतापूर्वक लागू करने के लिए एक ज्ञानमीमांसीय पूर्व-शर्त यह है कि पारंपरिक रूप से प्रभुत्वशाली स्थानों (जैसे, अग्रहार) को ख़त्म किया जाए और उन्हें खुले स्थानों में तब्दील किया जाए। दरअसल, ये प्रभुत्वशाली स्थान अपनी परिभाषा के हिसाब से ही बंद और सख़्त होते हैं (प्लेटो के 'डार्क होल' का व्युत्क्रम)। लेकिन स्थानों के खुले होने भर से विचार अपने-आप पैदा नहीं हो जाते। दूसरे शब्दों में, सिर्फ़ इन विचारों में शामिल विमर्शी अंतर्वस्तु के आधार पर इन श्रेणियों की व्याख्यापरक क्षमताओं का विस्तार नहीं किया जा सकता है। दरअसल, विचारों का प्रभावी विस्तार उन स्थानों की तरलता और लचीलेपन पर निर्भर करता है जिसमें सामाजिक और सांस्कृतिक रूप से विखंडित लोग रहते हैं। इसलिए आधुनिक विचारों का प्रसार स्थानों के प्रसार से अभिन्न रूप से जुड़ा होता है। भारतीय संदर्भ में आम्बेडकर के सामाजिक और राजनीतिक आंदोलन ने स्थानों की जड़ता तोड़ कर उनका विस्तार किया। ये स्थान शुद्धता और दूषण के विचारों से भरे पड़े थे। यहाँ इन स्थानों की जड़ता तोड़ने की बात इस अर्थ में कही जा रही है कि हिंदू पुजारियों द्वारा इन स्थानों का कर्मकांडीय शुद्धीकरण पहले ही किया जा चुका था। आम्बेडकर के अनुसार स्थानों को बाहरी संकटों और प्रभाव से मुक्त करने का यह उपक्रम दो कारणों से ऐतिहासिक ज़रूरत बन जाता है। पहला, ऐसा करना इसलिए ज़रूरी है ताकि हिंदू समाज के विभिन्न तबक़ों की संवेदना स्पर्श की जा सके। दूसरे यह इसलिए भी ज़रूरी है ताकि ऊँची जातियों के हिंदुओं को पारस्परिक सम्मान, सामाजिक न्याय और समानता जैसे आदर्शीकृत मूल्यों में निहित तर्क-बुद्धि की कड़वी ख़ुराक द्वारा उनकी 'एकायामी कल्पना' भंग की जा सके। संक्षेप में, यह एक अर्थ में बेनेडिक्ट ऐंडर्सन के इस विचार के अनुरूप ठहरता है कि आधुनिकता बंद समाजों को ज़्यादा समतावादी बना डालती है। आधुनिक शब्दावली अपनाने के पीछे आम्बेडकर का मक़सद निश्चित रूप से यह था कि वे ब्राह्मणवाद और पूँजीवाद के रूप में शक्ति के दो ध्रुवों

के आस-पास बने स्थानीय विन्यास (या संरचना) पर हमला करना चाहते थे। सत्ता के स्थानीय विन्यास की इस गतिकी और उससे उपजे अनुभव का भारत के सामाजिक चिंतन पर असंदिग्ध प्रभाव पड़ा है। इस बात को लेफ़ेब्र द्वारा प्रतिपादित आनुभविक स्थान की श्रेणी के संदर्भ में ज़्यादा बेहतर ढंग से समझा जा सकता है। लेफ़ेब्र यह तर्क देते हैं कि वास्तव में स्थान को गहराई में, द्विरूपण, प्रतिध्वनि और प्रतिबिम्ब के रूप में अनुभव किया जाता है। लेफ़ेब्र यह तर्क देते हैं कि 'स्थान मेरा शरीर है और फिर यह मेरे शरीर का प्रतिपक्ष है या अन्य, यह मेरी आईने की छवि है या छाया'। यह विचार एक अछूत व्यक्ति के शरीर की छाया समझने के लिए पूरी तरह से प्रासंगिक है। हम इस बात को ख़ास तौर पर अट्ठारहवीं सदी के पूना (महाराष्ट्र) के समाज और सामाजिक असमर्थताओं के संदर्भ में देखेंगे कि अछूत का शरीर — दैहिक सत्व और उसकी छाया — दोनों ही तरह से एक स्थान के तौर पर दोहरी चीज़ बन जाता है। अछूत का शरीर और उसकी छाया — दोनों एक साथ मिलकर अछूत के लिए अपमान का अनुभव पैदा करते थे। पेशवा के शासन के दौरान यह माना जाता था अछूत की छाया भी गंदगी पैदा करती है। इस तरह, स्थान को सामाजिक रूप से प्रभुत्वशाली जातियों के पक्ष में तय करने में वास्तविक और परावर्तित — दोनों ही पहलू समान रूप से शक्तिशाली हो गये। इस तरह इस आलेख का लक्ष्य लेफ़ेब्र के सूत्रों से परे न जाकर उन्हें भारत पर लागू करके देखना है। इसलिए प्रस्तुत लेख को एक अनुपूरक प्रयास के रूप में देखा जाना चाहिए।

जैसा कि ऊपर उल्लेख किया गया है लेफ़ेब्र और फ़ूको आनुभविक स्थान को एक संस्कृतीकृत परिघटना मानते हैं। इसका ख़ास सरोकार इस बात से है कि लोगों को सीमित, बंद और विभाजित स्थानों में रख कर कैसे नियंत्रित किया जाए। मैं यहाँ तर्क दूँगा कि भारत में बीसवीं सदी की शुरुआत में उभरे राजनीतिक चिंतन में स्थान की इस संकल्पना की एक गहरी ज्ञानमीमांसीय भूमिका रही है। लेफ़ेब्र के विचारों का इस्तेमाल करते हुए मैं आगे यह तर्क दूँगा कि स्थान की सबसे गहरी आनुभविक प्रस्तुति उसकी सांस्कृतिक

अभिव्यक्ति में होती है। स्थान एक सांस्कृतिक रूप से निर्मित परिघटना है। किसी स्थान का निर्माण या पुनर्निर्माण किसी सामाजिक समूह द्वारा की गयी निश्चित कार्रवाई का नतीजा होता है। अपने ऐतिहासिक प्रभुत्व के आधार पर यह वर्ग साभ्यतिक हिंसा का सहारा लेकर पीड़ित समूहों पर वर्चस्व क़ायम करता है। अमूमन हिंसा स्थान की एक ख़ास तरह से पुनर्रचना करना चाहती है। मसलन पितृसत्ता निजी और सार्वजनिक स्थानों को एक ख़ास तरह से बनाती है। यह महिलाओं के लिए सम्प्रभुता का बहुत छोटा दायरा तय करती है। इसलिए महिलाओं की सम्प्रभुता सिर्फ़ रसोईघर तक सीमित कर दी जाती है। इस संदर्भ में विद्वान अकसर रबीन्द्रनाथ ठाकुर की रचना *घरे बायरे* का उद्धरण देते हैं। स्त्रियों को डरा-धमका कर निजी स्थानों तक सीमित कर देना एक अपरोक्ष क़िस्म की हिंसा की ओर संकेत करता है। रोचक बात यह है कि पितृसत्ता इस हिंसा का प्रभाव बेअसर करने के लिए विचारधारा का प्रयोग करती है। फिर भी, मेरा यह तर्क है कि ये रूप सभ्यतामूलक हिंसा को पूरी तरह परिभाषित नहीं करते। जाति आधारित हिंसा मुख्यतः दलितों द्वारा अनुदार स्थानों की सीमाओं के अतिक्रमण से जुड़ी है। यह बात साबित करने के लिए हम भारत के सामाजिक इतिहास से असंख्य उदाहरण ले सकते हैं। इसका सबसे हालिया उदाहरण महाराष्ट्र राज्य के विदर्भ क्षेत्र का खैरलांजी गाँव है जहाँ मध्यवर्ती जातियों के लोगों द्वारा दलितों की हत्याएँ की गयीं। दलितों की हत्या इसलिए की गयी कि वे पदसोपानीय सीमाओं का उल्लंघन कर रहे थे। हिंसा को इस आधार पर परिभाषित किया जाता है कि हिंसा का शिकार हुआ व्यक्ति एक साथ 'मौजूद' और 'ग़ैर-मौजूद' रहता है। किसी की शारीरिक हस्ती को मिटा देने वाली शारीरिक हिंसा सभ्यतामूलक हिंसा की परिभाषा की आधी शर्त को पूरा करती है। यह एक विडम्बना है कि अछूत समझे जाने वाले कुछ समूहों को सामाजिक और सांस्कृतिक संबंधों से ख़ारिज कर देना ही इस सभ्यतामूलक हिंसा की पारिभाषिक शर्त बन जाता है।

मैं आम्बेडकर द्वारा प्रतिपादित भारत में अछूतों के ऐतिहासिक विकास की सामाजिक समझ की मदद से इस बात की व्याख्या करना चाहता हूँ।

आम्बेडकर इस बात का विश्लेषण करना चाहते हैं कि सामाजिक स्थान का एक ख़ास तरह से पुनर्निर्माण करके जनसंख्या के एक बड़े हिस्से को किस तरह मानवीय अंतर्क्रिया के दायरे से ही बाहर कर दिया जाता है। इस पूरी प्रक्रिया की समझ के लिए आम्बेडकर 'खंडित आदमी' (ब्रोकेन मैन) के सिद्धांत का विकास करते हैं। आम्बेडकर यह दलील देते हैं कि बुनियादी रूप से सभी मनुष्य गहन जंगलों और पहाड़ों पर रहते थे। मैदानों में बस जाने के बाद ही उनका जाति समूहों में बँटवारा हुआ। ये जाति समूह बहुत ही सख़्त क़िस्म की शुद्धता और दूषण की विचारधारा के इर्द-गिर्द संगठित थे। मैदानों में खेती की खोज हो जाने के बाद अतिरिक्त अनाज का उत्पादन होने लगा। अतिरिक्त उत्पादन पर नियंत्रण की चाह के कारण कुछ लोग इस पर क़ब्ज़ा जमाने लगे। अतिरिक्त उत्पादन पर अपना क़ब्ज़ा सही साबित करने के लिए इन लोगों को शारीरिक या वैचारिक ताक़त की आवश्यकता पड़ी। आम्बेडकर बताते हैं कि द्विजों ने ब्राह्मणवादी विचारधारा का प्रयोग करके पहले तो अछूतों की श्रेणी का निर्माण किया और बाद में उनका अनाज की लूट और बर्बादी करने वाले बर्बरों के ख़िलाफ़ अवरोधक के तौर पर इस्तेमाल किया। शुद्धता और दूषण की विचारधारा का प्रयोग करके अछूतों को गाँव के मुख्य भाग से बाहर कर दिया गया। आम्बेडकर इन्हें ही 'खंडित आदमी' कहते हैं। इसका एकमात्र अर्थ यह है कि ग्रामीण व्यवस्था और अतिरिक्त खाद्यान्न की व्यवस्था का विकास सहवर्ती घटनाएँ हैं। खंडित लोगों को मुख्य गाँव से बाहर कर दिया गया। इनमें से जो लोग ज़्यादा लड़ाकू थे उन्हें और भी ज़्यादा दूर जंगलों में निष्कासित कर दिया गया। गाँव के अपेक्षाकृत नज़दीक बसे लोगों की यह ज़िम्मेदारी थी कि वे गाँव के लोगों को सम्भावित हमले की चेतावनी देकर उन्हें सावधान करें और जान की बाज़ी लगाकर जंगली जानवरों और 'बर्बर' लोगों से मुख्य गाँव की हिफ़ाज़त करें। इस तरह सामाजिक और सांस्कृतिक दूरी क़ायम रखने के लिए समय-समय पर एक विस्तृत विचारधारा का विकास किया जाता रहा। दूसरी कारीगर जातियों के अछूतों को सिर्फ़ एक निश्चित समय के दौरान ही गाँवों

में आने की इजाज़त थी। उन्हें ताक़ीद थी कि वे अधिकांश समय अपनी अँधेरी दुनिया (ब्लैक होल) (अपने छोटे 'घेटो') में रहेंगे और इस तरह एक दायरे तक सिमटे रहने वाले अछूत बने रहेंगे, जिनके बारे में दूसरों को बहुत कम जानकारी होगी (मनुष्यों को देखना और अनुभव करना तथा उनके सृजनशीलता की तारीफ़ करना भी सभ्यता का एक हिस्सा है)। उनसे यह भी उम्मीद की जाती थी कि वे संपर्क से दूर रहेंगे (किसी भी सभ्यता की निरंतरता के लिए भाषा मुख्य ऊर्जा उपलब्ध कराती है)। अछूतों को द्विजों के ऊपरी हिस्से के लिए या प्लेटो के शब्दों में दार्शनिक राजा के लिए हर वक़्त यह सब करना होता था। न्याय के प्लेटोवादी या अरस्तूवादी विचार का प्रयोग करते हुए यह कहा जा सकता है कि अछूतों के लिए न्यायपूर्ण बात यह थी कि वे अपनी अँधेरी दुनिया (ब्लैक होल) तक सिमटे रहें। उनका मुख्य काम यह था कि वे गाँव के ब्राह्मणों की सेवा करें। वे दूसरी सेवक वाली जातियों के साथ मिलकर ब्राह्मणों के लिए उत्पादन करते थे। ऊपर इस बात का उल्लेख किया गया है कि अछूत खाद्यान्न उत्पादन के अलावा द्विजों के ऊपरी हिस्से की बाहरी हमलों से भी सुरक्षा करते थे। ज़्यादा स्पष्ट रूप से यह कहा जा सकता है कि अछूतों ने द्विजों के ऊपरी भाग की सुरक्षा के लिए 'शॉक एब्ज़ार्वर' (पीड़ा-हारी) की भूमिका निभाई, जो अरस्तूवादी संदर्भ में पूरी तरह से 'सेल्फ़ एब्ज़ार्वर' (आत्म-शोषक) थे।

अट्ठारहवीं और उन्नीसवीं सदी के महाराष्ट्र के पूना शहर में पेशवा के शासन पर विचार करने से यह बात पूरी तरह स्पष्ट हो जाती है कि अछूतों को एक अँधेरी दुनिया (ब्लैक होल) में क़ैद करके रखा गया था। जैसा कि बहुत सारे विद्वानों ने दर्ज किया है अछूतों को नियमित समय और स्थान से बाहर धकेल दिया गया या फिर उन्हें खंडित समय और स्थान तक ही सीमित कर दिया गया। सामाजिक स्थान में उनकी गतिविधियों पर पाबंदियाँ लगाने के लिए कट्टर वैचारिक साँचों का इस्तेमाल किया गया। उन्नीसवीं सदी के दौरान पूना में पेशवा के रूढ़िवादी ब्राह्मण शासन ने अछूतों पर तरह-तरह के सामाजिक प्रतिबंध लगाकर उन्हें सामाजिक-सांस्कृतिक अंतर्क्रिया से वंचित

कर दिया। विभिन्न सामाजिक समूहों के बीच चलने वाली सामान्य मानवीय अंतर्क्रियाएँ सभ्यता का एक महत्त्वपूर्ण भाग होती हैं। लेकिन अछूतों पर थोपी गयीं इन पाबंदियों ने उन्हें सामाजिक-सांस्कृतिक रूप से अपंग बना दिया। इस तरह, उन्नीसवीं सदी के पूना में अछूतों को साफ़ ताक़ीद की गयी कि वे सुबह या शाम के वक़्त पूना की सड़कों पर नहीं चल सकते। उन्हें इन सड़कों पर सिर्फ़ दोपहर और रात में ही चलने की अनुमति थी। ये पाबंदियाँ इसलिए आयद की गयी थीं क्योंकि ऊँची जातियों के लोग केवल उनके स्पर्श या उपस्थिति को ही प्रदूषणकारी नहीं मानते थे बल्कि उनकी परछाईं को भी अपवित्र मानते थे। लिहाज़ा यह अलग से कहने की आवश्यकता नहीं है कि उन्नीसवीं सदी में अछूतों को मानवीय अंतर्क्रिया के नक़्शे से पूरी तरह मिटा दिया गया था। इस सभ्यतामूलक संहार के लिए अछूतों की छाया का इस्तेमाल किया गया। इस छाया को मिटा कर यह सुनिश्चित किया गया कि मनुष्य के रूप में अछूत किसी दूसरे मनुष्य का स्पर्श न कर पायें या कोई दूसरा मनुष्य किसी भी तरह से उनका स्पर्श न कर पाये। इस तरह कर्मकांडीय दूषण से बचने के लिए छाया का विचार चाहे कितना भी कारगर हो, परंतु अपनी अभिव्यक्ति के लिए उसे समय और भौतिक स्थानिकता की ज़रूरत पड़ती है। (एक अछूत की) छाया अपने-आप में ख़ाली या रिक्त न होकर एक शक्तिशाली स्थान होती है, जो ऊँची जाति के किसी व्यक्ति के शरीर की गतिविधियों को नियंत्रित कर सकती है। सार्त्र के मुहावरे में कहें तो छाया ऊँची जाति के ब्राह्मण के लिए एक ऐसा अस्त्र होती है जो अंततः उसी को आकर लगता है।

एक दूसरे संदर्भ में छाया प्रामाणिकता और गरिमा या आत्म-सम्मान को परिभाषित करने में महत्त्वपूर्ण भूमिका निभाती है। जो लोग दूसरों की छाया में चलना पसंद करते हैं वे इसे ज़रूरी नहीं मानते कि ख़ुद को दूसरों की छाया के बाहर खोजें। छाया का विचार बहुत ही रोचक लगता है और इस पर विस्तार से विचार किये जाने की आवश्यकता है। लेकिन मैं यहाँ इसकी तफ़सील में न जाकर सिर्फ़ इतना कहना चाहता हूँ कि छाया कम-से-कम विमर्शी स्तर पर तो लोगों को ज्ञानमीमांसीय रूप से उच्चतर महसूस करने

का मौक़ा ज़रूर देती है। मसलन, आधुनिक भारत में भूदेव मुखोपाध्याय जैसे राजनीतिक विचारक ख़ुद को ज्ञानमीमांसीय स्तर पर ज़्यादा बेहतर मानते थे क्योंकि उन्हें अपना चिंतन पश्चिमी चिंतन की काली ज्ञानमीमांसीय छाया लगता था। इसके विपरीत, जैसा कि उदय मेहता ने अपने लेखन में दिखाया है, पश्चिमी चिंतकों ने भी भारतीय चिंतन का उपयोग काली ज्ञानमीमांसीय छाया के रूप में किया। इससे उन्हें इस बात की संतुष्टि मिली कि उनका चिंतन सही रास्ते पर है और शायद भारतीय चिंतन से बेहतर है। इससे भारतीय संदर्भ में छाया को तत्त्वमीमांसीय स्तर पर भूत या काले जादू जैसी नकारात्मक शक्ति मिल गयी जिसके दम पर कोई व्यक्ति या पूरा गाँव ख़ुद को शैतानी शक्तियों से मुक्त रख सकता था।

पूना के उन्नीसवीं सदी के इस संदर्भ का यह नतीजा निकाला जा सकता है कि दोतरफ़ा बंदिशों की इस कार्रवाई में ब्राह्मणों ने अछूतों को थूकने के लिए अपने गले में मिट्टी का बर्तन बाँधने और अपने पदचिह्नों को मिटाने के लिए कमर से झाड़ू लटका कर चलने के लिए मजबूर कर दिया था। परंतु इसे विडम्बना ही कहा जाएगा कि बाद में पूरे देश में ब्राह्मणों ने ब्रिटिश चिंतकों के पदचिह्नों का ही अनुसरण किया, लेकिन सत्ता की स्थानीय संरचना में अछूतों को अपने पदचिह्न मिटाने के लिए मजबूर किया। उन्होंने आम्बेडकर के दार्शनिक पदचिह्न को मिटाने की कोशिश की, जिसके बारे में आगे थोड़े विस्तार से चर्चा की गयी है। इस तरह, ऐसा लगता है कि पेशवा के शासन ने आज की बायोमेट्रिक तकनीक के शुरुआती रूप का निर्माण कर लिया था। ग़ौरतलब है कि वर्तमान दौर में राज्य ने अपनी जनसंख्या पर ज़्यादा गहराई से नज़र रखने के लिए बायोमेट्रिक तकनीक का विकास किया है। पेशवा के शासन के दौरान स्थान की अवधारणा ने अछूतों के अपमान को और घना बना दिया। एक तरफ़ तो उसने अछूतों को सामाजिक स्थान के एक दायरे तक सीमित कर दिया, और दूसरी तरफ़ उनके शरीर पर सांस्कृतिक प्रतीकों को जड़ कर उन्हें 'लेजिबल' (या स्पष्ट) बना दिया। इस तरह, शरीर को एक ऐसे सांस्कृतिक स्थान में तब्दील कर दिया गया जिस पर ब्राह्मणवादी

व्यवस्था शासन और नियंत्रण कर सकती थी। उन्नीसवीं सदी में पेशवा शासन ने पूना में ठीक वही रास्ता अपनाया जैसा औपनिवेशिक राज्य ने उच्च जाति के आम लोगों के लिए तजवीज़ किया था। ब्राह्मणवादी व्यवस्था ने सिर्फ़ सामाजिक स्थान पर ही शासन नहीं किया, बल्कि उसने अछूत की देह को एक सांस्कृतिक स्थान में बदलकर अछूतों को ऐसी स्थिति में धकेल दिया कि वे दिन के समय भी अपने अँधेरे से बाहर न आ सकें। इसलिए आम्बेडकर यह तर्क देते हैं कि अछूतों के साथ 'लकड़बग्घे' की तरह बरताव किया गया, जो अछूतों की तरह ही निशाचर होते हैं। वे सिर्फ़ रात के समय अपने घरों से बाहर आते हैं। इस तरह अछूत गाँव के चौकीदार की तरह रात में ही सम्प्रभु होते थे। स्थान के संदर्भ में वे उस समय भी सम्प्रभु होते थे, जब वे अपनी अँधेरी दुनिया (डार्क होल) के दायरे में क़ैद होते थे। यह अँधेरी दुनिया हुलगरी या चेरी, महार या माँगवाड़ा या चमार टोला के रूप में होती थी। इसलिए भारत के गाँव में दो स्थान थे : एक पारस्परिक रूप से जुड़ा हुआ अग्रहार (शुद्धतावादी आंतरिक) और दूसरा सांस्कृतिक रूप से विच्छिन्न चेरी अछूत घेटो (अशुद्ध बाह्य)। सार्वभौम सम्प्रभु अर्थात् अग्रहार और विशिष्ट सम्प्रभु (दलितवाड़ा) के शक्ति-संबंधों को बेबी कांबले की आत्मकथा में बेहद दमदार तरीक़े से पेश किया गया है।

बेबीताई की आत्मकथा से पता चलता है कि पवित्र (अग्रहार) और अपवित्र (अछूत 'घेटो') के रूप में स्थान का यह विचारधारात्मक विभाजन उनके पिता की देह पर भी किया गया था। उनके पिता की देह सम्प्रभुता के दो निपट अलग दायरों को परिभाषित करती थी। जैसा कि ऊपर बताया गया है ये दो दायरे अग्रहार और दलित 'घेटो' के रूप में विद्यमान थे। जब वे मुख्य गाँव से गुज़रते थे तो अपनी पीठ झुका कर (कूबड़ निकालकर) और नीचे ज़मीन पर देखते हुए चलते थे। निश्चित रूप से इस 'देह-भाषा' ने गाँव के संदर्भ में सम्प्रभुता की सार्वभौम अवधारणा को अपना लिया था। उनके पास बोलने की शक्ति थी, लेकिन उनकी इस वाक् शक्ति की जगह घंटियों की आवाज़ ने ले ली थी। ये घंटियाँ उनकी लाठी के ऊपरी सिरे पर बँधी होती

थीं। महार लोग जब भी गाँव के लोगों की सेवा के लिए बाहर निकलते थे, तो वे इसी तरह की लाठी लेकर चलते थे। घंटियों की आवाज से मुख्य गाँव के लोगों को यह पता चल जाता था कि एक अछूत व्यक्ति आ रहा है। इस तरह, शब्दों से होने वाले अभिव्यक्ति-कार्य (स्पीच ऐक्ट) की जगह संकेत-भाषा स्थापित हो गयी। जब उनके पिता अपना काम निपटा कर दलितवाड़े (दलित घेटो) में वापस लौटते थे, तो उनका शारीरिक हाव-भाव पूरी तरह बदला होता था। अब वे अपनी गर्दन सीधी रखते थे, छाती फुला कर चलते थे और उनकी आँखें ऊपर आकाश की ओर रहती थीं। इस शारीरिक हाव-भाव से पता चलता है कि दलितवाड़े (या घेटो) के भीतर उन्हें अपनी सम्प्रभुता का एहसास रहता था। सम्प्रभुता के इस दायरे के भीतर वे सिर्फ़ अपनी आज़ादी का ही लुत्फ़ नहीं उठाते थे, बल्कि उन्हें इस बात से भी खुशी मिलती थी कि उनकी स्थिति दूसरे अछूत लोगों से उच्चतर है। यह शारीरिक हाव-भाव सेवक की सम्पूर्ण परिभाषा की अभिव्यक्ति करता है। ऐसा सेवक अपने मालिक के आदेशों का पालन करने के लिए पूरी तरह तैयार रहता है और अपने लोगों की बेइज़्ज़ती या उपेक्षा बहुत आसानी से कर देता है। आम्बेडकर ने सम्प्रभुता के दो दायरों को ख़त्म करने और सार्वभौम सम्प्रभुता पर दलित-अधिकार स्थापित करने के लिए संघर्ष किया। उनका यह संघर्ष पवित्र स्थानों का उल्लंघन करने के सामाजिक आंदोलन से जुड़ा हुआ था।

बेबी के पिता की स्थिति से पता चलता है कि स्थान का आत्मनिष्ठता के साथ बेहद पेचीदा संबंध होता है। सामाजिक संबंध अछूतों की आत्मनिष्ठता सीमित करते थे। जब अछूत इस तरह के संबंधों पर प्रतिक्रिया करते तो ख़ुद उनका व्यक्तिकरण (सब्जेक्टिफ़िकेशन) हो जाता था। भारतीय सभ्यता की यही प्रकृति थी। इसने शक्ति के स्थानीय विन्यास के तर्कशास्त्र के हिसाब से जनसंख्या के एक बड़े हिस्से को निशाचर लकड़बग्घे में तब्दील कर दिया था। ऐसे में, उत्तर-औपनिवेशिक सिद्धांतकारों के लिए यह आवश्यक है कि वे सभ्यतामूलक हिंसा के अपने एकपक्षीय अध्ययन को छोड़ कर एक ऐतिहासीकृत या 'सम्यक' दृष्टिकोण अपनाएँ ताकि उन्हें

सभ्यता के बारे में वॉल्टर बेंजामिन का कथन स्वीकार करने में दिक़्क़त न हो। बेंजामिन के अनुसार, 'सभ्यता का हर दस्तावेज़ बर्बरता की किताब होती है।' यह एक रोचक बात है कि सभ्यता के इसी पहलू ने गाँधी को ज़्यादा आत्म-चिंतन करने के लिए प्रेरित किया। इसी कारण उन्होंने अपनी परंपरा के बारे में ज़्यादा आलोचनात्मक रुख़ अख़्तियार किया और आम्बेडकर को अपने अंतःकरण का रक्षक माना। मैं यह तर्क देने जा रहा हूँ कि पवित्र और अपवित्र स्थान के इस विभाजन ने बीसवीं सदी के भारत में गाँधी और आम्बेडकर के विचारों की शक्ल गढ़ने में महत्त्वपूर्ण भूमिका निभायी। इस परचे के दूसरे भाग में मैं यह तर्क भी दूँगा कि गाँधी और आम्बेडकर, दोनों ने ही परंपरा पर आलोचनात्मक नज़रिये से विचार किया था। लेकिन उन दोनों की आलोचना का स्तर अलग-अलग था। भारत की कल्पना तथा उसकी मुक्ति के लिए की गयी जन-गोलबंदी में दोनों ने अलग-अलग तरह की श्रेणियों का इस्तेमाल किया। मसलन, गाँधी के चिंतन में (नैतिक और राजनीतिक) स्वशासन की श्रेणी एक सम्प्रभु दृष्टिकोण बन गयी। दूसरी ओर, आम्बेडकर ने आत्मसम्मान और सामाजिक न्याय की श्रेणियों को ज़्यादा महत्त्व दिया जो गाँधीवादी कल्पना की सीमाओं की ओर संकेत करती हैं। इस परचे का मुख्य तर्क अनुभव की उस अवधारणा से जुड़ा हुआ है जिसे स्थान के सांस्कृतिक निर्माण में अभिव्यक्ति मिलती है। इसलिए मैं यह तर्क भी दूँगा कि आचार और अनुभव, ख़ासतौर पर दूसरों के अनुभवों ने गाँधी के विचारों के निर्माण में सबसे महत्त्वपूर्ण भूमिका अदा की। दूसरी ओर, आम्बेडकर के विचारों के निर्माण में प्रामाणिक अनुभव की सबसे ज़्यादा महत्त्वपूर्ण भूमिका रही। गाँधी ने ख़ुद को दूसरों के अनुभवों से जोड़ने की कोशिश की। इसी कारण उन्होंने चिंतन के अलग-अलग रूपों को अपनाया। मसलन, ख़ुद को अछूतों के साथ जोड़ने के लिए गाँधी ने सेवा जैसी नैतिक श्रेणी पेश की। गाँधी सेवा, ट्रस्टीशिप, देखभाल और सहयोग जैसी नैतिक और इसलिए अ-संज्ञानात्मक श्रेणियों का उपयोग ऐतिहासिक अनुमान तैयार करने के लिए करते हैं। इन श्रेणियों को लोगों के राजनीतिक व्यवहार से

वैधता मिलती है। अनुभवों के उत्पादन और पुनरुत्पादन के कारण आम्बेडकर के भीतर एक सत्तामीमांसीय घाव बन गया। इसी कारण आम्बेडकर ने आत्मसम्मान, सामाजिक न्याय और समतावाद जैसी बिल्कुल ही अलग तरह की श्रेणियों का विकास किया। आम्बेडकर के लिए अनुभव की श्रेणी ज्ञानमीमांसा का प्राथमिक स्रोत थी। इसी आधार पर उन्होंने वैकल्पिक कल्पना और मुक्ति की राजनीति की एक अलग श्रेणी का निर्माण किया। इसलिए हमें गाँधी के विपरीत आम्बेडकर के चिंतन में एक-दूसरे को काटने वाली बहुत सारी श्रेणियाँ मिलती हैं : मानुष्की (आत्म-सम्मान), मनखंडना (अवमानना), परुषाकुर्त (सुव्यवस्थित), बहिष्कुर्त (सामाजिक रूप से बहिष्कृत), अधिकार, सेवा, श्रम, वेतबेगारी (बेगार काम) और आख़िर में सामाजिक न्याय-अन्याय। उनके विचारों का निर्माण करने वाली श्रेणियों के समुच्चय में मैं केवल तीन अवधारणाओं पर ही ध्यान केंद्रित करूँगा : सामाजिक न्याय, आत्मसम्मान और राष्ट्र। मैंने इन तीन अवधारणाओं का चुनाव इसलिए किया है क्योंकि ये स्थान और अनुभव या अनुभव और स्थान का एक नया पाठ पेश करती हैं। दूसरी बात यह है कि ये अवधारणाएँ ख़ुद अनुभव की अवधारणा से तय होती हैं, और जो ख़ुद सामाजिक-सांस्कृतिक रूप से बने स्थानों में समाहित होता है। आगे के भागों में मैं इस बात की विस्तार से विवचेना करूँगा कि सामाजिक न्याय, आत्म-सम्मान और राष्ट्र की अवधारणाओं तथा आनुभविक स्थान का आपसी संबंध किस तरह का है।

आम्बेडकर औपनिवेशिक आधुनिकता के दबाव के कारण उभरे आधुनिक सामाजिक स्थान में बेहद ज़बरदस्त सैद्धांतिक और राजनीतिक संभावनाएँ देखते थे। औपनिवेशिक आधुनिकता की अपनी बहुत सारी सीमाएँ थीं। लेकिन इसमें आधुनिकीकरण की एक अलग या फिर कहें, उसकी राह को आसान बनाने वाली कई प्रक्रियाएँ शामिल थीं। औद्योगीकरण, शहरीकरण और आधुनिक शिक्षा जैसी प्रक्रियाओं ने दलितों को इस बात का हौसला दिया कि वे अपने कटु और अपमानजनक

अनुभवों के लिए ज़िम्मेदार सामाजिक शक्तियों पर सवाल उठाए। मार्क्स जैसे दूसरे आधुनिकतावादियों की तरह ही आम्बेडकर यह मानते थे कि ये स्थान अछूतों के बीच नये तरह के अनुभव पैदा करेंगे क्योंकि जाति आधारित पारंपरिक पदसोपान (हायरार्की) आधारित स्थानों के ख़ात्में के बाद सेकुलर पदसोपानों को बढ़ावा मिलेगा जो जाति की जगह क्षमता पर आधारित होंगे। इसलिए आम्बेडकर अवसर के स्थानों की पुनर्संरचना में दलित-गरिमा के पुनरुत्थान की संभावना देखते हैं। इस तरह आम्बेडकर की दृष्टि में अवसरों के स्थान की पुनर्रचना में दलितों की गरिमा और न्याय की प्रतिष्ठा संभव थी। इस बात को समुचित अवसर के मुहावरे में परिभाषित करना इसलिए ज़रूरी था ताकि दलित मुक्ति के नये अनुभव से दो-चार हो सकें। आम्बेडकर का यह भी मानना था कि आधुनिकीकरण की अन्य प्रक्रियाओं के साथ-साथ शहरीकरण भी अछूतों को अपनी सीमित 'अँधेरी दुनिया' से निकलने का अवसर देगा। आम्बेडकर इसे अछूतों के लिए बहुत ही ज़रूरी प्रक्रिया मानते थे। (आम्बेडकर के अनुसार जाति पर आधारित गाँव की व्यवस्था 'अँधेरी दुनिया' या 'डार्क होल' का प्रतिनिधित्व करती है)। हम इस बात को पहले ही रेखांकित कर चुके हैं कि पारंपरिक गाँवों में ऊँची जातियों के सामाजिक/सांस्कृतिक जीवन में अछूतों को 'चलती-फिरती नैतिक महामारी' के रूप में देखा जाता था। आम्बेडकर को लगता था कि शहरीकरण अछूतों को इस 'घुटन भरे' स्थान से मुक्ति दिलाएगा। उनका यह भी मानना था कि शहरीकरण से पैदा होने वाली अजनबियत के कारण अछूतों को ऊँची जाति के हाथों होने वाले अपमान से भी मुक्ति मिल जाएगी। इसे विडम्बना ही कहा जाएगा कि शहरीकरण से पैदा होने वाली गुमनामी को एक इच्छित विकल्प इसलिए माना गया क्योंकि वह अछूतों को अपनी देह से मुक्त व्यक्ति होने के अलावा इस बात का मौक़ा भी देता था कि वे दूसरे लोगों के साथ समान आधार पर अपना सामाजिक मेलजोल और व्यवहार क़ायम कर सकें।

बहरहाल, ख़ुद आम्बेडकर के समय में भी जिस तरह का शहरीकरण हुआ उसने उनके सपने पूरे नहीं होने दिये। कई सालों के बाद भी उनका सामना उसी महारवाड़ा से हुआ, जिसे बहुत पहले वे अपने गाँव में पीछे छोड़ आये थे। भारत के अधिकांश आधुनिक शहरों में एक तरह से गाँवों का सामाजिक ढाँचा ही जारी रहा। इन शहरों में बम्बई जैसा बड़ा शहर भी शामिल था। आम्बेडकर और उनका परिवार बीडीडी सीमेंट चाल में रहता था। यहाँ पर महाराष्ट्र के कोंकण क्षेत्र से आये अछूत रहते थे। ये इलाक़े और मज़दूरों के चाल भी जाति के आधार पर संगठित होने लगे थे। कई मरतबा उपजाति भी संगठित होने के लिए आधार का काम करती थी। यह तस्वीर सिर्फ़ मुम्बई की नहीं थी। कानपुर जैसी दूसरी कई जगहों पर इसी तरह की स्थिति थी। सूज़न बेली के अनुसार शहरीकरण की प्रक्रिया ने जाति की सीमाओं को पहले की तुलना में कहीं ज़्यादा कठोर बना दिया। कानपुर के अपने अध्ययन में नंदिनी गुप्तु ने दिखाया है कि ग्रामीण उत्तर प्रदेश से कानपुर आने वाले अछूतों को किसी-न-किसी तरह से सामाजिक रूप से अलग-थलग पड़े बाड़ों (या घेटो) तक सीमित कर दिया गया था। ऐसी जगहें गाँवों के बाहर बनी उन बस्तियों से अलग नहीं थीं जिन्हें वे अपने पीछे छोड़कर शहरों में आये थे। औपनिवेशिक दौर में जो अछूत बम्बई जैसे शहरों में आये, उन्हें भी धारावी जैसी झुग्गियों या माटुंगा लेबर कैम्प जैसे स्थानों में ही जगह मिल पायी। मालाबार हिल (बम्बई के अमीरों की कॉलोनी) के क़रीब बसी इन बस्तियों को कूड़े के ढेर से भी बदतर माना जाता था। मालाबार हिल के अभिजन अछूतों को शरीर पर लगी गंदगी से अलग नहीं मानते थे। यह माना जाता था कि अछूत और चलती-फिरती गंदगी दोनों एक ही चीज़ हैं। इस तरह, चलती-फिरती गंदगी का यह लगातार उत्पादन और पुनरुत्पादनसत्तामीमांसा के स्थानिक पहलू का बयान करता है। इस तरह 'चलती-फिरती गंदगी' के रूप में अछूत की दैहिक छवि उसके सामाजिक स्थान से बँधी हुई थी। दरअसल, अछूत पर जिस 'चलती-फिरती गंदगी' होने का अनुभव चस्पाँ किया गया था वह स्थान की जड़ स्थिति के कारण मजबूती से क़ायम रहा।

दूसरे अछूतों के साथ आम्बेडकर ने भी इस जड़ और ठहरे हुए स्थान के अनुभव को झेला था। यह इस अर्थ में जड़ था कि ग्रामीण स्थान की तरह ही शहरी स्थान भी अछूतों की गरिमा के ख़िलाफ़ था। यहाँ भी शर्म की भावना के बग़ैर अछूत सार्वजनिक स्थानों पर नहीं जा सकते थे। शहरों में रहने वाले ऊँची जातियों के लोगों के मन में छुआछूत की भावना गहरे रूप में बैठी हुई थी। उन्होंने भी अछूतों को कोई ऐसा नैतिक लाभ हासिल नहीं होने दिया कि वे ख़ुद को 'चलती-फिरती गंदगी' के अलावा कुछ और भी महसूस कर सकें और उनमें इस बात का एहसास जाग सके कि शरीर में ऐसा भी कुछ है जो इन जड़ स्थानों से ज़्यादा बेहतर हो सकता है।

बीसवीं सदी के शुरुआती दौर की बम्बई का मेरा अपना अध्ययन यह दिखाता है कि शहरी पूँजी और औपनिवेशिक पूँजी की राजनीतिक अर्थव्यवस्था के परिणामस्वरूप लालबाग़ परेल इलाक़े की मज़दूर बस्तियाँ भी जाति के आधार पर संगठित होने लगी थीं। इस मामले में औपनिवेशिक या स्थानीय पूँजी ने भी इस बात में कोई रुचि नहीं ली कि शहरी स्थानों को समतावादी आधार पर पुनः रचा जाए। दरअसल, हम यह देख सकते हैं कि सामाजिक स्थान में जातिगत अधिकार पहले की तरह क़ायम रहे। चालों या कपड़ा मिलों के कुछ भागों को इसके उदाहरण के रूप में देखा जा सकता है। ये शहरी स्थान भी छुआछूत की बुराइयों से प्रभावित हो गये। तीसरे दशक के शुरुआती दौर में बम्बई की कपड़ा मिलों में मध्यवर्ती जाति के कामगारों (मराठा) ने अछूतों और आम्बेडकर को लगातार उनकी मूल पहचान से वंचित किया गया। मराठा मज़दूरों ने इन मिलों में बुनाई के काम से संबंधित हिस्से में अछूत मज़दूरों के आने का विरोध किया। ख़ुद आम्बेडकर ने इस घटना का पूरा विवरण दिया है।

अछूत मज़दूरों को बुनाई करने के काम में पारंपरिक रूप से महारत हासिल थी। फिर भी, मराठा/कुनबी मज़दूरों ने उनके बुनाई करने वाले भाग में आने का विरोध क्यों किया? पहली बात तो यह है कि मराठा लोग यह सहन नहीं कर सकते थे कि नयी व्यवस्था में एक महार को उनसे ऊँची जगह

मिल जाए। इसके विपरीत, मराठा कपड़ा मज़दूरों की यह इच्छा थी कि अतीत की तरह ही अब भी महार हर समय उनकी सांस्कृतिक मातहती में रहें। इस मामले में आम्बेडकर छुआछूत को एक ऐसी विचारधारा के रूप में देखते हैं जिसके ज़रिये ऊँची जाति के मज़दूर अपने भौतिक हितों की हिफ़ाज़त कर रहे थे। आम्बेडकर के पास छुआछूत के संदर्भ बिंदु को समझने की विश्लेषणात्मक क्षमता थी। अमूमन छुआछूत को एकमात्र हक़ीक़त मानने वाले विद्वानों ने इस पहलू की उपेक्षा की है। अछूत बुनकरों के विरोध में विद्वानों ने छुआछूत की भूमिका को हद से ज़्यादा महत्त्व दिया है। निश्चित रूप से छुआछूत एक प्रमुख कारण था। लेकिन इस विरोध के पीछे दूसरे भौतिक और सांस्कृतिक कारण भी थे। पहला, कुछ अध्ययनों के अनुसार मराठा लोगों की संख्या ढेड़ों से कम थी (बम्बई के महार और गुजरात से आये बुनकरों को ढेड़ कहा जाता था)। इस कारण मराठा लोग असुरक्षित महसूस करते थे। उन्हें हमेशा यह डर सताता था कि ढेड़ लोग उन्हें महत्त्वहीन कर देंगे। 1930 के दशक के दौरान कपड़ा मिलों में मराठा लोगों की संख्या तीन हज़ार थी और ढेड़ लोगों की संख्या तक़रीबन इनकी दोगुनी थी। इसके अलावा, ढेड़ बहुत पहले से बुनाई का काम करते आ रहे थे जबकि मराठा लोगों के पास इस तरह का कोई अनुभव नहीं था। इस कारण मराठा लोगों का डर और भी ज़्यादा बढ़ गया। बुनाई की पारंपरिक दक्षता गुजरात से आये दलितों के पारिवारिक नाम बुनकर से भी ज़ाहिर होती थी। हिंदी में भी बुनाई करने वाले को बुनकर ही कहा जाता है। काम करने वाली दूसरी जातियों की तरह ही महार और बुनकरों ने भी बुनाई का काम ऊँची जातियों की सामाजिक ज़रूरतों को पूरा करने के लिए नहीं पकड़ा था। दरअसल, उन्हें एक तरह से अपने कपड़े बुनने के लिए मजबूर किया गया था क्योंकि छुआछूत के कलंक के कारण वे नये कपड़े नहीं ख़रीद सकते थे। पारंपरिक बुनकर कपड़े बुनने का काम दूसरी जातियों के लिए करते थे। यही नहीं, मनु के आदेशों के अनुसार उन्हें पारंपरिक बुनकरों द्वारा बनाए गये कपड़े पहनने की भी मनाही थी। इन सामाजिक शर्तों के कारण उनके पास दो ही विकल्प

थे : पहला, या तो वे अपने सामंत मालिकों द्वारा दिये गये कपड़े पहनें या फिर अपने लिए नये कपड़े बनाएँ। अछूत पुरुष और अछूत महिला — दोनों को ही भारत के अधिकांश भागों में शरीर के ऊपरी हिस्से में कपड़ा पहनने की इजाज़त नहीं थी। दलित पुरुष सिर्फ़ शरीर के निचले हिस्से को ढँकने के लिए कपड़ा पहनते थे। दरअसल, अधनंगे गाँधी किसान से ज़्यादा एक अछूत की तरह ज़्यादा दिखते थे। मध्य जातियों के मिल मज़दूरों, ख़ासतौर पर मराठों ने यह पाया कि उनके इच्छित लक्ष्य को हासिल करने के लिए छुआछूत एक प्रभावकारी साधन है। उनका लक्ष्य क्या था? उनका लक्ष्य परंपरा का उपयोग करते हुए आधुनिकता के फ़ायदे लेना था या इसे उलटी तरफ़ से देखें तो वे परंपरा की बाँह पकड़ कर अपना पुराना आत्मविश्वास अर्जित करना चाहते थे। उन्हें डर था कि आधुनिकता के कारण कहीं उनका आत्मविश्वास ख़त्म न हो जाए क्योंकि आधुनिकता की बदौलत वह आत्म-विश्वास अब महारों को भी हासिल हो गया था। एक कारण यह भी था कि कपड़ा मिलों के बुनाई विभाग में दूसरे कार्यों के मुक़ाबले बेहतर वेतन मिलता था। मराठा मज़दूर इस मामले में अछूतों से मिलने वाली चुनौती के लिए बिल्कुल तैयार नहीं थे। इस संदर्भ में यह जानना भी महत्त्वपूर्ण है कि पूँजीपतियों के साथ औपनिवेशिक राज्य ने भी कपड़ा मिलों से जाति जैसी सामाजिक शक्ति को बाहर निकालने में कोई गहरी रुचि नहीं दिखायी। दरअसल, उन्होंने औद्योगिक मज़दूर संगठन के कार्यात्मक पदसोपान और सामाजिक पदसोपान के आपसी सामंजस्य को बहुत सक्रिय ढंग से बढ़ावा दिया। और इसके ज़रिये परंपरा और आधुनिकता के बीच एक अचूक सम्मिश्रण तैयार कर दिखाया। इन परस्पर संबंधित कारकों के कारण ही मराठा मज़दूर महारों का विरोध कर रहे थे। पर उनका यह विरोध तार्किक-आधुनिक आधार पर नहीं बल्कि परंपरा की पक्षधरता पर टिका था। मनु गोस्वामी ने वित्तीय स्थान की इस आधार पर बहुत ज़्यादा आलोचना की है कि यह स्थानीय 'देशी' पर बेहद गहरा नकारात्मक प्रभाव डालता है। बहरहाल, यह वित्तीय स्थान जाति को स्वीकार करने वाले सामाजिक स्थान के साथ बेहतर सामंजस्य बनाकर

काम करता है। बम्बई के शेयर बाज़ार ने आम्बेडकर की दक्षता और शेयर बाजार में उनकी विशेषज्ञता को कोई जगह नहीं दी और न ही उसकी तारीफ़ की। सिर्फ़ अछूत होने के कारण उन्हें इस बाज़ार से तक़रीबन बाहर फेंक दिया। बम्बई से प्रकाशित होने वाले एक गुजराती अख़बार ने उनकी जाति उजागर कर दी थी। भारत में प्रिंट मीडिया ने राष्ट्र की कल्पना को साकार करने के बजाय (प्रोफ़ेसर बेनेडिक्ट ऐंडर्सन माफ़ करें क्योंकि भारत की जाति व्यवस्था ने आपकी अवधारणा को ठेंगा दिखा दिया है), वित्तीय स्थानों पर जाति की पकड़ मज़बूत बनाने का काम ज़्यादा किया। यह बात पूरी तरह स्पष्ट है कि भारत के संदर्भ में वित्तीय स्थान और सामाजिक स्थान परस्पर-व्यापी थे। हमारे लिए प्रासंगिक सवाल यह है कि वित्तीय स्थान और सामाजिक स्थान की इस परस्पर-व्याप्ति का आम्बेडकर के सामाजिक चिंतन में, ख़ासतौर पर उनकी सामाजिक न्याय और आत्म-सम्मान जैसी मानकीय अवधारणाओं के उभार पर क्या प्रभाव पड़ा?

आम्बेडकर को ऐसा क्यों लगा कि बुनाई के काम से अछूत मज़दूरों का सामाजिक बहिष्करण ग़लत है और इससे सामाजिक न्याय के सिद्धांत का उल्लंघन होता है? वे इस बहिष्करण को तीन आधारों पर ग़लत ठहराते हैं। पहला, उन्होंने अछूत मज़दूरों की ओर से न्याय का दावा करने के लिए आनुपातिकता का सिद्धांत पेश किया। यह सिद्धांत 1930 के दशक में बम्बई की कपड़ा मिलों में मज़दूरों की कुल संख्या से संबंधित था। एक अनुमान के मुताबिक़ मज़दूरों में 'ढेड़ों' की संख्या बहुत ज़्यादा थी। लेकिन इनमें से अधिकांश लोगों को सिर पर सामान ढोने या साफ़-सफ़ाई जैसे कामों में लगाया गया था। आम्बेडकर ने श्रम-शक्ति के ग़ैर-आनुपातिक वितरण की ओर संकेत करते हुए यह असंतुलन ठीक करने का सुझाव दिया। दूसरा, आम्बेडकर यह मानते थे कि बुनाई के काम से बहिष्करण करके अछूत मज़दूरों को सांस्कृतिक न्याय से वंचित किया गया है। सांस्कृतिक न्याय का यह नकार इस बात में निहित था कि बहिष्करण के ज़रिये अछूतों की बुनाई-कर्म में दक्षता और इस काम में उनका पारंपरिक अनुभव ही ख़ारिज कर

दिया गया था। इसके उलट, मराठा मज़दूरों का ख़ुद को दक्ष बुनकर घोषित करना इसलिए अन्यायपूर्ण था क्योंकि उनके पास बुनाई के काम का आवश्यक अनुभव ही नहीं था। इस बहिष्करण के कारण अछूतों को आख़िरकार कपड़ा मिल के अकुशल कार्यों में ठेल दिया गया जिससे उनका यह हुनर कमज़ोर पड़ता चला गया। दरअसल, आम्बेडकर यह सुझाव देते हैं कि जिन मज़दूरों के पास बुनाई करने की पर्याप्त दक्षता नहीं है, उन्हें मिल के बुनाई सेक्शन द्वारा इस काम का प्रशिक्षण दिया जाना चाहिए। दरअसल, आम्बेडकर ने कपड़ा मिल में काम करने वाले अछूतों को प्रशिक्षित करने की योजना भी बनायी थी। इसके लिए वे वारहाड (अब विदर्भ) क्षेत्र से 130 प्रशिक्षित अछूत बुनकरों का एक जत्था ले कर भी आये। लेकिन इसके बाद भी ऊँची जाति के मज़दूरों ने कपड़ा मिलों में इन मज़दूरों को काम करने की इजाज़त नहीं दी। इसी कारण अछूतों को प्रशिक्षण नहीं दिया जा सका। यहाँ गाँधी की कपड़ा मिल मज़दूरों के संदर्भ में दी गयी आत्मसम्मान की अवधारणा देखने लायक़ है। गाँधी के अनुसार, जिस नैतिक स्रोत से मज़दूरों के आत्म-सम्मान को क्षति पहुँच सकती है, वह यह है कि मज़दूर हड़ताल के दिनों के लिए भी मज़दूरी की माँग करें जब उन्होंने कोई कार्य नहीं किया। दूसरे शब्दों में यह कहा जा सकता है कि नैतिक अर्थव्यवस्था की गाँधीवादी रूपरेखा में एक निश्चित समय और स्थान के भीतर किया गया श्रम ही आत्मसम्मान का स्रोत होता है। नैतिक कर्त्तव्य के प्रति वचनबद्धता ही आत्मसम्मान हासिल करने की गारंटी है। इसलिए गाँधी के अनुसार एक मुफ़्तख़ोर आत्म-सम्मान का दावा नहीं कर सकता है।

आम्बेडकर के यहाँ आत्मसम्मान का विचार सांस्कृतिक न्याय की व्यापक अवधारणा के एक अन्य आनुभविक स्थान — पवित्र स्थान (हिंदू मंदिर) से फूटता है। आम्बेडकर के अनुसार पवित्र स्थान सिर्फ़ समान प्रवेश के अधिकार का ही स्रोत नहीं होता बल्कि यह मान्यता के नैतिक संघर्ष का भी स्रोत होता है। आम्बेडकर द्वारा चलाए गये मंदिर प्रवेश आंदोलन का लक्ष्य न तो आध्यात्मिक संतुष्टि के लिए पवित्र स्थान का निर्माण करना है, और न ही इसके ज़रिये वे अछूतों के लिए कोई आख़िरी नतीजा निकालना

चाहते हैं। दरअसल, इसमें एक उच्चतर नैतिक मक़सद शामिल है। इसके द्वारा वे एक ओर, अछूतों को आत्मविश्वास से लैस करना चाहते हैं, तो दूसरी ओर, अड़ियल हिंदुओं के मन में तर्क-बुद्धि पैदा करना चाहते हैं। आम्बेडकर इस दोहरे शैक्षणिक लक्ष्य की उपलब्धि के लिए योगदान के सिद्धांत का उपयोग करते हैं। आम्बेडकर का तर्क है कि हिंदू मंदिरों के निर्माण और सुरक्षा में बहुत से अछूतों का योगदान रहा है। लेकिन ऊँची हिंदू जातियों के लोगों ने इनके योगदान को मान्यता नहीं दी। इसलिए अछूतों को यह महसूस करने का हक़ है कि उनके योगदान को मान्यता न देकर ऊँची जातियों के हिंदुओं द्वारा उनके आत्मसम्मान की उपेक्षा की गयी है। उनकी दृष्टि में अछूतों का यही योगदान उनके मंदिर में प्रवेश करने के अधिकार की भाषा पैदा करता है। इस तरह अगर अछूत अपने इस अधिकार की दावेदारी करने में चूक जाते हैं तो इससे उनके आत्मसम्मान को क्षति पहुँचेगी। आम्बेडकर मानते हैं कि आत्मसम्मान का स्रोत अधिकारों की भाषा में निहित है जो स्वयं इस बात से पैदा होती है कि हिंदू मंदिरों की हिफ़ाज़त करने में अछूतों का भी योगदान रहा है। दूसरे शब्दों में, आम्बेडकर मंदिर प्रवेश पर अछूत के नैतिक दावे को आत्मसम्मान का स्रोत मानते हैं। अछूतों में आवश्यक राजनीतिक ऊर्जा और काम का तकाज़ा पैदा करने के लिए वे दोहरे शैक्षणिक उपाय का क़दम उठाते हैं। पहला, दलितों से एक सकारात्मक सवाल पूछकर वे उन्हें वस्तुकरण की स्थिति से बाहर निकालते हैं : 'यदि मंदिर में प्रवेश करने को आप अपने अधिकार की तरह नहीं देखते तो क्या इससे आपका आत्मसम्मान नहीं खो जाता? आप मंदिरों के निर्माण और उसकी सुरक्षा में अपने योगदान को कैसे सही साबित करेंगे?' दरअसल, इसी शैक्षणिक तरीक़े के ज़रिये वे अछूतों से अधिकारों की भाषा के पक्ष में हाँ भरवाते हैं। दूसरा, वे मंदिर प्रवेश आंदोलन में एक नैतिक तत्त्व भी देखते हैं। आम्बेडकर के अनुसार ऊँची जातियाँ मंदिरों में प्रवेश करने के अछूतों के दावों का बहुत ही कट्टर तरीक़े से विरोध करती हैं। मंदिर प्रवेश का आंदोलन चलाने से ऊँची जातियों के लोगों में शर्म नहीं तो, कम-से-कम एक तार्किकता की भावना ज़रूर आ सकती है। इसलिए

आम्बेडकर द्वारा प्रस्तुत सामाजिक न्याय के साँचे में एक पवित्र स्थान के रूप में मंदिर रैडिकल राजनीति से काफ़ी गहराई से जुड़ा हुआ है, जिसका लक्ष्य अछूतों में एक तरह की नकारात्मक चेतना का निर्माण करना है। जैसा कि हम जानते हैं आम्बेडकर ने मंदिर प्रवेश आंदोलन का प्रयोग उस सीमा तक किया जहाँ तक वह दलित चेतना को एक उच्चतर स्तर तक ले जाने के लिए आवश्यक था। वे दलित चेतना को एक ऐसे स्तर पर ले जाना चाहते थे जहाँ वह सामाजिक और सांस्कृतिक न्याय की अवधारणा को राजनीतिक मुहावरे में कहना सीख जाए। आम्बेडकर के अनुसार मंदिर को पवित्र स्थान मानने से जुड़ा विवाद मुख्यधारा की हिंदू कल्पना के ख़िलाफ़ जाता है क्योंकि इस कल्पना में भारत के सांस्कृतिक निर्माण को भारत माता का रूप देकर एक पवित्र स्थान के तौर पर मंदिर का महत्त्व और भी ज़्यादा बढ़ा दिया गया है। इस परचे के आख़िरी भाग में हम इस बिंदु की ज़्यादा गहराई से विवेचना करेंगे।

बहरहाल गाँधी और आम्बेडकर के बीच एक रोचक समानता है। गाँधी आम्बेडकर से उसी सीमा तक अलग हैं, जिस सीमा तक वे अछूतों के मंदिर प्रवेश की वकालत करने के बावजूद अधिकारों की आधुनिक भाषा का प्रयोग नहीं करते हैं। इसके विपरीत, वे इस बात पर ज़ोर देते हैं कि ऊँची जातियों के हिंदुओं का यह कर्त्तव्य है कि वे अछूतों को हिंदू मंदिरों में प्रवेश करने की इजाज़त दें। उन्होंने ऊँची हिंदू जातियों के लोगों के मन में तर्क-बुद्धि (या रीज़न) का तत्त्व पैदा करने के लिए परंपरा का आलोचनात्मक उपयोग किया। इन लोगों में नैतिक तर्क पैदा करने के लिए वे यह अपील करते हैं कि 'यदि आप यह मानते हैं कि मंदिर ऐसे पवित्र स्थान हैं जहाँ आप इस जन्म या पूर्व-जन्म के पाप धो सकते हैं, और यदि आप यह मानते हैं कि अछूतों ने अपने पूर्व-जन्म में पाप किया था, तो क्या यह आपका नैतिक कर्त्तव्य नहीं है कि इस जन्म में आप उन्हें अपना पाप धोने की इजाज़त दें?' यहाँ गाँधी योगदान के सिद्धांत पर विचार नहीं करते और अहमदाबाद में कपड़ा मज़दूरों के संबंध में अपनाए गये रुख़ से पलट जाते हैं। हम जानते हैं कि उन्होंने

वास्तविक श्रम को न्याय और आत्मसम्मान से जोड़ा था। दूसरी ओर, आम्बेडकर देहमुक्त सार्वभौम तर्क का प्रयोग करते हुए ऊँची जाति के हिंदुओं को तार्किक बनाने की कोशिश करते हैं। उनके ये तर्क 'हक़दारी' की अवधारणा पर आधारित हैं। यह हक़दारी पहले से मिली सामाजिक संपत्ति या संपदा से पैदा नहीं होती, बल्कि लोगों द्वारा किये गये वास्तविक योगदान से जन्म लेती है। इस संदर्भ में हमें यह बात ध्यान रखनी चाहिए कि आम्बेडकर मंदिर प्रवेश आंदोलन का उपयोग पवित्र स्थान को वैधता देने के लिए नहीं, बल्कि अछूतों में एक ऐसी नकारात्मक चेतना पैदा करने के लिए करते हैं जो सामाजिक न्याय तथा आत्म-सम्मान की अवधारणा को राजनीतिक अर्थ में व्यक्त करने की पूर्व-शर्त होती है। इसलिए यहाँ मंदिर में प्रवेश करना अछूतों में विद्रोही सांस्कृतिक चेतना का निर्माण करना है। लेकिन एक अलग स्थिति में वे मंदिर से बहिर्गमन के विचार को सांस्कृतिक चेतना की पूर्वपीठिका निर्मित करने के लिए इस्तेमाल करते हैं। उन्हें यह सांस्कृतिक चेतना सामाजिक न्याय और ख़ास तौर पर आत्म-सम्मान की अवधारणा की अभिव्यक्ति के लिए अनिवार्य लगती है।

दक्षिण भारत के दूसरे कई अछूत और ग़ैर-ब्राह्मण नेताओं की तरह आम्बेडकर ने भी देवदासी व्यवस्था को अपमान का स्रोत माना। इन विचारकों के अनुसार यह प्रथा अछूत महिलाओं के भीतर आत्म-सम्मान की भावना को ख़त्म कर देती है। 'दैवीय विवाह' की व्यवस्था द्वारा हिंदू मंदिरों से बाँध दी गयी ये अछूत स्त्रियाँ कहने को तो देवताओं से ब्याही गयी होती हैं लेकिन हक़ीक़त यह है कि प्रभावशाली लोग इनका हर तरह से उपभोग करते हैं। देवदासी व्यवस्था ओडिशा के पुरी या दक्षिणी कर्नाटक के सौदात्ती और चंद्रागुत्ती मंदिरों में प्रचलित थी। दरअसल, इस व्यवस्था के कारण अछूत महिलाओं का शारीरिक शोषण होता रहा है। समाज में इन महिलाओं को नैतिक प्लेग माना जाता है। आम्बेडकर देवदासी के सवाल पर बहुत गहराई से विचार करते हैं। और उनसे बार-बार अपील करते हैं कि वे इस व्यवस्था को छोड़कर नागरिक समाज में वापस आ जाएँ। वे यह मानते

हैं कि मंदिर का पवित्र स्थान सिर्फ़ शोषण का ही नहीं बल्कि सामूहिक शर्म और अपमान का भी भयंकर स्रोत है। आम्बेडकर यह सुझाव देते हैं कि देवदासी की समस्या को सुलझाने के लिए विवाह का रास्ता अपनाना चाहिए। उनकी दलील है कि देवदासी महिलाओं को किसी मिथकीय चरित्र से नहीं, बल्कि एक जीवित मनुष्य से शादी करनी चाहिए क्योंकि वे इसी के ज़रिये आत्म-सम्मान हासिल कर पाएँगी। इस तरह, पवित्र स्थान के बजाय नागरिक समाज का स्थान ही आत्म-सम्मान का एक संदर्भ उपलब्ध कराता है। रैडिकल नारीवादियों के लिए यह प्रस्ताव बहुत ज़्यादा आपत्तिजनक है। आम्बेडकर यह मानते हैं कि बौद्ध विवाह व्यवस्था में संहिताबद्ध तार्किकता मानवीय गरिमा का सर्वोच्च स्रोत है।

लेकिन मंदिरों से निकलने के बाद देवदासी के सामने अपवित्र स्थान ही सामने आता है। देवदासी के मामले में जड़ अनुभव और आनुभविक स्थान एक-दूसरे से मिल जाते हैं। वे मंदिर छोड़ती हैं और मुम्बई के कमाठीपुरा (सेक्स वर्करों का इलाक़ा) में पहुँच जाती हैं। आम्बेडकर यह मानते हैं कि यह क्षेत्र सामान्य रूप से अछूत समुदाय के लिए और ख़ास तौर पर अछूत महिलाओं के लिए गरिमाहीनता का स्रोत है। उन्होंने 1930 के दशक में इन महिलाओं की सामाजिक गोलबंदी की शुरुआत की। इस गोलबंदी का मुख्य मक़सद एक सामाजिक वस्तु अर्थात् आत्मसम्मान हासिल करना था। उन्होंने कमाठीपुरा में उनकी बैठक को सम्बोधित किया और पूरी गंभीरता से उनसे अपील की कि उन्हें यह काम छोड़ देना चाहिए। उन्होंने पूर्व-देवदासियों से कहा कि वे कोई दूसरा ज़्यादा गरिमा वाला काम करें जिसमें उनके मानुष्की अर्थात् आत्म-सम्मान की गारंटी हो। राष्ट्रवादी नेताओं ने इलाहाबाद में आनंद भवन से राजनीतिक आज़ादी के लिए संघर्ष की शुरुआत की, जबकि आम्बेडकर ने सामाजिक आज़ादी के लिए संघर्ष किया। आम्बेडकर सामाजिक आज़ादी के लिए उन कलंकित स्थानों से दलित महिलाओं की मुक्ति ज़रूरी मानते हैं। आम्बेडकर यह दलील देते हैं कि स्थान अवमानना का स्रोत न होकर सिर्फ़ गरिमाहीनता को अभिव्यक्त करता है। श्रम की नैतिक

गुणवत्ता आत्मसम्मान का वास्तविक सत्व है। आम्बेडकर के इस विचार में श्रम की वैकल्पिक अवधारणा शामिल है, जिसका आत्मसम्मान पर बहुत ही सकारात्मक प्रभाव पड़ता है। देह-व्यापार की कुछ शर्तें सेक्स-वर्करों (यौनकर्मियों) को कुछ स्वायत्तता दे सकती हैं और बाज़ार का तर्कशास्त्र सेक्स-वर्करों के बीच एक तरह के पदसोपान (हायरार्की) की भी शुरुआत कर सकता है। क्या इसका मतलब यह है कि हम उन्हें यह 'चुनने' की आज़ादी देते हैं कि उन्हें किसके साथ सहवास करना चाहिए। आम्बेडकर स्पष्ट रूप से इस सवाल का जवाब 'नहीं' के रूप में देते हैं। शायद वे शारीरिक श्रम को दैहिक वस्तु से नहीं मिलाना चाहते हैं और शारीरिक आवश्यकताओं की संतुष्टि के लिए विवाह को गरिमामय रास्ता मानते हैं। इसलिए वे अछूत महिलाओं के सेक्स-वर्कर बनने के विचार का समर्थन नहीं करते। वे यह नहीं चाहते कि ये महिलाएँ सिर्फ़ एक वस्तु में तब्दील हो जाएँ और देह-व्यापार के बदले दूसरों की दैहिक संतुष्टि का साधन बन जाएँ। इसलिए आम्बेडकर सुझाव देते हैं कि मूल रूप से आत्मसम्मान एक ऐसी प्रक्रिया से सामने आता है, जहाँ अछूत महिलाएँ अपने श्रम का प्रकृति, भूमि या उद्योग जैसी ग़ैर-दैहिक या भौतिक संपत्तियों के साथ योग करती हैं। आम्बेडकर यह मानते हैं कि शरीर श्रम-शक्ति को धारण करने वाली इकाई के रूप में होता है। यदि यह ख़ुद को सिर्फ़ आनंद के प्रतीकों में तब्दील कर लेता है तो वह कभी भी आत्मसम्मान जैसे प्राथमिक शुभ का उत्पादन नहीं कर सकता है। लेकिन जो ग़ैर-दैहिक वस्तु में अपना श्रम मिलाकर अछूत के घर की नैतिक अर्थव्यवस्था में योगदान देते हैं, वे निश्चित रूप से अपने लिए और समाज के लिए सम्मान अर्जित करते हैं। आम्बेडकर यह मानते हैं कि जो लोग अपने हाथ से काम करते हैं और एक बड़े मक़सद के लिए आर्थिक बर्बादी झेलते हैं, वे सामाजिक शुभ के उत्थान में योगदान देते हैं। जो शरीर नैतिक अर्थव्यवस्था में बर्बाद हो जाते हैं, वे इज़्ज़त के हक़दार होते हैं। इसलिए आम्बेडकर आत्मसम्मान को श्रम की नैतिक गुणवत्ता से जोड़ते हैं। दूसरे शब्दों में, सिर्फ़ श्रम का विनिमय मूल्य महत्त्वपूर्ण नहीं होता है। इसके बजाय,

श्रम का उपयोग मूल्य दलित घर की विशेष ज़रूरतों, ख़ासतौर पर इसकी नैतिक अर्थव्यवस्था को पूरा करता है। यह आत्म-सम्मान के नैतिक स्रोत का निर्माण करता है। इसलिए आम्बेडकर आत्म-सम्मान को श्रम की नैतिक गुणवत्ता से जोड़ते हैं। दूसरा, वे यह मानते हैं कि जो स्थान श्रम को ग़ैर-दैहिक विशेषताओं के साथ मिलाते हैं, वही आत्म-सम्मान को हासिल करने का आधार उपलब्ध कराते हैं।

इसी तरह, आम्बेडकर आत्मसम्मान का एक बुनियादी अर्थ यह भी मानते हैं कि व्यक्ति के पास अपने सामाजिक श्रम से उत्पादित मूल्य के वितरण की स्वायत्तता हो। इस अर्थ में दूसरों के श्रम से उत्पादित चीज़ों पर अधिकार जताने वाला मुफ़्तख़ोर या परजीवी व्यक्ति भी अपना आत्मसम्मान खो देता है। आत्मसम्मान का यह विचार आम्बेडकर द्वारा लोक नाट्य परंपरा तमाशा की आलोचना में बड़े प्रखर ढंग से प्रदर्शित होता है। तमाशा को आम्बेडकर एक अपवित्र स्थान की संज्ञा देते हैं जो ऊँची जाति के लोगों को दलित महिलाओं के वस्तुकरण का मौक़ा प्रदान करता था। आम्बेडकर एक ब्राह्मण लोकगायक पाथे बापूराव का ज़िक्र करते हैं जिसने एक अछूत महिला पवड़ाबाई से विवाह करके 'अग्रहार' और दलित बस्ती के अंतर को ख़त्म कर दिया था। पवड़ाबाई बहुत ही खुबसूरत थीं और उन्हें लावणी में महारत हासिल थी (कोई यह दलील दे सकता है कि तमाशा उन लोगों के लिए मुक्तिकारी स्थान उपलब्ध कराता था जिनके शरीर पहले से ही मुक्त हो गये थे)। बापूराव के पावड़ा से प्यार को इसी रूप में देखा जा सकता है। बापूराव अपने प्यार और साहित्यिक कल्पना का पावड़ा की कलात्मक दक्षता से कुछ इस तरह तादात्म्य करते हैं कि बीसवीं सदी के पूर्वार्द्ध में तमाशा मनोरंजन का एक बेहद लोकप्रिय माध्यम बन जाता है। लेकिन तमाशा सामाजिक गोलबंदी का भी एक ज़बरदस्त साधन था। पर श्रम की गरिमा के बारे में आम्बेडकर के दृष्टिकोण के अनुसार बापूराव और पावड़ा दोनों ही अपने आत्मसम्मान से हीन हो गये थे। आम्बेडकर के अनुसार पावड़ा ने अपनी स्वायत्तता खो दी क्योंकि वह अपने शरीर और अपने श्रम के ऊपर वितरणकारी शक्ति का प्रयोग नहीं कर पा रही हैं। आम्बेडकर बापूराव

की इज़्ज़त नहीं करते क्योंकि उन्हें वे एक ऐसा मुफ़्तख़ोर मानते हैं जो संपत्ति और प्रसिद्धि हासिल करने के लिए एक अछूत महिला का एक वस्तु के रूप में उपयोग करते हैं। आम्बेडकर के मुताबिक़ आत्मसम्मान श्रम की नैतिक गुणवत्ता और उस श्रम से उत्पादित चीज़ों के वितरण की दावेदारी से पैदा होता है। दूसरा, तमाशा द्वारा कमाये जाने वाले पैसे में भी नैतिक क्षमता नहीं होती है क्योंकि उसका दर्शक तमाशा की सौंदर्यपरक समझ के लिए नहीं बल्कि देह के वस्तुकरण के ज़रिये अपनी प्रचंड सेक्शुअल इच्छाओं की संतुष्टि पर पैसा ख़र्च करता है। इसीलिए जब बापूराव ने आम्बेडकर के सामाजिक आंदोलन में दान देने का प्रस्ताव रखा, तो आम्बेडकर ने उसे लेने से मना कर दिया।

इसलिए, आम्बेडकर के अनुसार एक सांस्कृतिक स्थान के रूप में तमाशा मुफ़्तख़ोर लोगों को पैदा करता है, जो ख़ुद और दूसरों को गरिमाहीन स्थिति की ओर ले जाता है। आम्बेडकर यह भी मानते हैं कि मुफ़्तख़ोर लोगों में आत्मसम्मान नहीं होता। इसी तरह, 'वेतबेगारी' (या बेगारी) भी दलितों को आत्मसम्मान से हीन करती है। अभी भी, अछूत कमोबेश, 'वेतबेगार' के रूप में ही काम करते हैं। यह व्यवस्था देश के कुछ भागों में आज भी जारी है। आम्बेडकर चाहते थे कि अछूत और 'वेतबेगारी' कराने वाले लोग इस काम के अपमानजनक पहलू को समझें। वे 'वेतबेगार' को स्वार्थहीन कर्त्तव्य से नैतिक दावे में बदलना चाहते थे। और इसके लिए मंदिर निर्माण में अछूतों के योगदान को आधार बनाना चाहते थे। मेरा अनुमान है कि भारत के तक़रीबन सभी महत्त्वपूर्ण मंदिर अछूतों द्वारा की गयी बेगार से बने हैं। दूसरा, अछूत महिलाओं के आत्मसम्मान के संदर्भ में उनकी समझ को देखते हुए यह अनुमान लगाया जा सकता है कि वे निम्न जाति/अछूत महिलाओं द्वारा किन्हीं एंग्लो-इंडियन माताओं के बच्चों की 'धाय' बन कर कथित प्रतीकात्मक स्थान हासिल करने या एंग्लो-इंडियन संपादकों या व्यापारियों की मंगेतर बनकर उनके साथ घर में रहने या पुरी के जगन्नाथ मंदिर या कर्नाटक में चंद्रागुट्टी और सौदात्ती में रेणुका देवी की देवदासी के रूप में रहने का कभी अनुमोदन नहीं करते।

हिंदू सांस्कृतिक कल्पना में मंदिरों का विचार एक राष्ट्र के रूप में भारत को परिभाषित करने की बुनियादी शर्त है। यह बात चार धामों (चार हिंदू तीर्थ-स्थानों) के विचार से भी प्रकट होती है, जो एक तरह से हिंदू भारत की धार्मिक और सांस्कृतिक परिकल्पना की पूर्ति करते हैं। यहाँ तक कि नेहरू भी आधुनिक परियोजनाओं के लिए मंदिर के रूपक का उपयोग करते हैं। उनकी निगाह में ये परियोजनाएँ सेकुलर और आधुनिक भारत की झलक पेश करती हैं। गाँधी और आम्बेडकर भारत को कैसे देखते हैं? उनके ख़यालों का भारत कैसा है? भारत का नामकरण दोनों अलग-अलग ढंग से करते हैं। गाँधी भारत की कल्पना रामराज्य के रूप में करते हैं और आम्बेडकर इसे बहिष्कृत भारत कहते हैं। हालाँकि आम्बेडकर बहिष्कृत भारत को प्रबुद्ध भारत में बदलना चाहते हैं। भारत को अपनी अवधारणाओं के हिसाब से कल्पित करने में दोनों अलग-अलग स्थानिक क्रम अपनाते हैं। गाँधी अपने भारत का विचार ख़ुद को मुख्यतः दरिद्रनारायण, किसानों के अनुभवों से जोड़ते हुए पेश करते हैं; ब्रिटिश शासन के ख़िलाफ़ आम जनता को एकजुट करने के लिए किसानों को गोलबंद करते हैं। इसलिए उनके विरोधी बदलते रहते हैं। सत्ता की स्थानीय संरचना में ऊँची जाति के हिंदू पुरुष और महिलाएँ — दोनों ही उनके विरोधी हैं। लेकिन सत्ता की औपनिवेशिक संरचना में अंग्रेज़ी शासन गाँधी का विरोधी है। दूसरी ओर, आम्बेडकर जिन चीज़ों का विरोध करते हैं उनमें हम एक निरंतरता देख सकते हैं। उनका विरोधी सत्ता की स्थानीय संरचना में न्यस्त है (लेकिन इसका मतलब यह नहीं है कि वे ब्रिटिश राज्य को किसी तरह की छूट देते हैं)। आम्बेडकर के लिए शक्ति का स्थानीय विन्यास या संरचना ज़्यादा महत्त्वपूर्ण है। इसका कारण यह है कि औपनिवेशिक राज्य के विपरीत यह संरचना अपने अत्यंत संगठित स्थानों के ज़रिये आम्बेडकर और उनकी अछूत जनता के भीतर ऐसे साझे अनुभव पैदा करती है जो समय और स्थान से परे हैं। (यहाँ 'स्थान' को उसके भू-क्षेत्रीय अर्थ में लिया गया है।))। इसलिए आम्बेडकर की सामाजिक कल्पना में भारत मुख्यतः 'बहिष्कृत भारत' के रूप में आता है। उनका यह भारत

बहिष्कृत लोगों का भारत है। दरअसल, आम्बेडकर भारत को एक ऐसी भाषा में कल्पित करने के लिए मजबूर कर दिये गये हैं जो बहुत सारे लोगों को नकारात्मक लग सकती है। आम्बेडकर की कल्पना बेनेडिक्ट ऐंडर्सन की रूपरेखा में फ़िट नहीं बैठती क्योंकि उसमें राष्ट्र की कल्पना सार्वभौम स्थितियों में की गयी है। इस कल्पना में सार्वभौम स्थितियों को उसी समय प्रभुत्वशाली भी होना चाहिए। मसलन, राष्ट्र की सफल कल्पना सामाजिक और सांस्कृतिक स्थितियों की एकरूपता पर आधारित होती है। जिन भू-क्षेत्रों में यह स्थिति मौजूद नहीं होती है, वहाँ उसे विचारधारा जैसे व्यक्तिनिष्ठ साधन के सहारे पैदा करना पड़ता है। राष्ट्र की विचारधाराएँ ख़ुद अभिव्यक्त नहीं हो जातीं। उन्हें भी अपने प्रतिनिधित्व के लिए स्थान की आवश्यकता होती है। सामाजिक स्थान का विस्तार होने पर अवधारणा के स्थान का भी विस्तार होता है और अवधारणा के स्थान के इस विस्तार में कोई ख़ास व्यक्ति सार्वभौम विचार में रूपांतरित हो जाता है। इसलिए भारत के बहुसंख्य लोगों के लिए गाँधी बनिया या एक गुजराती व्यक्ति न रहक़र महात्मा बन गये हैं। गाँधी यात्रा के लिए लालायित रहते हैं और भारत की कल्पना को यात्रा के माध्यम से ही मूर्त रूप देते हैं क्योंकि भारत की कल्पना के लिए उन्हें यह समाजशास्त्रीय सादृश्यता ही सबसे अनुकूल स्थिति लगती है। उन्हें यह समाजशास्त्रीय सादृश्यता गाँव की व्यवस्था में भी दिखाई देती है। वे किसानों को इस व्यवस्था का केंद्र मानते हैं। किसानों के अनुभवों में भागीदारी करने के लिए वे किसानों की वेशभूषा अपना लेते हैं और ख़ुद को प्रतीकात्मक रूप से किसान बना डालते हैं (यह उनकी बायो-पॉलिटिक्स है)। गाँधी ने 'भारत बनाने' की परियोजना पेश करने से पहले देश के विभिन्न भागों की विस्तृत यात्रा की। इन यात्राओं द्वारा वे अनुभवों में एकरूपता की खोज करना चाहते थे और शैक्षणिक मक़सद से इसका उपयोग करना चाहते थे। अपनी यात्राओं द्वारा उन्होंने सिर्फ़ आध्यात्मिक सीमाओं की ही खोज नहीं की बल्कि उन्होंने यह भी पाया कि किसानों के अनुभव मोटे तौर पर एक जैसे ही हैं। किसानों को औपनिवेशिक राज्य के हाथों मिला शोषण का यह अनुभव भारत की गाँधीवादी

कल्पना का प्रमुख स्रोत है। गाँधी इसी अनुकूल स्थिति के कारण केंद्रीय स्थान पर 'क़ब्ज़ा' कर लेते हैं और इसका भारतीय जनता, मुख्यतः किसानों की राजनीतिक गोलबंदी में कुशलता से उपयोग कर जाते हैं। इसलिए वे संयुक्त प्रांत के कानपुर शहर के बीचोंबीच स्थित एक खुली जगह में एक रैली आयोजित कर सकते हैं या वे कानपुर के ऊँची जाति के प्रसिद्ध व्यक्ति रोहतगी के मेहमान बन सकते हैं। बीसवीं सदी के शुरुआती दशकों में गाँधी की इन यात्राओं में ऐसे कई उदाहरण देखे जा सकते हैं। इसमें ब्रिटिश रेलवे की भी बहुत महत्त्वपूर्ण भूमिका थी जिसने एक तरह से गाँधी की इन यात्राओं को मुमकिन बनाया। इसलिए यह अचरज की बात नहीं है कि गाँधी 'बहिष्कृत' भारत की खोज नहीं करते क्योंकि अपनी यात्राओं के दौरान उन्हें हर जगह एकरूपता दिखाई पड़ती है। इन यात्राओं के दौरान वे ख़ुद को किसानों, सामंतों के परिवारों और उभरते उद्योगपतियों के बीच पाते हैं। कई मौक़ों पर राजनीति की ज़रूरत के मुताबिक़ वे मेहतरों (सफ़ाईकर्मियों) की झोंपड़ियों में भी रुकते हैं। इसलिए गाँधी के पास यह विकल्प है कि वे अपने स्थानों का उदग्र रूप से 'अतिक्रमण' कर सकें। आम्बेडकर के पास यह विकल्प नहीं है। वे और उनके जैसे दूसरे अछूत सिर्फ़ एक ही दिशा में क्षैतिज रूप से आगे बढ़ सकते हैं। वे एक दलितवाड़े से निकलकर इसी से मिलते-जुलते दूसरे क्षेत्र में जाते हैं। इसलिए जब वे कानपुर में जाते हैं तो अपनी जाति के व्यक्ति सोनकर के साथ ठहरते हैं। वे सिर्फ़ अछूतों की बस्ती में ही अछूतों की सभा को सम्बोधित करते हैं। देश की अपनी यात्रा के दौरान वे उत्तर में कानपुर और आगरा में तथा दक्षिण में बेलगाँव और कोलार में अलग-अलग दलित बस्तियों में जाते हैं। इन सारे स्थानों में अनुभव की समरूपता (ख़ुद आम्बेडकर और उनके लोगों के लिए) आम्बेडकर को भारत की कल्पना अलग ढंग से करने को मजबूर करती है। वे अपने भारत की कल्पना 'बहिष्कृत भारत' (या बहिष्कृत लोगों के भारत) के रूप में करते हैं।

भारत को कल्पित करने का यह तरीक़ा तब और भी धारदार हो जाता है जब सराय जैसे हिंदू सार्वजनिक स्थानों को अछूतों के लिए बंद कर दिया जाता है। उन्नीसवीं सदी में पंडिता रमाबाई ने पूरे भारत में कुल 4,000 किलोमीटर

की यात्रा की। अपनी यात्रा के दौरान उन्होंने पाया कि सराय जैसी जगहों पर नीची जाति के लोगों को आने की इजाज़त नहीं थी। मध्य भारत में अछूतों पर इस तरह की पाबंदी के कारण ही एक दलित नेता को विधान परिषद में यह प्रस्ताव लाना पड़ा कि सरायों को ऊँची जातियों की पाबंदियों से मुक्त किया जाए। दरअसल, आम्बेडकर धर्मशाला (सराय) की धारणा की आलोचना करते हैं क्योंकि महाराष्ट्र के पंढरपुर में इन धर्मशालाओं में अछूत धर्मयात्रियों के साथ विद्वेषपूर्ण और अपमान से भरा बरताव किया जाता था। सरायों में अछूतों के साथ किये जाने वाले दुर्व्यवहार को देखते हुए यह सहज ही समझा जा सकता है कि अछूतों में पूरे भारत की यात्रा करने की प्रवृत्ति कम क्यों पायी जाती है। अछूत सिर्फ़ स्थानीय शासकों या ब्रिटिश सेना में शामिल होकर ही पूरे भारत की यात्रा कर सकते थे। ज़ाहिर है कि दलित आदि शंकराचार्य की तरह भारत की कल्पना चार धामों के रूप में नहीं कर सकते थे।

यह बात भी कम महत्त्वपूर्ण नहीं है कि महाराष्ट्र में दलितों का शुरुआती नेतृत्व फ़ौज के दायरे से विकसित हुआ है। आम्बेडकर और दलितों के लिए पूरे भारत की यात्रा करना ब्रिटिश रेलवे की शुरुआत के बाद ही मुमकिन हो पाया। अपनी यात्राओं में उन्हें एक जैसे अनुभव हुए। आम्बेडकर ऐसे अनुभवों की बिना पर ही गाँधी, नेहरू और पटेल के स्वशासन और 'अतुल्य भारत' के विचारों की बजाय आत्म-सम्मान और सामाजिक न्याय को ज़्यादा महत्त्व देते हैं। इसके विपरीत, ऊँची जाति के नेताओं और सामाजिक अभिजनों ने इस बात का ख़याल रखा कि यदि उन्हें कभी आम्बेडकर की मेज़बानी करनी भी पड़े, तो वे अपने सामाजिक स्थान से बाहर न जा पायें। मसलन, धुले (महाराष्ट्र का एक ज़िला मुख्यालय जो बीसवीं सदी की शुरुआत में औपनिवेशिक राज्य की गतिविधियों का प्रमुख केंद्र था) में रहने वाले एक जज और शायद उनकी पत्नी को आम्बेडकर के अछूतपन से निपटने के लिए कार का सहारा लेना पड़ा। जज के लिए आम्बेडकर को अपनी पाठशाला (एक संस्कृत स्कूल) में बुलाना मुश्किल जान पड़ा तो उन्होंने आम्बेडकर से चलती कार में बात करने का फ़ैसला किया। इस

क़वायद में ईंधन तो काफ़ी ख़र्च हो गया लेकिन यह ईंधन उस सामाजिक क़ीमत से बहुत कम था, जो जज को आम्बेडकर को अपने घर ले जाने पर चुकानी पड़ती। बम्बई में पनवेल नामक जगह पर पनवालक्कर नाम के एक व्यक्ति ने आम्बेडकर को अपने घर ले जाने की हिम्मत दिखायी। लेकिन उसे इसकी क़ीमत अदा करनी पड़ी। इस दौरान ऊँची जाति के पुरुषों द्वारा नहीं बल्कि महिलाओं ने यह ज़िम्मेदारी सँभाली कि घर भ्रष्ट न हो पाए। ख़ुद आम्बेडकर के अपने शिक्षक की स्थिति से भी यह बात स्पष्ट हो जाती है। आम्बेडकर के शिक्षक उन्हें अपने घर बुलाना चाहते थे, लेकिन अपनी पत्नी के विरोध के डर के कारण वे ऐसा नहीं कर पाए।

अवमानना के इन्हीं अनुभवों के कारण आम्बेडकर को बड़ौदा और दौलताबाद में या तो दलितवाड़े में शरण लेनी पड़ी या फिर सरकारी काम के दौरान सरकारी बंगले में ठहरना पड़ा। दरअसल, आधुनिकीकरण और 'डाक-बंगला' बनाने की औपनिवेशिक नीति के कारण ही आम्बेडकर ऊँची जाति के मेज़बानों द्वारा किये जाने वाले अपमान से बच पाए। इन्हीं अनुभवों के कारण आम्बेडकर ने स्वशासन की बजाय आत्मसम्मान और सामाजिक न्याय जैसे विचारों को ज़्यादा महत्त्व दिया। गरिमा और आत्मसम्मान की यह भाषा राष्ट्र के निर्माण के बाद भी क़ायम और प्रासंगिक बनी रही है। लेकिन इसके बावजूद इस तरह के विचार सम्प्रभु नहीं बन पाए। आख़िर इसका क्या कारण है? इसका कारण यह है कि इन विचारों का सत्तामीमांसीय सूत्र एक ऐसी विशाल आबादी के सामाजिक अस्तित्व से जुड़ा हुआ है जिसकी समस्याओं को लेकर भारत के सामाजिक अभिजनों, जो कि शासक भी हैं, का रुख़ सरोकार के बजाय दिखावे का रहा है। आम्बेडकर के मामले में अवधारणात्मक स्थान तार्किक रूप से सामाजिक स्थान से और सामाजिक स्थान, अवधारणात्मक स्थान से जुड़ा हुआ है। इन दोनों के बीच के परस्परव्यापी संबंध को अनुभव नियंत्रित करता है। दूसरी श्रेणियों के विपरीत, ऊँची जातियों की कल्पना में, सामाजिक न्याय और आत्मसम्मान भी दलितों की सामाजिक स्थिति के भीतर ब्रैकेटेड (कोष्ठक के बीच या सीमित) रहेंगे। यह अपने-आप में बहुत बड़ी विडम्बना है

कि दलितों की इसलिए निंदा की जाती है कि वे अपनी संकुचित पहचान से चिपके रहना चाहते हैं। दरअसल, सच्चाई यह है कि इसके लिए वे ख़ुद ज़िम्मेदार नहीं हैं। उन्हें एक तरफ़ राज्य और दूसरी ओर बुद्धिजीवियों ने इस संकुचित पहचान की ओर धकेला है। क्या दलितों पर संकुचित नज़रिया अपनाने की तोहमत लगाना नैतिक दृष्टि से अन्यायपूर्ण नहीं है? क्या इसके लिए फ़ैसला करने वाले लोग भी ज़िम्मेदार नहीं हैं जो विचारों और पहचान के बीच की कड़ी को लगातार बनाए रखते हैं।

संदर्भ

गोपाल गुरु (1987), 'पॉलिटिकल इकॉनॉमी ऑफ़ डिस्क्रिमिनेशन ऐंड सेग्रिगेशन इन अरबन बॉम्बे 1930.', *सोशल साइंस प्रोबिंग्ज*, पीपुल्स पब्लिशिंग हाउस, दिल्ली.

जी.एस. घुर्ये (1965), *कास्ट ऐंड ट्राइब्स ऑफ़ महाराष्ट्र*, पॉपुलर प्रकाशन, मुम्बई.

दीपांकर गुप्ता (2000), *कल्चर, स्पेस ऐंड नेशन-स्टेट*, सेज, नयी दिल्ली.

नंदिनी गुप्तु (2001), *द पॉलिटिक्स ऑफ़ द अरबन पुअर इन अर्ली ट्वेंटियथ सेंचुरी इंडिया*, केम्ब्रिज युनिवर्सिटी प्रेस, केम्ब्रिज.

पार्थ चटर्जी (1986), *नैशनलिस्ट थॉट ऐंड द कोलोनियल वर्ल्ड : अ डेरिवेटिव डिस्कोर्स?*, ऑक्सफ़र्ड युनिवर्सिटी प्रेस, नयी दिल्ली.

बाबासाहेब भीम राव आम्बेडकर (2005), *राइटिंग्ज़ ऐंड स्पीचेज़*, खंड 18, पार्ट II, एजुकेशन डिपार्टमेंट, गवर्नमेंट ऑफ़ महाराष्ट्र.

बी.एन. गांगुली (1973), *गाँधीज़ सोशल फ़िलॉसफ़ी : पर्सपेक्टिव ऐंड रेलेवेंस*, विकास, नयी दिल्ली.

बेनेडिक्ट ऐंडर्सन (1991), *इमैजिंड कम्युनिटीज़ : रिफ़्लेक्शंस ऑन द ऑरिजिंस ऐंड स्प्रेड ऑफ़ नैशनलिज़म*, वर्सो, लंदन.

एन.जी. भार्वे (2007) 'वुमॅन दादा कर्डक यन्ची गीन रचना', परशुराम गीमकर (सं.), कैलाश पब्लिकेशंस, औरंगाबाद.

भीखू पारेख (1996), *कोलोनियलिज़म*, ट्रेडिशन ऐंड रिफ़ॉर्म, सेज, नयी दिल्ली.

मनु गोस्वामी (2004), *प्रोड्यूसिंग इंडिया*, परमानेंट ब्लैक, नयी दिल्ली.

वी. गीता और एस. वी. राज़ादुरै (1998), *नॉन ब्राह्मन मिलेनियम*, साम्य पब्लिकेशन, कोलकाता.

शाहिद अमीन (1984), 'गाँधी एज़ महात्मा : गोरखपुर डिस्ट्रिक्ट, ईस्टर्न यूपी, 1921.', रणजीत गुहा (सं.), *सबाल्टर्न स्टडीज़ 3 : राइटिंग्स ऑन साउथ एशियन हिस्ट्री ऐंड सोसायटी*, ऑक्सफ़र्ड युनिवर्सिटी प्रेस, नयी दिल्ली.

सुमंत बनर्जी (2000), द *डेंजरस आउटकास्ट*, सीगल, कोलकाता.
सूज़न बेली (2001), *कास्ट, सोसायटी ऐंड पॉलिटिक्स इन इंडिया फ्रॉम द एट्टींथ सेंचुरी टू मॉडर्न एज*, खंड 4, केम्ब्रिज युनिवर्सिटी प्रेस, केम्ब्रिज.
हैरल्ड फ़िश्चर-टाइन और माइकल मान (सं.) (2004), *कोलोनियलिज़म ऐंड सिविलाइज़िंग मिशन, कल्चरल आइडियोलॅजी इन ब्रिटिश इंडिया*, विम्बलडन पब्लिशिंग कंपनी, लंदन.
हेलेन एस. डेयर (1900), *पंडिता रमाबाई : द स्टोरी ऑफ़ हर लाइफ़*, मॉगर्न ऐंड स्कॉट, लंदन.

दलित आंदोलन का विचार-चक्र

'नये सामाजिक क्रांतिकारी', जातियों का बहुसंख्यकवाद और ब्राह्मणवाद विरोध

अभय कुमार दुबे

मेरे इस लेख में दलित आंदोलन के सैद्धांतिक विकास को एक विचार-चक्र के तौर पर देखते हुए उसके तीन आयामों की समीक्षा करने की कोशिश की गयी है। इस चक्र की शुरुआत उन्नीसवीं सदी में महाराष्ट्र की धरती पर हुई थी। यही था वह दौर जब महात्मा फुले के चमकदार सूत्रीकरणों की शक्ल में एक रैडिकल सामाजिक-राजनीतिक कल्पनाशीलता के माध्यम से सामाजिक न्याय को केंद्र बनाते हुए एक नये विचार की नींव रखी गयी। इस विचार के मर्म में राजा बाली के बहुजन राज्य और आर्य-अनार्य संघर्ष की मिथकीय सामग्री से एक नयी अस्मिता गढ़ने का उद्यम था। फुले केवल अस्मिता-रचना पर ही नहीं रुके। उन्होंने तटस्थता की थीसिस का भी सूत्रीकरण किया। इसका आशय था आधुनिक राज्य की शक्ति (फुले के ज़माने में ब्रिटिश हुकूमत) को धार्मिक-सामाजिक रूप से निष्पक्ष बनाए रखना ताकि सत्ताधारी द्विज समाज के मुक़ाबले उसकी ताक़त का इस्तेमाल वंचितों द्वारा अपने हक़ में किया जा सके।

फुले के बाद यह विचार-चक्र डॉ. आम्बेडकर के ज़रिये आगे बढ़ा। बुद्ध और कबीर के बाद फुले को अपने तीन गुरुओं में स्थान देने वाले बाबासाहेब ने उनकी वैचारिक विरासत का अक्षरशः पालन करने के बजाय उसे आंशिक और आलोचनात्मक रूप से ही स्वीकार किया। उन्होंने तटस्थता की थीसिस अपनायी, और पहले ब्रिटिश हुक़ूमत की तटस्थता का लाभ उठाया, और फिर संविधान-निर्माता बन कर आधुनिक भारतीय राज्य को एक सामाजिक-धार्मिक रूप से तटस्थ-शक्ति बनाने का अभूतपूर्व उद्यम किया। लेकिन, बाबासाहेब ने 'आर्य बनाम अनार्य' के संघर्ष की आंदोलनकारी योजना और संभावनाओं को यह कह कर निरस्त कर दिया कि भारत में शूद्रों और द्विजों के बीच कोई प्रजातिमूलक यानी नस्ली भेद नहीं है। सभी की रगों में एक ही रक्त बह रहा है। अर्थात्, न कोई जन्मना दलित है और न कोई जन्मना द्विज। ऐसा कह कर आम्बेडकर दलित आंदोलन को मिथकीय भावभूमि से निकाल कर गणराज्य, आधुनिकता और नागरिकता आधारित सशक्तीकरण के प्रतिमान तक ले गये। यह परियोजना विचारधारात्मक उड़ानों के बजाय आंदोलन को ठोस समाजशास्त्रीय यथार्थ पर खड़ा करना चाहती थी।

आम्बेडकर के बाद दलित आंदोलन चुनावी राजनीति की व्यावहारिक लेकिन ऊबड़-खाबड़ ज़मीन पर लड़खड़ाते हुए आगे बढ़ता रहा। अस्सी के दशक में उसका विचार-चक्र उस समय आम्बेडकर-विचार को लाँघ कर पुनः उसी मुक़ाम पर पहुँच गया जहाँ महात्मा फुले ने उसे छोड़ा था। यह विचार-चक्र पूरा करने का श्रेय कांशीराम को जाता है जिन्होंने एक बार फिर आर्य-अनार्य थीसिस को केंद्र बना कर बहुजन-राजनीति का झंडा उठाया, और चुनावी राजनीति में उल्लेखनीय कामयाबी हासिल करके दिखायी। एक ऐसी कामयाबी जो उनके पहले किसी दलित नेता या सिद्धांतकार को नहीं मिली थी। लेकिन, इस यात्रा में विचार-चक्र तो पूरा हुआ, लेकिन दलित आंदोलन सम्भावित और मौजूदा संकटों से घिर गया। दलित-नेतृत्व में हुई बहुजन गोलबंदी की होड़ हिंदू-बहुसंख्यकवादी गोलबंदी से हुई। शुरू में बाज़ी बहुजनों के हाथों में रही, और लगा कि एक अपेक्षाकृत दलित राजनीतिक समुदाय बनने की तरफ़ है। लेकिन धीरे-धीरे पलड़ा हिंदू-बहुसंख्यकवाद की तरफ़ झुकना शुरू हो गया। ख़ास तौर पर उत्तर भारत में चुनाव-दर-चुनाव कई दलित जातियाँ हिंदू-बहुसंख्यकवाद के साथ जुड़ने लगीं। इस नये रुझान के कारण पहली नज़र में वह हिंदू राजनीतिक एकता बनते हुए लग रही है जिसकी परिकल्पना राष्ट्रीय स्वयंसेवक संघ पिछले पचास साल से कर रहा है।

इस समय दलित राजनीति और सामाजिक आंदोलन के रूप में उसका वजूद कुछ ऐसे प्रश्नों का सामना कर रहा है जिनका उत्तर देने के लिए दलित बौद्धिकता एक नये हस्तक्षेप की आवश्यकता का साक्षात्कार कर रही है। दलित आंदोलन को ज़रूरत है एक ऐसे नये सूत्रीकरण की जो न केवल इस विचार-चक्र को नये मुक़ाम तक ले जाए, बल्कि उन समस्याओं का निराकरण भी करे जिनके कारण दलित-एकता और उसके अंतर्निहित *रैडिकलिज़म* पर सवालिया निशान लग रहा है। इसी दृष्टि से इस लेख में दलित आंदोलन के विचार-चक्र के तीन आयामों पर समीक्षात्मक नज़र डाली गयी है। इनमें एक पहलू है विमर्श के धरातल पर 'नये सामाजिक

क्रांतिकारियों' की दावेदारियों की आलोचनात्मक व्याख्या, दूसरा पहलू है बहुजन-एकता की थीसिस की गवेषणा और तीसरा पहलू है ब्राह्मणवाद विरोध के अत्यंत प्रचलित प्रत्यय के अंतर्विरोधों को रेखांकित करना।

'नये सामाजिक क्रांतिकारियों' की 'नव-लोकतांत्रिक क्रांति'

यहाँ स्पष्ट कर देना ज़रूरी है कि जिन 'नये सामाजिक क्रांतिकारियों' की यहाँ चर्चा की जा रही है वह मुख्य तौर पर कुछ ख़ास तरह के बुद्धिजीवियों के एक जमात है जो सामाजिक न्याय की व्यावहारिक राजनीति में सक्रिय न हो कर उसे अपने बौद्धिक सूत्रीकरणों से प्रभावित करने की कोशिश करते रहे हैं। स्वयं को नये सामाजिक क्रांतिकारी की तरह पेश करने वाले इन बुद्धिजीवियों ने ज्ञानोत्पादन की दुनिया और सेमिनारों के संसार में काफ़ी विचारोत्तेजना पैदा की है। दिलचस्प बात यह है कि सामाजिक न्याय की व्यावहारिक राजनीति शुरुआती उछाल के बाद गिरावट के दौर से गुज़रने के बावजूद इन बुद्धिजीवियों के सैद्धांतिक उत्साह पर ख़ास असर नहीं डाल पायी है।

इन 'नये सामाजिक क्रांतिकारियों' के उद्यम के केंद्र में नये तरह की लोकतांत्रिक क्रांति है। बुद्धिजीवियों की इस जमात में नाना प्रकार के सिद्धांतकार हैं। इसकी प्रमुख हस्तियाँ हैं - शरद पाटिल, कांचा इलैया, चंद्रभान प्रसाद, गेल ऑम्वेट और गोपाल गुरु। इस नव-लोकतांत्रिक क्रांति में कई तरह के सपने गड्डमड्ड हो रहे हैं। किसी के पास दलित पूँजीवाद के विकास का स्वप्न है, किसी के पास अनुसूचित जातियों के समरूपीकरण और सारे हिंदू समाज के दलितीकरण का दावा है, कोई इस्लामिक भाईचारे के पैटर्न पर भारतीय समाज की पुनर्रचना के ख़्यालों में है, किसी को लग रहा है कि बाज़ार और भूमंडलीकरण से मुक्ति का रास्ता निकलेगा, कोई 'कास्ट-क्लास' का संश्रय निकालते हुए अनुसूचित जातियों को सामाजिक मुक्ति के हरावल दस्ते की तरह देख रहा है और कोई मार्क्स-आम्बेडकर-फुले-पेरियार को मिला कर नयी विचारधारा बनाना चाहता है। ज़ाहिर है कि इन लोगों में वैचारिक एकता नहीं है, पर मोटे तौर पर कम्युनिस्ट मेनिफ़ेस्टो

के मुहावरे में इन लोगों का ऐलान है, 'भारत में अभी तक का सामाजिक इतिहास जाति-संघर्ष का इतिहास ही है।' सबसे ज़्यादा रैडिकल मुद्रा कांचा इलैया ने अख़्तियार की है। उनका दावा है कि मंडल कमीशन की रपट के कार्यान्वयन के बाद अनुसूचित जातियों के आपसी सामाजिक विभेद ख़त्म हो गये हैं और एक समरूप दलित समाज उभर आया है। इन नये सिद्धांतकारों के विमर्श में एक नैतिक तेवर है जो पहले से मौजूद सभी विमर्शों को धिक्कारते हुए और अपराध-बोध से पीड़ित करते हुए पूछता है कि वे नब्बे के दशक के बाद उस रैडिकल क्षण का अंदाज़ा लगाने से कैसे चूक गये जब 'दलित वर्चस्व' की संभावनाएँ उभरी थीं। इस विमर्शी हमले से मार्क्सवादी विमर्श के स्थापित इदारे भी अपनी 'जाति-अंधता' को लेकर प्रतिरक्षा की मुद्रा में आ गये हैं। पूरे नब्बे के दशक और इक्कीसवीं सदी के पहले दशक में इस विमर्श ने 'दलित', 'दलित आंदोलन' और 'बहुजन', 'दलित-बहुजन' जैसी विचार-श्रेणियों को स्थापित-पुनर्स्थापित किया है।

ज़ाहिर है कि ये सभी श्रेणियाँ राजनीतिक हैं, पर सामाजिक होने का भ्रम देती हैं। नव-लोकतांत्रिक क्रांति के मोहक स्वप्न ने इन श्रेणियों को 'स्वयंसिद्ध' बनाते हुए उन्हें 'पॉलिटिकल करेक्टनेस' का रूप दे दिया है। बौद्धिक फ़ैशन के दबाव में विद्वानों और प्रेक्षकों द्वारा इन्हें प्रश्नांकित करना उत्तरोत्तर मुश्किल होता चला गया है। मसलन, यह केवल अपवाद स्वरूप ही पूछा जाता है कि जिन्हें हम दलित नेता होने का श्रेय दे रहे हैं वे किसी एक संख्या-बहुल और राजनीतिक रूप से प्रभावशाली अनुसूचित जाति समुदाय के नेता हैं, या सभी तरह की छोटी-बड़ी पूर्व-अछूत बिरादरियों के। इस प्रकार की जाँच-पड़ताल को गंभीरता से नहीं लिया जाता कि जिन्हें पिछड़ी जातियों का नेता कहा जा रहा है उनका बुनियादी जनाधार क्या है और उसकी सीमाओं से बाहर के छोटे-बड़े अनगिनत पिछड़ी जाति-समूहों से उस नेता या उसकी पार्टी के ताल्लुक़ातों का आधार क्या है। न तो समाजशास्त्रियों ने और न ही राजनीतिशास्त्रियों ने (बद्री नारायण के सम्मानजनक अपवाद

के साथ)[1] अपनी अनुसंधान-प्रौद्योगिकी का यह पता लगाने में इस्तेमाल किया है कि इन कमज़ोर जातियों के बीच सत्ता के लाभों और आरक्षण से मिलने वाले लाभों का निहायत असमान बँटवारा क्या गुल खिला रहा है।

सामाजिक न्याय की राजनीति शुरुआत से ही दो ख़ानों में बँटी रही है। एक ख़ाना अन्य पिछड़े वर्ग का है, और दूसरा अनुसूचित जातियों का। यहाँ मैं जिन नये सामाजिक क्रांतिकारी बुद्धिजीवियों की चर्चा कर रहा हूँ, वे अनुसूचित जातियों वाले हिस्से की देन हैं। उनकी उसूली इच्छा है कि अन्य पिछड़े वर्गों को भी उनकी क्रांति में शामिल हो जाना चाहिए, इसलिए सेमिनार रूप में की गयी अपनी प्रस्तुतियों में वे इन वर्गों को अपनी मर्ज़ी से दलितों के साथ जोड़ लेते हैं। वे यह जाँच करने की कोशिश नहीं करते कि दलितों के नेतृत्व में सूत्रबद्ध की जाने वाली इस सामाजिक क्रांति से पिछड़ी जातियों से कभी कोई रिश्ता रहा है या नहीं। न ही वे यह जाँच करते हैं कि आर्थिक-सामाजिक रूप से शक्तिशाली और संख्याबल से संपन्न पिछड़े समुदायों के समर्थन पर आधारित राजनीतिक दलों को चुनावी गठजोड़ की फ़ौरी कार्यनीतियों के अलावा दलित राजनीति से जुड़ने में कभी कोई दिलचस्पी रही है या नहीं।

इसी तरह नये सामाजिक क्रांतिकारियों ने मज़बूत पिछड़ी जातियों और पूर्व-अछूत बिरादरियों के बीच ज़मीन पर जारी तक़रीबन शत्रुतापूर्ण अंतर्विरोध की तरफ़ इशारा करने वालों को तिरस्कार की दृष्टि से देख कर कह दिया है कि इन अंतर्विरोधों का कारण पिछड़ों के बीच घुसपैठ करने वाला ब्राह्मणवाद है और अंतिम विश्लेषण में ये अंतर्विरोध शत्रुतापूर्ण न हो कर मुख्यतः मित्रतापूर्ण हैं। कुल मिला कर बहुजन एकता की भव्य संभावनाओं पर किये जाने वाले हर बौद्धिक संदेह को कालीन के नीचे सरका दिया गया है। विचारधारात्मक आग्रह के तहत यह मान लिया गया है कि इन दोनों सामाजिक समुच्चयों के बीच एकता होना स्वाभाविक है। जबकि

---

[1] देखें, बद्री नारायण (2009). इसके अलावा बद्री नारायण इस विषय पर *द इंडियन एक्सप्रेस* के अपने स्तम्भ में नियमित रूप से लिखते रहे हैं.

सामाजिक वस्तुस्थिति हमेशा से इसके विपरीत रही है। 1928 में उत्तर प्रदेश में अछूतों के नेता स्वामी अछूतानंद द्वारा अपने संगठन आदि-हिंदू सभा के अन्य सदस्यों के साथ माँगपत्र पेश करके कहा था, 'अछूतों के प्रति शूद्रों का रवैया अन्य तीन वर्णों से भी ख़राब है, और अगर उन्हें एक पृथक् समुदाय के रूप में अछूतों के साथ रख दिया गया और दोनों को संयुक्त रूप से पृथक् प्रतिनिधित्व दिया गया तो हमारी स्थिति सुधरने के बजाय और बुरी हो जाएगी क्योंकि संख्यात्मक रूप से मज़बूत और आर्थिक-राजनीतिक रूप से हमारे मुक़ाबले बेतहाशा ताक़तवर होने के नाते वे सभी सीटें हड़प लेंगे।'[2] रिकॉर्ड बताता है कि बीसवीं सदी के दूसरे हिस्से में पिछड़ी जातियों ने एक तरफ़ तो ब्राह्मणों के शोषण के ख़िलाफ़ झंडा उठाया, लेकिन दूसरी तरफ़ उन्होंने अनुसूचित जातियों के विरुद्ध हिंसा का एक लम्बा सिलसिला शुरू किया। इस विडम्बनापूर्ण यथार्थ का सबसे बड़ा उदाहरण ब्राह्मणवाद विरोधी राजनीति का प्रतीक तमिलनाडु रहा है जहाँ द्रविडियन राजनीति ने इस राज्य के उन्नीस फ़ीसदी पूर्व-अछूतों को न केवल लगातार अपने दायरे से बाहर रखा, बल्कि इस आंदोलन द्वारा सबलीकृत हुए थेवरों, नाडारों और वन्नियारों ने उन पर जम कर बेरहम हिंसा बरपायी। शूद्र-अंत्यज संबंधों की यही स्थिति महाराष्ट्र और बिहार में रही। इस स्थिति का पुख़्ता सबूत समाज-वैज्ञानिक अध्ययनों और सरकारी रपटों में उपलब्ध है।[3]

एक दिलचस्प तथ्य यह भी है कि अनुसूचित जातियों की चुनावी राजनीतिक सफलता केवल उत्तर प्रदेश और जाटव जनाधार वाली बहुजन समाज पार्टी (बसपा) तक सीमित रही है, पर 'नये सामाजिक क्रांतिकारियों' का प्रत्येक सूत्रीकरण राष्ट्रीय-अंतर्राष्ट्रीय परिप्रेक्ष्य में यह मान कर हो रहा है कि ओबीसी जातियों और दलित जातियों का सामाजिक-राजनीतिक समरूपीकरण

---

[2] देखें, *चार्टर ऑफ़ डिमांड्स ऑफ़ आदि-हिंदू सभा*, यूपी, 1928, *सेमिनार* 558 से उद्धृत : 22-23.

[3] इन तमाम तथ्यों के एक संदर्भ सहित संकलन के लिए देखें, 'द सो काल्ड ओबीसीज़ : हू आर द रियल परपेट्रेटर्स ऑफ़ क्राइम अगेंस्ट दलित्स?' (प्रकाशन वर्ष अनुपलब्ध). यह दस्तावेज़ीकरण करने वाला संगठन घोषित रूप से आरक्षण-विरोधी है. लेकिन, कोई आरक्षण समर्थक इस तरह के तथ्यों को एक जगह पर लाने के लिए तैयार ही नहीं है.

हो चुका है। साथ ही वह मान कर चल रहा है कि यह विशाल दलित-पिछड़ा दायरा अपने प्रभाव-क्षेत्र में सामाजिक रैडिकलिज़्म के अन्य रूपों को भी खींचने में सक्षम है। यहाँ एक अजीब अंतर्विरोध को भी रेखांकित करना आवश्यक है। इन 'नये सामाजिक क्रांतिकारियों' की दावेदारियों को बसपा द्वारा की जा रही सत्ता की राजनीति के आईने में ही प्रामाणिकता मिलती है, पर उत्तर प्रदेश को अपना 'आधार इलाक़ा' मानने के बजाय इन नये सामाजिक क्रांतिकारियों का एक बड़ा हिस्सा बसपा की राजनीति को समझौतापरस्त और प्रतिगामी मान कर ख़ारिज भी करता है।

यहाँ एक बात माननी पड़ेगी कि 'नये सामाजिक क्रांतिकारियों' ने कम से कम एक सवाल पर ईमानदारी का रवैया अपनाया है। वे मानते हैं कि अनुसूचित जातियों के दमन-शोषण के ख़िलाफ़ भारतीय इस्लाम, मुसलमान समाज और उसके अभिजन ने कभी हमदर्दी तक नहीं दिखाई, संघर्ष में साथ देना तो दूर रहा :

> जाति और छुआछूत के मुद्दों के प्रति बेपरवाह होने का ज़िम्मेदार मुसलमान बुद्धिजीवियों को भी ठहराया जाना चाहिए। अंग्रेज़ों के आने से पहले ऐतिहासिक रूप से मुसलमान शासकों ने जाति के प्रश्न को समझने की जहमत नहीं उठायी। भारत यात्रा करने वाले अल बरूनी जैसे विद्वान ने तो इस सवाल पर एक सरसरी नज़र डाली, लेकिन किसी भारतीय विद्वान या कवि ने इस विषय पर कुछ भी विस्तार से नहीं लिखा। ताज्जुब की बात है कि उन्होंने दलित-बहुजनों के बीच कोई सामाजिक या शैक्षिक काम नहीं किया। ... आधुनिक युग में, ख़ासकर आज़ादी के बाद की अवधि में कोई भी मुसलमान बुद्धिजीवी दलितों, आदिवासियों और पिछड़ों में काम करने नहीं गया। जब आम्बेडकर ने दलितों का मुक्ति-संघर्ष शुरू किया तो कोई मुसलमान बुद्धिजीवी उनके साथ नहीं खड़ा हुआ। मंडल आंदोलन के बाद भी किसी मुसलमान विद्वान ने जाति और छुआछूत की इस्लामिक समझ का सूत्रीकरण करने वाली कोई गंभीर पुस्तक नहीं लिखी। ... इस्लाम की स्थिति तो यह है कि जब तक कोई इस्लाम क़बूल न कर ले उसके बारे में सामाजिक अन्योन्यक्रिया के संदर्भ में न तो कोई जाँच-पड़ताल की कोई परंपरा है, न ही समाज-सेवा की।[4] ... अधिकतर दलित आज भी न तो

[4] देखें, कांचा इलैया (2002).

‘हिंदुओं’ से जुड़ना चाहते हैं, न ‘मुसलमानों’ से। मुसलमान इस बात को नहीं समझते और जातिप्रथा के दमनकारी किरदार की समझ बनाने की कोशिश नहीं करते। ... आम्बेडकर और अन्य जाति-विरोधी सुधारकों ने ब्राह्मणवाद और जाति के मुश्तरक़ा विरोध में एकता के भिन्न आधार की प्रस्तावना की थी। लेकिन उदार मुसलमानों ने इसे नज़रअंदाज़ कर दिया। कट्टरपंथी मुसलमानों ने इसके उलट धर्मांतरण पर बल दिया। अंत में दलित-मुसलमान गठजोड़ के समर्थकों, विशेषकर स्वतंत्र मुसलमान राज्य के समर्थक दलितों को बहुत बुरा तजरुबा हुआ। हैदराबाद में ग्रामीण दलितों को एक तरफ़ तो मुसलमान रज़ाकारों का और दूसरी तरफ़ लौटते हुए हिंदुओं के अत्याचार झेलने पड़े। पूर्वी पाकिस्तान में मुसलमानों का समर्थन करने के बावजूद दलितों को ‘हिंदू’ मान कर हिंसा का शिकार होना पड़ा, और जोगेंद्रनाथ मंडल जैसे नेताओं को अंततः भाग कर भारत चला जाना पड़ा।[5]

‘नये सामाजिक क्रांतिकारियों’ द्वारा की गयी दलितों के प्रति मुसलमानों के रवैये की यह आलोचना बहुत महत्त्वपूर्ण है। यह संघ परिवार के इस दावे को बड़े शौक से (और सही रूप से) आड़े हाथों लेती है कि छुआछूत की समस्या मुसलमान शासन की देन है। लेकिन भारतीय इस्लाम और मुसलमान समाज के दलित संबंधी दृष्टिकोण की जानकारी होते हुए भी विद्वानों द्वारा आम तौर पर इस विषय में केवल खानापूरी की जाती है, और इस आधार पर मुसलमान समाज की कोई तत्संबंधित आलोचना की कोशिश नहीं की जाती। वस्तुतः भारत में छुआछूत के प्रश्न पर मुसलिम समाज की स्थिति हिंदू समाज से ज़्यादा नहीं, तो कम बुरी भी नहीं है। कम से कम हिंदू समाज में इस कुप्रथा के प्रति स्वीकारोक्ति है, जागरूकता और संघर्ष की धारा तो है, पर आँखों में चुभने वाले समाज-वैज्ञानिक शोध के बावजूद भारतीय इस्लाम तो यह मानने के लिए ही तैयार नहीं है कि उसके दायरे में जाति-प्रथा का बोलबाला[6] है, छुआछूत होने की स्वीकारोक्ति तो छोड़ ही दीजिए।[7]

---

[5] देखें, गेल ऑम्वेट (2005).

[6] देखें, योगिंदर सिकंद (2000).

[7] देखें, प्रशांत के. त्रिवेदी, श्रीनिवास गोली, फ़हीमुद्दीन और सुरिंदर कुमार (2016).

यहीं यह सवाल उठता है कि 'नये सामाजिक क्रांतिकारी' मुसलमानों के बीच चलने वाले पसमांदा आंदोलन[8] को किस निगाह से देखते हैं? क्या 'नये सामाजिक क्रांतिकारियों' ने पसमांदा आंदोलन का इस्तेमाल करके भारतीय इस्लाम या मुसलमान समाज की कोई सेकुलर आलोचना विकसित की है? इसका कोई प्रमाण नहीं मिलता। और तो और, जब भी राजनीति में मुसलमान-उपस्थिति के विभिन्न आयामों पर चर्चा की जाती है, 'नये सामाजिक क्रांतिकारियों' का विमर्श पसमांदा आंदोलन को नज़रअंदाज़ ही करता है, उसके साथ राजनीतिक रूप से जुड़ कर मुसलमानों के बीच इस तहरीक को मज़बूत करने के किसी कार्यक्रम के बारे में सोचना तो दूर की बात है।

बहुजन-एकता का 'चुनावी गणनशास्त्र' : बहुजनों का बहुसंख्यकवाद

यह देखना भी दिलचस्प होगा कि इन 'नये सामाजिक क्रांतिकारियों' का बौद्धिक उत्स समाज-विज्ञान की दुनिया में किस जगह मौजूद है। मेरी खोजबीन बताती है कि इसका मुक़ाम अस्सी के दशक की शुरुआत से नब्बे के दशक की शुरुआत की अवधि में स्थित है। यही है वह समय जब कांशीराम आम्बेडकर को लाँघ कर फुले के बहुजन प्रत्यय और 'आर्य-अनार्य थीसिस' के ज़रिये बहुजन समाज पार्टी की स्थापना का उद्यम कर रहे थे। उत्तर प्रदेश की राजनीति में इस पार्टी की सफलताओं ने विमर्श के धरातल पर 'गेम चेंजर' की भूमिका निभायी। अगर वरिष्ठ राजनीतिशास्त्री रजनी कोठारी के इस दौरान किये गये लेखन पर नज़र डालें, तो स्पष्ट हो जाता है कि वे बसपा की स्थापना के क्षण (अस्सी के दशक के शुरुआती वर्ष) के इर्द-गिर्द क्या सोच रहे थे (अर्थात् जब इस पार्टी की कामयाबी की संभावनाएँ स्पष्ट नहीं थीं), और जब 1993 में इस पार्टी को पहली सफलता मिली (समाजवादी पार्टी के साथ गठजोड़ के ज़रिये), तो किस तरह अपने दस साल पुराने चिंतन को बदल रहे थे। दरअसल, कोठारी ने के बदले हुए सोच में 'नये सामाजिक क्रांतिकारियों' को भविष्य में मिलने वाली बौद्धिक वैधता की आहटें सुनी जा सकती हैं।

---

[8] पसमांदा आंदोलन के लिए देखें, अली अनवर (2001).

इसी तरह इस संदर्भ में दिवंगत राजेन्द्र वोरा की एक रचना पर भी हमें नज़र डालनी होगी जिसमें उन्होंने बहुजन-एकता को जातिपरक बहुसंख्यकवाद बताते हुए आर्थिक-सामाजिक कसौटियों पर कसने की कोशिश की है।

1984 में कोठारी ने एक लेख लिखा था : 'चुनावी खेल से निकली सांप्रदायिकता : बहुसंख्यावाद की विकृति पर एक टिप्पणी'।[9] इस लेख में कोठारी ने चुनाव आधारित लोकतंत्र और भारतीय बहुलतावाद को कड़ाई से प्रश्नांकित किया था। नब्बे के दशक की शुरुआत में जब कारसेवकों ने बाबरी मस्जिद पर हमला बोला, तो कई विद्वान सांप्रदायिकता के चुनावी रूप को बहुसंख्यकवाद की तरह समझने की कोशिश करने लगे थे। लेकिन, कोठारी ने न केवल इनसे कहीं पहले मैजोरिटेरियनिज़म[10] की भारतीय समस्या पर अपनी उँगली रख दी थी (पश्चिमी विद्वानों का ध्यान तो इस समस्या की तरफ़ 2000 के बाद ही गया), बल्कि वे अन्य विद्वानों की तरह लोकतंत्र की इस विकृति को हिंदुत्ववादियों द्वारा बाहर से लगाए गये विष भरे इंजेक्शन की तरह न देख कर उदारतावादी लोकतांत्रिक 'व्यवस्था की अंतर्वस्तु की तार्किक परिणति' की तरह उसकी शिनाख़्त कर रहे थे। मुझे नहीं याद पड़ता कि इससे पहले भी कभी किसी भारतीय विद्वान ने बहुसंख्यवाद या बहुसंख्यकवाद के प्रत्यय पर सैद्धांतिक और विवरणात्मक रूप से विचार किया होगा। कोठारी ने राजनीतीकरण की प्रक्रिया, चुनाव जीतने के लिए वोटों की गोलबंदी करने के तरीक़ों और राजनीतिक लोकलुभावनवाद के उदय के सांप्रदायिक दुष्परिणामों को कहीं ज़्यादा ठोस तरीक़े से रेखांकित करते हुए कहा था कि इस तरह के अंदेशे कहीं बाहर से नहीं आते, वरन स्वयं व्यवस्था के भीतर मौजूद रहते हैं।

---

[9] अंग्रेज़ी में यह लेख पढ़ने के लिए देखें, *लोकायन बुलेटिन*, 1985, और हिंदी के लिए देखें रजनी कोठारी (1993), वही.

[10] यहाँ स्पष्ट कर देना ज़रूरी है कि पश्चिमी समाज-विज्ञान जिस मैजोरिटेरियनिज़म का आलोचनात्मक स्वर में ज़िक्र करता है, वह वैसा बहुसंख्यकवाद नहीं है जिसके ख़िलाफ़ भारत में लोकतांत्रिक शक्तियाँ जूझ रही हैं. पश्चिमी संदर्भों में माइकिल मान (2005) ने अपनी रचना के ज़रिये यह बहस उठाई थी. उनकी मुख्य चिंता बहुसंस्कृतिवाद के क्षय को लेकर थी न कि लोकतंत्र के ही बहुसंख्यकवाद में बदलने को ले कर. देखें माइकिल मान (2005). इसी विषय पर एक और रचना के लिए देखें, डेनियल कनवर्सी (2012).

इस लेख में कोठारी ने सूत्रीकरण किया कि राजनीति को अनिवार्यतः चुनावी खेल में घटा देने की अवधारणा और प्रवृत्ति ने लोकतंत्र की अंतर्वस्तु को बहुसंख्यकवाद में बदल दिया है। उनका कहना था कि राज्य और नागरिक समाज के बीच मध्यस्थता करने वाली मध्यवर्ती संस्थाओं और राजकीय संस्थाओं को दरकिनार करके जनता से सीधे अपील करने की राजनीतिक प्रौद्योगिकी का इस्तेमाल करके ऐसा किया जाता है। कभी यह ग़रीबों के नाम पर किया जाता है, और कभी विकास के नाम पर। कोठारी के मुताबिक़ यह प्रक्रिया 1969 से ही चल रही थी, जब कांग्रेस के नेतृत्व में मुसलमान, अनुसूचित जातियाँ-जनजातियाँ, कुछ पिछड़ी जातियाँ और ब्राह्मणों का ध्रुवीकरण किया गया। साथ ही एक सर्वोच्च नेता पर ज़ोर दिया गया। नतीजा यह निकला कि सभी तरह की राजनीतिक प्रक्रियाओं और संहिताओं का स्थान चुनावी विजय की लहरों ने ले लिया। पार्टियों को व्यापक बदलाव के यंत्र की तरह न देख कर सत्ता में बनाए रखने वाले औज़ार की तरह देखा जाने लगा। चुनाव अपने आप में लक्ष्य बनते चले गये। अल्पसंख्यकों की तुलना में बहुसंख्यकों की संख्यात्मक ताक़त पर ज़ोर दिया जाने लगा। यह काम केवल सांप्रदायिक शक्तियाँ ही नहीं कर रही थीं, बल्कि स्वयं को सेकुलर कहने और मानने वाले भी यही करते नज़र आये। परिणामस्वरूप सांप्रदायिकता सेकुलर राजनीति की उपज बन गयी और एक तरह से वह आदर्शों से रहित सेकुलर राजनीति के रूप में उभर आयी।

कोठारी ने बारीकी में जाते हुए दिखाया कि किस तरह संख्या के इस खेल के सांप्रदायिक परिणाम फ़ौरन स्पष्ट नहीं हुए और संख्याओं को जाति और क्षेत्र के रूप में देखा जाता रहा। इस तरह एक नृवंशीय गणनशास्त्र ने जन्म लिया। यह गणनशास्त्र महानगरीय इलाक़ों में कुछ कम, देहाती क्षेत्र में अधिक और आदिवासी क्षेत्रों में सबसे ज़्यादा प्रभावी साबित हुआ। इस राजनीति ने उन क्षेत्रों को भी प्रभावित करना शुरू कर दिया जिन पर आम तौर पर सांप्रदायिक विचारों को असर नहीं पड़ता था। जैसे, मज़दूर वर्ग, छात्र समुदाय और आम तौर पर युवा वर्ग। यह देख कर ताज्जुब होता है कि

कोठारी ने 1985 में ही सत्ता को अपने विरोध में खड़े लोगों और दलों को राष्ट्रद्रोही और देश की एकता-अखंडता का दुश्मन क़रार देने के हथकंडे की शिनाख़्त कर ली थी। उस समय यह हथकंडा इंदिरा गाँधी और कांग्रेस अपना रहे थे। उन्होंने यह भी देख लिया था कि हिंदुत्ववादी नारे ग़रीबों, कमज़ोर जातियों, आदिवासियों और पहाड़ी लोगों को प्रभावित करते हैं। कोठारी ने ज़िक्र किया कि 'पंजाब में सैनिक कार्रवाई के तुरंत बाद श्रीमती गाँधी गढ़वाल गयीं और उन्होंने वहाँ खुले आम कहा कि पंजाब में हिंदू धर्म पर हमला हो रहा है। उन्होंने सिखों, मुसलमानों और दूसरे अन्य लोगों के हमलों से हिंदू संस्कृति की रक्षा करने की ज़ोरदार अपील की।'

कोठारी ने यहाँ नृवंशीय गणनशास्त्र के आधार पर की जाने वाली राजनीति की शुरुआत 1969 में रेखांकित की है। ज़ाहिर है कि जिन सामाजिक-धार्मिक प्रक्रियाओं का वे यहाँ वर्णन कर रहे हैं, उनके बारे में माना जा सकता है कि वे कम से कम दस साल पहले शुरू हुई होंगी। यानी साठ के दशक के आख़िर और सत्तर के दशक की शुरुआत या मध्य से ही चुनाव संख्या के खेल में बदलने लगता है, और हिंदुओं की बहुप्रशंसित विविधता एक राष्ट्रीय समरूपीकरण के दौर से गुज़रती हुई दिखाई देती है। वे पूछते हैं कि 'क्या चुनाव आधारित जनतंत्र उग्रराष्ट्रवादी भावनाओं को भड़काता है और सांप्रदायिकता को बढ़ावा देता है? हम बुद्धिजीवी अकसर इस मुद्दे से कतराने की कोशिश करते रहे हैं। ... निश्चय ही यह एक आधुनिक परिघटना है और इसका सबसे घातक पहलू है भारत की विविधता, यानी अल्पसंख्यक बहुल समाज की अवधारणा का परित्याग और बहुसंख्यकवादी एकरूपीकरण व सामान्यीकरण की अवधारणा का थोपा जाना।' बिना किसी शक के कोठारी 1985 में इस निष्कर्ष पर पहुँच चुके थे कि न तो चुनाव आधारित उदारतावादी लोकतंत्र और न ही भारत का सामाजिक बहुलतावाद बहुसंख्यकवादी परिघटना को रोक पाने में समर्थ हैं। एक तरह से ये तो उसे बढ़ावा देने की ज़मीन मुहैया करा रहे हैं। हालाँकि अस्सी के दशक में कोठारी को साफ़ दिख रहा था कि कांग्रेस चुनावी फ़ायदे के लिए बहुसंख्यकवादी आवेग

को हवा दे रही है, लेकिन वे उस समय कमज़ोर लग रहे हिंदुत्ववादी संगठनों को नज़रअंदाज़ करने के लिए तैयार नहीं थे। इसलिए उन्होंने स्पष्ट रूप से लिखा था, 'ढेर सारे उग्र मसीही क़िस्म के हिंदूवादी संगठन पैदा हो गये हैं जिनका उद्देश्य हिंदुओं के बीच इस भावना को पनपाना है कि वे एक एकताबद्ध, एकरूप, केंद्रीकृत अस्मिता के अंग हैं। ऐसे ही संगठन हैं — विश्व हिंदू परिषद, बजरंग दल, हिंदू एकता मंच, हिंदू रक्षा समिति, पतित पावन संगठन और राष्ट्रीय स्वयंसेवक संघ सरीखे पुराने संगठन, जो कुछ समय के लिए राजनीतिक रूप से सुप्त पड़े थे, लेकिन आज काफ़ी सक्रिय हो गये हैं।'

कोठारी अगर अपनी इसी बेहतरीन टेक को जारी रखते तो उनकी निगाह 'तथाकथित सार्वजनिक हिंदूवाद' के विकास-क्रम पर टिकी रहती। इस तरह से वे देख पाते कि जिस लोकप्रिय हिंदू धार्मिकता का तेज़ी से प्रचार-प्रसार हो रहा है वह आधुनिक राज्य के साथ कौन-सा रिश्ता बना रही है। आधुनिक राज्य और धर्म के बीच पश्चिम में जो रिश्ते बने, भारत में भी उन्हीं में से कोई एक रिश्ता बनने जा रहा है — या भारतीय परिस्थितियाँ किसी अन्य रिश्ते (संभवतः राज्य को बहुसंख्यकवाद का सहोदर बनाने का रिश्ता) की तामीर करने की तरफ़ जा रही हैं। जो भी हो, कोठारी के निष्कर्ष कम से कम वे तो नहीं ही होते जो उन्होंने बाबरी-ध्वंस के बाद 1993 में उत्तर प्रदेश के ऐतिहासिक चुनाव में सपा-बसपा गठजोड़ के हाथों हुई अचानक पराजय से उत्साहित हो कर लिखे अपने लेखों में निकाले। 1993 के पहले वे कह रहे थे कि हिंदुत्व की राजनीति अपना प्रभाव-क्षेत्र धीरे-धीरे बढ़ा रही है और उसमें न उदारतावादी राज्य बाधक बन पा रहा है और न सामाजिक बहुलतावाद। लेकिन, 1993 के बाद उन्होंने कमज़ोर जातियों को एक सांप्रदायिकता-विरोधी संसाधन के रूप में देखना शुरू कर दिया। हो सकता है कि कोठारी की इस मुद्रा के पीछे पिछड़े वर्गों के उभार को महज़ भौंडे क़िस्म के जातिवाद के उभार में सीमित करके देखने की सेकुलर-लिबरल प्रवृत्ति के ख़िलाफ़ प्रतिक्रिया की भूमिका रही हो। वैसे भी वे शुरू से 'राजनीति में जातिवाद' की परिघटना का प्रति-विमर्श तैयार करने वाले सिद्धांतकार के रूप में जाने जाते

हैं। लेकिन इस सूरत में भी हम यह नज़रअंदाज़ नहीं कर सकते कि 1985 में वे जिस चुनावी गोलबंदी को नृवंशीय गणनशास्त्र की तरह देख रहे थे, उसी तरह की गोलबंदी को उन्होंने बिना कोई नया तर्क दिये भारतीय लोकतंत्र को मज़बूत करने की संभावनाओं से संपन्न मान लिया। यह विमर्श द्विज जातियों के मुक़ाबले कमज़ोर जातियों को खड़ा करके एक द्विभाजन गढ़ रहा था। उनके विमर्श से मतलब निकल रहा था कि यह द्विज जातियों की भूमिका आम तौर पर सांप्रदायिक और कमज़ोर जातियों की भूमिका आम तौर पर सेकुलर हो गयी है, और यह द्विभाजन समाज और राजनीति के लिए रैडिकल संभावनाओं से लैस भी है। शायद इसीलिए 1993 के बाद उन्होंने हिंदुओं के राष्ट्रवादी समरूपीकरण की चिंताजनक परिघटना पर विचार करना बंद कर दिया।

आज हमारे पास घटनाओं की पश्चात्-दृष्टि है। हम देख सकते हैं कि कमज़ोर जातियों की गोलबंदी को हिंदू बहुसंख्यकवाद के 'एंटीडोट' की तरह देखने के सूत्रीकरण ने आगे चल कर पिछड़ों और पूर्व-अछूतों को केंद्र बना कर की जाने वाली राजनीति को सामाजिक रैडिकलिज़म के साथ जोड़ दिया, और दूसरी तरफ़ इसी प्रक्रिया ने चुनावी लोकतंत्र के संदर्भ में उस नृवंशीय गणनशास्त्र को और बल दिया जिस पर कोठारी ने 1985 में अपनी उँगली रखी थी। यह गणनशास्त्र लोकतंत्र को एक चुनावी खेल में समेटने की तरफ़ ले जा रहा था जिसके बहुआयामी परिणाम निकल रहे थे। इस सिलसिले की पहली कड़ी थी वह शिनाख़्त जो रेखांकित कर रही थी कि राजनीति के धरातल पर एक नहीं, बल्कि दो बहुसंख्यकवादों की प्रतियोगिता हो रही है। केवल हिंदुत्ववादी बहुसंख्यकवाद ही मैदान में नहीं है, बल्कि एक जातिगत बहुसंख्यकवाद भी अपनी दावेदारी पेश कर रहा है। यानी कोठारी द्वारा प्रतिपादित भारतीय बहुलतावाद की अल्पसंख्यक प्रदान संरचना को दो तरफ़ से चुनौती दी जा रही है। जिस तरह चुनावी खेल से निकलने वाली सांप्रदायिकता पर रोशनी डालने वाला कोठारी का वह लेख 'दलित-बहुजन सहीपन' के प्रबल दबाव में भुला दिया गया था, उसी

तरह दो बहुसंख्यकवादों की प्रतियोगिता को सामने लाने वाली एक अन्य रचना भी विस्मृत की जा चुकी है। दिवंगत राजेन्द्र वोरा ने 2004 में उस समय यह असाधारण विश्लेषण किया था जब लोकसभा चुनाव में भाजपा की पराजय के कारण बहुजन राजनीति का नैतिक तेवर अपने चरम पर था और उसे एक अन्य बहुसंख्यकवाद के रूप में पहचानने के लिए ख़ासी बौद्धिक हिम्मत की ज़रूरत थी।

वोरा ने अपने इस लेख में राजनीतिक रणनीतियों के तथ्यगत विवरण के माध्यम से दिखाया कि पिछड़ी जातियों, अनुसूचित जातियों और धर्म-परिवर्तन कर चुके मुसलमानों की एकता करके राजनीतिक वर्चस्व क़ायम करने बहुसंख्यकवादी प्रोजेक्ट क्यों विफल होने के लिए अभिशप्त है और किस तरह हिंदुत्ववादी बहुसंख्यकवाद नियोजित हस्तक्षेप करके अपने प्रतियोगी को किस तरह क़दम-ब-क़दम प्रभावहीन करने की तरफ़ धकेल रहा है। आज हमारे पास पिछले पच्चीस साल में चले राजनीतिक घटनाक्रम की पश्चात्-दृष्टि है जिसकी रोशनी में वोरा की बातों का महत्त्व समझ में आता है। वोरा ने यह तो माना कि बहुजन-बहुसंख्यकवाद ने लोकतांत्रिक राजनीति को समृद्ध किया है, पर किसी रैडिकल चौंधियाहट से अपनी आँखें बंद करने के बजाय उन्होंने उन सीमाओं पर उँगली रखी जिनसे यह राजनीतिक प्रवृत्ति पीड़ित थी।

ये सीमाएँ इस प्रकार थीं : राजनीति के भौंड़े सरलीकृत सूत्रों के आधार पर बनायी गयी प्रतीकों और जातिगत गोलबंदी की लोकलुभावन रणनीति, किसी भी तरह के आर्थिक और वैकासिक ब्लू-प्रिंट का अभाव, एक सर्वोच्च अनुसूचित जाति या पिछड़े नेता पर निर्भरता, पार्टीगत ढाँचे में किसी भी तरह के नियम या पद्धति का अभाव, विमर्श के स्तर पर जाति और पार्टी के बीच के अंतर ख़त्म हो जाना, किसानों और पिछड़ी जातियों को एक-दूसरे का पर्यायवाची बना देना।[11] बहुजनों के बहुसंख्यकवाद की एक विशेषता यह भी थी कि यह उसूलन एकता का दावा तो करता था, पर

[11] राजेन्द्र वोरा (2004).

अनेकता इसकी मुख्य प्रवृत्ति थी। बजाय इसके कि बहुजन विमर्श के प्रभाव में कोई विशाल ओबीसी या दलित एकता निकलती, नब्बे के दशक से नयी सदी में प्रवेश करते समय स्थिति यह थी कि पिछड़ी जातियों और अनुसूचित जातियों की अलग-अलग पार्टियाँ बन चुकी थीं। इनके पीछे विभिन्न कारण थे, पर यादवों की उत्तर प्रदेश स्थित पार्टी (समाजवादी पार्टी), यादवों की बिहार स्थित पार्टी (राष्ट्रीय जनता दल), जाटों की उत्तर-प्रदेश स्थित पार्टी (राष्ट्रीय लोक दल), जाटों की हरियाणा स्थित पार्टी (इंडियन नैशनल लोक दल), लोधियों की पार्टी (राष्ट्रीय क्रांति पार्टी), कुर्मियों की उत्तर प्रदेश में पार्टी (अपना दल), कुर्मियों की बिहार में पार्टी (समता पार्टी), बिंदों की पार्टी (प्रगतिशील मानव समाज पार्टी), जाटवों की पार्टी (बहुजन समाज पार्टी), राजभरों की पार्टी (सुहैल देव समता पार्टी), बिहार में पासवानों की पार्टी (लोसपा) और कुशवाहाओं की पार्टी (राष्ट्रीय लोक समता पार्टी) बन चुकी थी। इस सूची में दक्षिण भारत में चुनाव लड़ने वाली ऐसी ही कई छोटी-छोटी लेकिन राजनीति को प्रभावित कर सकने वाली पार्टियों के नाम भी जोड़े जा सकते हैं। यह सूची स्पष्ट करती थी कि बहुजन राजनीति का दावा करने वाले समुदाय न केवल जातिगत आधार पर बँटे हुए थे, बल्कि उनकी क्षेत्रीय और प्रादेशिक अभिव्यक्तियाँ भी अलग-अलग थीं। इन्हें एक मंच पर लाना विमर्श के काल्पनिक संसार में तो संभव था, पर व्यावहारिक रूप से यह नामुमकिन साबित होने वाला था।

यहाँ इन जातियों की व्यावहारिक राजनीति के एक पहलू को रेखांकित करना आवश्यक है। आर्थिक-सामाजिक और संख्यात्मक रूप से शक्तिशाली ओबीसी (यादव और कुर्मी) या अनुसूचित जातियाँ (जाटव और पासी या पासवान) मान कर चलती हैं कि बहुजन एकता अन्य जातियों द्वारा उनके नेतृत्व को स्वीकार करने पर ही बन सकती है। इसलिए राजनीतिक मजबूरियों के तहत जब दो शक्तिशाली जातियों को एक-दूसरे के साथ आना पड़ता है तो वह एकता क्षणभंगुर साबित होती है। 1993 में उत्तर प्रदेश की राजनीति में हुई भाजपा विरोधी यादव-जाटव एकता अपनी

सेकुलर संभावनाओं के कारण बहुप्रशंसित हुई, पर कितनी बुरी तरह से टूटी यह इतिहास में दर्ज में हो चुका है।[12] उत्तर प्रदेश में सत्ताईस साल बाद 2019 के चुनाव में एक बार फिर इस एकता को आजमाया गया, पर उसे पहले जितनी सफलता भी नहीं मिली। इसी तरह बिहार में लालू यादव के नेतृत्व वाले राष्ट्रीय जनता दल (यादवों की पार्टी) और नीतीश कुमार के नेतृत्व वाले जनता दल-एकीकृत (कुर्मियों की पार्टी) के भाजपा विरोधी गठजोड़ का हश्र बताता है कि दो शक्तिशाली ओबीसी जातियों के बीच राजनीतिक एकता टूटने के लिए ही अभिशप्त होती है। 2014 के लोकसभा चुनाव में बुरी तरह पिटाई होने के कारण 2015 में होने वाले विधानसभा चुनाव के लिए दोनों को एकता करनी पड़ी। लोकसभा चुनाव के दौरान किये गये सर्वेक्षण से साफ़ हो गया था कि लालू का जनाधार नीतीश को नापसंद करता है, और नीतीश का जनाधार भी लालू के लिए ऐसी ही भावनाएँ रखता है। विधानसभा के लिए वोट पड़ने से ठीक पहले किये गये सर्वेक्षण से पता चला कि नीतीश के सामाजिक आधार को अभी भी लालू के मुक़ाबले भारतीय जनता पार्टी के साथ गठजोड़ अधिक पसंद है। इस अंतर्विरोध का परिणाम क्या हुआ? दोनों ने मिल कर भाजपा को पराजित ज़रूर कर दिया, लेकिन दोनों के बीच जिस तरह की राजनीति खेली गयी उससे निकट भविष्य में टूट के अंदेशे प्रबल हो गये। चुनाव के बाद किये गये सर्वेक्षण से जानकारी मिली कि लालू की पार्टी जिन सीटों पर लड़ रही थी, वहाँ महागठबंधन को यादवों के तीन-चौथाई वोट मिले, लेकिन जहाँ नीतीश की पार्टी लड़ रही थी वहाँ यादवों ने महागठबंधन को केवल 59 फ़ीसदी ही वोट दिये और बाक़ी वोट भाजपा को चले गये। अगर यादव वोटों का तबादला गठबंधन-धर्म के मुताबिक़ होता तो भाजपा को जितनी सीटें मिलीं, उतनी भी नहीं मिलतीं।[13]

---

[12] उत्तर प्रदेश में बनी भाजपा विरोधी यादव-जाटव एकता के टूटने की प्रक्रिया के ब्योरे के लिए देखें, अभय कुमार दुबे (2002): 268-316.

[13] देखें, राहुल वर्मा और प्रणव गुप्ता (2017).

बहुजन एकता की संभावनाओं पर जिस नयी सामाजिक परिघटना ने दूरगामी दृष्टि से विपरीत असर डाला, वह है कमज़ोर जातियों में प्रभुत्वशाली समुदायों का उभार। यह एक ऐसी परिघटना थी जिसके बारे में किसी को पहले से अंदाज़ा नहीं था। जैसा कि हम जानते हैं कि समाजशास्त्र में एम.एन. श्रीनिवास को प्रभुत्वशाली जाति की अवधारणा का जनक माना जाता है। लेकिन, वे भी यह कल्पना नहीं कर सकते थे कि ग़ैर-द्विज जातियों के बीच चलने वाला यह सामाजिक विकास-क्रम आगे चल कर क्या गुल खिला सकता है।[14] यहाँ तक कि बहुजन बहुसंख्यकवाद की विफलता पर रोशनी डालते समय राजेन्द्र वोरा ने भी इस तरफ़ इशारा नहीं किया था। समाज-विज्ञान ने भी अभी हाल ही में इसका नोटिस ले पाया है। यह परिघटना इतनी गंभीर है कि इसकी वजह से सामाजिक न्याय का अत्यंत कल्याणकारी और रैडिकल विचार कई तरह के सवालिया निशानों में घिर गया है। इसे साठ के दशक और दक्षिण भारत में उससे भी पहले से जारी कमज़ोर जातियों की चुनावी गोलबंदी, उन्हें मिलने वाले आरक्षण के आर्थिक और सामाजिक प्रभाव और आधुनिकीकरण की प्रक्रिया द्वारा जातिगत व सामुदायिक अस्मिताओं के सुदृढ़ीकरण के संचित परिणाम की तरह देखा जा सकता है।

---

14 प्रभुत्वशाली जाति की अवधारणा का सूत्रीकरण करने का श्रेय विख्यात समाजशास्त्री एम.एन. श्रीनिवास को जाता है. देखें, एम.एन. श्रीनिवास (1987); इस अवधारणा का विकास उन्होंने अपनी तीन रचनाओं में क्रमशः किया था. ये रचनाएँ थीं : 'सोशल सिस्टम इन अ मैसूर विलेज', 'डोमिनेंट कास्ट इन रामपुरा' और 'कास्ट सिस्टम ऐंड इट्स फ्यूचर'. श्रीनिवास के अनुसार प्रभुत्वशाली जाति बनने के किसी जाति के सदस्यों का संख्या बल अन्य जातियों के मुक़ाबले ज़्यादा होना ज़रूरी होने के साथ-साथ उसकी आर्थिक और राजनीतिक ताक़त भी अधिक होनी आवश्यक है. इसके अलावा प्रभुत्वशाली बनने की यह प्रक्रिया तब और आसान हो जाती है अगर इन शर्तों की पूर्ति के साथ जातियों के स्थानीय पदानुक्रम में उस जाति का दर्जा बहुत निम्न न हो. श्रीनिवास के इस सूत्रीकरण की कई समाजशास्त्रियों ने आलोचना भी की है. आलोचकों के अनुसार श्रीनिवास का यह मानना उचित नहीं है कि प्रभुत्वशाली जाति एक सुगठित और एकमत समूह होती है, सत्ता किसी एक जाति में केंद्रित होती है, शक्ति केवल प्रदत्त लक्षण अर्थात् जन्मजात है और गाँव की शक्ति संरचना कभी बदलती नहीं है. टी.के. उम्मन ने लिखा कि प्रभुत्वशाली होने के लिए अपेक्षित साधनों के होते हुए भी जातियाँ परस्पर विरोधी गुटों में बँटी होती हैं और इस प्रकार उनके प्रभुत्व पर विपरीत प्रभाव पड़ता है. जाति-व्यवस्था का विभिन्न इकाइयों में बँटना प्रत्येक जाति को कुछ सीमा तक स्वायत्तता प्रदान करता है. इससे सत्ता का छितराव होता है, संकेंद्रण नहीं. उम्मन का कहना था कि भारत का गाँव अलग-थलग नहीं है. वह अन्य गाँवों से जुड़ा है. इसलिए किसी भी जाति के दबदबे को क्षेत्रीय या उपक्षेत्रीय परिप्रेक्ष्य में देखना चाहिए। इन आलोचनाओं का श्रीनिवास ने जवाब भी दिया था.

भारतीय राजनीति में पिछड़े वर्गों के उभार पर विशेष ध्यान देने वाले क्रिस्तॉफ़ जैफ़्रलो तो यहाँ तक मानते हैं कि इस उभार के केंद्र में दरअसल यादवों और कुर्मियों के प्रभुत्वशाली बनने की कहानी है।[15] नब्बे के दशक में ओलिवर मेंडलसन ने भारत के ग्रामीण क्षेत्र में प्राधिकार की संरचनाओं में हो रहे परिवर्तन की तरफ़ ध्यान खींचा था।[16] उनके अनुसार भूमि सुधारों, शिक्षा, शहरीकरण, आब्रजन और सबसे ज़्यादा चुनावी राजनीति ने लोगों के मानस में इस हद तक बदलाव कर दिया है कि वे प्राधिकार की संरचनाओं को पुराने तरीक़े से देखने से इंकार करने लगे हैं। चुनाव के समय तो 'पुरानी व्यवस्था की नैतिक आर्थिकी' से यादवों और अहीरों का संबंध पूरी तरह से टूट जाता है। प्रभुत्वशाली जाति के रूप में यादवों के उदय की परिघटना पर राजनीतिक मानवशास्त्र के अनुशासन के तहत भी अध्ययन हुआ है। लूसिया मिशेलिटी ने जिसे 'वर्नाकुलराइज़ेशन ऑफ़ इंडियन पॉलिटिक्स' कहा है, वह दरअसल यादवों के बढ़ते हुए राजनीतिक-सामाजिक और आर्थिक दबदबे की कहानी ही है जो भूमि सुधारों से शुरू होती है, हरित क्रांति के दौरान बल पकड़ती है और सत्तर के दशक में आपात काल के बाद से चुनाव के ज़रिये राजसत्ता पाने की प्रबल कामना की उत्तरोत्तर सफलता बनती चली जाती है। इसमें चरण सिंह के नेतृत्व में बने अजगर गठजोड़ (अहीर, जाट, गूज़र और राजपूत) की उल्लेखनीय भूमिका है। मिशेलिटी ने 2002 से 2007 के बीच में अपनी कई रचनाओं में इस यादव-कथा का एथ्नोग्राफ़िक आख्यान पेश करते हुए बताया है कि समाजवादी पार्टी जैसे राजनीतिक संगठन का सांगठनिक ढाँचा भले ही बहुत सुपरिभाषित न हो, लेकिन आल इंडिया यादव महासभा के राजनीतिक नेटवर्क उसके साथ गुँथा हुआ है, और मुलायम सिंह यादव जैसे नेता उसका ख़ूब लाभ उठाते हैं।[17]

---

[15] देखें, क्रिस्तॉफ़ जैफ़्रलो (2000) : 86-106, विशेषकर : 100.

[16] देखें, ओलिवर मेंडलसन (1993) : 805-842.

[17] लूसिया मिशेलिटी (2007) : 639-656.

वीरेंद्र प्रताप यादव ने उत्तर प्रदेश के बलिया, जौनपुर, लखनऊ और रायबरेली ज़िलों के पाँच गाँवों में यादव समुदाय का अध्ययन करते हुए नतीजा निकाला है कि वे प्रभुत्वशाली समुदाय के सभी मानकों पर खरे उतरते हैं।[18] यादवों द्वारा अपना दबदबा क़ायम करने के लिए अनुसूचित जातियों पर बलात्कार और हिंसा की परिघटना नब्बे के दशक से ही कई तरह की ख़बरों, रिपोर्ताज़ों और विश्लेषणों में सामने आ चुकी है।[19] उत्तर प्रदेश में समाजवादी पार्टी के शासनकाल पर जंगल राज के बार-बार लगे आरोपों, रोज़गार और व्यवसाय के सभी अवसरों को हड़प लेने, किसी के भी मकान-ज़मीन व जायदाद पर सरकारी शह से क़ब्ज़ा कर लेने और सभी तरह के ग़ैर-यादवों के ख़िलाफ़ ज़बरदस्त ज़ुल्म-ज़्यादतियाँ करने की चर्चा आम हो चुकी है। बिहार में लालू यादव के नेतृत्व में चले यादव राज की चर्चा थोड़ी पुरानी ज़रूर पड़ गयी है, पर उसकी अनुगूँजें अभी तक बाक़ी हैं। बिहार के संदर्भ में तो इसके ऊपर विस्तृत समाज-वैज्ञानिक अनुसंधान हो चुके हैं।[20]

एक प्रभुत्वशाली समुदाय के रूप में यादवों के उभार की परिघटना एक और लिहाज़ से विशिष्ट है। लालू यादव और मुलायम सिंह यादव ने पिछले पच्चीस वर्षों में एक ख़ास तरह के परिवारवाद का विकास किया है जो संभवत तमिलनाडु में करुणानिधि के परिवारवाद, महाराष्ट्र में बाल ठाकरे के परिवारवाद और दिल्ली में गाँधी परिवार के वंशवाद से भिन्न तरह का है। दरिद्र और मेहनतकश पृष्ठभूमि से आये इन दोनों नेताओं ने धीरे-धीरे सुनियोजित ढंग से अपने निजी परिवार को यादवों के विशाल परिवार में बदल दिया है। इस परियोजना की सफलता का पता लगाने के लिए उत्तर प्रदेश और बिहार के राजनीतिकृत यादवों की आत्मछवि की जाँच की जा सकती है। छोटे-छोटे स्थानीय स्तर पर राजनीति में सक्रिय ये यादव कहीं न

---

[18] महात्मा गाँधी अंतर्राष्ट्रीय हिंदू विश्वविद्यालय, वर्धा के मानवशास्त्र विभाग के अनुसंधानकर्ता वीरेंद्र प्रताप यादव का अनुसंधान 'इमरजेंस ऑफ़ ओबीसीज़ एज़ डोमिनेंट कास्ट्स इन इंडिपेंडेंट इंडिया' http://www.serialsjournals.com/ serialjournal manager /pdf/1435296635.pdf पर उपलब्ध, 25 जुलाई, 2017 को देखा गया.

[19] संजय कुमार झा (1998).

[20] मनीष कुमार झा और पुष्पेंद्र (2012).

कहीं यह मानते हैं कि वे लालू यादव या मुलायम सिंह के रिश्तेदार हैं। न केवल लालू और मुलायम ने बड़े पैमाने पर राजनीतिकृत यादवों के साथ वैवाहिक संबंधों के ज़रिये रिश्तेदारियों का विकास किया है, बल्कि राजनीतिकृत यादव परिवारों को एक-दूसरे के साथ जोड़ कर राजनीतिक नेटवर्क को परिजनों के नेटवर्क की शक्ल दे दी है। ऐसा करने के लिए एक ज़िले के पार्टी अध्यक्ष का नाता विवाह के ज़रिये दूरदराज स्थित दूसरे ज़िले के पार्टी अध्यक्ष से जोड़ने को प्रोत्साहित किया गया है। लालू और मुलायम के परिवारों के बीच आपसी रिश्तेदारी क़ायम होने के साथ ही उत्तर प्रदेश से बिहार तक यादवों का एक विशाल राजनीतिक समुदाय बन गया है जो मोटे तौर पर एक-दूसरे के राजनीतिक हितों को तरजीह देता हुआ अपनी योजनाएँ बनाता है। पारिवारिक और राजनीतिक नेटवर्क की इस परस्परव्यापी संरचना के कारण ही भारतीय जनता पार्टी कई प्रमुख यादवों को अपने संगठन में जगह देने के बावजूद लालू और मुलायम के यादव-प्रभुत्व को वेध पाने में असमर्थ है।

कमज़ोर समझी जाने वाली जातियों के प्रभुत्वशाली जाति बनने की प्रक्रिया अनुसूचित जातियों में थोड़ा भिन्न ढंग से चलती है। पश्चिमी उत्तर प्रदेश में जाटवों (या चमारों) की सामाजिक-आर्थिक प्रगति का एक अध्ययन ने एक नया आयाम खोला है कि जातियों के पदानुक्रम में बहुत निचले पायदान पर मौजूद जातियों को भी प्रभुत्वशाली बनने का मौक़ा मिल सकता है। आज स्थिति यह है कि पश्चिमी उत्तर प्रदेश के कई इलाक़ों में जाटवों ने जाटों के मुक़ाबले अधिक ज़मीन भी हासिल कर ली है, और पंचायत स्तर की राजनीति में वे उनके मुक़ाबले आगे निकल गये हैं।[21] उनके संगठन (जैसे भीम आर्मी) बड़े फ़ख्र से ख़ुद को 'द ग्रेट चमार' का उद्घोष करते घूम रहे हैं। अनुसूचित जातियों के बीच चलने वाली इस प्रक्रिया के संदर्भ में एक समझने वाली बात यह है कि आर्थिक और राजनीतिक मानकों पर प्रभुत्वशाली बनने वाली जाटव या चमार जाति के पास अभी

---

[21] जगपाल सिंह (2011).

जातिगत या सामुदायिक स्तर पर हिंसा करने की वह क्षमता नहीं आ पायी है जिसके लिए जाट समुदाय जाना जाता है। जाटव ज़्यादा से ज़्यादा अन्य अनुसूचित जातियों को दलित-एकता के आग्रह के तहत अपनी आलोचना करने से रोक पाते हैं।

ब्राह्मणवाद विरोध

ब्राह्मणों, उनकी श्रेष्ठता की मौजूदगी, उस श्रेष्ठता को बनाए रखने के प्रयास, उनके द्वारा धार्मिक परंपरा के समरूप सूत्रीकरण की कोशिश और समाज के अन्य हिस्सों से अन्योन्यक्रिया के दौरान ब्राह्मणों में आया परिवर्तन भारतीय समाज की एक हक़ीक़त है। इस तरह के ब्राह्मणवाद पर अकादमीय रूप से विचार किया जा सकता है और इस संबंध में विस्तृत चर्चाएँ मिलती हैं। लेकिन, सेकुलर ज्ञान को जिस ब्राह्मणवाद में दिलचस्पी है वह तो कुछ और ही चीज़ है। यह एक हवाई राक्षस है जिसकी शक्ल-सूरत के बारे में किसी तरह का मतैक्य नहीं बन पाया है। मध्यमार्गी विमर्श का मुखर हिस्सा फुले-आम्बेडकर-पेरियार विचारधारा को तथाकथित नव-लोकतांत्रिक सामाजिक क्रांति का वाहक मानता है। लेकिन जिनके नाम पर यह फ़र्ज़ी बौद्धिक निर्मिति खड़ी की गयी है उनके बीच इस सवाल पर तीखे मतभेद थे। ई.वी. रामस्वामी नायकर पेरियार के अनुसार :

> आप किससे नफ़रत करते हैं? ब्राह्मण से या ब्राह्मणवाद से? ब्राह्मणवाद क्या है? इस तरह के सवालों के जवाब में मेरा कहना है कि ब्राह्मणवाद ब्राह्मणों से निकला है, और इसीलिए ब्राह्मणों का ही संहार होना चाहिए। यह तो कुछ ऐसा पूछना हो गया कि आप चोरी से घृणा करते हैं या चोर से। जब कोई कहता है कि वह चोरी से नफ़रत करता है तो उसका मतलब यह होता है कि वह चोर से भी घृणा करता है। है कि नहीं? इसलिए (मेरा विचार है) ब्राह्मणवाद का जन्म ब्राह्मण से हुआ है और मैं इस जड़ के मूलोच्छेदन में ही लगा हूँ।[22]

[22] पेरियार ने यह वक्तव्य 31 अगस्त, 1959 को दिया था. देखें, http://keetru.com/index.php/2014-03-08-04-41-26/2014-03-14-11-17-84/27587-2014-12-25-13-07-40?code=1&state=tt. हाल ही

ब्राह्मणवाद के बारे में आम्बेडकर के विचार पेरियार के ठीक विपरीत थे। उन्होंने अपनी रचना *कास्ट्स इन इंडिया : देयर मैकेनिज़्म, जेनेसिस ऐंड डिवेलपमेंट* में स्पष्ट रूप से कहा है :

> जाति प्रथा के विस्तार और वृद्धि का कार्यभार इतना विराट और विकट है कि कोई एक व्यक्ति या किसी वर्ग की ताक़त या चालाकी के दम पर उसे अंजाम नहीं दिया जा सकता है। यह थियरी भी इसी तरह का तर्क है कि ब्राह्मणों ने जाति रची। मैं मनु के बारे में जो कह चुका हूँ, उसके बाद कुछ कहना बाक़ी नहीं रह जाता। केवल यह कहा जा सकता है कि विचार के तौर पर यह ग़लत और इरादे के तौर पर दूषित है। ब्राह्मणों पर कई तरह के दोषारोपण किये जा सकते हैं, और मैं कहूँगा कि वे किये जाने चाहिए, पर ग़ैर-ब्राह्मणों की आबादी पर जाति प्रथा थोपने की क्षमता उनके पास नहीं थी। अपने कुटिल दर्शन से उन्होंने इस प्रक्रिया में मदद ज़रूर की होगी, लेकिन उनमें इस योजना को अपनी सीमाओं से बाहर लागू करने की क्षमता नहीं थी। ... ब्राह्मणवाद से मेरा मतलब एक समुदाय के रूप में ब्राह्मणों की सत्ता, विशेष सुविधाओं और हितों से नहीं है। मैं इस शब्द का इस्तेमाल ऐसे अर्थ में नहीं करता। ब्राह्मणवाद से मेरा मतलब है स्वतंत्रता, समानता और बंधुत्व की भावना का निषेध। इस अर्थ में यह सर्वव्यापी है और सभी वर्गों के विचारों और आचरण में इसकी मौजूदगी एक अकाट्य तथ्य है।[23]

पेरियार की ऐसी ही बातों से सतर्क हो कर डॉ. आम्बेडकर अपनी राजनीति में ग़ैर-ब्राह्मण आंदोलन से सावधानी से दूर रहते थे। सुहास पल्शीकर ने महाराष्ट्र की दलित राजनीति पर लिखते समय इस तथ्य का विशेष रूप से उल्लेख किया है। पल्शीकर के मुताबिक़ आम्बेडकर को पेरियार और उनके साथियों के अछूतों के उत्थान के प्रति प्रतिबद्धता पर

में द *वायर* में पेरियार पर हुई विचारोत्तेजक बहस में इसे उद्धृत किया गया है. देखें, पी.ए. कृष्णन (2017).

[23] देखें, www.columbia.edu/itc/mealac/pritchett/00ambedkar/txt_ambedkar_castes.html.19 अक्टूबर, 2017 को देखा गया. इस उद्धरण का ब्राह्मणवाद वाला अंश आम्बेडकर के उस भाषण से लिया गया है जो उन्होंने जीआईपी रेलवे डिप्रेस्ड क्लास वर्क्समेन कांफ्रेंस, नासिक में दिया था. देखें, http://velivada. com/2017/08/22/brahmanism//19 अक्टूबर, 2017 को देखा गया.

संदेह था।[24] इसी तरह ब्राह्मणवाद के सवाल पर आम्बेडकर और फुले के विचारों में भी तीखे मतभेद थे। इन मतभेदों को आम्बेडकर के इस कथन के नीचे दबाना उचित नहीं होगा कि वे फुले को अपने तीन गुरुओं में एक मानते थे (बाक़ी दो बुद्ध और कबीर)। दरअसल, फुले ब्राह्मणों को उन विदेशी आर्यों में शामिल मानते थे जिन्होंने भारत पर आक्रमण किया था।[25] आम्बेडकर ने आर्य-आक्रमण की इस थियरी पर कभी यक़ीन नहीं किया।[26] उन्हें यह कहने में संकोच नहीं था कि :

> आर्य-आक्रमण का सिद्धांत एक गढ़ंत है। ... यह थियरी वैज्ञानिक अनुसंधान के नाम पर एक विकृति है। ... यह पहले बना ली गयी और फिर इसे साबित करने के लिए तथ्य छाँटे गये। ... वेद इस तर्क का समर्थन नहीं करते कि आर्य दासों और दस्युओं से रंग में अलग थे। ... अगर एंथ्रोपोमीटरी एक विज्ञान है जिस पर लोगों की नस्ल निर्धारित करने के लिए निर्भर हुआ जा सकता है ... तो नापजोख बताती है कि ब्राह्मण और अछूत एक ही नस्ल के हैं। इससे नतीजा निकलता है कि अगर ब्राह्मण आर्य हैं तो अछूत भी आर्य हैं, अगर ब्राह्मण द्रविड हैं तो अछूत भी द्रविड हैं।'[27]

बाबासाहेब का यह कथन उन्हें आर्य-द्रविड विभाजन से भी अलग कर देता है, और फुले की नस्लवाद आधारित सैद्धांतिक कारीगरी से भी। फुले-आम्बेडकर-पेरियार के बीच की इस पॉलिमिक्स से समझा जा सकता है कि इन तीनों का नाम लेकर एक सुसंगत थियरी गढ़ना किस क़दर नामुमकिन है। यह तो चर्चा हुई नये सामाजिक क्रांतिकारियों की। आइए, देखें ब्राह्मणवाद के नाम पर और क्या-क्या कलाबाज़ियाँ खाई जाती हैं।

मध्यमार्गी विमर्श के मुखर पक्ष को जब सामासिकता दिखानी होती है तो वह बताता है कि पल्लवों की राजधानी कांची और बल्लीगाँव की कन्नड़-भूमि पर न केवल शैव, वैष्णव, शाक्त, बौद्ध और जैन एक साथ शांतिपूर्वक मैत्रीभाव से रहते थे, बल्कि पनपते भी थे। और, जब उसे

---

[24] सुहास पल्शीकर (2005) : 205.

[25] फुले के इस कथन के लिए देखें, *महात्मा फुले समग्र वांङ्मय* (1969) : 72.

[26] आम्बेडकर के इन विचारों के विस्तृत विश्लेषण के लिए देखें, अरविंद शर्मा (2005) : 843-870.

[27] देखें, बी.आर. आम्बेडकर (1989-1990) : 85, 410-411.

ब्राह्मणवाद की दुष्टता दिखानी होती है तो ब्राह्मणों द्वारा चलाई गयी बौद्ध-संहार परियोजना पर प्रकाश डालने लगता है। जब हिंदुत्व का विचार राजनीति में प्रभावी नहीं था, तो भी ब्राह्मणवाद का रोना रोया जा रहा था, और जब हिंदुत्व प्रभावी हो गया है तो उसके पीछे भी ब्राह्मणवाद को ही कारण बताया जा रहा है। यानी प्राचीनकाल में ब्राह्मणवाद ने सामासिकता को भंग किया, फिर उसी दुष्ट ब्राह्मणवाद में प्राच्यवाद के ज़रिये उपनिवेशवादियों ने 'भव्य हिंदू परंपरा' गढ़ कर नयी जान फूँकी, और अब वही ब्राह्मणवाद हिंदुत्ववादियों का आधार बना हुआ है। सवाल यह है कि सेकुलर ज्ञान की दृष्टि में भारतीय इतिहास के इस 'स्थायी खलनायक' की भूमिका को कैसे समझा जाए?

धर्मा कुमार ने रीज़ डेविड्स के हवाले से ब्राह्मणों द्वारा हिंसा के ज़रिये बुद्ध धर्म के उन्मूलन के आरोप का कड़ा प्रतिवाद किया है। वे सेकुलर ज्ञान के ख़िलाफ़ दामोदर धर्मानंद कोशम्बी का उद्धरण भी देती हैं कि 'संक्षेप में कहा जाए तो बुद्ध धर्म आर्थिक रूप से टिकने योग्य नहीं रह गया था। अनगिनत बौद्ध मठ और उनके खाये-पिये बाशिंदे किसी फ़ौजी बंदोबस्त की ही तरह खर्चीले हो गये थे। बुद्ध धर्म शुरू से ही एक ऐसी सार्वभौम क़िस्म की विशाल राजशाही के पक्ष में था जो छोटे-मोटे युद्धों को रोक सके। भारत में इस तरह का आख़िरी साम्राज्य हर्ष का था। उसके बाद इधर-उधर छोटी-छोटी हुकूमतों का उस समय तक उभार होता रहा जब तक नीचे से उभरने वाले सामंतवाद ने राज्य की संस्था को सामंती भूस्वामियों का नया आधार मुहैया नहीं करा दिया।' लेकिन इसी के साथ वे यह भी मानती हैं कि बुद्ध धर्म के पतन के पीछे केवल आर्थिक कारण नहीं थे, और इस विषय में अभी काफ़ी शोध की ज़रूरत है।[28] बहरहाल, बुद्ध धर्म के पतन पर होने वाली बहस को यहीं छोड़ कर मैं पाठकों का ध्यान इस समस्या के दूसरे पक्ष की ओर खींचना चाहता हूँ। मैं यह देखना-दिखाना चाहता हूँ कि हिंदुओं को दुष्ट ब्राह्मण धर्म और

---

[28] धर्मा कुमार के अनुसार भारत में बुद्ध धर्म की गिरावट बहुत लम्बे अरसे तक जारी रही. उसके पतन की कहानी बहुत जटिल होगी. उसमें अलग-अलग क्षेत्रों के इतिहास को खँगालना होगा और उनके बीच के अंतर की भी शिनाख़्त करनी होगी. कोशम्बी के उद्धरण के लिए देखें, डी.डी कोशम्बी (1957) : 64.

लोक-प्रचलित बहुलतावादी हिंदू धर्म में बाँटने की युक्ति किस तरह कई इतिहासकारों द्वारा सपरिश्रम जुटाए गये साक्ष्यों के ख़िलाफ़ जाती है।

अगर इस थमाए गये सेकुलर ज्ञान से हट कर देखा जाए तो धर्मशास्त्रों और स्मृतियों से निकलने वाली ब्राह्मण परंपरा और लोक-प्रचलित ग्रहणशील हिंदू धर्म के आपसी रिश्तों का इतिहास कुछ और ही कहानी कहता है। भारतीय इतिहास कांग्रेस के 61वें अधिवेशन के प्राचीन भारत संबंधी अध्याय का अध्यक्षीय भाषण देते हुए विजय नाथ ने दिखाया था कि जिसे हिंदुइज़्म या हिंदू धर्म कहा जाता है वह दरअसल गुप्तकाल और उत्तर-गुप्तकाल (पहली सहस्राब्दी का दूसरा हिस्सा) की निर्मिति है। यह हिंदू धर्म ब्राह्मणवाद की एकल धारा (जो मुख्यतः वैदिक विचार-परंपरा से बनी थी और अभिजन नज़रिये की नुमाइंदगी करती थी) के पुराणिक हिंदू धर्म (जिसमें तमाम संप्रदायों, विचार-परंपराओं, रीति-रिवाज़ों और विभिन्न समुदायों को अपने आगोश में लेकर आत्मसात् करने की विपुल क्षमता है) में सांस्कृतिक-संक्रमण से बना है। यह संक्रमण कुछ इस शैली में हुआ कि इससे ब्राह्मण परंपरा से पूर्ण विच्छिन्नता के बजाय धीमे विकासक्रम के ज़रिये वैचारिक और संरचनागत परिवर्तन हुए और एक व्यापक आधार वाले हिंदू धर्म की भित्ति तैयार होती चली गयी। विजय नाथ के अनुसार महायान बौद्ध सम्प्रदाय के बढ़ते हुए प्रभाव के दबाव में ब्राह्मणों को अपना संकीर्ण रवैया त्याग कर वैदिक यज्ञ के बजाय दान, तीर्थ, व्रत, पूजा और जप जैसी आम लोगों (स्त्रियों और शूद्रों समेत) को उपलब्ध धर्मविधियों पर ज़ोर देना पड़ा। उन्हें यह तक मानना पड़ा कि इनके ज़रिये मिलने वाले आध्यात्मिक लाभ यज्ञ के कर्मकांड से भी महत्त्वपूर्ण होते हैं। तीसरी और चौथी ईस्वी से पुराणों की रचना शुरू हुई जिनका पाठ सामूहिक सभाओं में किया जाना था और इसीलिए इन्हें 'आम जनता का धर्मशास्त्र' क़रार दिया गया। इसी पुराणिक धर्म के कारण लोक-प्रचलित हिंदू धर्म का विकास हुआ, वेदों पर एकमात्र निर्भरता ख़त्म हुई, असंख्य देवी-देवताओं (जिनमें ब्रह्मा-विष्णु-महेश और सरस्वती-लक्ष्मी-पार्वती/दुर्गा जैसी दो प्रमुख तिकड़ियों समेत) का जन्म हो गया, तरह-तरह के

मिथकों का प्रचलन हुआ, तांत्रिक पहलुओं का हिंदू धर्म में समावेश किया गया और भागवत पुराण के ज़रिये राम और कृष्ण के किरदारों के इर्द-गिर्द भक्ति पर नया विचारधारात्मक ज़ोर देने की ज़मीन तैयार हुई।

प्राचीन भारत के इतिहासकारों के बीच चर्चित हो चुका यह विजय नाथ का यह व्याख्यान दरअसल ब्राह्मणवाद की एकल परंपरा के लोक-प्रचलित हिंदू धर्म में विलीन होते जाने का सामाजिक-आर्थिक आख्यान है। इस व्याख्यान में वे बदलती हुई सामाजिक-आर्थिक प्रक्रियाओं के दबाव में ब्राह्मण समुदाय के आंतरिक वर्गीकरण में हुई तब्दीलियों की भी दिलचस्प चर्चा करती हैं। अपनी बात का समापन करते हुए विजय नाथ ने कहा :

> समष्टिगत प्रकृति का मेरा अध्ययन दिखाता है कि पुराणिक हिंदू धर्म में भक्ति पर बढ़ता हुआ ज़ोर परिवर्तनशील समाज-व्यवस्था की माँगों की प्रत्यक्ष अनुक्रिया में और धार्मिक धरातल पर चुनौतियों का मुक़ाबला करने की ज़रूरत के मुताबिक़ था। इसके अलावा तत्कालीन ब्राह्मणवाद के देवकुल और कर्मकांड-केंद्रित रवैये में हुई बेतहाशा बढ़ोतरी उसके एजेंटों द्वारा किसी 'वर्चस्वी सांप्रदायिक विनियोग' का परिणाम न हो कर ब्राह्मणवाद के साथ अलग-अलग लेकिन समान रूप से जीवंत सांस्कृतिक परंपराओं के सामासिक संगलन का नतीजा था। परिणाम-स्वरूप हिंदू धर्म में आदिवासी और लोक-तत्त्वों का इस क़दर थोक में समावेशन हुआ कि ब्राह्मणवाद में हुई तब्दीलियों ने उसे पहचानने लायक़ नहीं छोड़ा। इसने हिंदू धर्म के आधार में इतनी व्यापकता पैदा की कि इसकी वजह से सभी प्रतिद्वंद्वी धर्मों का वजूद ख़त्म होने का ख़तरा पैदा हो गया। लेकिन सबसे ज़्यादा अहम बात तो यह रही कि हिंदू धर्म का एकाश्मिक चरित्र और संरचना हमेशा-हमेशा के लिए समाप्त हो गयी।[29]

पंजाब इतिहास कांग्रेस के 33वें अधिवेशन के प्राचीन भारत संबंधी अध्याय का अध्यक्षीय भाषण देते हुए प्रोफ़ेसर भैरवी प्रसाद साहू भी यह मान्यता व्यक्त कर चुके हैं कि जिसे ब्राह्मणवादी विचारधारा कहा जाता है वह दरअसल विभिन्न हिंदू धाराओं की क्षेत्रीय और भाषाई अभिव्यक्तियों को एक सूत्र में जोड़ने वाली युक्ति ही है।[30]

---

[29] विजय नाथ (2001क) : 19-50. इस विषय में विस्तार से पढ़ने के लिए देखें, विजय नाथ (2001ख).

[30] देखें, भैरवी प्रसाद साहू (2001) : 3-18.

जिस दुष्ट ब्राह्मणवाद की चर्चा किये बिना 'नये सामाजिक क्रांतिकारियों' का काम नहीं चलता, वह क्या और कहाँ है? क्या जाति-प्रथा उसकी मुख्य अभिव्यक्ति है? अगर ऐसा है तो जाति-प्रथा का समर्थन कौन करता है? दरअसल मौखिक रूप से सभी लोग जाति-प्रथा के ख़िलाफ़ हैं, और व्यावहारिक रूप से सभी उससे लाभान्वित होते हैं। वस्तुस्थिति यह है कि जाति ख़त्म तो नहीं हो रही है, पर वह लगातार बदल रही है, और उसकी यह परिवर्तनशीलता लगातार राजनीतिशास्त्र और समाजशास्त्र के दायरे में अनुसंधानकर्ताओं के निशाने पर है। फिर ब्राह्मणवादी हिंदू धर्म कहाँ है? क्या ब्राह्मणवाद पुराणिक ग्रहणशील हिंदू धर्म की मात्र एक धारा बन कर नहीं रह गया है? 'नये सामाजिक क्रांतिकारियों' किसके ख़िलाफ़ लड़ रहे हैं? इस प्रश्न का एक उत्तर धीरूभाई और राजीव भार्गव ने देने की कोशिश की है :

> हमें यह भी समझना होगा कि स्वयं हिंदू धर्म के साथ क्या घटा है। प्रातिनिधिक लोकतंत्र के प्रभाव में संगठित हिंदू धर्म की संरचना और उसका मौलिक संघटन पूरी तरह बदल चुका है। अब हिंदू धर्म के केंद्र में ब्राह्मण नहीं रह गये हैं। उसकी मान्यताओं के निर्धारण में भी ब्राह्मणों की कोई विशेष भूमिका नहीं रह गयी है। अब संगठित हिंदू धर्म-व्यवस्था के केंद्र में अन्य पिछड़ी जातियाँ आ गयी हैं। उसकी मान्यताओं के निर्धारण में भी ब्राह्मणों की कोई विशेष भूमिका नहीं रह गयी है। ब्राह्मण न इसके विरुद्ध हैं और न इससे दूर हैं।[31] ... जो नया हिंदुत्व है उसकी एक बड़ी ख़ासियत यह है कि जो लोग इसका नेतृत्व कर रहे हैं, उसमें अन्य पिछड़ी जातियों के लोग सबसे प्रमुख हैं। अभी इसकी उग्र तरफ़दारी करने वाले जितने भी बड़े चेहरों पर नज़र डालें, उनमें से अधिकांश अन्य पिछड़ी जातियों से संबंधित हैं। अगर लोकतंत्र के हिसाब से बात करें तो हम इसे 'लोकतंत्र की तीसरी धारा' कह सकते हैं। ... यह जो तीसरी धारा है, वह इस समझदारी को दिखाती है कि अपने क्षेत्र, जाति या सम्प्रदाय का बंदा चुनना भी अपनी समस्याएँ हल करने या अपना जीवन बेहतर बनाने की गारंटी नहीं है। मैं यह नहीं कह रहा हूँ कि सभी लोगों ने जाति या अन्य

[31] धीरूभाई शेठ (2015).

> अस्मिताओं के आधार पर सोचना बंद कर दिया है। लेकिन लोगों के भीतर इस बात पर संदेह पैदा हुआ है कि अगर मैं अपनी जाति के बंदे को अपना प्रतिनिधि बनाऊँ, तो यह इस बात की गारंटी नहीं है कि इससे मेरी ज़िंदगी बेहतर होगी। इसलिए बड़े पैमाने पर यह सोचने की प्रवृत्ति बढ़ी कि क्यों न मैं एक ऐसे बंदे को अपना प्रतिनिधि निर्वाचित करूँ, जो मेरी ज़िंदगी बेहतर बना सके, भले ही वह मेरी जाति का न हो। हम देख सकते हैं कि दलित, आदिवासी, पिछड़ी जातियों आदि ने काफ़ी हद तक अपनी जाति से अलग हट कर मतदान किया। एक तरह से इसने जाति के ढाँचे को अपने तरीक़े से कमज़ोर किया है। लेकिन हमें यह याद रखना होगा कि यह एक प्रक्रिया की शुरुआत भर है और यह भी ज़रूरी नहीं है कि यह बहुत आगे बढ़े ही। आने वाले तीन-चार सालों में यह बात ज़्यादा स्पष्टता से सामने आएगी कि यह प्रक्रिया आगे बढ़ी है या फिर पीछे की ओर जा रही है या कुछ नया सामने आ रहा है। बहरहाल, अभी तो यह दिख रहा है कि लोग क्षेत्रीय या जाति की पहचान से अलग हटकर मतदान कर रहे हैं — सब नहीं, लेकिन निश्चित तौर पर यह प्रवृत्ति बढ़ी है। ऐसे लोग अमूमन कांग्रेस की तरफ़ नहीं, बल्कि मोदी की ओर जा रहे हैं। यानी मोदी ने इस तरह की राजनीति को बढ़ावा दिया है।[32]

राजनीति की वस्तुस्थिति यह है कि व्यावहारिक राजनीति में ब्राह्मणवाद का रूपक बहुजन समाज पार्टी ने भी छोड़ दिया है। समाज की समझ यह बनी है कि इस समय देश के सबसे विख्यात संत जन्म से यादव स्वामी रामदेव (असली नाम रामकृष्ण यादव) हैं, और सर्वाधिक चर्चित योगी जन्म से ठाकुर आदित्यनाथ (असली नाम अजय सिंह बिष्ट) हैं। नयी धार्मिकता (जिसे कुछ विद्वान ग़लती से शहरी धार्मिकता कहते हैं लेकिन जिसमें ग्रामीण समाज बड़े पैमाने पर भागीदारी कर रहा है) का विकास जिस तरह हुआ है उसमें ब्राह्मणवाद की कोई ख़ास जगह नहीं रह गयी है। आठवें दशक से भगवती जागरण, माता की चौकी और साईं संध्या के आयोजनों ने उत्तर भारतीय हिंदू समाज को जात-पाँत के परे जा कर अपनी गिरफ़्त में ले लिया

[32] राजीव भार्गव (2015).

है। सनातन धर्म के स्थापित नियामक (जैसे शंकराचार्य) भी चक्कर में हैं कि इस नये विकास-क्रम को वे कैसे नियंत्रित करें। मसलन, साईं बाबा के बढ़ती मान्यता के ख़िलाफ़ शंकराचार्य स्वरूपानंद सरस्वती की कोशिशों का कोई असर नहीं पड़ा है। दरअसल, हिंदू धर्म बड़े पैमाने पर संघबद्धता की तरफ़ जा रहा है जिसके कारण तरह-तरह के गुरुओं, बाबाओं, कथावाचकों और डेरों की लोकप्रियता बढ़ती जा रही है। इन धार्मिक बाजीगरों में सभी जातियों के लोग हैं और इनमें से कुछ एक के लम्पटपन, व्यभिचार और भ्रष्टाचरण के बावजूद ये नौटंकीबाज़ जीवित भगवान होने की दावेदारी करते हुए सम्प्रदायों के संस्थापक की हैसियत ग्रहण करते जा रहे हैं। इन्होंने नयी संचार प्रौद्योगिकी, प्रचार-तंत्र और सामाजिक-आर्थिक प्रबंधन की कला पर महारत हासिल करके उपभोक्तावाद और बाज़ार से रिश्ता क़ायम कर लिया है। चूँकि उनका 'लोक' के आध्यात्मिक जगत पर क़ब्ज़ा है, इसलिए यह बाबावाद हाल ही में लालावाद के साथ जुड़ कर कॉरपोरेट रूप भी लेता दिखाई दे रहा है। इस लोक में कमज़ोर जातियों (अनुसूचितों और पिछड़ों) की भागीदारी बहुत बड़े पैमाने पर है। बजाय इसके कि ग़रीब और उत्पीड़ित जनता के इन हिस्सों को कोई बहुजन समाज पार्टी, कोई लोहियावादी जनता दल, कोई हिंदुत्ववादी भाजपा, कोई माकपा या भाकपा (माले) गोलबंद करती, ये लोग अपने बाबाओं के आदेश पर वोट देने लगे हैं। इस लिहाज़ से ये नयी धार्मिक संरचनाएँ अर्ध-राजनीतिक रूप ले चुकी हैं, और समय-समय पर क़ानून व राज्य की ताक़त को भी चुनौती देने में संकोच नहीं करतीं। बजाय इसके कि जनता के ये तबक़े पार्टियाँ के अनुयायी बनें, पार्टियाँ उनके गुरुओं की कृपा पाने के लिए लाइन लगा कर खड़ी हो गयी हैं। लोकप्रिय धार्मिकता का यह उभार, प्रसार और विविधीकरण राजनीतिक दलों के लिए ही नहीं संगठित धर्मों (जिनमें हिंदू जैसे पदानुक्रमवादी और सिख, बौद्ध, इस्लाम और ईसाइयत जैसे कथित रूप से समतामूलक धर्म शामिल हैं) के लिए भी चुनौती बन चुका है। ज़ाहिर है कि भारत की ग़रीब और दबी-कुचली जनता को मानसिक-सामाजिक राहत देने में न राजनीतिक जगत कामयाब हुआ है और

न ही सुपरिभाषित धार्मिक जगत। मध्यमार्गी विमर्श आम्बेडकरवाद के चक्कर में इस क़दर फँसा हुआ है कि वह अनुसूचित जातियों की सामाजिक-राजनीतिक गतिशीलता के ग़ैर-आम्बेडकरवाद पहलुओं पर केवल तभी ध्यान देता है जब किसी डेरे के अनुयायियों और अकालियों के बीच हिंसक टकराव होता है, या कोई डेरा सबाल्टर्न जातियों में अपनी अतिशय लोकप्रियता के चलते राजनीतिक दल जैसी संरचना में बदल जाता है।[33]

यह हक़ीक़त भी हमें नहीं भूलनी चाहिए कि उत्तर भारत के एक बहुत बड़े हिस्से (हरियाणा, पंजाब, दिल्ली, पश्चिमी उत्तर प्रदेश) में ब्राह्मणों की आबादी और प्रभाव न के बराबर रहा है। दरअसल, हिंदुत्व भी उस तरह से ब्राह्मणवादी नहीं रह गया है जिस तरह से सेकुलर ज्ञान के प्रदाता दिखाना चाहते हैं? इन प्रदाताओं की लड़ाई कितनी फ़र्ज़ी है इसका अंदाज़ा धीरूभाई शेठ और राजीव भार्गव के उक्त मिले-जुले वक्तव्य से लगाया जा सकता है। वस्तुस्थिति यह है कि ज्ञान की आम्बेडकरवादी राजनीति ने ब्राह्मणवाद को एक फ़िकरे की तरह प्रचलित करने की प्रमुख भूमिका निभाई है। चूँकि हिंदुत्व के बढ़ते प्रसार को रोकने की ज़िम्मेदारी बहुलतावादी सेकुलरिज़्म ने जातिगत और समुदायगत जत्थेबंदियों को दे दी है, इसलिए सेकुलर बुद्धिजीवियों को दलित, दलित चेतना, आम्बेडकर-फुले विचारधारा जैसी श्रेणियाँ बहुत पसंद आने लगी हैं। जैसे-जैसे जातिगत और समुदायगत जत्थेबंदियों की हिंदुत्व-विरोधी भूमिका ख़त्म होती जा रही है, वैसे-वैसे समझ में आ रहा है कि मध्यमार्गी विमर्श ब्राह्मणवाद के ख़िलाफ़ संघर्ष के प्रत्यय और आम्बेडकरवादी विचार के सामाजिक-राजनीतिक प्रभाव का आकलन बहुत बढ़ा-चढ़ाकर कर रहा था। दरअसल, कमज़ोर जातियों को राजसत्ता में भागीदारी चाहिए। इसकी थोड़ी-बहुत शुरुआत कांग्रेसी समाजवाद की मदद से हुई, फिर सामाजिक न्याय की राजनीति से उसे एक ज़बरदस्त उछाल मिला। ऊपर बताया जा चुका है कि इस प्रक्रिया में पैदा हुए अंतर्विरोधों को मध्यमार्गी विमर्श के मुखर पक्ष ने पूरी तरह

---

[33] लोकप्रिय धार्मिकता और उसके राजनीतीकरण के डेरा संबंधी रूपों के अध्ययन के लिए देखें, रोंकी राम (2007) : 4066-4074; आशुतोष कुमार (2014) : 335-350.

नज़रअंदाज़ किया। निबंध के अगले हिस्से में चर्चा की गयी है कि इन जातियों को हिंदुत्व के झंडे तले लाने के लिए इन्हीं अंतर्विरोधों का लाभ उठाते हुए हिंदुत्व किस तरह बहिर्वेशन और अंतर्वेशन की राजनीति कर रहा है।

निष्कर्ष

जैसा कि हम जानते हैं कि दलित आंदोलन के विचार-चक्र के इन संकटग्रस्त पहलुओं में हिंदू राष्ट्रवाद की कोई भूमिका नहीं है। एक हद तक यह समस्या आरक्षण और सत्ता से नज़दीकी के परिणामस्वरूप मिलने वाले लाभों के असमान बँटवारे की देन है, और एक दूसरी हद तक लोकतांत्रिक राजनीति में पनपी राजनीतिक भ्रष्टाचार की विकृति का परिणाम है। 'नये सामाजिक क्रांतिकारियों' की दावेदारियाँ आम तौर पर सेमिनार रूम और एक-दूसरे की पीठ सहलाने वाले बुद्धिजीवियों की जमातों तक ही सीमित रहती हैं। राजनीति की व्यावहारिक ज़मीन पर इसका कोई असर नहीं पड़ता। दरअसल, इस गिरावट के दो नतीजे हुए हैं :

पहला : सामाजिक न्याय की राजनीति ने कमज़ोर जातियों को एकजुट करके सामाजिक क्रांति का वाहक बनाने के बजाय उन्हें दो भागों में बाँट दिया है। एक हिस्सा कमज़ोर जातियों की मलाईदार परत का है। इस परत के रूप में कमज़ोर जातियों में कुछ प्रभुत्वशाली समुदाय उभर आये हैं। यह प्रभुत्वशाली हिस्सा मुसलमान वोटरों के साथ मिल कर नाममात्र की सेकुलर राजनीति करता रह गया है। दूसरा हिस्सा उन छोटी-छोटी अनगिनत बिरादरियों का है जो सामाजिक न्याय की राजनीति के लाभों से वंचित रह गयी थीं। उन्हें न राजनीतिक नुमाइंदगी नसीब हुई, न ही आर्थिक विकास। अपनी सामाजिक संरचना में लघु और बिखरी हुई पहचानों वाली ये बिरादरियाँ एक तरह से उस 'भव्य हिंदू परंपरा' के आगोश में जाने का इंतज़ार कर रही थीं जिसका तिरस्कार सेकुलर ख़ेमे द्वारा उसे ब्राह्मणवादी कह कर किया जा चुका था, और जो केवल हिंदुत्ववादियों के काम की रह गयी थी। सामाजिक न्याय की राजनीति की इस गिरावट पर आम तौर पर समाज-

विज्ञान के हलक़ों में ध्यान नहीं दिया गया — समाज-विज्ञान का ज़्यादातर हिस्सा तो 'नये सामाजिक क्रांतिकारियों' की सोहबत में ऊँची जातियों के परिवारों में पैदा होने के कारण पैदा हुए अपने अपराध-बोध के प्रक्षालन का आनंद प्राप्त करता रहा।

दूसरा : सामाजिक न्याय की राजनीति का अस्सी और नब्बे के दशक में उभरा नेतृत्व शुरू में राजनीतिक नवाचार का वाहक प्रतीत हो रहा था। ऐसा लग रहा था कि इन लोगों की राजनीति न केवल सामाजिक अवमानना के शिकार तबक़ों को आशा और विश्वास का नया संदेश देगी, बल्कि ये लोग राजनीति की नयी भाषा गढ़ेंगे और नयी संस्थागत संरचनाओं की गुंजाइश भी खोलेंगे।[34] लेकिन जैसे-जैसे उसकी सत्ता से नज़दीकी बढ़ी, उनकी सकारात्मकताएँ घटती गयीं और उनके भीतर राजनीतिक भ्रष्टाचार, भाई-भतीजावाद, नंगे जातिवाद, गुण्डागर्दी, आपराधिक तत्त्वों को पालने-पोसने और परले दर्जे के परिवारवाद की विकृतियाँ पनपती दिखाई देने लगीं। जब भी कभी इन विकृतियों की तरफ़ इशारा किया गया, बदले में जवाब मिला कि दलित और पिछड़े वर्ग की संतानों के ख़िलाफ़ ये आरोप ब्राह्मणवादी या मनुवादी साज़िश हैं। चूँकि इस आलोचना का इन नेताओं के बुनियादी जनाधार पर कोई असर नहीं हुआ, इसलिए सार्वजनिक जीवन में शुचिता के प्रश्न को ठेंगे पर रखते हुए इस नेतृत्व की सीनाज़ोरी बढ़ती चली गयी। फिर सामाजिक न्याय की 'पॉलिटिकल करेक्टनेस' के तहत एक फूहड़ तर्क विकसित किया गया कि बेचारे पिछड़ों, दलितों और आदिवासियों को भ्रष्टाचार करने का शऊर ही नहीं है। इसलिए उनकी पोल जल्दी खुल जाती है, जबकि ब्राह्मणों और अन्य द्विज जातियों के नेता अधिक कुशलता से

---

[34] नब्बे के दशक में बिहार के मुख्यमंत्री पद पर आसीन हुए लालू यादव राजनेताओं के शहरी भद्रलोक में अपनी गँवई हाज़िरजवाबी और ग़रीब जनता के साथ नये तरह का संवाद स्थापित करने के लिए लम्बे अरसे तक दाद पाते रहे. इसी तरह कांशीराम और मायावती ने भारतीय जनता पार्टी के साथ छह-छह महीने तक मुख्यमंत्री बनने का समझौता करके सुदीप्त कविराज और धीरूभाई शेठ जैसे समाज-वैज्ञानिकों से शाबासी प्राप्त की. समझा गया कि कांशीराम का यह कथन कि हम तो अवसरवादी हैं क्योंकि हमें तो अवसर मिले ही नहीं हैं — अपने नवीन अर्थों के लिए प्रशंसित हुआ. मुलायम सिंह यादव द्वारा हिंदी को उत्तर प्रदेश सरकार के कामकाज की भाषा घोषित करने जैसे साहसिक क़दम पर लम्बे-लम्बे समाज-वैज्ञानिक तबसिरे लिखे गये.

भ्रष्टाचार करते हैं इसलिए उनकी हरकतें छिपी रह जाती हैं।[35] सामाजिक न्याय की राजनीति के नेतृत्व की इस कार्यशैली का दूरगामी परिणाम यह हुआ है कि लालू यादव, मायावती और मुलायम सिंह या अखिलेश यादव जैसे नेताओं की राजनीतिक वैधता का उनकी अपनी बिरादरी के दायरे को छोड़ कर काफ़ी हद तक क्षय हो गया है। समाज के दूसरे हिस्सों में इन नेताओं की छवि भ्रष्ट, चरित्रहीन, व्यभिचारी, परिवारवादी और अविश्वसनीय क़िस्म की बन गयी है।[36] बहुजन-एकता की जिस थीसिस ने दलित आंदोलन को 1993 से 2013 के बीच उल्लेखनीय सफलता दिलाई, उसी की सीमाएँ अब इस आंदोलन के ग्राफ़ को नीचे की तरफ़ धकेल रही हैं।

संदर्भ

अभय कुमार दुबे (2002), 'बहुजन समाज पार्टी और 'गुरु किल्ली' : दलितों के हाथ में राजसत्ता', अभय कुमार दुबे (सं.), *आधुनिकता के आईने में दलित*, सीएसडीएस-वाणी प्रकाशन, नयी दिल्ली : 268-316.

अली अनवर (2001), *मसावात की जंग : बिहार के पसमांदा मुसलमान*, वाणी प्रकाशन, नयी दिल्ली.

आशुतोष कुमार (2014), 'डेराज़ एज़ साइट्स ऑफ़ इलेक्टोरल मोबिलाइज़ेशन इन इंडियन पंजाब : एक्ज़ामिनिंग द रीज़ंस दैट पॉलिटिकल पार्टीज़ फ़्लॉक टू द डेराज़', *एशियन एथ्निसिटी*, खंड 15, अंक 3.

ओलिवर मेंडलसन (1993), 'द ट्रांसफ़र्मेशन ऑफ़ एथॉरिटी इन रूरल इंडिया', *मॉडर्न एशियन स्टडीज़*, खंड 27, अंक 4.

एम.एन. श्रीनिवास (1987), द डोमिनेंट कास्ट ऐंड अदर एसेज़, ऑक्सफ़र्ड युनिवर्सिटी प्रेस, नयी दिल्ली.

कांचा इलैया (2002), 'दलित, ओबीसी ऐंड मुस्लिम रिलेशंस', द *हिंदू, ऑनलाइन एडिशन*, 29 मई.

क्रिस्टॉफ़ जैफ़्रलो (2000), 'द राइज़ आफ़ द अदर बैकवर्ड क्लासेज़ इन हिंदी बेल्ट', द *जरनल ऑफ़ एशियन स्टडीज़*, अंक 59.

[35] यह तर्क वैसे तो अनौपचारिक तौर से दिया जाता है, लेकिन धीरे-धीरे यह एक काफ़ी प्रचलित तर्क बन गया है. झारखंड मुक्ति मोर्चा रिश्वत कांड में जब आदिवासी सांसदों के ख़ातों में करोड़ों रुपयों की आमद आसानी से पकड़ी गयी तो पहली बार यह दलील दी गयी थी. और यह देख कर अफ़सोस होता है कि आशिस नंदी जैसे विद्वान भी इस तरह की दलीलों का सहारा लेते हैं.

[36] इन सभी नेताओं पर आमदनी से ज़्यादा संपत्ति के मुक़दमें चल रहे हैं. चाहे कांग्रेस की सरकार हो या भाजपा की, सीबीआई के पास इन नेताओं के ख़िलाफ़ फ़ाइलें हैं जिनका भय दिखा कर इन नेताओं को अपनी राजनीति बदलने और कई निर्णायक मोड़ों पर केंद्रीय सरकार को समर्थन देने के लिए मजबूर किया जा चुका है. समाजवादी पार्टी का पूरा सत्तारूढ़ नेतृत्व (जिसमें एक ही परिवार के लोग हैं) लखनऊ के सार्वजनिक मंच पर 2016 में एक-दूसरे को भ्रष्ट और व्यभिचारी कहते हुए आपस में लतियाव कर चुका है. समझा जाता है कि दरिद्र पृष्ठभूमि से आये इन नेताओं ने अपने पदों का दुरुपयोग करके हज़ारों करोड़ रुपये की अवैध संपत्ति अर्जित की है.

गेल ऑम्वेट (2005), 'मुस्लिम-दलित रिलेशंस', https://www.countercurrents.org/dalit-omvedt220505.htm पर उपलब्ध, 13 अगस्त, 2017 को देखा गया.

जगपाल सिंह (2011), 'कैन दलित आल्सो फॉर्म अ डोमिनेंट कास्ट? — चेंजिंग पैटर्न ऑफ़ पॉवर रिलेशंस इन रूरल उत्तर प्रदेश', आईआईएएस, येल युनिवर्सिटी और स्कूल ऑफ़ एडवांस स्टडी, युनिवर्सिटी ऑफ़ लंदन द्वारा आयोजित कॉन्फ्रेस में प्रस्तुति.

डेनियल कनवर्सी (2012), 'मैजोरिटेरियन डेमॉक्रैसी ऐंड ग्लोबलाइज़ेशन वर्सेज़ एथ्निक डायवर्सिटी', *डेमोट्राइज़ेशन*,

http://dx.doi.org/10.1080/13510347.2011.626947 पर उपलब्ध, 27 मई, 2017 को देखा गया.

डी.डी कोशम्बी (1957), 'द डिक्लाइन ऑफ़ बुद्धिज़म इन इंडिया', *एक्ज़ैज़परेटिंग एसेज़*, इंडिया बुक एक्सचेंज, कलकत्ता .

'द सो काल्ड ओबीसीज़ : हू आर द रियल परपेट्रेटर्स ऑफ़ क्राइम अगेंस्ट दलित्स?' (प्रकाशन वर्ष अनुपलब्ध)

www.youthforequality.com/...actions/THE%20SO%20CALLED%20OBC-final-3.doc, पर उपलब्ध. 21 अगस्त, 2017 को देखा गया

प्रशांत के. त्रिवेदी, श्रीनिवास गोली, फ़हीमुद्दीन और सुरिंदर कुमार (2016), 'डज़ अनटचेबिलिटी एग्ज़िस्ट अमंग इंडियन मुस्लिम्ज़ : एविडेंस फ़्रॉम उत्तर प्रदेश', *इकनॉमिक ऐंड पॉलिटिकल वीकली*, खंड 51, अंक 15.

पी.ए. कृष्णन (2017), 'व्हाई डू द्रविड़ियन इंटलेक्चुअल्स एडमायर अ मैन एज़ प्रिकली एज़ पेरियार?', द *वायर*, https://thewire.in/179688/periyar-ev-ramasamy-dravida-nadu-brahmins-dmk/19 अक्टूबर, 2017 को देखा गया.

बद्री नारायण 2009*), फ़ेसिनेटिंग हिंदुत्व : सेफ्रन पॉलिटिक्स ऐंड दलित मोबिलाइज़ेशन*, सेज, नयी दिल्ली.

बी.आर. आम्बेडकर (1989-1990), *राइटिंग्ज़ ऐंड स्पीचेज़,* शिक्षा विभाग, महाराष्ट्र सरकार, खंड 7.

भैरवी प्रसाद साहू (2001), 'ब्राह्मणीकल आइडियोलॅजी, रीजनल आइडेंटिटीज़ ऐंड द कंस्ट्रक्शन ऑफ़ अर्ली इंडिया', *सोशल साइंटिस्ट*, खंड 29, अंक 7/8.

मनीष कुमार झा और पुष्पेंद्र (2012), *गवर्निंग कास्ट ऐंड मैनेजिंग कांफ्लिट्स : बिहार, 1990-20111, पॉलिसीज़ ऐंड प्रेक्टिसेज़ रिसर्च पेपर सीरीज़*, महानिरहन कलकत्ता रिसर्च ग्रुप, कोलकाता.

महात्मा फुले समग्र वांङ्मय (1969), *पहला संस्करण*, वाई.डी. फड़के (सं.).

माइकिल मान (2005), द *डार्क साइड ऑफ़ डेमॉक्रैसी : एक्सप्लेनिंग एथ्निक क्लीनज़िंग*, केम्ब्रिज युनिवर्सिटी प्रेस, केम्ब्रिज.

योगिंदर सिकंद (2000), 'इस्लाम ऐंड कास्ट इनईक्वलिटी अमंग इंडियन मुस्लिम्ज़', https://www.countercurrents.org/dalit-sikand150204.htm पर उपलब्ध, 13 अगस्त, 2017 को देखा गया.

रजनी कोठारी (1993), 'चुनाव के खेल से निकली सांप्रदायिकता : बहुसंख्यकवाद की विकृति पर टिप्पणी' (अंग्रेज़ी में प्रथम प्रकाशन 1984), (अनु.) ध्रुव नारायण, अभय कुमार दुबे (सं.), *सांप्रदायिकता के स्रोत, विनय प्रकाशन*, दिल्ली.

राहुल वर्मा और प्रणव गुप्ता (2017), 'नीतिशिज़ नेकिड प्रैग्मैटिज़्म', *द हिंदू*, 3 अगस्त, नयी दिल्ली.

रोंकी राम (2007), 'सोशल एक्सक्ल्यूज़न, रज़िस्टेंस ऐंड डेराज़ : एक्सप्लोरिंग द मिथ ऑफ़ कास्टलेस सिख सोसाइटी इन पंजाब', *इकनॉमिक ऐंड पॉलिटिकल वीकली*, खंड 42, अंक 40.

लूसिया मिशेलिटी (2007), 'द वर्नाकुलराइज़ेशन ऑफ़ डेमॉक्रैसी : पॉलिटिकल पार्टिसिपेशन ऐंड पॉपुलर पार्टिसिपेशन इन नॉर्थ इंडिया', *द जनरल ऑफ़ रॉयल एंथ्रोपोलिजिकल इंस्टीट्यूट*, खंड 13, अंक 3.

वीरेंद्र प्रताप यादव का अनुसंधान 'इमरजेंस ऑफ़ ओबीसीज़ एज़ डोमिनेंट कास्ट्स इन इंडिपेंडेंट इंडिया' http://www.serialsjournals.com/ serialjournal manager /pdf/1435296635 .pdf पर उपलब्ध, 25 जुलाई, 2017 को देखा गया.

संजय कुमार झा (1998), 'रेपिस्तान!!! : देयर इज़ अ रेप एवरी सिक्स ऑवर इन द स्टेट. डोमिनेंट कास्ट्स आर यूज़िंग इट एज़ अ टूल ऑफ़ इस्टैब्लिश सुप्रीमेसी', file:///D:/%E0%A4%89%E0%A4%AA%E0%A5%8D%E0%A4%B0%20%E0%A4%9A%E0%A5%81%E0%A4%A8%E0%A4%BE%E0%A4%B5/Dominant%20castes%20in%20Bihar%20use%20rape%20as%20a%20tool%20to%20establish%20supremacy%20_%20STATES%20%20India%20Today%202111998.html, 25 जुलाई, 2017 को देखा गया.

विजय नाथ (2001क), 'फ़्रॉम 'ब्राह्मणिज़म' टू 'हिंदुइज़म' : निगोशियेटिंग द मिथ ऑफ़ द ग्रेट ट्रेडिशन', *सोशल साइंटिस्ट*, खंड 29,अंक 3/4.

विजय नाथ (2001ख), *पुराणाज़ ऐंड एकल्चरेशन : अ हिस्टोरिको-एंथ्रोपोलॉजीकल पर्सपेक्टिव*, मुंशीराम मनोहरलाल, दिल्ली.

अवमानना का तर्कशास्त्र

भीखू पारेख

अनुवाद : कमल नयन चौबे

भीखू पारेख का यह अध्याय गोपाल गुरु (सं.). *ह्यूमिलियेशन : क्लेम्स ऐंड कॉन्टेक्स्टस* (दिल्ली, ऑक्सफ़र्ड युनिवर्सिटी प्रेस, 2009), (पृष्ठ : 23-40) से लिया गया है.

अवमानना क्या है?

अवमानना (ह्युमिलिएशन) एक अत्यंत जटिल परिघटना है, और मोटे तौर पर अभी तक इसका गहराई से अध्ययन नहीं किया गया है। इसे आसानी से भेदभाव, अस्वीकार (रिजेक्शन), दुर्दशा (डिग्रेडेशन) और इसी तरह के अन्य समान किंतु बुनियादी रूप से भिन्न परिघटनाओं से मिलाया जा सकता है, इसलिए वास्तविक जीवन और निदर्शनात्मक (पैराडिग्मेटिक) मामलों के संक्षिप्त विवरण के साथ आरम्भ करना उपयोगी होगा।[1] वास्तविक जीवन के मामले महत्त्वपूर्ण हैं क्योंकि काल्पनिक मामले स्थितियों का अतिसरलीकरण करते हैं, और ये उनके संदर्भों और सूक्ष्म आयामों को नज़रअंदाज़ कर सकते हैं। निदर्शनात्मक मामलों से मेरा तात्पर्य ऐसे मामलों से है जिसमें व्यक्ति शामिल होते हैं और इसके साथ ही इसके अधिकांश भाग को अवमानना के उदाहरण के रूप में मान्यता दी जा सकती है, यह एक तुलनात्मक रूप से स्पष्ट आरम्भिक बिंदु और संदर्भ की स्थिर रूपरेखा उपलब्ध करता है। नीचे वर्णित स्थितियाँ इस श्रेणी के भीतर आती हैं तथा अवमानना के भिन्न रूपों और विशेषताओं को दर्शाती हैं।

> 1.एक मेजबान स्त्री द्वारा कराए भोजन की गुणवत्ता के कारण उसके अतिथि उसकी ख़ूब तारीफ़ करते हैं। उसका पति यह टिप्पणी करता है कि उन्हें सेंसबरी सुपरमार्केट की प्रशंसा करनी चाहिए, जहाँ से उसने यह भोजन मँगाया है।
>
> 2.अपनी बात मनवाने में नाक़ाम रहने वाला चौदह वर्ष का एक लड़का अपने पिता पर उनके मित्रों की मौजूदगी में चिल्लाता है। वह अपने पिता से कहता है कि वह बहुत ही बुरा पिता है, कि उसके मन में अपने पिता के लिए, प्यार तो दूर की बात है, कोई सम्मान भी नहीं है, और काश उसका पिता कोई और होता।
>
> 3.फ़्रांस की एक गोरी नारीवादी एक पूरी तरह बुर्का पहनी मुस्लिम महिला के पास जाती है और उसके बुर्के को फाड़ देती है। वह पितृसत्ता की संस्था के ख़िलाफ़ नारे लगाती है, और मुस्लिम महिला से यह कहती है कि वह बग़ावत करे तथा एक क़ीमती गुड़िया की तरह व्यवहार करना बंद करे।

---

[1] इस पर व्यवस्थित और विचारोत्तेजक विवेचनाओं में से एक विवेचना के लिए देखें अविशाई मार्गालिट (1996). *सोशल रिसर्च* ने इस पर वसंत 1997, खंड 64, नंबर 1 में एक परिसंवाद आयोजित किया था.

4.महात्मा गाँधी के पास पीटरमेरिट्ज़बर्ग से जोहान्सबर्ग तक यात्रा करने के लिए प्रथम श्रेणी का टिकट था। चूँकि नियम के अनुसार अश्वेत और एशियाई लोग प्रथम श्रेणी में यात्रा नहीं कर सकते थे, इसलिए टिकट निरीक्षक ने उनसे ट्रेन से उतर जाने के लिए कहा। जब उन्होंने ऐसा करने से इंकार कर दिया तो निरीक्षक ने उनकी बेइज़्ज़ती की और उन पर चिल्लाया, तथा अगले स्टेशन पर उनके सामान को रेलगाड़ी से बाहर फेंक दिया। गाँधी के भीतर कटुता और अपमान की भावना जगी, और उन्होंने प्लेटफ़ॉर्म के एक अँधेरे प्रतीक्षालय में ठिठुरते हुए शेष रात गुज़ारी।

5.जब भारत में रूढ़िवादी बोहरा समुदाय के एक सदस्य ने इसके तानाशाह और सर्वोच्च नेता को चुनौती दी, तो उस नेता ने उस सदस्य को बहिष्कृत कर दिया, और अपने अनुयायियों से यह कहा कि वे उससे कोई संपर्क न रखें।[2] कुछ सप्ताह बाद उसकी माता के अंतिम संस्कार के समय कोई भी नहीं आया, यहाँ तक कि उसके भाई और बहन भी नहीं आये। इसके कारण वह शोकाकुल व्यक्ति लम्बे समय तक अवसाद और सदमें से ग्रसित रहा।

6.जब पूरे भारत के लोग 1919 में अंग्रेज़ सरकार के दमनकारी क़ानूनों के ख़िलाफ़ विरोध कर रहे थे तो जनरल डायर ने अपनी टुकड़ी को जलियाँवाला बाग़ में शांतिपूर्ण सभा कर रही भीड़ के ख़िलाफ़ गोली चलाने का आदेश दिया, जिसमें सैकड़ों लोग मारे गये। वह सिर्फ़ इतने से ही संतुष्ट नहीं हुआ, बल्कि उसने 'रेंगने का आदेश' भी जारी किया, जिसके अनुसार भारतीय लोग उस क्षेत्र के कुछ निश्चित सड़कों से गुज़रते थे तो उन्हें चारों पैरों पर रेंगकर जाना होता था। भारतीयों ने इस राष्ट्रीय अवमानना की संज्ञा दी और इसने उनके मन में आक्रोश पैदा किया।

7.अबू घरीब के जेल में इराक़ी सैनिकों को नग्न कर दिया गया, और उपहास उड़ाते अमेरीकी कैम्प के गार्डों या पहरेदारों के साथ उनकी तस्वीर जारी की गयी। इनमें से कुछ को एक-दूसरे पर इस तरह लादा गया था, जिससे नीचे वाले का जनानांग ऊपर वाले के नितम्बों का स्पर्श कर रहा था। इनमें से कुछ को अन्य लोगों के सामने हस्तमैथुन करने के लिए मजबूर किया गया, और इस दौरान कुछ गार्डों ने, जिनमें एक महिला भी सम्मिलित थी, उनकी तस्वीर खींची और उनका विडियो टेप बनाया।

[2] बोहरा एक छोटा मुस्लिम संप्रदाय है जो भारत में आरम्भ हुआ था.

8.अमेरिका के दक्षिणी राज्यों में नस्लीय पृथक्ता के दशकों के दौरान रेस्तराँ में अश्वेत लोगों को अलग काउंटर पर खाना मिलता था, और वे अलग स्थान पर खाना खाते थे। बसों में उनके लिए कुछ सीटें आरक्षित थीं, वे बस के आगे आवश्यक राशि जमा करते थे और बस में पीछे से प्रवेश करते थे। कई मरतबा जब वे सड़कों से गुज़रते हुए गोरे लोगों के प्रति पर्याप्त सम्मान नहीं दर्शाते थे, तो उनका अपमान किया जाता था और कई बार उन पर हमला भी किया जाता था।

9.कई सदियों से भारत के अछूतों को पृथक् क्षेत्रों में रखा गया है तथा उन्हें उच्च जाति के हिंदुओं के शारीरिक संपर्क में आने से रोका गया। यहाँ तक कि यह माना गया कि उनके साथ संयोग से होने वाला स्पर्श भी उच्च जाति के लोगों को दूषित कर देता है। दक्षिण भारत के क्षेत्रों में उच्च जाति के क्षेत्रों से गुज़रते वक़्त उन्हें ज़ोर से आवाज़ लगाना पड़ता था, जिससे उच्च जाति के लोग तेज़ी से अपने घरों में चले जाएँ, और उनकी छाया से बच जाएँ। अछूत महिलाओं को कुछ ख़ास तरह के कपड़ों को पहनने या यहाँ तक कि अपने वक्ष को ढँकने की भी अनुमति नहीं थी। इसे विशिष्ट रूप से उच्च जाति का विशेषाधिकार माना जाता था।

10.1930 के दशक में राजनीतिक विरोधियों के ख़िलाफ़ सोवियत संघ में चले मुक़दमों में, राजनीतिक विरोधियों को मजबूर किया गया कि उन्होंने जो अपराध नहीं किये हैं, और जिसमें शामिल होने से वे हमेशा इंकार करते रहे हैं, उनमें अपनी संलिप्तता को स्वीकार करें। इसके बाद, उन्हें गिरफ़्तार करने से पहले उनकी खिल्ली उड़ाई गयी, उन्हें बंदी शिविर (कॉन्सेनटेंशन कैम्प) में भेज दिया गया या उनकी गोली मारकर हत्या कर दी गयी।

11.1930 के दशक में नाजियों ने वियना के यहूदियों को मजबूर किया कि वे घुटनों के बल बैठकर रगड़ते हुए सड़कों पर चलें। नाज़ियों ने बंदी शिविरों में यहूदियों को नग्न और अपमानित किया तथा उनकी खिल्ली उड़ायी। उन्हें परपीड़क संतरी या गार्ड के हर मनमाने आदेश को मानने के लिए मजबूर किया गया, और उन्हें गैस चैम्बर में भेजने से पहले उनके साथ हर प्रकार का अशोभनीय बरताव किया गया।

यद्यपि ऊपर जिन स्थितियों का वर्णन किया गया है उनमें काफ़ी अंतर है, लेकिन उनमें एक सामान्य विशेषता भी है कि ये इसमें सम्मिलित सभी लोगों के आत्म-सम्मान को गहरा ठेस पहुँचाते हैं।[3] इन लोगों को अपमानित किया गया है, उनके अस्तित्व को हल्का और कमतर बनाया गया है, उनकी खिल्ली उड़ाई गयी है, तथा उन्हें ख़ुद अपनी और अन्य लोगों की नज़र में तुच्छ बना दिया गया है। ये लोग अपने बारे में कुछ ख़ास तरह का दृष्टिकोण रखते हैं, और ये मानते हैं कि ये कम से कम एक न्यूनतम स्तर के व्यवहार के हक़दार हैं। जब इसे नकारा जाता है, और अन्य लोग इनके साथ इनकी अपेक्षाओं से नीचे का व्यव्हार करते हैं, तो इनके आत्म-सम्मान का उल्लंघन होता है। यदि किसी व्यक्ति को यह समझ नहीं है कि वह किसी चीज़ का हक़दार है, साथ ही उसके पास इससे जुड़े आत्म-सम्मान की भावना भी नहीं है, तो उसे यह अहसास नहीं होगा कि अवमानना झेलने का क्या मतलब है। और इसी तरह, यदि किसी की अवमानना हुई, और उसे इससे कोई फ़र्क़ नहीं पड़ा, तो हम यह सोच सकते हैं कि उस व्यक्ति में आत्म-सम्मान की भावना नहीं थी।

जब एक व्यक्ति के आत्म-सम्मान का उल्लंघन होता है, तो वह दुख या दर्द का अनुभव करता है। यह दर्द इच्छाओं के अधूरे रह जाने पर पैदा होने वाले संकुचित मनोवैज्ञानिक प्रकृति के दर्द से अलग होता है। इसकी प्रकृति इस अर्थ में नैतिक होती है कि यह उस स्थिति उत्पन्न होता है, जब किसी व्यक्ति के देय (या हक़) का उल्लंघन होता है, जो व्यक्ति के रूप में उसके अस्तित्व को कमतर बनाता है। जब व्यक्ति लम्बे समय तक अवमानना का सामना करते हैं, तो वे विभिन्न प्रकार के सुरक्षा संयंत्रों का विकास कर लेते हैं, और अपने आत्म-सम्मान पर हमले को झेलते हुए तेज़ी से आगे बढ़ जाते हैं। उनके द्वारा दर्द महसूस न करने या शिकायत न करने का अर्थ यह नहीं है कि अवमानना महसूस नहीं करते हैं। उन्हें यह पता होता है कि उनके आत्म-सम्मान

[3] अवमानना एक पृथक् घटना हो सकती है, या जीवन में एक ऐसी स्थिति आ सकती है जब इसका प्रभाव हमेशा के लिए और यह गहरा सत्तामीमांसीय (ऑन्टोलॉजिकल) नुक़सान कर दे.

का उल्लंघन हुआ है, उनके साथ उन्हें क्षुद्र मानते हुए बरताव किया गया है, लेकिन वे ख़ुद इससे गहरे रूप से प्रभावित नहीं होने देते हैं। एक अत्यधिक गंभीर स्थिति उस समय उत्पन्न होती है जब व्यापक सामाजिक संरचना उनकी चेतना का इतना ज़्यादा दमन कर देती है कि वे अपने भीतर आत्म-सम्मान की एक कमज़ोर भावना का विकास करने में भी नाक़ाम रहते हैं, और वे यह स्वीकार कर लेते हैं कि वे इसी तरह के व्यवहार के लायक़ हैं। चूँकि उनके पास आत्म-सम्मान का अभाव होता है इसलिए वे अवमानना महसूस नहीं करते हैं। बहरहाल, चूँकि उनके व्यवहार का वस्तुनिष्ठ लक्ष्य, और कई बार इसके पीछे की मंशा भी यही होती है कि आत्म-सम्मान के विकास और इसकी अभिव्यक्ति का दमन किया जाए, इसलिए यह कहा जा सकता है कि सामाजिक संरचना ने उन पर अवमाननापूर्ण प्रभाव डाला है। अवमानना उस समय सबसे ज़्यादा प्रभावकारी होती है, जब यह इतनी गहन और सर्वव्यापी होती है कि इसे अवमानना के रूप में नहीं पहचाना जाता है, किंतु इससे इसका विरोध ख़त्म नहीं होता है।

अवमानना में शारीरिक हिंसा शामिल हो सकती है, लेकिन ऐसा होना आवश्यक नहीं है। अपनी पत्नी के खाना पकाने पर टिप्पणी करने वाला पति, गाँधी को ट्रेन से बाहर फेंक देने वाला टिकट निरीक्षक, और इराक़ी सैनिक पर पेशाब करने वाले अमेरीकी सैनिक — ये सभी अपने पीड़ित लोगों के ख़िलाफ़ आवश्यक रूप से क्रूर नहीं हैं। इसके विपरीत, यदि कोई किसी अन्य व्यक्ति को इतनी देर भूखा रखता है कि वह मर जाए, उसे यातना देता है, और ऐसे ही अन्य तरीक़ों से उसे यातना देता है, तो वह आवश्यक रूप से उसकी अवमानना नहीं कर रहा है। यह भी आवश्यक नहीं है कि अवमानना में भौतिक शक्ति का भी प्रयोग हो। गाँधी, यहूदियों और अछूतों के संदर्भ में भौतिक शक्ति का प्रयोग किया गया, किंतु मेजबान महिला या बोहरा सुधारक के मामले में ऐसा नहीं किया गया। इसी तरह, यह हो सकता है कि अवमानना में सामान्य रूप से हमेशा ही अपमान या बेइज़्ज़ती शामिल हो, लेकिन हमेशा ही ऐसा नहीं होता है कि जब किसी का अपमान हो, तो

अनिवार्य रूप से इसकी मात्रा इतनी हो कि इसे अवमानना की संज्ञा दी जा सके। मिसाल के तौर पर, एक नौकरशाह बहुत ही विनम्रता किंतु दृढ़ता से कल्याणी कार्यक्रम के लाभार्थी से उसे बहुत ही निजी जीवन की सूचना उजागर करने के लिए कहता है, और वह इस बात को पूरी तरह स्पष्ट कर देता है कि वह उसके बारे में क्या सोचता है, ऐसा करके वह उसकी अवमानना करता है, किंतु उसकी बेइज़्ज़ती नहीं करता। इसी तरह, यदि टिकट निरीक्षक गाँधी की इस बात के लिए बेइज़्ज़ती करता कि उन्होंने प्रथम श्रेणी में यात्रा करने की हिम्मत कैसे कर ली, और फिर इस मसले को वहीं छोड़ देता, तो उसका व्यवहार अवमानना की श्रेणी में नहीं आता। कोई किसी जिद्दी भिखारी की बेइज़्ज़ती कर सकता है और उसे भीख देने से साफ़ मना कर सकता है, लेकिन वह ऐसा करके उसकी अवमानना नहीं कर रहा है। यद्यपि अवमानना में निरादर सम्मिलित होता है, लेकिन यह भी अवमानना को निर्मित करने के लिए पर्याप्त नहीं है। यदि मैं अपने अतिथियों के आने या जाने के समय अपनी सीट पर खड़ा नहीं होता हूँ तो मैं उनका निरादर करता हूँ, लेकिन मैं तब तक उनकी अवमानना नहीं करता हूँ। मैं उस समय उनकी अवमानना करता हूँ जब मैं यह बताकर उनके आत्म-सम्मान को चोट पहुँचाता हूँ कि मैं इसलिए खड़ा नहीं हुआ क्योंकि मैं उन्हें तुच्छ मानता हूँ या फिर मैं उन्हें अपने यहाँ आमंत्रित ही नहीं करना चाहता था।

अवमानना विभिन्न रूपों में सामने आती है और इसके स्तरों में भी भिन्नता होती है। कोई अपने शब्दों, भाव-भंगिमा और कार्यों या फिर सामान्य ख़ामोशी से किसी की अवमानना कर सकता है। अवमानना सेक्शुअल हो सकती है, जैसा कि इराक़ी सैनिकों के मामले से स्पष्ट होता है; या बोहरा सुधारक के मामले से यह स्पष्ट होता है कि यह सामाजिक हो सकती है; या फिर यह राजनीतिक हो सकती है, मसलन, उस स्थिति में जब एक अभिमानी राजनेता की सभा में कोई भी उससे सुनने नहीं आता है, किसी चुनाव में उसे बहुत कम मत मिलते हैं। अवमानना बहुत हल्की और आकस्मिक हो सकती है, इस संदर्भ में मेजबान और उसकी पत्नी के उदाहरण का उल्लेख किया

जा सकता है; अत्यधिक तीव्र हो सकती है, जैसा कि यहूदियों के ख़िलाफ़ नाजियों के व्यवहार में सामने आता है; या अवमानना इन दो चरम स्थितियों के बीच कहीं अवस्थित हो सकती है, जैसा कि ऊपर वर्णित अन्य बहुत से उदाहरणों से स्पष्ट होता है। इन भिन्नताओं को याद रखना आवश्यक है क्योंकि ऐसा न होने पर हम या तो अवमानना के सबसे तीखे रूपों पर ध्यान केंद्रित करते हैं और अन्य की उपेक्षा करते हैं, या फिर अन्य प्रकार की अवमानना पर तो ध्यान देते हैं, किंतु इसके सबसे क्रूर रूपों की गहनता पर हमारा ध्यान नहीं जाता है। अवमानना की प्रकृति सरल या बहुस्तरीय हो सकती है, तथा यह एक साथ विभिन्न लोगों को अलग-अलग तरीक़े से प्रभावित कर सकती है। हमने पहले के उदाहरण में एक मेजबान द्वारा अपनी पत्नी के खाना पकाने पर की गयी टिप्पणी का उल्लेख किया है। असल में, यह एक-आयामीय अवमानना का मसला है। दूसरी ओर, सर्विया के सैनिक द्वारा बोस्निया की मुस्लिम महिला के साथ उसके पति और बच्चे की उपस्थिति में बलात्कार करना एक अत्यधिक जटिल और बहुआयामीय अवमानना उत्पन्न करता है। इस मामले में सैनिक महिला का बलात्कार कर उसकी अवमानना करता है, उसके पति की अपनी पत्नी को बचाने में असमर्थता की खिल्ली उड़ाकर उसकी अवमानना करता है, और उनके बच्चे के सामने उसका मखौल बनाकर पति और पत्नी- दोनों की अवमानना करता है।

आम तौर पर, दिये जाने वाले तर्क के विपरीत, यह आवश्यक नहीं है कि अवमानना में कोई तीसरा पक्ष सम्मिलित हो। अवमानना का अर्थ होता है, अपनी ही नज़र में नीचे गिरना, या दूसरों की नज़र में नीचे गिरना या दोनों ही। जहाँ अन्य लोगों की मौजूदगी से अवमानना की भावना में वृद्धि होती है, वहीं उनका होना आवश्यक नहीं है। पहले उद्धृत उदाहरण में अपने पिता के बारे में बुरा-भला कहने वाला पुत्र भले ही किसी के मौजूदगी में ये बातें न कहे, लेकिन वह अपने पिता की अवमानना कर रहा है। उस स्थिति में भी गाँधी की अवमानना होती, जब ट्रेन के डिब्बे में उनके अतिरिक्त कोई और नहीं होता, और जब इस घटना का व्यापक रूप से प्रचार होने का ख़तरा भी

नहीं होता। जब केवल दो पक्ष शामिल होते हैं, तो भी यह आवश्यक नहीं है कि उन दोनों के बीच प्रत्यक्ष संबंध हो। हमने अपने पिता के बारे में बुरा-भला कहने वाले जिस लड़के पर विचार किया है, यदि वह सिर्फ़ अपने-आप में ही अपने पिता के बारे में बुरी बातें बड़बड़ाता, और उसके पिता संयोगवश उसे सुन लेते, तो भी वह अवमानना का अनुभव कर सकते हैं, और वे ऐसा अनुभव करेंगे।[4]

अवमानना उत्पन्न करने वाली वस्तुओं या बातों का दायरा काफ़ी व्यापक होता है। स्पष्ट रूप से, इसमें व्यक्ति के साथ ही साथ समूह भी शामिल होते हैं। मसलन, यहूदी और अश्वेत लोग लम्बे समय से अवमाननापूर्ण व्यवहार और रूढ़िबद्ध धारणाओं का सामना करते रहे हैं। प्रथम विश्व युद्ध के बाद के दौर में जर्मनी को ऐसी माँगों का सामना करना पड़ा, जिनका उद्देश्य इसकी अवमानना करना था, और सबसे सम्मानित जर्मनवासियों ने भी इसे इसी रूप में देखा। कुवैत पर हमला करने के बाद इराक़ ने व्यवस्थित रूप से इसकी अवमानना की, इससे लगातार ऐसी नयी शर्तों को पूरा करने के लिए कहा गया, जो ऐसी स्थिति का सामना कर रहे, किंतु आत्म-सम्मान रखने वाले किसी भी देश के लिए अस्वीकार्य होता। अमूमन औपनिवेशीकृत समाजों का मखौल और उपहास उड़ाया जाता था, उन्हें बेकार समाजों के रूप में ख़ारिज किया जाता था, तथा ऐसे ही अन्य तरीक़ों उन्हें साथ अवमाननापूर्ण व्यवहार किया जाता था।

कई बार किसी ख़ास व्यवहार से प्रभावित होने वाले इस बात से असहमत हो सकते हैं कि कोई ख़ास व्यवहार अवमानना का प्रतिनिधित्व करता है या नहीं। ऐसे में यह आवश्यक होता है कि हम इस व्यवहार के संदर्भ, इसकी सामाजिक भूमिका और अंतर्निहित मान्यताओं पर विचार करके इसके गहन अर्थ और महत्त्व की जाँच-पड़ताल करें। मसलन, *प्लेसी बनाम फार्ग्युसन* मामले में अमेरीकी सर्वोच्च न्यायालय के फ़ैसले पर विचार

[4] एंथनी क्वीनटन (1997 : 81) यह तर्क देते हैं कि यद्यपि अवमानना को सार्वजनिक नहीं होना चाहिए, प्रचार इसकी एक 'सामान्य आवश्यकता' है.

करते हैं।[5] वादी ने यह तर्क दिया कि रेलवे में अश्वेत या अश्वेत लोगों के लिए अलग बोगियों का होना बुनियादी रूप से अपमानजनक और अवमाननापूर्ण है। लेकिन श्वेत या गोरे लोगों ने इस विचार को पूरी तरह नकार दिया। सर्वोच्च न्यायालय ने वादी के तर्क को यह कहते हुए ख़ारिज कर दिया कि 'हमारा यह मानना है कि वादी के तर्क में एक बुनियादी कमी है। वे यह मानकर चल रहे हैं कि दो नस्लों के बीच पृथक्ता को लागू करने में अश्वेत लोगों के साथ हीनता का बिल्ला जोड़ दिया गया है। यदि ऐसा है, तो यह इस कार्य से जुड़े किसी कारण के चलते नहीं है, बल्कि इसका कारण यह है कि अश्वेत लोग अपने मन में इस तरह का विचार निर्मित कर रहे हैं।' असल में, इस मामले में सर्वोच्च न्यायालय ने दो ग़लतियाँ कीं। उसने अश्वेत लोगों के इस विचार को प्रश्नांकित किया कि अश्वेत लोगों के लिए ट्रेन में अलग डिब्बों की व्यवस्था की गयी है। यदि वे ज़्यादा उदार विचार अपनाते, तो भी रेलवे के पृथक् डिब्बों को गोरे लोगों की सर्वोच्चता और अश्वेत लोगों की हीनता के बैज (बिल्ले) के रूप में देखा जाता। दूसरा, सर्वोच्च न्यायालय ने यह नहीं पूछा कि आख़िर ट्रेन में पृथक् डिब्बे क्यों हैं। निश्चित रूप से अश्वेत लोग इस तरह की व्यवस्था नहीं चाहते थे, सिर्फ़ गोरे लोग ही ऐसा व्यवस्था चाहते थे। अलग डिब्बों की व्यवस्था से यह बात साफ़ हुई कि सिर्फ़ गोरे लोगों की इच्छाओं और विचारों का ही महत्त्व है, और उन्होंने सिर्फ़ यह निर्णय नहीं लिया कि उन्हें कहाँ बैठना है, बल्कि उन्होंने यह भी तय किया कि अश्वेत लोगों को कहाँ बैठना चाहिए। इसके अलावा, गोरे लोग इसलिए अश्वेत लोगों को अलग बिठाना चाहते थे, क्योंकि वे उनसे किसी प्रकार का संपर्क नहीं चाहते थे। उनकी इस सोच के पीछे मुख्य कारण यह था कि वे अश्वेत लोगों को अपने से 'कमतर' नस्ल का मानते थे, और उनसे एक सम्मानजनक दूरी बनाकर रहना चाहते थे।

---

[5] इस मामले की एक अच्छी विवेचना के लिए देखें, ऑर्थर रीपस्टीन (1997) : 99-100.

स्पष्टतः ट्रेन में पृथक् डिब्बों की व्यवस्था ने यह अवमाननापूर्ण संदेश दिया कि अश्वेत लोग हीन या कमतर हैं, उनके साथ निकट संपर्क रखने की आवश्यकता नहीं है, और सिर्फ़ गोरे लोगों को ही यह अधिकार है कि वे यह तय करें कि उन्हें अश्वेत लोगों के साथ कैसा और किस सीमा तक संपर्क रखना है। यदि शेष समाज पृथक्ता पर आधारित नहीं होता, और ट्रेन में अलग-अलग डिब्बों की व्यवस्था पारस्परिक सहमति से तय होती तो स्थिति भिन्न हो सकती थी। लेकिन उस समय अमेरीकी समाज की जो स्थिति थी, उसके आधार पर अश्वेत लोगों ने इस व्यवस्था के बारे में जो निष्कर्ष निकाला, वह पूरी तरह सही था। सर्वोच्च न्यायालय का यह तर्क ग़लत था कि अश्वेत लोगों की हीनता सिर्फ़ उनकी कल्पना का नतीजा है, और यह 'वास्तविकता में मौजूद नहीं है'। एक कार्य का अर्थ उसमें अंतर्निहित नहीं होता है, बल्कि यह इसके संदर्भ और अंतर्निहित मान्यताओं से सामने आता है। व्यापक समाज की पृष्ठभूमि में, अश्वेत और गोरे — दोनों ही तरह के लोग यह जानते थे कि ट्रेन के अलग-अलग डिब्बे अश्वेत लोगों की हीनता को दर्शाते थे, इसी कारण अश्वेत लोगों ने इसके ख़िलाफ़ शिकायत की, वहीं गोरे लोगों ने इसकी लगातार तरफ़दारी की।

यद्यपि कई बार निम्नीकरण (डिग्रेडेशन) अवमानना के साथ होती है, और यह अपने शिकार को अवमानना के लिए ज़्यादा दुर्बल बना देती है, लेकिन इन दोनों को मिलाना नहीं चाहिए।[6] कुछ व्यवहार ऐसे होते हैं जिनमें ये दोनों ही शामिल होते हैं — मसलन, यहूदियों के ख़िलाफ़ नाजियों का बरताव, या अछूतों के ख़िलाफ़ शेष भारतीय लोगों का व्यवहार। लेकिन कई ऐसे मामले भी होते हैं, जहाँ एक मौजूद होता है, किंतु दूसरा अनुपस्थित रहता है। पहले दिये गये उदाहरण में पति अपनी पत्नी की अवमानना करता है, किंतु उसका निम्नीकरण नहीं करता। इसी तरह, टिकट निरीक्षक गाँधी की अवमानना करता है, किंतु उनका निम्नीकरण नहीं करता। इसके विपरीत,

---

[6] स्टीवेन ल्यूक्स (1997) : 44 अवमानना को ऐसी बहुत सी परिघटनाओं से अलग करते हैं, जिनसे इन्हें अक्सर मिला दिया जाता है.

पोर्नोग्राफ़ी इसमें सम्मिलित महिलाओं का, और शायद हर महिला का निम्नीकरण करता है, लेकिन यह स्पष्ट नहीं है कि यह उनकी अवमानना भी करता है। फ्रांस और जर्मनी की अदालतों ने बौने लोगों को उनकी सहमति और इच्छित भागीदारी से ज़्यादा से ज़्यादा ऊपर उछालने पर प्रतिबंध लगा दिया है। इसके लिए यह दलील दी गयी कि यह उनका निम्नीकरण करता है और उनकी गरिमा का उल्लंघन करता है। यह स्पष्ट नहीं है कि यह उनकी अवमानना भी करता है।

इसलिए, एक व्यवहार निम्नीकरण किये बग़ैर अवमानना कर सकता है, और इसका विपरीत भी हो सकता है। और यदि जब दोनों होता है, तो किसी एक के कारण कोई दूसरा नहीं होता है। चूँकि ये अकसर एक साथ होते हैं और इनकी बहुत सारी साझा विशेषताएँ हैं, इसलिए इनके बीच के अंतर को न तो आसानी से अभिव्यक्त किया जा सकता है, न ही इसे एकल और विशिष्ट विशेषता के रूप में प्रस्तुत किया जा सकता है। मोटे तौर पर कहें, तो निम्नीकरण मनुष्यों के साथ इस प्रकार व्यवहार करता है जिससे इस बारे में प्रचलित नैतिक आमसहमति का उल्लंघन होता है कि मनुष्यों के साथ किस प्रकार बरताव किया जाना चाहिए। प्रचलित मानक एक आधार रेखा उपलब्ध कराते हैं, जिसके नीचे मनुष्यों के साथ बरताव नहीं किया जाना चाहिए। यदि ऐसा किया जाता है, तो यह कहा जाता है कि मनुष्यों का निम्नीकरण हुआ है, अर्थात् यह उनकी मानवता और नैतिक हैसियत की आवश्यकताओं से नीचे जाकर व्यवहार करने की तरह है। हम वेश्यावृत्ति को इसलिए निम्नीकरण करने वाला मानते हैं क्योंकि सेक्शुअलिटी और मानव शरीर की प्रकृति और महत्त्व आदि के बारे में हमारे कुछ विश्वास हैं, और हम मज़बूती से यह मानते हैं कि इन्हें ख़रीदा या बेचा नहीं जाना चाहिए। यदि हमारे पास ये विश्वास नहीं होते, तो हम वेश्यावृत्ति को भी जीविका कमाने के एक अन्य साधन मानते और इसमें हमें कुछ निम्नीकरण या दुर्दशा करने वाला नहीं लगता। इसके साथ ही, हमारा यह भी विश्वास है कि मनुष्यों का एक तात्विक महत्त्व होता है, और मज़ाक या मनोरंजन की वस्तुओं के रूप

में उनका इस्तेमाल नहीं होना चाहिए, और इसलिए बौने लोगों को उछालना उनका निम्नीकरण करना है। यहाँ यह पूरी तरह अप्रासंगिक है कि ख़ुद बौने लोग इस तरह का विचार रखते हैं या नहीं। वास्तविक तथ्य यह है कि बौने लोगों ने इस विचार से असहमति व्यक्त की थी, और उन्होंने इस प्रतिबंध के ख़िलाफ़ उच्चतर न्यायालयों में अपील की थी, लेकिन उच्चतर न्यायालयों ने भी इस प्रतिबंध को क़ायम रखा। बौने लोग भी मानवीय गरिमा के विश्वास को स्वीकारते हैं, लेकिन वे यह नहीं मानते हैं कि उन्हें आस-पास उछालने या फेंकने से मानवाधिकारों का उल्लंघन होता है।

जहाँ निम्नीकरण का व्यवहार या रूप इस बात से स्वतंत्र होता है कि जिस व्यक्ति के साथ ऐसा किया जा रहा है वह क्या सोचता है, वहीं अवमानना के साथ ऐसा नहीं है। अवमानना में दूसरों का निरादर करना, उन्हें कमतर दिखाना, उनके आत्म-सम्मान को चोट पहुँचाना, उन्हें उनकी नज़रों में गिराना तथा उन्हें दुख और कष्ट देना शामिल होता है। यदि किसी व्यक्ति के साथ हो रहे व्यवहार में ऐसा नहीं होता है, तो यह नहीं कहा जा सकता है कि उस व्यक्ति की अवमानना हो रही है। इसीलिए बौने लोगों को उछालने से उनका निम्नीकरण होता है, लेकिन उसमें उनकी अवमानना सम्मिलित नहीं होती है। यह उनकी सहमति पर आधारित होता है, और यह सहमति बल-प्रयोग से हासिल नहीं की जाती है, बल्कि कई बार वे ख़ुद ऐसा करने की पहल करते हैं। यह उन्हें उनकी नज़रों में कमतर नहीं बनाता है, और उनके आत्म-सम्मान को नुक़सान नहीं पहुँचाता है; और इससे उन्हें नैतिक दुख या दर्द नहीं होता है। यही बात वेश्यावृत्ति और पोर्नोग्राफ़ी में सम्मिलित महिलाओं के बारे में भी कही जा सकती है। हमारे समाज के मानकों और यहाँ तक कि शायद ज़्यादा सामान्य आधारों पर, उनका निम्नीकरण होता है, लेकिन उनकी तब तक अवमानना नहीं होती है, जब तक उनसे ऐसे काम करने के लिए नहीं कहा जाता है जिनसे उनके आत्म-सम्मान का उल्लंघन होता है तथा उन्हें दुख और कष्ट होता है। इसके विपरीत, पीछे उद्धृत उदाहरण में गोरी नारीवादी, बुर्क़ा पहनने वाली महिला की अवमानना करती है, क्योंकि वह उसके आत्म-सम्मान का उल्लंघन करती है, उसे कमतर बनाती है

और अपमानित करती है, लेकिन वह उसका निम्नीकरण नहीं करती है, और न ही इस तरह बरताव करती है मानो वो मनुष्य होने के दर्जा से नीचे हो या उसका महत्त्व या मूल्य न हो। असल में, वह उसकी इसीलिए अवमानना करती है क्योंकि उसे यह लगता है कि मुस्लिम महिला ख़ुद अपने निम्नीकरण को स्वीकार कर रही है, और उसके ख़िलाफ़ बग़ावत नहीं कर रही है।

जिस तरह अवमानना निम्नीकरण से परस्परव्यापी है किंतु बिल्कुल उसकी तरह नहीं है, उसी तरह यह किसी को विनम्र बनाने (हम्बलिंग) से परस्परव्यापी है किंतु इसे उससे मिलाया नहीं जाना चाहिए। विनम्र बनाने का अर्थ होता है किसी व्यक्ति के अहम को खंडित करना, और उसकी कुछ कमियों को बताना जिससे वह अपनी क्षमताओं और उपलब्धियों के बारे में एक संतुलित दृष्टिकोण अपना सके। एक प्रतिभाशाली किंतु घमंडी छात्र के अहम के सामने एक तक़रीबन असंभव कार्य का लक्ष्य रखकर, या उसके काम के प्रति अत्यधिक आलोचनात्मक रवैया अपनाकर उसके अहं को चोट पहुँचाई जा सकती है। यह उसकी अवमानना करने के बजाय उसे विनम्र बनाने का तरीक़ा है, क्योंकि इसमें उसके प्रति असम्मान/उपेक्षा की भावना नहीं रखी जाती है, और न ही उसके आत्म-सम्मान की उपेक्षा की जाती है।

बिना अवमानना के विनम्र बनाने की इस प्रकार की एक प्रक्रिया बहुत से धर्मों में पुरोहित बनाने के प्रशिक्षण से जुड़ी हुई है। ईश्वर की इच्छा के प्रति पूर्ण समर्पण के लिए यह आवश्यक है कि धार्मिक बनने का आकांक्षी व्यक्ति अपने गर्व के सारे अंशों को ख़त्म कर दे, जिसे सिर्फ़ ईसाई धर्म में ही नहीं बल्कि अन्य धर्मों में भी सबसे बड़ा पाप माना जाता है। चूँकि इसे आसानी से ख़त्म नहीं किया जा सकता है, इसलिए सभी धर्म समुचित आध्यात्मिक प्रयोगों का एक कार्यक्रम प्रस्तुत करते हैं। मसलन, कुछ कैथोलिक व्यवस्थाओं में कई शताब्दियों से नव-प्रशिक्षुओं से यह अपेक्षा की जाती है कि वे दिन की समाप्ति पर सार्वजनिक रूप से यह स्वीकार करें कि पूरे दिन में उनके मन में कौन से बुरे और अहंवादी विचार आये; और साथ ही उन्हें ईमानदारी से यह बताना होता था कि क्या उन्हें अपने प्रशिक्षण में साथ रखे गये नव-प्रशिक्षुओं में गर्व की कोई अभिव्यक्ति दिखी?

यद्यपि ये प्रयोग कई बार अवमानना के निकट आ जाते थे, लेकिन इनका उद्देश्य अवमानना के बजाय गहरी विनम्रता पैदा करना था। इसका मक़सद यह था कि प्रशिक्षुओं को यह अहसास दिलाया जाए कि एक स्तर पर वे तुच्छ अर्थात् पापयुक्त आवेगों का समूह मात्र हैं, लेकिन ज़्यादा गहनतम स्तर पर वे दैवीय और ईश्वर की छवि है। इसके माध्यम से उनके भीतर गर्व की भावना ख़त्म करके आत्म-सम्मान निर्मित करने का प्रयास किया जा रहा था। यह माना जाता था कि गर्व से मुक्त होने के बाद वे सर्वोच्च गरिमा के अधिकारी बन जाएँगे।

हमारी विवेचना से यह स्पष्ट है कि अवमानना का दायरा अत्यंत व्यापक है। एक स्तर पर यह एक आकस्मिक परिघटना है, जिसमें जानबूझकर या अनजाने में की जाने वाली टिप्पणियाँ या असंवेदनशील और घमंडी व्यवहार सम्मिलित है। दूसरी ओर, इसमें मानव संबंधों के ऐसे रूप सम्मिलित हैं, जिसकी बुनियाद में ही अवमानना सम्मिलित होती है। यद्यपि पहले प्रकार की स्थिति से भी लोगों को दुख होता है, किंतु यह कई बार जीवन का हिस्सा होता है, और लोगों को अकसर इसका सामना करना पड़ता है, और अमूमन यह कोई गहरा मनोवैज्ञानिक या नैतिक घाव नहीं छोड़ता है। लेकिन दूसरे प्रकार की अवमानना का ज़्यादा जटिल और गंभीर नतीजा सामने आता है, तथा इसके परिणाम पर ज़्यादा गहराई से विचार करने की आवश्यकता है।

संस्थाकृत अवमानना

मैंने यह तर्क दिया है कि अवमानना में एक व्यक्ति के आत्म-सम्मान का उल्लंघन और उसे अपनी तथा/या अन्य लोगों के निगाह में कमतर बनाना या अपमानित करना सम्मिलित है। उस स्थिति में संगठित या संस्थाकृत अवमानना का अस्तित्व होता है जब सामाजिक संस्थाएँ और व्यवहार व्यक्तियों के समूहों के प्रति निरादर की भावना रखती हैं या व्यवस्थित रूप से उनके आत्म-सम्मान का उल्लंघन करती हैं। एक असमान समाज में कुछ लोगों को अन्य लोगों पर असमान शक्ति प्राप्त होती है, और अकसर ये लोग सापेक्षिक दंड-मुक्ति के साथ अपनी इस शक्ति का प्रयोग करते हैं।

बहरहाल, सभी असमान समाजों में संस्थाकृत अवमानना का अस्तित्व नहीं होता है क्योंकि बहुत कुछ असमानता की प्रकृति, सीमा और आधार पर निर्भर करता है।

मसलन, आधुनिक उदार बूर्ज्वा समाज पर विचार करते हैं। यद्यपि यहाँ गहन आर्थिक, राजनीतिक और अन्य असमानताएँ होती हैं, लेकिन यहाँ संस्थात्मक अवमानना मोटे तौर पर कमज़ोर होती है। ग़रीब और शक्तिहीन का शोषण होता है, उन पर बल प्रयोग किया जाता है और हर प्रकार के दाँव-पेंच का इस्तेमाल होता है, तथा समय-समय पर इनमें से कुछ की अवमानना भी होती है। असमानताएँ सापेक्षिक रूप से तरल होती हैं, तथा सैद्धांतिक रूप से और कुछ हद तक व्यवहार में भी तुलनात्मक रूप से भी तरल होती हैं। चूँकि जीवन में एक व्यक्ति का स्थान आकस्मिक होता है और यह हमेशा के लिए सुनिश्चित नहीं होता है, इसलिए किसी भी प्रमुख समूह की रुचि इस बात में नहीं होती है कि वह ऐसी संरचना स्थापित करे जिसमें अवमाननाकारी व्यवहार निहित हों, क्योंकि एक दिन वह ख़ुद ऐसी संरचना के अधीन आ सकता है। इसलिए ऐसे न्यूनतम नैतिक बिंदुओं पर सहमत होना आसान होता है, जिसका हर कोई हक़दार हो। उदारवादी बूर्ज्वा समाजों में पाए जाने वाले कल्याणकारी प्रावधान यह सुनिश्चित करते हैं कि सभी व्यक्तियों के पास तुलनात्मक रूप से ठीक-ठाक ज़िंदगी की बुनियादी स्थितियाँ मौजूद हों, तथा किसी को भी जीवित रहने के लिए ख़ुद को अव-माननाकारी स्थिति में न डालना पड़े। ये असमानताएँ सभी मनुष्यों के बुनियादी समानता के प्रति सामूहिक वचनबद्धता से भी सीमित होती हैं। सभी नागरिकों का समान महत्त्व होता है, और उनमें गरिमा होती है, और कोई भी दूसरे की तुलना में ज़्यादा बड़ा मनुष्य नहीं होता है। एक कर्मचारी कार्यस्थल पर अपने रोज़गारदाता की शक्ति के अधीन होता है, लेकिन यह शक्ति बाद में जीवन के अन्य क्षेत्रों पर लागू नहीं होती है। इन क्षेत्रों में वह अपने रोज़गारदाता के बराबर होता है। और कार्यस्थल पर उसे रोज़गार देने वाला उसके साथ कैसा भी बरताव नहीं कर सकता है, बल्कि उसे कुछ निश्चित नियमों के भीतर

ही बरताव करना होता है। सम्मान तथा नागरिक, राजनीतिक और अन्य अधिकारों की समानता यह सुनिश्चित करती है कि यह रोज़गारदाता का व्यवहार एक निश्चित सीमा को पार न करे।

जिन समाजों में असमानताओं का आधार भिन्न होता है, वहाँ काफ़ी अलग स्थिति होती है। ये असमानताएँ चमड़े के रंग, नस्ल, जन्म, जातीयता आदि के आधार पर आरोपित (एसक्रिप्टिव) होती हैं, और इसलिए ये अस्वीकार्य होती हैं; या ये धर्म, भाषा आदि पर आधारित होने के कारण अर्द्ध-आरोपित (क्वासी-एसक्रिप्टिव) हो सकती हैं, और इन्हें काफ़ी प्रयास करके या अपनी गरिमा और आत्म-सम्मान की क़ीमत पर बदला जा सकता है। यहाँ असमानताएँ जमी हुई होती हैं, तथा हैसियत के सुनिश्चित पदसोपान जड़ जमाए रहते हैं, तथा इनमें ऊर्ध्व (वर्टिकल) या क्षैतिज (हॉरिजॉन्टल) गतिशीलता की कोई संभावना नहीं रहती है। ये इस तरह आपस में गूँथी रहते हैं कि भले ही कोई व्यक्ति किसी एक क्षेत्र में कितनी भी उच्चतर उपलब्धि हासिल कर ले, वह बुनियादी असमानता से नहीं उबर सकता है, और न ही इसकी भरपायी कर सकता है। मनुष्य के महत्त्व को उसकी सामाजिक हैसियत के बराबर माना जाता है, तथा जिनकी हैसियत कमतर होती है उन्हें निम्न दर्जे का मनुष्य माना जाता है। उन्हें तुच्छ माना जाता है, तथा उनके दृष्टिकोण और भावनाओं को कोई महत्त्व नहीं दिया जाता है। चूँकि इन समाजों में मानवता के पदसोपानीय श्रेणीबद्धता (हायरार्कीकल ग्रेडेशन) की जड़ें काफ़ी गहरी होती हैं, इसलिए अवमानना उनकी संरचना का अभिन्न भाग बन जाती है।

दासता, नस्लीय पृथक्ता, पदसोपानीय हैसियत, अस्पृश्यता और जाति व्यवस्था पर आधारित समाज — ये सभी संस्थाकृत अवमानना के उदाहरण हैं। यद्यपि इनमें कई महत्त्वपूर्ण अंतर होते हैं, लेकिन इनकी कुछ साझा विशेषताएँ भी होती हैं। इन सभी में पुरुषों और महिलाओं के कुछ चिह्नित समूहों को हीन मानते हुए व्यवहार किया जाता है, और यह माना जाता है कि यह कम सम्मान पाने लायक़ हैं। सामाजिक संस्थाएँ और व्यवहार यह

तय कर देती हैं कि किस प्रकार का पेशा अपना सकते हैं, वे कहाँ रह सकते हैं, किससे विवाह कर सकते हैं, वे दूसरे को और दूसरे उन्हें कैसे सम्बोधित कर सकते हैं, वे दूसरों से किस प्रकार बातचीत कर सकते हैं, वे किस प्रकार का जीवन व्यतीत कर सकते हैं; साथ ही, उनके लिए ऐसी सख़्त कसौटियाँ तय कर दी जाती हैं, जिनका अनुपालन करते हुए वे काम कर सकते हैं।[7] क़ानूनी संस्थाएँ उन्हें बुनियादी अधिकारों से वंचित रखती हैं, तथा राजनीतिक संस्थाएँ उनके साझा मामलों के संचालन में उनकी आवाज़ को कोई महत्त्व नहीं देती हैं। असल में, जीवन का हर क्षेत्र उनकी हीनता और उनके हाशिये पर होने को प्रमाणित करता है।

ऐसे समाज में अवमानना इसकी प्रभुत्व की व्यवस्था का अभिन्न भाग होती है। स्थापित व्यवहारों और संबंधों के रूपों में अधीनस्थ समूहों के लिए असम्मान और गहन उपेक्षा होती है। इनके द्वारा न सिर्फ़ इन समूहों के आत्म-सम्मान पर लगातार हमला किया जाता है, बल्कि उनके आत्म-सम्मान के विकास को भी रोकने का प्रयास किया जाता है। ऐसे समाजों में अवमानना काफ़ी गहन और व्यापक होती है तथा रोज़मर्रा के जीवन का भाग बन जाती है। यह उस भाषा में गूँथ जाती है जिसके माध्यम से अधीनस्थ समूहों के बारे में बातचीत की जाती है। आम तौर पर, ऐसे समाज में अवमानना का स्पष्ट कार्य नहीं किया जाता है, बल्कि समय-समय पर अधीनस्थ समूहों को उनकी हीन स्थिति का अहसास दिलाया जाता है। प्रभुत्व के अधीन रहने वाले समूहों के साथ कभी-कभार दयालुता, और यहाँ तक कि सम्मान से भरा व्यवहार किया जा सकता है, लेकिन इस तरह के व्यवहार को अवमानना की पृष्ठभूमि में

[7] पदसोपानीय समाजों में एक नौकर से यह उम्मीद की जाती है कि वह जीवन के प्रत्येक क्षेत्र में दासता का प्रदर्शन करे. जब उसका मालिक खड़ा हो तो उसे बैठना नहीं चाहिए, उसे तब तक नहीं बोलना चाहिए, जब तक उससे बोलने के लिए न कहा जाए. उसे अपने मालिक को व्यक्तिगत सेवाएँ उपलब्ध करानी चाहिए, उसकी बातों को काटना नहीं चाहिए या उससे असहमत नहीं होना चाहिए इत्यादि. उसकी हीनतर हैसियत साये की तरह उसके साथ चलती है, और कोई भी ऐसा क्षेत्र नहीं है जहाँ वह अपने मालिक के बराबर होता है। इस तरह के समाज में व्यक्ति के पास आत्म की कोई भावना नहीं होती है, और अमूमन वह अपने मालिक की भावनाओं का प्रतिरूप होता है. जहाँ तक मालिक का प्रश्न है, उसका आत्म पूरी तरह से उसकी हैसियत से परिभाषित होता है। उसकी हक़दारियों और विशेषाधिकारों के किसी भी ख़तरे को उसके आत्म और आत्म-सम्मान के ख़तरे के रूप में देखा जाता है. यहाँ हीगेल द्वारा विश्लेषित मालिक-दास के द्वंद्व से भिन्न एक अलग तरह का द्वंद्व काम कर रहा है.

अपनाया जाता है, तथा इसमें इस पृष्ठभूमि को कोई चुनौती नहीं दी जाती है। साथ ही, दयालुता और सम्मान का यह व्यवहार इस अव्यक्त मान्यता पर आधारित होता है कि इसे प्राप्त करने वाले लोग इसका ग़लत अर्थ नहीं निकालेंगे, और इसके चलते अपने व्यवहार में बदलाव नहीं करेंगे।[8]

अमूमन संस्थाकृत अवमानना पर आधारित समाज अपने अस्तित्व और स्थायित्व के लिए आपस में जुड़े चार उपायों पर निर्भर होते हैं। पहला, उनके लिए यह आवश्यक होता है कि वे प्रभुत्वशाली और प्रभुत्वाधीन — दोनों ही समूहों को यह विश्वास दिलाएँ कि मौजूदा सामाजिक व्यवस्था उपयुक्त और न्यायपूर्ण है। यद्यपि प्रत्येक सामाजिक व्यवस्था को सहमति हासिल करने के लिए एक वैधता देने वाली विचारधारा की आवश्यकता होती है, किंतु अवमानना पर आधारित समाज को ऐसी विचारधारा की आवश्यकता अन्य समाजों की तुलना में ज़्यादा होती है क्योंकि यह अभूतपूर्व तरीक़े से गरिमा की मानवीय भावना पर हमला करता है। यह विचारधारा उस समय सबसे ज़्यादा प्रभावकारी होती है जब यह समाज के सामान्य समझ का हिस्सा बन जाती है। इससे इसके सदस्य सहज रूप से अपने सामाजिक विश्व को इसकी श्रेणियों के संदर्भ में समझ पाते हैं। वे यह कल्पना भी नहीं कर पाते हैं कि समाज को किसी अन्य तरीक़े से भी संगठित किया जा सकता है। समाज के प्रमुख शैक्षणिक, सांस्कृतिक और अन्य संस्थाओं में प्रभुत्वशाली विचारधारा को सम्मिलित करके इस स्थिति को हासिल किया जाता है। साथ ही, आने वाली पीढ़ियों में इसी विचारधारा को आरोपित किया जाता है ताकि वे अपने भीतर इस व्यवस्था के अनुरूप चिंतन और व्यवहार का विकास कर पाएँ।

दूसरा, उस स्थिति में अवमानना को सबसे आसानी से स्वीकार कर लिया जाता है, जब इसके साथ निम्नीकरण जुड़ा होता है। निम्नतर आर्थिक, सामाजिक और अन्य स्थितियों में रहने वाले लोगों के पास अपनी क्षमताओं

---

8 यद्यपि अवमानना के शिकार लोगों के पास हमेशा ही विरोध करने की शक्ति होती है, लेकिन व्यवहार में उनकी शक्ति का बहुत कम महत्त्व होता है. यदि वियना या कॉनसेंट्रेशन कैम्पों में यहूदी लोग आदर्शों को पालन करने से इंकार कर देते, तो उनका आत्म-सम्मान बच जाता किंतु उनकी जान चली जाती.

का विकास करने का अवसर नहीं होता है, उन्हें बहुत आसानी से अवमानना की वैध वस्तु मान लिया जाता है, तथा इसी रूप में प्रस्तुत किया जाता है। ऐसे लोग अमूमन आत्म-सम्मान का विकास करने में नाक़ाम रहते हैं, और अपने बारे उनमें निम्न स्तर का विचार रखने की प्रवृत्ति होती है। इसके कारण, वे आसानी से अवमानना को स्वीकार कर लेते हैं। अमूमन जीवन की निम्नतर स्थितियाँ मनुष्यों की चेतना का इतना दमन कर देती हैं, और इसके शिकार व्यक्ति इतने कमज़ोर हो जाते हैं कि उनके लिए मौजूदा सामाजिक संरचना के ख़िलाफ़ संगठित होना और उसे चुनौती देना अत्यंत कठिन हो जाता है। इन कारणों से, और इनसे जुड़े अन्य कारणों के चलते अवमानना पर आधारित एक समाज अपने पास उपलब्ध सभी साधनों का प्रयोग करके यह सुनिश्चित करने का प्रयास करता है कि अवमानना से पीड़ित समूह ग़रीबी, गंदगी, काम के लम्बी अवधि, बुरी सेहत, राजनीतिक पृथक्ता और सामाजिक हाशियाकरण से घिरे रहें।

तीसरा, अवमानना पर आधारित एक समाज को बल-प्रयोग की ऐसी अनौपचारिक और फैली हुई व्यवस्था की आवश्यकता होती है, जिसके माध्यम से प्रभुत्वशाली समूह लगातार बल-प्रयोग करता है। ऐसे समाज द्वारा प्रभुत्वशाली और अधीनस्थ समूहों के बीच स्पष्ट सीमा रेखा को सावधानीपूर्वक क़ायम रखने की आवश्यकता होती है। इस सीमा रेखा को क़ायम रखने के लिए इसका वास्तविक या काल्पनिक उल्लंघन करने वालों को सज़ा देने का प्रावधान किया जाता है। कोई भी केंद्रीय एजेंसी अपनी स्पष्ट प्रशासनिक और अन्य सीमाओं के कारण ऐसा नहीं कर सकती है। इसलिए समाज प्रभुत्वशाली समूहों के व्यक्तिगत सदस्यों पर इस बात के लिए निर्भर करता है कि वे व्यवस्था के अभिभावक के रूप में काम करें। साथ ही, यह उन्हें प्राधिकार देता है कि सीमा का अतिक्रमण करने वालों को अनुशासनात्मक सज़ा दें, उन्हें नौक़रियों से बर्ख़ास्त करें, बहिष्कृत करें और अपमानित करें; साथ ही, इसके अलावा उन्हें ऐसा हर काम करने की अनुमति दी जाती है जिसे वे अधीनस्थ समूहों को उनके स्थान पर क़ायम रखने के लिए आवश्यक मानते हैं।

अंत में, अवमानना पर आधारित प्रत्येक समाज अपना अस्तित्व क़ायम रखने के लिए राज्य की भौतिक शक्ति पर निर्भर करता है। प्रभुत्वशाली विचारधारा को हमेशा अपने सदस्यों के दिल और दिमाग़ को जीतने में कामयाबी नहीं मिलती है; बल प्रयोग की अनौपचारिक व्यवस्था को अपनी विश्वसनीयता क़ायम रखने के लिए मजबूत राज्य की आवश्यकता होती है; और प्रभुत्वाधीन समूह चाहे कितनी भी निम्नतर स्थिति में क्यों न हों, हमेशा ही यह ख़तरा होता है कि उनका गुस्सा, नफ़रत और कुटता उभरकर सामने आ सकती है। हालाँकि अवमानना की कोई भी व्यवस्था सिर्फ़ भौतिक शक्ति के आधार पर क़ायम नहीं रखी जा सकती है, किंतु यह व्यवस्था इसके बिना भी क़ायम नहीं रह सकती है। राज्य धमकाता है, भय और रौब पैदा करता है और समाज के इस दृढ़-निश्चय को अभिव्यक्त करता है कि ख़तरा पैदा होने पर वह निर्णायक तरीक़े से काम करेगा। चूँकि इसके काम का एक बड़ा हिस्सा अन्य एजेंसियों द्वारा किया जाता है, इसलिए राज्य अमूमन पृष्ठभूमि में रहता है, समय-समय पर अपनी शक्ति का प्रदर्शन करके अपनी उपस्थिति दर्ज कराता है। यह व्यवस्था का उल्लंघन करने वाले लोगों के मुक़दमों को मिसाल के तौर पर पेश करता है तथा सावधानीपूर्वक चुने गये मामलों में कठोर सज़ा देता है।

चूँकि अवमानना पर आधारित समाज को इन चार रणनीतियों का समर्थन मिलता है, इसलिए इसको सफलतापूर्वक चुनौती देने के लिए यह आवश्यक है कि सभी चार स्तरों पर समन्वय के साथ कार्रवाई की जाए। प्रभुत्वशाली विचारधारा की एक व्यवस्थित और ज़ोरदार तरीक़े से अभिव्यक्त होने वाली समीक्षा इसके प्रभाव को कमज़ोर करती है, तथा व्यक्तिगत और संगठित असहमति के लिए स्थान तैयार करती है। प्रभुत्वाधीन समूहों की भौतिक स्थिति को सुधारने के लिए होने वाला आर्थिक और सामाजिक संघर्ष उनके आत्म-विश्वास को बढ़ावा देता है, उनकी समझ का विस्तार करता है, उनके अवसरों के दायरे को बढ़ाता है, और ऐसे सफल व्यक्तियों को पैदा करता है जिनकी उपलब्धियाँ उनकी हीनता की गहरी

भावनाओं को ख़त्म करती हैं। बुनियादी मानव अधिकारों और क़ानून के शासन के लिए संघर्ष मनमाने व्यक्तिगत शक्ति के उपयोग को सीमित करता है; यह प्रभुत्वाधीन समूहों को व्यक्तिगत शक्ति के अत्यधिक उपयोग से राहत दिलाता है, उनके बीच मानवीय गरिमा और समानता की भावना को बढ़ावा देता है, तथा बल-प्रयोग की अनौपचारिक व्यवस्था का प्रतिरोध करता है। चूँकि यह औपचारिक और अनौपचारिक प्रतिबंधों की व्यवस्था की आवश्यकता में कटौती करता है, इसलिए यह राज्य के बल-प्रयोग की भूमिका में भी कमी लाता है, तथा व्यक्तिगत स्वतंत्रताओं के दायरे को बढ़ाता है और उनकी अच्छी तरह से हिफ़ाज़त करता है। इसके लिए लोकतांत्रिक संस्थाओं की आवश्यकता होती है, जिसमें सार्वभौमिक मताधिकार, स्वतंत्र और निष्पक्ष चुनाव, स्वतंत्र प्रेस, नागरिक स्वतंत्रताएँ, जीवंत नागरिक समाज सम्मिलित हैं। चूँकि ये चार संघर्ष मौजूदा व्यवस्था के चार भिन्न सुरक्षा कवचों को निशाना बनाते हैं, इसलिए ये सभी एक-दूसरे को बढ़ावा देते हैं और ये सभी समान रूप से महत्त्वपूर्ण हैं।

आत्म-सम्मान को बढ़ावा देना

मैंने यह तर्क दिया है कि संगठित अवमानना पर आधारित एक समाज अपने पीड़ितों के आत्म-सम्मान पर व्यवस्थित रूप से हमला करता है। एक उत्तम समाज को अन्य बातों के अलावा, अपने सदस्यों के आत्म-सम्मान को बढ़ावा देना चाहिए, तथा अपनी संस्थाओं और व्यवहारों को इसके अनुरूप तैयार करना चाहिए। यह आत्म-सम्मान की प्रकृति और आधार, इसमें सम्मिलित पहलुओं और इसको बढ़ावा देने के तरीक़ों के बारे में बहुत से प्रश्न खड़े करता है। चूँकि कांट इस विषय पर सबसे पहला और सबसे परिष्कृत विवरण प्रस्तुत करते हैं, मैं उन पर ध्यान केंद्रित करूँगा, तथा उनकी एक आंतरिक समीक्षा प्रस्तुत करते हुए अपने विचारों का विकास करूँगा।

कांट यह मानते हैं कि मनुष्य तर्कबुद्धि और नैतिकता की अपनी अनूठी शक्तियों के कारण शेष प्राकृतिक विश्व से अलग हैं। इसके कारण वे प्राकृतिक विश्व की स्वचालित प्रक्रियाओं से ऊपर उठने तथा ख़ुद को स्व-निर्मित नियमों से प्रशासित करने में समर्थ हैं। इनमें आज़ादी और आत्म-निर्णय की अनूठी क्षमता है, और यह उनकी गरिमा, असीमित मूल्य या महत्त्व का आधार है। उनकी गरिमा किसी बाहरी स्रोत से उत्पन्न नहीं होती है, बल्कि यह उनकी अपनी प्रकृति से उत्पन्न होती है, तथा यह तात्विक होती है और उनमें अंतर्निहित होती है। चूँकि सभी मनुष्य एक साझा मानव प्रकृति में हिस्सेदारी करते हैं तथा उनमें आज़ाद होने की समान क्षमता होती है, इसलिए कांट यह तर्क देते हैं कि उनमें समान गरिमा होती है या उनका समान महत्त्व होता है। नैतिक आचरण का अर्थ उस तरीक़े से कार्य करना है, जो सभी मनुष्यों के समान तात्विक महत्त्व के अनुरूप हो। और इसके लिए यह आवश्यक है कि किसी व्यक्ति के कार्यों के सिद्धांत का सार्वभौमीकरण करना मुमकिन, या इसे हर व्यक्ति अपने उद्देश्यों को छोड़े बग़ैर अपना पाए।।

कांट इस रूपरेखा में आत्म-सम्मान और अन्य लोगों के लिए सम्मान की विवेचना करते हैं। मनुष्य सम्मान के हक़दार हैं क्योंकि तर्कबुद्धि और नैतिकता की शक्तियाँ सम्मान की हक़दार होती हैं। 'किसी व्यक्ति के लिए सम्पूर्ण सम्मान सिर्फ़ उस क़ानून (या नियम) के प्रति सम्मान है, जिसके बारे में व्यक्ति एक उदाहरण उपलब्ध कराता है'।[9] आत्म-सम्मान 'व्यक्ति का अपने प्रति कर्त्तव्य' है, और यह 'मानव प्रकृति का सम्मान करने' के कर्त्तव्य से उत्पन्न होता है। अपना सम्मान करने का अर्थ है, अपने असीम महत्त्व के बारे में एक भावना होना, और ख़ुद को एक तात्विक (नॉम्युनल) व्यक्ति, या अपने आप में साध्य मानना।[10] जिस आधार पर पर व्यक्ति का यह कर्त्तव्य है कि वह अपना सम्मान करे, उसी आधार पर उसका यह कर्त्तव्य भी है कि वह दूसरों का सम्मान करे। हमें प्रत्येक व्यक्ति का इस प्रकार सम्मान करना चाहिए कि उनका असीम

---

[9] जे. विक्टर सिडलर (1986 : 45) में उद्धृत.

[10] वही : 30 एफ़.

महत्त्व है और वे नैतिक रूप में हमसे बराबर हैं। हमें ऐसा कुछ भी नहीं करना चाहिए जिससे उनकी अवमानना हो, या जो उनकी गरिमा के ख़िलाफ़ हो। कांट अवमानना की छोटी से छोटी संभावना को भी ख़त्म करना चाहते हैं। वे यह चाहते हैं कि वे ज़रूरतमंद व्यक्ति की इस तरह मदद करें वे ख़ुद को दया का पात्र मानते हुए उनका अहसानमंद न रहें, बल्कि ख़ुद कांट उनकी मदद स्वीकार करने के लिए अपना आभार व्यक्त करना चाहते हैं।[11]

यद्यपि दूसरों के प्रति और अपने बारे में सम्मान के संदर्भ में कांट का विवरण सुसंगत और बुनियादी रूप से सही है, लेकिन इसकी अपनी मुश्किलें हैं। कांट के सम्मान के सिद्धांत का रुझान अर्द्ध-धार्मिक है, तथा सम्मान के बारे में उनका दृष्टिकोण श्रद्धा के नज़दीक चला जाता है। उनके लिए तार्किक और नैतिक शक्तियों का सर्वोच्च और अनंत महत्त्व है, और मनुष्य इसलिए मूल्यवान हैं क्योंकि वे इन मूल्यों के धारक हैं। जैसे एक धार्मिक व्यक्ति के लिए मनुष्य इसलिए मूल्यवान हैं क्योंकि सभी मनुष्य ईश्वर की छवि से निर्मित हैं, और इसलिए ईश्वर के प्रति सम्मान के रूप में मनुष्यों का भी सम्मान किया जाना चाहिए। इसी तरह, कांट मानते हैं कि मनुष्य अवैयक्तिक शक्तियों से अपना मूल्य हासिल करते हैं, और इन शक्तियों प्रति सम्मान दिखाने के तरीक़े के रूप में उनका भी सम्मान किया जाना चाहिए। उनके मुताबिक़, एक मनुष्य के सम्मान करने का अर्थ 'मानवता' या 'मानव प्रकृति' के प्रति श्रद्धा दर्शाना है। कांट का नैतिक चिंतन फ़्रांसीसी क्रांति के नेताओं द्वारा लोकप्रिय बनाए गये मानवता के धर्म जैसे विचारों से गहरे रूप से प्रभावित है। कांट फ़्रांसीसी क्रांति से जुड़े इस विचार की प्रशंसा करते थे, और इसने उनके चिंतन पर गहरी छाप छोड़ी थी। कांट यह मानते हैं कि मनुष्यों में मूल्य होता है, और वे सम्मान के हक़दार हैं; लेकिन वे अपनी संपूर्णता अर्थात् अपनी शक्तियों, आवश्यकताओं, इच्छाओं, सीमाओं, दुर्बलताओं में सम्मान के हक़दार नहीं है, बल्कि वे अनुभवातीत और अर्द्ध-दैवीय शक्तियों के मूर्त रूप के तौर पर सम्मान के हक़दार है।[12]

---

[11] वही : 80.

[12] विभिन्न नैतिक और धार्मिक परंपराओं ने अलग-अलग तरीक़े से मनुष्यों की अवधारणा तैयार की है, तथा

कांट आत्म-सम्मान में कटौती करके इसे प्रजाति-सम्मान में तब्दील कर देते हैं। इसका अर्थ यह है कि उनके मुताबिक़ व्यक्तियों को ख़ुद का और अन्य लोगों का सम्मान अनूठे व्यक्तियों के रूप में नहीं बल्कि मानव प्रजाति के उदाहरण के रूप में करना चाहिए। अर्थात् कांट के अनुसार, व्यक्तियों को अपनी और अन्य व्यक्तियों की व्यक्तिकृत पहचान के बजाय सहभागी मानवता के कारण सम्मान करना चाहिए। दरअसल, चूँकि यह तात्विक (नॉम्युनल) और अनुभवातीत आत्म का सम्मान किया जाना है, और चूँकि यह हर व्यक्ति में एक समान है, इसलिए कांट के सिद्धांत में समरूपीकरण का गहन तत्व मौजूद है, तथा यह वैयक्तिकता और विभेद के लिए आधार उपलब्ध नहीं कराता है।[13] इसके अलावा, जैसा कि कांट मानते हैं, आत्म-सम्मान एक बौद्धिक और व्यक्तिगत उपलब्धि है, यह तर्कबुद्धि की एक अंतर्दृष्टि है, जिसे कोई व्यक्ति अपनी आकस्मिक विशेषताओं से ऊपर उठकर तथा अपनी मूल तार्किक और नैतिक प्रकृति को मान्यता देकर प्राप्त करता है। कांट आत्म-सम्मान के विकास में सामाजिक संरचना, अन्य लोगों द्वारा किसी के साथ किये जाने वाले व्यवहार और एक व्यक्ति के जीवन की स्थितियों की महत्त्वपूर्ण भूमिका को समझने में नाक़ाम रहते हैं। कांट यह तर्क देते हैं कि व्यक्ति के नैतिक नियम के अनुसार काम करने में नाक़ाम होने पर मनुष्य अस्थायी रूप से अपनी गरिमा, और इससे जुड़े दूसरों के प्रति सम्मान की भावना खो सकते हैं। यह अपने और दूसरे लोगों के प्रति सम्मान को अच्छे व्यवहार पर निर्भर बना देता है, तथा कांट के अहस्तांतरणीय मानव महत्त्व के बारे में दावे को कमज़ोर करता है।[14]

मनुष्यों के बारे में उनकी बुनियादी प्रतिक्रियाओं में काफ़ी अंतर है. कुछ उन्हें 'महत्त्व देने' की बात करते हैं, कुछ उन्हें 'सँजोने', उनका 'सम्मान करने' या उन्हें प्यार करने की बात करते हैं. कुल-मिलाकर, प्रोटेस्टेंटवाद के कुछ रूपों को छोड़कर किसी भी धार्मिक परंपरा में 'सम्मान' मुख्य श्रेणी नहीं है.

[13] सार्त्र भी इस बिंदु को स्पष्ट करते हैं, वे यह कहते हैं कि कांट मनुष्य के रूप में व्यक्ति का सम्मान करते हैं, लेकिन व्यक्ति की अनूठी पहचान के साथ उसका सम्मान नहीं करते हैं. बहरहाल, उनका यह तर्क ग़लत है कि यह उदारवाद की विशेषता है, और उदारवाद के भीतर 'यहूदी-विरोध का रंग' है, क्योंकि यह उस सीमा तक यहूदियों के ख़िलाफ़ है, जिस सीमा तक एक यहूदी ख़ुद को मनुष्य से ज़्यादा यहूदी मानता है; जे. विक्टर सिडलर (1986 : 54) में उद्धृत. इस पर ग़ौर करने की आवश्यकता है कि यद्यपि अब मानव गरिमा की अवधारणा को उदारवाद में केंद्रीय स्थान मिल चुका है, किंतु हॉब्स, बेंथम और अन्य चिंतकों के लेखन में या तो यह अनुपस्थित है या फिर इसकी भूमिका काफ़ी सीमित है.

[14] सिर्फ़ कांट ही ऐसा नहीं मानते हैं कि सम्मान सशर्त या स्थितियों पर निर्भर होता है. स्टोइक्स, लॉक, रूसो,

हमारे लिए यह आवश्यक है कि हम कांट की संक्षिप्त विवेचना के आलोक में अपने तर्क निर्मित करें ओर उससे आगे जाएँ।[15] व्यक्ति अन्य सभी लोगों की तरह मनुष्य होते हैं, तथा एक विशिष्ट और अनूठे व्यक्ति भी होते हैं, अर्थात् इनके बारे में वर्णन 'क्या' और 'कौन' — दोनों से संबंधित है। ये दोनों ही आयाम अपने लिए और अन्य लोगों के लिए सम्मान से संबंधित हैं। एक मामले में सम्मान सामान्य और प्रजाति-आधारित होता है, और दूसरे मामले में यह व्यक्तिकृत और विशिष्ट रूप से व्यक्ति से जुड़ा होता है। पहले मामले में कोई व्यक्ति अन्य लोगों की और अपनी इज़्ज़त मनुष्य के रूप में या मनुष्य या प्रजाति की पहचान से संबंधित मूल्यों के कारण करता है। वहीं दूसरे मामले में वह व्यक्तियों का सम्मान अनूठे व्यक्तियों के रूप में करता है, तथा उनके व्यक्तिगत पहचान और विभेद का सम्मान करता है।

व्यक्ति ऐसे मनुष्य होते हैं जिनकी कुछ निश्चित विशिष्ट क्षमताएँ होती हैं, जिसके कारण वे सत्तामीमांसीय रूप से (ऑन्टोलॉजिकली) एक विशेष प्रजाति से जुड़े होते हैं, और सम्मान के हक़दार होते हैं।[16] ये सभी आत्म-चेतना के विशिष्ट केंद्र होते हैं, प्रत्येक का अपना अनुभव, इतिहास, पृष्ठभूमि, प्रतिभा, संवेदनशीलता और दुनिया को देखने की दृष्टि में एक अनूठापन होता है। वे अपने उद्देश्य को पाने का प्रयास करते हैं, अपने सपनों को पूरा करना चाहते हैं, अपने विशिष्ट तरीक़े से अपने जीवन को समझते और संगठित करते हैं, सामाजिक संबंधों की अपनी दुनिया निर्मित करते हैं, अलग-अलग आदर्शों को पाना चाहते हैं, और विभिन्न प्रकार की पहचानों को जोड़कर अपने आत्म-सम्मान को परिभाषित करते हैं। विशेष सांस्कृतिक, जातीय, धार्मिक और राजनीतिक समुदायों के माध्यम से उनका विकास होता है और

हीगेल और बहुत से अन्य विचारक भी ऐसा ही मानते हैं. पश्चिम में सबसे पहले ईसाई धर्म के साथ ही ऐसे असीम और शर्तहीन सम्मान का विचार सामने आया, जिसे कभी भी ख़त्म या निलम्बित नहीं किया जा सकता. हालाँकि सभी ईसाई चिंतक इस विचार को नहीं मानते हैं.

[15] कांट के सम्मान संबंधी विचारों पर निर्मित किंतु उससे आगे जाने वाली एक महत्त्वपूर्ण विवेचना के लिए देखें जोसेफ रैज़ (2002).

[16] विस्तार से विवेचना के लिए देखें, भीखू पारेख (2000).

उन्हें एक आकार मिलता है। जिस सीमा तक वे इनमें से ख़ुद को इनमें से कुछ या सभी पहचानों के साथ जोड़ते हैं, उस सीमा तक उनकी सदस्यता उनके व्यक्तिगत पहचान और आत्म-सम्मान का भाग होती है। उन पर मनुष्य के रूप में हमला होने पर ही उनके आत्म-सम्मान पर हमला होता है, बल्कि जब उन्हें यहूदी, ईसाई, महिला, अश्वेत व्यक्ति, या फ्रांसीसी व्यक्ति मानते हुए निभाया जाता है, तब भी उनके आत्म-सम्मान पर हमला होता है। इसलिए, कुछ ख़ास स्थितियों में लोगों का यह कहना सही हो सकता है कि वे यहूदी, हिंदू या अंग्रेज़ के रूप में अपने साथ एक ख़ास तरीक़े से बरताव करने की अनुमति नहीं दे सकते हैं और उनके व्यक्तिगत या सामुदायिक पहचान का उपहास नहीं उड़ाया जाना चाहिए।[17]

इसलिए, आत्म-सम्मान के दो आयाम हैं — सार्वभौमिक और विशिष्ट। सार्वभौमिक आयाम मनुष्य के रूप में हर व्यक्ति के साथ जुड़े होते हैं, वहीं विशिष्ट आयाम प्रत्येक व्यक्ति के ख़ास या अनूठे पहलू होते हैं। इन दोनों का अलग-अलग निहितार्थ होता है। एक मनुष्य के रूप में आत्म-सम्मान का अर्थ यह है कि कोई व्यक्ति सत्तामीमांसीय रूप से (ऑन्टोलॉजिकली) प्राप्त अपनी विशेष स्थिति को मूल्यवान मानता है, दूसरे लोगों के साथ अपनी बराबरी का दावा करता है, और अपना इतना सम्मान करता है कि वह अन्य लोगों को यह अनुमति नहीं देता है कि वे अपनी मनमर्जी के मुताबिक़ उनसे बरताव करें। इसका अर्थ यह भी है कि एक व्यक्ति अपनी गरिमा सुनिश्चित करना चाहता है और वह ख़ुद को महत्त्व देता है; और न तो वह ख़ुद के साथ ऐसा बरताव करता है, और न ही किसी अन्य को अपने साथ ऐसा बरताव करने की अनुमति देता है जिससे सहभागी मानवता की बुनियादी माँगों का उल्लंघन हो। वहीं, एक अनूठे या विशिष्ट व्यक्ति के रूप में आत्म-सम्मान का यह अर्थ है कि एक व्यक्ति ख़ुद को विशिष्ट प्रकार के व्यक्ति के रूप में

[17] आत्म-सम्मान में सिर्फ़ एक विशिष्ट व्यक्ति के रूप में अपने लिए ही सम्मान सम्मिलित नहीं है, बल्कि इसमें उन सभी लोगों के लिए सम्मान सम्मिलित है, जिसे वह व्यक्ति अपनी पहचान के निर्माण के लिए आवश्यक मानता है. इसमें व्यक्ति के जातीय, धार्मिक और अन्य समुदाय भी सम्मिलित हैं.

परिभाषित करता है, ख़ुद को विशिष्ट पहचान का धारक मानता है, इसके अनुरूप अपने जीवन को एक आकार देता है और अपने विकल्पों का चुनाव करता है। इस अर्थ के मुताबिक़ कोई व्यक्ति इसलिए अपना सम्मान नहीं करता है कि वह अन्य लोगों की तरह ही एक मनुष्य है, बल्कि वह इसलिए अपना सम्मान करता है कि उसने एक विशिष्ट तरीक़े से मनुष्य होने का विकल्प चुना है और वह इस विकल्प को मूल्यवान मानता है। और यह व्यक्ति अन्य लोगों से सहभागी मानवता के बजाय अपनी विशिष्ट पहचान के आधार पर सम्मान की माँग करता है। एक अनूठे व्यक्ति के रूप में आत्म-सम्मान कुछ निश्चित सार्वभौमिक मानकों से जीवन जीने की क्षमता से ज़्यादा व्यक्ति की पहचान में परोक्ष रूप से सम्मिलित क्षमताओं पर निर्भर होता है।

यद्यपि मनुष्य के रूप में और अनूठे व्यक्ति के रूप में आत्म-सम्मान नज़दीकी रूप से जुड़े हुए हैं, लेकिन ये दोनों प्रकार के आत्म-सम्मान अवधारणात्मक रूप से अलग हैं। मान लीजिए कि कोई व्यक्ति अपने द्वारा चुने गये पहचान, मसलन ईसाई पहचान की माँगों को पूरा करने में नाक़ाम होता है, तो वह एक ईसाई के रूप में अपना सम्मान खो सकता है, भले ही एक मनुष्य के रूप में उसका सम्मान क़ायम रहे। आत्म-सम्मान के दो रूपों के उल्लंघन के समय लोगों की प्रतिक्रियाओं से भी इन दोनों के बीच विभेद स्पष्ट रूप से सामने आता है। जब किसी व्यक्ति के साथ ऐसा बरताव किया जाता है जिससे उसकी गरिमा को चोट पहुँचती है तो वह व्यक्ति यह कहेगा कि 'आपको क्या लगता है कि मैं क्या हूँ? क्या मैं एक जानवर हूँ? क्या मैं कोई साग-सब्ज़ी हूँ? मैं आपकी तरह एक इंसान हूँ और मेरे साथ इस तरह का बरताव नहीं किया जा सकता है'। जब एक विशिष्ट व्यक्ति के रूप में किसी की स्थिति या हैसियत का उल्लंघन होता है, तो इस बात की पूरी संभावना है कि वह व्यक्ति यह कहेगा 'आपको क्या लगता है कि मैं कौन हूँ? आपका क्लोन हूँ? मेरी कोई औक़ात नहीं है? मैं आपकी तरह नहीं हूँ, उनकी तरह नहीं हूँ, मेरी अपनी पहचान है। मेरी भिन्नता की इज़्ज़त कीजिए, और मुझे मेरी स्थिति के अनुसार समझिए।'

अन्य लोगों के लिए सम्मान अपने लिए सम्मान का अग्र-भाग है। इसका भी दो आयाम होता है, लोगों का मनुष्यों और एक निश्चित प्रकार के व्यक्तियों के रूप में सम्मान करना। लोगों का मनुष्यों के रूप में सम्मान करने का अर्थ है उनकी साझा मानवता की स्वीकार करना, उनके समान महत्त्व को मान्यता देना, उनके हितों और भावनाओं को समान वजन देना; साथ ही, अपने साध्यों के लिए उनका उपयोग न करना और उनकी दुर्बलताओं का लाभ न उठाना आदि। अनूठे व्यक्तियों के रूप में उनका सम्मान करने का अर्थ यह है कि उनकी पहचान, वैयक्तिकता, विभेदों, उनके द्वारा अपने लिए निर्मित विश्व की अखंडता का सम्मान करना तथा उन्हें उनके रूप में समझने के दायित्व को स्वीकार करना। ये दोनों अवधारणात्मक रूप से भिन्न हैं क्योंकि कोई व्यक्ति मनुष्यों के रूप में उनका सम्मान करते हुए भी उनके द्वारा अपने लिए तय किये गये पहचान को नकार सकता है या उसके प्रति असम्मान का भाव रख सकता है।

अपने दोनों ही रूपों में आत्म-सम्मान न तो प्राकृतिक सक्षमता है और न ही एक अलग-थलग पड़े व्यक्ति की उपलब्धि है। असल में, यह एक सामूहिक उपलब्धि होती है। कुछ निश्चित स्थितियों के अंतर्गत ही कोई व्यक्ति यह सीख सकता है कि वह एक ऐसा मनुष्य है जिसका तात्विक महत्त्व है। सदियों से मनुष्यों ने ख़ुद को समाज से परे या सामाजिक स्थितियों के कुल योग से ज़्यादा नहीं माना है, बल्कि उन्होंने ख़ुद को एक विशेष परिवार, वंश, जाति, वर्ग और धार्मिक, जातीय, सांस्कृतिक और राजनीतिक समुदाय के सदस्य के रूप में ही परिभाषित किया है। कांट के आशावाद के बावजूद, तथ्य यही है कि तर्कबुद्धि पर ऐतिहासिक और सांस्कृतिक परिस्थितियों का गहरा प्रभाव रहा है; और इसके लिए यह अत्यधिक कठिन रहा है कि यह ख़ुद को रोज़मर्रा के जीवन के संस्थाकृत श्रेणियों से पूरी तरह मुक्त कर ले। इतिहास के एक निश्चित बिंदु पर साझा मानवता के प्रति जागरूकता का विकास हुआ है। इसे एक ऐसे समाज में रहते हुए प्राप्त किया गया है, जिसने अपनी संस्थाओं के माध्यम से इसकी

उद्घोषणा की है तथा इन संस्थाओं में इन्हें समाहित भी किया है। जब इसके सदस्य ख़ुद को मनुष्यों के रूप में परिभाषित करते हैं, और जब इनके द्वारा एक-दूसरे से की जाने वाली माँगे पूरी होती हैं, तो सहभागी मानवता की जागरूकता को उनके जीवन में एक आधार मिलता है, और उनकी आत्म-समझ का अभिन्न हिस्सा बन जाती है।

यह बात एक विशिष्ट व्यक्ति के रूप में ख़ुद का सम्मान करने के अर्थ में आत्म-सम्मान के बारे में भी समान रूप से सच है। यह एक प्राकृतिक सक्षमता या एक पृथक् व्यक्ति की उपलब्धि नहीं होती है, बल्कि इसके लिए एक उपयुक्त सामाजिक और सांस्कृतिक पर्यावरण की आवश्यकता होती है। व्यक्ति उस समय ख़ुद को अनूठे और आत्म-निर्णय करने वाले व्यक्ति के रूप में सम्मान देना आरम्भ करते हैं जब उन्हें स्वतंत्र छोड़ा जाता है और उन्हें अपने इच्छा के अनुसार जीवन जीने, अपनी वैयक्तिकता का विकास करने और अपनी पहचान बनाने और उसे अभिव्यक्त करने के लिए प्रोत्साहित किया जाता है। एक अनूठे व्यक्ति के रूप में ख़ुद के प्रति सम्मान विकसित करने के लिए संस्थाकृत अधिकारों और स्वतंत्रताओं, विभेद और विविधता के प्रति व्यापक सहिष्णुता और सम्मान तथा आत्म-निर्णय की क्षमता का विकास करने के अवसर की आवश्यकता होती है। इसके लिए शुभ जीवन के लिए आवश्यक बुनियादी स्थितियाँ होना भी अनिवार्य है, ताकि कोई व्यक्ति दूसरे लोगों की कृपा पर जीवित न रहे। साथ ही, समाज के प्रमुख संस्थाओं में सहभागिता की प्रकृति होनी चाहिए, जिससे प्रत्येक व्यक्ति की वैयक्तिकता की भावना को बढ़ावा मिले तथा उसकी पुष्टि हो। एक दमनकारी, पदसोपानीय और अन्यायपूर्ण समाज में बड़े हिस्से को निम्नतर स्थितियों में रखा जाता है और व्यवस्थित तरीक़े से उनकी अवमानना की जाती है। ऐसा समाज आत्म-सम्मान के आवश्यक आधार अर्थात् आत्म की मजबूत भावना को ख़त्म कर देता है। अन्य मानवीय क्षमताओं की तरह ही आत्म-सम्मान भी व्यवहार द्वारा

विकसित होता है, और इसका अपने-आप उभार नहीं होता है; और यदि इसका उभार होता भी है तो सामाजिक स्थितियों के इसके विरुद्ध काम करने से इसका क्षरण हो जाता है।

अपने और अन्य लोगों के लिए सम्मान की एक मजबूत और व्यापक भावना एक उत्तम समाज के अनिवार्य आधार का निर्माण करती है। यह भावना मानवीय गरिमा को आदर्श मानती है। यह इसे अपने सदस्यों के आत्म-समझ और सामान्य संबंधों से जोड़कर एक सुरक्षित बुनियाद उपलब्ध कराती है। यह मनुष्यों को अपना पूर्ण विकास करने में समर्थ बनाती है। साथ ही, यह संस्थात्मक अवमानना से जुड़े गहन निराश, अलगाव और मानवीय क्षरण से अपने सदस्यों की हिफ़ाज़त करती है। यह सुनिश्चित करती है कि लोग क़ानून के डर से या दूसरों लोगों के डर से वांछित काम न करें, बल्कि वे ऐसा काम इसलिए करें क्योंकि वे अपना और अन्य लोगों का सम्मान करते हैं। ऐसे समाज के सदस्य अपने कर्त्तव्य से पीछे नहीं हटते हैं, या अपने काम से बचते नहीं है, बल्कि वे परस्पर विश्वास का गहन वातावरण निर्मित करते हैं। चूँकि यह औपचारिक और अनौपचारिक प्रतिबंधों की व्यवस्था की आवश्यकता में कमी लाता है, इसलिए यह राज्य के बल-प्रयोग की भूमिका में भी कटौती करता है, तथा व्यक्तिगत स्वतंत्रताओं के दायरे का विस्तार करता है, और उनकी अच्छी तरह से हिफ़ाज़त करता है। इन कारणों से, और ऐसे ही अन्य कारणों से एक उत्तम समाज को ऐसी सामाजिक, आर्थिक, राजनीतिक और अन्य स्थितियों का निर्माण करने का प्रयास करना चाहिए जो एक ऐसी संस्कृति का विकास करने के लिए आवश्यक हैं, जिसमें अपने लिए और अन्य लोगों के लिए सम्मान का निर्माण किया जाए, और इन्हें एक-दूसरे से अभिन्न रूप से जुड़ा हुआ भी माना जाए।[18]

[18] कोई ऐसी असामान्य स्थितियों के बारे में सोच सकता है जिसमें अवमानना का मामला सम्मिलित हो. हम सभी इस बात से सहमत होंगे कि क्रूर और हत्यारे तानाशाह, जनसंहारक, जनसंहार को बढ़ावा देने वाले, बच्चों के भोजन में मिलावट करके सैकड़ों बच्चों की हत्या करने के दोषी लोग, तथा परपीड़क और क्रूर बलात्कारी सख़्त से सख़्त सज़ा के हक़दार हैं. उनके अपराधों के लिए दी जाने वाली सज़ा की गहनता को कैसे मापा जा सकता है? कई बार यह तर्क दिया जाता है कि ऐसे लोगों को गरिमामय फाँसी की सज़ा देना या उन्हें आजीवन कारावास की सज़ा देना काफ़ी उदार सज़ा है, और इसलिए उनका सार्वजनिक रूप से उपहास उड़ाया जाना चाहिए, सड़कों पर घुमाया जाना चाहिए, उन्हें सार्वजनिक स्थानों पर ऐसी तख़्ती से साथ खड़ा कर देना

संदर्भ

अविशाई मार्गालिट (1996), *द डिसेंट सोसायटी*, अनुवाद : नओमी गोल्डब्लूम, हार्वर्ड युनिवर्सिटी प्रेस, मैसाचुसेट्स.

ऑर्थर रीपस्टीन (1997), 'रिस्पांसेज टू ह्युमिलिएशन', *सोशल रिसर्च*, खंड 64, अंक 1.

एंथनी क्वीनटन (1997), 'ह्युमिलिएशन', *सोशल रिसर्च*, खंड 64, अंक (1).

जे. विक्टर सिडलर (1986), *कांट, रिस्पेक्ट ऐंड इनजस्टिस- द लिमिट्स ऑफ़ लिबरल मॉरल थियरी*, रौटलेज ऐंड केगन पॉल, लंदन.

जोसेफ रैज (2002), *वैल्यूज, रिस्पेक्ट ऐंड अटैचमेंट*, ऑक्सफ़र्ड युनिवर्सिटी प्रेस, ऑक्सफ़र्ड.

भीखू पारेख, (2000), *रिथिंकिंग मल्टीकल्चरलिज़म : कल्चरल डायवर्सिटी ऐंड पॉलिटिकल थियरी*, पॉलग्रेव, लंदन.

स्टीवेन ल्यूक्स (1997), 'ह्युमिलिएशन ऐंड द पॉलिटिक्स ऑफ़ आइडेंटिटी', *सोशल रिसर्च*, खंड 64, अंक 1.

चाहिए, जिसमें उनके अपराधों का विवरण हो, या किसी अन्य ज़्यादा स्वीकार्य तरीक़े से उनकी सार्वजनिक अवमानना की जानी चाहिए. इस दृष्टिकोण के अनुसार, अवमानना समुदाय के गहनतम आक्रोश को अभिव्यक्त करती है, कुछ बुनियादी मानकों के प्रति इसकी वचनबद्धता की पुष्टि करती है, और कम से कम आंशिक रूप से ऐसे कार्यों की नृशंसता को रेखांकित करती है. लेकिन हमें इस रास्ते पर नहीं जाना चाहिए. ऐसा न करने के कुछ महत्त्वपूर्ण कारण हैं जिनका बारे में मैं यहाँ चर्चा नहीं कर सकता हूँ. लेकिन ऐसे कार्यों और दंड के सामान्य रूपों के बीच नैतिक विषमता के कारण उत्पन्न होने वाली बेचैनी की उपेक्षा करना भी सही नहीं होगा.

ज्ञान की सामाजिक उपयोगिता और *मुर्दहिया*

मणीन्द्र नाथ ठाकुर

प्रतिमान, जनवरी-जून 2013, वर्ष 1, अंक 1 में पूर्व-प्रकाशित : पृ.सं. 52-72.

समाजशास्त्र का स्वरूप विद्वानों के बीच बहस का मुद्दा बना हुआ है। पिछले कुछ वर्षों में अनेक विद्वानों ने खुले तौर पर यह पूछना शुरू कर दिया है कि क्या जिस तरह के समाजशास्त्र का हम अध्ययन-अध्यापन कर रहे हैं उस पर पुनर्विचार की ज़रूरत नहीं है? यूनेस्को के निर्देश पर अंतर्राष्ट्रीय समाजशास्त्र कौंसिल ने दुनिया भर में समाजशास्त्र के अध्ययन-अध्यापन और शोध की स्थिति पर एक रिपोर्ट तैयार की है। इसके अनुसार एक तरफ़ तो इस विषय का बहुत विस्तार हुआ है; छात्रों, शोधकर्ताओं, शिक्षकों की संख्या में बहुत बढ़ोतरी हुई है; लेकिन यह तय नहीं हो पा रहा है कि समाजशास्त्र सामाजिक परिवर्तन की दिशा को समझ पाता है या नहीं। ऐसे में ज्ञान की सामाजिक उपयोगिता पर सवाल उठाए जा रहे हैं।[1] समाजशास्त्र के दार्शनिक आधार पर इसके पहले भी सवाल उठाए गये हैं। इमानुएल वॉलरस्टीन ने समाजशास्त्र के स्वरूप पर विमर्श करने के लिए बने गुल्बेकियन कमीशन की अपनी रपट में साफ़ तौर पर माना है कि इक्कीसवीं सदी में समाजशास्त्र को अपने दार्शनिक आधार की खोज फिर से करनी होगी। न्यूटन द्वारा की गयी भौतिकी-मीमांसा पर आधारित विज्ञान के दर्शन ने जिस वस्तुपरक समाजशास्त्र की परिकल्पना की है उसके दिन अब बीत गये। नये समाजशास्त्र को अपने स्रोतों, उपागमों और विषय वस्तुओं के बारे में ज़्यादा खुला होना होगा।[2]

पिछले कुछ वर्षों से भारतीय समाज-वैज्ञानिक भी इस मसले को, अलग दृष्टिकोण से ही सही, उठाने लगे हैं। इस संदर्भ में चार बड़े सवाल खड़े किये गये हैं : (अ) क्या समाजशास्त्र का ज्ञान समाज में प्रभावकारी है? (ख) क्या समाजशास्त्र समतावादी है? (ग) क्या समाजशास्त्र के लिए अनुभवजन्य ज्ञान और आत्मज्ञान का कोई महत्त्व है? (घ) क्या भारतीय समाज की विशेषताओं और अनुभवों को आधार बनाकर समाजशास्त्र के स्वरूप में कुछ आमूल परिवर्तन की आवश्यकता है? इस लेख का उद्देश्य इन चार प्रश्नों पर चल रही बहस को समझना है।

---

1. 'नॉलेज़ डिवाइड्स : एक्ज़ेक्युटिव समरी' (2011).

2. इमानुएल वॉलरस्टीन (1996).

मेरा आग्रह है कि इस बहस को समझने के लिए तुलसी राम की आत्मकथा *मुर्दहिया* एक उपयोगी माध्यम हो सकती है।[3] इसलिए इस लेख में मैं *मुर्दहिया* को एक हस्तक्षेप के रूप में ग्रहण करता हुआ इस बहस को आगे बढ़ाने का प्रयास करूँगा। *मुर्दहिया* ने हमारे लिए दो अहम सवाल खड़े किये हैं। एक तो लेखक पेशे से समाज-विज्ञानी हैं, लेकिन अपने अनुभवजन्य ज्ञान को उन्होंने एक समाज-वैज्ञानिक ग्रंथ की रचना के लिए उपयोग में लाने के बदले आत्मकथा के रूप में क्यों प्रस्तुत किया? दूसरा, अपने विषय का अध्ययन-अध्यापन अंग्रेज़ी माध्यम में करने के बावजूद उन्होंने हिंदी में लिखने के बारे में क्यों सोचा? इसी संदर्भ में मैं यह भी समझना चाहूँगा कि आत्मकथाओं का समाज-वैज्ञानिक महत्त्व क्या हो सकता है और किस हद तक समाज-वैज्ञानिक उसे सामाजिक तथ्यों के स्रोत और सामाजिक ज्ञान की अभिव्यक्ति के माध्यम के रूप में देख सकते हैं। ख़ासतौर से इस पुस्तक के बारे में कहा जाता है कि यह पुस्तक सामाजिक ढाँचे में अंतर्निहित हिंसा को सामने लाने का काम बिना किसी कड़वाहट और आक्रोश के करती है।

इसके पहले कि मैं चार प्रश्नों पर चल रही बहस की बात करूँ, इसके संदर्भ पर एक नज़र डालना उचित होगा। इस बहस में एक पूर्व-पक्ष है जिसे समझ लेने से ही संदर्भ को समझ पाना संभव होगा। इस पूर्व-पक्ष को 'आधुनिक समाजशास्त्र' भी कहा जा सकता है।[4] इन चारों प्रश्नों के उत्तर पूर्व-पक्ष जैसे देता है उसका एक सैद्धांतिक आधार है। पूर्व-पक्ष के इस आधार को समझने से बहस को आगे बढ़ाने में सुविधा होगी। जिन्हें यह संदर्भ मालूम है वे इसे छोड़ कर भी आसानी से आगे बढ़ सकते हैं।

इसके पहले कि हम पूर्व-पक्ष के सैद्धांतिक आधार पर बात करें यह स्पष्ट कर देना ज़रूरी होगा कि इस बहस पर अपनी समझ बनाना क्यों ज़रूरी है। यदि हम यह मानते हैं कि समाजशास्त्र का उद्देश्य शोषण और विषमताविहीन

---

[3] तुलसी राम (2011).

[4] लेख में समाज-विज्ञान की जगह समाजशास्त्र का प्रयोग करना उचित होगा, क्योंकि समाज-विज्ञान की परिकल्पना विज्ञान के प्रत्यक्षवादी दर्शन पर आधारित है. समाजशास्त्र एक व्यापक शब्द है जिसमें विज्ञान के प्रत्यक्षवादी दर्शन के अलावा अन्य दर्शनों से प्रभावित समाज-अध्ययन को भी समाहित किया जा सकता है.

समाज का निर्माण करना है और इसी के मद्देनज़र वर्तमान समाज की आलोचना करना है; समाज में चल रही प्रक्रियाओं को समझना है ताकि परिवर्तन को अंजाम दिया जा सके; तो समाजशास्त्र को शोषण, उत्पीड़न और उससे उत्पन्न पीड़ा को समझने की क्षमता विकसित करनी होगी। इसके लिए समाज-वैज्ञानिकों को तर्कसंगत दृष्टिकोण से विभिन्न ज्ञान-परंपराओं को खँगालना तो होगा ही, लेकिन साथ ही एक संवेदनशील मनुष्य की तरह समाज में चल रही शोषण-प्रक्रियाओं को समझते हुए उनसे निरंतर संवाद स्थापित करना होगा। संवाद की इस प्रक्रिया को विचारों के स्तर पर पिछली और वर्तमान पीढ़ियों के चिंतकों, क्रांतिकारियों, साहित्यकारों के साथ तो चलना ही होगा, लेकिन साथ ही वर्तमान जनांदोलनों के साथ भी चलना होगा। उनके संघर्षों के अनुभवों की पूँजी समेट कर ही समाजशास्त्र का एक सही स्वरूप विकसित हो सकता है। समाजशास्त्र में चल रहे विवादों पर विमर्श का यही सूत्र होना चाहिए। इस सूत्र को यदि हम ठीक से पकड़ लें तो पूर्व-पक्ष की सीमाओं और इन मुद्दों पर नवीन दृष्टिकोण की संभावना की तलाश की जा सकती है।[5]

समाजशास्त्र का पूर्व-पक्ष

आधुनिक समाजशास्त्र का विकास पश्चिमी जगत में हुआ। इसका अर्थ यह क़तई नहीं है कि युरोप में या दुनिया के अन्य हिस्सों में इसके पहले समाज के अध्ययन की परंपरा नहीं थी। लेकिन पुरातन और नवीन ज्ञान के बीच की दूरी बहुत बढ़ गयी। इस आधुनिक समाजशास्त्र के तीन अहम आयाम हैं जिन पर हम थोड़ी बातचीत करेंगे : (क) आधुनिक विज्ञान, जिसके विकास के बाद ज्ञान के उपागमों और ज्ञान के सृजन-केंद्रों के स्वरूप में भारी परिवर्तन

---

[5] समाजशास्त्र के उद्देश्यों को लेकर असहमति हो सकती है. इस असहमति का एक कारण है समाजशास्त्र को प्राकृतिक विज्ञान की ज्ञान-मीमांसा पर आधारित मानना. बड़ी संख्या में समाजशास्त्री इस प्रत्यक्षवादी परिकल्पना से संतुष्ट नहीं हैं. उनका मानना है कि प्रत्यक्षवाद भले ही प्रारम्भिक दौर में सामाजिक परिवर्तन के लिए उपयुक्त था, पर कालांतर में इसका स्वरूप यथास्थितिवाद के निकट पहुँच गया. इस संदर्भ में देखें, रंधीर सिंह (2006); रॉय भास्कर (1998); समीर अमीन (2012).

आया; (ख) सेकुलरवाद, जिसके कारण जीवन के बारे में, ज्ञान के स्वरूप के बारे में और सामाजिक-राजनीतिक संस्थाओं के बारे में सोचने के तरीक़ों में भारी परिवर्तन हुआ; (ग) उपनिवेशवाद, जिसने विभिन्न समाजों के आपसी संबंधों को प्रभावित किया, उनके बीच शोषण-शोषित का संबंध स्थापित किया। समाजशास्त्र की उत्पत्ति और उसके विकास में इन तीन आयामों का महत्त्वपूर्ण योगदान है और इसलिए इसके स्वरूप के निर्धारण में भी इसका प्रभाव देखा जा सकता है। समाजशास्त्र की विधा के अन्य देशों में विस्तार के क्रम में इन तीन आयामों को लेकर समस्या बनी हुई है। इसलिए समाजशास्त्र के स्वरूप को लेकर बहस में ये मुद्दे बार-बार सामने आते हैं। इन पर थोड़ा विस्तार से चर्चा कर लेना उचित ही होगा।

सबसे पहले आधुनिक विज्ञान और समाजशास्त्र के संबंध को देखें। समाजशास्त्र का यह पूर्व-पक्ष आधुनिक विज्ञान की ज्ञान-मीमांसा का अनुगामी है और इसलिए समाज की एक वैज्ञानिक समझ रखने का दावा करता है। आधुनिक विज्ञान की ज्ञान-मीमांसा क्या है? आधुनिक विज्ञान के प्रारम्भिक दौर में बेकन, गैलीलियो, न्यूटन जैसे चिंतकों ने यह स्थापित किया कि प्रकृति निश्चित नियमों पर आधारित व्यवस्था है। मनुष्य अपनी तर्क-शक्ति से प्रकृति में इन नियमों के कारण उपस्थित बारम्बारता के विश्लेषण से इस व्यवस्था के आधारभूत नियमों की खोज कर सकता है। यदि इन नियमों की खोज कर ली जाए तो प्रकृति के रहस्यों को हम समझ सकते हैं और यदि हम उन्हें समझ लें तो फिर वे रहस्य रह ही नहीं जाएँगे। इस समझ से ज्ञान-मीमांसा कुछ इस प्रकार बनी : पहले हम प्रकृति की घटनाओं को देख, उनमें बारम्बारता को पकड़ें, फिर उस आधार पर एक परिकल्पना करें और अनेक बार प्रयोग करके इस बारम्बारता की जाँच कर यह निर्धारित करें कि परिकल्पना उस पर खरी उतरती है या नहीं। यदि प्रयोगों में बार-बार परिकल्पना सही उतरती है तो फिर हम उसे सिद्धांत की संज्ञा दे सकते हैं। एक बार सिद्धांत की खोज हो गयी तो फिर उसके उपयोग से हम अन्य सिद्धांतों की खोज भी कर सकते हैं और उसके आधार पर तकनीक का विकास भी कर सकते हैं। चूँकि इस खोज पर मनुष्य की

उपस्थिति का कोई प्रभाव नहीं पड़ता है, यानी मनुष्य के विचारों और भावनाओं का खोज की प्रक्रिया से कोई लेना-देना नहीं है इसलिए इन्हें वस्तुनिष्ठ सिद्धांत कहा जा सकता है। इस ज्ञान-मीमांसा की श्रेष्ठता का दावा इस आधार पर था कि इससे प्राप्त ज्ञान वस्तुनिष्ठ और सार्वभौमिक है। *ऑगस्त कॉम्त* ने समाजशास्त्र के दर्शन को आधुनिक विज्ञान की समझ पर आधारित करके प्रत्यक्षवादी समाजशास्त्र का विकास किया।[6]

इस ज्ञान-मीमांसा को दार्शनिक आधार प्रदान किया था देकार्त के इस विचार ने कि मनुष्य का शरीर और मन अलग-अलग है, क्योंकि मन शरीर की तरह भौतिक नहीं है।[7] देकार्त के अनुसार 'शरीर' की अवधारणा में ऐसा कुछ भी नहीं है जिसे हम 'मन' कह सकते हैं, और 'मन' की अवधारणा में ऐसा कुछ भी नहीं है जिसे हम 'शरीर' कह सकते हैं।[8] इस तरह का निष्कर्ष आधुनिक विज्ञान के विकास के लिए महत्त्वपूर्ण साबित हुआ क्योंकि चर्च की ज्ञान-मीमांसा को अब केवल मन तक ही सीमित कर दिया गया और शरीर के विषय में वैज्ञानिक समझ संभव मानी जाने लगी। यही कारण है कि पश्चिम में मनोविज्ञान का विकास न केवल अपेक्षाकृत देर से हुआ, अपितु उसे उपेक्षा का भी शिकार होना पड़ा। वस्तुनिष्ठ मनोविज्ञान की खोज की सीमाएँ थीं और इसलिए चेतना के कई स्तरों में शोध मुश्किल साबित हुआ।

इस ज्ञान-मीमांसा का व्यापक प्रभाव समाज की समझ पर भी पड़ा। समाजशास्त्र को भी वस्तुपरक बनाए जाने की बात होने लगी। भौतिकी-मीमांसा के मापदंड पर अलग-अलग संस्कृतियों में उपलब्ध विज्ञान की समीक्षा तो की ही जाने लगी, उनके समाज की संरचना और उसके विषय में ज्ञान को भी इसी मापदंड पर कसा जाने लगा। उदाहरण के लिए आयुर्वेद जैसे चिकित्सा शास्त्र के अस्तित्व पर ही प्रश्न लगाया जाने लगा। ज़ाहिरा तौर

---

[6] इमानुएल वॉलरस्टीन (1996) :10; इसके अलावा देखें, बैरी ग्रोवर (1997) और रॉय भास्कर (2008),.

[7] जॉन कटिंघम (1992) : 236-258.

[8] देकार्त के अनुसार शरीर की परिकल्पना में ऐसा कुछ भी नहीं है जिसमें 'मन' समाहित हो सके और मन की परिकल्पना में ऐसा कुछ भी नहीं है जिसमें 'शरीर' समा सके. इस विचार के लिए देखें, *देकार्त मेडिटेशन* VI : http://oregonstate.edu/ instruct/phl302/descartes/meditations/ Meditation6.htm, 9 जनवरी, 2013 को देखा गया.

पर ग़ैर-युरोपीय संस्कृतियों में उपलब्ध ज्ञान-परंपराओं को इन मापदंडों पर खरा नहीं पाया गया। भारत जैसे देशों में, जिनकी ज्ञान-परंपरा बहुत पुरानी थी, एक विचार मंथन प्रारम्भ हुआ जिसमें दो धाराएँ बनीं। एक ने तो यह मान लिया कि हमारा समाज अब तक अंधविश्वासों से घिरा था और युरोप के इस ज्ञानोदय ने हमें नींद से जगाया है। दूसरी धारा ने यह तो माना कि यह ज्ञानोदय है, लेकिन इस बात को भी प्रमाणित करने का प्रयास किया कि हमारे समाज की ज्ञान-परंपरा भी कुछ वैसी ही है। इसलिए यहाँ भी परंपरा में विज्ञान खोजा जाने लगा। एक तीसरा विचार भी इस दावे के रूप में काफ़ी लोकप्रिय हुआ कि हमारे यहाँ विज्ञान की समझ पश्चिम की तुलना में कुछ अलग है। इस प्रकिया में हुआ केवल इतना कि आधुनिक विज्ञान की ज्ञान-मीमांसा का वर्चस्व स्थापित हो गया।

यद्यपि स्वतंत्रता संग्राम के दौरान गाँधी, रबीन्द्रनाथ ठाकुर एवं आम्बेडकर जैसे कई भारतीय चिंतकों ने पश्चिम की इस ज्ञान-मीमांसा की सीमाओं को समझा और उसकी भरपूर आलोचना भी की।[9] उन्होंने मनुष्य, समाज और प्रकृति की वैकल्पिक समझ को सामाजिक परिवर्तन के संघर्ष का आधार बनाया। स्वतंत्रता के बाद के विश्वविद्यालयों में इनके विचारों का अध्ययन तो ज़रूर किया गया उनका विस्तार नहीं हुआ। आधुनिक विज्ञान की ज्ञान-मीमांसा से प्रभावित समाजशास्त्र का अध्ययन-अध्यापन आधुनिक विश्वविद्यालयों में फलने-फूलने लगा। कई भारतीय समाज-वैज्ञानिक इन सीमाओं को स्वीकारते भी हैं और भारतीय ज्ञान-परंपरा के आधार पर अपनी समझ बनाने की बात तो करते हैं, लेकिन इस दिशा में ज़्यादा कुछ होना

---

[9] इस सिलसिले में ध्यान देने की बात यह है कि गाँधी और रबीन्द्रनाथ की ही तरह आम्बेडकर ने भी इस मीमांसा की आलोचना की है. मसलन, आम्बेडकर ने अपनी रचना *बुद्ध और कार्ल मार्क्स* में साफ़ तौर पर अपना असंतोष व्यक्त करते हुए मान्यता पेश की है कि भले ही मार्क्सवादी लोग मार्क्स की तुलना बुद्ध से करना उचित न मानें, पर सच तो यह है कि सामाजिक परिवर्तन के संदर्भ में बुद्ध अपेक्षाकृत अधिक युक्तियुक्त लगते हैं. आम्बेडकर दोनों चिंतकों में समानता भी देखते हैं, लेकिन साथ ही यह भी मानते हैं कि बुद्ध का चिंतन अधिक मानवीय होने के साथ-साथ परिवर्तन को स्थायी बनाने में सक्षम है. इस लेख में आम्बेडकर की दलीलों पर ग़ौर करने से यह बात साफ़ लगती है कि वे मार्क्सवाद के तथाकथित विज्ञानवाद से सहमत नहीं हैं. इसी तरह आम्बेडकर के कई और लेखों में भी इस बात को पढ़ना कठिन नहीं है. वे भी मीमांसा के स्तर पर आधुनिक विज्ञान पर आधारित समाजशास्त्र के आलोचक हैं.

संभव नहीं लगता है।[10] इस विषय पर हम आगे बात करेंगे कि आधुनिक भौतिकी की मीमांसा पर आधारित समाजशास्त्र में आत्मकथाओं का क्या महत्त्व हो सकता है और इस संदर्भ में इसकी क्या सीमाएँ हैं।

यदि समाज की वस्तुपरक वैज्ञानिक समझ का दावा इस पूर्व-पक्ष का पहला स्तम्भ है तो इसका दूसरा स्तम्भ है सेकुलर होने का दावा। पश्चिमी समाज में धर्म को लेकर काफ़ी बौद्धिक समस्या है। आज भी बहुत से वैज्ञानिक, दार्शनिक और साहित्यकार इस बहस में लगे हैं कि भगवान है या नहीं। इस बहस के संदर्भ को समझने के लिए हमें यह समझना होगा कि विश्व के अलग-अलग हिस्सों का धार्मिक परंपराओं से कैसा रिश्ता रहा है। इस दृष्टिकोण के तहत तीन तरह के समाज सामने आते हैं। पहला, जहाँ कई विश्वस्तरीय धर्मों की उत्पत्ति हुई है। इन समाजों की जन-चेतना में धर्म के तत्त्व पाए जाते हैं और इन समाजों में धर्म का मतलब भगवान के अस्तित्व पर बहस से जुड़ा नहीं होता। यहाँ धर्म जीवन प्रणाली का अंग होता है; वह जीने की कला है जिसमें आचार-व्यवहार के अलावा प्रकृति, मनुष्य, उनके संबंधों के बारे में विश्व-दृष्टि भी शामिल होती है। दूसरे तरह के समाज वे हैं जहाँ धर्म का प्रचार और प्रसार किया जाता है। इन समाजों में स्थानीय धर्मों के साथ इनका संघर्ष भी चलता है। इस संघर्ष के दौरान धार्मिक संस्थाओं का निर्माण होता है जिनका स्वरूप लगभग राज्य जैसा ही होता है क्योंकि इन्हें अपने अनुयायियों को न केवल जीतना होता है बल्कि उनके ऊपर लगातार अधिकार बनाए रखना होता है। तीसरे तरह का समाज वह है जहाँ किसी विश्व-धर्म को ख़ास तौर पर आमंत्रित कर स्थापित किया जाता है। इन

[10] उदाहरण के लिए लखनऊ विश्वविद्यालय के ए.के. शरण और राधाकुमुद मुखर्जी ने समाजशास्त्र के अध्ययन के पश्चिमी उपागमों की सीमाओं और भारतीय ज्ञान परंपरा के महत्त्व के बारे में बात तो की, पर समाजशास्त्र की ज्ञान-मीमांसा पर इसका कोई प्रभाव नहीं पड़ा. ए.के. शरण ने तो कुमारस्वामी की पुस्तकों का पुनर्संपादन किया. कुमारस्वामी मानते थे कि यदि भारतीय विद्वान पश्चिमी ज्ञान-परंपरा के ग्रामोफ़ोन और हारमोनियम की तरह काम करेंगे तो भारत का कोई महत्त्वपूर्ण योगदान संभव नहीं होगा. इसके बावजूद भारतीय ज्ञान-परंपरा का समाजशास्त्र में कोई ख़ास महत्त्व नहीं दिखाई पड़ता है. समाजशास्त्र और भारतीय ज्ञान-परंपरा के बीच कोई रचनात्मक संबंध बन पाना निकट भविष्य में संभव भी नहीं लगता, क्योंकि यह प्रश्न अब हाशिये पर चला गया है. विश्वविद्यालयी व्यवस्था के पश्चिमोन्मुखी चरित्र के कारण नयी पीढ़ी के समाजशास्त्रियों के लिए शायद यह महत्त्वपूर्ण विषय भी नहीं है.

देशों में धार्मिक संस्था राज्य के लिए काम करती है। स्थानीय धर्मों को लगभग एक सामाजिक बुराई की तरह देखा जाता है और उसे योजनापूर्वक समाप्त किया जाता है ताकि लोग अपने धार्मिक स्वभाव की पूर्ति के लिए राज्य समर्थित संस्था पर निर्भर करने लगें और राज्य को जनता पर अधिकार बनाए रखने में सुविधा हो।

इन तीन तरह के समाजों में आधुनिक युग में तीन अलग-अलग तरह की प्रक्रियाएँ आयीं। पहले तरह के समाजों में धर्म और आस्था का सवाल अब भी महत्त्वपूर्ण बना हुआ है। एशियायी समाज इसका एक उदाहरण है जहाँ ज़्यादातर विश्व-धर्मों की उत्पत्ति हुई है। यही कारण है इन समाजों में सेकुलरवाद का अर्थ युरोपीय समाजों से अलग है। सर्वधर्म समभाव या सभी धर्मों से सैद्धांतिक दूरी को ही सेकुलरवाद की संज्ञा दी जाती है। दूसरे तरह के समाजों में राज्य और धार्मिक संस्थाओं में संघर्ष का लम्बा इतिहास रहा है। धार्मिक संस्थाओं की उन नीतियों पर राज्य ने हमला करना प्रारम्भ किया जिनके द्वारा जनता के मानस पर उनका अधिकार स्थापित हो पाता था। इन समाजों में सेकुलरवाद का अर्थ इन संस्थाओं के प्रभाव को समाप्त करना ही बन गया। तीसरे तरह के समाज में, जिसका उदाहरण रूस को माना जा सकता है, जनता में ही संस्थागत धर्म के प्रति कोई आस्था नहीं बन पायी और यही कारण है कि सोवियत क्रांति के समय धर्मनिरपेक्षता के बदले धर्महीनता (नास्तिक की जगह यह ज़्यादा उपयुक्त शब्द प्रतीत होता है) को ही आदर्श समझा जाने लगा।

समाजशास्त्र का पूर्व-पक्ष अपने इस युरोपीय स्वरूप को बख़ूबी अपने में समेटे हुए है। आधुनिक ज्ञान का धर्म के प्रति रवैया इसी ऐतिहासिक पृष्ठभूमि से निर्धारित हो रहा है। इसके दो परिणाम हुए। एक तो समाजशास्त्र का धर्म के साथ संबंध ख़त्म करने का प्रयास किया गया। धर्म और धार्मिक संस्था तो समाज की समझ रखते थे और सामाजिक मूल्यों को निर्धारित करने का प्रयास करते थे। इस संबंध विच्छेद ने इन संस्थाओं के सामाजिक ज्ञान को अंधविश्वास मान लिया या फिर मान लिया कि इसका ज्ञान प्रामाणिक नहीं

है। भारत में विश्वविद्यालयों की परंपरा नयी नहीं है। नालंदा और तक्षशिला जैसे विद्या केंद्रों में धर्मों की पढ़ाई होती थी, इसके प्रमाण मिले हैं। लेकिन उनमें धर्मशास्त्रों का अध्ययन भी होता था। पश्चिम के आधुनिक विश्वविद्यालयों में तो धर्मों की पढ़ाई होने लगी, लेकिन भारत के विश्वविद्यालयों में इसे अभी भी वर्जित विषय ही माना जाता रहा। समाजशास्त्र भी सभी विषयों का अध्ययन तो करते हैं, लेकिन जिन विचारों का समाज पर सर्वाधिक प्रभाव है उनका अध्ययन वर्जित-सा ही रहा।

समाजशास्त्र के तीसरे स्तम्भ के रूप में है औपनिवेशिक वर्चस्व। जिस समाजशास्त्र का हम अभी अध्ययन-अध्यापन करते हैं उनके मूल में है पश्चिम के देशों के औपनिवेशिक शक्ति बनने के बाद दूसरे समाजों को समझने का ज्ञान कांड, जिन पर उन्हें अधिकार करना था। राज्य, विश्वविद्यालय और समाजशास्त्र का तालमेल औपनिवेशिक समाज का मूल मंत्र था और उत्तर-औपनिवेशिक समाज में भी यह तालमेल बना रहा। इसलिए समाजशास्त्र में परिवर्तन के लिए समाज को समझने के बदले राज्य-शक्ति को स्थायित्व प्रदान करने की समझ ही मौलिक तत्त्व के रूप में रही। पूँजीवादी समाज में तो यह बात और भी स्पष्ट हो गयी। लेकिन उत्तर-औपनिवेशिक समाज में इस तरह का समाजशास्त्र एक समस्या बन गया। समाज की जो समझ उपनिवेशवाद के विरुद्ध लड़ने के लिए बनायी गयी थी उसकी पुस्तकें और यादें अब भी बनी हुई हैं और इसलिए समाजशास्त्र को लेकर नयी बहस शुरू हुई है।[11]

समाजशास्त्र के पूर्व-पक्ष में आधुनिक विज्ञान की मीमांसा, धर्महीनता और उपनिवेशवादी मानसिकता, तीन आधारभूत प्रवृत्तियाँ हैं। इस समाजशास्त्र का बहस के मुद्दों पर क्या दृष्टिकोण है? आगे हम बहस के उन चार मुद्दों पर पूर्व-पक्ष की आलोचना को सामने रखने का प्रयास करेंगे और उस प्रयास में *मुर्दहिया*

[11] इस विषय पर तीसरी दुनिया के कई विद्वानों ने विस्तार से लिखा है. उदाहरण के लिए नाइजीरियाई दार्शनिक क्लॉड एके ने इसका विश्लेषण किया है कि किस तरह पश्चिमी समाज ने अफ्रीकी देशों में पूँजीवादी मूल्यों के आधार पर समाज की समझ को प्रचारित किया. उनके अनुसार इस समाजशास्त्र की सोची-समझी नक़ल न भी की गयी हो, लेकिन इतना तो तय है कि इसका व्यापक प्रभाव पश्चिम की समाज-व्यवस्था को आदर्श के रूप में स्थापित करने का रहा है जिसने कुल मिला कर औपनिवेशिक शक्तियों की मदद की. देखें, क्लॉड एके (2000).

जैसी पुस्तक के महत्त्व पर विचार करेंगे। यदि हम वैकल्पिक समाजशास्त्र की बात करना चाहते हैं तो हमें इन आलोचनाओं से विकल्प को गढ़ना होगा। निश्चित रूप से विकल्प केवल नकारात्मक आलोचनाओं से नहीं बन सकता है, बल्कि उसके लिए हमें कुछ रचनात्मक संवाद की ज़रूरत भी पड़ेगी। ख़ास कर हमें भारतीय ज्ञान-परंपरा, जनांदोलन और शोषण की संरचनाओं से उत्पन्न अनुभवजन्य ज्ञान से निरंतर संवाद स्थापित करना होगा। लेकिन संवाद पर विस्तृत बात करना यहाँ संभव नहीं है, इसलिए इस लेख में केवल पूर्व-पक्ष की सीमाओं पर ही बातचीत संभव है।

समाजशास्त्र का प्रभाव

समाजशास्त्र के ज्ञान पर प्रभाव के क्या मापदंड हो सकते हैं? आमतौर पर समाज के विषय में ज्ञान की प्रामाणिकता क्या है? भारत में समाजशास्त्र के ज्ञान का समाज के साथ कोई ख़ास रिश्ता नहीं दीखता है और न ही उसमें बहुत मौलिकता होती है। इस संबंध में भारतीय अनुसंधान परिषद (2007) की रपट उल्लेखनीय है। इसमें माना गया है कि भारत में समाज की समझ और सरकारी नीतियों को प्रभावित करने की दृष्टि से समाजशास्त्रीय शोध का स्तर ठीक नहीं है। ज़्यादातर शोध और अध्ययन में नूतनता और मौलिकता के बदले अपने प्रायोजकों के सरोकार और लाभ का ध्यान रखा जाता है। उनके उपागम और उनकी सैद्धांतिक संरचना इतनी लचर होती है कि उनके आधार पर कोई सामान्य या व्यापक निष्कर्ष निकालना संभव नहीं है। इस तरह के स्वतंत्र और मौलिक कामों के लिए सरकारी आर्थिक सहायता की भी भारी कमी दिखती है। यहाँ न केवल बौद्धिक रूप से सक्षम शोधकर्त्ताओं की कमी है, बल्कि उत्तम शोध के लिए सही शैक्षणिक माहौल का भी अभाव है।[12] विश्वविद्यालयों में हुई शोधों में सृजित ज्ञान ज़्यादातर पुस्तकालयों में ही सीमित रहता है। उनमें से कुछ का प्रकाशन पुस्तकों के रूप में होता तो है, लेकिन ज़्यादातर पुस्तकों की कुल प्रकाशित संख्या से साफ़ ज़ाहिर होता है कि

[12] आईसीएसएसआर (मार्च, 2000) : 20-22.

उनके पाठक बहुत ही सीमित हैं। बहुत कम ही ऐसी पुस्तकें हैं जिनका उपयोग जनांदोलन अपनी नीति तय करने के लिए करते हैं। इन शोधों का संबंध सरकार की नीतियों से हो ऐसा कहना भी कठिन ही होगा। आश्चर्य की बात यह है ज़्यादातर विश्वविद्यालयों में स्थानीय समस्याओं पर शायद ही कोई शोध हो पाता है। यदि ऐसा होता भी है तो शायद ही उसका उपयोग स्थानीय प्रशासन नीति-निर्धारण के लिए करता हो या स्थानीय लोग अपनी स्थिति को समझने और बदलने के लिए करते हों। समाजशास्त्र के इस पूर्व-पक्ष का उद्देश्य सामाजिक परिवर्तन के लिए ज्ञान-अर्जन नहीं होने के कारण इसके प्रभाव के मापदंड में समाज पर इसके प्रभाव को महत्त्व नहीं दिया जाता है।

समाजशास्त्र के प्रभाव का मापदंड बनाने के लिए इस पूर्व-पक्ष ने एक दूसरा ही तरीक़ा निर्धारित किया है। इसके लिए पीयर ग्रुप द्वारा स्वीकृति की ज़रूरत है। किसी समाज-वैज्ञानिक के प्रकाशित लेखों और पुस्तकों को यदि ज्ञान के उसी क्षेत्र के समाज-वैज्ञानिक स्तरीय मान लें तो उसके प्रभावकारी होने का प्रमाण माना जा सकता है। और स्तरीय मानने का प्रमाण यह है कि किसी स्थापित विद्वान ने किसी लेख या पुस्तक को मान्यता प्राप्त पुस्तकों में या शोध-पत्रिका के लेखों में कितनी बार उल्लिखित किया है।

पीयर ग्रुप की इस मान्यता के चक्कर में समाज-वैज्ञानिक शोध समाज से ही कट गया है। शोध के तथ्यों की जगह उपागमों की शुद्धता और लेख में सत्य की गहराई की जगह उसका स्वरूप ज़्यादा महत्त्वपूर्ण हो गया है। इस संबंध में कई बार यह देखना भी उचित होगा कि ग़ैर-समाजशास्त्री हमारे प्रयासों को किस दृष्टि से देखते हैं। हजारी प्रसाद द्विवेदी अपने उपन्यास में ऐसे शोध-उपागम का मज़ाक उड़ाते हुए लिखते हैं कि एक शोधकर्ता का विषय था साधारण लोगों का जीवन-दर्शन और वे एक प्रश्नावली की बहुत-सी प्रतियाँ झोले में लिए घूमते थे। इस मुश्किल काम को करने का उनका तरीक़ा अनूठा था :

> ...उन्हें सब लोगों की बात इकट्ठी करके उनका विश्लेषण और वर्गीकरण करने की ही चिंता थी। वे किसी निश्चित तथ्य पर न पहुँचे थे और न पहुँचना चाहते थे। उनका विश्वविद्यालय सिर्फ़ इस बात से ही संतुष्ट हो जाने वाला

> था कि उन्होंने तथ्यों का संग्रह ईमानदारी से किया है और उसका विश्लेषण आलोचनात्मक ढंग से और सूझ-बूझ के साथ किया है। निष्कर्ष के बारे में न उन्हें चिंता थी, न उनके विश्वविद्यालय को। वे अनासक्त चिंता के साथ चलने वाले पथिक मात्र थे। गंतव्य का न उन्हें ज्ञान था, न ही जिज्ञासा।[13]

समाजशास्त्र की यह आलोचना भले ही किसी साहित्यकार द्वारा की गयी है लेकिन उपागम के प्रति इस तरह की निष्ठा मात्र से यह ज़रूरी नहीं हो जाता कि तथ्यों की गहराई तक पहुँचा जा सकेगा। पीयर ग्रुप की स्वीकृति की चिंता में शोधकर्ताओं में लीक पर चलने की आदत-सी हो जाती है। स्वतंत्र और रचनात्मक सोच-प्रक्रिया के लिए यह बाधक है। इसलिए समाजशास्त्र के पूर्व-पक्ष की यह अहम सीमा है। भारतीय समाज में जाति, संस्कृति और धर्म की बहुलता है, इसलिए युरोप में प्रचलित शोध उपागमों के माध्यम से इस समाज की जटिलता को समझ पाना संभव नहीं है। यदि समाजशास्त्र के पीयर ग्रुप के शीर्ष पर कोई प्रत्यक्षवादी समाजशास्त्री विराजमान हो तो फिर संभव है कि वर्तमान सामाजिक व्यवस्था का आलोचनात्मक समाज-वैज्ञानिक विश्लेषण उन्हें न भाए।[14]

शायद यही कारण है कि भारत के बाहर से समाजशास्त्री साहित्य के माध्यम से समाजशास्त्रीय आलोचना का अपना दायित्व निर्वाह करते हैं। *मुर्दहिया* भी इसी का एक उदाहरण है। पारंपरिक शोध उपागमों से दलित समाज को संपूर्णता में समझना संभव नहीं है। हाशिये के लोगों में दुनिया भर में साहित्य के माध्यम से समाज की आलोचना की परंपरा है, क्योंकि समाजशास्त्र का पीयर ग्रुप उनके ज्ञान को समाज-वैज्ञानिक मापदंड पर सही नहीं मानता है। अब यह देखना है कि इस तरह का समाज-वैज्ञानिक विश्लेषण कितना प्रभावकारी है। इसी संदर्भ में यहाँ *मुर्दहिया* को देखने का प्रयास किया जाएगा।

---

13 हजारी प्रसाद द्विवेदी (2005) : 209.

14 पीयर ग्रुप कई बार नवीन ज्ञान-सृजन में बाधक भी हो सकता है. इसका अच्छा उदाहरण हिंदी फ़िल्म *एक डॉक्टर की मौत* है जिसके मुख्य पात्र डॉक्टर के मौलिक और आम आदमी के लिए महत्त्वपूर्ण शोध को 'पीयर ग्रुप' ने इसलिए ख़ारिज कर दिया कि उससे बाज़ार में प्रचलित दवाइयों की बिक्री पर असर पड़ेगा.

मुर्दहिया का प्रभाव दो अलग-अलग तरह के लोगों पर देखा जा सकता है। इस पुस्तक के प्रभाव को देखने के लिए मैंने दो प्रयोग किये। एक ख़ास बात मैं पहले ही कह दूँ कि अपने प्रकाशन के दो महीनों के भीतर ही यह पुस्तक पूरे वर्ष की सर्वाधिक बिकने वाली पुस्तक बन गयी। यह घोषणा उस वर्ष के पुस्तक मेले में *मुर्दहिया* के प्रकाशक ने की। इस पुस्तक को बिहार के मुज़फ़्फ़रपुर ज़िले में एक पुरस्कार से नवाज़ा गया। इस कार्यक्रम में उपस्थित लोगों में से ज़्यादातर से मैंने बात की और पाया कि इसके पाठक इस छोटे से शहर में काफ़ी संख्या में थे। इन तथ्यों के आधार पर यह निष्कर्ष निकालना अनुचित नहीं होगा कि इसकी पहुँच केवल विश्वविद्यालीय विद्वानों के बीच नहीं है, बल्कि आम लोगों तक भी है। क्या तथाकथित ऊँची जाति के आम लोगों के बीच भी इसका प्रभाव हो सकता है? कई ग्रामीण और उच्च जाति की वृद्ध महिलाओं ने, जिन्होंने अपने जीवन में छुआछूत का पालन किया है, इस पुस्तक पर अपनी महत्त्वपूर्ण टिप्पणी दी। उनके अनुसार उन्होंने इस पुस्तक को पढ़ कर जीवन में पहली बार अपने उन विचारों के प्रति शर्मिंदगी महसूस की। उनका यह कहना था कि इस पुस्तक ने उन्हें दूसरे पक्ष की अनुभूतियों से रू-ब-रू करवाया और मौक़ा मिलने पर वे अपने किये का प्रायश्चित्त करना चाहेंगी। समाजशास्त्र का पूर्व-पक्ष इस बात के महत्त्व को शायद ही समझ सके, क्योंकि उसमें अनुभूतियों के स्तर पर संवाद की क्षमता ही नहीं है।

अपने दूसरे प्रयोग में मैंने यह पुस्तक राजनीतिशास्त्र के एक उस दलित छात्र को दी जिसका मूल्यांकन उसके शिक्षकों ने सामान्य से काफ़ी नीचे स्तर का किया था। उसके शोध-विषय के निर्धारण के बारे में बातचीत करके मुझे लगा कि संभवतः यह मूल्यांकन सही न हो। मैंने उसे *मुर्दहिया* पढ़ने का सुझाव दिया। इस पुस्तक को पढ़ने का छात्र के स्वमूल्यांकन पर बेहद सकारात्मक प्रभाव पड़ा। इसका एक कारण शायद यह हो सकता है कि दलित छात्र एक ख़ास संदर्भ में वैसा ही सोचने लगता है जैसा उसे लगता है कि दूसरे लोग उसके बारे में सोच रहे हैं। इस कारण उसकी व्यक्तिगत रचनाशीलता का बड़ा हिस्सा क्रियाशील ही नहीं हो पाता। *मुर्दहिया* पढ़ने और उसके

लेखक के जीवन के बारे में जानने से शायद उसके लिए इस 'स्टीरियोटाइप' को तोड़ पाना संभव हो सकता हो। इस सिलसिले में स्टेसी सिंक्लेयर के अमेरिकी और युरोपीय महिलाओं पर किये गये शोध का हवाला दिया जा सकता है। इसमें यह निष्कर्ष निकाला गया था कि गणित में सक्षम होने के बावजूद जब उन्हें स्त्रियों के गणित में असक्षम होने की स्टीरियोटाइप का एहसास दिलाया गया तो उनके क्षमता-प्रदर्शन में भारी कमी आ गयी।[15] इस छात्र के संदर्भ में इसके उलट जब उसे ऐसा लगा कि एक दलित व्यक्ति अपनी ही पृष्ठभूमि को शोध का विषय बना कर साक्षी भाव से उस पर बात कर सकता है तो उसकी क्षमता का सही उपयोग हो पाने की संभावना बढ़ गयी।[16] भारत के विश्वविद्यालयों में अब भी उच्च वर्गीय बाहुल्य है। उनकी संस्कृति भी इससे ही निर्धारित होती है। ऐसे में दलित छात्रों पर एक मनोवैज्ञानिक दबाव बना रहता है। कई बार ऐसा होता है कि एक मेधावी दलित छात्र भी उस संस्कृति के प्रभाव से रूढ़ छवि का शिकार हो जाता है। वह दलित होने के अपने अनुभवों को उच्चवर्गीय संस्कृति की नक़ल से छुपाना चाहता है। फ्रांज़ फानो द्वारा किये गये काले लोगों की मानसिकता के विश्लेषण को यदि सही मानें तो काले लोग जितना ही गोरा होना चाहते हैं उनका कालापन उतना ही साफ़ दिखाई पड़ता है। इस रूढ़ छवि के प्रभाव में उनका अकादमीय प्रदर्शन और भी प्रभावित होता है। ऐसे छात्रों को *मुर्दहिया* ने एक नया साहस दिया है। अब यह संभव लगने लगा है कि दलित छात्र अपनी सामाजिक स्थिति का राजनीतिक विश्लेषण बेहिचक कर सकें।

---

[15] स्टेसी सिंक्लेयर, कर्टिस डी. हार्डिन और ब्राइन एस. लोरी (2006).

[16] इस मायने में *मुर्दहिया* की तुलना दक्षिणी अफ्रीका के *ट्रुथ ऐंड रिकंसिलिएसन कमीशन* की प्रक्रिया से की जा सकती है. यह एक ऐसा सिलसिला है जिसमें हिंसा करने वाले और हिंसा झेलने वाले के बीच एक मुक़दमें की कार्यवाही तो होती ही है, साथ ही मानवीय स्तर पर एक संवाद भी हो रहा होता है. और इस संवाद का एक मनोवैज्ञानिक परिणाम होने की संभावना है कि हिंसा-लिप्त समाज के मानस को हिंसा-मुक्त किया जा सके. *मुर्दहिया* के लेखक का संयम और समाज में शोषण-उत्पीड़न के निरपेक्ष विश्लेषण से पाठक के मन में जो भाव पैदा होता है उसमें समाज को हिंसा मुक्त करने की क्षमता होती है. शायद इसका कारण है लेखक द्वारा मार्क्सवाद की विश्लेषण क्षमता को आत्मसात् किया जाना और बुद्ध की करुणा के प्रति गहरी आस्था का होना. समाजशास्त्र में ज्ञान के इन दो स्रोतों के बीच संवाद और उसके द्वारा भारतीय समाज को समझने की क्षमता का विकास शायद अभी तक संभव नहीं हो पाया है.

मुर्दहिया की बेबाक़ी ने इस बात को प्रमाणित कर दिया है कि अपने व्यक्तित्व के निर्माण की प्रक्रिया के विश्लेषण के माध्यम से समाज की संरचनाओं की गुत्थियों को खोला जा सकता है। समाजशास्त्र की किसी पुस्तक ने शायद ही उनके जीवन को इतना प्रभावित किया हो।

ज़ाहिर है कि समाजशास्त्र के पूर्व-पक्ष को अपने प्रामाणिकता के मापदंडों पर पुनर्विचार करने का समय आ गया है। पीयर ग्रुप मान्यता की बदले समाजशास्त्र को, जिनके बारे में ज्ञान-सृजन किया गया है और जिनके लिए ज्ञान-सृजन किया गया है, उनसे मान्यता प्राप्त करने का प्रयास करना चाहिए। उस ज्ञान का प्रभाव उनके जीवन में परिवर्तन लाने में कितना सक्षम है यही उसके प्रामाणिक होने का मापदंड होना चाहिए। यदि समाजशास्त्र अपनी प्रासंगिकता बनाए रखना चाहता है तो उसे समाज के साथ एक रचनात्मक संबंध बनाए रखना होगा। और *मुर्दहिया* शायद इसका एक अच्छा उदाहरण माना जा सकता है।

समाजशास्त्र और समता के लिए संघर्ष

यदि समाजशास्त्र का उद्देश्य वर्तमान समाज की आलोचना और शोषण विहीन समाज की कल्पना को साकार करना है, ख़ास कर जो लोग ऐसा मानते हैं, उनके लिए यह महत्त्वपूर्ण प्रश्न है कि क्या समाजशास्त्र का अपना स्वरूप समतावादी है? क्या समाजशास्त्र भी जाति, धर्म और वर्ग के दृष्टिकोणों से प्रभावित है? क्या सार्वभौमिक ज्ञान होने का उसका दावा मान्य है? क्या उनके बीच एक तरह का श्रम-विभाजन नहीं चल रहा है, जिसमें दलित तो केवल तथ्यपरक काम कर सकते हैं और सिद्धांतीकरण का काम तथाकथित कुलीन बुद्धिजीवियों के ज़िम्मे ही रहेगा? इस तरह के बहुत से प्रश्न हाल के दिनों में उठाए जाने लगे हैं। यहाँ हम यह देखने का प्रयास करेंगे कि इस बहस में *मुर्दहिया* का किस तरह का हस्तक्षेप है।

गोपाल गुरु ने अपने लेख में इस सवाल को उठाया है और उनका मानना है कि समाजशास्त्र में श्रम-विभाजन बहुत स्पष्ट है।[17] ऐसा माना जाता है कि सिद्धांतीकरण करने के लिए विशिष्ट क्षमता की ज़रूरत है इसलिए कुछ ख़ास तरह से प्रशिक्षित बुद्धिजीवी ही यह काम ठीक से कर सकते हैं। आम समाज-वैज्ञानिकों के पास तो ज़मीनी हक़ीक़त के बारे में तथ्यपरक शोध करने की क्षमता मात्र है। गोपाल गुरु के अनुसार इस विभाजन का एक जातिगत आधार भी है। गुरु के इस मत से समाजशास्त्र का पूर्व-पक्ष सहमत नहीं भी हो सकता है। उसका तर्क होगा कि सिद्धांतीकरण निश्चित रूप से एक जटिल बौद्धिक काम है जिसके लिए विशिष्ट क्षमता की ज़रूरत पड़ना स्वाभाविक है। लेकिन इसमें किसी तरह की असमानता देखना ठीक नहीं है। यदि किसी जाति विशेष का इसमें वर्चस्व बना हुआ है तो यह महज़ संयोग की बात ही हो सकती है। गोपाल गुरु इस असमानता की प्रक्रिया को समझने का प्रयास करते हुए बताते हैं कि न केवल वस्तुपरक काम करने वाले शोधकर्ताओं को समाजशास्त्र में शूद्र का दर्जा दिया जाता है, बल्कि दलितों को वस्तुपरक काम करने की सलाह भी दी जाती है। सिद्धांतीकरण करने वाले दलित बुद्धिजीवियों को पीयर ग्रुप के शत्रुतापूर्ण व्यवहार का सामना करना पड़ता है। उदाहरण के लिए कई बार दलित बुद्धिजीवियों द्वारा सेमिनारों में उठाए गये सैद्धांतिक विषयों को गंभीरता से नहीं लिया जाता है और अपमानजक ढंग से उनके भाषाई दोषों का मज़ाक उड़ाया जाता है।

गुरु की इस बात से सहमत होना मुश्किल नहीं है कि समाजशास्त्र भले ही समानता का राग अलापता रहे, उसके अंदर के संबंध असमानता पर आधारित हैं। इस असमानता का आधार केवल जाति न होकर वर्ग और भाषा भी है। समाजशास्त्र के ज्ञान-सृजन की व्यवस्था हमारे देश में पश्चिमी ज्ञान-परंपरा पर कुछ इस तरह आधारित है कि इसमें अंग्रेज़ी न बोलने वाले, दलित और निम्न वर्गीय बुद्धिजीवी हमेशा ही हाशिये पर ही रहेंगे। यह अलग बात है कि जाति, भाषा और वर्ग कई बार एक साथ ही मिले होते हैं।

---

17 गोपाल गुरु (2002) : 5003-9.

तुलसी राम का *मुर्दहिया* गुरु के इस विचार का प्रमाण है कि समानता और प्रताड़ना की जिन संस्थाओं और संरचनाओं की सूक्ष्म और स्थूल प्रक्रियाओं के बारे में हाशिये का विचारक लिखना चाहता है, समाज-वैज्ञानिक जगत में उसकी बहुत मान्यता नहीं है। एक चिंतक को अपने भोगे हुए यथार्थ तक सीमित कर दिया जाता है। जैसे हाशिये के लोगों के दृष्टि-बिंदु से सार्वभौमिक सिद्धांतीकरण निकलने की संभावना ही न हो। संभव है कि मुख्य धारा के समाज-वैज्ञानिक *मुर्दहिया* को केवल आत्मकथा कह कर टाल दें, लेकिन समाज का जिस गहराई से इसमें विश्लेषण मिल सकता है, वह अन्यत्र दुर्लभ है। *मुर्दहिया* समाजशास्त्र की भाषाई असमानता पर वक्तव्य है। हालाँकि पश्चिमी समाजशास्त्र साहित्य को भी समाज-वैज्ञानिक विश्लेषण में बख़ूबी शामिल करता है। उत्तर-औपनिवेशिक देशों को छोड़ कर शायद ही दुनिया के किसी और हिस्से में ऐसा होता हो कि अपनी भाषा में लिखना और बोलना अपमान का कारण हो और उस भाषा में रचा गया समाजशास्त्र भी साहित्य की श्रेणी में आ जाता हो।

संक्षेप में, समाजशास्त्र में असमानता की बात बिल्कुल सही लगती है लेकिन इस असमानता के हर स्तर को एक साथ विश्लेषण में लेने की ज़रूरत है। जाति संबंधित सामाजिक न्याय की बात उठाने वाले कई बुद्धिजीवियों की समस्या यह है कि उनमें उतनी ही प्रतिबद्धता असमानता के अन्य आयामों को लेकर नहीं है। इस मायने में *मुर्दहिया* ने सामाजिक न्याय के बुद्धिजीवियों को चौंका दिया है। इस पुस्तक में शोषण और अपमान के ऐसे कई स्तरों को एक साथ खोल दिया गया है जिन्हें समाजशास्त्र का पूर्व-पक्ष उनकी पूर्णता में समझने में सक्षम नहीं है। एक दलित व्यक्ति यदि विकलांग भी है तो उसे दलित होने के साथ ही विकलांगता का अपमान भी सहना होता है, और इस अपमान में बिरादरी की हिस्सेदारी ही ज़्यादा होती है। *मुर्दहिया* ने पूर्व-पक्ष के इस दावे को ख़ारिज कर दिया है कि समाजशास्त्र एक समान अवसर का क्षेत्र है। पूर्व-पक्ष की वस्तुपरकता का दावा ख़ारिज हो जाता है क्योंकि समाज के बहुआयामी संबंधों को उसकी पूर्णता में समझ

पाना उसके लिए संभव नहीं हो पाता है। साथ ही ज्ञान के लिए ज्ञान का दावा कर समाजशास्त्र के सार्वभौमिक होने का दावा भी ख़ारिज हो जाता है क्योंकि उसमें से सामाजिक सत्य केवल आंशिक रूप से ही प्रकट हो पाता है। कुछ समाज-वैज्ञानिक विशुद्ध बौद्धिक होने का दावा करते हैं और अपने राजनीति-शास्त्रीय ज्ञान को भी राजनीति से परे शुद्ध बौद्धिक अनुष्ठान मानते हैं। *मुर्दहिया* ने हमारा ध्यान इस ओर आकर्षित किया है कि शुद्ध बौद्धिक होने की जो यह आत्म-छवि है उसकी असलियत यह है कि उन्हें सामाजिक असमानता और अपमान का न सामना करना पड़ता है, न ही वह उन्हें दीखता है।

अनुभवजन्य ज्ञान और समाजशास्त्र

बहस का तीसरा मुद्दा हैं अनुभवजन्य ज्ञान और समाजशास्त्र के संबंध का। गोपाल गुरु, सुंदर सरुक्कई और ए. रघुरामराजू ने इस बहस की शुरुआत की है। पहले इस विषय पर समाजशास्त्र के पूर्व-पक्ष पर विचार करें। पूर्व-पक्ष के लिहाज़ से अनुभवजन्य ज्ञान का समाजशास्त्र के लिए कोई महत्त्व नहीं हो सकता है। क्योंकि अनुभवजन्य ज्ञान न केवल वस्तुपरक होने के बदले व्यक्तिनिष्ठ है, बल्कि इस आधार पर किसी सार्वभौमिक सिद्धांत तक पहुँचना भी संभव नहीं हो सकता है।

गुरु ने पहला प्रश्न यह उठाया है कि क्या दलित समाज के बारे में ज्ञान का सृजन बिना साक्षात् अनुभव के हो सकता है? क्या इस विषय पर कोई वस्तुनिष्ठ ज्ञान सृजन की संभावना है? या फिर इस विषय पर सिद्धांत निर्माण केवल वही लोग कर सकते हैं जिन्होंने इस यथार्थ को भोगा है? भोगे हुए यथार्थ के बारे में सही सिद्धांत निर्माण की संभावनाओं के पीछे दो कारण हैं : (अ) यथार्थ के उन सूक्ष्म आयामों की समझ हो पाना जिसका कोई वस्तुपरक ज्ञान संभव नहीं है। जैसे, जातिगत निरादर के भाव की अनुभूति, जो एक दलित व्यक्ति को किसी उच्च जाति के अव्यक्त व्यवहार से हो सकती है, उसका कोई वस्तुपरक ज्ञान संभव नहीं है। (ब) भोगे हुए यथार्थ की अनुभूतियों से एक दृष्टि-बिंदु बनता है और जिससे देखने वाले का दृष्टिकोण निर्धारित हो सकता है। बिना इस

दृष्टिकोण से दलित समाज की समझ सही नहीं बन सकती है। गुरु यह भी कहते हैं कि नैतिकता का तकाज़ा यह है कि बिना इस अनुभव के दलित समाज का सिद्धांतीकरण करने का प्रयास नहीं करना चाहिए।

सुंदर सरुक्कई सिद्धांतीकरण के लिए अनुभवजन्य ज्ञान के महत्त्व को ख़ारिज करते हैं। उनका मानना है कि दलित होने का अनुभव दलितों के बारे में सिद्धांत-निर्माण की आवश्यक शर्त है तो फिर बिना सांप्रदायिक हुए सांप्रदायिकता पर सिद्धांत-निर्माण कैसे संभव हो सकता है।[18] इसी तरह पश्चिमी विद्वान भारत के संदर्भ में ज्ञान-सृजन कैसे कर सकते हैं? लेकिन सरुक्कई के इस तर्क से गुरु के विचारों को ख़ारिज करना संभव नहीं है, क्योंकि भारतीय संस्कृति और सांप्रदायिकता के बारे में सिद्धांत-निर्माण की तुलना दलित समाज के बारे में सिद्धांत निर्माण के साथ करने की कोई तुक नहीं हो सकती। सांप्रदायिकता और भारतीय संस्कृति के स्थूल और सूक्ष्म यथार्थ की यथेष्ट अभिव्यक्तियाँ उपलब्ध हैं जिनके आधार पर सिद्धांत-निर्माण संभव है। इसके ठीक विपरीत दलित समाज के सूक्ष्म यथार्थ के बारे में अभिव्यक्तियाँ अभी भी यथेष्ट नहीं हैं। जिस अपमान की बात गोपाल गुरु करते हैं उसके बारे में अब भी केवल आत्मकथाओं, कथाओं और कविताओं से ज्ञान प्राप्त किया जा सकता है। ग़ैर-दलित सिद्धांतकारों के लिए अब तक उनका कोई अस्तित्व नहीं था। दलित बौद्धिक आंदोलन के पहले किसी भी विषय में दलित चेतना पर कोई अध्ययन नहीं हुआ करता था। यहाँ तक कि साहित्यकारों की नज़र से भी दलित चेतना दूर थी।

सरुक्कई ने हैबरमास के उदाहरण से गुरु के तर्क का खंडन करने का प्रयास किया है। यद्यपि हैबरमास के विचारों में जर्मनी के नाज़ीकालीन अनुभवों पर आधारित ज्ञान का प्रभाव आसानी से देखा जा सकता है, तथापि उन्होंने कभी इस बात पर ज़ोर नहीं दिया है कि इन सिद्धांतों के निर्माण के लिए इन अनुभवों का होना आवश्यक शर्त है। उन्होंने स्पष्ट कहा है कि अनुभवों को ज्ञान का आधार बनाने से तर्क की जगह भावनाओं की प्रधानता

---

[18] सुंदर सरुक्कई (2006) : 4043-4048.

हो जाती है और इससे यथार्थपरक और सार्वभौमिक सिद्धांत निर्माण मुश्किल हो जाता है। बकौल सरुक्कई, हैबरमास तर्क और भावना को अलग-अलग रखना चाहते हैं, जबकि गुरु का मानना है कि दलित समाज को समझने के लिए और उसके आधार पर किसी सिद्धांत के निर्माण के लिए केवल तर्क ही यथेष्ट नहीं है बल्कि उस समाज के होने से भाव उत्पन्न होता है उसका भी महत्त्व है। बिना इस भाव के दलित चेतना की गहराई में उतर पाना संभव नहीं है।

सरुक्कई के इस विचार से सहमत होना तीन कारणों से मुश्किल जान पड़ता है। पहला, हैबरमास की तुलना गुरु या आम्बेडकर से नहीं की जा सकती है। हैबरमास नाज़ी जर्मनी से परिचित हैं, उन्होंने समाज में संवाद के अभाव के परिणाम को भी समझा है, लेकिन यहूदियों ने इसे जिस तरह से देखा, भोगा और समझा है उनके लिए उसे केवल पढ़ कर या सुन कर ही जानना संभव है। यक़ीनन तर्क के माध्यम से नाज़ी जर्मनी पर विमर्श संभव है, लेकिन यहूदियों के बारे में समझ बनाना मुश्किल है। इसलिए हैबरमास की तुलना सूर्यकांत त्रिपाठी निराला से की जा सकती है जो ब्राह्मण होने के बावजूद दलितों के क़रीब थे और ब्राह्मणवादी विचारों के घोर आलोचक थे। वे संवेदनशील थे और 'भिक्षुक' जैसी कविता लिख सकते थे। लेकिन इस सबके बावजूद उनके रचना-संसार में दलित समाज की वेदना की उपस्थिति नाम मात्र की ही है। हैबरमास की तुलना गाँधी से भी नहीं की जा सकती है, क्योंकि गाँधी दलित न होने के बावजूद इस बात को समझ पा रहे थे कि उनकी समस्याओं को समझने के लिए उनकी तरह सोचना होगा और इसके लिए उनकी तरह जीना होगा। इस बात को अपने जीवन में उतारने के प्रयास के बावजूद गाँधी दलित समाज को समझने में आम्बेडकर से हमेशा पीछे रहे और इस बात को समझ कर ही हमेशा उनके साथ संवाद में रहे। गाँधी की पूँजी है औपनिवेशिक समाज में अपमान की अनुभूति, जिस आधार पर वे दलितों के अपमान का अनुमान कर पाते हैं। लेकिन इसकी एक सीमा है। इसे गाँधी समझते भी हैं। इसलिए गाँधी तर्कवादी नहीं थे, और अनुभूति के मीमांसात्मक महत्त्व को स्वीकार करते थे।

गुरु के इस तर्क से कई लोग यह निष्कर्ष भी निकालते हैं कि उनके लिए दलित समाज को समझ पाने की अनिवार्य शर्त है दलित होना। शायद उनका इतना भर कहना है कि दलित होने के अनुभव मात्र से सिद्धांतकार को दलित समाज की उन गहराइयों की समझ हो सकती है जिसकी अभिव्यक्ति अन्यथा या तो संभव नहीं है या हुई नहीं है। वहाँ तक पहुँचने के लिए जिस संवेदनशीलता की ज़रूरत है शायद उसकी उपलब्धि अनुभूतियों से ही हो सकती है। गुरु के लिए अनुभव अनिवार्य शर्त तो है लेकिन एकमात्र शर्त नहीं है। ऐसा नहीं है कि उनकी निगाह में दलित मात्र हो जाने से किसी व्यक्ति में उस समाज को समझने की क्षमता आ जाती है।

सरुक्कई की तुलना सही नहीं होने का दूसरा कारण है नाज़ीवाद और जातिवाद का अंतर। नाज़ीवाद एक दुर्घटना थी जबकि जातिवाद एक संरचना है। एक व्यवस्था है जिसका लम्बा इतिहास है, और निकट भविष्य में इसके समाप्त होने की संभावना भी नहीं दिखती है। इसका अनुभव कई पीढ़ियों को है। नाज़ी जर्मनी में तो यहूदियों को पता था कि उनके साथ क्या हो रहा है। लेकिन जाति की स्वीकृति लगभग स्वाभाविक बन चुकी है। एक पीढ़ी दूसरे को विरासत में एक सोच देती है जिसमें जातिवाद और उससे उपजी संस्कृति की गहरी जड़ें होती हैं। गुरु के अनुभूतिजन्य ज्ञान का मूल कथ्य यह है कि केवल तर्क के आधार पर शोषण की इस संस्कृति को समझना संभव नहीं हैं। अपमान का प्रमाण खोजना मुश्किल है, और इसलिए कविता और आत्मकथाओं का महत्त्व है। इसलिए यह मानना उचित जान पड़ता है कि हैबरमास और गुरु दो अलग-अलग बातें कर रहे हैं। उनके तथ्य तो अलग हैं ही उनका संदर्भ भी अलग है।

इस तुलना की तीसरी समस्या है हैबरमास के बदलते विचार। नौ / ग्यारह की दुर्घटना के बाद से हैबरमास के विचारों में परिवर्तन देखा जा सकता है। हैबरमास हमेशा ही आधुनिकता और उसकी तर्क प्रधानता के समर्थक रहे हैं। उनके अनुसार तर्क पर आधारित संवाद लोकतांत्रिक समाज की उत्तरजीविता की अनिवार्य शर्त है। इस दुर्घटना के बाद हैबरमास को

धर्म के बारे में अपने सोच पर फिर से सोचने की ज़रूरत हो रही है, क्योंकि धर्म के बढ़ते प्रभाव ने तर्क पर आधारित ज्ञान-मीमांसा के प्रति उनके मत पर असर डाला है। अब उन्हें ऐसा लगने लगा है कि धर्म से जुड़ी भावनाओं को इस ज्ञान-मीमांसा से समझना मुश्किल है। इस घटना के बाद देरिदा और हैबरमास के बीच हुए संवाद से यह स्पष्ट होता है कि इस विषय पर आधुनिक ज्ञान-मीमांसा की सीमाएँ स्वीकार करनी होंगी।[19]

अब इस बहस के संदर्भ में *मुर्दहिया* द्वारा उठाए गये सवालों को देखने का प्रयास करें। इस आत्मकथा की पहली ख़ासियत तो यह है कि यह एक निजी अनुभवों के माध्यम से पूरे दलित समाज की कहानी है। एक तरह से एथ्नोग्राफ़िक उपागम से दलित समाज का समाजशास्त्रीय अध्ययन है, जिसमें भोगे हुए यथार्थ का निरपेक्ष अध्ययन भी है और उससे उत्पन्न भावनाओं का उद्गार भी। समाजशास्त्र के पूर्व-पक्ष के उपागमों के माध्यम से दलित समाज के अंदर चल रही प्रक्रियाओं की समझ बना पाना मुश्किल है। उदाहरण के लिए, एक दलित बालक को अपनी पढ़ाई-लिखाई जारी रखने के लिए किस तरह की समस्या से गुज़रना होता है, या फिर एक दलित छात्र यदि विकलांग भी हो तो उसे समाज में किस तरह की समस्या का सामना करना पड़ सकता है। कुछ ऐसा ही तथ्य है एक ब्राह्मण विधवा महिला को किस तरह की सामाजिक समस्या का सामना करना पड़ता था। जिन लोगों को देखना भी लोग अपशकुन मानते थे उनमें अपनी विकलांगता के कारण लेखक स्वयं और वह विधवा महिला शामिल है। इसी तरह दलित समाज का ऊँची जाति के लोगों के साथ किस तरह का संबंध बनता है इसके लम्बे इतिहास का जो लेखा-जोखा आत्मकथा के माध्यम से संभव हो पाया है वैसा किसी और समाजशास्त्रीय अध्ययन में हो पाना मुश्किल है। किसी ऊँची जाति की कन्या का लेखक के प्रति स्नेह और उसे गोद में उठाकर नदी पार करने की घटना के बाद उस कन्या का विवाह किया जाना और विदाई के समय उस लड़की का अपनी शिक्षा पूरी नहीं कर पाने

[19] युरगन हैबरमास, ज़ाक देरिदा और जियोवानी बोरादॅरी (2004).

को लेकर रोना, सब कुछ जाति और पितृसत्ता के संबंधों की जटिलता को दर्शाता है। किसी समाजशास्त्रीय शोध में इस जटिलता को पकड़ पाना मुश्किल-सा लगता है।

दलित समाज के शोधार्थियों के लिए स्थूल शोषण या उससे उपजे अपमान को समझ पाना तो मुश्किल नहीं है, लेकिन इस अपमान से जो दलित समाज में आंतरिक हिंसा उत्पन्न होती है उसकी सूक्ष्मता को समझ पाना मुश्किल है। *मुर्दहिया* ने इस आयाम को जिस तरह से उजागर किया है, उसके सहारे दलित समाज में इस प्रक्रिया का मनोवैज्ञानिक अध्ययन संभव है। लगातार हाशिये पर बने रहने से और दमन की सामाजिक संरचनाओं के परिणामस्वरूप समाज संवेदनहीनता को आत्मसात् कर लेता है। इसलिए बार-बार लेखक को उसकी आँख ख़राब होने के लिए उसका मज़ाक उड़ाया जाता है। पत्नी को पीटना, शिक्षा के प्रति डर, शोषण के सामाजिक संबंधों से आगे की सोच का अभाव सब कुछ हाशिये पर होने का मनोविज्ञान भी हो सकता है।

इसी तरह दलित समाज के धार्मिक व्यवहार के बारे में अध्ययन करना हो तो आत्मकथा के ज़रिये इसे ज़्यादा गहराई से समझा जा सकता है। उपन्यास के दलित महिला पात्रों के लिए तरह-तरह के देवी-देवता आस्था के पात्र हैं जिनके सहारे लेखक की दादी सौ वर्ष की उम्र में भी समस्याओं से लड़ने का साहस जुटा पाती हैं। मनुष्य की धार्मिक चेतना की समझ तभी बन पाएगी, जब धर्म के सामाजिक स्वरूप की समझ के साथ व्यक्तिगत आस्था के आयामों को अनुभवजन्य ज्ञान के आधार पर ठीक-ठीक समझा जाए। *मुर्दहिया* में आये धार्मिक प्रसंगों को एक साथ एकत्रित करके उसके विश्लेषण से धर्म के विषय में समाजशास्त्र के तीन बड़े सिद्धांतकारों (मार्क्स, वेबर, दुर्खाइम) के विचारों के साथ रचनात्मक संवाद करना संभव हो सकता है। इन तीनों सिद्धांतकारों के पास धर्म के अनुभवजन्य ज्ञान का अभाव है और निश्चित रूप से उन्हें इस बात का कोई ज्ञान नहीं है कि हाशिये पर रह रहे समाज में धार्मिक आस्था का स्वरूप और प्रभाव क्या हो सकता है।

अतः गोपाल गुरु का तर्क इस मायने में ज़्यादा सटीक लगता है कि समाजशास्त्र में अनुभवजन्य ज्ञान के लिए जगह होनी चाहिए। आधुनिकता की ज्ञान-मीमांसा में इसकी अनुपस्थिति ने समाज के अनेक पहलुओं को ज्ञान की प्रक्रिया से बाहर कर दिया है। मनुष्य संवेदनशील प्राणी है और उसके जीवन के बहुत से निर्णय संवेदनाओं से उठे भावों से निर्धारित होते हैं। उन भावनाओं और उसके परिणामों को समझने के लिए कला, कविताओं, आत्मकथाओं और मौखिक आख्यानों की सहायता लेनी होगी। ख़ास कर ऐसे समाज का, जो ज्ञानोपार्जन से दूर रहा हो, उसके पास भले ही लिखित रूप में सामाजिक सिद्धांतों का अभाव हो, मनुष्य मात्र होने के चलते अपनी परिस्थितियों के विश्लेषण की क्षमता उनके अंदर भी है और एक पीढ़ी से दूसरी पीढ़ी को इसका हस्तांतरण कहानियों-क़िस्सों द्वारा होता है। समाजशास्त्र की विधा और भाषा की तुलना में इनमें भावनाओं के माध्यम से सामाजिक विश्लेषण की क्षमता ज़्यादा होती है और उसका सम्प्रेषण भी आसान होता है। समाजशास्त्र का पूर्व-पक्ष समाजशास्त्र के इस स्वरूप का संज्ञान ही नहीं लेता है, लेकिन *मुर्दहिया* से सबक लेकर उसे इसमें सुधार की बात सोचनी चाहिए। ख़ास कर यदि दलित समाज की मुक्ति समाजशास्त्र का उद्देश्य हो तो अनुभूतियों का महत्त्व है और रघुरामराजू की इस बात से सहमत होने में कोई परेशानी नहीं होनी चाहिए कि उस अनुभूति के सम्प्रेषण के लिए रूप की जगह अंतर्वस्तु का ज़्यादा महत्त्व होता है। इसीलिए दलित समाज के लिए कविता और आत्मकथाओं का महत्त्व समाजशास्त्र से किसी मायने में कम नहीं है।[20]

स्वदेशी समाजशास्त्र की संभावना

समाजशास्त्र में बहस का चौथा मुद्दा है इसके स्वदेशी स्वरूप की खोज का। उत्तर-औपनिवेशिक समाज की बड़ी समस्या रही है उन्हें अपने आप को समझने के लिए भी औपनिवेशिक ताक़त की भाषा, उपागमों और अवधारणाओं का सहारा लेना होता है। यदि समाजशास्त्र का उद्देश्य शासन करने के लिए ज्ञान

---

[20] ए. रघुरामराजू (2010) : 162-167.

प्राप्त करना हो, तो उसका स्वरूप उस समाजशास्त्र से बिल्कुल भिन्न होगा जिसका उद्देश्य शोषण-मुक्त समाज की स्थापना करना है। शासक के समाजशास्त्र का महत्त्वपूर्ण उद्देश्य होता है शासित समाज को उसके इतिहास की ऐसी समझ देना जिससे वह हमेशा के लिए अपने आपको अविकसित मान ले, ताकि औपनिवेशिक समाज की सोच-प्रक्रिया को नियंत्रित किया जा सके। इस उद्देश्य से बने समाजशास्त्र का वर्चस्व अब भी उत्तर-औपनिवेशिक देशों के विश्वविद्यालयों में बना हुआ है। बहुत से समाज-वैज्ञानिक इस औपनिवेशिक मानसिकता से उसे बाहर निकलने की बात करते हैं। *मुर्दहिया* इस मायने में भी इस बहस में एक हस्तक्षेप है।

ग़ौर करने की बात है कि स्वतंत्रता संग्राम के समय के भारतीय चिंतकों में यह जागृति आयी थी कि स्वराज के लिए, इस संग्राम के लिए, अपने समाज को अपनी भाषा, अपनी ज्ञान परंपरा के माध्यम से समझना ज़रूरी है। उन्होंने ज्ञान-विज्ञान से लेकर दर्शन और संस्थागत प्रथाओं तक पर विमर्श प्रारम्भ किया। औपनिवेशिक ताक़त से अपने आपको अलग करने के लिए अपनी परंपराओं के आधार पर समाज के स्व को समझने और पुर्स्थापित करने का प्रयास किया। इस प्रक्रिया में समाज की जो समझ बन पायी, उसके आधार पर संग्राम की नीतियों का निर्माण किया। एक तरह के वैकल्पिक समाजशास्त्र की रचना की गयी जिसका उद्देश्य एक मुक्त समाज के लिए संग्राम को आगे बढ़ाना था। लेकिन भारत के विश्वविद्यालयों में, ख़ासकर स्वतंत्रता प्राप्ति के बाद, समाजशास्त्र के नये स्वरूप पर कोई ख़ास काम नहीं हुआ। यहाँ तक कि संग्राम के समय की जो उपलब्धियाँ थीं उन्हें भी विश्वविद्यालय की औपचारिक शिक्षा का अंग नहीं बनाया जा सका। इसका प्रमाण यह है कि इन विश्वविद्यालयों में भारतीय दर्शन या किसी अन्य विधा की पढ़ाई तक ठीक से नहीं होती। राजनीतिशास्त्र की शुरुआत यूनानी चिंतन से होती है। अस्सी के दशक में आकर कुछ विश्वविद्यालयों में आधुनिक राजनीतिक चिंतक को पाठ्यक्रम में शामिल किया गया। भारतीय दर्शन तो अब भी उपेक्षा का शिकार है। जिस पूर्व-पक्ष की बात हमने शुरू में की थी उसी समाजशास्त्र का अध्ययन-अध्यापन इन विश्वविद्यालयों में होता रहा।

पिछले कुछ वर्षों से बहुत से समाज-वैज्ञानिक इस पश्चिमी वर्चस्व पर सवाल उठाने लगे हैं। राजनीतिशास्त्री मनोरंजन मोहंती प्रश्न करते हैं कि स्वतंत्रता के इतने वर्षों बाद भी क्या भारतीय समाजशास्त्र विमर्श के उस ढाँचे को बदल पाया है जो हमें औपनिवेशिक सत्ता द्वारा प्रदान किया गया था। उनके अनुसार, उत्तर-आधुनिक समाज में विमर्श के ढाँचे का परीक्षण इसलिए ज़रूरी है कि इस बात की पड़ताल हो सके कि औपनिवेशिक ताक़तों के द्वारा बनाए गये इस ढाँचे में कोई परिवर्तन आया है या नहीं। औपनिवेशिक सत्ता द्वारा शुरू की गयी बौद्धिक प्रक्रिया ने देसी ज्ञान परंपरा को दरकिनार कर यह सुनिश्चित कर दिया था कि मूल निवासी अपने इतिहास और संस्कृति की सही समझ न बना पाएँ। उत्तर-औपनिवेशिक राज्यों के पास विमर्श की इस औपनिवेशिक परंपरा को ही और सुदृढ़ करने के अलावा और कोई चारा नहीं था।[21] मोहंती विमर्श के इस ढाँचे को बदलना चाहते हैं ताकि भारतीय समाज के अनुभवों और अध्ययन के आधार पर समाजशास्त्र के सिद्धांतों का निर्माण किया जा सके। मोहंती मानते हैं कि पश्चिमी ज्ञान-परंपरा के प्रति भारतीय बुद्धिजीवियों की असंतुष्टि की कई अभिव्यक्तियाँ हुई हैं, लेकिन आख़िरी विश्लेषण में विमर्श पूरी तरह से पश्चिमी ज्ञान परंपरा से मुक्त नहीं हो पाया है। उदाहरण के लिए मार्क्सवादी विमर्श भले ही जनमुक्ति संघर्ष को गति प्रदान करने में सक्षम था, लेकिन एक सीमा के बाद जनमानस को प्रभावित करने में असक्षम है। इसका एक कारण तो यह है भारतीय मार्क्सवादी यहाँ के इतिहास और संस्कृति को समझने की गुत्थी नहीं सुलझा पाए हैं। इस समाज के विशिष्ट चरित्र, जैसे जाति, धर्म और भाषा की जटिलता को समझने का यथोचित प्रयास नहीं हुआ है। भारत की विशिष्ट परिस्थितियों में रचनात्मक ढंग से मार्क्सवाद को समझा नहीं जा सका है।

---

[21] मनोरंजन मोहंती (1989) : 2069.

ऐसा ही कुछ विरोध दो और विमर्शों, सबॉल्टर्न विमर्श और विकल्प-विमर्श, के साथ भी है। पहले विमर्श में भले ही यह माना जाता है कि ज़मीनी स्तर पर आम आदमी का जीवन सामाजिक प्रक्रियाओं और व्यवस्थागत दावों की बेहतर समझ दे सकता है, लेकिन इस सोच का स्रोत भी पश्चिमी ज्ञान-परंपरा है। विकल्प-विमर्श भी पश्चिमी ज्ञान, उसके विज्ञानवाद और उसकी तार्किकता की आलोचना करते हुए भारतीय परंपरा पर आधारित प्रामाणिक सामाजिक व्यवस्था की बात करता है। लेकिन इस संभावना से भी इंकार नहीं किया जा सकता कि इसमें सांस्कृतिक कट्टरता की संभावना रहती है। कुल मिलाकर मोहंती का मानना है कि ऐसे भारतीय विकल्प की तलाश अभी बाक़ी है जो ग़ैर-ब्राह्मणवादी, पूँजीवाद विरोधी और पश्चिमी उपनिवेशवाद विरोधी हो। इसलिए विमर्श के इस नये ढाँचे की खोज समाजवाद के लिए आवश्यक है।[22] मोहंती के वैकल्पिक समाजशास्त्र का अर्थ यह नहीं समझा जाना चाहिए कि पश्चिम के समाजशास्त्र को बिल्कुल ही ख़ारिज कर दिया जाए। इसका अर्थ केवल इतना है कि इसे औपनिवेशिक मानसिकता से मुक्त कर भारतीय संदर्भ के उपयुक्त बनाया जाना चाहिए।

इस बहस में पहला मुद्दा है कि क्या समाजशास्त्र को देश-काल की सीमाओं में बाँधा जा सकता है। क्या ऐसा नहीं है कि मानव समुदाय की समस्या सार्वभौमिक है, और उसकी समझ और उसका समाधान भी एक जैसा होगा। इस विषय पर पूर्व-पक्ष का क्या मानना है? पूर्व-पक्ष की समस्या यह है कि पश्चिम के ज्ञान-वर्चस्व को वह अविवादित रूप में स्वीकार करता है। उसका मानना है कि समाजशास्त्र को देश-काल से स्वतंत्र एवं सार्वभौमिक समझना चाहिए। लेकिन इस बात से इंकार करना मुश्किल है कि सार्वभौमिक ज्ञान का स्रोत केवल पश्चिमी समाज ही नहीं हो सकता है। यदि यह सही है तो फिर पूर्व-पक्ष से यह पूछने की ज़रूरत है उसका संबंध ग़ैर-पश्चिमी समाज, ख़ास कर उत्तर-आधुनिक समाज से क्या है? भारत के समाज को समझने

[22] वही (1989) : 2069-71.

का प्रयास करने वाले बहुत से बुद्धिजीवी किसी भी भारतीय भाषा के साहित्य, कला और संस्कृति से परिचित नहीं हैं। यदि भाषा वास्तविकता की तरफ़ केवल इंगित मात्र करने में सक्षम है और उसके बहुत से सूक्ष्म आयामों को केवल मनुष्य की अनेक अभिव्यक्तियों से ही समझा जा सकता है तो फिर ऐसे बुद्धिजीवी हमारे समाज को कितना समझ पा रहे होंगे, यह कहना कठिन है। बिना भारतीय संदर्भों से जुड़े बहुत से भारतीय बुद्धिजीवी तथाकथित पीयर ग्रुप के सीमित दायरे में बँधे रहते हैं। देसी समाजशास्त्र का अर्थ शायद यह है कि भारतीय समाज को समझने के लिए हमें यह जानने की ज़रूरत है कि यहाँ के लोग अपने बारे में अपनी समझ कैसे बनाते हैं। हर समाज एक ख़ास तरह की ज्ञान-मीमांसा से अपने आप को समझने का प्रयास करता है। बिना उसे समझे यह जानना कठिन है कि समाज अपने बारे में कैसे सोचता है। इसके लिए उस समाज के बौद्धिक इतिहास को खँगालने की ज़रूरत है।

कुछ समाज-वैज्ञानिक मोहंती की इस बात से सहमत नहीं हैं कि समाजशास्त्र की आलोचना और उसके वैकल्पिक स्वरूप की खोज का कोई सरोकार भारतीय ज्ञान-परंपरा से है। सारा जोसेफ़ का मानना है कि भारतीय ज्ञान-परंपरा पर आधारित समाजशास्त्र की वकालत करने की कई राजनीतिक समस्याएँ हैं। इस बात से तो उनकी सहमति है कि भारत में समाजशास्त्र की स्थिति ठीक नहीं है और उसका कोई ख़ास योगदान विश्व के बौद्धिक जगत में नहीं हो पाया है। लेकिन वैकल्पिक विज्ञान और समाजशास्त्र की परियोजना की राजनीति से उनकी सहमति नहीं है। क्योंकि भारतीय समाज की स्वतंत्र अस्मिता की खोज, जिसका ज़िक्र बहुत विद्वान करते हैं, को ज्ञान की प्रक्रिया से जोड़ने पर उसकी सार्वभौमिकता पर सवाल खड़ा होगा और इससे उत्तर-आधुनिकतावादी प्रवृत्तियों को बल मिलेगा। ज्ञान एक तरह से अस्मिता की राजनीति का हिस्सा हो जाएगा।[23] लेकिन प्रश्न पूछने की ज़रूरत यह है कि क्या

[23] सारा जोसेफ़ (1991) : 959-63.

बिना अस्मिता की राजनीति का हिस्सा हुए भी किसी समाज को उसके अपने ज्ञान-मीमांसा की संस्कृति के संदर्भ में समझना संभव है? शायद *मुर्दहिया* इस प्रश्न का सही उत्तर है जिसमें दलित समाज के अनुभवों ने ज्ञान-मीमांसा को प्रभावित किया है, सार्वभौमिकता और तथ्यपरकता की पोल खुली है, फिर भी यह अस्मिता की राजनीति नहीं है। और यदि है भी तो केवल उस हद तक जिससे दलित समाज की मुक्ति के समाजशास्त्र का निर्माण हो सके।

देसी समाजशास्त्र की बात करते हुए क्लॉड अलवारिस का मानना है कि राजनीतिक और आर्थिक उपनिवेशवाद के विरोध में कई देशों में विरोध होता देखा जा सकता है, लेकिन बौद्धिक उपनिवेशवाद के विरोध में आवाज़ें नहीं सुनाई देतीं। बल्कि पश्चिमी विश्वविद्यालयों में जिस समाजशास्त्र का अध्ययन-अध्यापन हो रहा है भारतीय विश्वविद्यालयों में उनके उपागमों और संकल्पनाओं को यथावत स्वीकार कर लिया जाता है।[24] समाजशास्त्र के अलग विषयों के पाठ्यक्रमों का विश्लेषण कर क्लॉड स्थापित करते हैं कि ग़ैर-पश्चिमी देशों के समाजशास्त्र में आश्चर्यजनक ढंग से पश्चिम की नक़ल देखी जा सकती है। इसका सर्वाधिक सही उदाहरण तो दर्शनशास्त्र का पाठ्यक्रम है जिसमें भारतीय दर्शन का अंश नाम मात्र ही रहता है। मोहंती की तरह क्लॉड भी मानते हैं हर समाज में अपना एक ज्ञान-कांड होता है और उपनिवेशवाद उसे विस्थापित करता है ताकि उनके सोच के तरीक़े पर क़ब्ज़ा किया जा सके। ग्राम्शी ने हमारा ध्यान इस ओर आकर्षित किया है, और गाँधी ने व्यवहार में यह कर दिखाया है कि हमारी पहली लड़ाई सोच को बदलने की होनी चाहिए। हाल के दिनों में डेविड हार्वी जैसे मार्क्सवादी चिंतकों ने स्पष्ट किया है कि पूँजीवाद के विरोध की लड़ाई को वैचारिक स्तर पर और गंभीरता से लेने की ज़रूरत है।[25]

---

[24] क्लॉड अलवारिस (2011).

[25] डेविड हार्वी (2010).

अब समाजशास्त्र की इस बहस में *मुर्दहिया* के हस्तक्षेप पर ग़ौर करें। *मुर्दहिया* वस्तुतः आत्मकथात्मक शैली में रचित समाजशास्त्रीय विश्लेषण माना जा सकता है। पश्चिमी समाजशास्त्र से परिकल्पनाओं को लेना इसकी मजबूरी नहीं है। बिना उन उपागमों और परिकल्पनाओं के भी पाठक समाज की समझ बना सकता है। भारतीय विश्वविद्यालयों में दलित समाज पर उपलब्ध ज्ञान की तुलना में *मुर्दहिया* की समझ ज़्यादा विश्लेषणात्मक भी है और पूर्णता लिए हुए भी है। समाजशास्त्र का पूर्व-पक्ष भले ही इस वस्तुपरकता और सार्वभौमिकता के आधार पर उपयुक्त न माने, यह तो मानना ही होगा कि आम आदमी भी इस पुस्तक को पढ़ कर दलित समाज के बारे में अपनी समझ बना सकता है। भले ही वे इसे आत्मकथा और साहित्य मानें, पर इस बात से इंकार करना बहुत कठिन है कि यह एक उत्तम समाजशास्त्रीय रचना भी है। इसके अलावा यह मानने में मुश्किल नहीं होनी चाहिए कि भारत के साथ-साथ तृतीय विश्व के कई अन्य देशों में उपन्यास, कहानी, आत्मकथा और महाकाव्य समाज-वैज्ञानिक ज्ञान को सार्वजनीन करने के अनेक उपागमों में से एक हैं।

निष्कर्षतः ऐसा कहना अतिशयोक्ति नहीं होगा कि समाज को समझने, सामाजिक शक्ति संतुलन की आलोचना करने और व्यवस्था परिवर्तन की चेतना पैदा करने में *मुर्दहिया* एक हस्तक्षेप है। भारतीय समाज के पूर्व-पक्ष में आत्मकथा के समाजशास्त्रीय महत्त्व के प्रति जो संदेह है उसकी नींव में पश्चिमी ज्ञानोदय की मीमांसा के प्रति मोह है। एक कारण शायद यह भी है कि ग़ैर-पश्चिमी देशों में आधुनिक विश्वविद्यालयों की स्थापना औपनिवेशिक काल में हुई और एक तरह से ये आधुनिक पश्चिमी ज्ञान-परंपरा को सार्वभौमिक बनाने के लिए उनका ही विस्तार है। इनका जनसंपर्क कम है इसलिए हमारे सामाजिक अनुभवों और समाजशास्त्र में एक अंतर्विरोध रह जाता है। इसीलिए बहुत से समाज-वैज्ञानिकों को साहित्य के माध्यम से अपने ज्ञान का सम्प्रेषण करना पड़ता है। बहुत से समाज-वैज्ञानिक यह तो मानते हैं कि भारतीय ज्ञान-परंपरा के साथ सम्यक संबंध बनाए बिना हमारी

सही समझ बन नहीं सकती है, लेकिन अपने समाजशास्त्रीय लेखन में उसका उपयोग नहीं कर पाते हैं। इसका कारण शायद अपने पीयर ग्रुप की असहमति है जिनमें पश्चिमी ज्ञान के प्रति अतिमोह है। इस कारण बहुत से भारतीय बुद्धिजीवी दोहरे व्यक्तित्व में जीते हैं। *मुर्दहिया* शायद इसी से निकलने का एक उपाय है जिसमें सत्य की समझ को यथावत रखा जा सका है और जिसमें सामाजिक परिवर्तन में महत्त्वपूर्ण भूमिका निभाने की क्षमता है।

संदर्भ

इमानुएल वॉलरस्टीन (1996), *ओपिन द सोशल साइंसेज़ : रिपोर्ट ऑफ़ द गुलबेंकियन कमीशन ऑन द रिस्ट्रक्चरिंग ऑफ़ सोशल साइंसेज़,* स्टैनफ़र्ड युनिवर्सिटी प्रेस, स्टैनफ़र्ड.

ए. रघुरामराजू (2010), 'प्रॉब्लमेटाइज़िंग लिव्ड दलित एक्सपीरिएंस', *इकनॉमिक ऐंड पॉलिटिकल वीकली,* खंड 45, अंक 39.

क्लॉड अलवारिस (2011), 'ए क्रिटीक ऑफ़ युरोसेंट्रिक सोशल साइंसेज़ ऐंड द क्वेश्चन ऑफ़ आल्टर्नेटिव्ज़', खंड 46, अंक 42.

क्लॉड एके (2000), *सोशल साइंस ऐज़ इम्पीरियलिज़म : द थियरी ऑफ़ डिवेलपमेंट,* इबादान युनिवर्सिटी प्रेस, इबादान.

गोपाल गुरु (2002), 'हाउ इगेलिटेरियन आर द सोशल साइंसेज़ इन इंडिया?', *इकनॉमिक ऐंड पॉलिटिकल वीकली,* खंड 37, अंक 50.

जॉन कॉटिंघम (1992), *द केम्ब्रिज कम्पेनियन टु देकार्त,* केम्ब्रिज युनिवर्सिटी प्रेस, केम्ब्रिज.

डेविड हार्वी (2010), द *क्राइसिस टुडे : मार्क्सिज़म 2008,* http://www.youtube.com/watch?v=YYQb0fthNf, 25 मई को दोपहर बाद 3.30 को देखा गया.

तुलसी राम (2011), *मुर्दहिया,* राजकमल प्रकाशन, दिल्ली.

देकार्त मेडिटेशन VI : http://oregonstate.edu/instruct/phl302/descartes/med itations/Meditation6.htm, 9 जनवरी, 2013 को देखा गया.

'नॉलेज़ डिवाइड्स : एक्ज़ेक्युटिव समरी' (2011), *इंटरनेशनल जर्नल ऑफ़ सोशल साइंसेज़,* खंड 61, अंक 200-201.

बर्ट्रेंड रसेल, लुई आई. ग्रीनपरसन, स्टीफन ऐंडर्सन (1999), *रसेल ऑन रिलीजन : सिलेक्शन फ्रॉम द राइटिंग्ज़ ऑफ़ द बर्ट्रेंड रसेल,* रौटलेज, लंदन.

बैरी ग्रोवर (1997), *साइंटिफिक मैथड : ऐन हिस्टोरिकल ऐंड फ़िलॉसॉफ़िकल इंट्रोडक्शन,* रौटलेज, लंदन.

मनोरंजन मोहंती (1989), 'चेंजिंग टर्म्स ऑफ़ डिस्कोर्स : अ पोज़र', *इकनॉमिक ऐंड पॉलिटिकल वीकली,* खंड 24, अंक 37.

युरगन हैबरमास, ज़ाक देरिदा और जियोवानी बोरादॅरी (2004), *फ़िलॉसफ़ी इन अ टाइम ऑफ़ टेरर*

*: डायलॉग विद युरगन हैबरमास ऐंड ज़ाक देरिदा,*युनिवर्सिटी ऑफ़ शिकागो प्रेस, शिकागो.
रंधीर सिंह (2006), *क्राइसिस ऑफ़ सोशलिज़म : नोट्स इन डिफेंस ऑफ़ अ कमिटमेंट,*अजंता बुक्स इंटरनेशनल, दिल्ली.
राहुल सिंह (2011), '*मुर्दहिया* : रेणु के गाँव में प्रेमचंद की रिहाइश', *नया ज्ञानोदय.*
'रिस्ट्रक्टरिंग द इंडियन कौंसिल ऑफ़ सोशल साइंस रिसर्च : अ रिपोर्ट ऑफ़ द फ़ोर्थ रिव्यू कमेटी' (मार्च, 2000), आईसीएसएसआर, दिल्ली : 20-22.
रॉय भास्कर (1998), *पॉसिबिलिटी ऑफ़ नेचरिज़म : अ फ़िलॉसॉफ़िकल क्रिटीक ऑफ़ द कंटेम्परेरी ह्यूमन साइंसेज़,*रौटलेज, लंदन.
— (2008), *रियलिस्ट फ़िलॉसफ़ी ऑफ़ साइंस,*टेलर ऐंड फ्रांसिस, न्यू यॉर्क.
समीर अमीन (2012), *युरोसेंट्रिज़म : मॉडर्निटी,रिलीजन ऐंड डेमॉक्रैसी : अ क्रिटीक ऑफ़ युरोसेंट्रिज़म ऐंड कल्चरिज़म,*आकार, दिल्ली.
सारा जोसेफ़ (1991), 'इंडीजीनियस सोशल साइंस प्रोजेक्ट : पॉलिटिकल इम्प्लीकेशंस', *इकनॉमिक ऐंड पॉलिटिकल वीकली,* खंड 26, अंक 15.
स्टेसी सिंक्लेयर, कर्टिस डी. हार्डिन और ब्राइन एस. लोरी (2006), 'सेल्फ-स्टीरियोटाइपिंग इन द कांटेक्स्ट ऑफ़ मल्टीपिल सोशल आइडेंटिटीज़', *जर्नल ऑफ़ पर्सनैलिटी ऐंड सोशल साइकोलॅजी* (अमेरिकन साइकोलॅजीकल एसोसिएशन), 90 (4).
सुंदर सरुक्कई (2006), 'दलित एक्सपीरिएंस ऐंड द थियरी', *इकनॉमिक ऐंड पॉलिटिकल वीकली,* खंड 42, अंक 40.
हजारी प्रसाद द्विवेदी (2005), *अनामदास का पोथा,* राजकमल प्रकाशन, दिल्ली

राजनीति के क़ाबिल कौन है?

आम्बेडकर बरअक्स अरस्तू

सौम्यब्रत चौधरी

अनुवाद : सुनील कुमार

प्रतिमान, जनवरी-जून 2014, वर्ष 2, अंक 3 में पूर्व-प्रकाशित : पृ.सं.259-278.

विख्यात यूनानी दार्शनिक अरस्तू ने अपनी रचना *राजनीति* के आठवें अध्याय में भाव-विरेचन शब्द का इस्तेमाल करके दिखाने का प्रयास किया है कि संगीत का मज़दूरों, औरतों और ग़ुलामों पर क्या प्रभाव पड़ता है। अरस्तू के मुताबिक़ औरतें और ग़ुलाम अपनी सीमित क्षमताओं के कारण भाव-विरेचक निर्मलता और प्रफुल्लता की स्थिति तो प्राप्त कर लेते हैं, पर उनके लिए संगीत कोई उच्च-कोटि की नैतिक और राजनीतिक उपयोगिता नहीं रखता। अर्थात् औरतों, ग़ुलामों और उनके जैसे दूसरे बहिष्कृत लोगों के पास वह आत्मगत क्षमता ही नहीं होती जिससे वे राजनीति से प्राप्त होने वाला रूपांतरणकारी प्रभाव आत्मसात् कर सकें। राजनीति से उम्मीद की जाती है कि वह सामाजिक, सांस्कृतिक, सौंदर्यबोधक पदार्थों एवं संदर्भों के माध्यम से व्यक्ति में अपने रूपांतरण की क्षमता पैदा करेगी। इस विचार के अनुसार राजनीतिक होने की क्षमता वह पैमाना है जो मानव नामक प्राणी को मात्र भाव-विरेचक सीमा-रेखा से ऊपर की चीज़ घोषित करता है; जबकि औरतें, ग़ुलाम और बहिष्कृत जन इस सीमा-रेखा से नीचे रहते हैं।

संविधान सभा की बहसों के दौरान डॉ. भीम राव आम्बेडकर और उनके हम ख़याल सदस्यों ने आरक्षित निर्वाचक मंडल जारी रखने के पक्ष में दलील देते हुए कहा था कि सवाल सिर्फ़ बहिष्कृत और हाशिये पर डाल दिये गये लोगों को गणतंत्र में प्रतिनिधित्व मिलने का नहीं है। जब तक कमज़ोर तबक़ों को उन राजनीतिक बहसों में भागीदारी की आदत नहीं पड़ेगी तब तक न तो प्रतिनिधित्व के नये आयाम खुलेंगे और न ही उनका विस्तार होगा। राजनीति करने की आदत डालने की प्रक्रिया पर ज़ोर देते हुए आम्बेडकर ने पूर्व-निर्धारित संकुचित दायरों के पार जाने पर ज़ोर दिया ताकि वंचित समुदाय मनुष्य को राजनीतिक बनाने वाले क्षेत्र में दाख़िल हो सकें। इस क्षेत्र की आत्मगत संरचना राजनीति करने की एक तरह की आदत के आधार पर बनी है। सीमित भागीदारी वाली गणतंत्रीय राजनीति के प्रभुत्वशाली (अरस्तूवादी?) आदर्श के ख़िलाफ़ इस लेख में

दलील यह दी गयी है कि राजनीतिक कर्ता का अबाध विस्तार संभव है। राजनीतिक कर्ता के विस्तार की इस विधान-प्रदत्त सम्भाव्यता के संदर्भ में कम से कम तीन सवाल पैदा होते हैं : तमाम पुरानी सामाजिक-राजनीतिक आदतें निरस्त करने और उन्हें पूरी तरह छोड़ने के लिए राजनीतिक प्रतिनिधित्व की कौन-सी प्रणाली किस प्रकार की आदत के साथ संगत रहेगी? नयी राजनीतिक आदतों और प्रतिक्रियाओं के प्रवर्तन एवं अन्वेषण के दौरान भी पुरानी आदतों का निरसन कैसे बनाए रखा जाए? तीसरे, राजनीति को उसकी अनिवार्यतः रिपब्लिकन शर्तों पर कैसे स्थापित किया जाए? इसके दो विकल्प हैं : या तो राजनीतिक प्राणी वैधानिक तरीक़े से अपने महज़ प्राणी वाले दर्जे से ऊपर उठे (जैसे कि अरस्तू ने प्रस्ताव किया है कि औरतें और ग़ुलाम भावमोचक प्राणी होते हैं) या ऊपरी शर्त का नकारते हुए अपने मौजूदा दर्जे का ही राजनीतीकरण करें (जैसा कि आधुनिक उदारतावादी, पश्चिमी क़िस्म की 'जैव-राजनीति' करती है)।

I

मैं दो दस्तावेज़ों के ज़रिये अपनी बात शुरू करना चाहूँगा। इनका रचना-काल और रचना-स्थान एक-दूसरे से बहुत दूर स्थित है। पहला दस्तावेज़ संविधान सभा में हुई अल्पसंख्यक-अधिकारों पर बहस से ताल्लुक़ रखता है। अल्पसंख्यकों के लिए पृथक् निर्वाचक मंडलों की हिमायत करने वालों का कहना था कि 'सीटों का आरक्षण हमारे लिए कई तरह से फ़ायदेमंद साबित हुआ है ... इसने अनुसूचित जाति के लोगों में जागरूकता पैदा की है; उनके भीतर अपनी बेहतरी ख़ुद करने का एहसास पैदा किया है। इससे दूसरों को भी यह एहसास हुआ है कि अनुसूचित जाति के लोग भी उनके समकक्ष नागरिक हैं। उन्हें भी एक नागरिक के सब अधिकार मिलने चाहिए। इसने हमारे बीच यह मिल-बैठ कर देश की समस्याओं पर बातचीत करने और देश का भविष्य तय करने की आदत डाली है।'[1]

[1] सरबनी सेन (2007): 107.

दूसरा दस्तावेज़ एथेंसवासी दार्शनिक अरस्तू द्वारा ईसा से पाँच सौ बरस पहले लिखी गयी पुस्तक *राजनीति* है। इस पुस्तक के आठवें अध्याय में अरस्तू युवकों को बेहतर नागरिक बनाने पर विचार करते हुए संगीत, चित्रकला, व्यायाम आदि गतिविधियों की उनकी तालीम में भूमिका की चर्चा करते हैं। संगीत के बारे में अरस्तू का कहना है :

> कुछेक दार्शनिकों ने रागों का तीन श्रेणियों में वर्गीकरण किया है। ये हैं नैतिक, व्यावहारिक और उत्तेजक। हर श्रेणी के साथ संगीत की अलग-अलग विधाएँ संबंधित की गयी हैं। हम इस वर्गीकरण को मानते हैं और (चूँकि) हम मानते हैं कि संगीत का इस्तेमाल किसी एक नहीं बल्कि बहुत से मक़सदों के लिए किया जाना चाहिए — इसका इस्तेमाल शिक्षा के लिए किया जाना चाहिए और भाव-विरेचन के लिए भी। भाव-विरेचन से मेरा क्या तात्पर्य है इस ओर मैं अभी मोटे तौर पर ही इंगित करूँगा, लेकिन काव्यशास्त्र संबंधी रचना में इसे स्पष्ट किया जाएगा। तीसरे, संगीत का इस्तेमाल आराम के लम्हों के दौरान मनोरंजन और मशक़्क़त से राहत पाने के लिए किया जाना चाहिए। ज़ाहिर है कि संगीत की सभी विधाओं का इस्तेमाल होना चाहिए लेकिन एक ही तरह से नहीं। शिक्षा के लिए उच्च स्तरीय नैतिक रागों का इस्तेमाल किया जाना चाहिए। लेकिन प्रदर्शनकारी कलाओं का प्रेक्षण करते समय व्यावहारिक और उत्तेजक संगीत का भी इस्तेमाल होना चाहिए, क्योंकि एक व्यक्ति में जो भावनाएँ सघन तीव्रता से पैदा होती हैं, उनका असर दूसरे व्यक्तियों पर कमोबेश ही पड़ता है — जैसे दया, डर या आध्यात्मिक परमानंद की भावनाएँ। कुछेक लोग आध्यात्मिक परमानंद के प्रति अधिक ग्रहणशील होते हैं। आत्मोत्तेजित करने वाला संगीत सुनते ही उनमें ऐसी हलचल पैदा होती है मानो उन्हें एक तरह का चिकित्सकीय उपचार या भाव-विरेचन हासिल हो गया हो। पुण्य रागों की तरह ही भाव-विरेचक राग भी अहानिकर आनंद प्रदान करते हैं। अतएव, नाट्यशाला हेतु संगीत रचना ही जिनका पेशा है उन्हें ऐसी विधाओं और रागों के इस्तेमाल की अनुमति होनी चाहिए। आख़िर दर्शक भी तो दो तरह के होते हैं। स्वतंत्र और शिक्षित लोग तो दर्शक-दीर्घा में रहते ही हैं, वहीं मज़दूर, किसान तथा उन्हीं जैसे अ-संस्कृत लोग भी वहाँ होते हैं। इन लोगों को भी तनावमुक्ति के लिए मनोरंजन में हिस्सेदारी मिलनी चाहिए ... इस लिहाज़ से सार्वजनिक प्रदर्शन करने वालों

को इस तरह के संगीत के उपयोग की इजाज़त देना तो सही रहेगा लेकिन शिक्षा के लिए, जैसा कि कहा ही जा चुका है, नैतिक रागों और विधाओं का ही उपयोग किया जाना चाहिए।[2]

दोनों दस्तावेज़ों के उद्गम एक-दूसरे से ख़ासे अलग हैं। इनके बीच अनुरूपता दिखाने की व्यर्थ और अदूरदर्शी कोशिश न करते हुए इन दोनों के बीच एक सम्भावित साझे संपर्क-बिंदु, जो एक विकर्षण-बिंदु भी है, पर ध्यान देना बेहतर होगा। यह संपर्क-बिंदु है आदत के बारे में इन दस्तावेज़ों में व्यक्त विचार। हालाँकि अरस्तू ने कहीं भी इस शब्द का इस्तेमाल नहीं किया है, फिर भी ऐसा लगता है कि वे भाव-विरेचक विधाओं और रागों का संबंध आत्मा की आनंदाकांक्षा से जोड़ते हैं जो उनके लिहाज़ से एक निम्नस्तरीय आदत है। अरस्तू के अनुसार यह आदत आत्मा में निहित निम्नतम, लेकिन अहानिकर, सामर्थ्य है। इसके उलट संविधान सभा की बहसें आदत को सकारात्मक नज़रिये से देखती हैं। उनके लिए यह आदत एक नयी संभावना है जिसके तहत अनुसूचित जातियाँ आरक्षण के माध्यम से समान नागरिकता के स्तर तक उठने की संभावनाओं से सीधे-सीधे ओतप्रोत दिखाई पड़ती हैं।

यहाँ इस संपर्क और विकर्षण के बिंदु का स्पष्टीकरण ज़रूरी है। ऐसा नहीं है कि अरस्तू ने आदत के सकारात्मक उपयोग का अनुमोदन नहीं किया है। इसके ठीक उलट अरस्तू युवाओं के आचरण को नैतिक अभ्यसन द्वारा सद्गुण और नागरिकता के अनुरूप ढालने की पैरोकारी करते हैं। यह अभ्यसन अलग-अलग रूपों में शरीर और आत्मा (यूनानी भाषा में स्यूखी) दोनों ही को आदत में ढालता है। दरअसल, सतत अभ्यास के बिना आचरण को सद्गुण के अनुरूप ढालना असंभव है। यहीं सवाल उठता है कि क्या राजनीति में अरस्तू सिर्फ़ उन्हीं लोगों की आदत से मुख़ातिब हैं जो पहले से ही नागरिकता के अधिकार और ज़िम्मेदारियों से बहिष्कृत कर दिये गये हैं? इसके ठीक उलट संविधान सभा की बहसों में

[2] एंड्रयू फ़र्ड (1995): 118-119.

व्यक्त अल्पसंख्यक-समर्थक नज़रिया अब तक बहिष्कृत रही अनुसूचित जातियों की नव-स्वतंत्र आदतों को रेखांकित करता है। अगर इस बिंदु पर दोनों दस्तावेज़ों पर एक बार फिर से नज़र डाली जाए तो हो सकता है कि उनके बीच सामंजस्य, बल्कि शीर्षासनी-सामंजस्य दिखाई पड़े, लेकिन मेरा ख़याल है कि इससे इस सवाल का नये सिरे से जवाब मिल पाएगा कि आख़िर ये किसकी आदतों की बात कर रहे हैं?

संविधान सभा का नज़रिया साफ़ तौर से कहता है, 'इसने हमारे (ज़ोर मेरा) बीच मिल-बैठ कर निर्णय लेने ...।' इस पूरे गद्यांश में दो कृतवाच्यों 'वे' और 'हम' का इस्तेमाल किया गया है। 'हम' का प्रयोग दो संयोजनों में हुआ है — 'वे' के बिना और 'वे' के साथ। जिसका मतलब है नागरिकोन्मुख राजनीति में भागीदारी की एक ऐसी आदत डालना जिसके तहत एक पुनर्विन्यस्त 'हम' मिल-जुल कर देश का भविष्य निर्धारित कर सकें। इसी मुक़ाम पर अरस्तू के गद्यांश पर एक बार फिर नज़र डाली जानी चाहिए : इसमें बिना किसी घुमाव-फिराव के साफ़ कहा गया है कि भाव-विरेचक आनंद सब के लिए है।

हर कोई कम या अधिक मात्रा में इस आनंद के प्रति संवेदनशील है। भाव-विरेचक राग और विधाएँ आत्मा के सरलतम और न्यूनतम विन्यस्त अंश को पसंद आते हैं, उसका स्पर्श करते हैं। आत्मा का यह अनिवार्य घटक उसकी सार्वभौम संरचना का अवयव है। इस स्तर पर सब कुछ स्वचालित/यंत्रवत् होता है, संतुलन और असंतुलन चक्रवत चलते रहते हैं। भाव-विरेचक संगीत के संदर्भ में अरस्तू द्वारा दी गयी चिकित्सा-शास्त्रीय उपमा इस बात पर ज़ोर देती है कि राग की औषधि डालने पर भी कर्ता में कोई मूलभूत रूपांतरण नहीं घटता। स्वचालन की प्रक्रिया फिर से शुरू हो जाती है, आत्मा की सार्वभौमिक प्राणीवत् सत्ता फिर से प्रभावी हो जाती है। इस स्तर पर न कुछ विन्यस्त होता है और न ही पुनर्विन्यस्त। लेकिन सवाल यह है कि यह पुनर्विन्यास किस स्तर पर या, किसके स्तर पर होना था?

मेरा ख़याल है कि अरस्तू ने यह सवाल उठाने से पहले ही *राजनीति* के प्रथम अध्याय में इसका जवाब दे दिया है कि संगीत का सम्भावित नागरिक की आत्मा पर क्या प्रभाव पड़ता है। इस अध्याय में वे राजनीतिक प्राणी (*ज़ून पोलिटिकोन*) को परिभाषित करके 'बहिष्कृत जन' के साथ इस परिभाषा के संबंध का निर्धारण करते हैं।[3] देखने की बात यह है कि यहाँ परिभाषित करने के साथ-साथ उस परिभाषा से अलग करने वाला अपवाद भी खड़ा किया जा रहा है। यहाँ एक साथ अभिधारणा भी पेश की जा रही है और उसके साथ दुराग्रह भी जुड़ा हुआ है। इन पहलुओं के अंतर्बंधन से ही उस निर्णयकारी बुनियादी ग्रिड की रचना हुई है जो राजनीतिक होने की संरचना और क्षमता के प्राचीन यूनानी दार्शनिक आग्रह का आधार है। यहीं हैं वे आग्रह जो सदियों का सफ़र तय करके भारत की संविधान सभा की दहलीज़ तक पहुँचते हैं जिसके भीतर भारतीय गणतंत्र की रागात्मक रचना हो रही थी।

राजनीति के पहले अध्याय यही बुनियादी निर्णयकारी ग्रिड कुछ मानकों का प्रस्ताव करती है। इस अध्याय में अरस्तू कहते हैं कि 'मनुष्य अपनी प्रकृति में एक ज़ून पोलिटिकोन या राजनीतिक प्राणी है'। यह बात उन्होंने कुछ इस तरह से कही है जैसे वे किसी स्वयं-सिद्ध तथ्य या किसी अभिधारणा की घोषणा कर रहे हों। एक स्तर पर, के बाद हर चीज़ को या तो इस अभिधारणा से उद्भूत दिखाया जाता है या हर चीज़ के पीछे ऐसी युक्ति खोजी जाती है जिससे यह अभिधारणा बची रहे। दूसरे स्तर पर, अरस्तू ने वह पैमाना प्रस्तुत किया है जिसके (और बाक़ी पैमानों के) ज़रिये राजनीतिक प्राणी और बहिष्कृत के बीच फ़र्क़ निर्धारित होता है। यहाँ उन्होंने वाक्-शक्ति (*लोगोस*) को आदमी के राजनीतिक होने का पैमाना माना है। यही दरअसल उसके मानव-होने का भी पैमाना है, क्योंकि आम प्राणी या अन्य जीव-जंतु सिर्फ़ खुशी या पीड़ा ज़ाहिर कर पाने वाली आवाज़ों निकाल

---

[3] अरिस्टोटल, पॉलिटिक्स, लुई रोप्स लूमिस (सं.), *अरिस्टोटल : ऑन मैन इन द युनिवर्स*, रोज़लिन, न्यू यॉर्क : 250, यहाँ अरस्तू होमर का हवाला देते हैं जिन्होंने बहिष्कृत को कुलहीन, विधिहीन, हृदयहीन व्यक्ति कहा है.

सकते हैं, और वाक् -शक्ति इससे ऊपर की चीज़ है।[4] अतएव, मानव रूपी प्राणी के लिए राजनीतिक होने की परिभाषा सिर्फ़ यह नहीं है कि वह सुविवेचित बात कहने की क्षमता रखता है, यह भी है कि वह प्राणी-स्तर की सीमा-रेखा से ऊपर उठने, उसके पार जाने और अपना रूपांतरण कर सकने की क्षमता रखता है। इसका मतलब यह हुआ कि अरस्तू के मुताबिक़, राजनीति करने की क़ाबिलियत मनुष्य में एक ही साथ मौजूद भी है और ग़ैर-मौजूद भी। उसके ऊपर उठने की संभावना भी रहती है और अड़चनें या तयशुदा सीमा-रेखा के पार न जा पाने — फिर से सुख-दर्द महसूस-अभिव्यक्त करने की यांत्रिकता में सीमित रह जाने का जोखिम भी बना रहता है। अरस्तू ने पहले पैमाने के हिसाब से राजनीतिक-प्राणी एवं बहिष्कृत के बीच फ़र्क़ किया है; लेकिन इसे और अधिक स्पष्ट करने के लिए एक और पैमाना लिया गया है। यह दूसरा पैमाना इस क़वायद को विरोधाभासी बना देता है।

अरस्तू बहिष्कृत जन को राजनीतिक प्राणी का विलोम मानते हैं। बहिष्कृत, देव हो या पशु, राज्य की संस्था से बाहर रहता है। इस वजह से वह एक क़िस्म का 'मूलभूत प्राणी है' — एक अव्यवस्थित या असंघटित हस्ती जिसके पास सम्प्रभुता तो है लेकिन क्षमता नहीं है। यहाँ तक कि यह क्षमता भी एक ही तत्त्व से बनी एकायामी होती है। इस विचार में निहित विचित्रता या विरूपता बढ़ती चली जाती है जब हम देखते हैं कि अरस्तू ने अपनी रचना में बहिष्कृत जन (अक्षम सम्प्रभु) के तौर पर दैवी हस्तियों के अलावा औरतों, ग़ुलामों, मज़दूरों, बच्चों और परदेसियों को ही बार-बार दिखाया है, यानी कुल मिला कर वे सब लोग जिन्हें राजनीतिक प्राणी के दर्जे से तो बाहर रखा गया है — लेकिन जो राजनीतिक प्राणी द्वारा शासित होते हैं।[5] यह अरुचिकर विरोधाभास कैसे समझा जाए? इस प्रश्न का उत्तर *राजनीति* के आठवें अध्याय में है जहाँ अरस्तू इसकी भाव-विरेचक युक्ति निकालते हैं

---

[4] वही : 250.

[5] अरस्तूवादी रूपरेखा में बहिष्कृत व्यक्तित्व को अलगाव और अन्याय से संबंधित किया गया है. इसलिए समाज हेतु न्याय के सिद्धांत की आवश्यकता और इस सिद्धांत के प्रशासन-कार्यान्वयन के लिए नियम या शासन ज़रूरी हो जाता है. वही : 251.

जिसके मुताबिक़ असंघटित और बहिष्कृत मूलभूत स्वभाव, जो कि राजनीतिक संस्थाओं के प्रति उदासीन बना रहता है, मनुष्य की सार्वभौम प्रकृति है। अरस्तू का मानना है कि मूल रूप से और सांगीतिक रूप से हम सब बहिष्कृत जीव हैं, सब सम्प्रभु हैं; और ऐसे उदासीन सम्प्रभु को भी संगीत ओछी और भाव-विरेचक क़िस्म की उत्तेजना दे सकता है। भाव-विरेचन की इस हालत में ही राजनीतिक वर्गीकरण करने वाला क्षण या सीमा-रेखा आती है। इसी सीमा-रेखा पर व्यक्ति की सार्वभौम प्रकृति या सत्व को उसकी बहिष्कृत सम्प्रभुता से पृथक् कर उसे समावेशन या बहिष्कार के ख़ानों में बाँटा जाता है। मतलब यह कि एक संरचना ख़ुद को दो हिस्सों — प्राकृतिक और राजनीतिक — में बाँट लेती है हालाँकि दोनों ही में एक-दूसरे का अवशेष बचा रहता है। अतएव, नागरिक के तन-मन के नैतिक अभ्यसन की दिशा में किये गये हर प्रयास के बावजूद — चाहे यह संगीत की भाव-विरेचक विधा से इतर विधाओं के ज़रिये किया जाए — उसमें मूलभूत यांत्रिकता और सम्प्रभु प्राणी की आदतें सदैव बची रहेंगी। अरस्तू इस बात से बख़ूबी वाक़िफ़ हैं कि राजनीतिक प्राणी की सम्प्रभुताओं और क्षमताओं, शासन और आज़ादी की द्वैतमूलक दर्जाबंदी के बावजूद उसमें विपरीत गुण बचे रहते हैं।

क्या यहाँ अरस्तू आम्बेडकर की मान्यता के समरूप मान्यता का प्रतिपादन कर रहे हैं? आम्बेडकर का भी तो मानना था कि जाति प्रथा ने सम्प्रभुताओं को अलग-अलग दर्जों में बाँट कर उनकी सीमा-रेखाएँ निर्धारित कर दी थीं।[6] फ़िलहाल मैं दोनों के बीच सैद्धांतिक तुलना को बाद में चर्चा के लिए छोड़ कर यह स्पष्ट करने की कोशिश करना चाहूँगा कि इस तरह की तुलना में क्या-कुछ दाँव पर लगा होता है। या यह प्रक्रिया एक दाँव ही है क्योंकि दोनों ही मान्यताएँ एक तरह की संघबद्धता या सभा के निर्माण की वकालत करती हैं जो समावेशन और बहिष्कार की प्रक्रियाओं के द्वारा

[6] आम्बेडकर ने अपने शोध-प्रबंध में भारत में जाति-प्रथा की संरचना, इसके विभिन्न अंगों की गतिहीन अवस्थिति और वक़्त के साथ समाज को इस प्रथा की आदत पड़ जाने संबंधी विषयों का विश्लेषण किया था. यहाँ उसी ओर इंगित किया गया है. इस विषय पर उनकी तर्कणा के सभी पहलुओं को जानने के लिए देखें, डॉ. बाबासाहेब आम्बेडकर (1989): 5-96.

समाज की एक द्वैतमूलक संरचना के रूप में उभरती हैं, इस संरचनात्मक द्विभाजन को लामबंद करती हैं, इसे गतिशीलता देती हैं। जब अरस्तू यह साधारण-सी बात कह रहे होते हैं कि थियेटर के दर्शक दो भागों में बँटे हुए हैं (एक तरफ़ मज़दूर, औरतें, गुलाम आदि तथा दूसरी तरफ़ शिक्षित अभिजात वर्ग) तब दरअसल वे राजनीतिक व सामाजिक रूप से वर्गीकृत प्रत्येक संरचना में द्वैत दिखाकर राजनीतिक संघबद्धता में द्वैत की उपस्थिति स्वीकार कर रहे होते हैं तथा साथ ही इस द्वैत को स्पष्ट करने और इसके पार जाने की कोशिश का आग़ाज़ कर रहे होते हैं। नैतिक एवं राजनीतिक अभ्यसन के हर स्तर पर यह ज़रूरी हो जाता है कि सार्वभौम सम्प्रभु प्राणी और भाव-विरेचक स्वभाव का एक हद तक अस्तित्वमीमांसक समावेशन हो। जनसमूह को स्तर-दर-स्तर अभ्यास की प्रक्रिया में लाया जाता है तथा इस प्रकार बहिष्कृत स्वभाव के पूर्ण निष्कासन की बजाय इसे नियमित अथवा शासित करने का प्रयास किया जाता है। भारत में जाति प्रथा की ऐतिहासिक तौर पर दो हज़ार साल से भी लम्बी परंपरा — इसके समर्थक तो कहा करते हैं कि यह प्रथा अनादिकाल से ही विद्यमान है — ने इसे समाज की जड़ों में रूढ़ कर दिया है। आम्बेडकर के लिए मुख्य सवाल यह था कि क्या उनके ज़माने के भारत में जाति प्रथा अपने लम्बे अतीत का ही अवशेष रूप थी? क्या यह अपने अतीत के व्यवस्थागत, संरचनात्मक या संबंधात्मक रूप का ही निःशेष थी? आम्बेडकर ने इसी सवाल को अधिक खरे तौर पर सामने रखा जब उन्होंने ब्राह्मणीय जाति प्रथा और रोमन क़ानून द्वारा निम्नवर्गीय आबादी के साथ किये गये व्यवहार के बीच तुलनात्मक चर्चा की। लेकिन, इस पर विस्तृत चर्चा मैं बाद में करूँगा।

अरस्तू की यह वक्रोक्तिपूर्ण स्वयंसिद्ध मान्यता कि मनुष्य एक राजनीतिक प्राणी है — जिस घटनाक्रम की शुरुआत करती है, यहाँ मैं उसी को सार-रूप में प्रस्तुत करना चाहूँगा। यह मान्यता वक्रोक्तिपूर्ण है क्योंकि इसमें यह विपरीत मान्यता भी न्यस्त है कि मानव-स्वभाव राजनीति के प्रति उदासीन रहने वाली भावनाओं के वश में रहता है। पहली बात तो यह कि यहाँ बहिष्कार का मतलब पूर्ण अलगाव नहीं है, राजनीतिक कर्ता में ही

बहिष्कार, अक्षमताएँ और अपनी अस्तित्वहीनता निहित है। इसका यह मतलब है कि राजनीतिक कर्ता सतत रूप से राजनीतिक्षम भी होता है। बात का दूसरा सिरा यह है कि राजनीतिक क्षमता की इस राजनीतिक्षम वाली युक्ति के ही हिसाब से हर कोई राजनीतिक है; सब का राजनीतीकरण किया जा सकता है, और किया जाना चाहिए। तीसरा सिरा यह कि व्यवहार में ऐसा हो सकता है कि प्रत्येक व्यक्ति को — चाहे वह कितना ही बहुलतामूलक जीवन क्यों न जी रहा हो — दो संख्याओं में तोड़ा या बाँटा जा सकता है, जैसे सम्मिलित जन और बहिष्कृत जन, मालिक और ग़ुलाम, मनुष्य और प्राणी। इस तरह यह घटनाक्रम घूम कर पहली वाली ही जगह पर आ ठहरता है और घटनाओं का एक चक्र बँध जाता है। यहाँ से अरस्तू पश्चिमी राजनीतिक दर्शन के क्लासिकल सिद्धांतों का प्रतिपादन करते हैं।

II

यह तो साफ़ ज़ाहिर है कि डॉ. आम्बेडकर उसी मत के समर्थक थे जिसने संविधान सभा में मिल-जुलकर देश के भविष्य से संबंधित निर्णय लेने की आदत की हिमायत की थी। सम्मिलित रूप से निर्णय लेने की इस आदत का बीजारोपण आरक्षण के प्रावधान ने किया। इस प्रशंसनीय विचार ने, जैसा कि मैं पहले ही दिखा चुका हूँ, 'वे' और 'हम' के बीच के विभाजन से आगे बढ़ कर समाज में अब तक चली आ रही श्रेणीबद्धता का निषेध किया और उसे एक नया समतावादी आयाम दिया। लेकिन हम यह भी जानते हैं कि आम्बेडकर पश्चिम के उदार संविधानवाद द्वारा प्रेरित किसी स्वाभाविक संवैधानिक सहज-क्रिया या आदत के विचार से सहमत नहीं थे। अपने लेख 'अ प्ली टू द फ़ॉरनर' में आम्बेडकर ने तफ़सील से यह दिखाया है कि हर क़िस्म की संवैधानिक परियोजना में, दरअसल हर क़िस्म के सम्प्रभुतावाद को परिस्थिति की अपरिवर्तनीयता एवं आकस्मिकताओं के तकाज़ों का भी ध्यान रखना होता है।[7] इस आलोचना के मुताबिक़

[7] डॉ. बाबासाहेब आम्बेडकर, 'अ प्ली टू द फ़ॉरनर' : 199-238; यह कृति डॉ. बाबासाहेब आम्बेडकर

संवैधानिक आदत का सिद्धांत, अरस्तू द्वारा बनाई गयी ग्रिड के अनुसार, संवैधानिक नैतिकता के अभ्यसन की ओर ले जाता है, लेकिन यह मात्र स्व-शासन मुहैया कराने वाले संविधान के रूप का विकास करता है, वास्तव में स्व-शासन उपलब्ध नहीं कराता।[8]

आम्बेडकर का लेख 'अ प्ली टू द फ़ॉरनर' भारत के स्व-शासन की पूर्व-संध्या पर लिखा गया था। यहाँ मैं इस लेख की ऐतिहासिक मीमांसा नहीं करूँगा। इस लेख में यह साफ़ करने की माँग की गयी है कि स्व-शासित भारत में शासक कौन होगा और शासित कौन; सिर्फ़ संविधान के मसविदे में नहीं बल्कि रोज़मर्रा के व्यवहार में। असल में, यह माँग नव-स्वतंत्र भारत की प्रमुख शासक पार्टी कांग्रेस के सामने रखी गयी थी। चूँकि आम्बेडकर इस माँग को बहुत अहम मानते थे, लिहाज़ा उन्होंने इसे तथाकथित विदेशियों के नाम सम्बोधित किया ताकि इस माँग के हक़ में सार्वदेशिक हलक़ों का समर्थन जुटाया जा सके। इस लेख में ब्रिटेन में कांग्रेस के हमदर्द गुटों — उदारतावादियों और समाजवादियों — के बीच इस विचार की घुसपैठ करने की कोशिश भी निहित थी। लेकिन इसके साथ-साथ यह लेख पश्चिमी उदारतावादी-संविधानवादी राजनीतिक दर्शन (इस दर्शन की आत्मगत अधिरचना लोकतांत्रिक समझी जाने वाली आदतों और सहज-क्रियाओं से ही बनती है) के औज़ारों का इस्तेमाल करता हुआ भी दिखता था। आम्बेडकर द्वारा किये गये उपरोक्त विश्लेषण का संदर्भ था सामाजिक बहिर्वेशन का मुद्दा, वह बहिर्वेशन जिसकी संरचना और संस्थिति एकदम अपरिवर्तनीय थी। आम्बेडकर 'राजनीतिक' कर्ता में रूपांतरित होने के बजाय उसके प्रतिरोध का मुक़ाम को रेखांकित कर रहे थे। आम्बेडकर द्वारा की गयी कांग्रेस की पूरी आलोचना इस बिंदु से निकलती थी कि कांग्रेस का बहुसंख्यकवादी और गाँधीवादी चोला समाज का विभाजित यथार्थ ढँकने के लिए संयुक्त समाज या एकताबद्ध समाज का आभास गढ़ने का काम करता था। मिली-जुली जनता को अपील करने

(1991) में संकलित है.

[8] वही : 202-203.

वाली कांग्रेस की विचारधारा और जनाधारित संगठन हिंदूवादी और सेकुलर मान्यताओं से बने खिचड़ी मानस का प्रतिनिधित्व करते थे।

इस लेख में आम्बेडकर की आलोचना दो स्तरों पर अभिव्यक्त हुई : पहले स्तर पर सम्भावित मित्र के रूप में देखे गये तथाकथित सार्वदेशिक विदेशी की आलोचना इस बिना पर की गयी कि वह ख़ुद को प्राकृतिक-राजनीतिक संपूर्णता तथा पूरी मानवता को प्राणी स्तर के जीवन से मुक्ति दिलाने के विचार का तरफ़दार मानती/मानता था। आम्बेडकर चाहते थे कि लोकतंत्र के पक्षधर उदारतावादी और समाजवादी 'हिंदू अपवाद' की हक़ीक़त के बारे में जानें। आम्बेडकर उन्हें बताना चाहते थे कि हिंदू-विचार प्राणी में निहित बोधगम्यता की विशेषता स्वीकार करने से इंकार करते हुए मानता है कि उसकी (प्राणी की) आदतें, आनंद एवं कष्ट की प्रकृति असामाजिक है। यह विचार कुल मिला कर प्राणी मात्र को यांत्रिक और भाव-विरेचक जीवन प्रक्रियाओं से सम्बद्ध मानता है। इसके विपरीत हिंदू समाज के अछूतों के बीच आपस में गहरा सामाजिक जुड़ाव मौजूद है। इसी वजह से वे नियम, क़ानून, निषेध और आज्ञा-पालन की मानवीय आदतों से संपन्न हैं। व्यक्ति और समाज के बीच संबंधों की गहनता की इस परंपरा के कारण वे हिंदुओं से बिल्कुल अलग हैं। उनके बीच जाति या जाति-बहिष्कार की किसी धारणा का कोई अस्तित्व नहीं है, अस्पृश्यता के विचार का कोई चिह्न तक उनके मस्तिष्क में मौजूद नहीं है।[9]

दूसरे स्तर की आलोचना का निशाना थी कांग्रेस, ख़ास तौर से गाँधी। एक वैकल्पिक राजनीति के आह्वान तक ख़ुद को सीमित न रख कर आम्बेडकर ने कांग्रेस और गाँधी पर अभियोग लगाया कि कांग्रेस निचली जातियों को अपने

---

[9] यह जाति के बारे में आम्बेडकर की समझ और इस विषय में तत्कालीन पश्चिमी रुझान के बीच महत्त्वपूर्ण मतभेद-बिंदु है. आम्बेडकर जाति को धारणा, संरचना और विभिन्न घटकों का संयोग मानते हैं. चाहे निचली जातियों के दमन के दौरान उन्हें अशुद्ध, पशुवत और अधःपतित जातियों के रूप में प्रस्तुत करने का संदर्भ हो या सामाजिक सुधार द्वारा उनका उद्धार करने का. आम्बेडकर के लिए जाति, जिस तरह फ़्रैंज़ फ़ानो के लिए नस्ल थी, अपनी आदत के विरुद्ध सोचने का मसला था. अतः, अछूत की धारणा बन जाने के बाद उसे इस अर्थ में परिभाषित नहीं किया जाता था कि वह अशुद्ध है बल्कि शुद्धता और अशुद्धता को अलग-अलग श्रेणियों में विभाजित करने वाली एक संरचना उसकी पहचान तय करती थी.

जुझारू जन-संगठनों के तंत्र और विचारधारात्मक बनावट से बाहर रख कर लम्बे समय से चले आ रहे सामाजिक बहिर्वेशन को बरक़रार रखना चाहती है और इस रणनीति के सरगना महात्मा गाँधी हैं। आम्बेडकर यह हक़ीक़त स्वीकारने वाले पहले व्यक्ति थे कि दक्षिण अफ़्रीका से गाँधी का आगमन ही कांग्रेस के रूपांतरण का सबसे महत्त्वपूर्ण कारक था। इससे पहले कांग्रेस राजनीतिक सुधारों हेतु लामबंदी करती थी, पर इसके बाद वह रणनीतिक आज्ञप्तियाँ ज़ारी करने लगीं जिनके कार्यान्वयन की भूमिका जनता को दी जाने लगी।[10] हिंदू समाज के ढाँचे में थोड़े से हस्तक्षेप के ज़रिये गाँधी ने इस अद्भुत कारनामे को अंजाम दे डाला। और, हिंदू समाज तो कोई समाज जैसा भी न था। इसकी संरचना में एकता का कोई आभास तक न था। यह बँटे-छँटे समूहों का एक जमावड़ा भर था कि अशुद्ध कौन है, किसे देखा न जाए, किससे बोलना नहीं है आदि। इस समाज को तो बस निषेधाज्ञाओं ने आपस में बाँध रखा था। हक़ीक़त तो यह है कि हिंदू समाज ख़ुद से ही अलगाव में जीता था, इसे सामूहिक रूप से रहने की आदत भर पड़ गयी थी, और इसी आदत ने इसकी योजनाबद्धता और पागल तर्कसंगति के सब निशान मिटा दिये थे।[11] गाँधी ने हिंदू समाज की संरचना में कोई दख़लंदाज़ी नहीं की, ख़ासतौर से शुरुआती दौर में जब तक उन्होंने सामाजिक सुधार का मिशन हाथ में नहीं लिया था। न ही कांग्रेस ने उन्नीसवीं सदी में अपनी स्थापना के समय इस ओर रुख़ किया था। गाँधी ने हिंदुओं को एक जुझारू जन-कार्यक्रम दे दिया जिसका ज़ोर इस बात पर था कि हिंदू समूहवाद और बहिर्वेशन को एक सेकुलर और राजनीतिक समूह की तरह प्रस्तुत किया जाए, ढाला जाए; न कि उसे इस रूप में परिवर्तित किया जाए।

[10] डॉ. बाबासाहेब आम्बेडकर (1991) : 20.

[11] जाति-व्यवस्था को एक पागलपन के तौर पर दिखाने के संदर्भ आम्बेडकर के यहाँ बहुत बार मिलते हैं. वे कहते हैं कि जाति-व्यवस्था के समर्थक सच में ही पागल हैं. जाति-व्यवस्था के बारे में जैसे विधान मनु ने किये हैं उन्हें देख कर लगता है कि वे ऊँचे दर्जे का पागल रहे होंगे. जब गाँधी सह-भोज का इस बुनियाद पर नकार करते हैं कि खाना मलोत्सर्ग जितना ही घिनौना काम है और इसी वजह से अकेले में किया जाना चाहिए तो आम्बेडकर गाँधी में भी इस पागलपन के कुछेक निशान देख लेते हैं. फिर भी, मुझे लगता है कि जाति जैसी सर्वव्यापक व्यवस्था को सिर्फ़ पागलपन भर कह के छोड़ देना इस समाज की सोच में निहित प्रयोजनों और स्वभाव (आदत?) को धुँधला कर देना है। जाति का असल पागलपन, इसकी विसंगति, यह थी कि इस व्यवस्था को पागल माना ही नहीं जाता था.

यह बात आम्बेडकर द्वारा कांग्रेस और गाँधी पर लगाये गये आरोप, बल्कि अभियोग का सार-तत्त्व है। आम्बेडकर का ख़याल था कि गाँधी ने हिंदुओं को प्रेरित करने की अपनी शानदार रणनीति और तर्क-योजना के दायरे से निचली जातियों को, अछूतों को ख़ासतौर से बाहर रखा। गाँधी से प्रेरित होने वाला यह हिंदू भी एक टुकड़ा-टुकड़ा, विभाजित अस्तित्व जीता था। यह एक गौण/अल्पसंख्यक अस्तित्व (मात्र अस्तित्ववादी अर्थ में, न कि संख्या के अर्थ में), एक तरह के एकीकृत *राष्ट्रीय ऋण* की तरह था। कुछेक आने का छोटा-सा मेम्बरसाज़ी का शुल्क दे कर यह विभाजित हिंदू जन-कार्रवाई के समग्र का अंश बन सकता था। गाँधी ने इस व्यक्तिगत और समेकित कर्ज़ को उतारने की एक और विधि खोज कर समाज को थमाई कि हर आदमी अपने हाथ से दो हज़ार गज़ कपड़ा बुन कर यह ऋण चुकाने में भागीदारी कर सकता है।[12] आम्बेडकर ने इस असाधारण रूप से परिष्कृत रणनीति के ख़िलाफ़ अभियोग लगाया कि इस नव-रचित समूह ने अछूतों को ऋण में भागीदार स्वीकार न करके उन्हें इस कार्यक्रम से बहिर्वेशित कर दिया है। आख़िर गाँधी अस्पृश्यता-उन्मूलन का कार्यक्रम चला रहे थे और उन्होंने ग़ैर-हिंदुओं तक को इस हिंदू सेकुलर प्रक्रिया में भाग लेने का निमंत्रण दिया था। इसके बावजूद अछूतों को इस प्रक्रिया से दूर क्यों रखा गया? इस सवाल का जवाब यह है कि गाँधी ने हिंदुओं को अछूतों के हित में अछूत की तरह[13] लामबंद करने के लिए अपने व्यक्तिगत प्राधिकार और रणनीतिक प्रतिभा का इस्तेमाल कभी नहीं किया, बावजूद इसके कि अस्पृश्यता की समस्या को राजनीतिक रूपांतरण और समागम की संरचनाओं में बदलने की ज़रूरत पर किसी को संदेह नहीं था। जब तक अछूत लोगों (बहिष्कृत जातियों) के अंदर अपने बहिष्कार के प्रति कर्ज़ के अहसास को एक समूह और राजनीतिक सभा या समागम के रूप में पहचान न मिले तब तक वे

[12] डॉ. बाबासाहेब आम्बेडकर (1991) : 246.

[13] वही. ये तथ्य भी आम्बेडकर के इस मत की पुष्टि करते हैं. गाँधी ने कहा था कि हिंदू लोग एक अछूत को अपने घर में काम देकर इस ऋण से मुक्त हो सकते हैं और इस निर्देश का पालन न करने का मतलब था कि उन्हें राष्ट्रवादी पार्टी (कांग्रेस) या सभा की सदस्यता एवं उसमें मताधिकार से वंचित कर दिया जाएगा.

राष्ट्रीय ऋण चुकाने की गाँधीवादी और कांग्रेसी प्रक्रिया में आम हिंदू के तौर पर शामिल नहीं किये जा सकते थे। तब तक के लिए अछूतों को हिंदूवाद के रहमो-करम पर छोड़ दिया गया था। आम्बेडकर द्वारा हरिजन सेवक संघ की आलोचना में यह देखा जा सकता था। हालाँकि अछूतों को हरिजन घोषित करने पर दैवी प्रभावमंडल आरोपित किया जाता था और हिंदुओं द्वारा अपने पाप (छुआ-छूत) के प्रायश्चित का माहौल था, फिर भी इस सब के बीच अछूतों को जन-कार्रवाई से अलग रखने पर उन्हें गहरी आपत्ति थी, और वे एक अभियोग की तरह इसकी भर्त्सना करते थे।[14]

आम्बेडकर ने *ऐनिहिलेशन ऑफ़ कास्ट* की रचना समाज-सुधार के पक्ष में लिखे गये एक भाषण के रूप में की थी। चूँकि वे अपनी हिंदू आदतें अपने ख़ुद के जीवन से मिटा देना चाहते थे, इसलिए इस भाषण को रद्द कर दिया गया। इस भाषण के प्रकाशन के बाद पत्रों के ज़रिये उन्होंने गाँधी के साथ समानता के मुद्दे पर बहस की शुरुआत की। उन्होंने गाँधी और आर्यसमाजियों के विपरीत भगवान की नज़रों में समानता को नहीं बल्कि इस विषम संसार में मुक़म्मल बराबरी के लक्ष्य पर ज़ोर दिया।[15] यह विषमता के ठोस यथार्थ के बीच समानता का आग्रह था! किसी भी समतावादी दर्शन के लिए यह आम्बेडकर का मूलभूत प्रश्न यह था : चूँकि असमानता कई रूपों में विद्यमान है — वह सामाजिक-ऐतिहासिक और शारीरिक है — क्या ऐसी असमानताओं के बीच हम समानता का बर्ताव करने के लिए तैयार हैं?[16] आम्बेडकर समानता के बारे में अपनी तरफ़ से जिस सिद्धांत का प्रतिपादन करते हैं, वह न तो ईश्वरीय अनुमोदन या कृपा पर आधारित है न समानता

---

[14] अछूतों के मंदिर-प्रवेश के अधिकार के लिए गाँधी की कोशिशें भी इस आलोचना की ज़द में आती हैं. अछूतों को मंदिर-प्रवेश का अधिकार दिलवाने के लिए विधेयक लाने या उन्हें यह अधिकार दिलवाने के लिए उपवास करने दोनों ही सवालों पर गाँधी ढुलमुल रवैया अपना रहे थे. आम्बेडकर का कहना था कि अब असल मसला यह नहीं था कि अछूत मंदिरों में जा सकते हैं या नहीं बल्कि असल मसला था गाँधी के साथ अछूतों के अनुभव, अपने अनुभवों के आधार पर उनके द्वारा गाँधी का मूल्यांकन और उनका यह निर्णय कि वे गाँधीवाद से अलग राह अपनाना चाहते हैं या उसके साथ बने रहना चाहते हैं.

[15] डॉ. बाबासाहेब आम्बेडकर (1991) : 87-88.

[16] वही : 58.

की संभावना का दावा करने वाली किसी सीमा-रेखा पर निर्भर है। अरस्तू द्वारा पेश की गयी उस सीमा-रेखा पर भी नहीं जिससे मनुष्य को ऊपर उठना पड़ता है और जिसके लिए राजनीतीकरण की प्रक्रिया ज़रूरी होती है। भविष्य में जीव-विज्ञानियों और अर्थशास्त्रीय दार्शनिकों को इसी आधार पर 'एनिमल स्पिरिट' की चर्चा करने का मौक़ा मिला था।

लेकिन, अगर आम्बेडकर इस तरीक़े से समानता के अपने सिद्धांत का प्रतिपादन करते हैं और साथ ही यह आग्रह भी करते हैं कि अछूतों को हिंदुओं से अलग माना जाए तथा उन्हें अलग मतदाता-मंडल मिलें; तो क्या यह 'स्वयंसिद्ध' क़िस्म की समानता का सिद्धांत उनके इस विचार के ख़िलाफ़ नहीं जाता कि जाति-प्रथा को अपनी विभाजित संरचना का ही निःशेष समझा जाना चाहिए, और क्या उनका यह विचार उनके ही इस आग्रह का विरोधी नहीं है कि अछूतों को न केवल विचार के धरातल पर अलग माना जाए बल्कि उन्हें पृथक् मतदाता-मंडल भी मिलने चाहिए? 'आर द अनटचेबल्स अ सेपरेट ऐलिमेंट?' और 'अ प्ली टू द फ़ॉरनर' जैसे लेखों में हम आम्बेडकर को आरक्षण और मतदाता-मंडलों के विभाजन के पक्ष में एक ऐसी आग्रही मुहिम चलाते हुए देखते हैं जो सामर्थ्य के साथ-साथ अवसर बढ़ाने और ऐतिहासिक अन्याय में संशोधन करने के 'समुचित' उपायों को धीरज से आगे बढ़ाते रहने के पक्ष में नहीं लगती। आम्बेडकर की मान्यता थी किं विचारों पर किसी की इजारेदारी नहीं होती, इसलिए अगर कोई समानता के सिद्धांत को स्वयंसिद्ध मानते हुए आगे बढ़ा जाए तो ब्रितानी हुकूमत के तहत अनुसूचित जातियों को एक तरह के नागरिक अधिकार मुहैया हो सकते हैं। ऐसी सूरत में तात्कालिक मुद्दा आरक्षण के माध्यम से महज़ सामर्थ्य के समरूपीकरण का नहीं रह जाएगा। चूँकि हिंदू (अ)समाज ने अनुसूचित जातियों के लिए उनके सामर्थ्य और अधिकारों का उपभोग करने के सब रास्ते बंद कर रखे हैं, इसलिए वैधानिक और प्रशासनिक क्षेत्रों में मिले संरक्षण और आरक्षण को अधिकारों और सामर्थ्य के उपभोग के लिए मिले क़ानूनी-संवैधानिक प्रेरक के तौर पर इस्तेमाल

करने की परिस्थिति बन सकती है।[17] आम्बेडकर का यह विचार अधिक गहरे रूप में इस हक़ीक़त का भी मुज़ाहिरा करता है कि हिंदू समाज तो अछूतों का बहिष्कार कर चुका है, उन्हें त्याग चुका है, और इसलिए हिंदू समाज ख़ुद से ही विलग हो चुका है और ख़ुद अपने लिए ही अभिशाप बन चुका है; और इसी वजह से वह ख़ुद में कोई समाज नहीं रह गया है। आम्बेडकर का कहना था कि गाँधी कभी यह विचार स्वीकार करने के लिए तैयार हो ही नहीं सकते कि जाति-प्रथा हिंदूवाद के लिए भस्मासुरी शाप थी। इस विचार को स्वीकार करने की बजाय उन्होंने झाड़ू-बुहारी करने की अछूतों की जन्मजात ज़िम्मेदारी के प्रति सुधारकों के व्यवहार पर ऋणभाव और प्रेम जैसे तर्कों का पेचीदा जाल आरोपित कर दिया।[18] यहाँ आम्बेडकर दिखाना चाहते हैं कि इस संवेदनशील समय और सुधारवादियों द्वारा सुझाए जा रहे विधानों या प्रेमपूर्ण व्यवहार के माहौल में भी महात्मा जाति के बारे में रत्ती भर भी नहीं सोच रहे थे।[19]

ऐनी बेसेंट का विचार था कि सामाजिक एकीकरण की राह मुश्किल है क्योंकि निचले वर्गों/जातियों को सुधारना नामुमकिन है। बेसेंट के समर्थक इस हालत के लिए अछूतों को इस दलील के आधार पर कसूरवार नहीं ठहराते थे कि उनकी मलिन और आत्मसातीकरण के अयोग्य आदतों में अपने अपमान-बोध का कोई निशान बाक़ी नहीं बचा है।[20] ज़ाहिर है कि छुआछूत ख़त्म करने के लिए व्यवहार में परिवर्तन लाने का गाँधी का कार्यक्रम आख़िर ऐनी बेसेंट जैसे लोगों के कार्यक्रम से तो काफ़ी बेहतर था।

---

[17] आम्बेडकर के इस आग्रह को सिद्ध करने के लिए काफ़ी प्रमाण उपलब्ध हैं. फिर भी हमें इस उपयोग को सिर्फ़ मूलभूत मानव-क्षमता को सिद्ध करने वाले (और, इस तरह, निचली जातियों को उनके वैध अधिकार प्रदान करने वाले) संवैधानिक और न्यायिक अधिकारों तक सीमित नहीं कर देना चाहिए. मेरा ख़याल है कि आम्बेडकरी तीर अस्तित्व (जो कि यक़ीनन बहिष्कृत और असमर्थ बना दी गयी है) की हक़ीक़त में बहुत गहरे जाकर धँसता है और अस्तित्व के सबसे कमज़ोर हिस्से के लिए गरिमा — एक तरह की जेनरिक गरिमा — के उपयोग की माँग करता है. प्रतीकात्मक मोड़ शायद उत्तर-आम्बेडकरी परिघटना है जिसने गरिमा को आरक्षण या प्रतिमाकरण, यहाँ तक कि मूर्तिपूजक उपायों द्वारा एक प्रतीकात्मक दलित अस्तित्व की साझी भावना बना दिया है.

[18] डॉ. बाबासाहेब आम्बेडकर (1991) : 297. गाँधी जाति को काल-दोष मानते हैं, अभिशाप नहीं.

[19] डॉ. बाबासाहेब आम्बेडकर, *ऐनिहिलेशन ऑफ़ कास्ट* : 19; यह कृति डॉ. बाबासाहेब आम्बेडकर (1989) में संकलित है.

[20] फ़रवरी, 1909 के *इंडियन रिव्यू* में प्रकाशित आम्बेडकर के लेख 'अ स्ट्रेंज ईवेंट' में प्रकाशित ऐनी बेसेंट के लेख 'द अपलिफ्ट ऑफ़ द डिप्रेस्ड क्लासेज़' का लम्बा और अरुचिकर उद्धरण, *राईटिंग्ज़ ऐंड स्पीचिज़,* खंड 9 : 3-7.

आख़िर आम्बेडकर के पास इस तथ्य का क्या विश्लेषण है? उनका विश्लेषण गाँधीवादी तर्क की कई विशेषताएँ सामने लाता है और मनमानी, गुप्त और विकृत तर्कपद्धति का खुलासा कर देता है जिसके ज़रिये गाँधी जन्मना जाति प्रथा क़ायम रखना चाहते थे। अपनी रचना 'गाँधीइज़्म' में आम्बेडकर गाँधीवाद की बुनियाद में सामाजिक मिलनसारिता का एक सादा-सरल मॉडल ढूँढ़ निकालते हैं। इस मॉडल को प्राणी मॉडल कहा जा सकता है। शायद अरस्तू के भाव-विरेचक समगतिशीलता वाले प्राणी के अर्थ में नहीं, बल्कि इस अर्थ में कि यहाँ आत्मनिर्भर बनने के संदर्भ श्रम को बार-बार दोहराए जाने पर ज़ोर है। दूसरे मानव समुदायों के साथ बोधगम्य संपर्क बनाने की ज़रूरत के बरअक्स इस मॉडल का विस्तार करने की सूरत में भी आत्म-निर्भरता ही इस विचार के केंद्र में रहती है। आध्यात्मिक आत्म-निर्भरता प्राप्ति के प्रयासों को श्रम के इसी दोहराव वाला सिद्धांत आधार प्रदान करता है; मानो आध्यात्मिक आत्म-निर्भरता एक रचनात्मक अनुभव हो, सिर्फ़ दोहराव या आदत की हद तक महदूद न हो। *हिंद-स्वराज* के दिनों में और कई अन्य संदर्भों में गाँधी ने प्रौद्योगिकीय आधुनिकता के साथ आ रही तथाकथित फ़ुरसती संस्कृति की भर्त्सना की थी। वे इसके ख़िलाफ़ आक्रमण का कोई मौक़ा हाथ से नहीं जाने देते थे, क्योंकि फ़ुरसती संस्कृति आत्म-निर्भरता के सिद्धांत को अपवित्र करती थी। आम्बेडकर की मान्यता थी कि आराम की लानत-मलामत करना तथा शारीरिक परिश्रम के गुण गाना फ़ुरसतिया वर्गों का अनुराग होता है।[21] इस बात को इस तरह भी कहा जा सकता है कि शारीरिक श्रम के प्रति गाँधी का अनुराग उतना ही सच्चा था जितना रस्किन का। आम्बेडकर को लगता था कि शारीरिक श्रम के प्रति यह अनुराग फ़ुरसतिया वर्गों के हितों का पोषक है। जाति आधारित मानस से चलने वाले हिंदू (अ) समाज में गाँधी ने श्रम का नया मूल्यांकन करके उसे एक गुण बना दिया और लोगों को मेहनत-मशक़्क़त के प्रति पुनः प्रोत्साहित किया। झाड़ूबरदारी को विशेषाधिकार के रूप में प्रस्तावित करने के साथ श्रम

[21] आम्बेडकर, 'गाँधीइज़्म' : 291. यह कृति डॉ. बाबासाहेब आम्बेडकर (1991) में संकलित है.

का यह गुणगान अपने चरम पर पहुँच जाता है। छुआछूत ख़त्म करने की विधि के तौर पर सामाजिक सुधारों के साथ-साथ श्रम को विशेषाधिकार घोषित करने की रणनीति अपनायी गयी ताकि लोग काम के प्रति लगन महसूस करें। सफ़ाई के काम को भी विशेषाधिकार घोषित कर दिया गया, लेकिन काम का वर्गीकरण शास्त्रसम्मत विधि (वर्ण) के अनुसार किया गया, यानी जाति-व्यवस्था के अनुसार। तत्कालीन अवस्था के अंतर्गत शूद्रों और अछूतों को ही यह विशेषाधिकार मिला और फ़ुरसतिया तबक़े उनकी (शूद्रों की) मेहनत का फल खाते रहे।

लेकिन हमें समझना चाहिए कि शूद्रों के अभिशाप को उनका विशेषाधिकार बना देने वाला यह यातनादायी तर्क हिंदू-तर्क नहीं है; यह तो एक औपचारिक तर्क है जिसे अरस्तूवादी तर्क भी कह सकते हैं। गाँधी साफ़-सफ़ाई को विशेषाधिकार नियत करते हैं क्योंकि वे इसे मानवता का कर्ज़ उतारने का एक ज़रिया मानते हैं। उनकी निगाह में साफ़-सफ़ाई का कर्ज़ सब पर है। या, और भी बेहतर विधि यह निकाली गयी कि कर्ज़ की नसीहत को शब्दाडम्बर के ज़रिये इस कर्ज़ के प्रति प्रेम में बदल दिया गया (गाँधी कहते हैं : मुझे साफ़-सफ़ाई के काम से प्रेम है)।[22] ये निर्देश और शब्दाडम्बर गाँधीवादी ज़रूर हैं, हिंदू हों या न हों। इनका सीधा परिणाम यह निकलता है कि झाड़ूबरदारी शूद्रों पर विशेषाधिकार की तरह आरोपित कर दी जाती है। ऐसा इसलिए हो पाता है कि आख़िर शास्त्र के आग्रहों के साथ-साथ शूद्र की अपनी आदत ने उसे यह काम करने का मौक़ा दिया है। दरअसल शूद्र का जन्मगत-अधिकार बन जाने वाले इस काम की सारी मानवता कर्ज़दार है और इस कर्ज़ के साथ खुश है। गाँधी ने अपने पत्र हरिजन में *ऐनिहिलेशन ऑफ़ कास्ट* पर एतराज़ ज़ाहिर किया था। ऊपर उल्लिखित लेख और गाँधी को लिखे जवाबी पत्रों में आम्बेडकर गाँधीवाद के विरुद्ध एक प्रकार के वैज्ञानिक वाद-विवाद की शुरुआत करते हैं। यह अभिधारणात्मक स्तर पर

[22] वही : 292.

चलाया जाने वाला संघर्ष भी था, क्योंकि आम्बेडकर गाँधीवादी सुधारवादी व्यवहार को नियमित करने वाली झाड़ूबरदारी की शाश्वत और सद्गुणशील अभिधारणा अपदस्थ करना चाहते थे।

सवाल यह है कि क्या आम्बेडकर ने भविष्य में घटने वाले सामाजिक समन्वय के बारे में किसी दलित सिद्धांत के मूल विचारों की स्थापना की, ऐसा भविष्योन्मुखी सिद्धांत जिसे सार्वभौम, अप्रतिबंधित और मूलगामी फ़ुरसती सिद्धांत बनना हो? क्या दलितों को पहुँचाए गये आघात, वंशगत रोज़गार के प्रति प्रेम की भावना, इसमें निहित गहरी, एकरस पैतृक पेशेवरी के मोह के जवाब में आम्बेडकर में भविष्य में उभर सकने वाले दलित आभिजात्य के बारे में अप्रत्यक्ष क़िस्म का भविष्यकथन करते हैं?[23] क्या यह फ़ुरसती संस्कृति का एक ग़ैर-अरस्तूवादी सिद्धांत है जिसके प्रणेता ज़रूरी नहीं कि ग़ुलाम, औरतें, मज़दूर और संगीतकार (जिन्हें नागरिक सुनें, गुण-दोष विवेचना करें लेकिन उनका अनुकरण कभी न करें) हों?[24] मैं ऐतिहासिक यथार्थ की रोशनी में आम्बेडकर से लेकर 1950 के दशक से जुड़ने वाले इस सूक्ष्म भविष्य-कथन के सत्यापन का प्रयास नहीं करूँगा। अति-सामान्यीकरण का खतरा उठाते हुए सिर्फ़ इतना भर सुझाना चाहूँगा कि आम्बेडकरवादी ऐतिहासिक सीमा-रेखा के लिए यथार्थ का अर्थ वह मुक़ाम है जब सब पुरानी आदतों को ध्वस्त और निरस्त कर दिया जाएगा और नयी आदतें उभरनी शुरू हो जाएँगी। सिर्फ़ आदत डाल भर लेने के लिए ढूँढ़ ली गयी आदतें नहीं, बल्कि ऐसी आदतें जो कि नये उद्देश्य पाने की दिशा में किये जा रहे सार्थक प्रयोग हों।[25]

---

[23] एंड्रयू फ़र्ड (1995): 117.

[24] गाँधी ने *ऐनिहिलेशन ऑफ़ कास्ट* के जवाब में इस पदबंध का इस्तेमाल किया था. बाद में आम्बेडकर ने अपने जवाबों में लहज़ा और भाव बदल कर बार-बार इसका इस्तेमाल किया है.आम्बेडकर के यहाँ यह स्वीकारात्मक या अनुग्रहपूर्ण नहीं है बल्कि खंडनात्मक है.

[25] डेविड ह्यूम के बारे में एक बेहतरीन अध्ययन के लिए देखें ज़ील डलज़ (1991); यह रचना आदत, प्रथा, कल्पना और सत्य का संयोजित अध्ययन करती है. इस संयोजन का आदत के साथ अंतर्विरोध नहीं है बल्कि इसे तो आदत की ज़रूरत है, लेकिन साथ ही यह कल्पना (आदत जिसे स्पष्ट रूप देती है) और सत्य के बीच सुसंगति के एक स्तर को मानक तय कर उस मानक के हिसाब से आदत को नियंत्रित-नियमित भी करता है.

III

यह सच है कि संविधान सभा में ऐसा कोई फ़ैसला नहीं लिया गया था, पर उसकी शुरुआती बहसों में अभिव्यक्त नज़रिया राजनीतिक और सामूहिक सहभागिता के एक पुनर्विन्यस्त दिगंत की संभावना इंगित करता है। यह संभावना एक सीमित दायरे में जातिगत पृथकताओं के तहत कार्यरत राजनीतिक कर्ता को 'अशुद्ध' बना रही थी। ऐसा सतत अशुद्धीकरण गणतंत्रीय उद्देश्यशीलता की दिशा में एक नया प्रयोग और दरअसल संविधान का मुख्य मक़सद था। इस उदीयमान गणतांत्रिक दिगंत में निहित एकता और पृथकता व पदानुक्रमिकता को अगोचर कर देने वाले आयामों ने डॉ. आम्बेडकर को अवश्य ही प्रेरित किया होगा। फिर भी मुझे लगता है कि इसके बावजूद और बाद में भी लोगों के भीतर समाज में विद्यमान अलगाव के बारे में चेतना भरने के काम में पूरी तन्मयता के साथ लगे रहे। आख़िरकार वे जाति की पहेली को सुलझाने का कार्यभार पूरा करना चाहते थे। यह काम अधूरा रहने की सूरत में संवैधानिक राजनीतिक स्व-शासन की सभी परियोजनाएँ एक सामाजिक और अस्तित्वमीमांसक अंधे मुक़ाम तक पहुँच कर रुक जातीं।

अगर ऐसा होता तो जाति प्रथा के प्रणालीगत निशान तो मिट जाते लेकिन ख़ुद इस अंधे मुक़ाम से परे जाना संभव नहीं होता। जब सामाजिक जीवन जाति प्रथा जैसी सामाजिक विसंगति से पटा पड़ा हो, एक विवेक-संगत और सोद्देश्य अवस्थिति के तहत एक राजनीतिक (और न्यायिक) संविधान कार्यान्वित किया भी कैसे जा सकता था। इस दुविधाग्रस्त परिस्थिति से ही आम्बेडकर इस पूर्वानुमान तक पहुँचे कि आज़ादी के बाद गणतांत्रिक भारत अंतर्विरोधों के क्षेत्र में दाख़िल हो रहा है जहाँ समतावादी संवैधानिक मूल्यों और विषमतावादी सामाजिक संरचना के बीच का अंतर्विरोध देश को अनर्थ में धकेल देगा।[26] इसी वजह से उन्होंने खिन्न भाव

[26] देखें, (पुरातन) भारत की धारणा के लबादे में छुपा कर एक भारतीय विचारधारा की स्थापना के नये विजयोल्लासी (एटमी) प्रयासों की हवा निकालने के लिए पेरी ऐंडर्सन द्वारा *लंदन रिव्यू ऑफ़ बुक्स* में प्रकाशित

से समाज के प्रभुत्वशाली हितों को सलाह दी कि उन्हें अल्पसंख्यकों और कमज़ोर तबक़ों का शुक्रगुज़ार होना चाहिए कि वे आरक्षण के संवैधानिक समझौते पर राज़ी हो गये और उन्होंने आयरलैंड के अपने हमदर्जा लोगों की तरह सीधी कार्रवाई का रास्ता नहीं अपनाया।[27] इसी के फलस्वरूप संवैधानिक क्षितिज पर हम एक दुविधाग्रस्त व्यक्तित्व को उभरते हुए देखते हैं जो निश्चित भी है और अनिश्चित भी : आज़ादी, बराबरी, भाईचारे जैसे आदर्शों और मूल्यों की उपलब्धि के अहसास की तरफ़ से निश्चित और जाति-व्यवस्था की अनादिकालीन अंधी-गली की चुनौती के विरुद्ध इन आदर्शों को पाने की संभावना के बारे में कारुणिक रूप से अनिश्चित।

ऐसा मालूम होता है मानो आम्बेडकर एक साथ दोनों हाथों से लिख रहे हों — एक हाथ से धीर, लगभग व्यंग्यात्मक ऊर्जा के साथ संविधान का मसविदा लिखा जा रहा हो, और दूसरे हाथ से त्रासद पारदर्शिता और आग्रह के साथ इस युगों पुरानी आदत (जाति-प्रथा) की आलोचना रची जा रही हो। यहाँ मैं उनके एक तीसरे अवयव — विचार नामक अशरीरी अवयव — की गतिविधि कल्पित करना चाहूँगा जिसके ज़रिये आम्बेडकर हिंदू शास्त्र ही नहीं उदारतावादी राजनीतिक समझ का कर्ज़ चुकाने से इंकार करते हुए दिखते हैं, हालाँकि उन्होंने इन दोनों विषयों की विवेचना समान प्रबलता और विस्तार के साथ नहीं की है। चूँकि आम्बेडकर द्वारा हिंदू धर्म का परित्याग और उनका धर्म-परिवर्तन प्रसिद्ध घटनाएँ हैं, इसलिए मैं यहाँ पश्चिमी उदारतावादी लोकतंत्र द्वारा अनुग्रहस्वरूप थमाए गये राजनीतिक कर्ता और उससे उद्भूत होने वाली सम्प्रभुता के प्रति आम्बेडकर द्वारा अपनाए गये ऋण न चुकाने वाले रवैये की चर्चा करना चाहूँगा।

मैंने इस लेख में पहले राजनीतिक कर्ता अरस्तूवादी संरचना के स्वयंसिद्ध मर्म की प्रस्तुति की है और दिखाया है कि किस तरह यह कर्ता

लेख. देखें पेरी ऐंडर्सन (2012) : 5. आम्बेडकर को उद्धृत करने के बाद ऐंडर्सन कहते हैं कि बिना शर्त समानता के प्रमुख पैरोकार इस मामले में ग़लत साबित हुए, क्योंकि आम्बेडकर के बाद से दूसरे कुछ पहलुओं के साथ-साथ जातिगत विषमता भारत में लोकतंत्र के लिए लाभकारी साबित हुई है.

[27] आम्बेडकर, *ऐनिहिलेशन ऑफ़ कास्ट* : 40-43; यह कृति डॉ. बाबासाहेब आम्बेडकर (1989) में संकलित है.

एक क़िस्म की जेनरिक सम्प्रभुता और विधेयात्मक क्षमता के गठजोड़ और उनके बीच की आवाजाही से निर्मित हुआ है। उदारतावादी लोकतंत्र इस जटिल तंत्र का ही एक संघटक है। मैं यह भी ज़िक्र कर चुका हूँ कि अरस्तूवादी घटनाक्रम एक मूलभूत युग्म — जो कि सातत्यपूर्ण है, मनुष्य एवं प्राणी इसके दो रचनात्मक पद हैं — को अनेकार्थक बनाने, उसका उपयोग करने और उसके पुनर्विन्यास की क़वायद है। अरस्तू के यहाँ व्यक्ति का मानव बनना और प्राणी का राजनीतिक बनना दोनों ही बातें समान हैं। ज़ेवियर बिशात ने, जो राजनीतिक दार्शनिक न हो कर एक शरीर-क्रियाविज्ञानी थे, फ़्रांसीसी क्रांति के दौरान मानव चेतना की आधुनिक संज्ञानात्मक कायिकी का मॉडल प्रदान किया था। यह मॉडल अरस्तू द्वारा प्रस्तुत राजनीतिक प्राणी में निहित वाक्-शक्ति को मानक मानने वाले मॉडल की प्रतिकृति जैसा लगता है। दोनों में फ़र्क़ यह है कि ज़ेवियर के मॉडल में वाक्-शक्ति एक ऐसी अभिव्यक्तिशील और संज्ञाशील चेतना से संपन्न है जो आत्मसातीकरण और उत्सर्जन तक महदूद रोज़मर्रा के जीवन से मुक्त हो चुकी है। पदसोपानिक और स्वतंत्र संबंधों का यह जीवन रोज़मर्रा की इस एकरसता का विलोम है। बिशात एक वानस्पतिक दैहिक जीवन — संबंधों के एक प्राणी-जीवन — के बारे में लिखते हैं जो महसूस करता है, अनुभूतिक्षम है, अपने मनोवेगों पर चिंतन करता है और ... जिसे उसकी वाक्-शक्ति बार-बार अपनी इच्छाएँ और डर, खुशियाँ और दर्द अभिव्यक्त करने में समर्थ बनाती है।[28] जैविक रूपांतरण का सोपानीकरण — जैसा कि मैं सुझा चुका हूँ — रूपांतरण की एक राजनीतिक रूपरेखा भी है। यह मानव संकल्प को पूरी तरह से मस्तिष्कीय जीवन की तरफ़ ले जाती है, लेकिन इसकी संगति भावावेगों के साथ वर्गीकृत रूप में अब भी बनी रहती है।[29] इस तरह लगभग हर चीज़ और हर व्यक्ति का राजनीतीकरण किया जाता है, बहिष्कार को आत्मसात् कर लिया जाता है गोकि इसके चिह्न बने रहते हैं। यह मॉडल आकर्षित भी करता है और

[28] देखें, ज्याँ स्तैरोबिंस्की (2003) : 129-130.

[29] वही : 130.

हतोत्साहित भी। सब कुछ का — उच्चतम प्रमस्तिष्कीय संकल्प समेत — दैहिक रूपांतरण कर दिया जाता है, जबकि हर दैहिक स्तर एक प्रकार की अनंत आभासिकता द्वारा अस्तित्व पाता है।

जीवन के विज्ञान और राजनीति के जीवन की उपरोक्त समरूपता दो संयोजकों या युग्मों — परिसमन-रूपांतरण और बाह्यता-आत्मपरकता द्वारा अंतरित की जाती है। ये युग्म एक-दूसरे से इस तरह से विलगित और अंतर्गुम्फित होते हैं कि हर रूपांतरण बाहरी सीमाओं के एक तारामंडल के नीचे घटता है और प्रत्येक सीमा को होने की प्रक्रिया में निहित प्रेरणा में रूपांतरित कर दिया जाता है : यह है जीवन का मानव-होना, व्यक्ति का राजनीतिक-होना; कुछ इस तरह से कि जीवन की सीमाएँ या उसकी बाह्य सामर्थ्य सम्प्रभुता कर्ता में रूपांतरित हो कर अनंत रूपों में पदसोपानिक संभावनाओं से युक्त होती है। यह रूपरेखा आधुनिक जैव-राजनीति के साथ क्लासिकल अरस्तूवाद के सहअस्तित्व को दर्शाती है। ऐसा महसूस होता है कि इस पश्चिमी तर्क-शास्त्र ने राजनीतिक क्षेत्र को अघा जाने की हद तक सराबोर कर दिया है।[30]

उपरोक्त विभेदक मॉडल एवं हिंदू जाति-व्यवस्था की पदसोपानिक सम्प्रभुता की व्यवस्था के संबंध में आम्बेडकर की धारणा के बीच स्पष्ट सादृश्य है। लेकिन आम्बेडकर का ज़ोर हिंदू व्यवस्था की अपवाद स्थिति पर अधिक है। अतएव, बतौर निष्कर्ष मैं जानना चाहता हूँ कि इस अपवाद की प्रकृति क्या है और इस अलगाव के सार्वभौम और जेनरिक पहलू क्या हैं? अपनी पुस्तक *हू वर द शूद्राज़?* — जिसका शीर्षक 1789 में रचित इमानुएल सीएस की पुस्तक *व्हाट इज़ द थर्ड एस्टेट?*[31] — से मिलता-जुलता

---

[30] इसका यह मतलब नहीं कि जियोर्जियो अगम्बेन की बेहद महत्त्वपूर्ण अवधारणा का महत्त्व कम हो जाता है. उनका मत है कि पश्चिमी राजनीतिक तर्कणा की शुरुआत संप्रभुता और सामर्थ्य के तर्क के परित्याग के साथ होती है, सम्प्रभुता के सशक्तीकरण और संघटन के राजनीतिक आह्वान के प्रत्येक स्तर पर उसका (सामर्थ्य का) पुनः आह्वान किया जाता है. कहा जा सकता है कि जाति जैसी ऐतिहासिक और सामाजिक रूप से बेगानी संरचना के संदर्भ में इस तरह के पुनः आह्वान और परित्याग की पोल खुल जाती है — संप्रभुता के इस स्वाँग का दूसरों के सामने भाँडा फूट जाता है (सिर्फ़ हिंदू ही इस स्वाँग को नज़रअंदाज़ कर पाते हैं क्योंकि वे, बकौल आम्बेडकर, न कुछ देखते हैं, न सुनते हैं, न महसूस करते हैं, न सोचते हैं).

[31] यहाँ मैं इस अवधारणा को आगे नहीं बढ़ाऊँगा, हालाँकि मैं इसे एक बेहतरीन अवधारणा मानता हूँ. लेकिन

है, में आम्बेडकर मानव के प्राकृतिक रूप से राजनीतिक प्राणी होने वाली यूनानी अवधारणा विकसित करते हुए रोमन क़ानून में मौजूद इसकी विभेदक और सशक्तीकरण कर सकने वाली हक़ीक़त पर रोशनी डालते हैं। उन्होंने दर्शाया है कि पैट्रीशियन-प्लेबियन (अभिजात वर्ग-निम्न वर्ग) श्रेणीबद्धता की स्थिति के दौरान रोमन नियम संहिता ने सामाजिक गतिशीलता के सिद्धांत को जगह दी, उसे बनाए रखा ताकि विधिक और सामाजिक व्यक्तित्वों को पदसोपानीय व्यवस्था के तहत भिन्न-भिन्न दर्जे दिये जा सकें। रोमन क़ानून विभिन्न नागरिकों को अलग-अलग मात्रा में वैधानिकता प्रदान करके व्यक्ति में आत्मपरकता का संचार करता है ताकि महज़ कला के ज़रिये व्यक्तित्वहीन से ऊपर न उठ पाने वाले निम्नवर्गीय जनों और गुलामों को भी अरस्तूवादी भाव-विरेचक सीमा-रेखा से ऊपर उठने का अवसर मिल पाए।[32] इसी तरह, अगर कोई अभिजात (पैट्रीशियन) समाज के सामने कोई निंदनीय कार्य करता है तो रोमन क़ानून उसे दंड का भागी बना सकता था और इस तरह वह व्यक्ति आत्मपरकता की सीमा-रेखा से नीचे गिर जाता था।[33] तो क्या आम्बेडकर, और उनके बाद का इतिहास, जाति-व्यवस्था के अंतर्गत निचली जातियों के निम्नवर्गीकरण/प्लीबियनाइजेशन की संभावना देखते थे?[34]

मुझे लगता है कि यह अवधारणा हमें एक अलग ही दिशा में ले जाती है जहाँ यह आम्बेडकर को भारतीय इतिहास के टॉकवील के सदृश बना देती है.

[32] लेख को संक्षिप्त रखने के लिहाज़ से मैं आम्बेडकर द्वारा प्रस्तुत रोमन क़ानून और ब्राह्मणीय विधि-संहिता की तुलना को विस्तार से प्रस्तुत नहीं करूँगा. लेकिन इस विषय की तफ़सीलात हासिल करना महत्त्वपूर्ण रहेगा. बेहतर रहेगा अगर पाठक आम्बेडकर की पुस्तक पढ़ें, लेकिन इतना तो इंगित कर ही दिया जाए कि आम्बेडकर आकस्मिकता को दोनों ही संहिताओं के बीच का मुख्य अंतर मानते हैं। रोमन संहिता ने आकस्मिकता को जगह दी थी. लेकिन रोमन क़ानून चूँकि क़ानून है, इसलिए इसे इस आकस्मिकता को एक लचीली लेकिन सुस्थापित संहिता के तौर पर समाहित करना होता है. तो क्या आम्बेडकर इस तरह के प्रावधान को आदर्श राजनीति मानते हैं? मेरा सुझाव है कि यह आदर्श राजनीति नहीं है और आम्बेडकर का कहना है कि ऐतिहासिक संयोग को किसी भी संविधान के लिए चुनौती के तौर पर देखना चाहिए. देखें, आम्बेडकर, *हू वर शूद्राज़* : 57-64; यह कृति डॉ. बाबासाहेब आम्बेडकर (1990) में संकलित है.

[33] यह एग्जिस्तिमेशियो या क़ानून की नज़र में हैसियत से गिर जाना कहलाता है. वर्जित कार्य करने से नागरिक की हैसियत गिर जाती थी — व्यक्तित्व वाले या बा-हैसियत नागरिक के लिए मंच पर चलना भी वर्जित कार्यों में शामिल था.

[34] मैं आज़ादी के बाद के भारत में इस तथाकथित प्लेबिनाइज़ेशन/निम्नवर्गीकरण की प्रक्रिया, खासतौर से चुनावी क्षेत्र का अन्वेषण नहीं करूँगा। लेकिन निचली जातियों के निम्नवर्गीकरण (एवं नस्लीकरण) और इससे संबंधित अध्ययन के लिए देखें क्रिस्तॉफ़ जैफ्रलो (2010).

आम्बेडकर का मानना था कि ब्राह्मणीय विधान की कठोरता के अंतर्गत तो ऐसा संभव नहीं है। ये कठोरताएँ मूर्तिभंजक ईसाइयों के अक्रीबिया[35] (मूसाई विधानों के शुद्ध रूप में पालन) के समान इसलिए गढ़ी गयी थीं ताकि समाज में किसी भी तरह की कार्रवाई और कुछ भी घटने की संभावना ख़त्म कर दी जाए। जातिगत पहचान और स्तर का अनंतकाल तक पीढ़ी-दर-पीढ़ी संचरण वह ब्राह्मणवादी तकनीक थी जिसके द्वारा इस सख़्ती को बनाए रखा गया। लेकिन प्राचीन रोम में एक अलग तकनीक अपनायी गयी : यह अतिसीमित लेकिन अद्भुत रूप से प्रभावशाली तकनीक थी जिसके तहत विधिक व्यक्तित्व की संस्थिति निर्धारित कर दी जाती थी। इसी बिंदु पर आम्बेडकर के लेख हू *आर द अनटचेबिल्स?* का अवलोकन करने पर हम पर कठोर ब्राह्मणवादी पदसोपानीय व्यवस्था की एक अद्भुत वृत्ति का खुलासा होता है।

इस लेख में आम्बेडकर 1935 के एक सर्वेक्षण के हवाले से भारत के तमाम प्रांतों में मौजूद अनुसूचित जातियों की एक सूची पर बात करते हैं। वे इसे एक दिल दहला देने वाली सूची क़रार देते हैं।[36] क्यों? क्योंकि इस सर्वेक्षण के मुताबिक़ हिंदू जाति-व्यवस्था की गतिहीन, कठोर सीमा-रेखा के नीचे — और यह कोई सीमारेखा नहीं बल्कि जीता-जगता नरक है — 429 समुदाय रहते हैं। यह दहला देने वाली संख्या उस वंचित, बेसहारा समुदाय का यथार्थ है। और, साथ ही यह संख्या आँकड़ेबाज़ी का शोशा भी है जो कि मानव होने की तुलना में मात्र प्राणी होने में निहित अपमान अभिव्यक्त नहीं करती। बल्कि यह तो अस्तित्व की गणना है जो पूरी संख्या को न गिनती

---

[35] मध्यकालीन ईसाई युग में मूर्तिभंजकों और मूर्तिप्रेमियों के बीच मूर्ति-पूजा के मुद्दे पर चले सैद्धांतिक झगड़े के संबंध में अक्रीबिया और ओइकोनोमिया (सत्ता की एक तरह की लचीली अर्थनीति) के बारे जानने के लिए देखें मारी-जोसे मोंदजैन (2005).

[36] आम्बेडकर, *हू वर अनटचेबिल्स?* : 265; यह कृति डॉ. बाबासाहेब आम्बेडकर (1990) में संकलित है. 1935 में भारत सरकार द्वारा तैयार की गयी इस सूची के बारे में जो चीज़ आम्बेडकर को भयभीत करती है वह है इस सूची का संपूर्ण अलगाव. गुलाम और मालिक, प्राणी और मानव, विदेशी और नागरिक की कल्पना दोनों के बीच की एक क्लासिकल अर्थव्यवस्था — और नाट्य-विधान का निर्वाह करती है. यह मानव अलगाव का भयावह नाटक है.

है न अभिव्यक्त ही करती है क्योंकि निचली जातियों के अस्तित्व को, आम्बेडकर के शब्दों में, मानवता के प्रमाणपत्र से महरूम किया जा चुका है।[37] इसका मतलब यह है कि यह सिर्फ़ और सिर्फ़ मानव-होने की अवस्था है, हालाँकि यहाँ सतत या औपचारिक मानवता का कोई निशान तक नहीं मिलता। इस तरह से यह असंगत रूप से मानव होने की अवस्था है। अतएव, पश्चिमी प्रारूप-वर्गीकरण के वानस्पतिक, प्राणी और मानव वाले द्वि या त्रि-विभाजन के ढाँचे के बरअक्स यह अनादिकालीन ब्राह्मणवादी विधान अधिक कठोर और व्यापक है। हालाँकि ऊपरी तीन वर्णों (द्विजों) के बीच की रिसावदार अर्थव्यवस्था के संबंधों में भी इसकी झलक मिल जाती है, लेकिन यह व्यवस्था निम्नतम वर्ग (शूद्र) पर ही सबसे भारी है और, आम्बेडकर की भविष्यवाणी के अनुसार, यह चतुर्थ वर्ण ही निचली जातियों के अस्तित्व का सम्भावित विवर्तनिक क्रीड़ा-स्थल है। जातियों, उप-जातियों और बहिष्कृत जातियों में समाज को बाँट देने का यह खेल दरअसल जातियों को एक जगह (और अनादि-अनंत काल तक) स्तरीकृत कर देने का खेल है। हालाँकि यह खेल परिसीमन, रूपांतरण और संविधान आधारित पश्चिमी राजनीति का सहज उपादान नहीं है — फिर भी आम्बेडकर इसरार करते हैं कि हर संविधान को अपने समाज में व्याप्त शक्ति-संतुलन अभिव्यक्त करना चाहिए।[38] अतः, पिछड़े वर्गों/जातियों को मिला आरक्षण दरअसल संविधान में अभिव्यक्त भारतीय समाज के प्रतिबिम्ब के तौर पर काम करेगा और यह दर्शाएगा कि संविधान का रूप भले ही उदारतावादी-पश्चिमी है, फिर भी यह संविधान और इसमें निहित आरक्षण का प्रावधान उदारतावादी-पश्चिमी संवैधानिक दर्शन और आदत के प्रति प्रतिरोध का सूचक है।

---

[37] देखें, आम्बेडकर की कृति *व्हाट डू द अनटचेबल्स से?* : 269. पुनः, सामाजिक सुधार की तरफ़ गाँधी के प्रयासों के संदर्भ में आम्बेडकर का मानना है कि इस प्रक्रिया में अधिकार की एक अमूर्त-सी अवधारणा भर दाँव पर नहीं लगी है बल्कि दाँव पर है एहसानमंद महसूस न करने की आदत जिसका लाज़िमी तौर पर निर्वाह किया जाना चाहिए. यह ऋणग्रस्तता की पुरानी ब्राह्मणीय आदत का स्वीकरण नहीं है. मैं इसे ऋण चुकाने से इंकार करने की एक नयी परियोजना कहना चाहूँगा.

[38] सामाजिक शक्तियों के संघटन के बारे में लासाल के उद्धरणों के बारे में देखें, *ऐनिहिलेशन ऑफ़ कास्ट* डॉ. बाबासाहेब आम्बेडकर (1989): 42.

लेकिन आम्बेडकर के जीवन और सक्रियता के आख़िरी दिनों तक आते-आते परिस्थितियाँ विरोधाभासी शक्ल अख़्तियार कर चुकी थीं — कभी नाज़ुक, कभी वैमनस्यपूर्ण और कभी एक साथ दोनों ही। अपने शुरुआती दिनों में आम्बेडकर ने कोलम्बिया युनिवर्सिटी में एक शोध-प्रबंध *कास्ट्स इन इंडिया* लिखा था। इस शोध-प्रबंध में आम्बेडकर ने जाति-व्यवस्था का निदान सुझाया था। उनका कहना था कि जाति-व्यवस्था, जिसके युगों लम्बे और विशाल ढाँचे ने समाज के गोशे-गोशे में दख़ल बना रखा है, एक ऐतिहासिक संयोग भी है।[39] उनके अनुसार यह इतने विशाल स्तर पर आयोजित किये जाने वाले इस कार्य, साज़िश और संयोग के कारण जाति एक सहज व्यवस्था, क़ानून और आदत बन कर व्यक्ति के सोच में पैबस्त हो गयी है। अपने इस शोध-प्रबंध के बाद से आम्बेडकर ने जाति-व्यवस्था के ख़िलाफ़ खुल कर आग्रह करने का कोई मौक़ा नहीं छोड़ा। उनका यह आग्रह कभी-कभी एक माँग का रूप भी ले लेता था। उनका आग्रह और माँग थी कि जाति व्यवस्था को एक ऐतिहासिक संयोग माना जाए, इसका विश्लेषण किया जाए और इससे छुटकारा पाया जाए। उनका कहना था कि इसका विनाश न सिर्फ़ अपनी आज़ादी और समानता की तलाश में लगे भारतीय इतिहास के सामने मुख्य प्रश्न बनना चाहिए बल्कि हर परिभाषा, मॉडल और विधान का भी मुख्य प्रश्न होना चाहिए। आम्बेडकर के अनुसार जाति-व्यवस्था का ऐतिहासिक संयोग बहुविध कारणों के संयोग के कारण एक अबूझ पहेली और डरावने मंज़र में बदल चुका है। यह हर क़िस्म की राजनीति से आग्रह और माँग करता है कि वह (राजनीति) सम्प्रभुता और सामर्थ्य के प्रति अपने कर्ज़ की अदायगी और उससे इंकार करने की अपनी क़वायदों में मुब्तिला रहने के साथ-साथ, कम से कम इस बार विचार और संयोग से लैस हो कर, मार्क्स के शब्दों में, अपनी पेचीदगियों को दुनिया के साथ अंतर्गुम्फित करेगी।[40]

[39] इस तर्क के लिए कि जातियाँ एक ही जाति से खंडित होकर बनी हैं और जाति-व्यवस्था के विभिन्न खंडों की अनादिकालीन श्रेणीबद्धता उपरोक्त तर्क की ऐतिहासिक वैधता का आभास देती है, देखें, डॉ. बाबासाहेब आम्बेडकर (1989) : 22.

[40] मैं यहाँ संयोग या घटनाओं का सिद्धांत प्रस्तुत नहीं करूँगा। लेकिन आकस्मिकता के परिणामों को समझने के लिए — जो कि आकस्मिकता को अनिवार्यता और नियति के रूप में बदल देते हैं — यह क़वायद ज़रूरी है। यह ऐतिहासिक रूप से अ-योजनीय कार्यों के बारे में नये सिरे से सोचने में समर्थ बनने के लिहाज़ से भी ज़रूरी

संदर्भ

अरिस्टोटल, *पॉलिटिक्स*, लुई रोप्स लूमिस (सं.), *अरिस्टोटल : ऑन मैन इन द युनिवर्स*, रोज़लिन, न्यू यॉर्क.

एंड्र्यू फ़र्ड (1995), 'कैथार्सिस : द एंशिएंट प्रॉब्लम', एंड्र्यू पार्कर एवं ईव कोसोक्रसकी (सं.), *पर्फ़ामिटिविटी ऐंड पर्फ़ार्मेंस*, रौटलेज, लंदन तथा न्यू यॉर्क.

क्रिस्तॉफ़ जैफ्रलो (2010), *रिलीजन, कास्ट ऐंड पॉलिटिक्स इन इंडिया*, प्राइमस बुक्स, नयी दिल्ली.

ज्याँ स्तैरोबिंस्की (2003), *एक्शन ऐंड रिएक्शन : द लाइफ़ ऐंड ऐडवेंचर ऑफ़ अ कपल*, अनु. सोफ़ी हॉक्स, ज़ोन बुक्स, न्यू यॉर्क.

ज़ील डलज़ (1991), *एम्पिरिसिज़म ऐंड सब्जेक्विटिविटी : ऐन एसे ऑन ह्यूम्स थियरी ऑफ़ ह्यूमन नेचर*, अनु. कोंस्तांतिन बौंदास, कोलम्बिया युनिवर्सिटी प्रेस, न्यू यॉर्क.

डॉ. बाबासाहेब आम्बेडकर, *कास्ट इन इंडिया तथा ऐनिहिलेशन ऑफ़ कास्ट*, वसंत मून (सं.) (1989), *राइटिंग्ज़ ऐंड स्पीचिज़ : खंड 1*, बॉम्बे एजुकेशन डिपार्टमेंट, गवर्नमेंट ऑफ़ महाराष्ट्र.

डॉ. बाबासाहेब आम्बेडकर, 'अ प्ली टू द फ़ॉरनर', वसंत मून (सं.) (1991) *राइटिंग्ज़ ऐंड स्पीचिज़*, खंड 9, बोम्बे एजुकेशन डिपार्टमेंट, गवर्नमेंट ऑफ़ महाराष्ट्र.

डॉ. बाबासाहेब आम्बेडकर (1991), 'गाँधीइज़म', *राइटिंग्ज़ ऐंड स्पीचिज़* , खंड 9.

डॉ. बाबासाहेब आम्बेडकर, *हू वर शूद्राज़*, वसंत मून (सं.) (1990), *राइटिंग्ज़ ऐंड स्पीचेज़*, खंड 7, एजुकेशन डिपार्टमेंट, महाराष्ट्र सरकार, बम्बई.

पेरी ऐंडर्सन (2012), 'आफ़्टर नेहरू',
http://www.irb.uk/v34/n15/perry.anderson/after.nehru.

मारी-जोसे मोंदजैन (2005), *इमेजिज़, आइकॅन, इकॉनॉमी : द बाईजेंटियन ऑरिजिंस ऑफ़ द कंटेम्परारी इमैजिनरी*, अनु. रिको फ्रांसेस, स्टैनफ़र्ड युनिवर्सिटी प्रेस.

सरबनी सेन (2007), *द कांस्टीट्यूशन ऑफ़ इंडिया : पॉप्युलर सॉवरेनिटी ऐंड डेमॉक्रैटिक ट्रांसफ़ार्मेशन*, ऑक्सफ़र्ड युनिवर्सिटी प्रेस, नयी दिल्ली.

है. मेरे ख़याल से इस बारे में बहुत प्रमाण मिल जाएगा कि आम्बेडकर ने भारत में रेलवे के आगमन को ऐसा ही एक ऐतिहासिक संयोग माना था जिसने कालातीत जातिगत-पृथक्करण के बारे में नया फ़ैसला लेने की संभावना मुहैया करवा दी थी. इसी अवसर पर हिंदूवाद प्रायश्चित का सहारा लेकर सही निर्णय से बच जाने की कोशिश करेगा — निर्णय के तौर पर पापशोधन (या भाव-विरेचन, शुद्धीकरण के अर्थ में) को अपना कर संकटकाल या आपातस्थिति का कर्ज़ा चुकता कर दिया जाता है. देखें, आम्बेडकर, *ऐनिहिलेशन ऑफ़ कास्ट* : 73.

हिंदुत्व से अंतर्क्रिया

महाराष्ट्र में हिंदुत्व के जाल में दलित राजनीति

सुहास पल्शीकर

भारतीय राजनीति में जाति-बहुसंख्यकवाद का क्षरण

राजेन्द्र वोरा

लोकसभा चुनाव, 2019 और दलित वोट भाजपा आगे क्यों रही

ज्योति मिश्रा और विभा अत्री

महाराष्ट्र में हिंदुत्व के जाल में दलित राजनीति

सुहास पल्शीकर

अनुवाद : कमल नयन चौबे

सुहास पल्शीकर का यह अध्याय आनंद तेलतुम्बडे (सं.), *हिंदुत्व ऐंड दलित्स : पर्सपेक्टिव्स ऑफ़ अंडर-स्टैंडिंग कम्युनल प्रैक्सिस*, (कलकत्ता, सौम्या, 2005) से लिया गया है, (पृ. : 208-223).

डॉ. आम्बेडकर की रैडिकल विरासत भारतीय समाज की पुनर्रचना के बारे में चिंतन करने के लिए उपलब्ध सबसे उत्कृष्ट विरासतों में से एक है। इसलिए यह अचरज की बात नहीं है कि लगातार यह प्रयास किया जा रहा है कि इस विरासत के रैडिकल आयाम को अप्रासंगिक बना दिया जाए, मौजूदा सत्ता संरचनाओं को वैधता देने के लिए आम्बेडकर को हड़प लिया जाए, तथा दलित कार्यकर्त्ताओं को औपचारिक सत्ता के क्षुद्र आकर्षण से अपनी ओर खींच लिया जाए। बहुजन समाज पार्टी का भारतीय जनता पार्टी के साथ गठजोड़ 'सोशल इंजीनियरिंग' की प्रक्रिया का एक आयाम है, जिसमें राजनीतिक हिंदुत्व के समर्थकों के रूप में दलितों को साथ मिला लिया गया है। एक बाहरी पर्यवेक्षक को यह बात अजीब लग सकती है कि महाराष्ट्र में भी ऐसी ही प्रक्रिया चल रही है। महाराष्ट्र में दलित चेतना का तक़रीबन सौ वर्षों का इतिहास रहा है, लेकिन इसके बावजूद हिंदुत्ववादी शक्तियाँ महाराष्ट्र की दलित जनता का भरोसा जीतने का प्रयास कर रही हैं, और वे अपने इस प्रयास में पूरी तरह विफल भी नहीं हुई हैं। मैं इन प्रयासों को महाराष्ट्र की राजनीति और समाज में अवस्थित करते हुए यह तर्क दूँगा कि राजनीतिक हिंदुत्व की आलोचना करने के बावजूद यह आवश्यक है कि हम राज्य में दलित राजनीति की पुनर्समीक्षा करें, और सिर्फ़ महाराष्ट्र ही नहीं बल्कि भारत के अन्य भागों में भी दलित राजनीति की विचारधारा और व्यवहार — दोनों की मजूबत समीक्षा तैयार करें।

स्वतंत्रता प्राप्ति के बाद दलित आंदोलन

स्वतंत्रता प्राप्ति के पहले के दौर में आम्बेडकर का आंदोलन उस दौर के कांग्रेस, कम्युनिस्ट या समाजवादी जैसे मुख्यधारा के राजनीतिक आंदोलनों से सहयोग के बिना ही विकसित हुआ। हालाँकि इसे ग़ैर-ब्राह्मण आंदोलन के कुछ तबक़ों से समर्थन और हमदर्दी मिली।[1] आम्बेडकर ने अपने आंदोलन

[1] ज्योतिराव फुले के सत्यशोधक आंदोलन के बाद महाराष्ट्र में ब्राह्मणों के प्रभुत्व और जातिगत असमानताओं के ख़िलाफ़ ग़ैर-ब्राह्मण आंदोलन आरम्भ हुआ. किसान मराठा समुदाय के साथ निम्न किसान तबक़ों ने भी इस आंदोलन में भागीदारी की. महाराष्ट्र में यह ग़ैर-ब्राह्मण आंदोलन अमूमन दलित आंदोलन से अलग रहा

के लिए एक अलग रास्ता चुनने का वरीयता दी क्योंकि वे सिर्फ़ ख़ुद अपनी मदद करने और आत्म-सम्मान के सिद्धांत पर ही विश्वास नहीं करते थे, बल्कि उन्हें पूर्व-अछूतों की स्थिति सुधारने के काम में ग़ैर-ब्राह्मणों की वचनबद्धता के प्रति संदेह था। रणनीतिक रूप से, इस पृथकता के कारण आम्बेडकर और उनके आंदोलन को कई बार स्वतंत्र, और कई दफ़ा 'अलोकप्रिय' दृष्टिकोण अपनाने में सहायता मिली। इस तरह, आम्बेडकर दलितों को एक 'अल्पसंख्यक' के रूप में प्रस्तुत कर सकें, जो राजनीतिक आरक्षण और अन्य सुरक्षा उपायों के हक़दार थे। राजनीतिक गत्यात्मकता की माँग के कारण आम्बेडकर ने कांग्रेस से सहयोग करने का फ़ैसला किया, हालाँकि उन्होंने बहुत संक्षिप्त अवधि तक कांग्रेस से सहयोग किया। यह सहयोग सिर्फ़ संविधान निर्माण के राष्ट्रीय मुद्दे तक सीमित था, और इसमें राजनीतिक सहयोग सम्मिलित नहीं था।

बहरहाल, स्वतंत्रता प्राप्ति के बाद के दौर की बदली हुई परिस्थितियों में उनके अनुयायी इस विचार पर टिके नहीं रह सकें। उनका पहला क़दम भाषाई राज्य के रूप में महाराष्ट्र के गठन के लिए चलने वाले लोकप्रिय आंदोलन में सम्मिलित होना था। इस आंदोलन में भागीदारी ने दलित राजनीति को महाराष्ट्र राज्य की राजनीति में मुख्य-मंच पर पहुँचा दिया। यद्यपि लम्बे समय तक यह लाभ क़ायम नहीं रहा, लेकिन इसने दलितों, समाजवादियों और कम्युनिस्टों (साम्यवादियों) के बीच सहयोग की संभावनाओं को खोला। इन सभी ने आंदोलन में बढ़-चढ़कर हिस्सा लिया था। इसके बाद 1960 के दशक के आख़िर में कांग्रेस से सहयोग का एक पीड़ादायक किंतु अनिवार्य चरण आया। इसके बाद, रिपब्लिकन पार्टी ऑफ़ इंडिया (आरपीआई) के किसी न किसी गुट का हमेशा ही कांग्रेस पार्टी के साथ गठजोड़ रहा है, वहीं कोई अन्य गुट ग़ैर-कांग्रेसी कैम्प में रहा है। इन क़दमों में निहित 'संसदवाद' का बहुत से रैडिकल कार्यकर्त्ताओं ने विरोध किया, जिनमें मार्क्सवादी-लेनिनवादी विचारों से प्रभावित कार्यकर्त्ता भी सम्मिलित थे। 1960 के दशक के आख़िरी

है. इस विषय पर ज़्यादा विस्तार से जानकारी के लिए देखें, गेल ऑम्वेट (1976).

वर्षों में 'ग़ैर-दलीय' राजनीतिक संघटनों का उदय भी हुआ। इसने दलित युवाओं को कांग्रेस के नेतृत्व वाली दलीय राजनीति से दूर हटने तथा ज़्यादा रैडिकल प्रकृति वाले जन संघर्षों में सम्मिलित होने के लिए प्रोत्साहित और प्रेरित किया। 1970 के दशक के आरम्भ में इस मंथन से प्रसिद्ध दलित पैंथर्स आंदोलन का उदय हुआ। पैंथर्स का समाजवादी और साम्यवादी राजनीतिक दलों और आंदोलन से अच्छा संबंध था, और ऐसा लगने लगा कि आख़िरकार दलित राजनीति एक व्यापक आधार वाले रैडिकल सामाजिक एजेंडा की ओर आगे बढ़ रही है। लेकिन पैंथर्स के बीच आम्बेडकर के चिंतन और रणनीति की व्याख्या के मुद्दे पर (और नेतृत्व के मसले पर) विभाजन हो गया। एक समूह यह विश्वास करता था कि आम्बेडकरवाद मार्क्सवाद का विरोधी है, इसलिए मार्क्सवादी सूत्रीकरणों से प्रभावित होना ग़लत है, तथा मार्क्सवादी दलों और समूहों के साथ सहयोग करना निंदनीय है। बहरहाल, पैंथर्स की उपलब्धियाँ ज़्यादा महत्त्वपूर्ण हैं। उन्होंने आम्बेडकर की विरासत की रैडिकल क्षमता के बारे में जागरूकता पैदा की तथा हिंदू रूढ़िवादी शक्तियों के ख़िलाफ़ लम्बे संघर्ष के लिए दलित कार्यकर्त्ताओं को तैयार किया। 1970 के दशक के आरम्भिक वर्षों में पैंथर्स और शिव सेना के कार्यकर्त्ताओं के बीच तीखा संघर्ष हुआ। इस तरह, आज़ादी के बाद पहली बार दलितों पर उनके राजनीतिक विरोधियों ने शारीरिक हमला किया। जल्द ही, देश में इंदिरा गाँधी के ख़िलाफ़ आंदोलन, 1975 में राष्ट्रीय आपातकाल लागू होने और आपात के कारण नये राजनीतिक समीकरणों के उभार होने जैसे उतार-चढ़ाव से भरी घटनाओं के कारण पैंथर्स और सेना के संघर्ष का मुद्दा पीछे छूट गया। 1977 के बाद के दौर में पैंथर्स के कार्यकर्त्ता सहित बहुत से दलित समूहों ने कांग्रेस विरोधी दलों के साथ प्रत्यक्ष या परोक्ष रूप से सहयोग किया। मराठवाड़ा विश्वविद्यालय का नाम बदलकर डॉ. आम्बेडकर के नाम पर रखने अर्थात् 'नामांतर' के मुद्दे का मराठवाड़ा क्षेत्र में विभिन्न तबक़ों ने तीखा विरोधी किया। यह मुद्दा महाराष्ट्र के दलित समूहों और विभिन्न राजनीतिक दलों के बीच संबंधों में एक नया मोड़ साबित हुआ।

यह संक्षिप्त विवरण इस बात का उल्लेख किये बग़ैर पूरा नहीं हो सकता है कि 1958 से महाराष्ट्र में दलितों के पास कभी भी एक संयुक्त राजनीतिक संगठन नहीं रहा। आरपीआई में समय-समय पर विभाजन होते रहें और अमूमन हर समय आरपीआई के तीन धड़े सक्रिय रहे हैं। हर धड़े का 'आरपीआई' नाम के साथ इतना गहरा भावनात्मक जुड़ाव रहा है कि वह ख़ुद को 'सच्चा आरपीआई' घोषित करता है। पैंथर्स ने इस स्थिति से आगे बढ़ने का प्रयास किया, किंतु वे भी विभिन्न गुटों में बँट गये। इसने राजनीतिक सत्ता को यह अवसर प्रदान किया कि वह एक गुट का उपयोग दूसरे गुट के ख़िलाफ़ करे तथा महाराष्ट्र में दलित राजनीति की राजनीतिक ऊर्जा और रैडिकल क्षमता को नष्ट कर दे। गुटबाजी के अलावा हमें राज्य में दलितों की सम्पूर्ण स्थिति पर भी ध्यान देना चाहिए। दलितों के बड़े पैमाने पर अप्रवासन का अर्थ यह है कि महाराष्ट्र में दलित राजनीति मुख्य रूप से मुम्बई, नागपुर और औरंगाबाद जैसे शहरों में केंद्रित है।[2] दलितों के बीच जाति आधारित विभेद भी काफ़ी मुखर हैं। महाराष्ट्र में, बड़े पैमाने पर बौद्ध धर्म अपना चुके महार जाति को यहाँ के दो अन्य प्रमुख जाति समूहों चर्मकार और मतंग की तुलना में ज़्यादा विकसित और राजनीतिक रूप से ज़्यादा जागरूक माना जाता है। यहाँ तक कि आम्बेडकर के जीवनकाल में भी ग़ैर-महार तबक़ों के बीच कुछ हद तक असहजता थी, और उनके अधिकांश अनुयायी महार समुदाय से संबंधित थे। कई बार ग़ैर-महारों की भावनाओं को संतुष्ट करने के लिए आम्बेडकर को उन्हें यह बताना पड़ता था कि वे महारों के पक्ष में कोई भेदभाव नहीं करते हैं। बाद में, उन्हें इस बात को भी स्पष्ट करना पड़ा था कि उनके धर्म-परिवर्तन में सिर्फ़ महार ही क्यों आगे हैं। विभिन्न दलित समुदायों के बीच इस तरह की असहजता स्वतंत्रता प्राप्ति के बाद के दौर में भी क़ायम रही। आरपीआई को कभी भी चर्मकार और मतंग समुदायों को अपनी ओर आकर्षित करने में सफलता नहीं मिली है, और इसका नेतृत्व भी तक़रीबन पूरी तरह से एक जाति से संबंधित रहा है। इसने पूर्व-महार और अन्य दो

---

[2] पद्मा वेलास्कर, (2000) : 473-500; 475-76.

दलित समुदायों के बीच की दूरी बढ़ाई है। बहुत से पूर्व-महार कार्यकर्त्ता इस बात पर बल देते हैं कि बौद्ध धर्म को अपनाना वास्तविक रैडिकल चिंतन और आम्बेडकर के विचारों में आस्था का प्रमाण है। चूँकि मतंग और चर्मकार समुदायों ने बड़े पैमाने पर धर्म परिवर्तन नहीं किया था, इसलिए बौद्ध कार्यकर्त्ताओं ने हिंदू धर्म से इनके जुड़ाव के कारण इनकी निंदा की। 1990 के दशक तक आरपीआई कार्यकर्त्ताओं ने चर्मकार और मतंग समुदायों के प्रतीकों का सम्मान नहीं किया। संत रविदास जयंती को चर्मकारों तथा अन्नाभाउ साठे के स्मरणोत्सव को मतंग के लिए पवित्र दिन माना जाता है। ये समुदाय आम्बेडकर जयंती के समारोहों के प्रति तुलनात्मक रूप से कम उत्साहित रहते हैं। इसके अलावा, बौद्ध धर्म के अनुयायी गणेश उत्सव और शिवाजी जयंती के समारोहों से दूर रहते हैं, वहीं चर्मकार और मतंग समुदायों के लोग इसमें भागीदारी करते हैं। इसके कारण महार समुदाय के कार्यकर्त्ता इन्हें संदेह से देखते हैं और हिंदू विचारों और संस्कृति के प्रति हमदर्दी रखने वाला मानते हैं।[3] ये घटनाक्रम ये दिखाते हैं कि दलित समुदाय के भीतर फूट है, बल्कि इसने हिंदुत्व को दलित राजनीति में हस्तक्षेप करने का अवसर भी मिलता है।

चुनावी राजनीति

आरपीआई के गठन के बाद से ही दलित समुदाय के एक तबक़े ने इसके साथ ख़ुद आम्बेडकर द्वारा बनाए गये संगठन के रूप में एक भावनात्मक जुड़ाव विकसित कर लिया। साथ ही, आरपीआई को दलितों के राजनीतिक संघर्ष के परिणाम के रूप में देखा जाने लगा। चूँकि कांग्रेस राज्य में प्रभुत्वशाली राजनीतिक दल था, इसलिए दलितों के मत आरपीआई और कांग्रेस के बीच विभाजित हुए। असल में, आरपीआई के विभिन्न धड़े कांग्रेस के साथ गठजोड़ करते रहे, इसके कारण कांग्रेस दलित मतों की मुख्य लाभार्थी बन गयी। महाराष्ट्र में राजनीति का विकास कांग्रेस प्रभुत्व की रूपरेखा के भीतर हुआ। अमूमन स्वतंत्रता प्राप्ति के बाद के आरम्भिक दशकों

---

3 सुहास पल्शीकर (2000) : 44-78.

में 1957 के अपवाद को छोड़कर कोई भी राजनीतिक दल कांग्रेस को चुनौती देने की स्थिति में नहीं रहा। 1957 में सभी ग़ैर-कांग्रेसी दल मराठी-भाषी लोगों के राज्य के निर्माण के मसले पर कांग्रेस के ख़िलाफ़ एकजुट हो गये थे। 1970 के दशक के आख़िरी वर्षों से राज्य की चुनावी राजनीति अत्यधिक प्रतियोगी हो गयी। इससे दलित मतों के रणनीतिक महत्त्व तथा दलित मतों के लिए प्रतियोगिता में वृद्धि हुई। बहरहाल, जब शिव सेना और भाजपा राज्य के राजनीतिक परिदृश्य में सामने आये, तो उन्हें दलित मतों के लिए होने वाली तीखी प्रतियोगिता से लाभ नहीं हुआ। इन शक्तियों को दलित-विरोधी और आम्बेडकर-विरोधी माना गया। यह भी माना गया कि ये शक्तियाँ सामाजिक परिवर्तन का विरोध करती हैं, जो कि उस समय दलित आंदोलन की मुख्य पहचान थी। 1995 के राज्य विधानसभा चुनावों में शिव सेना और भाजपा ने कांग्रेस को पराजित किया, उस समय 7 प्रतिशत दलित मतदाताओं ने भाजपा को तथा 6 प्रतिशत ने शिव सेना को मत दिया था। वहीं, 31 प्रतिशत दलित मतदाताओं ने कांग्रेस को मत दिया था।[4] लेकिन इन चुनावों ने यह भी दिखाया कि विभिन्न दलों और गुटों में विभाजित हो जाने के कारण दलित मतों के प्रभाव में गिरावट आयी है। मसलन, 1995 में 55 प्रतिशत दलित मत कांग्रेस, शिव सेना और भाजपा जैसी मुख्य खिलाड़ियों के अतिरिक्त आरपीआई के विभिन्न गुटों और अन्य दलों को गये।

1990 के पूरे दशक में यह प्रवृत्ति क़ायम रही। 1996 के लोकसभा चुनावों में केवल 28 प्रतिशत दलितों ने कांग्रेस को मत दिया तथा शिव सेना और भाजपा को केवल 8 प्रतिशत दलित मत मिले। एक बार फिर से,दलितों के 55 प्रतिशत मत अन्य दलों को गये। 1999 के चुनावों में यह प्रवृत्ति कुछ हद तक विपरीत दिशा में मुड़ी क्योंकि आरपीआई के दो गुटों और कांग्रेस के बीच तथा आरपीआई के एक गुट और राष्ट्रवादी कांग्रेस पार्टी के बीच चुनाव-पूर्व गठबंधन हुआ। 1999 में भाजपा को दलितों के 3.5 प्रतिशत मत मिले और शिव सेना को 7 प्रतिशत मत मिले। वहीं कांग्रेस को दलितों के

[4] राजेन्द्र वोरा और सुहास पल्शीकर (1996) : 105.

50 प्रतिशत तथा राष्ट्रवादी कांग्रेस पार्टी को 21 प्रतिशत मत मिले।[5] चुनावी राजनीति का एक अन्य रोचक पहलू यह है कि दलित मतदाताओं में शिव सेना और भाजपा के लिए समर्थन का अभाव होने के बावजूद इन दलों को राज्य विधानसभाओं में अनुसूचित जातियों के लिए आरक्षित अधिकांश क्षेत्रों में कामयाबी मिली। 1995 में शिव सेना के पास अनुसूचित जाति के पाँच विधायक और भाजपा के पास आठ विधायक थे, वहीं कांग्रेस के पास अनुसूचित जाति के सिर्फ़ तीन विधायक ही थे।[6] 1999 के विधानसभा चुनावों में भाजपा से अनुसूचित जाति के छह विधायक चुने गये और शिव सेना से पाँच।[7] दलित कार्यकर्त्ताओं और सामान्य मतदाताओं के लिए निश्चित रूप से यह निराशाजनक है कि वे किसी अन्य को मतदान करते हैं किंतु चतुर चुनावी अंकगणित के कारण वे सत्ता से बाहर रहते हैं। भाजपा और शिव सेना के टिकट पर चुनाव जीतने वाले विधायक अमूमन बौद्ध धर्म के अनुयायी नहीं होते हैं तथा विशेष रूप से चर्मकार और मतंग समुदायों से होते हैं। जब 1995 में शिव सेना और भाजपा ने सरकार का गठन किया तो भाजपा ने मंत्रिमंडल में मतंग समुदाय के एक विधायक को शामिल किया और शिव सेना ने एक चर्मकार को केबिनेट में स्थान दिया। भाजपा और शिव सेना की इस 'सोशल इंजीनियरिंग' ने पहले से ही दलित राजनीतिक कार्यकर्त्ताओं के बीच असहजता पैदा कर दी थी।

इसी पृष्ठभूमि में, शिव सेना के नेता उद्धव ठाकरे ने फ़रवरी 2003 में मुम्बई में एक छोटे कार्यक्रम में दलितों से यह अपील की कि वे शिवशक्ति (शिवसेना या जाति-हिंदुओं) और भीमशक्ति (आम्बेडकर अनुयायी, जिसमें दलित और बौद्ध-दोनों शामिल हैं) के बीच गठजोड़ के बारे में सकारात्मक रूप से विचार करें। यह भी उल्लेखनीय है कि शिव सेना ने यह आक्रामक राजनीतिक रुख़ इसलिए अपनाया क्योंकि कांग्रेस के नेतृत्व वाली सरकार

---

[5] सुहास पल्शीकर और राजेश्वरी देशपांडे (2003) : 97-122.

[6] राजेन्द्र वोरा और सुहास पल्शीकर (1996) : 92.

[7] सुहास पल्शीकर और नितिन बिरमल (2003) : 206-232.

में एक ग़ैर-महार दलित सुशील कुमार शिंदे को मुख्यमंत्री बनाया गया था। शिव सेना की रणनीति ने राज्य के राजनीतिक समीकरण को अस्थिर कर दिया क्योंकि 1999 के चुनावों से ही आरपीआई के प्रमुख धड़ों का या तो कांग्रेस के साथ गठबंधन था या फिर राष्ट्रवादी कांग्रेस पार्टी के साथ। यदि दलितों का मत शिव सेना के साथ चला जाता तो कांग्रेस और राष्ट्रवादी कांग्रेस पार्टी की सत्ता में वापसी नहीं हो सकती थी। लेकिन इसने राज्य में सामाजिक शक्तियों के पुनर्संयोजन तथा हिंदू धर्म, हिंदुत्व और सामाजिक परिवर्तन के बारे में दलितों के दृष्टिकोण को पुनर्परिभाषित करने में बड़ी भूमिका अदा की। शिव सेना द्वारा दलितों से सहयोग की अपील करने से पहले ही 1990 के दशक के आरम्भ में राष्ट्रीय स्वयंसेवक संघ (आरएसएस) ने आम्बेडकर को एक आदर्श व्यक्तित्व के रूप में स्वीकार करते हुए दलितों को अपनी ओर खींचने का प्रयास किया।

आम्बेडकर को हथियाना

सबसे पहले हम हिंदुत्ववादी शक्तियों द्वारा दलितों को अपने में मिलाने के लिए आम्बेडकर की विरासत को हिंदू संगठनों के समर्थक के रूप में हथियाने के प्रयासों पर विचार करेंगे। यह बात सर्वज्ञात है कि गोलवलकर के नेतृत्व में अकसर आरएसएस ने रूढ़िवादी परम्परावादी दृष्टिकोण का अनुसरण किया। इस समय इसका हिंदुत्व भी सुधारों का हिमायती नहीं था, और यह चतुर्वर्ण व्यवस्था की प्रशंसा करता था, जो एक तरह से जाति व्यवस्था का आधार थी। 1970 के दशक में आरएसएस ने जाति व्यवस्था पर अपने विचारों में बदलाव किया, और इसने यह कहना आरम्भ किया कि वह जाति में विश्वास नहीं करता है। वास्तव में, इसने यह प्रयास किया कि इसके अपने दृष्टिकोण में सुधार हो। लेकिन इस समय भी फुले और आम्बेडकर जैसे रैडिकल विचारकों से आरएसएस ने एक दूरी रखी। 1980 के दशक के आरम्भ में फुले और आम्बेडकर के नाम को दैनिक प्रातःकालीन प्रार्थना में

सम्मिलित किया गया।[8] 1983 से आम्बेडकर को हथियाने का सक्रिय प्रयास आरम्भ हुआ। इस साल आरएसएस ने सामाजिक समरसता मंच के नाम से एक मंच तैयार किया। 1983 में यह मंच तैयार करने के लिए जो तथाकथित कारण बताया गया, वह बहुत ही सतही था। यह कहा गया कि हिंदू कैलेंडर के अनुसार वर्ष 1983 में आरएसएस के संस्थापक हेडगेवार की जयंती 14 अप्रैल को पड़ती है। इस संयोग को हेडगेवार और आम्बेडकर के बीच संश्लेषण या समन्वय स्थापित करने के लिए इस्तेमाल किया गया।[9] इसके बाद से ही संघ परिवार के कुछ संगठनों ने ख़ुद को आम्बेडकर और उनके अनुयायियों से जोड़ने के लिए 14 अप्रैल और 6 दिसंबर के दिन कार्यक्रम आयोजित करना शुरू कर दिया। 1983-1990 के बीच समरसता मंच ज़्यादा सक्रिय नहीं रहा। इस दौरान दलितों को अपने विचारों से जोड़ने से ज़्यादा ग़ैर-दलितों को यह मनवाने का प्रयास किया गया कि आम्बेडकर को हिंदुत्व के शीर्षस्थ व्यक्तित्वों में से एक मानना क्यों महत्त्वपूर्ण है। इस संदर्भ में मंच और आरएसएस के एक वरिष्ठ कार्यकर्त्ता ने यह विचार व्यक्त किया कि मुख्य रूप से आम्बेडकर को इस तरह नये संद्रर्भ में प्रस्तुत करना था जिससे वे उच्च जाति के हिंदुओं को स्वीकार्य हो पाएँ, और साथ ही, इससे संघ पर दलित-विरोधी होने का ठप्पा भी ख़त्म हो जाए। उन्होंने बहुत साफ़ तरीक़े से यह कहा कि आरएसएस के आम कार्यकर्त्ता फुले या आम्बेडकर को बहुत श्रद्धा या स्नेह से नहीं देखते हैं। समसरता मंच दलितों और आम्बेडकर के बारे इस नकारात्मक सोच को बदलने की दिशा में एक प्रयास था।[10]

'समरसता' शब्द के उपयोग और इसके अर्थ के बारे में बहुत कुछ कहा जा सकता है। सबसे ख़ास बात यह है कि इसके माध्यम से बहुत चतुराई से 'समता' या समानता शब्द के उपयोग की उपेक्षा की गयी। समरसता, समानता के बजाय एकता को रेखांकित करती है। आरएसएस आम्बेडकर

---

[8] *विचारयात्रा : डॉ. हेडगेवार ते डॉ. आम्बेडकर : एक सामाजिक प्रवास* (प्रकाशन वर्ष अनुपलब्ध) : 54.

[9] बी. पी सबाले (प्रकाशन वर्ष अनुपलब्ध) : 126.

[10] रमेश पतांगे (1996) : 64-65.

को अपनाकर अपनी छवि को मजबूत बनाना चाहता था, लेकिन इसके साथ ही वह आम्बेडकर के रैडिकल परिवर्तनकारी विरासत पर दावा नहीं करना चाहता थी। ऐसा इसने निम्नलिखित तरीक़े से किया :

(क) सबसे पहली बात तो यह है कि आरएसएस ने यह स्वीकार किया कि आम्बेडकर एक राष्ट्रीय प्रतीक और राष्ट्रीय स्तर के प्रेरक व्यक्तित्व थे (वे सिर्फ़ दलितों के नेता नहीं थे)। यह कहा गया कि सामाजिक एकता के समर्थक के रूप में आम्बेडकर महत्त्वपूर्ण हैं (यह आरएसएस के लिए भी सबसे प्रिय लक्ष्य है)। (यह अलग बात है कि अभी भी आरएसएस के बहुत से लोगों को आम्बेडकर के राष्ट्रवादी विश्वसनीयता पर संदेह है। अरुण शौरी की पुस्तक *वर्शिपिंग फ़ॉल्स गॉड* इसी प्रवृत्ति को प्रमाणित करती है।)[11]

(ख) दूसरा, समरसता मंच ने यह प्रयास किया कि वह आम्बेडकर को हिंदू हितों और हिंदू एकता के समर्थक के रूप में प्रस्तुत करे। जहाँ आर-एसएस और हिंदुत्ववादी शक्तियाँ आम्बेडकर द्वारा बौद्ध धर्म अपनाने के फ़ैसले से नाराज़ थीं, वहीं अब यह तर्क दिया जाने लगा कि आम्बेडकर द्वारा किसी 'बाहरी' धर्म के स्थान पर बौद्ध धर्म को अपनाना इस बात का प्रमाण था कि वे हिंदू समाज के प्रति नर्म थे, और इससे आगे बढ़ते हुए यह दलील भी दी गयी कि आख़िरकार बुद्ध भी विष्णु के ही अवतार थे! निश्चित रूप से, इस प्रक्रिया में बहुत सारे ग़लत तथ्यों का सहारा लिया गया क्योंकि धम्मदीक्षा के समय आम्बेडकर द्वारा दिलाई गयी प्रतिज्ञाओं में से एक प्रतिज्ञा यह थी कि कोई व्यक्ति बुद्ध को विष्णु के अवतार के रूप में स्वीकार नहीं करेगा। लेकिन आरएसएस को बौद्धिक क्षमता या विचारों के क्षेत्र में शुचिता और ईमानदारी के लिए नहीं जाना जाता है। इसलिए अपने हित के अनुरूप आम्बेडकर के विचारों को विकृत करना उनके लिए कोई गंभीर विषय नहीं था।

(ग) समरसता मंच ने पहले इस बात पर बल दिया कि आम्बेडकर मानवता का कल्याण करना चाहते थे। फिर, इससे आगे बढ़ते हुए इसने आम्बेडकर को हिंदू धर्म के भीतर सुधारक के रूप चित्रित करने का प्रयास किया। ऐसा

---

11 अरुण शौरी (1997).

नहीं था कि आरएसएस को सुधारकों से कोई विशेष प्यार था, किंतु इस सूत्रीकरण के आधार पर यह तर्क तैयार किया गया कि आम्बेडकर हिंदू धार्मिक विमर्श के भाग थे। पिछली डेढ़ सदियों में चार प्रकार के विमर्शों की रूपरेखा में हिंदू धर्म की चर्चा की गयी है : सुधारवादी, ईसाई रूपरेखा, आधुनिकतावादी-तार्किकतावादी रूपरेखा तथा न्याय और नैतिकता के मूल्यों में सन्निहित परिवर्तनकारी रूपरेखा। मेरा यह मानना है कि आम्बेडकर आख़िरी विमर्शों की रूपरेखा से संबंधित थे, और उन्हें सुधारवादी रूपरेखा के भीतर लाने का प्रयास करना उनके चिंतन और विचारों से प्रभावकारी तरीक़े से रैडिकल तत्वों को ख़त्म करने की तरह है।

(घ) समरसता मंच ने आम्बेडकर को हिंदू धर्म की सुधारवादी रूपरेखा में सम्मिलित करके उन्हें एक मुस्लिम विरोधी हिंदूवादी चिंतक के रूप में प्रस्तुत किया (यद्यपि मुस्लिम प्रश्न पर आम्बेडकर के विश्लेषण में काफ़ी कमियाँ हैं, लेकिन अभी भी उनका दृष्टिकोण आरएसएस और हिंदुत्ववादी संगठनों से अलग है। मैंने एक अन्य स्थान पर इसकी विस्तार से विवेचना की है।)[12]

(ङ.) समरसता मंच ने अपने इस सम्पूर्ण कार्य को प्रामाणिकता देने के लिए दलित बुद्धिजीवियों के बीच अपने काम की स्वीकार्यता बढ़ाने का प्रयास किया। इसने हमेशा ही दलित कार्यकर्त्ताओं और बुद्धिजीवियों के बीच एक तीखे विवाद को जन्म दिया। इस तथ्य ने बहुत से दलित बुद्धिजीवियों को अपनी ओर आकर्षित किया कि एक रूढ़िवादी हिंदू संगठन आम्बेडकर को अपनाने के लिए तैयार है। समरसता की भाषा ने भी बहुतों को आकर्षित किया। एक वरिष्ठ दलित बुद्धिजीवी गंगाधर पनटावने समसरता मंच को अपनाने वाले आरम्भिक विद्वानों में से एक थे। उन्होंने पूना में इस मंच के सम्मेलन का उद्घाटन किया (4 दिसंबर,1988)। मंच द्वारा प्रकाशित होने वाली एक पत्रिका में उनके सम्बोधन को छापा गया। पनटावने को यह अंदाजा हो गया था कि उनके इस कार्य की तीखी आलोचना की जाएगी, और इसलिए उन्होंने यह तर्क दिया कि ख़ुद आम्बेडकर भी गणेश महोत्सव में सम्बोधन देते थे। पनटावने आम्बेडकर

---

[12] सुहास पल्शीकर (1994).

के समय के गणेश महोत्सव और आरएसएस की गतिविधियों में परोक्ष रूप से निहित राजनीतिक एजेंडा के बीच अंतर करने में नाकाम रहें। अपने इसी दृष्टिकोण के कारण उन्होंने आरएसएस द्वारा अस्पृश्यता को नकाराने का स्वागत किया।[13] इसी तरह, अन्य बहुत से दलित बुद्धिजीवी भी आर-एसएस द्वारा किये जा रहे काम के राजनीतिक महत्त्व को समझने में नाकाम रहें। उन्होंने बहुत ही सरलता से यह स्वीकार कर लिया कि समरसता की भाषा स्वतंत्रता, समानता और बंधुत्व के अतिरिक्त कुछ भी नहीं है। बुद्धिजीवियों की भागीदारी के लिए प्रसिद्ध आंदोलन में इस तरह की सरलता या भोलापन आश्चर्यजनक है!

समरसता मंच के प्रयासों का पहला लक्ष्य आम्बेडकर की विरासत को हथियाना और जाति-हिंदुओं और दलितों — दोनों को ही यह दिखाना था कि आम्बेडकर एक क्रांतिकारी नहीं था, बल्कि वे एक हिंदू समाज सुधारक थे। इसलिए दलितों और जाति-हिंदुओं के बीच आम्बेडकर की विरासत को लेकर आपस में संघर्ष करने का कोई कारण नहीं है। दूसरा, वे इसके माध्यम से मुस्लिमों के बारे में भी संदेश देना चाहते थे। हिंदुत्ववादी शक्तियों ने यह दिखाने का प्रयास किया कि आम्बेडकर मुस्लिमों के विरोधी थे। इस तरह, उन्होंने मुस्लिम विरोध के साझा मंच पर दलितों और जाति-हिंदुओं के बीच एकता पैदा करने का प्रयास किया। आरएसएस के बाहर भी आम्बेडकर के इस सूत्रीकरण का समर्थन किया गया। नब्बे के दशक में दो सावरकरवादी बुद्धिजीवियों ने आम्बेडकर की व्याख्या करते हुए यह कहा कि वे हिंदू हितों के समर्थक थे तथा मुस्लिमों को संदेह से देखते थे।[14] इनके लेखन आम्बेडकर के बारे में हिंदुत्व के तर्कों के संदर्भ-बिंदु बन गये। ये अपनी बौद्धिक गहनता के कारण रोचक नहीं हैं, बल्कि इनकी ख़ासियत यह है कि ये कम से कम समकालीन हिंदुत्व की मुख्य चिंताओं को उजागर करती हैं। अब आरएसएस और हिंदुत्ववादी संगठनों ने हिंदुत्व के बारे में सावरकर के विचारों को स्वीकार कर लिया है। यह एक उग्र मुस्लिम-विरोधी हिंदुत्व है, जो एक मजबूत हिंदुत्व

[13] गंगाधर पनटावने (प्रकाशन वर्ष अनुपलब्ध) : 61.

[14] एस. एच. देशपांडे (1992); शेषराव मोरे (1992); (1998).

शक्ति की निर्मिति के लिए जातिगत असमानताओं को ख़ारिज करता है। यह हिंदुत्व के ब्राह्मणवादी संघटन से काफ़ी अलग है। अब निम्न जातियों को उग्र राजनीतिक हिंदुत्व के 'पदचालक सैनिकों' के रूप में देखा जाने लगा।[15]

इस नये-हिंदू धर्म को सिर्फ़ संख्यात्मक शक्ति के लिए ही नहीं, बल्कि वैधता पाने के लिए भी निम्न जातियों और दलितों के समर्थन की आवश्यकता है, और हिंदू धर्म के महापुरुषों में आम्बेडकर को सम्मिलित करके यह लक्ष्य आसानी से हासिल किया जा सकता है। जैसा कि गोपाल गुरु ने बताया है, यह एक ऐसी रणनीति है जिसका लक्ष्य आम्बेडकर का 'हिंदूकरण' करना है।[16] यह उल्लेखनीय है कि बहुत कम दलित बुद्धिजीवियों या समूहों ने ही आम्बेडकर की हिंदुत्ववादी व्याख्या का विरोध करने का प्रयास किया। दलित समूह इस बात को लेकर आश्वस्त थे कि हिंदुत्ववादी शक्तियाँ चाहे कुछ भी कर लें, दलित हिंदुत्व के ख़िलाफ़ हैं और रहेंगे क्योंकि आम्बेडकर ने हिंदू धर्मिक दर्शन की बहुत तीखी आलोचना की है। इसलिए, आम दलितों को हिंदुत्व की बढ़ती पैठ के बारे में चेतावनी देने का कोई प्रयास नहीं किया गया। दूसरा, दलित राजनीति ने आम्बेडकर को एक निरर्थक आइकॉन में तब्दील कर दिया, और इस तरह इसने आम्बेडकर की पुनर्व्याख्या करने और उनकी रैडिकल विरासत को मजबूत करने के काम की उपेक्षा की। कुछ अपवादों को छोड़कर दलित बुद्धिजीवियों ने आरएसएस या एस. एच. देशपांडे और शेषराव मोरे जैसे हिंदुत्ववादी बुद्धिजीवियों द्वारा आम्बेडकर की व्याख्या का विरोध करने का कोई प्रयास नहीं किया। आम्बेडकर के बारे में चलने वाले वाद-विवाद में हस्तक्षेप करने की असमर्थता ने इससे जुड़े मुद्दों के बारे में आम दलितों में भ्रम को बढ़ाने में योगदान दिया। इसके अलावा, इसी दौर में (1990 के दशक में) दलित राजनीति राजनीतिक उथल-पुथल और गुटबंदी का शिकार हो गयी। दलित आंदोलन जड़ हो गया और आम दलितों को ख़ुद के भरोसे छोड़ दिया गया, वहीं दलित नेतृत्व राजनीतिक समझौता-वार्त्ता में व्यस्त हो गया।

---

15 नव-हिंदुधर्म के बारे विस्तृत तर्क के लिए देखें, राजेन्द्र वोरा और सुहास पल्शीकर (1990) : 213-243.

16 गोपाल गुरु (1991) : 339-41.

सत्ता की तार्किकता

आम्बेडकर की विरासत को कमज़ोर और विकृत करने के प्रयासों तथा दलितों और शिव सेना के जाति-हिंदू समर्थकों को क़रीब लाने के प्रयासों के बीच एक अंतर है। पहले वाला प्रयास आम्बेडकर की विरासत को हथियाने की दीर्घकालिक योजना से संबंधित है; वहीं बाद वाला प्रयास दलित नेतृत्व को इसके समर्थकों से वंचित करने तथा राज्य की राजनीति में उन्हें प्रभावहीन बनाने से संबंधित है। पहले वाले प्रयास का लक्ष्य प्रगतिशील और जाति-विरोधी विचारों के स्थान को ख़त्म करना है, वहीं बाद वाला प्रयास समकालीन महाराष्ट्र में दलितों को उपलब्ध राजनीतिक स्थान से उन्हें वंचित करना चाहता है। वर्तमान समय में, महाराष्ट्र में दलित राजनीति तीन गुटों में बँटी हुई है : अठावले गुट, गवई गुट और प्रकाश आम्बेडकर के नेतृत्व वाला गुट। अठावले गुट का मुम्बई और पश्चिमी महाराष्ट्र के भागों में काफ़ी प्रभाव है। पिछले लोकसभा चुनावों में अठावले ने कांग्रेस के समर्थन से शिव सेना का गढ़ माने जाने वाले प्रतिष्ठित मुम्बई निर्वाचन क्षेत्र से जीत हासिल की। शिव सेना और भाजपा पश्चिमी महाराष्ट्र में कांग्रेस को चुनावी रूप से कमज़ोर करने के लिए जी-तोड़ प्रयास कर रही है। यह देखते हुए कि अठावले ने हमेशा ही 'सांप्रदायिक' शक्तियों के ख़िलाफ़ कांग्रेस (और राष्ट्रवादी कांग्रेस पार्टी) से गठजोड़ का समर्थन किया है, उनके गुट के आधार में क्षरण होने से शिव सेना और भाजपा को लाभ होगा। बहरहाल, असली कहानी यह नहीं है कि शिव सेना दलितों का समर्थन चाहती है, बल्कि हक़ीक़त यह है कि एक बड़ी संख्या में दलित कार्यकर्त्ता शिव सेना से हाथ मिलाने के विचार से हमदर्दी रखते हैं। असल में, इस घटनाक्रम की व्याख्या करने की आवश्यकता है। सिर्फ़ कुछ कार्यकर्त्ताओं द्वारा ही नहीं, बल्कि बुद्धिजीवियों द्वारा भी यह तर्क दिया गया कि कांग्रेस दलितों को सत्ता में पर्याप्त हिस्सेदारी नहीं देती है, इसलिए शिव सेना के साथ किसी तरह का समझौता या गठजोड़ दलितों के लिए लाभदायक हो सकता है।

प्रगतिशील आंदोलन से जुड़े एक प्रभावशाली बुद्धिजीवी रावसाहेब कासबे ने इस प्रवृत्ति की खुलकर तरफ़दारी भी की है। कासबे के अनुसार, पहली बात तो यह है कि शिव सेना के कार्यकर्त्ता हिंदुत्व के विमर्श से कुछ हद तक दूर हैं और, इसलिए, इसके साथ गठजोड़ को हिंदुत्ववादी शक्तियों के साथ समझौते के रूप में नहीं देखा जाना चाहिए। दूसरा, अब ग़ैर-विचारधारात्मक राजनीतिक का दौर है, इसलिए इस बात से कोई फ़र्क़ नहीं पड़ता है कि आपके सहयोगी की विचारधारा क्या है। तीसरा, कांग्रेस और राष्ट्रवादी कांग्रेस पार्टी ईमानदारी से सत्ता में हिस्सेदारी नहीं करते हैं, वहीं शिव सेना अमूमन अपने वायदों को पूरा करने के लिए जानी जाती है। चौथा, कांग्रेस और राष्ट्रवादी कांग्रेस पार्टी मराठा जाति से जुड़ी हुई हैं, वहीं शिव सेना अन्य पिछड़ी जातियों से संबंधित है। इसलिए, शिव सेना के साथ गठजोड़ अन्य पिछड़ी जातियों के साथ गठजोड़ की ओर संकेत करता है, जो कि सामाजिक रूप से ज़्यादा प्रगतिशील हो सकता है। सबसे महत्त्वपूर्ण बात यह है कि वे यह तर्क देते हैं कि प्रगतिशील शक्तियों द्वारा मुम्बई जैसे कई स्थानों पर मुस्लिम कट्टरपंथ के तथ्य की उपेक्षा की जाती है, और वे (प्रगतिशील शक्तियाँ) मुस्लिम सांप्रदायिकता के ख़िलाफ़ खड़ी नहीं हो सकती हैं। सिर्फ़ शिव सेना ही मुस्लिमों की सांप्रदायिकता से लड़ सकती है, और शिव सेना से गठजोड़ करते समय दलितों के दिमाग़ में यह बात निश्चित रूप से रहेगी।[17]

यह सम्पूर्ण सूत्रीकरण अपने-आप में हैरतअंगेज़ है। लेकिन चूँकि इसे एक वरिष्ठ दलित बुद्धिजीवी ने प्रस्तुत किया है, इसलिए यह दलित राजनीति की अंदरूनी प्रवृत्तियों के संदर्भ में महत्त्वपूर्ण हो जाता है। कासबे इस बात पर संदेह व्यक्त करते हैं कि शिव सेना के साधारण कार्यकर्त्ता को हिंदुत्व के बारे में कोई ख़ास जानकारी होती है; लेकिन बाद में वे साफ़ तौर पर यह स्वीकार करते हैं कि सेना मुस्लिम-विरोधी है, और वे सेना के सरल हिंदुत्व और आर-एसएस के गंभीर और शुद्धतावादी हिंदुत्व के बीच अंतर करते हैं (हालाँकि

[17] रावसाहेब कासबे, (2003) :14-16.

इस मूल्यांकन में भी कई कमियाँ हैं)।[18] इस तरह कासबे ने पहले शिव सेना को यह प्रमाण-पत्र दिया कि वह वास्तव में हिंदुत्ववादी नहीं है, और फिर बाद में यह दावा किया कि वह वास्तव में हिंदुत्ववादी है। इस अंतर्विरोध के अतिरिक्त ऐसा प्रतीत होता है कि वे 'ग़ैर-विचारधारात्मक' तरीक़े को स्वीकार करते हैं, जिसमें समकालीनता को राजनीतिक आचरण का मुख्य आधार माना जाता है। यहाँ एक बार फिर से कासबे इस तथ्य से बेख़बर लगते हैं कि आरएसएस और भाजपा की राजनीति बुनियादी रूप से विचारधारात्मक है। जहाँ तक कासबे के इस दावे का प्रश्न है कि सेना अपने वायदे की पक्की है, तो हम इसके ख़िलाफ़ कुछ तर्क नहीं देंगे क्योंकि हमें इस बारे में कोई अनुभव नहीं है और हमें यह भी नहीं पता है कि कासबे की सूचना का स्रोत क्या है। लेकिन कासबे का यह तर्क पूरी तरह ग़लत है कि शिव सेना अन्य पिछड़ी जातियों या ओबीसी की शक्ति का प्रतिनिधित्व करती है। विभिन्न समुदायों के विधायकों की संख्या और विभिन्न समुदायों द्वारा मिलने वाले समर्थन — दोनों ही आधारों पर शिव सेना कांग्रेस की ही तरह है। इसमें मराठाओं का घटक सबसे बड़ा है, जिसमें ओबीसी अनुपूरक की भूमिका निभाते हैं। दूसरा, मुम्बई में इसका बड़ा आधार होने के कारण ऐसा लगता है कि यह ओबीसी की पार्टी है। किंतु आँकड़ों से यह बात स्पष्ट रूप से सामने आती है कि शिव सेना को ओबीसी की पार्टी नहीं माना जा सकता है।[19]

जहाँ तक मुस्लिम समुदाय के बारे में कासबे के मूल्यांकन का प्रश्न है, यह सिर्फ़ हिंदुत्ववादी शक्तियों द्वारा लगाए जाने वाले आरोपों का दोहराव है। इन आरोपों में मुस्लिम समुदाय के कुछ चुनिंदा उदाहरणों के माध्यम से सामान्यीकरण करने का प्रयास किया जाता है, और यह दुर्भाग्यपूर्ण है कि कासबे भी इस तरह के प्रॉपेगेंडा का शिकार हो गये। बहरहाल, इन कमियों के बावजूद कासबे के तर्क कम महत्त्वपूर्ण नहीं हैं और इनसे काफ़ी महत्त्वपूर्ण संकेत मिलते हैं। पहला, शायद कासबे यह तर्क देना चाहते हैं कि सत्ता के

---

[18] वही : 16.

[19] सुहास पल्शीकर (1990).

खेल में सत्ता हासिल करना महत्त्वपूर्ण है और विचारधारा की चिंताओं को सत्ता हासिल करने के रास्ते में बाधक नहीं बनने देना चाहिए। दूसरा, कासबे जाति या समुदाय के आधार पर सत्ता में भागीदारी करने के मौजूदा रुझान को भी स्वीकार करते हैं। शायद इन दो आयामों के संदर्भ में उनके विचार साधारण कार्यकर्त्ताओं से काफ़ी मिलते-जुलते हैं। चुनावी राजनीति की बाध्यताओं और बहुजन समाज पार्टी (बसपा) द्वारा दक्षतापूर्वक इनके उपयोग ने सत्ता के बारे में कार्यकर्त्ताओं के दृष्टिकोण में परिवर्तन किया है। दलित युवक मायावती और कांशीराम के प्रभामंडल से अत्यधिक प्रभावित हुए हैं। जबसे ये नेता परिदृश्य में सामने आये हैं, आम्बेडकर के लेखन के बारे में समझ में भी बदलाव हुआ है। अब यह विश्वास किया जाता है कि आम्बेडकर ने इस बात पर बल दिया कि दलितों को 'शासक' बनना चाहिए, और आम्बेडकरवाद मुख्य रूप से राज्य सत्ता से ही संबंधित है। आरएसएस द्वारा आम्बेडकर को हथियाने से पहले ही, बसपा ने आम्बेडकर की विरासत को काफ़ी नुक़सान पहुँचा दिया था। इसने दलित कार्यकर्त्ताओं को ग़ैर-विचारधारात्मक और तदर्थ गठजोड़ों के लिए तैयार किया। इस संदर्भ में इसने इस बात पर भी ध्यान नहीं दिया कि ऐसे गठजोड़ों का जाति-विरोधी लोकतांत्रिक संघर्ष पर क्या प्रभाव पड़ेगा, जिसके लिए आम्बेडकर पूरी जिंदगी संघर्ष करते रहें। मैंने एक अन्य स्थान पर यह तर्क दिया है कि बसपा ने आम्बेडकर को महत्त्वहीन बनाने में योगदान दिया है।[20]

प्रभाव

एक अर्थ में, समकालीन घटनाक्रमों को राष्ट्रीय राजनीति के व्यापक संदर्भ में, महाराष्ट्र में दलित आंदोलन के प्रक्षेप-पथ या ट्रैजेक्टरी के एक भाग के रूप में देखा जाना चाहिए। पैंथर्स आंदोलन की नाकामी के बाद महाराष्ट्र में दलित आंदोलन का काफ़ी क्षरण हुआ। इस क्षरण के दो आयाम हैं : एक ओर, आम्बेडकर ने जिस लोकतांत्रिक परिवर्तन की परिकल्पना की थी, उस

[20] सुहास पल्शीकर (2002) : 3, 4, 15; (2003) : 25-29.

पर ध्यान देना बंद कर दिया गया है। दूसरी ओर, विचारधारात्मक मुद्दों को समझने के लिए कार्यकर्त्ताओं को पर्याप्त प्रशिक्षण नहीं दिया जा रहा है। इस कारण, अब वे सिर्फ़ किसी भी तरह सत्ता हासिल करने के विचार के प्रति आकर्षित हो गये हैं। नेतृत्व द्वारा व्यक्तिगत रूप से सत्ता में भागीदारी करने के लिए किये जाने वाले समझौतों ने इस यांत्रिक प्रवृत्ति को बढ़ावा दिया है। महाराष्ट्र में जहाँ इस तरह सत्ता का खेल सामने आया, वहीं साधारण दलित कार्यकर्त्ता सत्ता के हाशिये पर ही रहा। नेता 'सांप्रदायिकता के ख़िलाफ़ अपने संघर्ष' के परिणामस्वरूप मंत्री और विधायक बन गये, वहीं स्थानीय स्तर के कार्यकर्त्ता अभी भी शक्तिहीन विपक्ष की भूमिका निभाते रहें। ज़िला परिषद और सत्ता के अन्य स्थानीय केंद्रों में दलित कार्यकर्त्ताओं को कोई स्थान नहीं मिला। इस अंतर ने दलित कार्यकर्त्ता के मन में निराशा की भावना भर दी है। जब ऐसे कार्यकर्त्ता उत्तर प्रदेश में मायावती के प्रयोग को देखते हैं, तो उन्हें अन्य किसी आयाम की तुलना में सत्ता का तर्कशास्त्र ही सबसे महत्त्वपूर्ण नज़र आता है। सत्ता के लिए लम्बा रास्ता तय करने के बजाय, कार्यकर्त्ताओं में आम्बेडकर को प्रकाशस्तम्भ मानने के बजाय प्रतिमा या आइकॉन मानने की प्रवृत्ति बढ़ी है। जब शिव सेना ने दलितों से शिवशक्ति से हाथ मिलाने की अपील की, तब सत्ता के तर्कशास्त्र के कारण दलित कार्यकर्त्ता और कासबे जैसे दलित बुद्धिजीवी इस तथ्य को पूरी तरह भूल गये कि इसी शिव सेना ने मराठवाड़ा युनिवर्सिटी का नाम बदलकर डॉ. आम्बेडकर के नाम पर रखने के ख़िलाफ़ चलने वाले आंदोलन में अग्रणी भूमिका निभाई थी। यह भी भुला दिया गया कि शिव सेना जाति के आधार पर आरक्षण का विरोध करती रही है, और इसने राम और कृष्ण के प्रति आम्बेडकर के आलोचनात्मक लेखन (*रीड्ल्स ऑफ़ हिंदुइजम*) को प्रकाशित करने का विरोध किया था। पिछले कई दशकों से शिव सेना प्रमुख बाल ठाकरे यह विचार व्यक्त करते रहें कि शिव सेना 'म' से आरम्भ होने वाले तीन शब्दों के प्रभुत्व के ख़िलाफ़ है : मराठा, मुस्लिम और महार। इसे भी भुला दिया गया। किसी ने इस बात का उल्लेख भी नहीं किया कि शिव सेना इस विचार

का समर्थन करती है कि हिंदुत्व ही राष्ट्रवाद है। इन विवरणों से यह पता चलता है कि यह कल्पना की गयी कि शिव शक्ति और भीम शक्ति के बीच का गठजोड़ एक तरह से शून्य में बनेगा, और इसमें एकमात्र मुख्य संदर्भ सत्ता का तर्कशास्त्र होगा। यह बेतुका लग सकता है किंतु ऐसे गठजोड़ के लिए अपील सामने आने से पहले ही स्थानीय स्तर-बिना किसी वैचारिक उथल-पुथल के गठजोड़ हुए हैं। मसलन, प्रकाश आम्बेडकर के नेतृत्व वाले गुट ने औरंगाबाद निगम के चुनाव में शिव सेना के साथ गठबंधन किया। रोचक बात यह है कि हाल के समय में जब शिव सेना ने अठावले गुट पर हमला किया, तो प्रकाश आम्बेडकर और उनके सहयोगी पूरी तरह से ख़ामोश रहें, मानो इस मुद्दे का उनसे कोई लेना-देना नहीं है। इस तरह का संकुचित दृष्टिकोण यह दिखाता है कि व्यापक मुद्दों के बारे में चिंता का अभाव है।

महाराष्ट्र में दलित राजनीति पहले से ही राजनीतिक और विचारधारात्मक रूप से एक कमज़ोर शक्ति है। दअरसल, इसी हक़ीक़त ने आरएसएस और अब शिव सेना को इस बात के लिए प्रोत्साहित किया है कि वे उस विचारधारात्मक और राजनीतिक स्थान पर अपनी पैठ जमाए, जिस पर अभी तक प्रगतिशील ताक़तों की दावेदारी थी। निष्कर्ष के तौर पर, हमें इस सम्पूर्ण मुद्दे को चुनावी गणना से परे जाकर देखने की आवश्यकता है। यदि राज्य के कुछ भागों में शिव सेना को दलित युवकों का समर्थन हासिल करने में कामयाबी मिलती है, तो वह कांग्रेस की तुलना में अपनी स्थिति ज़्यादा मज़बूत कर सकती है। लेकिन इससे भी बड़ी बात यह है कि दलितों के हिंदुत्ववादी शक्तियों से जुड़ने की परिघटना के ज़्यादा गहरे निहितार्थ हैं : हम यह देख रहे हैं कि 1980 के दशक के आख़िर से ही भारतीय सत्ता-प्रतिष्ठान का रुख़ काफ़ी आक्रामक है। यह इस रुख़ के सहारे समाज पर अपने वर्चस्व को और ज़्यादा मज़बूत बनाना चाहती है। इसके लिए लोकतंत्र और न्याय की विचारधाराओं को ख़त्म करने की आवश्यकता है। भारतीय सत्ता-प्रतिष्ठान आम्बेडकर और दलित आंदोलन को हथियाकर अपना यह लक्ष्य पूरा कर सकता है। इसके लिए सबसे सुविधाजनक काम यह है कि यह आम्बेडकर के चिंतन को सिर्फ़ दलित सत्ता की चाह के

रूप में प्रस्तुत करें। साथ ही, दलितों के साथ सत्ता में भागीदारी करने से (जिसका अब नीति निर्माण पर कोई वास्तविक नियंत्रण नहीं है) सत्ता-प्रतिष्ठान के हितों को कोई नुक़सान नहीं हो रहा है। लोकतंत्र और न्याय में रुचि रखने वाली शक्तियों के सामने बहुत ही सरल सवाल है : फ़ासीवाद के आगे बढ़ने के समय क्या हम आम्बेडकर के चिंतन के रूप में प्रसिद्ध प्रकाश-स्तम्भ तथा इसे धारण करने वाली जनता को खोने का जोखिम उठा सकते हैं?

संदर्भ

अरुण शौरी (1997), *वर्शिपिंग फ़ॉल्स गॉड्स,* हार्पर कॉलिन्स, दिल्ली.

एस. एच. देशपांडे (1992) *सावरकर ते भाजपा — हिंदुत्वाविचाराचा चिकित्सक अलेख,* राजहंस, पूना.

गंगाधर पनटावने (प्रकाशन वर्ष अनुपलब्ध), 'विश्वास वाटायाला हवा', संकलित, *विचारयात्रा : डॉ. हेडगेवार ते डॉ. आम्बेडकर : एक सामाजिक प्रवास*, रमाबाई अवती विकास प्रतिष्ठान : पुणे.

गेल ऑम्वेट (1976), *कल्चरल रिवोल्ट इन अ कोलोनियल सोसायटी*, साइंटिफिक सोशलिस्ट एजुकेशन ट्रस्ट, मुम्बई.

गोपाल गुरु (1991), 'हिंदुआइजेशन ऑफ़ आम्बेडकर इन महाराष्ट्र,' *इकनॉमिक ऐंड पॉलिटिकल वीकली*.

पद्मा वेलास्कर (2000), 'द पॉलिटिक्स ऑफ़ अनटचेबिलिटी ऐंड सोशल चेंज : अ स्टडी ऑफ़ द शेड्युल्ड कॉस्ट्स ऑफ़ महाराष्ट्र', *जर्नल ऑफ़ द इंडियन स्कूल ऑफ़ पॉलिटिकल इकॉनॉमी 1,* 12, 3 और 4 (2000).

बी. पी सबाले, 'सामाजिक प्रबोधनांचा प्रवास', (प्रकाशन वर्ष अनुपलब्ध), संकलित *विचारयात्रा : डॉ. हेडगेवार ते डॉ. आम्बेडकर : एक सामाजिक प्रवास,* रमाबाई अवती विकास प्रतिष्ठान : पुणे.

रमेश पतांगे (1996), *मी, मनु अनी संघ,* मोराया पब्लिकेशंस, डोमविली.

राजेन्द्र वोरा और सुहास पल्शीकर (1990), 'नियो-हिंदुइज़म : अ केस ऑफ़ डिस्टॉर्टेड कॉन्सीयशनेस', संकलित जयंत लेले और राजेन्द्र वोरा (सं.) *स्टेट ऐंड सोसायटी इन इंडिया,* चाणक्या, दिल्ली.

राजेन्द्र वोरा और सुहास पल्शीकर (1996), *महाराष्ट्राटील सत्तांतर,* ग्रंथिल, मुम्बई.

रावसाहेब कासबे (2003), 'भीमशक्ति-शिवशक्ति : कही निरिकशने,' *परिवर्तनाचा वात्सु.*

विचारयात्रा : डॉ. हेडगेवार ते डॉ. आम्बेडकरः एक सामाजिक प्रवास (प्रकाशन वर्ष अनुपलब्ध), रमाबाई अवती विकास प्रतिष्ठान, पुणे.

शेषराव मोरे (1992), *सावरकरांचे समाजकारण : सत्या अनि विपर्यास,* राजहंस, पूना.

———— (1998) *डॉ. आम्बेडकरांचे सामाजिक दर्शन : एक अभ्यास,* राजहंस, पूना.

सुहास पल्शीकर (1990), 'शिव सेना : ऐन असेस्मेंट,' डिपार्टमेंट ऑफ़ पॉलिटिक्स, ऐंड पब्लिक एडमिनिस्ट्रेशन, युनिवर्सिटी ऑफ़ पूना.

———(1994) *डॉ. आम्बेडकरांच्या हिंदूकारांची चिकित्सा,* डॉ. बाबासाहेब आम्बेडकर एकेडेमी, सतारा.

———(2000), *रिपोर्ट फ़ॉर यूजीसी,* 'पॉलिटिक्स ऑफ़ मार्जिनलाइज्ड ग्रुप्स', डिपार्टमेंट ऑफ़ पब्लिक एडमिनिस्ट्रेशन ऐंड पॉलिटिकल साइंस, युनिवर्सिटी ऑफ़ पुणे.

———(2002), 'आम्बेडकारी विचारांचे मामूलीकारण,' *परिवर्तनाचा वात्सु,* 1-15 सितंबर : 3, 4, 15.

———(2003), 'दलित राजकरणपुधील पीच', परिवर्तनाचा वात्सु.

सुहास पल्शीकर और नितिन बिरमल (2003), 'फ्रैगमेंटेड माराथज रिटेन पॉवर', संकलित पॉल वैलेस और रामाश्रय रॉय (सं.) *इंडियाज 1999 इलेक्शन ऐंड ट्वेनटिएथ-सेंचुरी पॉलिटिक्स,* सेज, दिल्ली : 206-232.

सुहास पल्शीकर और राजेश्वरी देशपांडे (2003), 'कॉम्पीटीटिव पार्टी सिस्टम ऐंड स्ट्रक्चर्स ऑफ़ डॉमिनिशेन', *जर्नल ऑफ़ द इंडियन सोशल ऑफ़ पॉलिटिकल इकॉनॉमी 15.*

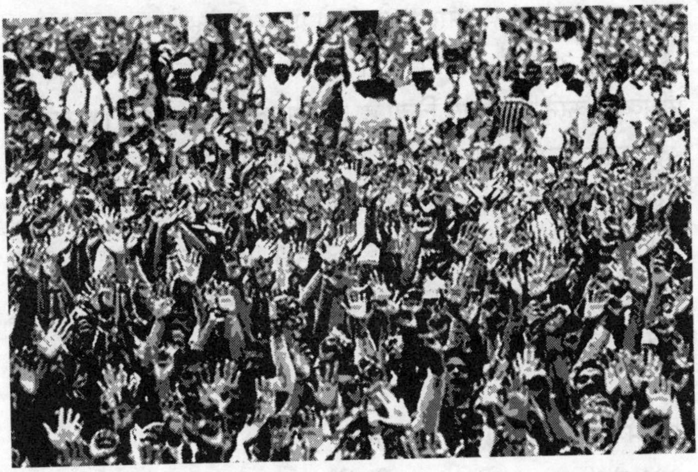

भारतीय राजनीति में जाति बहुसंख्यकवाद का क्षरण

राजेन्द्र वोरा

अनुवाद : विवेक रत्न

राजेन्द्र वोरा का यह अध्याय राजेन्द्र वोरा और सुहास पल्शीकर (सं.) *इंडियन डेमोक्रेसी : मिनिंग्स ऐंड प्रैक्टिसेज* (दिल्ली, सेज, 2004), (पृष्ठ: 278-298) से लिया गया है.

1990 के दशक के आरम्भ से ही दो प्रकार के बहुसंख्यकवाद उभरकर सामने आये हैं। पिछड़ी जाति के दलों ने जाति बहुसंख्यकवाद को अभिव्यक्त करने का प्रयास किया है, वहीं भारतीय जनता पार्टी (भाजपा) ने हिंदू बहुसंख्यकवाद को एक आकार देने की कोशिश की है। लेकिन ऐसा लगता है कि एक दशक के भीतर ही जाति बहुसंख्यकवाद का क्षरण होने लगा है। इस अध्याय में मेरा उद्देश्य जाति बहुसंख्यकवाद के पतन की यात्रा का विश्लेषण करना है। मैं यह विश्लेषण करने का प्रयास भी करूँगा कि किस तरह हिंदू बहुसंख्यकवाद ने इस पतन में तेज़ी लाने का काम किया है।

उत्तर में पिछड़ी जाति की राजनीति

1993 से ही बहुत सारे विद्वान और सिद्धांतकार जाति बहुसंख्यकवाद के बारे में वाद-विवाद करते रहे हैं। असल में, इसी वर्ष बहुजन समाज पार्टी (बसपा) और समाजवादी पार्टी (सपा) के गठजोड़ ने उत्तर प्रदेश में सरकार का गठन किया था। बसपा के संस्थापक कांशीराम का यह मानना है कि सभी राजनीतिक दल ब्राह्मणवादी हैं, और उच्च जातियों द्वारा अपने लाभ के लिए इनका नियंत्रण और संचालन किया जाता है, और इन दलों से बहुजनों को बाहर रखा जाता है। बहुजन की अवधारणा में दलित (15 प्रतिशत), पिछड़ी जातियाँ (52 प्रतिशत), आदिवासी (7.5 प्रतिशत) और अल्पसंख्यक (10.5 प्रतिशत) सम्मिलित हैं। दूसरी ओर, सत्ताधारकों के वर्ग में ब्राह्मण (3.5 प्रतिशत), क्षत्रिय (5.5 प्रतिशत) और वैश्य 6 प्रतिशत सम्मिलित हैं। कुल जनसंख्या में उच्च जातियों का अनुपात केवल 15 प्रतिशत है, लेकिन उन्होंने सत्ता पर अपना एकाधिपत्य क़ायम कर रखा है, और वे बहुजनों (85 प्रतिशत) के शोषण के लिए ज़िम्मेदार हैं। कांशीराम मानते हैं कि दलितों और मुस्लिमों के लिए अवमानना बुनियादी समस्या है, और सिर्फ़ राजनीतिक सत्ता पर क़ब्ज़ा करके ही इस समस्या से बाहर निकला जा सकता है। राजनीतिक वंचना के कारण ही पिछड़ी जातियों की आर्थिक वंचना उत्पन्न हुई है। यदि वे राजनीतिक सत्ता पर क़ब्ज़ा कर लेते

हैं तो बाक़ी चीज़ें भी धीरे-धीरे ठीक हो जाएँगी।[1] इसलिए सत्ता हासिल करना पिछड़ी जाति के दल का तात्कालिक लक्ष्य होना चाहिए। कांशीराम 1932 के पूना पैक्ट का विरोध करते हैं क्योंकि इसने दलितों के लिए आरक्षित सीटों का निर्माण किया, और इसने एक चमचा युग को जन्म दिया। वे आरक्षण नीति का मज़ाक उड़ाते हैं लेकिन चाहते हैं कि जब तक जाति व्यवस्था पूरी तरह ख़त्म नहीं हो जाती, तब तक यह क़ायम रहे। वे एक ऐसी स्थिति की कल्पना करते हैं जब उच्च जाति के लोग अपने लिए आरक्षित सीटों की माँग करेंगे।

वे इस बात पर ज़ोर देते हैं कि जनसंख्या में ओबीसी की हिस्सेदारी 52 प्रतिशत है, लेकिन संसद में इनका प्रतिनिधित्व सिर्फ़ 8 प्रतिशत है। वहीं, ब्राह्मण और ठाकुर मिलाकर 8 प्रतिशत हैं, लेकिन संसद में इन जातियों के 52 प्रतिशत सदस्य हैं। बसपा का लक्ष्य प्रतिनिधित्व की इस असमानता का अंत करना है। इस पार्टी के एक नारे में मनुवादियों (जाति व्यवस्था को सही साबित करने वाले हिंदू ग्रंथ *मनुस्मृति* में विश्वास करने वाली उच्च जातियाँ) की चोरों के रूप में खिल्ली उड़ाई जाती है, और बाक़ी सभी जातियों को इनके शिकार के रूप में प्रस्तुत किया जाता है। एक अन्य नारे में लोगों से उच्च जातियों को चार बार जूतों से मारने की बात कही गयी है। इसलिए चुनावों के समय बहुजनों और उच्च जातियों के बीच लोकतांत्रिक तरीक़े से एक संघर्ष होता है। बसपा का गठन 1984 में डॉ. बाबासाहेब आम्बेडकर की जयंती के दिन हुआ था। बसपा ने धीरे-धीरे उत्तर प्रदेश, पंजाब, मध्य प्रदेश और हरियाणा में अपनी शक्ति में वृद्धि की है। पार्टी इन राज्यों की राजनीति में एक महत्त्वपूर्ण शक्ति बन चुकी है। विशेष रूप से उत्तर प्रदेश में इसकी शक्ति काफ़ी बढ़ी है। इसके पीछे दलितों को गोलबंद करने के इसके प्रयासों तथा 1960 के दशक में पिछड़ी जातियों के संगठनों द्वारा तैयार किये गये आधार ने भी महत्त्वपूर्ण भूमिका अदा की।

[1] कंचन चंद्रा (1999 क) : 46-47.

बसपा के साथ 1993 में सत्ता में भागीदारी करने वाली मुलायम सिंह यादव की सपा राम मनोहर लोहिया की पिछड़ी जातियों की राजनीति की उपज है। यह कहा जा सकता है कि जाति के आधार पर संगठित बहुसंख्यकवाद की उत्पत्ति 1950 के दशक में हुई। इस समय सोशलिस्ट पार्टी के विचारक और नेता लोहिया ने पिछड़ा जाति आयोग (1955) की पिछड़ी जातियों को आरक्षण देने की सिफ़ारिशों का समर्थन किया। यह वह समय था जब उत्तर प्रदेश और बिहार में पिछड़ी जातियों के उच्च तबक़े के भीतर एक शिक्षित वर्ग आकार ग्रहण कर रहा था। लोहिया ने यह दलील दी कि देश के भौतिक और आध्यात्मिक पतन का सबसे महत्त्वपूर्ण कारण यहाँ की जाति व्यवस्था है, और जाति व्यवस्था को केवल तभी नष्ट किया जा सकता है जब पिछड़ी जातियों के साथ विशेष और वरीयतापूर्ण व्यवहार किया जाए। उनके अनुसार, भारत के शासक वर्गों की तीन ख़ास विशिष्टताएँ हैं : उच्च जाति, अंग्रेज़ी शिक्षा और संपत्ति। इन तीनों में से किसी दो का संयोजन शासक वर्गों में प्रवेश को आसान बना देता है। पिछड़ी जातियाँ, दलित, पिछड़े मुस्लिम और ईसाई, आदिवासी और महिलाएँ देश की कुल जनसंख्या का 85 प्रतिशत हैं। लेकिन चार निर्णायक क्षेत्रों अर्थात् राजनीति, सेना, व्यापार और उच्च सरकारी सेवाओं में इनका अनुपात 10 प्रतिशत के आस-पास ही है। इन तबक़ों को 60 प्रतिशत आरक्षण देकर इस असंतुलन को ठीक किया जाना चाहिए (लोहिया 1964 : 122-41)। सोशलिस्ट पार्टी ने इस सिद्धांत को अपनी नीति के रूप में स्वीकार किया और इसे काफ़ी हद तक लागू भी किया। मसलन, कर्पूरी ठाकुर एक पिछड़ी जाति के नेता और लोहिया के अनुयायी थे। उन्होंने 1967 में बिहार में अपना चुनावी अभियान इस नारे के साथ शुरू किया कि सोशलिस्टों ने यह शपथ ली है कि पिछड़ी जातियों को साठ प्रतिशत स्थान देंगे (सोशलिस्टों ने बाँधी गाँठ, पिछड़ा पावें सौ में साठ)।

यह वह दौर था जब हरित क्रांति से लाभ पाने वाले मध्य और पिछड़ी जातियों के किसान राजनीति में अपनी उपस्थिति का अहसास कराने की कोशिश कर रहे थे। उत्तर प्रदेश में चरण सिंह उनके नेता के रूप में उभरे। उन्होंने

नेहरू के मॉडल को इस आधार पर चुनौती दी कि यह खेतिहर क्षेत्र के ख़िलाफ़ पूर्वग्रह से ग्रस्त था और इसमें उद्योगों और शहरी क्षेत्र के हितों को ही प्राथमिकता दी जा रही है। उन्होंने मध्य और पिछड़ी जातियों तथा अमीर किसानों के हितों को जोड़ने का प्रयास किया, और उन्होंने विकेंद्रीकरण करने और खेतिहर क्षेत्र को प्राथमिकता देने पर बल दिया। अपने राजनीतिक जीवन के आरम्भ में उन्होंने किसानों के बेटों के लिए सरकारी नौकरियों में 60 प्रतिशत आरक्षण की माँग की थी। यद्यपि चरण सिंह ख़ुद ओबीसी नहीं थे लेकिन उन्होंने अन्य पिछड़ी जातियों के हितों के लिए संघर्ष किया। वे एक मध्यवर्ती किसान जाति जाट से संबंधित थे, जिसके हित उत्तरी राज्यों के ओबीसी के उभरते अमीर किसानों से मिलते थे।

1967 का चुनाव भारतीय राजनीति का मील का पत्थर था। इन्हीं चुनावों में पिछड़ी जातियों की राजनीति को आठ राज्यों में कांग्रेस को पराजित करने में सफलता मिली। कांग्रेस उच्च जातियों की सत्ता का प्रतीक बन गयी थी। पिछड़ी जातियाँ और विपक्षी दल कांग्रेस को पराजित करने के लिए लोहिया के ग़ैर-कांग्रेसवाद के बैनर तले एकत्रित हो गये थे। लेकिन ये ताक़तें चुनावों में मिली जीत को मज़बूती से स्थापित नहीं कर पायीं। विपक्षी पार्टियों और पिछड़ी जातियों का गठजोड़ लम्बे समय तक सत्ता में नहीं रह पाया। 1971-72 तक कांग्रेस ने एक बार फिर से अपनी शक्ति हासिल कर ली। हालाँकि चरण सिंह और लोहिया के अनुयायियों ने पिछड़ी जातियों को गोलबंद करने की अपनी कोशिशें जारी रखीं।

असल में, लोहिया और चरण सिंह के विचारों में बहुत सारी समानताएँ थीं। दोनों पिछड़ी जातियों और ग़ैर-कांग्रेसवाद की राजनीति तथा विकेंद्रीकरण पर ज़ोर देते थे। इसलिए यह आश्चर्य की बात नहीं है कि 1974 में लोहियावादी समाजवादियों और चरण सिंह के भारतीय क्रांति दल (1969) ने कुछ अन्य छोटे दलों के साथ मिलकर भारतीय लोक दल की स्थापना की।

आपातकाल (1975) ने कांग्रेस के ख़िलाफ़ विपक्षी दलों को एकजुट किया। आपातकाल विरोधी संघर्ष के कारण उभरकर सामने आयी जनता पार्टी उत्तर भारत की पिछड़ी जातियों द्वारा सत्ता पर क़ब्ज़ा करने का एक अन्य प्रयास था। इस बार उन्होंने केंद्र की सत्ता पर अपना आधिपत्य जमाने की कोशिश की। पिछड़ी जातियों के लोगों और नेताओं के दबाव के कारण जनता पार्टी की सरकार ने मंडल आयोग का गठन किया, जिसका काम पिछड़े वर्गों के आरक्षण के मसले पर विचार करना था। इसने सरकारी नौकरियों में ओबीसी को 27 प्रतिशत आरक्षण देने की सिफ़ारिश की। जनता पार्टी तक़रीबन तीन साल तक ही सत्ता में रह पायी। इसके बाद 1980 में फिर से सत्ता में कांग्रेस की वापसी हो गयी। इस संदर्भ में यह याद रखने की आवश्यकता है कि कांग्रेस ने निम्निलिखित नारों के आधार पर सत्ता में वापसी की : 'ना जात पर, ना पात पर, इंदिरा जी की बात पर, मोहर लगेगी हाथ पर।' 'ब्राह्मण-हरिजन भाई-भाई, ये पिछड़ी जाति कहाँ से आयी।'[2] ये नारे कांग्रेस और जनता पार्टी के समाजवादी घटकों के सामाजिक आधार के बीच अंतर को दिखाते हैं। जैसा कि पहले उल्लेख किया जा चुका है, 1960 के दशक के मध्य में एक जाट नेता चरण सिंह ने कांग्रेस पार्टी छोड़ दी और उन्होंने मध्य और पिछड़ी जातियों को कांग्रेस के ख़िलाफ़ संगठित किया। 1988 में एक राजपूत नेता वी. पी. सिंह ने यही काम किया। उन्होंने बोफ़ोर्स घोटाले के मामले में कांग्रेस सरकार से इस्तीफ़ा दे दिया। वी. पी. सिंह ने जनता पार्टी के सभी घटकों को जोड़कर 1988 में जनता दल के निर्माण में प्रमुख भूमिका निभाई। जनता पार्टी के गठन के तुरंत बाद वी. पी. सिंह ने यह घोषणा की कि उनकी पार्टी 60 प्रतिशत टिकट दलितों, पिछड़ी जातियों और आदिवासियों को देगी। उन्होंने जातियों के एक नये संयोजन को आगे बढ़ाया जिसे अजगर (अहीर-जाट-गूजर-राजपूत) के नाम से जाना गया। जनता दल ने दलितों को छोड़कर ओबीसी और राजपूतों का गठजोड़ बनाने का प्रयास किया। यह एक विजयी गठजोड़ साबित हुआ। वी. पी. सिंह की सरकार ने 1990 में सरकारी नौकरियों में ओबीसी को 27 प्रतिशत आरक्षण देने संबंधी मंडल

---

[2] *द टाइम्स ऑफ़ इंडिया*, 23 अगस्त, 1989.

आयोग की सिफ़ारिश को लागू कर दिया। 1980 के दशक के आख़िर में और 1990 के दशक के आरम्भ में जनता दल और इसके विभिन्न रूप उत्तर प्रदेश, बिहार, हरियाणा के साथ ही साथ उड़ीसा और कर्नाटक में भी सत्ता में आये। 1996 के लोकसभा चुनावों में जनता दल को 45 सीटों पर जीत मिली, लेकिन उन्हें 13 दलों के साथ मिलकर गठबंधन सरकार (संयुक्त मोर्चा) बनाने का मौक़ा भी मिला, और कांग्रेस ने इस सरकार को बाहर से समर्थन दिया था। वी. पी. सिंह के राष्ट्रीय मोर्चा की सरकार की तरह ही संयुक्त मोर्चा की सरकार भी लम्बे समय तक सत्ता में नहीं टिक पायी और 1998 में नये चुनावों की घोषणा करनी पड़ी।

दक्षिण भारत में पिछड़ी जातियों की राजनीति

जब पिछड़ी जातियों की राजनीति की बात आती है तो उत्तर और दक्षिण का विभाजन ज़्यादा स्पष्ट रूप से सामने आता है। बीसवीं सदी के पहले दशक में ही दक्षिण के मद्रास प्रांत में पिछड़ी जातियों ने ग़ैर-ब्राह्मण आंदोलन के रूप में राजनीतिक क्षेत्र में प्रवेश कर लिया था। 1917 में गठित जस्टिस पार्टी इसी आंदोलन का एक नतीजा थी। ई. वी. रामास्वामी नायकर (पेरियार) के आत्म-सम्मान आंदोलन के द्वारा ग़ैर-ब्राह्मणवाद का एक ज़्यादा रैडिकल रूप उभरकर सामने आया। 1944 में आत्म-सम्मान आंदोलन और जस्टिस पार्टी के विलय से एक नये दल द्रविड कषगम का गठन हुआ। पेरियार ने भारत की स्वतंत्रता का उत्सव मनाने का तीखा विरोध किया। इसके कारण द्रविड कषगम का विभाजन हो गया और सी. एन. अन्नादुरै ने 1949 में द्रविड मुनेत्र कषगम (द्रमुक) का गठन किया। बाद में, 1972 में एक लोकप्रिय तमिल स्टार एम. जी. रामचंद्रन ने द्रमुक नेतृत्व के ख़िलाफ़ विद्रोह कर दिया, और एक नयी पार्टी ऑल इंडिया अन्नाद्रमुक का गठन किया। तमिलनाडु की राजनीति में 1967 में द्रमुक का प्रभुत्व स्थापित हुआ और 1972 के बाद से इस राज्य की राजनीति में द्रमुक और अन्नाद्रमुक का ही प्रभुत्व रहा है।

इन द्रविडवादी दलों ने सिर्फ़ ब्राह्मणों ही नहीं, बल्कि हिंदू धर्म आर्य संस्कृति और हिंदी भाषा की प्रधानता का भी विरोध किया। वे ब्राह्मण बनाम ग़ैर-ब्राह्मण, दक्षिण बनाम उत्तर, द्रविड बनाम आर्य, अंग्रेज़ी बनाम हिंदी की भाषा में बात करते हैं। उत्तर में आरक्षण का मसला सामने आने से काफ़ी पहले से तमिलनाडु में ग़ैर-ब्राह्मणों के लिए आरक्षण को सफलतापूर्वक लागू किया गया।

यद्यपि महाराष्ट्र में 1920 के आस-पास एक ग़ैर-ब्राह्मण पार्टी का गठन हुआ था, लेकिन पिछड़ी जातियों को संगठित करने का विचार महात्मा फूले (1827-90) ने प्रस्तुत किया था। उन्होंने सत्य शोधक समाज (1873) की स्थापना कर इस दिशा में पहल भी की थी। फूले ने सभी शूद्रों (पिछड़ी जातियों) और अति-शूद्रों (दलितों) को एक साथ लाने के विचार पर ज़ोर दिया। इसके माध्यम से वे ब्राह्मणों की सर्वोच्चता को चुनौती देना चाहते थे और एक समतावादी समाज की स्थापना करना चाहते थे। वे किसानों, पिछड़ी जातियों और दलितों को अपने साझा शत्रु ब्राह्मणों के ख़िलाफ़ एकजुट करना चाहते थे।

फूले के आंदोलन से प्रेरणा लेते हुए देसी रियासत कोल्हापुर के महाराज शाहूजी छत्रपति (1874-1922) ने 1920 में एक ग़ैर-ब्राह्मण पार्टी बनाने में ग़ैर-ब्राह्मणों की मदद की। इस पार्टी ने 1923 और 1926 के चुनावों में अच्छा प्रदर्शन किया, लेकिन 1930 आते-आते गाँधीवादी कांग्रेस द्वारा जन-गोलबंदी के कारण इसका महत्त्व ख़त्म हो गया। इसलिए इस दल के नेताओं ने कांग्रेस के साथ जाने का फ़ैसला किया। आज़ादी के बाद के दौर में ब्राह्मण और ग़ैर-ब्राह्मण के बीच संघर्ष कांग्रेस के भीतर ही हुआ। 1960 में मराठी भाषी राज्य का गठन हो जाने के बाद ग़ैर-ब्राह्मण मराठा जाति का कांग्रेस के संगठन पर क़ब्ज़ा हो गया। मराठा नेताओं ने अन्य पिछड़ी जातियों और दलितों को अपने में मिलाकर महाराष्ट्र की राजनीति में मराठा को एक प्रभुत्वशाली जाति के रूप में स्थापित किया। वाई. बी. चव्हाण ने इस रणनीति को लागू करने में सबसे प्रमुख भूमिका निभायी। उन्होंने बहुजन शब्द

का इस्तेमाल किया तथा सभी ग़ैर-ब्राह्मण और पिछड़ी जातियों से यह अपील की कि वे उनके शासन का समर्थन करें। महाराष्ट्र की राजनीति में 1920 के दशक से ही बहुजन शब्द का प्रयोग किया जा रहा था। कई बार इसमें पिछड़ी जातियों सहित सभी ग़ैर-ब्राह्मणों को सम्मिलित किया जाता था, और कई अन्य मौक़ों पर इसका प्रयोग सिर्फ़ मराठा लोगों के लिए किया जाता था। लेकिन हमेशा ही इसका उपयोग ब्राह्मणों और व्यापारी समुदाय या अभिजनों के ख़िलाफ़ आम जनता के बहुमत का उल्लेख करने के लिए किया गया है। संदर्भ के अनुसार बहुजन शब्द के अर्थ में भी बदलाव हुआ है। अधिकांश मौक़ों पर महाराष्ट्र में बहुजन शब्द में दलितों को सम्मिलित नहीं किया गया। फूले ने दलितों का उल्लेख अति-शूद्र के रूप में किया। उनकी राजनीति में पिछड़ी और दलित जातियाँ — दोनों ही सम्मिलित थीं। लेकिन बाद के वर्षों में ग़ैर-ब्राह्मणों और दलितों के बीच हमेशा ही एक तनाव रहा है। डॉ. आम्बेडकर ने दलितों के राजनीतीकरण का बीज 1920 के दशक में ही डाल दिया था। इंडिपेंडेंट लेबर पार्टी के प्रयोग से गुज़रने के बाद डॉ. आम्बेडकर ने 1942 में शेड्यूल्ड कास्ट फ़ेडरेशन का गठन किया। 1950 के दशक के मध्य तक उन्होंने एक ऐसी पार्टी के गठन के बारे में विचार करना शुरू कर दिया था, जो सिर्फ़ दलित जातियों से ही नहीं, बल्कि सभी शोषित और दमित जातियों से संबंधित हो। उनकी मृत्यु के एक वर्ष बाद 1957 में रिपब्लिकन पार्टी ऑफ़ इंडिया (आरपीआई) का गठन किया गया। लेकिन आरपीआई एक स्वायत्त और मज़बूत राजनीतिक ताक़त के रूप में उभरकर सामने नहीं आ पायी है, और कभी भी उसे राज्य विधानसभा में दो या तीन सीटों से ज़्यादा नहीं मिला है। यह विभिन्न गुटों में बँटी हुई पार्टी है, और इसका प्रदर्शन प्रभावकारी नहीं रहा है।

आरपीआई का एक गुट भारतीय रिपब्लिकन पार्टी (बीआरपी) के रूप में सामने आया। इसने कुछ बहुजन नेताओं के साथ मिलकर 1993 में बहुजन महासंघ (बीएमएस) का गठन किया। इसने ख़ुद को महाराष्ट्र के ओबीसी और दलितों की पार्टी के रूप में प्रस्तुत किया। इसने पूरी तरह से कांग्रेस पार्टी

का समर्थन किया। सभी ग़ैर-ब्राह्मण जातियों को बहुजन के नाम पर एक साथ जोड़ने का चव्हाण मॉडल राज्य में काफ़ी सफल रहा। हालाँकि विशेष रूप से 1980 के दशक के आख़िर में और 1990 के दशक के आरम्भ में उत्तर भारत में पिछड़ी जातियों के उभार के बाद महाराष्ट्र के पिछड़ी जातियों के नेताओं में भी कुछ हद तक असंतोष रहा है। 1980 के दशक के आरम्भ में शरद जोशी के किसान संगठन ने ओबीसी की किसान जातियों को संगठित किया, लेकिन 1980 के दशक के आख़िर में वे शिव सेना की ओर आकर्षित हो गये। वी. पी. सिंह के जनता दल ने राज्य में ओबीसी राजनीति की शुरुआत करने की कोशिश की, लेकिन जनता दल के ख़राब चुनावी प्रदर्शन के कारण उसे कभी भी इसमें कामयाबी नहीं मिली। इसी पृष्ठभूमि में बीएमएस का गठन दलितों, पिछड़ी जातियों और मुस्लिमों का एक मोर्चा बनाने के लिए किया गया था। इसने बीआरपी के साथ गठबंधन करके चुनाव लड़ा। बीएमएस ने महाराष्ट्र कांग्रेस का वंशवादी चरित्र उजागर किया, और इसने यह दिखाया कि इसका नियंत्रण बहुजनों के पास नहीं है, बल्कि मराठा जाति के कुछ ख़ानदानों के पास है। इसने नयी आर्थिक नीति के साथ ही साथ सांप्रदायिक राजनीति का भी विरोध किया।

1993 में अपनी स्थापना के बाद से बीएमएस का प्रदर्शन बहुत प्रभावशाली नहीं रहा है। इसकी शक्ति कुछ क्षेत्रों तक ही सीमित रही है और इसे एक या दो विधानसभा क्षेत्रों में ही सफलता मिली है। इसलिए इसकी तुलना दक्षिणी राज्य तमिलनाडु या उत्तरी राज्य उत्तर प्रदेश और बिहार की पिछड़ी जातियों के दलों से नहीं की जा सकती है।

जाति बहुसंख्यकवाद

पिछले भाग में पिछड़ी जाति के जिन दलों का वर्णन किया गया है, वे अपने विशिष्ट ऐतिहासिक विकास के कारण एक-दूसरे से भिन्न हैं और वे अलग-अलग क्षेत्रों में सक्रिय हैं। लेकिन ये सभी एक साझा राजनीतिक विचारधारा में विश्वास करते हैं, जिसे बहुजनवाद या जाति बहुसंख्यकवाद कहा जाता है,

जो बहुजन या लोगों के बहुमत की मदद से राजनीतिक सत्ता पर क़ब्ज़ा करने पर बल देता है। जाति बहुसंख्यकवाद का तात्कालिक उद्देश्य सत्ता को उच्च जातियों से पिछड़ी जातियों, दलित जातियों तथा शोषित अल्पसंख्यक समुदायों को हस्तांतरित करना है। भारतीय शासन व्यवस्था के लोकतंत्री-करण की सम्पूर्ण प्रक्रिया में सत्ता के इस हस्तांतरण को अनिवार्य और वांछित माना जाना चाहिए। जाति बहुसंख्यकवाद का विरोध करने वाले लोग लोकतंत्र के बुनियादी विशेषताओं का विरोध कर रहे हैं। जब उच्च जातियों का राजनीतिक सत्ता पर एकाधिपत्य होता है तो उसे जातिवाद नहीं माना जाता है, लेकिन जब पिछड़ी जातियाँ इस एकाधिपत्य को चुनौती देती हैं तो इस पर जातिवाद का ठप्पा लगा दिया जाता है। जावीद आलम भी पिछड़ी जातियों की राजनीति को लोकतंत्र के विस्तार के रूप में देखते हैं। वे इसका स्वागत करते हैं क्योंकि 1996 में इसने मतदाताओं के संघटन को दुर्बल तबक़ों के पक्ष में बदल दिया। वे यह मानते हैं कि शोषितों के बीच जाति को अपील करना इसी तरह की अन्य जातियों में एकता स्थापित कर एक बड़ी सामूहिकता बनाने की कोशिश होती है। इसके माध्यम से सत्ता के लिए गोलबंदी की जाती है, ताकि वर्ण संबंधों की पदसोपानीय संरचना को जड़ से उखाड़ फेंका जाए। इसलिए पिछड़ी जातियों के मामले में जाति का सहारा लेने का जातिवाद से दूर-दूर तक कोई लेना-देना नहीं है।[3]

कांचा इलैया ने यह तर्क दिया है कि 1990 में मंडल आयोग की सिफ़ारिशों को लागू करने और उच्च जाति के युवाओं द्वारा मंडल विरोधी आंदोलन चलाने की घटना ने पिछड़ी जातियों का राजनीतीकरण किया, और इसे दलित, आदिवासी और ओबीसी का समरूपीकरण भी किया। बाबरी मस्जिद को गिराए जाने के बाद अल्पसंख्यक भी सुरक्षा बेल्ट के लिए पिछड़ी जातियों के संगठनों की ओर देखने लगे। इलैया इस बात पर ज़ोर देते हैं कि जब हिंदुत्व समर्थक दलित-बहुजनों में धार्मिक समुदाय होने की भावना भरने लगते हैं, तो बहुजन समर्थक जाति-समुदाय की भावना भरते

[3] जावीद आलम (1999) : 757-61.

हैं। इलैया के अनुसार, कांशीराम की योजना में बहुजन सिर्फ़ बहुमत का ही प्रतीक नहीं है, बल्कि यह एक विचारधारात्मक श्रेणी है, जो राजनीतिक सशक्तीकरण का आधार तैयार कर सकता है। जाति को विचारधारा में बदलने और बहुजनों द्वारा सत्ता पर क़ब्ज़ा करने के विचार में लोकतांत्रिक क्रांति की बुनियादी संभावना निहित है।[4]

पिछड़ी जातियों और विशेष रूप से दलितों को नागरिक समाज में संसाधनों को हासिल नहीं करने दिया गया है, इसलिए वे सिर्फ़ राज्य सत्ता के माध्यम से ही संसाधनों पर नियंत्रण हासिल कर सकते हैं। पिछड़े तबक़े बहुमत में हैं, और संसदीय राजनीतिक की गतिशीलता के कारण वे राजनीतिक सत्ता हासिल करने और बहुजनों को आगे बढ़ाने में इसका उपयोग करने में समर्थ हैं। चूँकि बहुजनों से संबंधित अधिकांश लोग मूल रूप से ग़रीब हैं, इसलिए इस बात की पूरी संभावना है कि बहुजनवादी सत्ता समतावादी और पुनर्वितरणवादी राजनीति अपनाएगी। एक ऐसे समाज में जहाँ पिछड़ी जातियों में ग़रीब वर्ग पाए जाते हैं, वहाँ इस बात की संभावना होती है कि बहुजन के नियंत्रण वाली सत्ता व्यापक रूप समतावाद को अपनाएगी। एक बाज़ार अर्थव्यवस्था में कमज़ोर तबक़े जीवन का संघर्ष हार जाते हैं क्योंकि उनके पास चीज़ों को ख़रीदने और उपभोग करने की अत्यंत सीमित क्षमता होती है। इसी कारण, ग़रीब और पिछड़े वर्गों और जातियों के लोग बाज़ार से बाहर कर दिये जाते हैं। ऐसी स्थिति में इस बात की ज़्यादा संभावना होती है कि बहुजनों की प्रगतिशील सरकार इन लोगों की बेहतरी के लिए क़दम उठाएगी। नयी आर्थिक नीति ने भारतीय अर्थव्यवस्था का द्वार पूरी तरह से खोल दिया है, और इस तरह इसने देश की स्वायत्तता को ख़तरे में डाल दिया है। यदि संसदीय राजनीति में बहुमत अर्थात् बहुजनों के प्रतिनिधि चुनकर आते हैं और सत्ता पर नियंत्रण स्थापित करते हैं, तो ये प्रतिनिधि आर्थिक स्वायत्तता का क्षरण होने की प्रक्रिया को रोक सकते हैं।

[4] कांचा इलैया (1994क) : 668-69)

सांस्कृतिक स्वायत्तता के संदर्भ में भी यही स्थिति है। मूल रूप से बहुजनों में ही ज़्यादा अशिक्षित या भारतीय भाषा बोलने वाले तबक़ों के औसत शिक्षा प्राप्त लोग होते हैं। यदि ये बहुजन सत्ता हासिल करते हैं तो ये भारतीय भाषाओं के हित और इन भाषाओं में अभिव्यक्त होने वाली संस्कृति की हिफ़ाजत करने का प्रयास करेंगे। जैसा कि पहले उल्लेख किया गया है, अंग्रेज़ी भाषा शासक वर्गों की बुनियादी विशेषता बन चुकी है। इसलिए राजनीतिक क्षेत्र में भारतीय भाषा बोलने वाले लोगों के प्रवेश को एक रैडिकल क़दम के रूप में देखा जाना चाहिए।

जाति बहुसंख्यकवाद की सीमाएँ

लेकिन चूँकि जाति बहुसंख्यकवाद जाति के कारक पर आधारित होता है, इसलिए इसका अपना लॉजिक होता है। जाति अपनी प्रकृति से ही एक विभाजनकारी कारक है। यह एक पिछड़ी जाति से दूसरी पिछड़ी जाति को अलग करती है। इसके कारण ये जातियाँ आपस में ही प्रतियोगिता करती हैं। हर जाति अपनी राजनीति के लिए संगठित होती है और अपने नेतृत्व का विकास करती है। विभिन्न जातियों के बीच साझापन को भुला दिया गया है। इस पूरी प्रक्रिया में पिछड़ी जाति के दल कई गुटों में बँट गये हैं। एक ख़ास जाति के नेता के आस-पास एक गुट बन गया है। मसलन, जनता दल में कई गुट बन गये और इसका बार-बार विभाजन हुआ। ऐसा लगता है कि जनता दल से टूटकर तक़रीबन 10 समूह सामने आ गये हैं : मुलायम सिंह यादव की समाजवादी पार्टी, अजीत सिंह का राष्ट्रीय लोक दल, चंद्रशेखर की समाजवादी जनता पार्टी, ओम प्रकाश चौटाला का इंडियन नैशनल लोक दल, जनता दल (यूनाइटेड), जनतादल (सेकुलर), लालू प्रसाद यादव का राष्ट्रीय जनता दल, नवीन पटनायक का बीजू जनता दल, नीतीश कुमार की समता पार्टी, और रामकृष्ण हेगड़े की लोक शक्ति। उत्तर भारत में एक यादव पार्टी (समाजवादी पार्टी), जाट पार्टी (राष्ट्रीय लोक दल), कुर्मी पार्टी (समता पार्टी),

जाटव पार्टी (बसपा) है, लेकिन कोई भी ऐसी पार्टी नहीं है जिसका किसी एक राज्य के सभी पिछड़ी जातियों और समुदायों में समर्थन आधार हो। प्रतियोगी गोलबंदी के कारण पूर्वी उत्तर प्रदेश में छोटी और एक जाति की पार्टियाँ उभरकर सामने आयी हैं। जहाँ सोनेलाल पटेल के नेतृत्व वाला अपना दल कुर्मियों की पार्टी हैं, वहीं प्रगतिशील मानव समाज पार्टी एक अति पिछड़े समुदाय बिंद जाति की पार्टी है।[5]

जो जातियाँ शिक्षा, आय और संगठन के मामले में थोड़ा ज़्यादा आगे हैं, उन्होंने सत्ता पर क़ब्ज़ा किया है और दूसरों को इस सत्ता में हिस्सेदारी नहीं दी है। उत्तर प्रदेश और बिहार के यादव इसी श्रेणी में आते हैं। 1990 में मुलायम सिंह यादव के शासन को कुर्मी, कोयरी, मल्लाह और इसी तरह की अन्य जातियों के विरोध का सामना करना पड़ा था, क्योंकि यह सरकार मुलायम सिंह की जाति के सदस्यों के पक्ष में ही काम कर रही थी। जाति का लॉजिक सिर्फ़ पिछड़ी जातियों को एक-दूसरे से अलग नहीं करता है, बल्कि यह पदसोपान (हायरार्की) के तत्व को भी सामने लाता है। यदि पदसोपान का तत्त्व जाति बहुसंख्यकवाद में प्रवेश कर लेता है, तो यह ख़ुद को हिंदू बहुसंख्यकवाद से अलग नहीं कर पाएगा।

ऐसा लगता है कि बहुजनवाद ने दलितों के भीतर सत्ता हासिल करने की इच्छा पैदा की है, लेकिन उन्हें इसके लिए एक बड़ी क़ीमत अदा करनी पड़ी है। बिहार और उत्तर प्रदेश में ऐसी घटनाएँ सामने आयी हैं जिसमें उच्च पिछड़ी जातियों ने दलितों पर अत्याचार किया है। ये घटनाएँ दलितों और मध्यवर्ती जातियों के बीच के आर्थिक तनाव को दिखाती हैं। इनसे यह भी पता चलता है कि भूमिहीन खेतिहर मज़दूरों और मध्यम किसानों के बीच आर्थिक तनाव है।[6] कई बार यह तनाव शत्रुतापूर्ण अंतर्विरोध का रूप ले सकता है। कांचा इलैया यह दलील देते हैं कि दलितों और पिछड़ी जातियों के बीच का अंतर्विरोध शोषित लोगों के बीच का अंतर्विरोध है, और मूल रूप से यह एक दोस्ताना

[5] एसजी (1999) : 2913.

[6] अनिल नौरिया (1994 : 1640.

अंतर्विरोध है। पिछड़ी जातियों के माध्यम से फैलने वाला ब्राह्मणवाद इस अंतर्विरोध को शत्रुतापूर्ण बना देता है।[7] ऐसा लगता है कि बिहार में यह पूरी तरह शत्रुतापूर्ण हो चुका है। बिहार की पिछड़ी जातियों ने उच्च जातियों का अनुसरण करके अपनी सेनाएँ गठित कर ली हैं। उन्होंने श्रीकृष्ण या मंडल के नाम पर अपना नाम रखा है, और ये ग़रीब किसानों के ख़िलाफ़ संघर्ष में सक्रिय रूप से भाग लेते हैं। उत्तर प्रदेश में मुलायम सिंह ने 1998 के अपने चुनाव अभियान में दलितों के द्वारा *अनुसूचति जाति* और *अनुसूचित जनजाति (अत्याचार निरोधक) अधिनियम* के दुरुपयोग की आलोचना की। उन्होंने अपने समर्थकों का आह्वान किया कि वे बसपा के उम्मीदवारों को पराजित करें।[8]

ओबीसी एक समरूपी श्रेणी नहीं है। पिछले दशक में उनके बीच शहरी/ग्रामीण या ग़रीब/अमीर का विभाजन बढ़ा है, और अति पिछड़ी जातियों या मोस्ट बैकवर्ड कास्ट्स (एमबीसी) की एक नयी श्रेणी उभरकर सामने आयी है।[9] बिहार में अति पिछड़ी जातियों का जनसंख्या में 31 प्रतिशत अनुपात है, लेकिन राज्य मंत्रिपरिषद में उन्हें 12 प्रतिशत से भी कम प्रतिनिधित्व प्राप्त है। लालू प्रसाद यादव के शासन के दौरान (1994 में) उनका प्रतिनिधित्व सिर्फ़ 11 प्रतिशत था। राबड़ी देवी के शासन के दौरान (1997) यह गिरकर 6 प्रतिशत हो गया।[10] उत्तर प्रदेश में यादव, कुर्मी और कोयरी जैसी ओबीसी के उच्च स्तर को हरित क्रांति का सबसे ज़्यादा लाभ हुआ है। इस समृद्ध तबक़े ने राजनीतिक मंचों का प्रभावकारी तरीक़े से उपयोग किया है। वहीं अति पिछड़ी जातियाँ जो ओबीसी की जनसंख्या का दो-तिहाई हैं, वे आर्थिक और राजनीतिक दोनों ही तरह के लाभों से वंचित रही हैं। कर्पूरी ठाकुर एक अति पिछड़ी जाति (नाई) से संबंधित थे, और उनका उभार एक ऐसे करिश्माई नेता के रूप में हुआ जिसे बिहार के सभी ओबीसी स्वीकार करते थे (*द टाइम्स ऑफ़ इंडिया*, अगस्त 1989)। वे जाति व्यवस्था की पदसोपानीय (हायरार्किकल) प्रकृति

[7] कांचा इलैया (1994 ख) : 2836.

[8] कंचन चंद्रा (1999 ख) : 80.

[9] सुधा पाई (1999) : 3099.

[10] एस. एन. चौधरी (2000) : 4.

को अच्छी तरह समझते थे। उनकी योजना में पिछड़ी जातियों में ग़रीबों को प्राथमिकता दी गयी थी। 1988 में उनकी मृत्यु के बाद बिहार में पिछड़ी जाति के किसी भी नेता ने ओबीसी के बीच के अंतर्विरोधों को गंभीरता से नहीं लिया।

दलित जातियों के बीच भी मतभेदों और तनावों का विकास हुआ है। भारत के विभिन्न राज्यों में दलित आंदोलन का आधार सबसे बड़ी और तुलनात्मक रूप से विकसित दलित जातियों में ही स्थित है — आंध्र प्रदेश में माला, उत्तर प्रदेश में जाटव और महाराष्ट्र में महार। महाराष्ट्र में मतंग और चम्भार जैसी अन्य दलित जातियाँ कांग्रेस या शिव सेना का समर्थन करती हैं। दलित जातियों के बीच तनाव ने हिंदुत्ववादी दलों को ग़ैर-महार जातियों के मतों को अपने ख़ेमें में लाने में सहायता की है। इस तरह, दलित आंदोलन एक जाति आंदोलनों में तब्दील हो गया है, इस तरह दलित मुक्ति के लिए एकजुट और संयुक्त संघर्ष कठिन हो गया है। आंध्र प्रदेश में माला जाति के लोगों ने आरक्षण का लाभ लिया है, वही मडिगा पीछे छूट गये हैं। इस प्रतियोगिता ने दो दलित जातियों के बीच राजनीतिक टकराव उत्पन्न किया है।

जाति पोपुलिज़म (लोकलुभावनवाद)

लोकलुभावनवाद की एक विशेषता यह है कि यह अपने अनुयायियों के भीतर विभाजनों और स्तरों के अस्तित्व को स्वीकार नहीं करता है, और सम्पूर्ण रूप से लोगों के नाम पर अपनी बात कहता है। ऐसा लगता है कि 1990 के दशक के आरम्भ से जाति बहुसंख्यकवाद ने भी इस लोकलुभावनवादी विशेषता को अपना लिया है, और यह विभिन्न पिछड़ी जातियों के बीच असमानताओं और भिन्नताओं पर ध्यान नहीं दे रहा है। पोपुलिज़म या लोकलुभावनवाद के अन्य रूपों की तरह जाति लोकलुभावनवाद भी एक निहित विचारधारा के विविध रूपों को एक साथ लाता है, जिसमें ऐसे विचार और मनोवृत्तियाँ सम्मिलित होती हैं, जिसे लोग अपने लोक परंपराओं के कारण स्वीकार करते हैं। ये विश्वास और परम्पराएँ उन्हें उच्च जातियों के अभिजन वर्ग से अलग

करती हैं। जाति लोकलुभावनवाद उस नेता के अपवादात्मक गुणों पर निर्भर होती है, जिसे मसीहा के रूप में देखा जाता है। यह नेता प्रतीकों, नारों, और सरल सूत्रीकरणों का उपयोग करके जनता अर्थात् पिछड़ी जातियों के लोगों को गोलबंद करता है। पार्टी ऐसे नेता और उसके विचारों के आस-पास केंद्रित रहती है (कांशीराम, लालू प्रसाद और मुलायम सिंह)। जाति लोक-लुभावनवाद यह दावा करता है कि वह ऐसे वंचित बहुमत का प्रतिनिधित्व करती है जिसकी आवाज़ को राजनीति में अभी तक उपेक्षित रखा गया है। इस पर आधारित दलों में एक सुगठित राजनीतिक संरचना नहीं होती है, और न ही इनकी कोई सुव्यवस्थित विचारधारा होती है। महात्मा फूले, डॉ. आम्बेडकर और लोहिया ने एक आपस में जुड़े विषयों और सिद्धांतों को मिलाकर एक व्यापक विचारधारात्मक संरचना का निर्माण किया। लेकिन हम यह पाते हैं कि 1990 के दशक के जाति लोकलुभावनवाद में इस प्रकार के सूत्रीकरणों की पूरी तरह उपेक्षा की जाती है। कांशीराम जैसे लोकलुभावनवादी नेता एक विशिष्ट संदर्भ में इतनी गहराई से धँसे हुए हैं कि वे एक दीर्घकालिक दृष्टिकोण को अपनाने में असमर्थ हैं, और उनका एकमात्र कार्यक्रम किसी भी तरह सत्ता हासिल करना है। चूँकि लोकलुभावनवादी आंदोलन एक नेता के करिश्मा पर निर्भर होता है, इसलिए नेता के हटने या बाहर जाने के बाद आंदोलन भी ख़त्म हो जाता है अर्थात् यह एक शक्तिशाली तूफ़ान की तरह उभरता है और फिर ख़त्म हो जाता है। लोकलुभावनवाद की ये विशेषताएँ जाति लोकलुभावनवाद के मामले में काफ़ी हद तक सही लग सकती हैं। जाति लोकलुभावनवाद पिछड़ी जाति की परंपराओं और प्रथाओं का गुणगान करता है, लेकिन यह ज़रूरी नहीं है कि ये सभी समतावादी भी हों। कांचा इलैया ने बहुत ज़ोरदार तरीक़े से यह तर्क दिया है कि दलित-बहुजन की विश्वदृष्टि ब्राह्मणवाद और हिंदू धर्म से पूरी तरह अलग होती हैं क्योंकि दलित-बहुजन समाज की भौतिक आधार के प्रशिक्षित उत्पादक और सृजनात्मक निर्माता होते हैं। साथ ही, इनका पालन-पोषण, इनकी भाषा, शिक्षा विचार, खान-पान, पुरुष-महिला

संबंध, परिवार, ईश्वर और मृत्यु की संकल्पनाएँ भी ब्राह्मणवाद और हिंदू धर्म से पूरी तरह अलग हैं।[11] इस प्रकार का इसेंशियलिज़म (तत्त्ववाद) बहुत प्रभावकारी तरीक़े से 'हम और वे' की एक रूपरेखा स्थापित कर सकता है, और यह दलित-बहुजन पहचान का निर्माण भी कर सकता है। लेकिन परंपराओं और प्रथाओं को ज़रूरत से ज़्यादा गुणगान करने से यह यथास्थिति को क़ायम रखने और उसे सही बताने का काम भी कर सकता है। परंपरा में भी एक रैडिकल संभावना और अंतर्वस्तु हो सकती है। मसलन, बहुजन महासंघ (महाराष्ट्र) का मानना है कि वरकारी परंपरा (संत आंदोलन) में इस तरह की संभावना निहित है। आम लोगों की धार्मिक परंपराओं का अपनाकर उनके साथ एक बेहतर संबंध बनाया जा सकता है, और सांप्रदायिक और कट्टरपंथी ताक़तों के प्रयासों को विफल किया जा सकता है। लेकिन इस पूरी प्रक्रिया में एक जोखिम भी है। शायद महात्मा फूले ने परंपरा को अपनाने में निहित ख़तरे को समझा था। इसलिए उन्होंने समतावादी मूल्यों के आधार पर सार्वजनिक सत्य धर्म के रूप में एक नयी विश्वदृष्टि के निर्माण का प्रयास किया। फूले के कदमों का अनुसरण करते हुए डॉ. आम्बेडकर ने 'धम्म' के सिद्धांतों का सूत्रीकरण किया और बौद्ध धर्म को अपनाया। आत्म-सम्मान के आंदोलन से जुड़े लोगों ने समधर्म की परिकल्पना की, जिसमें उस गणराज्य के बुनियादी सिद्धांत निहित थे जिसे वे स्थापित करना चाहते थे।[12]

नयी आर्थिक नीति

जैसी कि पीछे चर्चा की गयी है जाति लोकलुभावनवाद एक व्यस्थित और सभी आयामों को स्पष्ट करने वाले विचारधारात्मक सूत्रीकरण में विश्वास नहीं करता है। इसके बजाय, यह सरल विचारों, नारों और एक सूत्रीय कार्यक्रम पर निर्भर रहता है। इसलिए यह आश्चर्य की बात नहीं है कि जाति

[11] कांचा इलैया (1996) : 164-200.

[12] वी. गीता और एस. वी. राजदुलारी (1988) : 420.

लोकलुभावनवाद ने अपने आर्थिक विचारों को प्रस्तुत नहीं किया है। यह थीसिस अपने-आप में सही है कि पिछड़ी और दलित जनजातियों को आर्थिक संसाधनों से वंचित रखा गया है और वे राज्य सत्ता पर क़ब्ज़ा करके ही इन संसाधनों को हासिल कर सकते हैं। लेकिन ऐसा तभी हो सकता है जब पिछड़ी जाति के शासकों के पास कोई अपनी आर्थिक नीति हो। चूँकि पिछड़ी और दलित जातियों से संबंधित अधिकांश लोग आर्थिक रूप से कमज़ोर स्थिति में हैं, इसलिए बहुजन शासकों से यह उम्मीद की जाति है कि वे एक पुनर्वितरणवादी और समतावादी आर्थिक नीति तैयार करें और उसे सही तरीक़े से लागू करें। उत्तर प्रदेश, बिहार और अन्य स्थानों पर सत्ता में आये बहुजन नेताओं ने इस उम्मीद को पूरा नहीं किया। जब 1990 के दशक में बसपा उत्तर प्रदेश में शासक गठबंधन का भाग थी, तो राज्य सरकार ने पेरियार रैलियों का आयोजन करने और डॉ. आम्बेडकर की 15000 मूर्त्तियाँ लगाने में सहायता की। बसपा की सरकार ने बहुजन नायकों के नाम पर ज़िलों, सड़कों, पुस्तकालयों और पार्कों का नाम रखने पर काफ़ी ध्यान दिया।[13] इस तरह, बसपा को सत्ता में जो कम समय मिला, उसका उपयोग अपने समर्थकों के लिए बेहतर पुनर्वितरण की नीतियाँ बनाने के बजाय प्रतीकात्मक और दिखावटी बदलावों के लिए किया गया। बिहार में जनता दल या राष्ट्रीय जनता दल की सरकारें भी पुनर्वितरणवादी आर्थिक नीतियों का सख़्ती से पालन करने में नाकाम रहीं। जाति बहुसंख्यकवाद पर भरोसा करने वाले लोगों को इस तथ्य का अहसास होना चाहिए कि वे जब चुनावी संघर्ष में उलझे हुए थे, उस समय वैश्विक पूँजी और नयी आर्थिक नीति जाति की उपेक्षा करके लगातार आगे बढ़ रही थी। पिछड़ी जाति के बहुत कम नेताओं ने इस बात पर गंभीरता से विचार किया है कि वैश्वीकरण का उनके समर्थकों पर क्या प्रभाव पड़ेगा। बहुत से विद्वानों द्वारा यह तर्क दिया गया है कि उदारीकरण और निजीकरण की नीतियों का दलितों जैसे वंचित और शोषित समूहों

---

[13] प्रदीप कुमार (1999) : 824.

पर बहुत नकारात्मक प्रभाव पड़ रहा है।[14] लेकिन महाराष्ट्र की एक छोटी पार्टी बहुजन महासंघ के अलावा किसी भी बहुजन दल ने नयी आर्थिक नीति के इस आयाम पर ध्यान नहीं दिया है।

ऐसा लगता है कि बहुजन नेता और विचारधाराएँ नवउदारवादी एजेंडा के वर्चस्वशाली चिंतन के प्रभाव में आ गये हैं। जाति बहुसंख्यकवाद में राजनीतिक सत्ता हासिल करने या आरक्षण नीति को बढ़ावा देने के एक-सूत्रीय कार्यक्रम पर ध्यान केंद्रित किया गया है। इसके कारण यह इस बात को समझने में पूरी तरह नाकाम रहा है कि नयी आर्थिक नीति किस सीमा तक हाशिये पर पड़े समूहों की ज़िंदगी को प्रभावित कर रही है। हालाँकि बहुजनों के लिए राजनीतिक सत्ता प्राप्त करना महत्त्वपूर्ण है, लेकिन यह बात समझना महत्त्वपूर्ण है कि एक ऐसे समय में जब राज्य की भूमिका सीमित हो रही हो, राज्य सत्ता पर क़ब्ज़ा करने का सीमित महत्त्व है। इसी तरह, चूँकि सार्वजनिक क्षेत्र लगातार संकुचित होते जा रहा है, इसलिए इस क्षेत्र में नौकरियों के आरक्षण की प्रासंगिकता ख़त्म होती जा रही है। निजीकरण के दौर में सार्वजनिक क्षेत्र या शैक्षणिक संस्थाओं में आरक्षण प्रभावहीन होती जा रही है। 1980 के दशक के आख़िर से ही जाति बहुसंख्यकवाद ने आरक्षण के मुद्दे के इर्द-गिर्द अपने अभियान को संगठित किया है। भारतीय अर्थव्यवस्था की बदली हुई परिस्थितियों में यह एक सतही मुद्दा बन चुका है, इसलिए इस पर आधारित राजनीति की चमक-दमक भी धुँधली पड़ने लगी है।

गेल ऑम्वेट ने बिल्कुल सही तर्क दिया है कि डॉ. आम्बेडकर के बाद किसी भी नेता ने आर्थिक मुद्दों पर चिंतन नहीं किया। डॉ. आम्बेडकर ने अपनी राजनीतिक रणनीति में आर्थिक और सामाजिक विषयों को भी सम्मिलित किया, और उन्होंने पूँजीवाद और ब्राह्मणवाद को अपने दो शत्रुओं के रूप में रेखांकित किया।[15] लोहिया ने विकास के स्थापित नेहरूवादी मॉडल के

---

[14] आनंद तेलतुम्बडे (1997) : 27.

[15] गेल ऑम्वेट (1994) : 249.

विकल्प के रूप में एक आर्थिक रूपरेखा प्रस्तावित की। वे यह मानते थे कि भारत की आर्थिक समस्याओं का समाधान बड़े उद्योगों की स्थापना में निहित नहीं है। इसके स्थान पर उन्होंने ज़्यादा लोगों को रोज़गार देने वाले श्रम आधारित छोटे मशीनों की तरफ़दारी की। डॉ. आम्बेडकर और लोहिया जाति प्रश्न के वर्गीय आयाम को देख सकते थे, इसलिए उन्होंने वर्ग और जाति दोनों के शोषणकारी और दमनकारी आयामों का सामना करने का प्रयास किया। ऐसा लगता है कि 1990 के दशक के जाति बहुसंख्यकवाद के लोकलुभावनवादी नेता यह समझने में नाकाम रहे हैं कि सामाजिक और आर्थिक रूप से हाशियाकृत समूह बुनियादी रूप से एक ही हैं।

नयी आर्थिक नीति में उदारीकरण, निजीकरण और वैश्वीकरण सम्मिलित है, और हाल के समय में भारत में मध्य-वर्ग की जनसंख्या-वृद्धि में इसने महत्त्वपूर्ण भूमिका निभाई है। नैशनल कौंसिल फ़ॉर अप्लाईड इकनॉमिक रिसर्च ने अपने एक सर्वेक्षण में यह अनुमान लगाया है कि भारत में मध्य वर्ग का आकार 20 करोड़ है, जो कि देश की कुल जनसंख्या का 20 प्रतिशत है।[16] डी. एल. शेठ ने 1996 में विकासशील समाज अध्ययन पीठ द्वारा किये गये एक सर्वेक्षण के आधार पर मध्य-वर्ग के लोगों की एक रूपरेखा प्रस्तुत की। उन्होंने यह बताया कि मध्य-वर्ग की जनसंख्या का आधा हिस्सा निम्न जातियों और समुदायों से आता है, जिनमें दलित भी शामिल हैं।[17] इन तबक़ों द्वारा मध्य-वर्ग का दृष्टिकोण मानने और अपनी जाति के अन्य लोगों से ख़ुद को दूर कर लेने की संभावना ज़्यादा होती है।

मध्य-वर्ग सिर्फ़ आकार में ही बड़ा नहीं हुआ है, बल्कि समाज में यह सांस्कृतिक और विचारधारात्मक रूप से उच्च पायदान की ओर बढ़ा है। एक ऐसा समय था जब निम्न जातियों के लोग ब्राह्मणों की जीवनशैली और संस्कृति को अपनाने की आकांक्षा रखते थे। आज निम्न वर्ग और जातियाँ यह चाहती हैं कि वे मध्य-वर्ग की तरह व्यवहार करें और उसी की तरह जीवन

---

16 *द टाइम्स ऑफ़ इंडिया* (3 अक्टूबर, 1993)

17 डी. एल. शेठ (1999 : 2509).

व्यतीत करें। मैं मध्य वर्ग की संस्कृति को बूर्ज्वा संस्कृति कहूँगा, जो स्वहित, प्रतियोगिता, व्यावहारिक गतिशीलता और उपभोग में विश्वास करता है। निजीकरण और वैश्वीकरण से इस वर्ग के हित जुड़े हुए हैं। यह वर्ग वितरणकारी और समतावादी नीतियों और यहाँ तक कि सामाजिक कल्याण नीतियों का भी विरोध करता है। इसे पिछड़ावाद और नौकरियों में आरक्षण नापसंद है। यह नापसंदगी मंडल आयोग के रपट के ख़िलाफ़ चलने वाले आंदोलन में गहरे विरोध के रूप में खुलकर सामने आयी थी। यह चाहता है कि व्यक्ति राज्य पर निर्भर न रहें, अपने सामर्थ्य को बढ़ाए और जीवन में प्रतियोगी भावना के साथ कुछ हासिल करने का प्रयास करें।[18]

मीडिया तथा विचारों का निर्माण करने वाले अन्य साधनों पर इस वर्ग का नियंत्रण है, और भारतीय लोगों के बौद्धिक और नैतिक नेतृत्व के रूप में उभरकर सामने आया है। यह सच है कि इतनी बड़ी जनसंख्या वाला और नागरिक समाज में इतना महत्त्वपूर्ण स्थान रखने वाला वर्ग राजनीति में निर्णायक तरीक़े से हस्तक्षेप करने का प्रयास करेगा। मध्य वर्ग की प्रधानता में यह बढ़ोतरी जाति बहुसंख्यकवाद के दृष्टिकोण को कई तरीक़े से कमज़ोर कर रही है।

किसान-जाति समीकरण

1990 के दशक में मध्य वर्ग में अत्यधिक वृद्धि होने के पहले के दौर में, इस वर्ग से संबंधित लोग पिछड़ी जाति की राजनीति के विरोध का दृष्टिकोण अपनाते थे, और उनका नजरिया किसान विरोधी भी होता था। जैसा कि पहले उल्लेख किया है कि उत्तर भारत में 1960 के दशक के आख़िर में पिछड़ी और मध्य जातियों के किसानों का एक अमीर और मध्य तबक़ा उभरकर आ जाने के बाद ही इन जातियों का राजनीति में प्रभावकारी तरीक़े से प्रवेश हुआ। राजनीति में चरण सिंह ने उनका प्रतिनिधित्व किया। 1870 के दशक में ही महात्मा फूले ने पिछड़ी जातियों और किसानों की श्रेणी के बीच के परस्पर-व्यापन को पहचान लिया था। 1873 में उन्होंने अपनी पुस्तक

---

[18] राजेन्द्र वोरा (1998) : 103-7.

गुलामगिरी के माध्यम से ब्राह्मणवाद को चुनौती दी, और 1883 में उन्होंने अपनी पुस्तक *शेतकारयाता असुद* (किसान का चाबुक) के माध्यम से किसानों के आर्थिक और धार्मिक शिकायतों को प्रस्तुत किया। बीसवीं सदी के आरम्भिक दशकों में महाराष्ट्र में ग़ैर-ब्राह्मण आंदोलन बहुजन समाज का किसान आधारित जनांदोलन था। इसमें इन्होंने बुद्धिजीवी और साहूकार-ज़मींदार यानी शेठ-भाटजी वर्ग का विरोध किया था। जब यह आंदोलन अपनी चरम स्थिति में था तो जाति सम्मेलन और किसान सम्मेलन एक साथ आयोजित किये गये थे। जब ग़ैर-ब्राह्मणों को यह यक़ीन हो गया कि कांग्रेस किसानों की शिकायतों को गंभीरता से ले रही है, तो 1930 के दशक के आरम्भ में उन्होंने कांग्रेस में प्रवेश किया।

जैसा कि पहले उल्लेख किया गया है, उत्तर भारत में पिछड़ी और मध्य जातियों को 1967 के चुनावों के बाद राजनीति में प्रमुखता मिली। मध्य और पिछड़ी जातियों के किसानों द्वारा कांग्रेस के प्रभुत्व को चुनौती दी गयी, अब इनमें से बहुत सारे अधिशेष या सरप्लस किसान बन चुके हैं। 1960 के दशक के आख़िर में उत्तर प्रदेश, हरियाणा, मध्य प्रदेश और बिहार के मुख्यमंत्री समाज के इन्हीं तबक़ों से आये थे। लोहिया और चरण सिंह यह प्रयास कर रहे थे कि मध्य और पिछड़ी जातियों के किसान एक बैनर के तले आ जाएँ। 1977 की जनता पार्टी इन परस्परव्यापी श्रेणियों का प्रतिनिधित्व कर रही थी और जनता पार्टी के शासन के दौरान बहुत कम समय के लिए चरण सिंह प्रधानमंत्री भी बने। 1980 के दशक के दौरान अमीर किसानों और उद्योग के बीच का अंतर्विरोध उभरकर सामने आ गया, और इसने भारत के विभिन्न राज्यों में किसान आंदोलनों को जन्म दिया। उत्तर प्रदेश में भारतीय किसान यूनियन (भाकियू) का 1978 में गठन किया गया था, जो जाति और किसान की साझा पहचान पर आधारित था। लेकिन 1980 के दशक के आख़िर तक चीज़ें बदल गयीं। भाकियू का समर्थन आधार और नेतृत्व मुख्य रूप से पश्चिमी उत्तर प्रदेश के जाटों से संबंधित था। यद्यपि पूर्वी उत्तर प्रदेश की भू-स्वामी जातियाँ

उच्च जाति के प्रभुत्व को चुनौती देने में रुचि रखती थीं, लेकिन वे भाकियू का नेतृत्व स्वीकार करने के लिए तैयार नहीं थीं। 1989 के चुनावों में बीकेयू ने जनता दल का समर्थन किया, लेकिन धीरे-धीरे दोनों संगठन एक-दूसरे से दूर हो गये। भाकियू जनता दल सरकार द्वारा ओबीसी को आरक्षण देने के फ़ैसले से सहमत नहीं था क्योंकि इसमें जाटों को बाहर रखा गया था। भाकियू के प्रभुत्व वाले पश्चिमी उत्तर प्रदेश के क्षेत्रों में आरक्षण-विरोधी आंदोलन काफ़ी ज़ोर-शोर से चला था। जुलाई 1990 में मुलायम सिंह ने भाकियू को लखनऊ में किसान रैली करने की अनुमति नहीं दी, और इसके नेता महेन्द्र सिंह टिकैत को गिरफ़्तार कर लिया। जब भाजपा ने भाकियू को अपना समर्थन दिया तो भाकियू और जनता दल का संबंध और ज़्यादा ख़राब हो गया। धीरे-धीरे भाकियू और भाजपा एक-दूसरे के क़रीब आये। जोया हसन ने यह तर्क दिया है कि 1991 में भाजपा को सत्ता में लाने में भाकियू ने बहुत ही महत्त्वपूर्ण भूमिका निभायी।[19]

1989 में राष्ट्रीय मोर्चा के सबसे मुख्य घटक के रूप में जनता दल ने सत्ता हासिल की। इस सरकार में वी. पी. सिंह प्रधानमंत्री बने, जो राजीव गाँधी की सरकार में वित्त मंत्री थे। राजीव गाँधी की सरकार ने ही उदारीकरण की प्रक्रिया आरम्भ की थी। इसलिए वी. पी. सिंह की अर्थनीति चरण सिंह या जनता पार्टी के अन्य संस्थापक नेताओं से काफ़ी अलग थी। वी. पी. सिंह चरण सिंह के पुत्र अजीत सिंह को उद्योग मंत्री बनाया। लेकिन ख़ुद अजीत सिंह ने अपने पिता के विचारों का अनुपालन नहीं किया। इसके विपरीत उन्होंने यह घोषणा की कि उनकी सरकार पूरी तरह से उदारीकरण के पक्ष में है।[20] 1980 के दशक के किसान आंदोलन ने उद्योग और खेती के बीच की प्रतिद्वंद्विता बढ़ा-चढ़ाकर प्रस्तुत किया। इसने विकास के स्थापित मॉडल पर हमला किया जिसमें उद्योगों को ज़्यादा महत्त्व दिया जाता रहा था। 1990 के दशक के आख़िर में ऐसा लगता है

---

[19] जोया हसन (1998) : 94-107.

[20] *इंडिया टुडे*, 31 दिसंबर, 1998 : 96-98.

कि पूँजी और अमीर किसानों के हित एक-दूसरे मिल गये हैं। इसीलिए किसान आंदोलनों ने केंद्र की उदारीकरण और निजीकरण की नीतियों का समर्थन किया। साथ ही, औद्योगिक क्षेत्र के साथ मिलकर इसने वैश्वीकरण का भी स्वागत किया। इसलिए हम देखते हैं कि किसान आंदोलन और जाति बहुसंख्यकवाद के बीच टकराव बढ़ा है। ग़ौरतलब है कि किसान और पिछड़ी जाति के समीकरण ने जाति बहुसंख्यकवाद की आधारशिला का काम किया था, लेकिन अब यह कारगर नहीं है।

जति-दल समीकरण

जाति बहुसंख्यकवाद एक अन्य समीकरण अर्थात् जाति और दल के समीकरण पर भी निर्भर है। पिछड़ी जाति के दलों के उम्मीदवार मूल से पिछड़ी जातियों से आते हैं, वहीं एक उच्च जाति के दल के उम्मीदवार उच्च जातियों से आते हैं। 1980 के दशक में पिछड़ावाद की राजनीति का ज़बर्दस्त उभार हुआ। इस समय से ही यह राजनीति जाति और दल के बीच एक समीकरण होने की मान्यता पर आधारित रही है। लेकिन 1990 के दशक के आख़िर में यह समीकरण बहुत मज़बूत नहीं नज़र आ रहा है, और इसलिए इस पर आधारित राजनीति गतिरोध की स्थिति में पहुँच चुकी है।

हाल के वर्षों में चुनावी राजनीति के संबंध में बसपा की रणनीति यह दिखाती है कि उत्तर प्रदेश में यह परिवर्तन किस तरह से हो रहा है। 1996 के लोकसभा चुनावों में इस पार्टी ने अपना 17 प्रतिशत टिकट उच्च जाति के उम्मीदवारों को दिया। 1998 के चुनावों में भी यही नीति जारी रखी गयी, और उच्च जातियों को दिये जाने वाले टिकट का अनुपात भी पिछले चुनाव की तरह ही रहा। मायावती ने अपने चुनाव अभियान के दौरान सार्वजनिक रूप से अपनी इस नीति का उल्लेख किया। उन्होंने इस बात पर ज़ोर दिया कि बसपा सिर्फ़ 'बहुजन समाज' की ही पार्टी नहीं है,

बल्कि यह 'सर्व समाज' की पार्टी है।[21] समाजवादी पार्टी ने भी 1996 में 21 प्रतिशत और 1998 में 25 प्रतिशत टिकट उच्च जाति के उम्मीदवारों को दिया। इसने 1998 में उच्च जातियों से खुलकर समर्थन करने की अपील भी की।[22]

बसपा सिर्फ़ उच्च जातियों के उम्मीदवारों को ही नहीं बल्कि मतदाताओं को भी आकर्षित कर रही है। 1996 में जहाँ इसे उच्च जातियों का 3.6 प्रतिशत वोट मिला था, वहीं 1998 में इसे इनका 10.2 प्रतिशत वोट मिला। दूसरी ओर, बसपा को मिलने वाले दलितों के वोट के अनुपात में गिरावट आयी। 1996 में इसे 59.2 प्रतिशत दलितों का वोट मिला था, जो 1998 में घटकर 50.5 प्रतिशत रह गया। इसी अवधि में भाजपा को मिलने वाले दलितों के वोट में 10 प्रतिशत से 18.4 प्रतिशत तक वृद्धि हो गयी। यदि हम आर्थिक संकेतकों के आधार पर विचार करते हैं तो पाते हैं कि सबसे ग़रीब तबक़े से मिलने वाले बसपा के वोट में गिरावट आयी है। इन तबक़ों से 1996 के चुनावों में इसे 44.7 प्रतिशत वोट मिला था, वहीं 1998 के चुनावों में 25.2 प्रतिशत वोट मिला। 1996 में इसके उच्च जाति के वोटों में 1.2 प्रतिशत की वृद्धि हुई, और 1998 में 7.1 की प्रतिशत की वृद्धि हुई। 1998 बसपा (19.4 प्रतिशत) को भाजपा (33.5 प्रतिशत) और सपा (20.8 प्रतिशत) की तुलना में ग़रीबों के कम वोट मिले। 1996 के विधानसभा चुनावों में बसपा ने उच्च जाति के मतों के लिए कांग्रेस से गठजोड़ किया था।[23] 1999 के लोकसभा चुनावों के दौरान अपने प्रचार अभियान में मायावती ने यह घोषणा की कि उत्तर प्रदेश में बसपा के 85 उम्मीदवारों में से 38 उम्मीदवार पिछड़ी जातियों और 20 उच्च जातियों से हैं। चुनावों के नतीजों से यह पता चला कि उच्च जाति के प्रभुत्व वाले कम से कम तीन क्षेत्रों में बसपा को जीत हासिल हुई है।[24] इन चुनावों में बसपा से दो ठाकुर

---

[21] कंचन चंद्रा (1999 ख) : 72.

[22] वही.

[23] प्रदीप कुमार (1999) : 823-26.

[24] सुभाष मिश्रा (1999) : 49.

उम्मीदवारों को जीत मिली।[25] बसपा और उसके समर्थन आधार में होने वाले ये परिवर्तन इस बात की ओर संकेत करते हैं कि बसपा अब अल्पजन और बहुजन (अर्थात् उच्च जातियों की अल्पसंख्या और पिछड़ी तथा दलित जातियों की बहुसंख्या) के बीच में किये जाने वाले अंतर को लेकर गंभीर नहीं है, और यह अपने-आप को ग़ैर-बहुजन मतदाताओं तक भी ले जाना चाहती है।

चुनाव अध्ययनों से पता चलता है कि 1998 के लोकसभा चुनावों से ही जातिगत ध्रुवीकरण में गिरावट हो रही है।[26] ध्रुवीकरण में क्षरण 1996 और 1998 के उत्तर प्रदेश के चुनावों में भी स्पष्ट रूप से सामने आया था। 1996 के लोकसभा चुनावों में तक़रीबन 29.3 प्रतिशत ओबीसी ने भाजपा को वोट दिया और 1998 में यह अनुपात बढ़कर 30.6 प्रतिशत हो गया।[27]

सारणी-1 उत्तर प्रदेश में विभिन्न जाति समूहों की दलीय वरीयता

जाति समूह	कांग्रेस	भाजपा	जनता दल	बसपा	सपा	अन्य
अनुसूचित जाति	8.0	18.4	-	50.5	9.0	14.2
अनुसूचित जनजाति	-	30.0	-	10.0	40.0	20.0
अन्य पिछड़ा वर्ग	6.8	30.6	7	9.2	30.4	22.3
अनारक्षित	77	50.7	-	4.1	21.8	13.7

स्रोतः वी. के. राय (1999), 'इन सर्च ऑफ़ अ न्यू बैलेंस, कास्ट, रीजन ऐंड कम्युनिटी इन उत्तर प्रदेश', *इकनॉमिक ऐंड पॉलिटिकल वीकली*, 33(34-35), 21-28 अगस्त, पृ. 2407.

सारणी-1 से यह स्पष्ट पता चलता है कि उच्च जाति के 50 प्रतिशत मतदाताओं ने भाजपा को समर्थन किया, और 30.6 प्रतिशत ओबीसी मतदाताओं ने भाजपा को वोट दिया। चूँकि उच्च जातियों की जनसंख्या कम है, और ओबीसी जनसंख्या ज़्यादा है, इसलिए ऐसा लगता है कि भाजपा बड़े पैमाने पर ओबीसी मतदाताओं पर निर्भर है।

---

[25] रंजीत भूषण (1999) : 29.

[26] योगेन्द्र यादव (1999) : 2399.

[27] जास्मीन जेरीनीनी ब्रोटेल (1999) : 53.

1999 के लोकसभा चुनावों में मतदाताओं के जातिवार विश्लेषण से यह पता चलता है कि भाजपा को ओबीसी और दलित मतदाताओं का काफ़ी वोट मिला।

सारणी-2 पूरे भारत में जाति समूहों द्वारा राजनीतिक दलों का वरीयता (1999)

जाति समूह	कांग्रेस	भाजपा	भाजपा के सहयोगी	वाम दल	बसपा	क्षेत्रीय दल
अनारक्षित वर्ग	21	46	14	7	1	2
प्रभुत्वशाली किसान जातियाँ	31	30	22	4	1	10
उच्च ओबीसी	35	21	23	2	2	12
निम्न ओबीसी	35	19	23	10	1	6
अनुसूचित जनजाति	49	19	12	7	0	3
दलित	40	12	10	11	13	15

स्रोतः *फ्रंटलाइन*, 19 नवंबर, 1999, पृ. 32.

1999 के चुनावों में किसी एक जाति ने किसी एक दल को सामूहिक रूप से वोट नहीं दिया। इसमें बहुत ही जटिल प्रकृति के जातिगत गठजोड़ सामने आये। अनुसूचित जाति के 18 निर्वाचन क्षेत्रों में से 8 पर भाजपा को जीत मिली। सपा के 26 उम्मीदवार चुनाव जीतें लेकिन उनमें से सिर्फ़ 4 यादव थे। उत्तर बिहार में भाजपा और इसके गठबंधन सहयोगी जनता दल (यूनाइटेड) के 5 यादव उम्मीदवारों ने राष्ट्रीय जनता दल के यादव उम्मीदवारों को चुनावों में पराजित कर जीत हासिल की। बिहार में भी दलितों के मतों का एक बड़ा हिस्सा भाजपा के पक्ष में गया। असल में, इसमें राम विलास पासवान द्वारा अपनी जाति के मतदाताओं की गोलबंदी ने प्रमुख

भूमिका अदा की। राजस्थान में पिछले चुनावों में भाजपा ने अनुसूचित जाति और अनुसूचित जनजातियों के लिए आरक्षित निर्वाचन क्षेत्रों में भी कामयाबी हासिल की।[28]

इस तरह अध्ययनों से यह पता चलता है कि पहले के चुनावों की तुलना में इस चुनाव में जातियों के वोट विभिन्न दलों में काफ़ी हद तक समान रूप से बँटे। ये अध्ययन यह भी रेखांकित करते हैं कि भाजपा पिछड़ी जातियों से अच्छा समर्थन हासिल करने में सफल रही है और इसे एक सीमा तक दलित जातियों का भी वोट मिला है। वोट बैंक का कारक काफ़ी तेज़ी से अपना महत्त्व खोता जा रहा है। मतदान के पैटर्न से संबंधित ये बदलाव पिछड़ी जाति के जड़ों को ही हिला रहे हैं।

सामाजिक इंजीनियरिंग की परियोजना

1990 के दशक के आख़िर में मतदान व्यवहार और जाति-दल समीकरण में हुए बदलावों को काफ़ी हद तक भाजपा की सोच-समझकर तैयार की गयी और अच्छी तरह लागू की गयी रणनीति की भूमिका रही है। भाजपा की इस रणनीति को सामाजिक इंजीनियरिंग परियोजना के रूप में भी जाना जाता है।

इस संदर्भ में यह थीसिस प्रासंगिक है कि शासक विचार शासक वर्ग के विचार नहीं होते हैं, और शासक वर्ग प्रभुत्वाधीन वर्गों के विचारों को अपना लेता है। 1990 के दशक के पिछड़ी जाति की राजनीति में रैडिकल और व्यापक विचारधारात्मक रूपरेखा का अभाव रहा है। इस राजनीति को आगे बढ़ाने वाले दलों और नेताओं ने जाति के पारंपरिक जुड़ावों को अपील करके सत्ता पर क़ब्ज़ा करने की लोकलुभावनवादी रणनीति अपनायी। इस तरह, ये एक परिवर्तनकारी राजनीतिक परियोजना अपनाने में नाकाम रहें। इसलिए इन्होंने भाजपा को अपना आधार उपलब्ध करा दिया है। भाजपा ने पिछड़ी जाति के अभिजनों को अपनी ओर आकर्षित करने के लिए सत्ता में भागीदारी की रणनीति को अपनाया है, और उसे यह उम्मीद है कि दीर्घकालिक रूप से हिंदुत्व के लक्ष्य को हासिल

[28] संजय लोढ़ा (1999) : 3345.

किया जा सकता है। यह बात याद रखने की आवश्यकता है कि जाति की तरह धर्म भी एक विश्वास व्यवस्था और लोगों की निहित विचारधारा का निर्माण करता है। इस विश्वास के आधार पर अपील करके लोगों को गोलबंद किया जा सकता है। यदि पिछड़ी जातियों के नेता उच्च जातियों और पिछड़ी जातियों के बीच अंतर पर बल देते हैं, तो हिंदुत्व ब्रिगेड हिंदुओं और मुस्लिमों के बीच काल्पनिक प्रतिद्वंद्विता को अभिव्यक्त करता है। यह पिछड़ी जातियों और दलितों को हिंदू धर्म की व्यापक रूपरेखा में सम्मिलित करके उनके भीतर गर्व की भावना भरता है। इसलिए यदि राजनीतिक रणनीति के नज़रिये से देखें तो भाजपा फ़ायदेमंद स्थिति में है। इसके पास यह लाभप्रद स्थिति है कि यह समय और स्थान के अनुसार अदल-बदलकर दो तरह से अपील कर सकती है। इस संदर्भ में यह बात दर्ज करने की आवश्यकता है कि जाति लोकलुभावनवाद और हिंदू नव-फासीवाद को अलग करने वाली सीमा बहुत ही महीन या हल्की है।[29]

सोशल इंजीनियरिंग की शुरुआत बालासाहेब देवरस द्वारा संघ परिवार में आरम्भ किये गये कुछ बदलावों से हुई। 1973 में राष्ट्रीय स्वयंसेवक संघ (आर-एसएस) का प्रमुख बनने के बाद उन्होंने ये बदलाव शुरू किये। उन्होंने संघ को एक ऐसे संगठन में बदलने में महत्त्वपूर्ण भूमिका निभाई जो ज़्यादा समावेशी हो और निम्न जातियों के हितों पर भी ध्यान दे। वे मुख्य रूप से वी. डी. सावरकर के उस विचार के आधार पर काम कर रहे थे, जिसमें सावरकर ने जाति के बंधनों को तोड़कर, दलित सहित सभी हिंदुओं के बीच एकता स्थापित करने पर बल दिया था।[30] देवरस ने व्यवस्थित रूप से ख़ुद को गोलवलकर से दूर किया जिन्होंने चतुर्वर्ण व्यवस्था का समर्थन किया था। 1975 के आपातकाल के दौरान मुख्य रूप से उनकी पहल के कारण ही आरएसएस ने आपातकाल विरोधी आंदोलन में प्रवेश किया क्योंकि उस समय इस पर प्रतिबंध लगा हुआ था। 1977 से महाराष्ट्र में पूर्व जनसंघ के भीतर पिछड़ी जाति के नेताओं को समायोजित करने की प्रक्रिया आरम्भ हुआ। इस समय एक पिछड़ी जाति

---

[29] राजेन्द्र वोरा (1994) : 8-10.

[30] राजेन्द्र वोरा और सुहास पल्शीकर (1990) : 216.

(वंजारी) के नेता गोपीनाथ मुंडे को पार्टी का प्रदेश अध्यक्ष बनाया गया। 1978 में आरएसएस ने महाराष्ट्र में पतित पावन संगठन की स्थापना की, यह ग़ैर-ब्राह्मण समुदायों का एक उग्र संगठन था। 1981 में मीनाक्षीपुरम में दलितों के इस्लाम में धर्मांतरण की घटना हुई। इसके बाद संघ परिवार ने दलितों तक अपनी पहुँच बढ़ाने और उन्हें संघ परिवार से जोड़ने की प्रक्रिया तेज़ कर दी। मीनाक्षीपुरम घटना के दो वर्षों के बाद 1983 में आरएसएस ने आम्बेडकर जयंती के दिन समरसता मंच की स्थापना की, जिसका स्पष्ट लक्ष्य सभी हिंदुओं का एकीकरण करना था। 1980 के दशक में पिछड़ी जाति के स्वयंसेवकों को आरएसएस में महत्त्वपूर्ण पद दिये गये। ऐसे स्वयंसेवकों में रमेश पतांगे और भीखू इदाते का नाम प्रमुख था। भाजपा की महाराष्ट्र इकाई ने भी इसी तरह की नीति का अनुसरण किया। इसने अपनी कार्यसमिति में ओबीसी नेताओं को शामिल किया और ओबीसी नेताओं को अच्छी-ख़ासी संख्या में चुनावों में टिकट भी दिया जाने लगा। मंडल आयोग के सिफ़ारिशों के आधार पर पिछड़ी जातियों को आरक्षण देने के मुद्दे पर भाजपा की महाराष्ट्र इकाई ने उत्तर भारत के राज्य इकाईयों की तुलना में एक अलग दृष्टिकोण अपनाया। महाराष्ट्र भाजपा की कार्यकारिणी ने यह माँग की कि मंडल आयोग की सिफ़ारिशों को स्वीकार किया जाना चाहिए। यह माँग उस समय की गयी जब उत्तर भारत में भाजपा के समर्थक आरक्षण-विरोधी आंदोलन में लगे हुए थे। महाराष्ट्र इकाई ने इस बात पर ज़ोर दिया कि मंडल आयोग सामाजिक परिवर्तन की दिशा में एक क़दम है। हालाँकि पार्टी की महाराष्ट्र इकाई द्वारा प्रकाशित पुस्तिका में आरक्षण के संदर्भ में दो सुझाव भी दिये गये : पहला, आर्थिक रूप से पिछड़े समूहों को वरीयता दी जानी चाहिए और दूसरा, अल्पसंख्यकों को किसी प्रकार का आरक्षण नहीं दिया जाना चाहिए।[31]

महाराष्ट्र की दलित और विशेष रूप से पिछड़ी जातियों के संदर्भ में एक अन्य महत्त्वपूर्ण मुद्दा मराठवाड़ा युनिवर्सिटी का नाम बदलकर बाबासाहेब आम्बेडकर युनिवर्सिटी रखने से संबंधित था। 1978 में मराठवाड़ा क्षेत्र में

[31] सुहास कुलकर्णी (1996) : 61-75.

इस मसले पर उच्च जाति के हिंदुओं और दलितों के बीच अब तक के सबसे बुरे हिंसक दंगे हुए। विश्वविद्यालय का नाम बदलने का आंदोलन 1980 के दशक के आख़िर तक चला। भाजपा ने इस माँग का समर्थन किया किंतु शिव सेना ने इसका विरोध किया, जो 1989 के चुनावों से भाजपा की सहयोगी पार्टी बन गयी थी। भाजपा-शिव सेना गठजोड़ में अमूमन शिव सेना ने दलित विरोधी रुख़ ही अपनाया है, लेकिन इसके साथ ही इसने चर्मकार और मतंग जैसी हिंदू दलित जातियों को गोलबंद भी किया है। शिव सेना ने 1980 के दशक के आख़िर और 1990 के दशक के प्रारम्भ में पिछड़ी जातियों को भी ख़ुद से जोड़ने का प्रयास किया। भाजपा द्वारा ओबीसी और दलितों को समायोजित करने की नीति 1995 के विधानसभा चुनावों के लिए टिकट वितरण में स्पष्ट रूप से सामने आयी। भाजपा के कुल 117 उम्मीदवारों में 44 ओबीसी और 9 दलित थे। इन चुनावों में अनुसूचित जातियों के लिए सुरक्षित कुल 18 सीटों में से भाजपा को 8 और सेना को 4 सीटों पर जीत मिली। 1990 के विधानसभा चुनावों में हिंदुत्व गठबंधन को इन 18 सीटों में से 11 पर जीत मिली थी। गठबंधन की टिकट पर चुनाव जीतने वाले अधिकांश उम्मीदवार हिंदू दलित जातियों से संबंधित थे।[32]

पिछड़ी जातियाँ कभी भी महाराष्ट्र में एक शक्तिशाली राजनीतिक ताक़त नहीं थीं। इसलिए इसे अपने दायरे में समायोजित करना संघ परिवार के लिए एक चुनौतीपूर्ण काम नहीं था। लेकिन हिंदी भाषी क्षेत्र में यह स्थिति नहीं थी। 1980 के दशक के आख़िरी वर्षों में संघ परिवार ने बड़ी संख्या में हिंदू लोगों को गोलबंद करके हिंदू समरूपीकरण का अपना आंदोलन प्रारम्भ किया। अयोध्या आंदोलन के विविध चरणों के दौरान संघ परिवार को पिछड़ी जातियों को गोलबंद करने में कामयाबी मिली। लेकिन राजनीति के मंडलीकरण ने हिंदुओं के बीच विभाजन को जन्म दिया और यह हिंदुत्व शक्ति के लिए एक चुनौती के रूप में सामने आया। आरम्भ में भाजपा ने अपने उच्च जाति के समर्थकों को खुश करने के लिए मंडल-विरोधी आंदोलन का परोक्ष रूप से समर्थन किया।

---

[32] राजेन्द्र वोरा और सुहास पल्शीकर (1996) : 78.

लेकिन इसके साथ ही भाजपा ने उत्तर प्रदेश की राजनीति में ओबीसी नेताओं को आगे बढ़ाने पर भी ध्यान केंद्रित किया। विनय कटियार (कुर्मी), कल्याण सिंह (लोध) को संगठन में अग्रिम पंक्ति में लाया गया। इस तरह, एक ओर यादवों और दूसरी ओर कुर्मियों और लोधों के हो जाने के कारण मंडल आधारित एकजुट ओबीसी की राजनीति प्रभावित हुई।[33] दिसंबर 1992 में बाबरी मस्जिद को गिराए जाने के समय कल्याण सिंह राज्य के मुख्यमंत्री थे।

1993 में हुए विधानसभा चुनावों में भाजपा को उत्तर प्रदेश और मध्य प्रदेश में हार का मुँह देखना पड़ा। चूँकि ये विधानसभा चुनाव यह अयोध्या मुद्दे को केंद्र में रखकर लड़े गये थे। इसलिए हार ज़्यादा महत्त्वपूर्ण थी। इसके बाद पार्टी के आलाकमान ने पिछड़ी जाति के मुद्दे पर ज़्यादा गंभीरता से ध्यान देने का फ़ैसला किया। इसने पार्टी के संगठन में पिछड़ी जाति के नेताओं को बढ़ावा दिया। राष्ट्रीय कार्यकारिणी में एच. एन. यादव को विशेष रूप से आमंत्रित सदस्य बनाया गया। उमा भारती को युवा मोर्चा का अध्यक्ष बनाया गया, वे लोध जाति से संबंधित थीं। भाजपा मंडल-विरोधी आंदोलन की अग्रिम पंक्ति में थी, लेकिन अब इसने ओबीसी आरक्षण को समर्थन देने का फ़ैसला किया। हालाँकि इसने अब भी इस बात पर बल दिया कि जाति की कसौटियों के साथ सामाजिक-आर्थिक कसौटियों का प्रयोग किया जाना चाहिए। अगस्त 1995 में सामाजिक समरसता सप्ताह मनाया गया। इससे पहले, इसी वर्ष अटल बिहारी वाजपेयी ने भाजपा के सांसदों और विधायकों को यह सुझाव दिया था कि वे महिलाओं, दलितों और अन्य वंचित तबक़ों को पार्टी के साथ जोड़ें। सितंबर 1995 में कानपुर में एक दलित रैली का आयोजन किया गया। पार्टी ने 1996 के चुनावों में हिंदी क्षेत्र में बड़े पैमाने पर ओबीसी और दलित उम्मीदवारों को टिकट दिया। इसलिए भाजपा की टिकट पर चुनकर संसद पहुँचने वाले ओबीसी और दलित सांसदों की संख्या में वृद्धि हुई। मसलन, अक्टूबर 1996 में हुए उत्तर प्रदेश विधानसभा के चुनावों में भाजपा ने कुल 420 विधानसभा क्षेत्रों में से 190 सीटों पर ओबीसी उम्मीदवारों को टिकट दिया। यह भी ग़ौरतलब है कि 1991 में

[33] जोया हसन (1998) : 159.

भाजपा की टिकट पर हिंदी क्षेत्र से चुनकर जाने वाले ओबीसी सांसदों का प्रतिशत 15.1 था और 1996 में यह बढ़कर 17.3 हो गया। इसी तरह, 1991 में दलित सांसदों का अनुपात 17.4 था, जो 1996 में बढ़कर 22.3 हो गया। भाजपा की मध्य प्रदेश इकाई इस मामले में थोड़ी धीमी रही। मध्य प्रदेश में बसपा का उभार होने के बाद ही भाजपा ने पिछड़ी जाति के नेताओं को पार्टी में समायोजित करना आरम्भ किया। भाजपा 1996 के चुनाव में बड़ी संख्या में ओबीसी नेताओं को उम्मीदवार बनाया। इसी समय इसके एक प्रमुख ओबीसी नेता बाबूलाल ग़ौर को जनाधार बचाओ समिति का अध्यक्ष नियुक्त किया गया। पार्टी ने 1997 में इस समिति की रपट प्रकाशित की। इसमें इस बात पर बल दिया गया कि सामाजिक इंजीनियरिंग की एक रणनीति का अनुसरण करते हुए पिछड़ी जातियों और वंचित समूहों के एकीकरण और भागीदारी को सुनिश्चित किया जाना चाहिए।[34]

सारणी 3 में मध्य प्रदेश में 1984 से 1996 के दौरान हुए आम चुनावों में भाजपा और कांग्रेस के उम्मीदवारों की जातिगत पृष्ठभूमि का वर्णन किया गया है। इससे हमें भाजपा में होने वाले बदलावों की झलक मिलती है। सारणी से यह स्पष्ट है कि जहाँ तक मध्य प्रदेश का प्रश्न है, भाजपा जातियों को प्रतिनिधित्व देने के मामले में कांग्रेस से बेहतर स्थिति में है।[35]

सारणी-3 मध्य प्रदेश में कांग्रेस और भाजपा के विभिन्न जातियों के उम्मीदवार

जाति समूह	भाजपा (1984)	भाजपा (1996)	कांग्रेस (1996)
उच्च जातियाँ	14	13	17
ओबीसी	5	10	6
दलित	6	6	4

स्रोतः क्रिस्तॉफ़ जैफ्रलो (1998), 'बीजेपी ऐंड कास्ट बैरियरः बियोंड द ट्वाइस बॉर्न', टी. बी. हनसेन और क्रिस्तॉफ़ जैफ्रलो (सं.), *द बीजेपी ऐंड द कम्पलशंस ऑफ़ पॉलिटिक्स इन इंडिया*, ऑक्सफ़र्ड युनिवर्सिटी प्रेस, नयी दिल्ली, पृ. 65.

[34] क्रिस्तॉफ़ जैफ्रलो (1998) : 36-70.

[35] *फ्रंटलाइन* (29 सितंबर 2000) : 4-5.

अगस्त 2000 में सामाजिक इंजीनियरिंग की परियोजना अपनी सफलता के सर्वोच्च स्तर पहुँची जब आंध्र प्रदेश के एक दलित नेता बंगारू लक्ष्मण को भाजपा का अध्यक्ष चुना गया। लक्ष्मण ने वंचित तबक़ों और मुस्लिमों के बीच पार्टी के आधार को बढ़ाने और सामाजिक न्याय को बढ़ावा देने के लिए एक दस-सूत्रीय सामाजिक एजेंडा तैयार किया। यह देखना अभी बाक़ी है कि यह रणनीति किस सीमा तक सफल होती है। बहरहाल, इस बात पर ग़ौर करने की आवश्यकता है कि भाजपा यह दावा करती है कि पूरे देश में इसके पास सबसे ज़्यादा अनुसूचित जाति और अनुसूचित जनजाति के सांसद और विधायक हैं।

गठबंधन का निर्माण

भाजपा ने पिछड़ी और दलित जातियों के मतदाताओं तक पहुँचने की कोशिश की। इसने इन जातियों के अभिजनों को उम्मीदवार बनाया, उन्हें पार्टी में महत्त्वपूर्ण पद दिया, लेकिन इसके बावजूद भाजपा अपने बलबूते सत्ता पर क़ब्ज़ा करने में नाकाम रही। इसलिए इसने अन्य राजनीतिक दलों के साथ गठबंधन करने का फ़ैसला किया। कई वर्षों तक भाजपा को एक अछूत पार्टी माना जाता रहा। महाराष्ट्र के शिव सेना के अलावा कोई भी अन्य पार्टी भाजपा से गठबंधन करने के लिए तैयार नहीं थी। लेकिन धीरे-धीरे भाजपा ने अपने आप को इस स्थिति से बाहर निकाला और ख़ुद पर लगे अस्पृश्यता के कलंक को दूर किया। समता पार्टी का बिहार की पिछड़ी जाति कुर्मी में आधार था, उसने 1996 के आम चुनावों में भाजपा का गठबंधन सहयोगी बनना स्वीकार किया। उत्तर प्रदेश में भाजपा ने बसपा के साथ गठबंधन किया, और वहाँ मार्च 1997 में बसपा-भाजपा की गठबंधन सरकार बनी। बसपा की मुख्यमंत्री पद सँभालने की अवधि ख़त्म हो जाने के बाद भाजपा के पिछड़ी जाति के नेता कल्याण सिंह ने मुख्यमंत्री की कुर्सी सँभाली। लेकिन बसपा ने अपना समर्थन वापस ले लिया। हालाँकि इसके बावजूद कांग्रेस और बसपा के टूटे हुए धड़ों के समर्थन से कल्याण सिंह मुख्यमंत्री बने रहे।[36]

[36] पार्थ घोष (1999) : 119-22.

1996 के लोकसभा चुनावों के बाद भाजपा 161 सीटों के साथ सबसे बड़ी पार्टी के रूप में सामने आयी, और इसने केंद्र में सरकार बनाने का दावा पेश किया। लेकिन इसकी सरकार सिर्फ़ 13 दिनों तक ही सत्ता में रह पायी क्योंकि इसके पास सदन में बहुमत साबित करने लायक़ पर्याप्त समर्थन नहीं था। 1998 के चुनावों में पार्टी का प्रदर्शन एक बार फिर से निराशाजनक रहा। इसे सिर्फ़ 182 सीटें मिलीं। इस समय तक ग़ैर-भाजपावाद पूरी तरह से ग़ायब हो चुका था, इसलिए कई दिनों और हफ़्तों तक गठबंधन बनाने की क़वायद चलती रही। आख़िरकार भाजपा को अपने गठबंधन में दस दलों को शामिल करने में कामयाबी मिली। इस गठबंधन में जनता दल से टूटकर बने चार नये समूह, दो द्रविड पार्टियाँ (अन्नाद्रमुक और मरूमलार्ची द्रविड मुनेष कषगम), अकाली दल, तेलुगुदेशम पार्टी (एनटीआर), और तृणमूल कांग्रेस सम्मिलित थे। अन्नाद्रमुक के अलावा किसी भी घटक दल ने भाजपा के लिए कोई बड़ी समस्या खड़ी नहीं की। आख़िरकार, अन्नाद्रमुक द्वारा समर्थन वापस ले लिए जाने के कारण 1999 में आम चुनावों की घोषणा करनी पड़ी। इस बार भी भाजपा को 1998 के चुनावों की तरह ही 182 सीटें मिलीं। लेकिन वाजपेयी सरकार पूरे विश्वास के साथ सत्ता में आयी क्योंकि भाजपा ने 24 दलों के राष्ट्रीय जनतांत्रिक गठबंधन (राजग) का निर्माण किया था। राजग के निर्माण के लिए भाजपा ने अपने तीन प्रमुख हिंदुत्व संबंधी मुद्दों को स्थगित कर दिया था। ये मुद्दे थेः जम्मू और कश्मीर के बारे में धारा 370, राम मंदिर और समान नागरिक संहिता। भाजपा अपने गठबंधन सहयोगियों के 114 सीटों के कारण ही सरकार बना पायी।

1989 में पार्टी को कुल 11.5 प्रतिशत वोट और 86 सीटें मिली थीं। 1999 में पार्टी की शक्ति काफ़ी बढ़ गयी। इसे लोकसभा के 182 सीटों पर जीत मिली ओर 23.2 प्रतिशत वोट मिले। और इसने अलग-अलग सामाजिक आधारों वाले दलों के साथ मिलकर सत्ता पर क़ब्ज़ा किया।

आंध्र प्रदेश, ओड़िशा, तमिलनाडु और पश्चिम बंगाल में भाजपा के गठबंधन सहयोगी ज़्यादा बड़े दल थे और भाजपा छोटी सहयोगी पार्टी के

रूप थे। भाजपा के सहयोगियों ने इन राज्यों में 64 सीटों पर जीत हासिल की और भाजपा को सिर्फ़ 27 सीटें मिलीं।[37] जैफ्रलो ने यह तर्क दिया है कि पिछड़ी और मध्यवर्ती जातियों के बीच आधार रखने वाले दल के साथ गठबंधन बनाना अप्रत्यक्ष मंडलीकरण है, और उन्होंने बसपा जैसी दलित पार्टी के साथ गठबंधन बनाने को 'अप्रत्यक्ष दलितीकरण' के रूप में वर्णित किया।[38] हाल में हुए अध्ययनों में यह बात सामने आयी है कि भाजपा और इसके गठबंधन सहयोगियों के समर्थन में अंतर है। इन अध्ययनों ने यह दिखाया है कि यद्यपि भाजपा को भी निम्नतर सामाजिक और आर्थिक समूहों के वोट अच्छी-ख़ासी संख्या में मिलता है, फिर भी इन समूहों के समर्थन के लिए वह अपने गठबंधन सहयोगियों पर निर्भर है।[39] इसका अर्थ यह है कि सामाजिक इंजीनियरिंग की परियोजना का विस्तार करते हुए गठबंधन बनाने से भाजपा को ज़बर्दस्त लाभ हुआ है।

भाजपा के सामाजिक इंजीनियरिंग के वर्णन से ऐसा लग सकता है कि भाजपा में राजनीतिक प्रक्रिया में परिवर्तन करने के लिए राजनीति जोड़-तोड़ करने की अद्वितीय क्षमता है, और इसके पास अपनी इच्छा के अनुरूप प्रक्रियाओं को मोड़ने की आज़ादी है। लेकिन ऐसी स्थिति नहीं है। असल में, यह ख़ुद अपना सामाजिक आधार निर्णायक रूप से बदलने में नाकाम रही, इसके कारण इसे गठबंधन बनाने के खेल में शामिल होना पड़ा। पोखरण-2, कारगिल युद्ध और बस कूटनीति और ऐसे ही अन्य क़दमों के बावजूद 1990 के आम चुनावों में भाजपा को 182 सीटों पर ही जीत मिली। इससे यह पता चलता है कि यदि पिछड़ी जातियों के दल और क्षेत्रीय दल अपने दीर्घकालिक हितों को दाँव पर लगाकर भाजपा का समर्थन नहीं करते, तो भाजपा सत्ता में नहीं आ सकती थी। राम विलास पासवान ने भाजपा के गठबंधन के साथ जुड़ने का फ़ैसला करते हुए जो बयान दिया वह सत्ता पाने

---

[37] सुहास कुलकर्णी (1999) : 201.

[38] क्रिस्तॉफ़ जैफ्रलो (1998) : 69.

[39] योगेन्द्र यादव और अन्य (1999) : 32.

की उनकी बेचैनी और उनकी अदूरदर्शिता को भी दिखाता है। उन्होंने कहा कि एक विदेशी नागरिक (सोनिया गाँधी) के प्रधानमंत्री बनने से राष्ट्रीय सुरक्षा के लिए पैदा होने वाला ख़तरा सांप्रदायिकता के ख़तरे से ज़्यादा बड़ा है, और भाजपा के प्रति उनका रुख़ इसलिए बदल गया है क्योंकि उन्हें यह विश्वास हो गया है कि भाजपा का कोई गुप्त एजेंडा नहीं है।[40]

राजग के गठन का श्रेय सिर्फ़ भाजपा की जोड़-तोड़ या दूसरे दलों को अपने साथ लाने की क्षमता को ही नहीं जाता है। राजग का गठन इसलिए भी हुआ क्योंकि एक समय के समाजवादी और ट्रेड यूनियनवादी और लोहिया के अनुयायी जॉर्ज फर्नांडिस, ओबीसी नेता शरद यादव, आम्बेडकरवादी राम विलास पासवान, आर्य संस्कृति के विरोधी द्रमुक, चरण सिंह के लोक दल और ऐसे ही छोटे और बड़े पिछड़ी जातियों के नेताओं और दलों ने भाजपा के नेतृत्व को स्वीकार कर लिया। ऐसा करते हुए वे अपने और भाजपा — दोनों के हाल के अतीत को भूल गये। उन्होंने अपनी सुविधा के लिए यह मान लिया कि भाजपा ने अपना एजेंडा छोड़ दिया है।

लेकिन हक़ीक़त इसके ठीक विपरीत है। भाजपा किसी भी क़ीमत पर सत्ता हासिल करना चाहती थी, और वह पहले की तरह देखो और इंतजार करो की नीति अपनाने के लिए तैयार नहीं थी। भाजपा यह अच्छी तरह जानती है कि उत्तर-कांग्रेस (पोस्ट-कांग्रेस) दौर में कम से कम आने वाले कुछ समय तक गठबंधन बनाकर ही सरकार गठित की जा सकती है। भाजपा को यह भी पता है कि दिल्ली में सत्ता हासिल करके ही अपने हिंदुत्व के एजेंडा को आगे बढ़ा सकती है। उनके पास धारा 370 को ख़त्म करने, राम मंदिर निर्माण और समान नागरिक संहिता लागू करने जैसे अपने मुद्दों को छोड़ने के अलावा कोई विकल्प नहीं था। भाजपा को यह पता था कि उसके गठबंधन के सहयोगी इन मुद्दों पर उसके दृष्टिकोण को स्वीकर नहीं करेंगे, और इसलिए इन्हें वास्तविक रूप से लागू करना कठिन है। इसलिए यदि भाजपा को अपने नेतृत्व में सरकार बनाने और पिछड़ावाद की राजनीति की हवा निकालने का मौक़ा मिल रहा था, तो उसके लिए इन तीन मुद्दों को छोड़ना कोई बहुत बड़ी कुर्बानी नहीं थी।

---

[40] *फ्रंटलाइन* (13 अगस्त, 1999) : 28-33.

पिछड़ी और दलित जातियों की पार्टी द्वारा भाजपा के साथ किये गये गठबंधन की व्याख्या कार्यनीतिक और रणनीतिक गठजोड़ के रूप में की गयी है।[41] अर्थात् इसे अवसरवादी नहीं माना गया है। यह अपने आप में एक बड़ा प्रश्न है कि किसी भी क़ीमत पर सत्ता की यह रणनीति किस तरह परिवर्तनकारी राजनीति में सहायक होगी। यदि पिछड़ी जाति के दलों द्वारा हिंदुत्व की शक्तियों की सहायता से इन शक्तियों की ताक़त बढ़ती है, और यदि दीर्घकालिक रूप से भाजपा सरकार की नीतियों से वंचित तबक़ों को नुक़सान पहुँचता है तो पिछड़ी जातियों के दलों द्वारा गठबंधन बनाने का फ़ैसला इनके अपने हितों को नुक़सान पहुँचाने वाला साबित होगा। इसके अलावा, हिंदुत्व को राज्य सत्ता पर क़ब्ज़ा करने के जोखिमों और उससे संबंधित तनाव भाजपा के नेतृत्व वाली सरकार के कार्यों से और ज़्यादा स्पष्ट रूप से उभरकर सामने आएँगे। नवंबर 1998 में ईसाई मिशनरियों पर हमला आरम्भ हुआ, और संघ परिवार में इस घटना के तीन साल बाद भी वाद-विवाद हो रहा है।

भारत का संविधान लोगों की लोकतांत्रिक, सेकुलर और समतावादी आकांक्षाओं को अभिव्यक्त करता है, लेकिन भाजपा के नेतृत्व वाली सरकार द्वारा इसमें संशोधन करने पर विचार किया जा रहा है। *फ़ायर* और *वॉटर* जैसी फिल्मों के ख़िलाफ़ हिंसक विरोध करके हिंदुत्ववादी शक्तियाँ अभिव्यक्ति की आज़ादी को चुनौती दे रही हैं। इंडियन कौंसिल ऑफ़ हिस्टॉरिकल रिसर्च (आईसीएसएचआर) ने सुमित सरकार और के. एन. पणिक्कर द्वारा भारत की आजादी के आंदोलन के बारे में लिखी हुई किताबों को वापस ले लिया है। सरकार, और विशेष रूप से मानव संसाधन मंत्री मुरली मनोहर जोशी ने इतिहास की पाठ्य-पुस्तकों को फिर से लिखवाने तथा ज्योतिष पर नया पाठ्यक्रम शुरू करने का फ़ैसला किया है। इस तरह भाजपा नागरिक समाज के संगठनों और विचारधारात्मक संयंत्रों पर अपना नियंत्रण स्थापित कर रही है, जो दीर्घकालिक रूप से हिंदुत्व के बारे में

[41] गेल ऑम्वेट (1999) : 8.

सहमति स्थापित करने में सहायक साबित होगा। बजरंग दल ने पूरे देश में अपनी 100,000 शाखाएँ खोलने जा रहा है। बजरंग दल अपने अलोकतांत्रिक और हिंसक गतिविधियों के लिए जाना जाता है।

प्रधानमंत्री ने अमेरिका में विश्व हिंदू परिषद से जुड़े लोगों को सम्बोधित करते हुए दावा किया कि संघ के स्वयंसेवक के रूप में उनकी पहचान प्रधानमंत्री के रूप में उनकी पहचान से पहले आती है। ये कुछ ऐसे कार्य और कथन हैं जो भाजपा के वास्तविक चरित्र और मंशा को स्पष्ट करते हैं। इसलिए यह मुमकिन है कि पिछड़ी जाति के दलों द्वारा भाजपा से गठबंधन उनके लिए आत्महत्या साबित हो।

राजग में शामिल होकर ये दल अपनी विशिष्ट पहचान खो रहे हैं, और परोक्ष रूप से भाजपा के मंसूबों का समर्थन कर रहे हैं। यह बात सच है कि जाति बहुसंख्यकवाद लोकतांत्रिक प्रवृत्तियों को बढ़ावा देता है, और इसलिए इसका स्वागत किया जाना चाहिए। लेकिन इस बात को याद रखने की आवश्यकता है कि हिंदुत्ववादी शक्तियों का समर्थन करके पिछड़ी जातियों और दलितों की लोकतांत्रिक आकांक्षाओं को पूरा नहीं किया जा सकता है।

बहुजनवाद और समाजवाद

असल में, जाति बहुसंख्यकवाद एक खोखली विचारधारा है और इसकी बुनियाद काफ़ी कमज़ोर है। यह सिद्धांत या व्यवहार में अपने बूते खड़ा नहीं रह सकता है। आंतरिक अंतर्विरोधों के कारण यह बिखर जाता है। ऐसा लगता है कि पिछड़ावाद की राजनीति में इन अंतर्विरोधों से उबरने का सामर्थ्य नहीं है। और यह फूले, आम्बेडकर और लोहिया के रैडिकलवाद का बहुत हल्का और विकृत संस्करण है। कई बार यह ख़ुद अपने ख़िलाफ़ काम करता है और अपने उद्देश्यों को पराजित करता है। चूँकि यह भीतर से सारहीन है, इसलिए यह आसानी से हर प्रकार के दबाव और लालच के अनुसार काम करने लगता है। एकमात्र उद्देश्य के इर्द-गिर्द संकेंद्रित रहने के कारण यह एक व्यापक दार्शनिक दृष्टिकोण विकसित करने में नाकाम रहा है।

इसके लोकलुभावनवादी नेता इसे सरल सूत्रीकरण में बदल सकते हैं, क्योंकि मूल रूप से इसके पास अपनी कोई सैद्धांतिक बुनियाद नहीं है। जाति बहुसंख्यकवाद ने ख़ुद को परिवर्तनकारी राजनीति से जोड़ने के बजाय सबसे बुरे क़िस्म की गुटीय राजनीति में उलझा लिया है। इसलिए यह अचरज की बात नहीं है कि जाति बहुसंख्यकवाद ने हिंदुत्ववादी शक्तियों से परोक्ष सहमति बना ली है, और वे उनकी सामाजिक इंजीनियरिंग की परियोजना के शिकार हो गये हैं।

इन कमियों से उबरने के लिए जाति बहुसंख्यकवाद को अपनी सीमाओं का विस्तार करना होगा और समाजवाद से समर्थन हासिल करना होगा। यदि बहुजनवाद ख़ुद को एक परिवर्तनकारी और समतावादी परियोजना से जोड़ना चाहता है, तो इसके पास अपनी लोकलुभावनवादी रणनीति को छोड़ने और लोहिया तथा आम्बेडकर की परिकल्पना पर आधारित समाजवाद की ओर मुड़ने के अलावा कोई विकल्प नहीं है।[42] लोहिया और आम्बेडकर की साथ आने की योजना थी, किंतु आम्बेडकर के असमय निधन के कारण यह योजना साकार नहीं हो पायी। आख़िरकार, सच्चाई यही है कि पीड़ित जनता ही बहुजन है। यदि समाजवाद एक बहुजनवादी स्वरूप धारण करता है, तो यह सामाजिक और आर्थिक रूप से वंचित तबक़ों तक पहुँचने में समर्थ हो पाएगा। यदि पिछड़ावाद और समाजवाद को सही तरीक़े से संयोजन हो जाता है तो बहुजन समाजवादी परियोजना के अगुआ दस्ता के रूप में उभरकर आ सकते हैं।

संदर्भ

अनिल नौरिया (1994), 'दलित-इंटरमिडिएट कास्ट अलायंस : कॉल टु ग्रेटनेस', *इकनॉमिक ऐंड पॉलिटिकल वीकली,* 29 (27).

आनंद तेलतुम्बडे (1997), *इम्पैक्ट ऑफ़ न्यू इकनॉमिक रिफ़ॉर्म्स ऑन दलित्स इन इंडिया,* डिपार्ट-ममेंट ऑफ़ सोशियोलॉजी, युनिवर्सिटी ऑफ़ पुणे, पुणे.

[42] राजेन्द्र वोरा (1995) : 11-16.

एस. एन. चौधरी (2000), 'इमर्जिंग डॉमिनेंस ऑफ़ अदर बैकवर्ड क्लासेज इन बिहार', अनपब्लिस्ड पेपर.
एसजी, (1999), 'राइज ऑफ़ स्मॉलर पार्टीज', *इकनॉमिक ऐंड पॉलिटिकल वीकली*, 34 (41).
कंचन चंद्रा (1990क), 'पोस्ट-कांग्रेस पॉलिटिक्स इन यूपी : द एथिनिफ़िकेशन ऑफ़ द पार्टी सिस्टम ऐंड इट्स कॉन्सीक्वेनसेज', रामाश्रय रॉय और पॉल वैलेस (सं.), *इंडियन पॉलिक्टिस ऐंड द 1998 इलेक्शंस : रीजनलिज़्म, हिंदुत्वा ऐंड स्टेट पॉलिटिक्स*, सेज पब्लिकेशंस, नयी दिल्ली.
———— (1999ख), 'मोबिलाइजिंग द एक्सक्लूडेड', *सेमिनार*, 480, अगस्त.
कांचा इलैया (1994क), 'कास्ट ऐंड कॉन्ट्राडिक्शन', *इकनॉमिक ऐंड पॉलिटिकल वीकली*, 29(43).
——— (1994ख), 'बीएसपी ऐंड कास्ट आइडियोलॉजी, *इकनॉमिक ऐंड पॉलिटिकल वीकली*, 29(12).
——— (1996), 'प्रोडक्टिव लेबर, कॉन्सीयसनेस ऐंड हिस्ट्री : द दलित बहुजन अल्टरनेटिव', शाहिद अमीन और दीपेश चक्रवर्ती (सं.), *सबॉल्टर्न स्टडीज IX राइटिंग्स ऑन साउथ एशियन हिस्ट्री ऐंड सोसायटी*, ऑक्सफ़र्ड युनिवर्सिटी प्रेस, नयी दिल्ली.
क्रिस्तॉफ़ जैफ्रलो (1998), 'बीजेपी ऐंड द कास्ट बैरियरः बियोंड द ट्वाइस बॉर्न', टी. बी. हनसेन और क्रिस्तॉफ़ जैफ्रलो (सं.), बीजेपी ऐंड द कम्पलशंस ऑफ़ पॉलिटिक्स इन इंडिया, ऑक्सफ़र्ड युनिवर्सिटी प्रेस, नयी दिल्ली.
गेल ऑम्वेट (1994), *दलित्स ऐंड द डेमोक्रेटिक रिवोल्यूशन : डॉ. आम्बेडकर ऐंड द मूवमेंट इन कोलोनियल इंडिया*, सेज पब्लिकेशंस, नयी दिल्ली.
——— (1999), 'दलित्स ऐंड इलेक्शंस', भाग 1, *द हिंदू*, 5 नवंबर.
जावीद आलम (1999), 'इज कास्ट अपील कास्टिज़्म? : ऑप्रेस्ड कास्टिजम इन पॉलिटिक्स', *इकनॉमिक ऐंड पॉलिटिकल वीकली*, 34 (13).
जास्मीन जेरीनी ब्रोटेल (1999), 'ऑप्शंस इन यूपी', *सेमिनार*, 480, अगस्त.
जोया हसन (1999), *क्वेस्ट फ़ॉर पॉवर : ऑपोजिशनल मूवमेंट्स ऐंड पोस्ट-कांग्रेस पॉलिटिक्स* इन उत्तर प्रदेश, ऑक्सफ़र्ड युनिवर्सिटी प्रेस, नयी दिल्ली.
डी. एल. शेठ (1999), 'सेकुलराइजेशन ऑफ़ कास्ट ऐंड मेकिंग ऑफ़ न्यू मिडिल क्लास', *इकनॉमिक ऐंड पॉलिटिकल वीकली*, 34 (34-35).
प्रदीप कुमार (1999), 'दलित्स ऐंड द बीएसपी इन उत्तर प्रदेश', *इकनॉमिक ऐंड पॉलिटिकल वीकली*, 34 (14).
पार्थ घोष (1999), *बीजेपी ऐंड द इवोल्यूशन ऑफ़ हिंदू नैशनलिज़्म : फ़्रॉम पेरिफरी टू सेंटर*, मनोहर, दिल्ली.
योगेन्द्र यादव (1999), 'इलेक्टोरल पॉलिटिक्स इन द टाइम ऑफ़ चेंज : इंडियाज थर्ड इलेक्टोरल सिस्टम, 1989-99', *इकनॉमिक ऐंड पॉलिटिकल वीकली*, 34 (34-35).
योगेन्द्र यादव और अन्य (1999), 'बीएसपीज न्यू सोशल ब्लॉक', *फ़्रंटलाइन*, 19 नवंबर.
रंजीत भूषण (1999), 'रियलपॉलिटिक कैसीनो', *आउटलुक*, 18 अक्टूबर.
राजेन्द्र वोरा (1994), 'बाउंड्रिज ऑफ़ नियो-फासिज़्म ऐंड पॉपुलिज़्म', अप्रकाशित शोध-आलेख, 16 जनवरी को सेंटर ऑफ़ सोशल स्टडीज सूरत में पढ़ा गया.

————(1995), 'बहुजनवाद अनि समाजवाद' (मराठी), *समय विदनयम संवाद* 7.
———— (1998), 'मध्यम वर्ग अणि तयाचे राजकरण', समाज प्रबोधन पत्रिका, अप्रैल-जून.
राजेन्द्र वोरा और सुहास पल्शीकर (1990), 'नियो-हिंदुइज़म : अ केस ऑफ़ डिस्टॉर्टेड कॉन्सीय-सनेश', जयंत लेले और राजेन्द्र वोरा (सं.), *स्टेट ऐंड सोसायटी इन इंडिया*, चाणक्य, दिल्ली.
————(1996), 'सत्तान्तर' (मराठी), ग्रंथली, मुम्बई.
राम मनोहर लोहिया (1964), द कास्ट सिस्टम, नवहिंद, हैदराबाद.
वी. के. राय (1999), 'इन सर्च ऑफ़ अ न्यू बैलेंस, कास्ट, रीजन ऐंड कम्युनिटी इन उत्तर प्रदेश', *इकनॉमिक ऐंड पॉलिटिकल वीकली*, 34(34-35).
वी. गीता और एस. वी. राजादुरै (1998), *टुवर्ड्स अ नॉन ब्राह्मण मिलेनियम : फ़्रॉम लयोथी थास टू पेरियार*, समय, कलकत्ता.
संजय लोढ़ा (1999), 'कास्ट ऐंड टु पार्टी सिस्टम', *इकनॉमिक ऐंड पॉलिटिकल वीकली*, 34 (48).
सुधा पायी (1999), 'बीएसपी न्यू इलेक्ट्रोल स्ट्रैटेजी पेस ऑफ़...', *इकनॉमिक ऐंड पॉलिटिकल वीकली*, 34 (44).
सुभाष मिश्रा (1999), 'ऑसम टुसम', *इंडिया टुडे*, 18 अक्टूबर.
सुहास कुलकर्णी (1996), 'महाराष्ट्र भाजपाची खारोचार्च ताक़त किति?' (मराठी),
————(1999), 'भाजापाचे मित्रापक्षा वा भाजपाचा विस्तार' (मराठी), *समाज प्रबोधन पत्रिका*, अक्टूबर-दिसंबर.

लोकसभा चुनाव, 2019 और दलित वोट

भाजपा क्यों आगे रही?

ज्योति मिश्रा और विभा अत्री

अनुवाद : सताक्षी मालवीय

प्रतिमान, जुलाई-दिसंबर 2020, वर्ष 8, अंक 16; में पूर्व-प्रकाशित : पृ.सं.135-150.

भारत की कुल जनसंख्या में दलितों का अनुपात 16.6 प्रतिशत है और उसके चार राज्यों में दलितों की आधी जनसंख्या निवास करती है। ये चार राज्य हैं : उत्तर प्रदेश (20.6 प्रतिशत), पश्चिम बंगाल (10.7 प्रतिशत), बिहार (8.6 प्रतिशत) और तमिलनाडु (7.2 प्रतिशत)। उत्तर प्रदेश में संख्यात्मक रूप से सबसे ज़्यादा दलित निवास करते हैं, लेकिन पंजाब की जनसंख्या में दलितों का अनुपात सबसे ज़्यादा है। पंजाब की जनसंख्या का कुल 31.9 प्रतिशत हिस्सा दलितों का है। दलितों की संख्यात्मक स्थिति चुनावी राजनीति में उन्हें एक ऐसी महत्त्वपूर्ण राजनीतिक श्रेणी बना देती है कि कोई भी राजनीतिक दल उनके हितों की उपेक्षा करके चुनाव नहीं जीत सकता। 1984 में बहुजन समाज पार्टी के गठन से पहले कोई भी ऐसा अखिल भारतीय दल नहीं था, जिसे दलित पार्टी माना जा सकता हो। इससे पहले इस समुदाय के मतदाता अमूमन कांग्रेस पार्टी को वोट देते थे। आज़ादी के बाद के दौर में डॉ. भीम राव आम्बेडकर ने एक देशव्यापी दलित पार्टी की स्थापना का प्रयास किया। उन्होंने 1956 में रिपब्लिकन पार्टी ऑफ़ इंडिया की स्थापना की। लेकिन चुनावी राजनीति में यह पार्टी कोई गहरी छाप नहीं छोड़ नहीं पायी, क्योंकि उसे दलितों के सिर्फ़ कुछ उप-समूहों ने ही अपना समर्थन दिया।[1] जातीय दलों के रूप में वर्णित कई दलों ने स्वयं को इस समुदाय के हित-रक्षक के रूप में प्रस्तुत किया। उन्हें दलित मतदाताओं ने बड़े पैमाने पर समर्थन भी दिया। कुछ राज्यों में ऐसे क्षेत्रीय दल भी रहे हैं, जिन्होंने अनुसूचित जातियों के हितों की सुरक्षा करने का दावा किया है। तमिलनाडु में विदुथलाई चिरूथाईगाल काची (विचिका), महाराष्ट्र में प्रकाश आम्बेडकर के नेतृत्व वाले वंचित बहुजन अघाड़ी और बिहार में लोक जनशक्ति पार्टी को इसी श्रेणी में रखा जा सकता है। बहुजन समाज पार्टी (बसपा) को राष्ट्रीय दल के रूप में मान्यता प्राप्त है और उत्तर प्रदेश तथा पंजाब की राजनीति में इसकी मौजूदगी काफ़ी मजबूत है। लोकनीति-सीएसडीएस द्वारा 2019 के राष्ट्रीय चुनाव अध्ययन के चुनावोपरांत सर्वेक्षण

[1] क्रिस्तॉफ़ जैफ्रलो (2012) : 49-53.

के आँकड़ों से यह संकेत मिलता है कि भारतीय जनता पार्टी (भाजपा) को दलित मतदाताओं का काफ़ी ज़बर्दस्त समर्थन मिला। दूसरी ओर, भारतीय चुनाव आयोग से मिले आँकड़ों से भी यह संकेत मिलता है कि अनुसूचित जातियों के लिए आरक्षित क्षेत्रों में भाजपा ने अपने प्रदर्शन में सुधार किया है। इस अध्याय में दलित मतदाताओं के मत-व्यवहार में इन बदलती प्रवृत्तियों का अध्ययन करते हुए अनुसूचित जाति के मतदाताओं के राजनीतिक रुझानों और चुनावी व्यवहार का अध्ययन किया गया है, और इसके माध्यम से यह समझने का प्रयास किया गया है कि इसका चुनावी परिणामों और विभिन्न राजनीतिक दलों के प्रदर्शन पर कैसा प्रभाव पड़ा।

दलितों का मतदान प्रतिशत

भारत में आज़ादी से पहले के दौर में आम्बेडकरवादी आंदोलन आरंभ हुआ। इसने दलितों और समाज के हाशिये पर पड़े अन्य जाति-समूहों को गोलबंद करने का प्रयास किया। इसके ज़रिए इन समूहों को एक महत्त्वपूर्ण राजनीतिक श्रेणी में तब्दील होने का मौक़ा मिला। 1932 में ब्रिटेन के प्रधानमंत्री रैम्ज़े मैकडोनॉल्ड द्वारा घोषित कम्युनल अवार्ड में अन्य सांप्रदायिक अल्पसंख्यकों के साथ-साथ दलितों के लिए पृथक् निर्वाचक मंडल की व्यवस्था की गयी थी। इस प्रावधान का गाँधी ने पुरज़ोर विरोध किया, लेकिन आम्बेडकर द्वारा इसका ज़ोरदार स्वागत किया गया। बहरहाल, पूना पैक्ट के माध्यम से पृथक् निर्वाचक मंडल का प्रावधान वापस ले लिया गया, लेकिन प्रांतीय विधायिकाओं और केंद्रीय विधायिका में दलितों के लिए आरक्षित सीटों की संख्या में वृद्धि कर दी गयी।

आज़ादी के बाद के दौर में दलित मतदाताओं को गोलबंद करने के प्रयास किये गये। यह एक तरह से स्वतंत्रता आंदोलन की विरासत को आगे ले जाने की तरह था। सुहास पल्शीकर का मानना है कि दलित समुदाय भारतीय समाज के ऐसे पहले समूह थे जिन्होंने सामूहिक कार्रवाई के आधुनिक राजनीतिक साधनों का उपयोग किया, और प्रतियोगी राजनीति

में जाति को एक संसाधन के रूप में प्रयुक्त किया।[2] यह कारक भारतीय चुनावी व्यवस्था में मतदाताओं के मतदान प्रतिशत की प्रवृत्तियों से भी सामने आता है। यदि हम विभिन्न जाति समुदायों के लोकसभा चुनावों में मतदान प्रतिशत पर ध्यान दें तो यह बात सामने आती है कि अन्य जाति समुदायों की तुलना में दलितों का मतदान प्रतिशत हमेशा ही ज़्यादा रहा है। लेकिन 2019 के लोकसभा चुनावों में यह प्रवृत्ति पूरी तरह बदल गयी, और अन्य समुदायों की तुलना में दलितों का मतदान प्रतिशत सबसे कम रहा। 2019 के लोकसभा चुनावों में आदिवासी मतदाताओं ने सबसे ज़्यादा मतदान किया। (देखें; रेखाचित्र-1)

अनुसूचित जातियों के लिए आरक्षित निर्वाचन क्षेत्रों में विभिन्न दलों का प्रदर्शन

दलित भारत में सामाजिक, आर्थिक और राजनीतिक रूप से हाशिये पर थे। उन्हें मुख्यधारा की राजनीति में लाने और राजनीतिक जीवन में सम्मिलित करने के लिए भारतीय संविधान के अनुच्छेद 330 और 332 में यह प्रावधान किया गया है कि राज्य की कुल जनसंख्या में उनके अनुपात के आधार पर लोकसभा और राज्य विधानसभाओं में उनके लिए निर्वाचन क्षेत्रों को आरक्षित किया जाएगा। दलितों के लिए आरक्षित निर्वाचित क्षेत्रों में सिर्फ़ दलित (या अनुसूचित जाति) समुदाय के उम्मीदवार ही चुनाव लड़ सकते हैं। दलितों के लिए कुल मिला कर 84 निर्वाचन क्षेत्रों को आरक्षित किया गया है। इन आरक्षित क्षेत्रों में विभिन्न राजनीतिक दलों के प्रदर्शन का अध्ययन करने के लिए हमने इन्हें पाँच क्षेत्रों में विभाजित किया है। यह वर्गीकरण इस प्रकार है : उत्तर-पूर्व : असम; पूर्व : पश्चिम बंगाल, ओडिशा, बिहार, झारखंड; उत्तर : हरियाणा, हिमाचल प्रदेश, पंजाब, उत्तर प्रदेश, दिल्ली, उत्तराखंड; पश्चिम-मध्य : गुजरात, मध्य प्रदेश, महाराष्ट्र, राजस्थान, छत्तीसगढ़; दक्षिण : आंध्र प्रदेश, कर्नाटक, केरल, तमिलनाडु, तेलंगाना।

---

[2] सुहास पल्शीकर (2007) : 101-129.

रेखाचित्र -1

विभिन्न लोकसभा चुनावों में विविध जाति समूहों का मतदान प्रतिशत

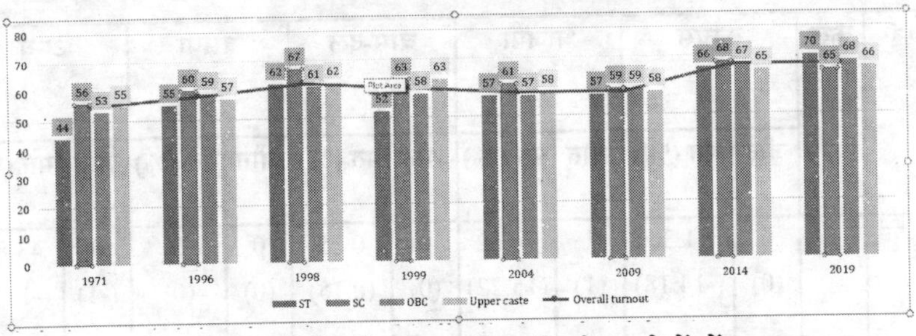

2019 में दलितों के लिए आरक्षित निर्वाचन क्षेत्रों में भाजपा का प्रदर्शन अन्य दलों की तुलना में काफ़ी अच्छा रहा है। पार्टी ने दलितों के लिए आरक्षित कुल 84 निर्वाचन क्षेत्रों में से 46 सीटों पर जीत दर्ज की। इतना ही नहीं, भाजपा ने सीटों और मत-प्रतिशत — दोनों ही संदर्भों में अपने प्रदर्शन में सुधार किया है। भाजपा की सीटों की संख्या में छह और मत-प्रतिशत में 7.7 प्रतिशत की वृद्धि हुई। दूसरी ओर, 2014 के लोकसभा चुनावों से पहले अमूमन दलितों का वोट हासिल करने वाली कांग्रेस ने अपना आधार खो दिया। इसे 2019 के चुनावों में दलितों के लिए आरक्षित क्षेत्रों में से सिर्फ़ छह सीटों पर जीत मिली। इस लिहाज़ से 2014 की तुलना में इसे एक सीट का नुक़सान हुआ। दलित जातियों के हितों का प्रतिनिधित्व करने का दावा करने वाली बहुजन समाज पार्टी ने 2014 के लोकसभा चुनावों की तुलना में 2019 में अपने प्रदर्शन में सुधार किया। 2014 के लोकसभा चुनावों में बसपा एक भी सीट नहीं जीत पायी थी, 2019 में इसे दलितों के लिए आरक्षित क्षेत्रों में से दो सीटों पर जीत मिली, और इसके मत-प्रतिशत में भी हल्की-फुल्की वृद्धि हुई। यदि हम अनुसूचित जातियों के लिए आरक्षित निर्वाचन क्षेत्रों में ऊपर वर्णित विभिन्न क्षेत्रों के हिसाब से प्रदर्शन का विश्लेषण करते हैं तो यह बात सामने आती है कि भाजपा ने पूर्वी और उत्तर-पूर्वी क्षेत्र में शानदार प्रदर्शन

सारणी-1

2019 में अनुसूचित जातियों के लिए आरक्षित निर्वाचित क्षेत्रों में विभिन्न दलों का प्रदर्शन : 2014 की तुलना में बदलाव

क्षेत्र	कुल सीट	कांग्रेस		भाजपा		वाम-दल		बसपा		अन्य	
		जीत	मत (%)	जीत	मत (%)	जीत	मत (%)	जीत	मत (%)	जीत	मत (%)
उत्तर-पूर्व	1	0 (0)	11.36 (-14.18)	1 (1)	44.62 (15.22)	0 (0)	0.15 (0.15)	0 (0)	0 (0)	0 (-1)	43.87 (-1.19)
पूर्व	20	0 (0)	5.71 (-5.23)	7 (3)	35.4 (17.72)	0 (0)	3.75 (-15.36)	0 (0)	1.25 (0.25)	13 (-3)	53.89 (2.62)
उत्तर	26	3 (2)	13.48 (0.47)	20 (-2)	45.07 (7.61)	0 (0)	0.18 (-0.21)	2 (2)	18.25 (2.07)	1 (-2)	23.02 (-9.49)
पश्चिम-मध्य	16	0 (0)	32.77 (1.38)	13 (0)	47.51 (1.49)	0 (0)	0.27 (0.04)	0 (0)	2.16 (-1.29)	3 (0)	17.29 (-1.62)
दक्षिण	21	3 (-3)	20.08 (0.44)	5 (4)	14.5 (1.83)	0 (1)	5.27 (1.11)	0 (0)	1.23 (0.46)	12 (-1)	58.92 (-3.84)
कुल	**84**	**6 (-1)**	**16.74 (-0.86)**	**46 (6)**	**35.34 (7.72)**	**1 (0)**	**2.4 (-3.69)**	**2 (2)**	**6.31 (0.4)**	**29 (-7)**	**39.21 (-3.57)**

स्रोतः सीएसडीएस डेटा यूनिट द्वारा संकलित भारतीय चुनाव आयोग के आँकड़े

किया। पूर्वी क्षेत्र में दलित समुदाय के लिए कुल 20 आरक्षित सीटें हैं। इन 20 सीटों में भाजपा ने सात सीटों पर जीत हासिल की और इसे कुल 35.4 प्रतिशत मत मिले, जो 2014 के चुनावों में मिले मतों से 17.7 प्रतिशत ज़्यादा थे। भाजपा ने मुख्य रूप से, पश्चिम बंगाल में वामपंथी दलों के मतों में सेंध लगाते हुए अपने मत में वृद्धि की। 2019 के चुनावों में पूर्वी क्षेत्र में वामपंथी दलों को कुल मिला कर 15.36 प्रतिशत मतों का नुक़सान हुआ, और इसे अनुसूचित जातियों के लिए आरक्षित निर्वाचन क्षेत्रों में सिर्फ़ 3.75 प्रतिशत मत ही मिले। यद्यपि उत्तर-पूर्व क्षेत्र में अनुसूचित जातियों के लिए सिर्फ़ असम राज्य में एक सीट आरक्षित थी, फिर भी भाजपा को 2014 के चुनावों की तुलना में 15.22 प्रतिशत ज़्यादा मत मिले। (देखें, सारणी-1)

जैसा कि पहले उल्लेख किया गया है कि अनुसूचित जातियों के लिए आरक्षित क्षेत्रों से केवल दलित उम्मीदवार ही चुनाव लड़ सकते हैं, लेकिन इस क्षेत्र में सभी समुदाय के लोग वोट डालते हैं। इसलिए यह देखना महत्त्वपूर्ण है कि क्या भाजपा को दलित मतदाताओं से भी वैसा ही समर्थन मिला जैसा कि ग़ैर-दलित मतदाताओं से मिला। सीएसडीएस द्वारा संकलित चुनाव के बाद के सर्वेक्षण आँकड़ों से यह संकेत मिलता है कि सामान्य जातियों के 20 प्रतिशत मतदाताओं ने भाजपा को वोट दिया, वहीं 25 प्रतिशत से कुछ ज़्यादा मतदाताओं ने भाजपा को वोट दिया। इन क्षेत्रों में एक-तिहाई से कुछ ज़्यादा मतदाताओं ने क्षेत्रीय दलों को वोट दिया (सारणी-2)। सारणी-3 में संसदीय क्षेत्रों में दलित समुदाय की जनसंख्या में भागीदारी, और इन क्षेत्रों में दलों के सीट और वोट में हिस्सेदारी को दिखाया गया है। इन आँकड़ों से पता चलता है कि भाजपा ने उन संसदीय क्षेत्रों में बेहतर प्रदर्शन किया, जहाँ दलितों की जनसंख्या 10 प्रतिशत से कम थी। इसके विपरीत, भाजपा का मत-प्रतिशत उन संसदीय निर्वाचन क्षेत्रों में गिरा, जहाँ दलितों की जनसंख्या 20 प्रतिशत से ज़्यादा थी। इन निर्वाचन क्षेत्रों में क्षेत्रीय दलों का प्रदर्शन ज़्यादा अच्छा रहा।

सारणी-2

2019 में अनुसूचित जातियों के लिए आरक्षित सीटों पर जाति समूह के आधार पर मत-व्यवहार का स्वरूप (प्रतिशत में)

	कांग्रेस	भाजपा	बसपा	वाम दल	अन्य
अनुसूचित जाति	20	28	12	5	36
अनुसूचित जनजाति	34	28	3	4	31
अन्य पिछड़े वर्ग	13	30	4	4	49
अन्य	15	40	3	6	37
कुल	**16**	**32**	**6**	**5**	**41**

स्रोतः सीएसडीएस द्वारा संचालित राष्ट्रीय चुनाव अध्ययन-2019.

सारणी-3

अनुसूचित जाति श्रेणी के अनुसार नतीजे

अनुसूचचित जाति जनसंख्या	कुल सीट	कांग्रेस		भाजपा		बसपा +		अन्य	
		जीत	मत (%)	जीत	मत (%)	जीत	मत (%)	जीत	मत (%)
10 %	124	17	26.76	68	38.13	0	0.8	39	34.31
10-19.9 %	273	24	18.95	152	37.3	7	5.71	90	38.04
20-29.9 %	117	6	15.28	68	37.69	8	12.72	35	34.31
30 % और उससे ज़्यादा	28	5	13.38	15	33.56	0	10.79	8	42.27
कुल	**542**	**52**	**19.49**	**303**	**37.36**	**15**	**6.48**	**172**	**36.67**

स्रोत : सीएसडीएस डेटा यूनिट द्वारा संकलित भारतीय चुनाव आयोग के आँकड़े

अनुसूचित जातियों के मत-व्यवहार का स्वरूप

कांग्रेस के प्रभुत्व के दौर में कांग्रेस को दलितों के मतों का बड़ा हिस्सा मिलता था। लेकिन दलीय व्यवस्था और चुनावी राजनीति में बदलाव के साथ कांग्रेस को मिलने वाले दलितों के मतों में गिरावट आयी। अस्मिता की राजनीति के दौर में नये राजनीतिक दलों का उभार हुआ। इन दलों ने ख़ुद को दलित पार्टियों के रूप में प्रस्तुत किया। इनके उदय के कारण दलितों के मत-व्यवहार में भी बदलाव आया। मसलन, 1960 के दशक के आख़िरी वर्षों में और 1970 के दशक में रिपब्लिकन पार्टी के उदय के कारण कांग्रेस और उसके बीच दलित मतों का बँटवारा हुआ। इसी तरह 1977 के बाद दलितों का मत कांग्रेस और जनता पार्टी (बाद में जनता दल) के बीच विभाजित होने लगा। बसपा के उदय के बाद दलित मतदाताओं ने बहुत से राज्यों में इसे वोट देना आरंभ कर दिया। बसपा के गठन के बाद से ही राष्ट्रीय स्तर पर इसे औसतन चार प्रतिशत मत मिल रहे थे, लेकिन दलित मतदाताओं के बीच इसका समर्थन बहुत ज़्यादा था। 1996 के लोकसभा चुनावों के दौरान तक़रीबन एक-चौथाई दलित मतदाताओं ने बसपा का साथ दिया था। इसके बाद, 2014 के चुनावों तक तक़रीबन बीस प्रतिशत दलित मतदाता बसपा को अपना मत देते रहे। 2014 के लोकसभा चुनावों में और उसके बाद 2019 के लोकसभा चुनावों में दलित मतदाताओं के बीच बसपा के समर्थन में गिरावट आयी। 2014 के लोकसभा चुनावों से ही भाजपा ने दलित मतदाताओं में अपनी पैठ बनानी शुरू कर दी। इन चुनावों के दौरान बहुत से राज्य स्तरीय दलों को भी दलितों का वोट मिला। 2009 के लोकसभा चुनावों की तुलना में 2014 के लोकसभा चुनावों में भाजपा को दलितों को तक़रीबन दोगुना मत मिला। 2009 के लोकसभा चुनावों के दौरान भाजपा को दलितों के 12 प्रतिशत मत मिले थे। लेकिन 2014 के चुनावों में भाजपा को दलितों के 24 प्रतिशत मत मिले। रोचक है कि 2019 के लोकसभा चुनावों में दलितों के बीच भाजपा के मतों में दस प्रतिशत की वृद्धि हुई। इन चुनावों में

34 प्रतिशत दलितों ने भाजपा को मत दिया। यह काफ़ी दिलचस्प है क्योंकि मोदी के नेतृत्व वाली सरकार को अपने पहले कार्यकाल में कई कारणों से दलितों के असंतोष का सामना करना पड़ा। इसमें अनुसूचित जाति/अनुसूचित जनजाति उत्पीड़न निषेध अधिनियम क़ानून का मसला और स्थानीय स्तर पर दलितों के ख़िलाफ़ हो रही जातिगत हिंसा का मसला प्रमुख था। लेकिन दलितों के बीच भाजपा के प्रदर्शन से यह संकेत मिलता है कि भाजपा ने दलित मतदाताओं के असंतोष को शांत करने में सफलता प्राप्त कर ली थी।[3] सारणी-4 का गहराई से अध्ययन करने पर यह संकेत मिलता है कि भाजपा ने मुख्य रूप से वामपंथी दलों और क्षेत्रीय दलों के दलित मतदाताओं को अपनी तरफ़ खींचा है। 2019 में भी कांग्रेस के पास दलितों का 2014 जितना ही समर्थन रहा। असल में, उसे केवल एक प्रतिशत का ही फ़ायदा हुआ।

सारणी-5 में यह दिखाया गया है कि 2014 और 2019 के बीच दलों ने अपने दलित मतों को किस सीमा तक बरक़रार रखा है। इस संदर्भ में बसपा का प्रदर्शन सबसे शानदार रहा है। 2014 में बसपा को मत देने वाले 80 प्रतिशत लोगों ने 2019 में भी बसपा को ही मत दिया। भाजपा और कांग्रेस — दोनों ने अपने सहयोगियों के साथ 2014 की तुलना में 2019 में तीन-चौथाई मतों को क़ायम रखा। ये आँकड़े ऊपर वर्णित इस तर्क का भी अनुमोदन करते हैं कि भाजपा ने वाम दलों और क्षेत्रीय दलों की क़ीमत पर दलितों के बीच अपनी स्थिति मज़बूत की है। सारणी-5 से यह बात सामने आती है कि 2014 में वाम दलों के एक-तिहाई मतदाताओं ने 2019 में भाजपा को मत दिया। इसी तरह, 2014 में क्षेत्रीय दलों को मतदान करने वाले 28 प्रतिशत दलित मतदाताओं ने 2019 में भाजपा को वोट दिया।

दलित मतदाताओं की सामाजिक और आर्थिक हैसियत ने भी मतदान के लिए उनके द्वारा दलों के चयन को प्रभावित किया। सारणी-6 से यह संकेत मिलता है कि भाजपा ने हर सामाजिक-आर्थिक पृष्ठभूमि वाले मतदाताओं

[3] देखें, संजय कुमार और प्रणव गुप्ता (2019).

सारणी-4

अनुसूचित जातियों का मत-व्यवहार : 1971-2009 (प्रतिशत में)

वर्ष	कांग्रेस	भाजपा	वाम दल	बसपा	अन्य
1971	46	0	17	---	27
1996	34	14	11	7	34
1998	28	14	4	23	31
1999	30	14	11	18	27
2004	27	13	10	19	31
2009	27	12	11	20	30
2014	19	24	6	14	37
2019	20	34	2	11	33

नोट : इन लोक सभा चुनावों में दलों के वास्तविक मत से आँकड़ों को भारित किया गया है। 1971 में जनसंघ के मत प्रतिशत को भाजपा के स्तंभ में ही वर्णित किया गया है. इस समय भाजपा का अस्तित्व नहीं था।

स्रोत : सीएसडीएस द्वारा संचालित राष्ट्रीय चुनाव अध्ययन.

को प्रभावित किया। जब हम जेंडर के आधार पर विश्लेषण करते हैं, तो यह पाते हैं कि 2014 की तरह ही 2019 में दलित पुरुषों और महिलाओं के बीच भाजपा के मत प्रतिशत में वृद्धि हुई। रोचक बात यह है कि बसपा की कमान एक महिला के हाथ में होने के बावजूद महिलाओं के बीच बसपा के मतों में पाँच प्रतिशत की गिरावट हुई। पुरुष भी बसपा से दूर हुए, लेकिन इनके मतों में दो प्रतिशत की ही गिरावट हुई। दलित मतदाताओं के वर्ग के आधार पर विश्लेषण से यह संकेत मिलता है कि भाजपा ने 2014 के चुनावों की तुलना में इन चुनावों में ग़रीब, निम्न और उच्च वर्ग के दलितों के बीच अच्छा प्रदर्शन किया। लेकिन 2014 की तुलना में दलित मध्य वर्ग में इसके मतों में एक प्रतिशत की गिरावट हुई। 2019 में दलित मतदाताओं के

सारणी-5
2014 और 2019 के चुनावों के बीच दलित मतदाताओं के मतदान में बदलाव

2014 में वोट प्राप्त करने वाले दल	2019 में वोट प्राप्त करने वाले दल						
	कांग्रेस	कांग्रेस के सहयोगी	भाजपा	भाजपा के सहयोगी	बसपा	वाम दल	अन्य
कांग्रेस	70	7	12	2		1	7
कांग्रेस के सहयोगी	20	65	10	--	--	1	3
भाजपा	9	3	62	10		0	9
भाजपा के सहयोगी	4	17	22	49	--	--	8
बसपा	3	1	7	--		1	7
वाम दल	6	--	33	--	--	45	16
अन्य	3	--	28	--	4	1	64

स्रोत: सीएसडीएस द्वारा संचालित राष्ट्रीय चुनाव अध्ययन.

मतदान-स्वरूप की व्याख्या करते हुए बद्री नारायण ने यह विचार व्यक्त किया है कि दलित युवा भाजपा के नेतृत्व वाले राष्ट्रीय जनतांत्रिक गठबंधन द्वारा की गयी ग़ैर-दलित गतिविधियों से प्रभावित हुए थे।[4] यह मध्य वर्ग के दलित मतदाताओं द्वारा भाजपा को वोट न देने का एक संभावित कारण हो सकता है। जहाँ उच्च वर्ग से जुड़े दलित मतदाता बसपा से दूर हो गये। मसलन, 2014 के लोकसभा चुनावों में उच्च वर्ग के 20 प्रतिशत दलित मतदाताओं ने बसपा के पक्ष में मतदान किया था, वहीं 2019 में यह संख्या घट कर 2 प्रतिशत रह गयी। बहरहाल, कांग्रेस ने भी 2014 की तुलना में मध्य और उच्च वर्ग के दलितों के बीच अच्छा प्रदर्शन किया था। दलित मतदाताओं के निवास का क्षेत्र भी उनके मतदान की प्रवृत्ति को प्रभावित

[4] बद्री नारायण (2019).

सारणी-6

सामाजिक-आर्थिक हैसियत के अनुसार दलितों का मत-व्यवहार

	कांग्रेस		भाजपा		बसपा		वाम दल		अन्य	
	2019	**2014**	**2019**	**2014**	**2019**	**2014**	**2019**	**2014**	**2019**	**2014**
पुरुष	20	21	35	28	12	14	2	4	32	32
महिला	20	21	32	25	10	15	3	4	36	35
गरीब	14	19	34	25	14	14	3	5	35	37
निम्न	23	21	35	25	10	15	2	6	31	33
मध्य	26	22	29	30	10	13	2	3	33	33
अमीर	23	19	36	28	2	20	1	3	39	30
ग्रामीण	17	21	35	25	13	15	3	5	34	33
शहरी	30	20	30	31	6	12	1	3	33	34

स्रोत: सीएसडीएस द्वारा 2014 ओर 2019 संचालित राष्ट्रीय चुनाव अध्ययन

करता है। भाजपा ने ग्रामीण क्षेत्रों में रहने वाले दलितों के बीच अपने समर्थन को बढ़ाया, वहीं कांग्रेस ने शहरी दलितों के बीच अच्छा प्रदर्शन किया। (सारणी-6)।

राज्य स्तर पर दलित मतदाताओं का मत-व्यवहार

विभिन्न राज्यों में दलित मतदाताओं के मत-व्यवहार का परीक्षण करने से कुछ रोचक प्रवृत्तियाँ सामने आती हैं। उत्तर प्रदेश में बसपा अपने मुख्य मतदाता—जाटव समूह के सबसे बड़े हिस्से पर क़ब्ज़ा क़ायम रखने में सफल रही। यहाँ 2019 के लोकसभा चुनावों में तीन-चौथाई से भी ज़्यादा जाटव

मतदाताओं ने बसपा, समाजवादी पार्टी और राष्ट्रीय लोक दल के महागठबंधन को अपना मत दिया। लेकिन ग़ैर-जाटव दलित मतदाताओं ने अलग तरीक़े से वोट डाले। इन समूहों के बीच भाजपा के मत-प्रतिशत में वृद्धि हुई। बिहार में कांग्रेस को चमारों और अन्य अनुसूचित जातियों के बीच नुक़सान का सामना करना पड़ा। जनता दल (यूनाइटेड) के पास पहले से ही अत्यंत पिछड़ी जातियों का समर्थन था, इसे दलितों के भी काफ़ी वोट मिले। इसके गठबंधन सहयोगी भाजपा को भी इस समूह से लाभ हुआ। इस तबक़े को अपनी ओर आकर्षित करने के लिए नीतीश कुमार ने महादलित श्रेणी का निर्माण किया। इससे महादलितों के बीच इन पार्टियों का प्रभाव बढ़ा। असल में, महादलित श्रेणी के निर्माण के पीछे मुख्य उद्देश्य दलितों के बीच सबसे ग़रीब और सबसे कमज़ोर जातियों की सहायता करना था।[5] किंतु 2019 का चुनाव नज़दीक आने पर नीतीश कुमार ने दलित और महादलित के बीच के भेद को ख़त्म कर दिया। उन्होंने यह घोषणा की कि महादलित विकास मिशन द्वारा संचालित योजनाओं का लाभ सभी अनुसूचित जातियों को मिलेगा।[6] निश्चित रूप से, यह दलित मतदाताओं को अपने गठबंधन की ओर खींचने के लिए एक दलित केंद्रित रणनीति थी। चूँकि इस गठबंधन में रामविलास पासवान की लोक जनशक्ति पार्टी भी सम्मिलित थी, इसलिए पासवान जाति को भी महादलित की श्रेणी में शामिल कर लिया गया, जो पहले इस श्रेणी से बाहर थी।

पश्चिम बंगाल में राजवंशियों, नामशूद्रों और अन्य दलित जातियों के बीच भाजपा के मत-प्रतिशत में ज़बर्दस्त वृद्धि हुई। भाजपा ने तृणमूल कांग्रेस और वाम दलों के वोटों में कटौती करके अपने समर्थन आधार में वृद्धि की। आँकड़ों से यह बात सामने आती है कि राजवंशियों के बीच तृणमूल कांग्रेस के मतों में 25 प्रतिशत और नामशूद्र के बीच सात प्रतिशत की गिरावट हुई। तृणमूल कांग्रेस की सरकार ने राजवंशियों और नामशूद्रों के लिए विकास और सांस्कृतिक बोर्डों का गठन किया था। इस संदर्भ में यदि तृणमूल के

[5] सुरूर अहमद (2018).

[6] अमिताभ श्रीवास्तव (2018).

सारणी-7
2019 के लोकसभा चुनावों में भारतीय राज्यों में दलितों के मतदान की प्रवृत्ति (प्रतिशत)

राज्य	प्रभुत्वशाली अनुसूचित जाति समूह	कांग्रेस	भाजपा	क्षेत्रीय दल
बिहार	चमार (46)	(-7)	20 (2)	राजद 2 (-6) जद (यू) 38 (+22) अन्य दल 40 (-11)
	अन्य अनुसूचित जातियाँ (69)	(-2)	36 (2)	राजद 4 (-2) जद (यू) (21) अन्य दल 19 (-19)
उत्तर-प्रदेश	जाटव (289)	1 (-1)	17 (0)	बसपा 46 (-24) सपा 28 (23) अन्य दल 8 (1)
	अन्य अनुसूचित जातियाँ (171)	7 (+3)	49 (+7)	बसपा 23 (-7) सपा 18 (6) अन्य दल 3 (-9)
पंजाब	सभी अनुसूचित जातियाँ (221)	38 (-6)	11 (2)	अकाली दल 22 (4) बसपा 18 (16) आप 7 (-14) अन्य दल 4 (-3)
तमिलनाडु	आदि द्रविडार (122)	12 (+12)*	4 (+4)	अन्नाद्रमुक 16 (-42) द्रमुक 25 (8) अन्य दल 43 (18)
	अन्य अनुसूचित जातियाँ (136)	8 (4)	8 (85)	अन्नाद्रमुक 9 (-32) द्रमुक 55 (31) अन्य दल 20 (-7)
पश्चिम बंगाल	राजबंशी (122)	9 (1)	75 (48)	तृणमूल कांग्रेस 9 (-25) वाम दल 4 (-25) अन्य दल 3 (1)
	नामशूद्र (129)	2(-4)	58 (36)	तृणमूल कांग्रेस 35 (-7) वाम दल 4 (-27) अन्य दल <0 (0)
	अन्य अनुसूचित जातियाँ (140)	1 (-7)	52 (35)	तृणमूल कांग्रेस 37 (5) वाम दल 8 (-21)
				अन्य दल 2(-2)

स्रोत: सीएसडीएस द्वारा 2014 और 2019 संचालित राष्ट्रीय चुनाव अध्ययन.

सारणी-8

विभिन्न जाति-समुदायों में कल्याणकारी योजनाओं के लाभार्थी (प्रतिशत में)

	पीएम आवास योजना	आयुष्मान	पेंशन	पीडीएस	उज्ज्वला योजना
उच्च जाति	14	15	23	38	31
अन्य पिछड़ी जाति	21	17	27	46	35
अनुसूचित जाति	26	20	26	50	38
अनुसूचित जनजाति	38	24	30	52	52
मुस्लिम	20	16	23	44	31
अन्य	16	14	26	38	24
सभी लाभार्थी	21	17	26	45	35

स्रोतः सीएसडीएस द्वारा संचालित 2019 का राष्ट्रीय चुनाव अध्ययन

समर्थन में गिरावट पर विचार करें तो यह बात सामने आती है कि ऊपर से संचालित होने वाले विकास के कार्यक्रम विभिन्न समुदायों की आकांक्षाओं को संतुष्ट करने में नाकाम रहते हैं।[7] यह बात पूरी तरह स्पष्ट है कि भाजपा ने ममता बनर्जी के दलित वोट बैंक में सेंध लगाई है। इसका एक प्रमाण है कि यह कि राज्य में दलितों के लिए आरक्षित दस सीटों में से पाँच सीटों पर भाजपा को जीत मिली है।

तमिलनाडु में द्रमुक और कांग्रेस ने गठबंधन बनाकर चुनाव लड़ा था। इन्होंने दलितों के बीच अपनी स्थिति काफ़ी मजबूत कर ली। एक ओर, कांग्रेस को आदि द्रविड़ों के समर्थन में काफ़ी वृद्धि हुई, वहीं द्रमुक को अन्य अनुसूचित

[7] ज्योतिप्रसाद चटर्जी और सुप्रियो बसु (2019) : 16-19.

सारणी-9

दलित ग़ैर-लाभार्थियों की तुलना में लाभार्थियों ने भाजपा को ज़्यादा वरीयता दी (प्रतिशत में)

	कांग्रेस	कांग्रेस के सहयोगी	भाजपा	भाजपा के सरयोगी	बसपा और सयोगी	वाम दल	अन्य
आवास योजना							
लाभार्थी	21	8	35	9	9	4	15
ग़ैर-लाभार्थी	20	5	33	6	12	2	23
आयुष्मान योजना							
लाभार्थी	17	12	40	7	6	3	14
ग़ैर-लाभार्थी	21	4	32	7	12	2	23
पीडीएस							
लाभार्थी	20	6	34	7	11	2	21
ग़ैर-लाभार्थी	20	5	32	5	11	3	24
उज्ज्वला योजना							
लाभार्थी	19	5	39	6	11	2	18
ग़ैर-लाभार्थी	20	6	30	8	11	3	23

स्रोत: सीएसडीएस द्वारा संचालित 2019 का राष्ट्रीय चुनाव अध्ययन

सारणी-10

	अत्यंत अल्पसंख्यक विरोधी	अल्पसंख्यक-विरोधी	अल्पसंख्यक समर्थक	अत्यधिक अल्पसंख्यक समर्थक	कोई वचन-बद्धता नहीं
उच्च जाति	8	14	36	40	3
अन्य पिछड़ी जाति	9	14	37	36	4
अनुसूचित जाति	11	15	33	35	5
अनुसूचित जनजाति	12	12	33	37	6
मुस्लिम	11	13	23	51	2
अन्य	13	18	22	43	4
	10	14	33	39	4

सारणी-11

	कांग्रेस	कांग्रेस के सहयोगी	भाजपा	भाजपा के सहयोगी	बसपा और सहयोगी	वाम दल	अन्य
अत्यंत अल्पसंख्यक विरोधी	14	2	38	4	8	4	30
अल्पसंख्यक-विरोधी	22	8	27	9	10	3	21
अल्पसंख्यक समर्थक	18	5	34	15	10	2	15
अत्यधिक अल्पसंख्यक समर्थक	21	5	33	5	11	2	23
कोई वचनबद्धता नहीं	10	8	23	6	12	4	37

जातियों के समर्थन से लाभ मिला। पंजाब की कुल जनसंख्या में तक़रीबन 32 प्रतिशत दलित हैं। बसपा का आरंभ यहीं से हुआ था। 2019 के चुनावों में इसे पिछले चुनाव की तुलना में दलितों का 16 प्रतिशत ज़्यादा मत मिला। असल में, आम आदमी पार्टी के वोटों की क़ीमत पर इसे लाभ हुआ। उसके दलित वोटों में 14 प्रतिशत की गिरावट हुई। इसके साथ ही, पिछले चुनावों की तुलना में कांग्रेस को मिलने वाले दलितों के मतों में भी 6 प्रतिशत की गिरावट हुई।

दलितों ने भाजपा को मत क्यों दिया?

2019 के लोकसभा चुनावों से पहले यह माना जाता था कि दलित विरोधी घटनाओं के कारण दलितों का भाजपा से मोहभंग हो गया है। ऐसे मामलों में *अनुसूचित जाति और अनुसूचित जनजाति (अत्याचार निरोधक) अधिनियम* के प्रावधानों को कमज़ोर करने, रोहित वेमुला की आत्महत्या, महाराष्ट्र में भीमा कोरेगाँव की घटना और ऊना में दलितों की पिटाई की घटना प्रमुख थी। यह माना जाता था कि दलित मतदाता भाजपा का वोट नहीं देंगे क्योंकि भाजपा सरकार द्वारा दलितों के हितों की सुरक्षा नहीं की गयी। लेकिन इन अनुमानों के विपरीत भाजपा को मिलने वाले दलितों के मत-प्रतिशत में वृद्धि हुई, और पिछली बार की तुलना में उसे इन मतदाताओं का 10 प्रतिशत ज़्यादा वोट मिला। इसलिए उन संभावित कारणों की पड़ताल करना आवश्यक है जिसके कारण दलितों ने 2019 के लोकसभा चुनावों में भाजपा को मत दिया। इस भाग में भाजपा को दलितों के ज़्यादा वोट मिलने के कुछ कारणों को रेखांकित किया गया है। पहला कारण यह हो सकता है कि नरेंद्र मोदी के नेतृत्व वाली राजग सरकार ने ग़रीबों को ध्यान में रखते हुए कुछ कल्याणकारी योजनाएँ आरंभ की थीं। भारत में दलित मोटे तौर पर ग़रीबों की श्रेणी में ही आते हैं। भाजपा ने मुख्य रूप से ग़ैर-प्रभुत्वशाली और छोटे दलित समुदायों पर ध्यान केंद्रित किया। इसने उज्ज्वला, आयुष्मान भारत, प्रधानमंत्री आवास योजना जैसे कार्यक्रमों के माध्यम से इन समुदायों को लाभ पहुँचाने का प्रयत्न किया। इसके चलते

दलित समुदायों में हाशिये के समुदाय इसकी ओर आकृष्ट हुए, और उन्होंने दलितों की प्रभुत्वशाली जातियों से अलग हटते हुए भाजपा को मत दिया। सारणी-8 में केंद्र सरकार द्वारा आरंभ किये गये विभिन्न सामाजिक योजनाओं का लाभ हासिल करने वाली जातियों के बारे में बताया गया है। इससे यह संकेत मिलता है कि दलितों और आदिवासियों में हाशिये के समूहों को इन योजनाओं से ज़्यादा लाभ हुआ। आँकड़ों से यह बात भी सामने आती है कि जिन दलितों को इन योजनाओं का लाभ मिला, उन्होंने इन योजनाओं का लाभ न पाने वाले दलितों की तुलना में भाजपा को ज़्यादा वरीयता दी। (सारणी-9)

दलितों के बीच भाजपा का समर्थन बढ़ने का दूसरा कारण उनके बीच हिंदुत्व की राजनीति और अल्पसंख्यक विरोधी भावनाओं का प्रसार है। श्रेयस सरदेसाई ने तर्क दिया है कि अल्पसंख्यक विरोधी भावनाओं के कारण भी हिंदू मतदाता मोदी के नेतृत्व वाले राजग के पीछे गोलबंद हुए हैं।[8] भाजपा के नेतृत्व वाली राजग सरकार के नेतृत्व में पिछले पाँच वर्षों में जो राजनीतिक उथल-पुथल हुई है, उसे समझने के लिए यह आवश्यक है कि हम हिंदुत्व की राजनीति पर ध्यान दें। इसने भारत के मतदाताओं को हिंदुत्व के नाम पर विभाजित किया है और इसने जाति की राजनीति के ऊपर धर्म की पहचान को स्थापित करने का काम किया है। भाजपा ने दलित समुदायों को तुष्ट करने के लिए जी-तोड़ मेहनत की। प्रधानमंत्री नरेंद्र मोदी ने सफ़ाई कर्मियों के पैर धोए। यहाँ तक कि संघ ने भी दलित समुदाय में सबसे वंचित तबक़ों के बीच काम किया। इसने बहुत से सम्मेलनों को आयोजित करके इन जातियों के नेताओं को हिंदुत्व से जोड़ने का प्रयास किया। हिंदुत्व की राजनीति के दलितों के मतदान पर प्रभाव को समझने के लिए अल्पसंख्यकों के बारे में उनके विचार की एक समग्र सूची तैयार की गयी।[9] सारणी-10 से

---

[8] श्रेयस सरदेसाई (2019).

[9] अल्पसंख्यकों के बारे में दृष्टिकोण की समग्र सूची तैयार करने के लिए पाँच प्रश्न पूछे गये : (1) आप इन दो कथनों में से किससे सहमत हैं — पहला, भारत प्राथमिक रूप से सिर्फ़ हिंदुओं से संबंधित है, दूसरा, भारत सिर्फ़ हिंदुओं के लिए नहीं है, बल्कि सभी धर्मों को मानने वाले लोगों के लिए है. (2) आपके अनुसार, हिंदू समुदाय कितना राष्ट्रवादी है — बहुत ज़्यादा, कुछ हद तक, कुछ ख़ास नहीं या बिल्कुल नहीं. (3) आपके

यह बात सामने आती है कि अन्य जाति समुदायों की तुलना में दलितों में सबसे ज़्यादा अल्पसंख्यक विरोधी भावनाएँ हैं। जिन दलितों में अल्पसंख्यक-विरोधी भावनाएँ ज़्यादा थीं उन्होंने बड़ी संख्या में भाजपा को वोट दिया। अल्पसंख्यक विरोधी भावना रखने वाले 38 प्रतिशत दलितों ने भाजपा को वोट दिया। (सारणी-11)।

निष्कर्ष

निष्कर्ष के रूप में कहा जा सकता है कि भाजपा को विभिन्न चुनौतियों के बावजूद दलितों का वोट हासिल करने में कामयाबी मिली। असल में, उसने दलितों का सबसे ज़्यादा वोट हासिल किया। पारंपरिक रूप से जो दल दलितों या हाशिये पर पड़े समूहों के समर्थन का दावा करते थे, वे अपना वोट नहीं बचा पाए। भाजपा ने रणनीतिक रूप से सामाजिक नीतियों के लाभों का वितरण वंचित दलित तबक़ों तक किया, इससे उसे इन समूहों का समर्थन भी प्राप्त हुआ। भाजपा द्वारा जाति के स्थान पर धार्मिक पहचान को मज़बूती देने की कोशिशों के कारण भी उसे दलितों का समर्थन हासिल करने में कामयाबी मिली।

अनुसार मुस्लिम समुदाय कितना राष्ट्रवादी है — बहुत ज़्यादा, कुछ हद तक, कुछ ख़ास नहीं या बिल्कुल नहीं. (4) आपके अनुसार ईसाई समुदाय कितना राष्ट्रवादी है — बहुत ज़्यादा, कुछ हद तक, कुछ ख़ास नहीं या बिल्कुल नहीं। आप निम्नलिखित कथन से सहमत हैं, या असहमत — भले ही इसे बहुमत पसंद न करे, सरकार को अल्पसंख्यकों के हितों की सुरक्षा करनी चाहिए. पहले प्रश्न में दूसरे कथन के लिए 2 और पहले कथन के लिए 1 अंक तय किया गया. प्रश्न 2, 3, और 4 में जिन लोगों ने 'बहुत ज़्यादा' या 'कुछ हद तक' कहा उन्हें 2 अंक दिये गये, और जिन्होंने 'कुछ ख़ास नहीं' या 'बिल्कुल नहीं' कहा, उन्हें 1 अंक दिया गया. प्रश्न 5 में जिन लोगों ने कथन के साथ सहमति व्यक्त की (या तो दृढ़ता से या कुछ हद तक) उन्हें 2 अंक दिये गये, और जिन लोगों ने असहमति व्यक्त की, उन्हें 1 अंक दिया गया. जिन लोगों ने सभी 5 प्रश्नों पर कोई राय नहीं दी, उसे 0 अंक दिया गया. अंतिम परिणाम के रूप में 0 से 10 के बीच अंक आये। इन अंकों को पाँच नयी श्रेणियों में वितरित किया गया, जो उत्तरदाताओं के अल्पसंख्यक-विरोधी या अल्पसंख्यक-समर्थक दृष्टिकोण की गहनता दर्शाते थे. जिन लोगों को 9 और 10 के बीच अंक मिला, उन्हें 'अत्यधिक अल्पसंख्यक-समर्थक' माना गया. जिन्हें 6 से 8 के बीच अंक मिले उन्हें 'अल्पसंख्यक-समर्थक' माना गया। जिन लोगों को 3 से 5 के बीच अंक मिले उन्हें अल्पसंख्यक-विरोधी माना गया। इसके अलावा, जिन्हें 1 और 2 के बीच अंक मिले उन्हें 'अत्यधिक अल्पसंख्यक-विरोधी' माना। 0 अंक पाने वाले के बारे में यह माना गया कि उसका अभी तक कोई ठोस विचार नहीं है.

संदर्भ

अमिताभ श्रीवास्तव, (2018), 'हाउ नीतीश कुमार इज़ रिजिगिंग हिज़ दलित स्टैट्रेजी, डेलीओ, अप्रैल 18, https://www.dailyo.in/politics/nitish-kumar-dalit-mahadalit-lok-sabha-2019-bihar/story/1/23543.html, देखने की तारीख़ : 31 दिसंबर, 2019.

क्रिस्टॉफ़ जैफ्रलो (2012), 'द कास्ट इज़ बैस्ट मोज़ैइक ऑफ़ इंडियन पॉलिटिक्स', *सेमिनार*, 633.

ज्योतिप्रसाद चटर्जी और सुप्रियो बसु (2019), 'अ न्यू टैक्जेक्टरी ऑफ़ पॉलिटिक्स इन वेस्ट बंगाल', इकनॉमिक ऐंड पॉलिटिकल वीकली, 55 (31).

टाइम्स ऑफ़ इंडिया (2019), 'बीजेपी मेक्स डेंट्स इन द टीएमसीज़ मुस्लिम-दलित वोट बैंक, बैग्स 5 आउट ऑफ़ 10 एलएससीट्स', 25 मई, https://timesofindia.indiatimes.com/city/kolkata/bjp-makes-dents-in-tmcs-muslim-dalit-vote-bank-bags-five-out-of-10-ls-seats/articleshow/69489775.cms, देखने की तारीख़ : 1 जनवरी, 2020.

बद्री नारायण (2019), 'डिवाइडिड दे स्टैंड : व्हाई मार्जिनल दलित कास्ट्स स्टिल लैक पॉलिटिकल क्लाउट', *इकनॉमिक टाइम्स*, 24 मई, https://economictimes.indiatimes.com/articleshow/69476973.cms?from=mdr&utm_source=contentofinterest&utm_medium=text&utm_campaign=cppst, देखने की तारीख़ : 3 जनवरी, 2020.

संजय कुमार और प्रणव गुप्ता (2019), 'व्हेयर डिड द बीजेपी गेट इट्स फॉर्म इन 2019?', *लाइव मिंट*, : https://www.livemint.com/politics/news/where-did-the-bjp-get-its-votes-from-in-2019-1559547933995.html., देखने की तारीख़ : 3 जनवरी, 2020.

सुरूर अहमद (2018), 'नीतिश कुमार्स 'महादलित' डाइलेमा', *नैशनल हेराल्ड*, 11 मई,: https://www.nationalheraldindia.com/india/nitish-kumars-mahadalit-dilemma,देखने की तारीख़ : 30 दिसंबर, 2019.

सुहास पल्शीकर (2007), 'दलित पॉलिटिक्स इन नाइनटीज़ : इलेक्टोरल पॉलिटिक्स ऐंड प्रेडिकामेंट बिफ़ॉर ऐन अनप्रिविलेज्ड कम्युनिटी', द *इंडियन जर्नल ऑफ़ सोशल वर्क*, 68 (1).

श्रेयस सरदेसाई (2019), 'द रिलीजस डिवाइड इन वोटिंग प्रिफ़ेरेंसेज़ ऐंड एटीट्युड्स इन द 2019 इलेक्शन', *स्टडीज़ इन इंडियन पॉलिटिक्स*, 7(2).

सांस्कृतिक मिथक और आधुनिकता

अस्पृश्यता, मृत गाय और ब्राह्मणवाद
भीम राव आम्बेडकर

महिषासुर-विमर्श : एक बार फिर मिथकीय पुनर्पाठ
संजय जोठे

स्वच्छ भारत अभियान : कितने सारे मौन?
सुभाष गाताडे

आधुनिकता और चंडीगढ़ का तिलिस्म : पितृसत्ता, जाति और एक शहर की दास्तान
नवप्रीत कौर

रहबर से अपनी राह जुदा : संतराम, जाति और लिंग
चारु गुप्ता

दलित और मुस्लिम अंतर्संबंध : साझापन की तलाश और मुश्किलें
कमल नयन चौबे

अस्पृश्यता, मृत गाय और ब्राह्मणवाद

भीम राव आम्बेडकर

अनुवाद : नरेश गोस्वामी

प्रतिमान, जुलाई-दिसंबर 2015, वर्ष 3, अंक 6 में पूर्व-प्रकाशित : पृ.सं.478-494.

क्या गोमांस के सेवन का प्रश्न और भारत में छुआछूत के बीच कोई संबंध है? ब्राह्मणों के बीच मांसाहार का निषेध और विशेषकर गोमांस का निषेध किन परिस्थितियों की देन है? इन प्रश्नों के उत्तर में डॉ. भीम राव आम्बेडकर ने अपने विशद अध्ययन से निष्कर्ष निकाला है कि निरुपाय जनों को घृणा और तिरस्कार का भागी इसलिए बनाया गया कि वे बौद्ध धर्म के अनुयायी थे और उनकी अस्पृश्यता का मूल कारण यह बना कि वे गोमांस का सेवन करते थे।

गोमांस सेवन : अस्पृश्यता का मूलाधार[1]

सन् 1910 की जनगणना बताती है कि मोटे तौर पर अस्पृश्य श्रेणी में रखे जाने वाले समुदायों के लिए मृत गाय का मांस मुख्य आहार रहा है, हालाँकि नीचा समझे जाने वाला कोई भी हिंदू-समुदाय गोमांस को छूना भी गँवारा नहीं करता। दूसरी तरफ़ स्थिति यह है कि अस्पृश्य कहा जाने वाला शायद ही कोई समुदाय ऐसा होगा, जिसका मृत गाय के साथ कोई संबंध न हो। कुछ लोग उसका मांस खाते हैं, कुछ उसकी खाल उतारने का काम करते हैं, तो कुछ उसकी खाल और अस्थियों से तरह-तरह की चीज़ें बनाते हैं।

जनगणना आयुक्त का सर्वेक्षण भी अस्पृश्य समुदाय द्वारा गोमांस खाये जाने की तसदीक करता है। लेकिन यहाँ बड़ा सवाल यह है : क्या गोमांस सेवन का अस्पृश्यता के उद्भव से भी कोई संबंध है? क्या यह कहा जा सकता है कि पराजित और साधनहीन लोगों[2] को गोमांस खाने के कारण अस्पृश्य मान लिया गया? इस प्रश्न का उत्तर बेहिचक हाँ में दिया जा सकता है। तथ्यों के आधार पर इसका कोई दूसरा उत्तर संभव ही नहीं लगता।

---

[1] आम्बेडकर की 1948 में प्रकाशित रचना द *अनटचेबल्स : हू वेअर दे ऐंड व्हाय दे बिकेम अनटचेबल्स* के दसवें से चौदहवें अध्यायों के मुख्य अंशों से संकलित. यह रचना महाराष्ट्र सरकार द्वारा 1990 में प्रकाशित डॉ. बाबासाहेब आम्बेडकर : *राइटिंग्स ऐंड स्पीचेज़* के सातवें खंड में पुनर्मुद्रित की गयी थी. प्रस्तुत लेख में जिन वाक्यों और वाक्य-बंधों के बाद अंतराल आता है उन्हें पद-लोप (...) से तथा सहायक व्याख्या को कोष्ठक द्वारा दर्शाया गया है. लेख की समस्त पाद-टिप्पणियाँ आम्बेडकर के मूल पाठ से उद्धृत की गयी हैं- प्रकाशक.

[2] आम्बेडकर इसी पाठ में थोड़ा पहले यह दलील देते हैं कि आदिम समाज में युद्धों की निरंतरता के कारण जिन आदिवासियों को 'पूरी तरह नष्ट और पराजित' कर दिया गया था, उन्हें कालांतर में 'खंडित मनुष्य' माना जाने लगा था. आम्बेडकर का मानना है कि 'आदिम हिंदू समाज' में भी एक जगह टिक कर रहने वाले और खंडित समुदायों का अस्तित्व रहा होगा, जिनमें खंडित समुदायों को गाँव की सीमा से बाहर बसने के लिए मज़बूर किया गया होगा. आम्बेडकर इसी आधार पर यह तर्क देते हैं कि बौद्ध धर्म तथा ब्राह्मणवाद के बीच हुए दुर्धर्ष संघर्ष में बौद्ध धर्म के जिन अनुयायियों ने गोमांस का सेवन ज़ारी रखा उन्हें अस्पृश्य माना जाने लगा — प्रकाशक.

तथ्यों के अनुसार इस बारे में पहली बात तो यही है कि अस्पृश्य या इस समुदाय में शामिल किये जाने वाले लोग मृत गाय का मांस खाते हैं और अस्पृश्यता का कलंक इन्हीं समुदायों के माथे पर लगाया जाता है। अस्पृश्यता और मृत गाय के प्रयोग का यह सह-संबंध इतना सघन और स्पष्ट है कि इसे अस्पृश्यता का उद्गम मान लेना लगभग अकाट्य प्रतीत होता है। दूसरी बात, अस्पृश्यों को शेष हिंदुओं से अलग करने वाली अगर कोई चीज़ है तो वह गोमांस का सेवन ही है। हिंदुओं में जिन खाद्य पदार्थों को वर्जित माना जाता है उस पर एक सरसरी नज़र डालने से ज़ाहिर होता है कि आहार के संबंध में हिंदुओं में दो तरह के निषेध प्रचलित हैं। इनमें पहला निषेध मांसाहार से जुड़ा है जो हिंदुओं को सामिषों और निरामिषों में बाँट देता है। दूसरा निषेध गोमांस का सेवन निषिद्ध घोषित करते हुए हिंदुओं को गोमांस खाने वालों और उससे परहेज़ रखने वालों की श्रेणी में बाँट देता है। अस्पृश्यता की दृष्टि से पहला निषेध कोई विशेष महत्त्व नहीं रखता, लेकिन दूसरा निषेध निश्चित ही महत्त्वपूर्ण है क्योंकि वह स्पृश्यों को अस्पृश्यों से पूरी तरह अलग करता नज़र आता है। स्पृश्यों में चाहे कोई सामिष हो या निरामिष, गोमांस-सेवन के विरोध में दोनों साथ खड़े दिखाई देते हैं। अस्पृश्य इस रवैये के ठीक उलट खड़े दिखते हैं, जिन्हें गाय का मांस खाने में कोई नैतिक संकोच नहीं होता। उनके लिए यह सामान्य आदत का मसला है।[3]

इस संदर्भ में यह कहना कोई दूर की कौड़ी निकालना नहीं होगा कि जिन लोगों को गोमांस के नाम से ही मितली आने लगती है, वे गोमांस खाने वालों को क्योंकर अस्पृश्य न मानें।

इस मामले में इस तरह का क़यास लगाना क़तई ज़रूरी नहीं है कि गोमांस का सेवन करना या इसे वर्जित मानना अस्पृश्यता के उद्भव का मूल कारण था या नहीं। इस नये सिद्धांत को हिंदुओं के शास्त्र भी प्रश्रय प्रदान करते दिखाई देते

[3] हिंदू समुदाय अस्पृश्यों पर गोमांस के सेवन का आरोप मढ़ता रहा है. ऐसे में अस्पृश्यों ने गोमांस का त्याग न करके एक ऐसे दर्शन का विकास किया जो मृत गाय का मांस खाने को वैधता प्रदान करता है. इस दर्शन का सार तत्त्व यह है कि मृत गाय के कंकाल को यों ही छोड़ने के बजाय उसका मांस खा लेना गाय के प्रति ज़्यादा सम्मान प्रदर्शित करता है.

हैं। *वेद व्यास स्मृति* का यह पद उन समुदायों की स्पष्ट निशानदेही करता है जिन्हें अंत्यजों की श्रेणी में रखा गया है। यह पद उन कारणों को भी चिह्नित करता है कि इन समुदायों को इस श्रेणी में क्यों शामिल किया गया था।[4]

50.12-13 : चर्मकारों, भट्ट (सैनिक), भिल्ल, रजक, पुष्कर, नट, व्रात, मेद, चांडाल, दास, श्वपक तथा कोलिक आदि और गोमांस का सेवन करने वालों को अंत्यज कहा जाता है।[5]

सामान्यतः स्मृतिकार कभी अपने सूत्र-सिद्धांतों की व्याख्या करने की जहमत नहीं उठाते। लेकिन यह पद एक अपवाद है, क्योंकि यहाँ वेद व्यास अस्पृश्यता के कारण की भी व्याख्या करते हैं। इसमें यह वाक्यांश — 'और गोमांस का सेवन करने वाले' — बेहद अहम है। इससे पता चलता है कि स्मृतिकारों को इस बात का ज्ञान था कि अस्पृश्यता की जड़ें गोमांस-सेवन में निहित हैं। वेद व्यास की इस सूक्ति के बाद एक तरह से यह दलील रफ़ा-दफ़ा हो जाती है। इस उक्ति का एक महत्त्वपूर्ण पक्ष यह भी है कि ज्ञात तथ्यों के अनुरूप होने के कारण वह तर्कसंगत भी है।

अस्पृश्यता के उद्भव की पड़ताल करने वाली यह नयी दृष्टि हमारे सामने दो तरह के स्रोत प्रस्तुत करती है। इसमें एक स्रोत ब्राह्मणों द्वारा बौद्धों के विरुद्ध तैयार किये गये घृणा और तिरस्कार के आम माहौल की ओर इशारा करता है, तथा दूसरा स्रोत यह बताता है कि पराजित और साधनहीन लोगों में गोमांस-सेवन की आदत अनवरत रूप से चलती आ रही थी। जैसा कि हम पहले कह चुके हैं, पराजित और साधनहीन लोगों पर अस्पृश्यता थोपने के संदर्भ में पहली परिस्थिति पर्याप्त नहीं लगती, क्योंकि बौद्धों के प्रति ब्राह्मणों की यह घृणा और तिरस्कार एक आमफ़हम बात थी और इससे केवल साधनहीन लोग ही नहीं बल्कि बौद्ध धर्म के सभी अनुयायी प्रभावित होते थे। अस्पृश्यता का यह दंश केवल पराजित और साधनहीन जनों के

---

[4] काणे, *हिस्ट्री ऑफ़ धर्मशास्त्र,* खंड 2, भाग 1 : 71.

[5] प्रस्तुत लेख में उद्धृत प्राचीन ग्रंथों के संदर्भों में पहली संख्या खंड अथवा अध्याय को तथा बाद की संख्या पद, श्लोक अथवा पृष्ठ-संख्या को इंगित करती है.

हिस्से में आया और इसकी वजह यह थी कि उन्होंने बौद्ध होने के अलावा गोमांस का सेवन भी ज़ारी रखा जिससे ब्राह्मणों को गाय के प्रति अपने सद्यःविकसित प्रेम और सम्मान को इसकी तार्किक निष्पत्ति तक पहुँचाने का एक अतिरिक्त आधार और मिल गया। इसलिए निष्कर्षतः कहा जा सकता है कि निरुपाय जनों को घृणा और तिरस्कार का भागी इसलिए बनाया गया क्योंकि वे बौद्ध धर्म के अनुयायी थे और उनकी अस्पृश्यता का मूल कारण यह बना कि वे गोमांस का सेवन करते थे।

अस्पृश्यता के उद्भव में गोमांस-सेवन की भूमिका का यह सिद्धांत कई और सवालों को भी जन्म देता है। ज़ाहिर है कि आलोचक तपाक से पूछेंगे कि हिंदुओं को गोमांस सेवन के नाम से मितली क्यों आती है? क्या हिंदू शुरू से ही गोमांस-सेवन का विरोध करते थे? अगर ऐसा नहीं है तो फिर गोमांस-सेवन के प्रति यह जुगुप्सा किसलिए और कैसे पनपी? क्या अस्पृश्य समुदाय शुरू से ही गोमांस का सेवन करते आ रहे थे? हिंदुओं के साथ उन्होंने भी गोमांस-सेवन की इस आदत को क्यों नहीं छोड़ दिया? क्या अस्पृश्य शुरू से ही अस्पृश्य थे? अगर कभी कोई ऐसा समय था जब अस्पृश्यों को गोमांस का सेवन करने के बावजूद अस्पृश्य नहीं माना जाता था, तो परवर्ती काल में यह अस्पृश्यता के उभार का कारण कैसे बन गया? अगर हिंदू स्वयं गोमांस खाते थे तो उन्होंने इस आदत का परित्याग कब किया? अगर हिंदुओं में अस्पृश्यता गोमांस-सेवन के प्रति उनकी वर्जना की प्रतिक्रिया है तो अस्पृश्यता हिंदुओं के गोमांस-सेवन छोड़ देने के कितने समय बाद अस्तित्व में आयी?

क्या हिंदू कभी गोमांस का सेवन नहीं करते थे?

क्या हिंदू कभी गोमांस का सेवन करते थे? कोई भी स्पृश्य हिंदू, वह चाहे ब्राह्मण हो या कुछ और, इस सवाल का उत्तर यही देगा — 'नहीं, कभी नहीं'। एक ख़ास अर्थ में उसकी यह बात सच भी है। हिंदुओं ने बहुत लम्बे समय से गोमांस-सेवन से परहेज़ किया है। अगर कोई स्पृश्य हिंदू अपने उत्तर में सिर्फ़ यही ज्ञापित करना चाहता है तो इस पर विवाद करने की वाक़ई कोई

ज़रूरत नहीं है। लेकिन जब ब्राह्मण समुदाय के विद्वान यह तर्क देते हैं कि हिंदू केवल गोमांस का सेवन ही नहीं करते थे बल्कि गाय को हमेशा पवित्र और गोहत्या को निषिद्ध मानते थे तो उनके इस मत को स्वीकार करना असंभव हो जाता है ...।

ऋग्वेद में इस आशय के पर्याप्त साक्ष्य मिलते हैं कि आर्य भोजन के उद्देश्य से गायों का वध और गोमांस का सेवन करते थे। (10. 86.14) इंद्र का कथन है : 'वे पंद्रह गायों के अलावा बीस बैलों को भोजन के रूप में पकाते हैं'। *ऋग्वेद* में (10. 91.14) कहा गया है कि अग्नि की वेदी पर घोड़ों, बैलों, बाँझ गायों तथा भेड़ों की बलि दी गयी। *ऋग्वेद* (10. 72.6) से पता चलता है कि गाय का वध संभवतः तलवार या कुल्हाड़ी से किया जाता था ...।

तैत्तिरीय ब्राह्मण की काम्येष्टि में तो न केवल साँड़ों और गायों की बलि का विधि-विधान दिया गया है, बल्कि यहाँ तक उल्लेख किया गया है कि किन देवताओं को किस प्रकार के बैलों और गायों की बलि दी जाए। इस विधान के अंतर्गत विष्णु को नाटा साँड़, व्रात के संहारक इंद्र को मुड़े हुए सींगों और माथे पर श्वेत चिह्न वाले बैल, पूषण को श्यामवर्णी गाय तथा रुद्र को लाल रंग की गाय इत्यादि की बलि देने का उल्लेख किया गया है। *तैत्तिरीय ब्राह्मण* में पंच-शारदीय-सेवा नामक एक यज्ञ का भी उल्लेख मिलता है जिसका सबसे महत्त्वपूर्ण तत्त्व यह था कि इसमें पाँच साल के सत्रह कूबड़-हीन और नाटे बैलों तथा तीन साल की इतनी ही बछियाओं का अग्नि-दाह कराया जाता था ...।

अतिथियों के आगमन पर गोवध की प्रथा इस क़दर प्रचलित हो चुकी थी कि अतिथियों को 'गो-घन' अर्थात् गायों का हत्यारा कहा जाने लगा था। गोवध को रोकने के लिए *आश्वलायन गृह्यसूत्र* (1. 24.25) में गृहस्थों को यह सुझाव दिया गया है कि अतिथि के आने पर शिष्टाचार की बाध्यता से बचने के लिए गायों को खुला छोड़ दिया जाए ...।

गोहत्या तथा गोमांस-सेवन के ऐसे उदाहरण प्रचुर संख्या में मिलते हैं। अब प्रश्न यह उठता है कि इन साक्ष्यों के किस भाग को सच माना जाए? सही बात तो यह है कि *शतपथ ब्राह्मण* तथा *आपस्तम्ब धर्मसूत्रों* के जिन अंशों में हिंदुओं को गोहत्या तथा गोमांस-सेवन का विरोधी बताया गया है, उन अंशों

को वास्तव में गोहत्या पर प्रतिबंध के बजाय गायों की अंधाधुंध हत्या के विरुद्ध एक उपदेश के रूप में देखा जाना चाहिए। इन उपदेशों से यही पता चलता है कि गोहत्या और गोमांस-सेवन एक आमफ़हम बात हो गयी थी। आर्यों के मूर्धन्य ऋषि याज्ञवल्क्य के आचरण से सिद्ध होता है कि लोग ऐसे उपदेशों पर ध्यान नहीं दे रहे थे। याज्ञवल्क्य ने एक बार कहा था : 'मैं स्वयं इसका सेवन करता हूँ, बशर्ते यह मुलायम हो'। बौद्ध सूत्रों में उल्लिखित यज्ञों के वर्णन से यह भली-भाँति सिद्ध हो जाता है कि एक समय ऐसा था जब हिंदू गायों का वध करके उनका मांस खाया करते थे। कालक्रम की दृष्टि से इन बौद्ध सूत्रों को वेदों तथा ब्राह्मणों का परवर्ती माना जाता है। इनसे पता चलता है कि गायों तथा पशुओं का बड़े पैमाने पर वध किया जाता था। यहाँ ब्राह्मणों द्वारा धर्म के नाम पर किये जाने वाले इस पशु-वध का समग्र आकलन करना तो संभव नहीं होगा, लेकिन बौद्ध साहित्य में वर्णित पशु-वध के प्रसंगों से इसका थोड़ा अंदाज़ा ज़रूर लगाया जा सकता है। इस संबंध में *कुटदंत सुत्त* के एक प्रसंग का उल्लेख किया जा सकता है जिसमें बुद्ध ब्राह्मण कुटदंत को पशु-बलि का त्याग करने का उपदेश देते हैं। बुद्ध व्यंग्योक्ति की शैली अपनाते हुए वैदिक बलियों और कर्मकांडों का सघन चित्र प्रस्तुत करते हैं :

> 'हे! ब्राह्मण! आगे सुनो, उस यज्ञ के अवसर पर साँड़ों, बकरियों, पक्षियों या थुलथुले सुअरों में किसी की बलि नहीं दी गयी और न ही किसी जीवित प्राणी को मृत्यु की वेदी पर चढ़ाया गया। न यज्ञ-स्थल बनाने के लिए पेड़ काटे गये और न ही बलि-स्थल को चारों ओर से घेरने के लिए दूर्वा घास की कटाई की गयी; न ही दासों, संदेश-वाहकों और भृत्यों को लाठी-डंडों से हाँका गया। काम करते समय उनके चेहरों पर न भय था, न आँसुओं के चिह्न।'

इसके विपरीत, कुटदंत ने अपने हृदय-परिवर्तन के लिए बुद्ध का आभार जताते हुए जो कहा उससे इस प्रकार के यज्ञों में पशु-वध की भयावहता का अंदाज़ा लगाया जा सकता है : 'मैं महात्मा गौतम को अपना पथ-प्रदर्शक स्वीकार करता हूँ, और उनके सिद्धांत व संघ की शरण ग्रहण करता हूँ। मैं

तथागत से आग्रह करता हूँ कि वे मुझे अपना शिष्य स्वीकार करें। मैं उन्हें आज से जीवनपर्यंत अपना पथ-प्रदर्शक स्वीकार करता हूँ। हे गौतम! मैं सात सौ बैलों, बधिया बैलों, बछियाओं, बकरियों तथा भेड़ों को स्वतंत्र करता हूँ। मैं उन्हें घास चरने, ताज़ा पानी पीने और स्निग्ध बयार में टहलने के लिए मुक्त करता हूँ।'

संयुक्त निकाय (3.1-9) में कोसल के राजा पसेनदि द्वारा कराए गये एक और यज्ञ का वर्णन किया गया है। इसमें पाँच सौ बैलों, पाँच सौ बछड़ों तथा बहुत-सी बछियाओं, बकरियों और भेड़ों को बलि-स्थल के स्तम्भ की ओर हाँक कर ले जाने का वर्णन मिलता है।

इस साक्ष्य के बाद कोई संदेह नहीं रह जाता कि एक समय ऐसा था जब ब्राह्मण और ग़ैर-ब्राह्मण, दोनों ही न केवल मांस बल्कि गोमांस का सेवन करते थे।

ग़ैर-ब्राह्मणों ने गोमांस-सेवन का त्याग क्यों किया?

हिंदुओं के विभिन्न वर्गों में भोजन की आदतें उनके मत-मतांतरों की तरह ही स्थिर और स्तरीकृत रही हैं। जिस तरह हिंदुओं का उनके मत-मतांतरों के आधार पर वर्गीकरण किया जा सकता है, कुछ उसी तरह उनकी भोजन-संबंधी आदतों का भी निर्धारण किया जा सकता है। धार्मिक जुड़ाव की दृष्टि से हिंदुओं को शैव और वैष्णव सम्प्रदायों में बाँट कर देखा जाता है। इसी तरह हिंदुओं में या तो मांसाहारी होते हैं, या फिर शाकाहारी।

लेकिन हमारे सामान्य उद्देश्य के लिए हिंदुओं को शाकाहारी और मांसाहारी के वर्गों में बाँटना पर्याप्त होगा। हाँ, यहाँ यह बात ज़रूर ध्यान में रखी जानी चाहिए कि यह वर्गीकरण अपने आप में पूर्ण नहीं है, क्योंकि यह विभाजन हिंदू समाज के सभी वर्गों का प्रतिनिधित्व नहीं करता। इस वर्गीकरण को और व्यापक बनाने के लिए हमें हिंदुओं के मांसाहारी वर्ग को दो उप-वर्गों में और बाँटना पड़ेगा : (1) एक वे जो मांस का सेवन करते हैं. लेकिन गोमांस से परहेज़ करते हैं, और (2), जो गोमांस का सेवन भी करते

हैं। अन्य शब्दों में कहा जाए तो भोजन-संबंधी वर्जनाओं के आधार पर हिंदू समाज तीन प्रकार के वर्गों में विभाजित है : (1) शाकाहारी, (2) मांसाहारी परंतु गोमांस न खाने वाले, तथा (3) सामान्य मांसाहार के साथ गोमांस का भी सेवन करने वाले। इस वर्गीकरण के समांतर हिंदुओं में तीन प्रकार के वर्ग देखे जा सकते हैं : (1) ब्राह्मण, (2) ग़ैर-ब्राह्मण, और (3) अस्पृश्य। हालाँकि यह विभाजन हिंदू समाज की चातुर्वर्ण व्यवस्था से तो मेल नहीं खाता लेकिन वह मौज़ूदा तथ्यों की एकदम सीध में खड़ा है क्योंकि ब्राह्मण[6] ग्रंथों में एक शाकाहारी वर्ग और ग़ैर-ब्राह्मणों में मांसाहारी परंतु गोमांस से परहेज़ रखने वाले तथा अस्पृश्यों में सामान्य मांसाहार के साथ गोमांस का भी सेवन करने वाले वर्ग की उपस्थिति लक्षित की जा सकती है।

अगर कोई इस वर्गीकरण पर थोड़ा रुक कर विचार करे तो उसका इस विभाजन में ग़ैर-ब्राह्मणों की अवस्थिति पर अनिवार्य रूप से ध्यान जाएगा। शाकाहार या मांसाहार के तर्क को समझना कोई मुश्किल काम नहीं है। लेकिन यह बात समझ से परे है कि एक मांसाहारी व्यक्ति को किसी एक प्रकार के मांस अर्थात् गोमांस के सेवन से क्यों दिक़्क़त होनी चाहिए? यह एक ऐसी विसंगति है जो हमसे गहरी पड़ताल की माँग करती है। आख़िर ग़ैर-ब्राह्मणों को क्या पड़ी थी जो उन्होंने गोमांस का सेवन छोड़ दिया? इस गुत्थी को समझने के लिए हमें इस विषय से संबंधित क़ानूनों की पड़ताल करनी होगी। ऐसे प्रसंगानुकूल क़ानून अशोक की सूक्तियों में मिलते हैं या *मनुस्मृति* में ...।

अशोक के अभिलेखों का अन्वीक्षण करते हुए यह प्रश्न उठ खड़ा होता है : क्या उन्होंने गोहत्या को निषिद्ध घोषित किया था? इस विषय में दो अलग-अलग मत सामने आते हैं। प्रोफ़ेसर विंसेट स्मिथ का मानना है कि अशोक ने गोहत्या पर प्रतिबंध नहीं लगाया था। स्मिथ कहते हैं : 'यह उल्लेखनीय है कि अशोक के नियमों में गोहत्या को प्रतिबंधित नहीं किया गया है। ऐसा प्रतीत होता है कि इसे एक विधि-सम्मत काम माना जाता रहा था'।[7]

---

[6] भारत में ब्राह्मणों को दो वर्गों में बाँटा जाता है : (1) पंच द्रविड (2) पंच गौड़. इनमें पहले वर्ग को शाकाहारी माना जाता है, दूसरे को नहीं.

[7] स्मिथ, *अशोक* : 58.

प्रोफ़ेसर राधाकुमुद मुखर्जी[8] स्मिथ का प्रतिवाद करते हुए कहते हैं कि अशोक ने गोहत्या पर प्रतिबंध लगाया था। प्रोफ़ेसर मुखर्जी अपने तर्क के समर्थन में अशोक के पाँचवें स्तम्भ-अभिलेख का दृष्टांत पेश करते हैं जिसमें सभी चौपाए पशुओं की हत्या को वर्जित घोषित किया गया था। मुखर्जी कहते हैं कि चौपाए पशुओं में शामिल होने के कारण गाय भी अवध्य मानी जाती थी। अभिलेख के कथन का यह पाठ दोषपूर्ण है। अभिलेख का कथन एक विशेषणयुक्त कथन है। इसमें सभी चौपाए पशुओं के बजाय केवल ऐसे चौपाए पशुओं की बात की गयी है जिनका कोई उपयोग नहीं किया जाता था या जिन्हें खाया नहीं जाता था। गाय को चौपाए पशुओं की ऐसी श्रेणी में हरगिज़ नहीं रखा जा सकता जिन्हें अनुपयोगी या अभक्ष्य माना जाता हो। यहाँ प्रोफ़ेसर विंसेंट स्मिथ की यह बात ज़्यादा सही प्रतीत होती है कि अशोक ने गोहत्या पर प्रतिबंध नहीं लगाया था। प्रोफ़ेसर मुखर्जी इस समस्या से यह कह कर बच निकलना चाहते हैं कि अशोक के काल में गाय अभक्ष्य मानी जाती थी और इसलिए वह प्रतिबंध के दायरे में आती थी। उनका यह कथन पूरी तरह आधारहीन है क्योंकि गाय को एक पशु ही माना जाता था और सभी वर्गों के लोग उसके मांस का सेवन करते थे। प्रोफ़ेसर मुखर्जी उक्त अभिलेख पर अपना मनगढ़ंत आशय थोपना चाहते हैं और यह दर्शाना चाहते हैं कि जैसे गोहत्या रोकना अशोक का कर्तव्य हो। ज़ाहिर है कि यह एक ग़ैर-ज़रूरी क़वायद है। गाय के प्रति अशोक के मन में कोई विशेष अनुराग नहीं था इसलिए गायों का वध रोकना उनका विशेष दायित्व भी नहीं था। अशोक का सरोकार समग्र जीवन की पवित्रता से था जिसमें मनुष्य और पशु दोनों शामिल थे। वह जीव-हत्या को रोकना अपना कर्तव्य समझता था लेकिन तभी जब ऐसा करना आवश्यक हो। अशोक ने पशुओं की बलि पर इसीलिए रोक लगाई थी।[9] उन्हें पशु-बलि की प्रथा और अनुपयोगी तथा अभक्ष्य और पशुओं को मारना भी अनावश्यक लगता था। इसे एक तथ्य की तरह देखा जाना चाहिए

[8] मुखर्जी, *अशोक* : 21, 181, 184.

[9] देखें, शिलालेख संख्या 1.

कि अशोक ने गोहत्या पर विशेष प्रतिबंध नहीं लगाया था। चूँकि इस विषय में वे बौद्ध मत के प्रति सम्मान रखते थे लिहाज़ा इस बात को अशोक पर दोषारोपण का आधार नहीं बनाया जा सकता।

अगर मनु की बात की जाए तो इस बात में भी कोई संदेह नहीं है कि मनु ने भी गोहत्या पर प्रतिबंध नहीं लगाया था। इसके धुर उलट मनु कुछ विशेष अवसरों पर गोमांस के सेवन को आवश्यक बताते हैं।

अगर वस्तु-स्थिति यह थी तो फिर ग़ैर-ब्राह्मणों ने गोमांस सेवन का परित्याग क्यों किया? इस संबंध में हम किसी स्पष्ट कारण की ओर तो इंगित नहीं कर सकते परंतु इसका कोई कारण तो ज़रूर होना चाहिए। मुझे लगता है कि ग़ैर-ब्राह्मणों ने इस आदत का परित्याग इसलिए किया क्योंकि वे ब्राह्मणों का अनुकरण करना चाहते थे। यह बेशक एक नया सिद्धांत हो सकता है लेकिन इसे असंभव तो हरगिज़ नहीं कहा जा सकता। जैसा कि फ्रांसीसी लेखक गैब्रियल तार्द ने कहा है — किसी समाज के भीतर संस्कृति का प्रसार निचले वर्गों द्वारा उच्च वर्गों के तौर-तरीक़ों के अनुकरण का परिणाम होता है। अनुकरण का यह प्रवाह इतना नियमित होता है कि अपनी यांत्रिकता में वह एक प्राकृतिक नियम सरीखा दिखने लगता है। तार्द अनुकरण के कुछ नियम भी गढ़ते हैं। उनके द्वारा प्रतिपादित एक नियम यह कहता है कि निम्नवर्ग हमेशा उच्च वर्गों का अनुकरण करते हैं। यह बात इतनी सामान्य होती है कि इसकी वैधता पर शायद ही कोई व्यक्ति सवाल उठा सके। इस बात पर निश्चय ही कोई विवाद नहीं किया जा सकता कि ग़ैर-ब्राह्मणों में गो-पूजा का चलन और गोमांस का परित्याग ब्राह्मणों की उच्चतर जीवन-शैली के अनुकरण का परिणाम है। यहाँ इस तथ्य से भी इंकार नहीं किया जा सकता कि ब्राह्मणों ने गो-पूजा के प्रचार-प्रसार के लिए एक व्यापक प्रचार-तंत्र का भी सहारा लिया था। गायत्री-पुराण इस प्रचार तंत्र में एक कड़ी की तरह देखा जा सकता है। लेकिन अपने मूल रूप में इसे अनुकरण के प्राकृतिक नियम का ही एक परिणाम कहा जा सकता है। ज़ाहिर है कि इससे एक प्रश्न और उठता है : कि आख़िर ब्राह्मणों ने गोमांस का सेवन करना क्यों छोड़ दिया?

ब्राह्मण शाकाहारी क्यों बने?

निस्संदेह ग़ैर-ब्राह्मण एक युगांतरकारी प्रक्रिया से गुज़रे हैं। गोमांस खाने से लेकर गोमांस का यह निषेध किसी क्रांति से कम नहीं था। लेकिन अगर ग़ैर-ब्राह्मण केवल एक ही क्रांति के साक्षी थे तो स्वयं ब्राह्मण दो तरह की क्रांतियों से होकर गुज़रे। उनकी पहली क्रांति गोमांस का परित्याग और दूसरी क्रांति शाकाहार का वरण करना था।

इस पर शायद ही कोई विवाद किया जा सके कि यह घटना किसी क्रांति से कम नहीं थी, क्योंकि एक समय ऐसा था जब ब्राह्मण बड़े पैमाने पर गोमांस का सेवन करते थे। हालाँकि गोमांस को ग़ैर-ब्राह्मण भी बड़े चाव से खाते थे लेकिन यह व्यजंन उन्हें हर दिन नसीब नहीं होता था। गाय के लिए बड़ी क़ीमत अदा करनी पड़ती थी और ग़ैर-ब्राह्मण इतने समर्थ नहीं थे कि भोजन के लिए हर दिन गाय काट सकें। एक ग़ैर-ब्राह्मण व्यक्ति किसी धार्मिक कर्तव्य अथवा किसी देवता को प्रसन्न करने की इच्छा जैसे कुछ विशेष अवसरों पर ही यह काम कर सकता था। लेकिन ब्राह्मणों का मसला इससे कुछ अलग था। वे पुरोहित भी होते थे। कर्मकांडों की भरमार के उस युग में शायद ही कोई दिन ऐसा जाता हो जब गाय की बलि न दी जाती हो और ब्राह्मण किसी ग़ैर-ब्राह्मण द्वारा निमंत्रित न किया जाता हो। ब्राह्मण के लिए तो हर दिन गोमांस की दावत का दिन होता था। ब्राह्मण इसी कारण गोमांस के सबसे बड़े भक्षक बन गये थे। ब्राह्मणों का यज्ञ धर्म के आवरण में मासूम पशुओं की हत्या के अलावा कुछ और न था। यज्ञों की चमक-दमक गोमांस की इस क्षुधा को रहस्य के आवरण में छिपाने का ही दूसरा नाम था। इस भव्य रहस्यमयता का थोड़ा-सा अंदाज़ा *ऐतरेय ब्राह्मण* के उन निर्देशों से लगाया जा सकता है जिनमें यज्ञ के दौरान होने वाली पशु-बलि का उल्लेख किया गया है।

पशुओं की बलि दिये जाने से पूर्व कुछ विशेष प्रकार के कर्मकांडों के साथ मंत्रोच्चार भी किया जाता था। लेकिन कर्मकांडों और मंत्रों की यह सूची इतनी लम्बी है कि उसका यहाँ उल्लेख नहीं किया जा सकता। यहाँ बलि के

मुख्य लक्षणों की एक झलक देखना पर्याप्त होगा। यज्ञ की प्रक्रिया यूप अर्थात् बलि-स्तम्भ की स्थापना से होती थी। बलि दिये जाने वाले पशु को इसी स्तम्भ से बाँधा जाता था। *ऐतरेय ब्राह्मण* में यूप की अपरिहार्यता स्पष्ट करने के बाद उसके महत्त्व की भी चर्चा की गयी है। इसमें कहा गया है[10] : 'यह यूप एक अस्त्र है। इसके शिराग्र के आठ फलक होने चाहिए क्योंकि अस्त्र (अथवा लौह-निर्मित मुगदर) के भी आठ फ़लक होते हैं। शत्रु या प्रतिद्वंद्वी पर इसका प्रहार करने से उसकी मृत्यु हो जाती है। (इस अस्त्र) के बल पर यज्ञकर्ता अपने अधीनस्थ (प्रत्येक) को वश में कर सकता है। यूप एक ऐसा अस्त्र है जो अपने शत्रु के संहार हेतु सीधा खड़ा रहता (सन्नद्ध) है। इस प्रकार के यूप को देखकर यज्ञकर्ता का शत्रु (यज्ञ में उपस्थित) रुग्ण पड़ जाता है।'

यूप की लकड़ी का चयन यज्ञकर्ता के उद्देश्य के आधार पर किया जाता है। *ऐतरेय ब्राह्मण* में कहा गया है :

> स्वर्ग की इच्छा रखने वाले यज्ञकर्ता को अपना यूप खदिर लकड़ी से निर्मित करना चाहिए क्योंकि देवताओं ने दैवीय विश्व पर खदिर लकड़ी के यूप से ही विजय प्राप्त की थी। इसी भाँति यज्ञकर्ता भी दैवीय विश्व पर खदिर के यूप से ही विजय प्राप्त करता है।
>
> भोजन की प्रचुरता और तंदुरुस्ती के लिए यज्ञकर्ता को अपना यूप बिल्व लकड़ी से बनाना चाहिए क्योंकि बिल्व के वृक्ष पर हर वर्ष फल आते हैं; वह उर्वरता का प्रतीक माना जाता है क्योंकि इसका आकार प्रत्येक वर्ष जड़ों से लेकर शाखों तक बढ़ जाता है। इसी कारण इसे मोटापे का प्रतीक माना जाता है। जो व्यक्ति अपने यूप का निर्माण बिल्व की लकड़ी से करता है उसकी संतानें और पशु तगड़े हो जाते हैं ...
>
> सौंदर्य और पवित्र ज्ञान की आकांक्षा रखने वाले व्यक्ति को अपने यूप का निर्माण पलाश की लकड़ी से करना चाहिए क्योंकि वृक्षों में पलाश को सौंदर्य और पवित्र ज्ञान का वृक्ष माना जाता है... पलाश सभी वृक्षों की कोख होता है।

---

[10] *ऐतरेय ब्राह्मण* (मार्टिन हॉग) 2 : 72-74.

इस प्रक्रिया के पश्चात् यूप का अभिषेक किया जाता है।[11] ... पशु बलि का आयोजन इसके बाद शुरू होता है। *ऐतरेय ब्राह्मण* में पशु बलि की सूक्ष्मताओं का विस्तृत ब्योरा दिया गया है। पशु-वध के निर्देश कुछ इस प्रकार हैं :[12]

> इसके पैरों को उत्तर दिशा में घुमाओ। इसकी आँखें सूर्य को समर्पित कर दो, इसकी श्वास को वायु में और जीवन को परिवेश में समाहित कर दो, और इसके श्रवण को दिशाओं में बिखेर दो, और देह को पृथ्वी में विलीन कर दो। इस प्रकार होतृ (प्रधान पुरोहित) उसे इन संसारों में अवस्थित कर देता है।
>
> इसकी पूरी खाल को (बिना काटे) उतार लो। इसकी नाभि को काटने से पहले इसकी अंतड़ियाँ चीर कर बाहर निकालें। इसकी साँस बंद कर दें (मुँह बंद करके)। इस प्रकार वह (होतृ) पशुओं के अंतर में अपना श्वास अवस्थापित करता है।
>
> इसके वक्ष को गरुड़ के आकार में काटें। इसकी दो भुजाओं से दो कुल्हाड़ी, अगले पैरों से दो भाले, दोनों कंधों से काश्यप बनाएँ। इसकी जंघा-संधि को अंदर से पूरी तरह तोड़ दें; इसकी दो जंघाओं से दो कवच, घुटनों से कनेर की पत्तियाँ बनाएँ; इसकी छब्बीस पसलियों को क्रमानुसार बाहर निकाले; इसके प्रत्येक अंग को सुरक्षित रख दें। इस प्रकार वह इसके समस्त अंगों से लाभान्वित होता है ...

इन तथ्यों को देखने के बाद यह कहने के लिए किसी और साक्ष्य की ज़रूरत नहीं रह जाती कि ब्राह्मण केवल गाय के मांस का ही सेवन नहीं करते थे बल्कि वे कसाई भी थे। फिर ऐसा क्यों हुआ कि इस संबंध में ब्राह्मणों का दृष्टिकोण बदल गया? आइए, इस बदलाव को दो चरणों में समझने का प्रयास करें। सबसे पहले यह पड़ताल करें कि ब्राह्मणों ने गोमांस का सेवन क्यों छोड़ा?

जैसा कि हम पहले ही सिद्ध कर चुके हैं, अशोक ने गोहत्या पर कोई क़ानूनी पाबंदी नहीं लगाई थी। अगर बौद्ध सम्राट इस पर कोई प्रतिबंध लगाने का प्रयास करते तब भी ब्राह्मण इसे कभी भी स्वीकार नहीं करते।

---

[11] *ऐतरेय ब्राह्मण* (मार्टिन हॉग) 2 : 74-78.

[12] *ऐतरेय ब्राह्मण* (मार्टिन हॉग) 2 : 86-87.

क्या मनु ने गोमांस का सेवन निषिद्ध घोषित किया था? अगर उन्होंने ऐसा किया होता तो ब्राह्मणों के लिए इसका पालन करना अनिवार्य होता और इससे ब्राह्मणों के रवैये में आये बदलाव को समझने में मदद मिल सकती थी। *मनु-स्मृति* का अवगाहन करने पर निम्न पद सामने आते हैं :

> 5. 46. जीवित प्राणियों को बंधन और मृत्यु के दुख न पहुँचाने वाला, (लेकिन) समस्त (प्राणियों) का हित चाहने वाला अनंत सुख का भागी होता है।
>
> 5. 47. किसी (प्राणी) को हानि न पहुँचाने वाला अनायास ही अपने विचारित, लक्षित और इच्छित को प्राप्त कर लेता है।
>
> 5. 48. जीवित प्राणियों को चोट पहुँचाए बिना कभी मांस प्राप्त नहीं किया जा सकता, और सचेतन प्राणियों को क्षति पहुँचाने से स्वर्गीय सुख (की प्राप्ति में) बाधा उत्पन्न होती है; इसलिए उसे मांस का उपभोग नहीं करना चाहिए।
>
> 5. 49. मांस सेवन के (घृणास्पद) उद्भव पर तथा जीवित प्राणियों को बेड़ियों में बाँधने और उनका वध करने (की क्रूरता पर) पर्याप्त विचार करने के बाद उसे मांस का सेवन पूरी तरह बंद कर देना चाहिए।

अगर इन पदों को सकारात्मक आदेशों का पर्याय मान लिया जाए तो केवल इन्हीं साक्ष्यों के आधार पर भी इस तथ्य की व्याख्या की जा सकती है कि ब्राह्मणों ने मांस के सेवन का रास्ता छोड़ कर शाकाहार क्यों अपना लिया था। लेकिन इन पदों को वैधानिक शक्ति पर आधारित सकारात्मक आदेश की तरह नहीं देखा जा सकता। इन्हें या तो आह्वान माना जा सकता है या फिर ऐसा क्षेपक जिसे *मनु-स्मृति* में तब जोड़ा गया था जब ब्राह्मण शाकाहारी हो चुके थे ...।

यह तथ्य पर्याप्त रूप से स्पष्ट है कि मनु की दृष्टि में मांस-सेवन निषिद्ध नहीं था। स्मृति से यह बात भी सिद्ध की जा सकती है कि मनु ने गोहत्या पर प्रतिबंध नहीं लगाया था। इस क्रम में सबसे पहला तथ्य तो यही है कि *मनु-स्मृति* में गाय के प्रसंग केवल उस नियमावली में ही मिलते हैं जो मनु के अनुसार स्नातकों (ब्राह्मण विद्यार्थी) पर लागू होती है। इन नियमों का विवरण कुछ इस प्रकार है :

1. स्नातक को गाय का छुआ भोजन नहीं करना चाहिए।[13]

2. स्नातक को बछिया की रस्सी पर पैर नहीं रखना चाहिए।[14]

3. स्नातक को गाय के बाड़े में मूत्र-त्याग नहीं करना चाहिए।[15]

4. मल-त्याग करते समय स्नातक का मुँह गाय की ओर नहीं होना चाहिए।[16]

5. गाय के बाड़े में प्रवेश करते समय स्नातक का दाहिना हाथ नंगा नहीं होना चाहिए।[17]

6. गाय अगर अपने बछड़े को चाट रही हो तो स्नातक को इसमें बाधा उत्पन्न नहीं करनी चाहिए, और न उसे इस बारे में किसी को बताना चाहिए।[18]

7. स्नातक को गाय की पीठ पर नहीं बैठना चाहिए।[19]

8. स्नातक को ध्यान रखना चाहिए कि वह गाय को कष्ट न पहुँचाए।[20]

9. अगर स्नातक अशुद्ध है तो उसे गाय को अपने हाथ से नहीं छूना चाहिए।[21]

इन टिप्पणियों के आधार पर यह कहना अनुचित न होगा कि मनु गाय को पवित्र पशु नहीं मानते। इस संबंध में अध्याय 3 का संदर्भ दिया जा सकता है जिसमें कहा गया है कि, 'अपने कर्तव्यों के (कठोर पालन के) लिए प्रसिद्ध और अपने पिता से वेद की धरोहर प्राप्त कर चुके स्नातक को आसन पर बैठा कर पुष्पमाला तथा गाय की भेंट (शहद के मिश्रण) से सम्मानित किया जाएगा ...।'

मनु के अनुसार गोहत्या को एक गौण क़िस्म का पाप माना जाता था। इसे संज्ञेय तभी माना जाता था जब गाय की बिना किसी शुभ और पर्याप्त कारण के हत्या की गयी हो। जो भी हो, इसे किसी भी स्थिति में जघन्य या अव्याख्येय नहीं माना जाता था। इस संबंध में याज्ञवल्क्य का मत भी ऐसा ही था।[22]

---

[13] मनु : 209.

[14] वही : 38.

[15] वही : 45.

[16] वही : 48.

[17] वही : 58.

[18] वही : 59.

[19] वही : 70.

[20] वही : 162.

[21] वही : 142.

[22] यज. 3. 227 तथा 3. 234.

इन उद्धरणों से यही सिद्ध होता है कि ब्राह्मण कई पीढ़ियों से गोमांस का सेवन करते आ रहे थे। फिर उन्होंने इसका परित्याग क्यों किया? आख़िर उन्होंने गोमांस-सेवन का त्याग करने और शाकाहारी बनने का चरम रास्ता क्यों अपनाया? असल में यह दो ऐसी क्रांतियों की ओर इंगित करता है जो आपस में अंतर्गुम्फित हो गयी हैं। जैसा कि हम पीछे उल्लेख कर चुके हैं, इसे उनके दिव्य स्मृतिकार मनु के प्रवचनों का परिणाम नहीं कहा जा सकता। यह क्रांति मनु और उसके निर्देशों के बग़ैर संपन्न हुई। ब्राह्मणों ने यह क़दम क्यों उठाया? क्या यह क़दम दर्शन से प्रेरित था? या इसे किसी रणनीति के अंतर्गत आरोपित किया गया था?

इस प्रश्न की दो व्याख्याएँ संभव हैं। इसकी एक व्याख्या तो यह हो सकती है कि गाय का यह दैवीकरण अद्वैत दर्शन की इस मान्यता का प्रत्य-क्षीकरण था कि समूचे ब्रह्मांड में एक ही सर्वोच्च सत्ता व्याप्त है। इस आधार पर मनुष्यों और पशुओं का समग्र जीवन एक पवित्र विचार था।

स्पष्ट है कि यह व्याख्या किसी भी तरह आश्वस्त नहीं करती। सबसे पहली बात तो यही है कि यह व्याख्या तथ्यों के साथ मेल नहीं खाती। जीव-जगत के एकत्व के सिद्धांत का उद्घोष करने वाले वेदांत सूत्र (2.1.28) में यज्ञादि के अवसर पर पशु-बलि का निषेध नहीं किया गया है। दूसरे, अगर इस रूपांतरण के पीछे अद्वैत के आदर्श को मूर्त करने की इच्छा काम कर रही थी तो इसके केवल गाय पर आकर रुक जाने का कोई कारण नज़र नहीं आता। ज़ाहिर है कि इस इच्छा की परिसीमा में तो फिर सभी पशु आने चाहिए थे।

इसकी एक ज़्यादा सूक्ष्म व्याख्या[23] यह हो सकती है कि ब्राह्मणों के जीवन में यह रूपांतरण आत्मा के देहांतरण के सिद्धांत का परिणाम था। यह व्याख्या भी तथ्यों के साथ संगति प्रदर्शित नहीं करती। *बृहदारण्यक उपनिषद्* में आत्मा के देहांतरण (6.2) में विश्वास जताया गया है लेकिन साथ ही यह भी कहा गया है कि अगर कोई व्यक्ति अपने यहाँ विद्वान पुत्र का जन्म चाहता है तो इसके लिए उसे चावल तथा घी के साथ बैल या साँड़ या अन्य प्राणियों के

[23] कणे, धर्मशास्त्र 2, भाग-2 : 776.

मांस का मिश्रण तैयार करना चाहिए। आख़िर यह कैसे संभव है कि उपनिषदों में प्रतिपादित इस सिद्धांत का *मनुस्मृति* के समय तक — कम से कम चार सौ वर्ष के कालखंड में ब्राह्मणों पर कोई प्रभाव ही न पड़ा हो। ज़ाहिर है कि इस व्याख्या को भी स्पष्टीकरण का दर्जा नहीं दिया जा सकता। तीसरी बात, अगर ब्राह्मणों ने शाकाहार का चुनाव आत्मा के देहांतरण के प्रभाव में किया तो फिर ग़ैर-ब्राह्मणों ने भी शाकाहार का रास्ता क्यों नहीं अपनाया?

मुझे लगता है कि गोमांस का सेवन छोड़ना और गोपूजा की शुरुआत करना ब्राह्मणों की एक रणनीति थी। गोपूजा का सुराग़ बौद्ध धर्म और ब्राह्मणवाद के अंतर्संघर्ष तथा ब्राह्मणवाद द्वारा बौद्ध धर्म पर प्रभुत्व जमाने की व्यूह-रचना में ढूँढ़ा जाना चाहिए। भारतीय इतिहास में बौद्ध धर्म तथा ब्राह्मणवाद का अंतर्द्वंद्व एक महत्त्वपूर्ण तथ्य है। इस तथ्य को समझे बिना हिंदू धर्म के कई पक्षों की व्याख्या कर पाना असंभव है। लेकिन दुर्भाग्य की बात यह है कि भारतीय इतिहास के अध्येता इस अंतर्द्वंद्व को पढ़ने से पूरी तरह चूक गये हैं। वे ब्राह्मणवाद के अस्तित्व से तो परिचित रहे हैं परंतु उन्हें इस बात का इल्म नहीं है कि इन पंथों के बीच चार सौ वर्षों तक वर्चस्व और श्रेष्ठता का एक सुदीर्घ संघर्ष भी चला था। भारत के धर्म, समाज और राजनीति पर इस संघर्ष की एक अमिट छाप पड़ी है।

यहाँ इस संघर्ष का पूरा आख्यान प्रस्तुत न करके उसके कुछ प्रमुख बिंदुओं का ही उल्लेख किया जा सकता है। एक समय भारत की अधिकांश जनता बौद्ध धर्म में विश्वास करती थी। हज़ारों वर्षों तक अधिकांश जनता के लिए यही धर्म बना रहा। ब्राह्मणवाद पर बौद्ध धर्म से पहले किसी अन्य धर्म ने इतना चौतरफ़ा आक्रमण नहीं किया था।

ब्राह्मणवाद अपने अवसान की तरफ़ बढ़ रहा था। अगर इसे अवसान न भी कहा जाए तो यह निश्चित था कि वह आत्मरक्षा की मुद्रा में आ गया था। बौद्ध धर्म के प्रसार के कारण राज दरबार और जनता के बीच ब्राह्मणों की सत्ता और प्रतिष्ठा ध्वस्त हो चुकी थी। बौद्ध धर्म के हाथों पराजित होने के बाद ब्राह्मणवाद अपनी खोई हुई सत्ता और प्रतिष्ठा दोबारा हासिल करने के

लिए ऐड़ी-चोटी का ज़ोर लगा रहा था। जनता के मनो-मस्तिष्क पर बौद्ध धर्म का प्रभाव इतना गहरा था कि बौद्ध धर्म के अतिवादी रूपों को अपनाए बग़ैर ब्राह्मण किसी भी तरह से बौद्धों का प्रतिरोध नहीं कर सकते थे। बुद्ध की मृत्यु के उपरांत उनके अनुयायियों ने उनकी मूर्तियों और स्तूपों का निर्माण शुरू कर दिया था। ब्राह्मणों ने इस नयी प्रवृत्ति का अनुसरण करते हुए मंदिरों का निर्माण कराया और उनमें शिव, विष्णु, राम तथा कृष्ण की मूर्तियाँ स्थापित करने लगे। इसका उद्देश्य बुद्ध की मूर्ति-पूजा के प्रति आकर्षित जनता को अपनी ओर खींचना था। यही कारण था कि ब्राह्मणवाद में मंदिरों और मूर्तियों की कोई जगह न होते हुए भी ये चीज़ें हिंदू धर्म का अंग बन गयीं। बौद्ध यज्ञों तथा पशु-बलि, विशेषकर गाय की बलि पर आधारित ब्राह्मण धर्म को अस्वीकार करते थे। गाय की बलि के प्रति जनता के मन में एक तीव्र विरोध पैदा हो चुका था क्योंकि इस खेतिहर जनता के लिए गाय एक अत्यंत उपयोगी पशु थी। ऐसा मालूम पड़ता है कि गायों की हत्या करने के कारण जनता के मन में ब्राह्मण भी अतिथि (गोघन) की भाँति घृणा के पात्र बन गये थे। इस स्थिति में ब्राह्मणों के पास यज्ञ की पूजा-पद्धति और गाय की बलि का त्याग करने के अलावा बौद्धों से निपटने और अपनी सामाजिक हैसियत को सुधारने का कोई अन्य विकल्प नहीं रह गया था।

गोमांस का परित्याग करने के पीछे ब्राह्मणों का उद्देश्य बौद्ध भिक्षुओं के वर्चस्व में सेंध लगाना था। ब्राह्मणों का शाकाहारी बनना इसी लक्ष्य से प्रेरित था तो ब्राह्मणों ने शाकाहार क्यों अपनाया? इसका सीधा उत्तर यह है कि शाकाहार का पल्लू पकड़े बिना ब्राह्मण अपनी वह खोई हुई ज़मीन हासिल नहीं कर सकते थे जो उनके प्रतिद्वंद्वी बौद्धों के अधिकार में चली गयी थी। इस संबंध में यह बात याद रखी जानी चाहिए कि बौद्ध धर्म की तुलना में ब्राह्मणवाद की सामाजिक प्रतिष्ठा को एक मामले में गहरा आघात लगा था। यह मामला पशु-बलि से जुड़ा था जो एक तरह से ब्राह्मणवाद का सार-तत्त्व थी, जबकि बौद्ध धर्म इसका प्रबल विरोध करता था। एक खेतिहर समाज में

बौद्ध धर्म के प्रति सम्मान और गाय, बैलों तथा अन्य पशुओं के वध पर टिके ब्राह्मणवाद के प्रति जुगुप्सा रखना एक तरह से स्वाभाविक बात ही थी। अपनी खोई हुई प्रतिष्ठा को हासिल करने के लिए ब्राह्मण क्या कर सकते थे? इसका एक ही तरीक़ा था कि मांसाहार छोड़ने के साथ शाकाहार का वरण करके स्वयं को बौद्ध भिक्षुओं से एक क़दम आगे सिद्ध करना। ब्राह्मणों के शाकाहारी बनने के इस अभिप्रेत को कई तरह से सिद्ध किया जा सकता है। अगर ब्राह्मणों को इस बात में गहरा विश्वास था कि पशु-बलि एक बुरी प्रथा है तो इसके लिए यज्ञ में पशुओं की बलि पर रोक लगाना ही पर्याप्त था। इसके लिए शाकाहारी बनने की ज़रूरत ही क्या थी! लेकिन उनके द्वारा शाकाहार का वरण करने से सिद्ध होता है कि इसके पीछे उनका एक दूरगामी आशय था। दूसरे, उन्हें शाकाहारी होने की कोई आवश्यकता ही न थी, क्योंकि बौद्ध भिक्षु तो शाकाहारी क़तई नहीं थे। इस बहु-प्रचलित विश्वास के कारण कि अहिंसा और बौद्ध धर्म में एक निकटस्थ और मूलभूत संबंध था, यह कथन कई लोगों को अस्वीकार्य लग सकता है। एक आम धारणा यह रही है कि बौद्ध भिक्षु पशुओं के मांस से परहेज़ करते थे। लेकिन यह एक मिथ्या धारणा है। सच्चाई यह है कि बौद्ध भिक्षुओं को तीन प्रकार का शुद्ध मांस खाने की अनुमति थी। बाद में यह संख्या पाँच हो गयी थी। चीनी यात्री युआन-च्वांग इस तथ्य से परिचित था। उसके अनुसार शुद्ध मांस को सान-चिंग कहा जाता था। थॉमस वाल्टर्स ने बताया है कि भिक्षु-समुदाय में मांस खाने की यह परंपरा कैसे विकसित हुई। वाल्टर की कहानी के अनुसार[24] :

> बुद्ध के समय वैशाली में सिहा नाम का एक सेनापति रहता था। सिहा ने बौद्ध धर्म में दीक्षा ली थी। वह अपने भिक्षुओं की उदार मन से सहायता करता था और उन्हें नियमित रूप से सुस्वादु सामिष भोजन कराया करता था। जब यह बात बाहर पहुँची कि भिक्षुओं को इस विशेष भोजन की आदत पड़ गयी है तो तीर्थंकरों ने इस चलन की कड़ी भर्त्सना की। भिक्षुओं को जब इस बात की सूचना मिली तो उन्होंने अपनी बात बुद्ध

---

[24] युआन च्वांग (1904), खंड 1 : 55.

> तक पहुँचाई। इस पर बुद्ध ने सभी भिक्षुओं को एक जगह बुलाया और उनके सामने इस नियम की घोषणा की कि अगर वे ऐसे किसी पशु का मांस न खाएँ जिसे उन्होंने अपनी आँखों से मरते देखा हो अथवा जिसके बारे में उन्हें यह बताया गया हो कि उसका वध उनके भोजन हेतु किया गया है। लेकिन बुद्ध ने भिक्षुओं को ऐसे पशुओं का 'शुद्ध' (अर्थात् नियम-सम्मत) मांस खाने की अनुमति प्रदान कर दी जिनका वध उन्होंने अपनी आँखों से न देखा हो या यह बात किसी अन्य के मुँह से न सुनी हो कि अमुक पशु का वध उनके भोजन के लिए किया गया है। पाली के स्रोतों तथा *स्सु-फेन* विनय से पता चलता है कि सिहा ने बुद्ध और कुछ भिक्षुओं के अल्पाहार के लिए एक बैल का कंकाल मँगाया था। इस पर निग्रंथों ने भिक्षुओं का कड़ा उपहास किया था। बुद्ध ने इसी घटना के बाद इस नये नियम का प्रतिपादन करते हुए तीन शर्तों का पालन करने पर मछली तथा मांस के सेवन को 'शुद्ध' बताया था। भिक्षुओं को जिस प्रकार का मांस खाने की अनुमति दी गयी थी उसे बाद में 'शुद्धों की त्रयी' या 'मांस के तीन शुद्ध प्रकार' कहा जाने लगा। सूक्ति के रूप में इसे 'अदृष्ट, अनसुना, संदेहातीत' कहा गया। चीनी अनुवाद में इसे कभी कभी 'अनदेखा, अनसुना और कर्ता की संदेहास्पदता से परे' कहा गया है। इसके पश्चात् भिक्षुओं के लिए दो अन्य प्रकार के पशुओं का मांस भी 'नियम-सम्मत' घोषित कर दिया गया। इस श्रेणी में ऐसे पशुओं को रखा गया था जिनकी मृत्यु प्राकृतिक कारणों से हुई हो या जिनका शिकार किसी मांसाहारी प्राणी ने किया हो। इस तरह बौद्ध धर्म में दीक्षित भिक्षु पाँच प्रकार के मांस का सेवन कर सकते थे। इसके बाद 'अदृष्ट, अनसुना, संदेहातीत' की श्रेणियों को एक ही श्रेणी में रख दिया गया। 'प्राकृतिक मृत्यु' तथा किसी शिकारी द्वारा 'मारी गयी चिड़िया' को ही *सान-चिंग* कहा गया।

चूँकि बौद्ध भिक्षुओं को मांसाहार से किसी प्रकार की दिक़्क़त नहीं थी इसलिए ब्राह्मणों के पास भी मांसाहार छोड़ने का कोई कारण मौज़ूद नहीं था। फिर ब्राह्मणों ने मांसाहार का परित्याग करके शाकाहार का वरण क्यों किया? इसका कारण यह था कि ब्राह्मण शेष समाज की दृष्टि में बौद्ध भिक्षु जैसे नहीं दिखना चाहते थे।

लेकिन यज्ञ की व्यवस्था और गाय की बलि का त्याग एक निश्चित सीमा तक ही असरदार हो सकता था। इसका महत्तम फल यह हो सकता था कि ब्राह्मणों को भिक्षुओं के बराबर मान लिया जाता। अगर मांसाहार के मामले में वे बौद्ध भिक्षुओं के नियमों का पालन करते तब भी उनकी स्थिति यही रहती। इससे उनकी बौद्धों पर वर्चस्व स्थापित करने की इच्छा कभी पूरी नहीं होती। बौद्धों ने यज्ञों में गाय की बलि का विरोध करके एक विशेष सामाजिक प्रतिष्ठा अर्जित की थी। ब्राह्मण बौद्धों की इसी प्रतिष्ठा को छीनना चाहते थे। इस उद्देश्य को हासिल करने के लिए एक तरह की अंधी दुस्साहसिकता ज़रूरी हो गयी थी। ब्राह्मणों के लिए ज़रूरी हो गया था कि वे एक अतिवाद का ज़वाब दूसरे अतिवाद से दें। वामपंथियों को पराजित करने के लिए दक्षिणपंथी इसी रणनीति का प्रयोग करते हैं। इस तरह बौद्धों को पराजित करने का एकमात्र ढंग यह रह गया था कि नियमों के मामले में उनसे भी ज़्यादा कट्टरता का परिचय दिया जाए और शाकाहार का वरण किया जाए।

इस थीसिस के समर्थन में एक और कारण भी दिया जा सकता है कि ब्राह्मणों ने गो-पूजा की शुरुआत, गोमांस-सेवन का परित्याग और शाकाहार का वरण इसलिए किया था क्योंकि वे बौद्धों को पराजित करना चाहते थे। गोहत्या को इसी दिन से जघन्य पाप माना जाने लगा। यह एक बहुपरिचित तथ्य है कि अशोक के अभिलेखों में गोहत्या को अपराध की श्रेणी में नहीं रखा गया था। कई लोग अशोक से यह अपेक्षा करते हैं कि उन्हें गोहत्या को निषिद्ध घोषित करना चाहिए था। प्रोफ़ेसर विंसेंट स्मिथ इस आग्रह से चकित जान पड़ते हैं, लेकिन इसमें आश्चर्य की कोई बात नहीं है।

बौद्ध धर्म सामान्यतः पशु-बलि का विरोध करता था। गाय से उसे कोई विशेष अनुराग नहीं था। इसलिए गाय की रक्षार्थ क़ानून बनाना अशोक का भी विशेष दायित्व नहीं था। इस संदर्भ में ज़्यादा आश्चर्य की बात तो यह है कि हिंदू धर्म के संरक्षकों में शामिल किये जाने वाले गुप्तवंश के शासकों ने

गोहत्या को *महापातक* घोषित कर दिया था जबकि हिंदू धर्म में यज्ञादि के अवसर पर गोहत्या करना एक अनुमन्य कार्य माना जाता था। जैसा कि डी.आर. भंडारकर बताते हैं :[25]

> अभिलेखों से सिद्ध होता है कि ईस्वी सन् की पाँचवीं सदी के प्रारम्भ में गोहत्या को जघन्यतम नीचता का कृत्य माना जाता था, और इसकी तुलना ब्रह्म-हत्या से की जाती थी। गुप्त-वंश के शासक स्कंदगुप्त के ईस्वी सन् 465 के एक ताम्र-पत्र अभिलेख में अनुदान का उल्लेख किया गया है जिसका अंत इस पद से होता है: 'इस अनुदान का अतिक्रमण करने वाले को गोहत्या, आध्यात्मिक गुरु (या)ब्रह्म-हत्या का भागी माना जाएगा। इससे पूर्व एक ऐसा ही दस्तावेज़ स्कंदगुप्त के पितामह चंद्रगुप्त द्वितीय के काल में भी मिलता है जिसमें गोहत्या को ब्रह्म-हत्या के समकक्ष रखा गया है। गुप्त संवत् के अनुसार इसका समय 93 बैठता है जो ईस्वी सन् में 412 निर्धारित होता है। यह अभिलेख मध्य भारत के साँची स्थित सुप्रसिद्ध बौद्ध स्तूप के प्रदक्षिणा-पथ की सलाखों पर उत्कीर्ण है। इसमें भी चंद्रगुप्त के एक अधिकारी के दान-पत्र का उल्लेख मिलता है जिसमें कहा गया है कि : 'इस व्यवस्था का अतिक्रमण करने वाले व्यक्ति को ... गोहत्या अथवा ब्रह्म-हत्या तथा पाँच अनंतर्य का दोषी माना जाएगा'। इस कथन का उद्देश्य दान-भूमि के उल्लंघनकर्ता को यह चेतावनी देना है कि उसे ब्राह्मण या बौद्ध समुदाय की मान्यता के अनुसार पाप का भागी माना जाएगा। *बौद्ध धर्मशास्त्रों* के अनुसार अनंतर्य पाँच प्रकार के महापातक — मातृहत्या, पितृहत्या, अर्हतहत्या, किसी बौद्ध की हत्या और पुरोहितों के बीच फूट डालना इत्यादि सन्निहित हैं। उल्लेखनीय है कि यहाँ ब्राह्मण धर्म के अनुयायी पर केवल दो प्रकार के महापातकों — गोहत्या और ब्रह्म-हत्या का दोषी ही मढ़ा जा सकता है। इनमें ब्रह्म-हत्या को सभी स्मृतियों में महापातक की श्रेणी में रखा गया है जब कि आपस्तम्ब, मनु

[25] डी. आर. भंडारकर (1904) *सम आस्पेक्ट्स ऑफ़ ऐनशियेंट इंडियन कल्चर* : 78-79.

> तथा याज्ञवल्क्य आदि गोहत्या को केवल उपपातक की श्रेणी में ही रखते हैं। लेकिन इसे ब्रह्म-हत्या के समानांतर रखने तथा दोनों को बौद्धों के अनंतर्यों के समकक्ष रखने से यह ध्वनित होता है कि ईस्वी सन् की पाँचवीं सदी के प्रारम्भ में इसे महापातकों की श्रेणी में स्थापित कर दिया गया था। इस प्रकार गौहत्या को कम से कम एक सदी पहले अर्थात् चौथी सदी के आरम्भ में महापातक माना जाने लगा होगा।

यहाँ प्रश्न यह उठता है कि एक हिंदू राजा को गोहत्या के विरुद्ध, दूसरे शब्दों में, मनु की संहिता जैसा क़ानून क्यों बनाना पड़ा? इसका उत्तर यह है कि ब्राह्मणों को बौद्ध-भिक्षुओं के वर्चस्व का मुक़ाबला करने के लिए वैदिक धर्म का एक आवश्यक सूत्र स्थगित करना ज़रूरी हो गया था।

अगर यह विश्लेषण दुरुस्त है तो फिर यह साफ़ हो जाता है कि गो-पूजा बौद्ध धर्म और ब्राह्मण धर्म के संघर्ष का परिणाम थी। यह एक ऐसी युक्ति थी जिसके द्वारा ब्राह्मण अपनी खोई हुई प्रतिष्ठा को दुबारा हासिल करने का प्रयास कर रहे थे।

गोमांस का सेवन करने से निर्बल समुदाय को अस्पृश्य क्यों मान लिया गया?

ब्राह्मणों और ग़ैर-ब्राह्मणों द्वारा गोमांस का निषेध करने तथा निर्बल समुदायों के लोगों द्वारा इसका निरंतर सेवन करने से एक ऐसी स्थिति पैदा हुई जो अतीत की किसी भी परिस्थिति से भिन्न थी। यह भिन्नता इस तथ्य में निहित थी कि पहले हर कोई गोमांस का सेवन करता था लेकिन नयी परिस्थिति में एक वर्ग गोमांस का त्याग कर चुका था जबकि दूसरे वर्ग के लिए वह भोजन के एक रूप में अभी भी विद्यमान था।

यह एक ऐसी भिन्नता थी जिसे अनदेखा नहीं किया जा सकता था। यह सबके सामने विद्यमान थी। यह समाज की एक ऐसी विभाजक-रेखा थी जो इससे पहले कभी मौज़ूद नहीं रही थी। लेकिन इसमें अस्पृश्यता जैसा चरम विभाजन पूर्व-निहित नहीं था। यह विभाजन एक सामाजिक

भिन्नता के रूप में भी ठहरा रह सकता था। समुदाय के विभिन्न वर्गों में खान-पान की आदतें अलग अलग पायी जाती हैं। इस तथ्य के कई साक्ष्य दिये जा सकते हैं। एक वर्ग जिस चीज़ को पसंद करता है, दूसरा उसे नापसंद कर सकता है लेकिन इससे दोनों वर्गों के बीच अवरोध खड़ा नहीं हो जाता।

इसलिए इस बात के पीछे ज़रूर कोई विशेष कारण रहा होगा कि भारत में सुस्थापित समुदाय और निर्बल समुदाय के बीच गोमांस सेवन को लेकर ऐसी दीवार खड़ी हो गयी। यह अवरोध क्या हो सकता है? इसका उत्तर यह है कि अगर गोमांस का सेवन करना एक क़िस्म का सेकुलर मसला रहा होता यानी व्यक्ति के स्वाद का मामला रहा होता तो गोमांस का सेवन करने वालों तथा इसका निषेध करने वाले लोगों के बीच यह अवरोध खड़ा नहीं होता। दुर्भाग्य से, गोमांस-सेवन को निपट सेकुलर मसला न मानकर उसे धर्म का विषय बना दिया गया। यह इसलिए संभव हुआ क्योंकि ब्राह्मणों ने गाय को एक पवित्र पशु बना कर रख दिया जिससे उसके मांस का सेवन करना धर्मनिषिद्ध हो गया। और चूँकि निर्बल समुदाय के लोगों को धर्म-द्रोह का दोषी पाया गया लिहाज़ा उन्हें समाज के सीमांतों से परे धकेल दिया गया...

एक बार जब गाय को पवित्र घोषित कर दिया गया लेकिन निर्बल समुदाय के लोगों ने गोमांस का सेवन जारी रखा तो इन लोगों की यह नियति तय हो गयी कि वे साहचर्य के योग्य नहीं हैं यानी वे अस्पृश्य हैं।

इस चर्चा पर विराम लगाने से पहले यह उचित ही होगा कि इस थीसिस के संबंध में उठने वाली सम्भावित आपत्तियों पर भी ग़ौर कर ली जाए। इस थीसिस पर दो आपत्तियाँ तो साफ़ उठती नज़र आती हैं। इसका एक प्रतिवाद तो यह हो सकता है कि इस बात का क्या सबूत है कि निर्बल समुदाय के लोग मृत गाय के मांस का सेवन करते थे। दूसरा प्रतिवाद यह संभव है कि जब ब्राह्मणों तथा ग़ैर-ब्राह्मणों ने गोमांस का सेवन करना छोड़ दिया था तो निर्बल समुदाय के लोगों ने भी ऐसा क्यों नहीं किया? अस्पृश्यता के उद्भव के सिद्धांत की दृष्टि से ये प्रश्न बेहद महत्त्वपूर्ण हैं। इसलिए यहाँ इन प्रश्नों से दो-चार होना ज़रूरी होगा।

इनमें पहला प्रश्न प्रासंगिक होने के अलावा निर्णायक भी है। अगर निर्बल समुदाय के लोग प्रारम्भ से ही गोमांस का सेवन करते आ रहे थे तो फिर यह सिद्धांत मुँह के बल गिर जाता है, क्योंकि अगर वे शुरू से गाय के मांस का सेवन करते आ रहे थे और उन्हें इसके बावजूद अस्पृश्य नहीं माना गया तो फिर यह कहना कि निर्बल समुदाय के लोगों को गोमांस-सेवन के कारण अस्पृश्य मान लिया गया, पूरी तरह मूर्खतापूर्ण नहीं तो अतार्किक ज़रूर होगा। यहाँ दूसरा प्रश्न महत्त्वपूर्ण नहीं तो प्रासंगिक अवश्य है। अगर ब्राह्मणों ने गोमांस का सेवन छोड़ दिया और ग़ैर-ब्राह्मण उनका अनुकरण करने लगे तो निर्बल समुदाय के लोगों को ऐसा करने में क्या दिक़्क़त थी? अगर ब्राह्मणों और ग़ैर-ब्राह्मणों द्वारा गाय को पवित्र पशु मान लेने के कारण गोहत्या को महापाप की श्रेणी में रख दिया गया तो निर्बल समुदाय के लोगों को गोमांस का सेवन करने से क्यों नहीं रोका गया? अगर गोमांस उनके लिए भी निषिद्ध कर दिया जाता तो अस्पृश्यता कभी वज़ूद में ही नहीं आती।

पहले प्रश्न का उत्तर यह है कि उस काल में भी जब दोनों प्रकार के समुदाय — एक जगह टिक कर जीवनयापन करने वाले आदिवासी समूह और निर्बल समुदाय के लोग गोमांस का सेवन करते थे तब भी एक ऐसी व्यवस्था स्थापित हो चुकी थी कि स्थापित समुदाय के लोग गाय का ताज़ा जबकि निर्बल लोग मृत गाय का मांस खाते थे। हमारे पास इस बात को सिद्ध करने का कोई साक्ष्य नहीं है कि स्थापित समुदाय के लोग कभी भी मृत गाय का मांस नहीं खाते थे लेकिन हमारे पास यह नकारात्मक साक्ष्य ज़रूर मौजूद है कि मृत गाय पर केवल निर्बल समुदाय के लोगों का ही एकाधिकार समझा जाता था। यहाँ इसके साक्ष्य के रूप में महाराष्ट्र के महाड़ों का उल्लेख किया जा सकता है ... मृत पशु पर महाड़ों का दावा माना जाता है। उनका यह अधिकार गाँव के हरेक हिंदू पर लागू होता है। इसका अभिप्राय यह है कि पशु के मर जाने पर कोई भी हिंदू उसके मांस का सेवन नहीं कर सकता। उसे मृत पशु महाड़ों को सौंपना पड़ता है। ज़ाहिर है कि यह इस तथ्य को घुमा-फिरा कर ही कहना है कि जिस समय गोमांस का सेवन आम चलन में था तो महाड़ मृत गाय का मांस खाया करते थे जबकि हिंदू गाय का ताज़ा मांस खाते थे। ऐसे में कुछ सवाल सिर्फ़ ये बच जाते हैं : क्या

वर्तमान के सत्य को अतीत का सत्य भी माना जा सकता है? क्या महाराष्ट्र के इस तथ्य को भारत के सभी स्थापित आदिवासी समुदायों तथा निर्बल समुदायों का प्रारूपिक उदाहरण माना जा सकता है?

इस संदर्भ में महाड़ों के बीच प्रचलित उस परंपरा का उल्लेख किया जा सकता है जिसके अनुसार बीदर के मुसलमान राजा ने उन्हें गाँवों की हिंदू जनता के संबंध में 52 अधिकारों से लैस किया था। बीदर के शासक ने ये अधिकार केवल प्रदान किये थे। यह मानना अनुचित होगा कि इन अधिकारों की पहले-पहल रचना भी उसी ने की थी। ये अधिकार सुदूर अतीत से चले आ रहे थे। राजा ने एक तरह से इन अधिकारों की पुष्टि भर की थी। इसका अर्थ यह हुआ कि निर्बल समुदाय में मृत गाय का मांस खाने तथा स्थापित समुदाय द्वारा ताज़ा मांस खाने की प्रथा सुदूर अतीत में उत्पन्न हुई होगी। ऐसी किसी व्यवस्था का उभरना एक तरह से स्वाभाविक ही था। स्थापित समुदाय खेती और अपनी पशु-संपदा के बल पर अच्छी तरह जीवनयापन करता था जबकि निर्बल समुदाय एक ऐसा दरिद्र समाज था जो अपने जीवनयापन के लिए पूरी तरह स्थापित समुदाय पर निर्भर करता था। दोनों समुदायों के लिए गोमांस ही मुख्य भोजन था। चूँकि स्थापित समुदाय स्वयं पशु-संपदा का स्वामी था इसलिए अपने भोजन की पूर्ति के लिए वह किसी भी पशु को मार सकता था। निर्बल समुदाय के लोग यह काम इसलिए नहीं कर सकते थे क्योंकि उनके पास पशु ही नहीं होते थे। क्या ऐसे में स्थापित समुदाय द्वारा निर्बल समुदाय को चौकीदारी के बदले अपने मृत पशुओं को उठाने का अधिकार दे दिया जाना कोई अस्वाभाविक बात थी? क़तई नहीं। लिहाज़ा यह बात बेखटके कही जा सकती है कि प्राचीन काल में स्थापित तथा निर्बल — दोनों ही समुदाय गोमांस का सेवन करते थे लेकिन इनमें स्थापित समुदाय गाय का ताज़ा मांस खाता था जबकि निर्बल समुदाय मृत गाय का, और यह व्यवस्था केवल महाराष्ट्र तक सीमित न होकर एक अखिल भारतीय व्यवस्था का प्रतिनिधित्व करती थी।

यहाँ से देखने पर पहली आपत्ति धराशायी हो जाती है। दूसरी आपत्ति की बात की जाए तो गुप्त सम्राटों द्वारा बनाए गए क़ानून का उद्देश्य गाय के वधिकों पर नियंत्रण लगाना था। यह क़ानून निर्बल समुदाय के लोगों पर लागू नहीं होता

था क्योंकि वे गाय को मारते नहीं थे बल्कि सिर्फ़ मरी हुई गाय का मांस खाते थे। उनका आचरण गोहत्या के क़ानून का किसी भी तरह उल्लंघन नहीं करता था। यही वजह थी कि मृत गाय का मांस खाने पर कभी आपत्ति नहीं उठायी गयी, और यह प्रथा अविकल चलती रही। यह मानते हुए कि अहिंसा का ब्राह्मणों तथा ग़ैर-ब्राह्मणों द्वारा गोमांस-सेवन के परित्याग से कुछ लेना देना नहीं है, फिर भी उनके आचरण में ऐसा कुछ नहीं था जिससे अहिंसा के सिद्धांत का उल्लंघन होता हो। गाय का वध करना हिंसा की श्रेणी में आता था लेकिन मृत गाय का भोजन करना हिंसा नहीं माना जाता था। इसलिए निर्बल समुदाय के लोगों को मृत गाय का मांस खाने से किसी तरह का आत्मिक क्लेश नहीं होता था। उनकी इस आदत पर न क़ानून आपत्ति उठा सकता था और न ही इसे अहिंसा का सिद्धांत ग़लत क़रार दे सकता था क्योंकि वे जो कुछ कर रहे थे वह न क़ानून का उल्लंघन करता था और न ही सिद्धांत का।

इस प्रश्न का उत्तर दो स्तरों पर दिया जा सकता है कि उन्होंने ब्राह्मणों या ग़ैर-ब्राह्मणों का अनुकरण क्यों नहीं किया। सबसे पहले, उनके लिए अनुकरण करना एक महँगा सौदा था। वे इसकी क़ीमत अदा नहीं कर सकते थे। मृत गाय का मांस उनके जीवन का मुख्य आधार था। इसके बिना वे भूखों मर जाते। दूसरे, हालाँकि शुरू में मृत गाय को उठाना उनका एक विशेषाधिकार माना जाता था परंतु अब यह उनके लिए एक कर्तव्य बन गया था। चूँकि मृत गाय के अस्थि-पंजर को ठिकाने लगाना उनका कर्तव्य बन गया था इसलिए पूर्व परिपाटी के अनुसार इस गाय का मांस खाना उनके लिए आपत्ति की बात नहीं थी।

लिहाज़ा इन प्रतिवादों से इस थीसिस की वैधता पर कोई आँच नहीं आती। [डी.एन. झा की पुस्तक, *द मिथ ऑफ़ द होली काउ* (2009), नवायन, नयी दिल्ली के परिशिष्ट से साभार; चूँकि यह लेख आम्बेडकर के मूल लेखन से लिया गया है इसलिए पाद-टिप्पणी की शैली उसी तरह रखी गयी है, और अलग से संदर्भ नहीं दिया गया है]

महिषासुर-विमर्श

एक बार फिर मिथकीय पुनर्पाठ

संजय जोठे

प्रतिमान, जनवरी-जून 2016, वर्ष 4, अंक 7 में पूर्व-प्रकाशित : पृ.सं. 107-130.

आम्बेडकर ने अपनी विख्यात रचना *रिडल्स इन हिंदुइज़्म* की शुरुआत में सवाल पूछा है कि कोई पारसी ख़ुद को पारसी क्यों कहता है, या कोई ईसाई ख़ुद को ईसाई क्यों कहता है। इस सवाल के लिए उसके पास एक स्पष्ट उत्तर होता है। यही सवाल आप किसी हिंदू से पूछिए कि वह हिंदू क्यों है? आम्बेडकर स्वयं इस प्रश्न से उपजने वाली उलझन के बारे में लिखते हैं कि इस सवाल पर सोचते हुए एक हिंदू चकरा जाएगा। वह नहीं बता सकेगा कि हिंदू होने का क्या अर्थ होता है और किस चीज़ में विश्वास रखने पर कोई हिंदू बनता है।[1]

दरअसल, सामी मूल के तीन मुख्य धर्मों यहूदी, ईसाइयत और इस्लाम में आंतरिक भेद कितने ही हों, लेकिन उनकी दुनिया भर में फैली आबादी स्वयं को यहूदी, ईसाई या मुस्लिम साबित करने के लिए ठोस और सर्वमान्य आधारों की तरफ़ संकेत करती है जो उनकी एक किताब, एक पैगम्बर या एक ईश्वर को लेकर है। इसी तरह भारत में श्रमण परंपरा से उपजे बौद्ध और जैन धर्मों में भी यह सुविधा है। लेकिन भारत के सबसे प्रमुख धर्म हिंदू धर्म में एक किताब, एक पैगम्बर और एक भगवान का सिद्धांत काम नहीं करता। एक ही हिंदू परिवार में कोई योगी हो सकता है, कोई तांत्रिक हो सकता है, और कोई नास्तिक भी हो सकता है। यहाँ तक कि परिवार के भीतर दो विपरीत विश्वासों वाले लोग भी हो सकते हैं। इस तथ्य के अंदर कई छिपे हुए पहलू हैं जो इतिहास के इस मोड़ पर अधिक शोध और स्पष्टता की माँग करते हैं। विशेष रूप से भारत में स्वयं को हिंदू न मानने वाले लोगों की तरफ़ से उठ रहे तर्कों और तथ्यों के प्रकाश में अब हमें हिंदू धर्म के पूरे इतिहास और इसके सम्प्रदायों सहित इसके विराट मिथकशास्त्र पर तर्कपूर्ण दृष्टि से पुनर्विचार करना होगा।

यह पुनर्विचार महात्मा ज्योतिबा फुले ने आरम्भ किया। अपनी सर्वाधिक महत्त्वपूर्ण पुस्तक *गुलामगीरी* में उन्होंने हिंदू मिथकों और उनके आधार पर प्रचारित मान्यताओं की कठोर निंदा की है और उन मिथक प्रतीकों में छिपे

[1] बी. आर. आम्बेडकर (2009).

षड्यंत्रों को भी उजागर किया है।[2] डॉ. आम्बेडकर ने भी *रिडल्स इन हिंदुइज़्म* में स्पष्ट संदेश दिया है कि भारतीय शास्त्रकारों ने मिथकीय व्याख्याओं के आधार पर इस धर्म और इसके समाजशास्त्र का ढाँचा खड़ा किया है। डॉ. आम्बेडकर और ज्योतिबा फुले के अध्ययन को आधार बना कर और परवर्ती शोधकर्ताओं और लेखकों को देखें तो स्पष्ट होता जाता है कि इसमें से अधिकांश मिथकीय चरित्र और उनसे निकलने वाले संदेश किन्हीं सच्चाइयों को छिपा कर किन्हीं ग़लत तथ्यों को प्रचारित करने के लिए ही गढ़े गये हैं। विशेष रूप से देबी प्रसाद चट्टोपाध्याय, डी.डी. कोसम्बी और गेल ऑम्वेट का अध्ययन स्पष्टता से बताता है कि भारतीय मिथकों ने कैसे आकार लिया और उनकी दिशा विशेष की मौलिक प्रेरणाएँ कहाँ निहित हैं।

अभी तक अनुमान और तर्क पर आधारित मान्यताओं को अब ज़मीनी आँकड़े मिलने लगे हैं। मिथकों के पुनर्पाठ की परंपरा स्थापित हो रही है। महिषासुर पर अपनी विवादास्पद लेकिन खोजपूर्ण किताब में प्रमोद रंजन कई पहलुओं से महिषासुर मिथक की एक अन्य व्याख्या की तरफ़ इशारा करते हैं।[3] इस किताब से किसी खोई हुई बहुजन संस्कृति की तरफ़ इशारा मिलता है। यह संकेत एक खो चुके आख्यान को उसकी पूर्णता में देखने-परखने का आह्वान करते हैं। दरअसल, इस देश में सदियों से साहित्यिक और दार्शनिक चौर्यकर्म चलता रहा है जिसे गहराई से देखने का प्रयास करना होगा कि किस प्रकार तथाकथित मुख्यधारा का हिंदू समाज या ब्राह्मणी धर्म-दर्शन असल में हिंदू समझे जाने वाले अधिकांश बहुजनों से चुरा कर उन्हीं के ख़िलाफ़ रचा गया है, और किस प्रकार इतिहास के हर मोड़ पर बहुजन समाज के नायकों और उनके शास्त्रों सहित उनके प्रतीकों और कर्मकांडों को भी चुरा कर उनका ब्राह्मणीकरण किया गया है।

---

[2] रोज़ालिंड ओ'हैनलोन (1985).

[3] प्रमोद रंजन (2014).

भारत में इतिहास की बजाय मिथकीय पुराण क्यों लिखा गया?

किसी भी सभ्य समाज के पास एक लिखित और सुव्यवस्थित इतिहास होता है। यही उसके संगठित वर्तमान और उतने ही संगठित व सुपरिभाषित भविष्य का स्रोत भी होता है। एक विशेष अर्थ में इतिहास-बोध असल में संस्कृति-बोध से अनिवार्य रूप से जुड़ता है। इसीलिए यह माना जा सकता है कि इतिहास-बोध न केवल संस्कृति-बोध है बल्कि उससे भी आगे बढ़ कर वह किसी संस्कृति या समाज का नैतिकता-बोध या स्वयं न्याय-बोध भी है। लेकिन क्या भारत में ऐसा है? क्या भारत ने इतिहास लिखा है? या क्या भारत के मिथकीय इतिहास में उन्नत नैतिकता-बोध और न्याय-बोध जैसा कुछ है?

डॉ. आम्बेडकर[4] की रिसर्च जिस तरफ़ इशारा करती है वह यही है कि इस देश की मूल परंपरा और मूल शासकों को धीरे-धीरे शिक्षा और व्यापार से वंचित करके समाज के सबसे निचले स्तर पर धकेला गया है। सामान्य-सा तर्क है कि अगर इतिहास में एक संस्कृति और एक ही दर्शन का सातत्य है तो फिर इतिहास लिखना न केवल आसान होगा बल्कि ज़रूरी भी होगा। लेकिन अगर यह इतिहास किसी एक संस्कृति का नहीं, बल्कि आपस में लड़ रही अनेक संस्कृतियों का बिखरा इतिहास है तो इसका लेखन चयनात्मक ढंग से होगा। अगर ईमानदारी से और सैनिक बल से विजय प्राप्त करके पराजित संस्कृति को नष्ट किया गया है तो उस विजय को अपनी गाथाओं में अंकित किया जाएगा। ये गाथाएँ ईमानदार होती हैं और भविष्य को प्रेरित करती हैं। लेकिन अगर प्रतियोगी या मूलनिवासी संस्कृति को कपटपूर्वक नष्ट किया गया है तो उसका ईमानदार इतिहास लिखना मुश्किल होगा, क्योंकि ऐसा इतिहास-लेखन असल में विजेताओं ही को दुष्ट और धूर्त साबित करेगा। इसलिए ऐसे विजेताओं ने भारत में कभी इतिहास लिखा ही नहीं और जो मूलनिवासी जनों का इतिहास किसी अर्थ में उपलब्ध था उसे भी मिथकीय आख्यानों की बाढ़ में बहा कर ग़ायब कर दिया।

---

[4] बी. आर. आम्बेडकर (1960).

जिन आततायी लोगों और संस्कृति ने मूलनिवासी संस्कृति को छलपूर्वक नष्ट किया है,[5] उन्होंने व्यवस्थित रूप से अपने छल कर्म का इतिहास नहीं लिखा। उन्होंने हमेशा मिथक लिखे, लेकिन अपने मिथकों में इसके संकेत ज़रूर छोड़े हैं कि वे कितने अन्यायी, धूर्त और कपटी थे। सभी मिथकों में स्पष्टता से लिखा गया है कि किस तरह आर्यों ने मूलनिवासी शासकों को राक्षस या असुर नाम दिया, उनके साथ छल किया। मूलनिवासी शूरवीरों के ख़िलाफ़ उन्होंने अपनी सुंदर कन्याओं और स्त्रियों का कपटपूर्वक इस्तेमाल किया है। इस तरह उन्होंने न केवल मूलनिवासियों के प्रति घृणित व कायरतापूर्ण षड्यंत्र रचे, बल्कि यह भी दिखाया कि अपनी स्त्रियों सहित अन्य स्त्रियों की उनकी दृष्टि में क्या उपयोगिता रही है। विष्णु द्वारा मोहिनी रूप धारण करके देवों और असुरों की साझी मेहनत से उपजे अमृत को किस तरह असुरों से छीन कर देवों को पिला दिया गया था, यह आर्यों के मिथक साहित्य की अत्यंत प्रचलित घटना है।[6]

मूलनिवासी असुर जनजातीय समाज और लोकायत दर्शन

मूलनिवासी असुरों और आदिवासियों की समाज रचना बहुत हद तक मातृसत्तात्मक थी और उनके विश्वास प्रकृति-पूजकों के विश्वास थे। वे ईश्वर जैसी किसी सत्ता की बजाय प्रकृति की शक्ति में भरोसा करते हुए स्त्री की उर्वरता और प्रकृति या भूमि की उर्वरता में एक सीधा संबंध देखते थे। इसीलिए उनके अधिकांश त्यौहार स्त्री-केंद्रित थे और परिवार में स्त्री को पुरुषों से अधिक अधिकार मिले हुए थे। आज भी अधिकतर जनजातीय समाजों में मातृसत्तात्मक व्यवस्था के अवशेष देखे जा सकते हैं। मध्य प्रदेश के बालाघाट, छिंदवाड़ा, बेतूल, मालवा, निमाड़ सहित कई अन्य ज़िलों में गोंड, कोरकू, भील, बैगा जैसे आदिवासियों में विवाह और परिवार की

---

[5] धनंजय कीर, मालसे एवं फड़के (2006).

[6] जॉर्ज विलियम्स (2003) : 130.

व्यवस्था में स्त्रियों को अधिक अधिकार प्राप्त हैं।[7] कई अध्ययनों और प्रेक्षणों में बस्तर के मारिया या बायसन-हार्न मारिया आदिवासियों में घोटुल नामक संस्था के उल्लेख भी पाए जाते हैं। यह व्यवस्था असल में स्त्री-पुरुष दोनों को जीवनसाथी चुनने के समान अधिकार देती है। घोटुल नामक व्यवस्था कई समाजशास्त्रीय और मानवशास्त्रीय अर्थों में बस्तर के मुरियाओं, गोंडों, बैगाओं और उत्तर पूर्व के नगाओं सहित बिहार के मुंडाओं को आपस में जोड़ती है।[8]

इसी तरह प्राचीन जनजातीय समाज लोकायतिक चिंतन को मानने वाला समाज था जिसकी परिभाषा 'लोकेषु आयतः' के रूप में की गयी है। अर्थात् लोक का दर्शन या इस लोक का दर्शन जिसमें प्रकृति और उसकी शक्तियों को सर्वोपरि माना जाता है। शंकराचार्य ने भी लोकायत को 'प्राकृत जनाः' का दर्शन मानते हुए उसे हीन दर्शन या भौतिकवादियों का दर्शन बताया है।[9] इस दर्शन में कृषि से जुड़े कर्मकांडों में स्त्री की भूमिका महत्त्वपूर्ण मानी गयी थी। इसीलिए प्राचीन जनजातियों में ग्राम देवियों सहित वन देवियों की मान्यता अधिक पाई जाती है। डॉ. आम्बेडकर ने भी अपनी रिसर्च में यह सवाल खड़े किये हैं कि भारत में देवियों और मातृदेवियों का उभार एक गहन पहेली है जिसके आधार पर इस देश के धर्म-दर्शन के उद्विकास के कई पहलू उजागर किये जा सकते हैं। इस अर्थ में चट्टोपाध्याय और डॉ. आम्बेडकर दोनों ही मातृसत्तात्मक परिवार और समाज व्यवस्था सहित ब्राह्मणी धर्म में देवियों की भूमिका के साथ प्राचीन भारतीय भौतिकवादी परंपराओं को रख कर देखने का आग्रह करते हैं। चट्टोपाध्याय अपनी अकादमिक रिसर्च से वहाँ पहुँच रहे हैं, और डॉ. आम्बेडकर अपनी धर्म-दर्शन और धर्म के समाजशास्त्र को आधार बना कर उस निष्कर्ष तक आ रहे हैं।

---

[7] देबी प्रसाद चट्टोपाध्याय (1992).

[8] क्रिस्टॉफ़ वॉन फ़्युरेर-हैमेंड्राफ़, माइकेल यॉर्क और जयप्रकाश राव (1982).

[9] देबी प्रसाद चट्टोपाध्याय (1992).

आगे हम यह देखेंगे कि भौतिकवादी, श्रमण, नास्तिक, वेदविरोधी, मूलनिवासी, स्त्रीवादी और आम्बेडकरवादी विचारक सब के सब अपने-अपने और अलग-अलग प्रस्थान बिंदुओं से यात्रा करते हुए भी एक साझे निष्कर्ष तक पहुँच रहे हैं। वे सब के सब अनिवार्य रूप से ब्राह्मणवाद को मूल भारतीय भौतिकवादी और मातृसत्तात्मक संस्कृति के ख़िलाफ़ खड़ी की गयी प्रतिसंस्कृति निरूपित करते हैं। इसका सीधा अर्थ है कि वर्तमान में जो दलित, मूलनिवासी या स्त्रीवादी आंदोलन हैं, वे जिस संस्कृति का नक़्शा बना रहे हैं या खोज कर रहे हैं, वही असल में इस देश की प्राचीन और प्रगतिशील और मूल संस्कृति थी जिसके ख़िलाफ़ षड्यंत्रपूर्वक ब्राह्मणवादी और भाववादी दर्शन पर आधारित प्रति-संस्कृति खड़ी की गयी है।

देव-असुर संग्राम, ब्राह्मण-क्षत्रिय या ब्राह्मण-बौद्ध संघर्ष

प्राचीन कोयवंशीय गोंडों, असुरों और बौद्धों को एक ही दर्शन के हिस्से के रूप में देखना न केवल तर्कपूर्ण है बल्कि अब आवश्यक भी होता जा रहा है। भारतीय मिथक साहित्य को वास्तविक इतिहास की हत्या करने वाली साज़िश की तरह देखने की आवश्यकता है। मिथक असल में वैकल्पिक इतिहास प्रस्तुत करता है जो गूढ़ और चयनात्मक होता है इसीलिए उसके प्रतीकों और रूपकों को एक सपाट इतिहास-दृष्टि के सहारे नहीं बल्कि दार्शनिक व सामाजिक मान्यताओं में उभर रहे पुरस्कार और वर्जनाओं के मनोविज्ञान के साथ रख कर देखना चाहिए।[10] पुरानी संस्कृतियों को मिटाने के लिए रचे गये इन मिथकों में गहरी समानताएँ हैं। यह समानता कोयवंशी गोंडों के सर्वाधिक महत्त्वपूर्ण नायक 'संभूसेक' सहित बाद में असुरों और बौद्धों के ख़िलाफ़ रचे गये मिथकों में एकदम साफ़ नज़र आती है। ऐसी समानताएँ सिद्ध करती हैं कि एक आततायी संस्कृति ने किसी प्राचीन संस्कृति के वाहकों को छलपूर्वक नष्ट किया था। इस बात का स्पष्ट उल्लेख न सिर्फ़ ज्योतिबा फुले और आम्बेडकर के चिंतन में मिलता है, बल्कि

---

[10] लवली गोस्वामी (2014).

जनजातीय समाज से आने वाले विद्वानों और धार्मिक नेताओं से भी यही सूत्र प्राप्त होता है। इनमें एक नया और महत्त्वपूर्ण नाम है डॉ. मोतिरावण कंगाली (1949-2015)। डॉ. कंगाली गोंड समाज की धार्मिक परंपराओं और भाषाओं के विद्वान थे। डॉ. कंगाली की स्थापनाओं और गोंडी मिथकों सहित लोक-कथाओं आदि के अर्थों को हम विस्तार में आगे पढ़ेंगे। भारतीय दार्शनिक या समाजशास्त्रीय अध्ययनों में 'गोंडी पुनेम' (गोंडी धर्म या दर्शन) की तरफ़ से मिल रहे सबूतों को शायद पहले कभी इस अर्थ में नहीं देखा गया है। इसीलिए हम गोंडी धर्म व दर्शन की मान्यताओं और उनसे मिल रहे सबूतों को अलग से विस्तारपूर्वक देखेंगे।

भारत के अनेक राज्यों में एक समान समाज-मनोवैज्ञानिक आशय लिए हुए सैकड़ों दंत कथाएँ हैं जिनमें देवों और असुरों के संघर्ष का ज़िक्र आता है। यह संघर्ष असल में ब्राह्मणों और क्षत्रियों का संघर्ष रहा है[11] और भारतीय इतिहास के हर निर्णायक मोड़ पर उठ खड़ा होता है। इसके बड़े दायरे में न सिर्फ़ ब्राह्मण-क्षत्रिय और ब्राह्मण-शूद्र की पहेली के हल छिपे हुए हैं, बल्कि इसी में दलितों और मूलनिवासियों सहित स्त्रियों की दुर्दशा की पहेली का हल भी छिपा हुआ है। यह हल या यह निष्पत्ति आर्यों को असभ्य, युद्धप्रिय और आक्रमणकारी मानने को विवश करती है। स्वयं ऋग्वेद की अनेक ऋचाओं में स्पष्ट संकेत हैं कि आर्य युद्धख़ोर और मदिरासेवी लोग थे।[12] इन आर्यों के लिए भारत की जलवायु सुखद और सहायक सिद्ध हुई और वे यहीं रुक कर अपना विस्तार करने लगे। स्वाभाविक रूप से वे अपने साथ अपने पशु, हथियार और परंपराओं के साथ अपनी मान्यताएँ और मिथक भी लाए थे।[13] प्राचीन ऋग्वेद के वर्णन असुरों का उल्लेख करते हैं जिनके ख़िलाफ़ सुरों और देवताओं ने लगातार युद्ध किया था। यहाँ यह देखना महत्त्वपूर्ण है कि ब्राह्मण परंपरा, जो कि आर्यों की परंपरा है, अपने आरम्भिक संघर्ष में

[11] बी. आर. आम्बेडकर (1960).

[12] ऍफ़.रॉस (2008).

[13] ए. कीथ (1925) : 1.

सर्वप्रथम कोयवंशी गोंडों के ख़िलाफ़ और बाद में फिर असुरों के ख़िलाफ़ कुछ ख़ास तरह के कुटिल हथकंडे इस्तेमाल कर रही हैं। ठीक यही हथकंडे और षड्यंत्र ब्राह्मणवादी धर्म को ऊँचा दिखाने और उसे प्रतिष्ठित करने के लिए बाद में बुद्ध, बौद्ध धर्म और कबीर व रविदास के ख़िलाफ़ भी इस्तेमाल किये गये। चूँकि इतिहास और मिथक को ब्राह्मण परंपरा ने सहेजा और आकार दिया, इसलिए उन्होंने शत्रुओं को उनके उद्विकास (क्रम-विकास या एवोल्यूशन) की अवस्था के अनुसार कई श्रेणियों में बाँट दिया जिन्हें असुर और बौद्ध या अछूत कहा जा सकता है। लेकिन स्वयं को अलग-अलग श्रेणियों में न रख कर आर्य ब्राह्मण ही घोषित किया है। लेकिन असल में डॉ. आम्बेडकर के विश्लेषण में यह असुर अछूत और बौद्ध अंत में क्षत्रिय ही साबित होते हैं। और, देबी प्रसाद चट्टोपाध्याय और स्वामी अछूतानंद सहित भदंत बोधानंद महास्थविर के अध्ययन में यह सब मूलनिवासी साबित होते हैं।

हालाँकि डॉ. आम्बेडकर आर्य आक्रमण थियरी में भरोसा नहीं रखते, लेकिन फिर भी स्थानीय स्तर पर भारत में ऊँच-नीच के निर्माण का जो षड्यंत्र चलाया गया है उसके संबंध में उनका विश्लेषण हमारे लिए उपयोगी है। डॉ. आम्बेडकर के अनुसार अगर आर्य अन्य देश से न भी आये हों तो भी उनका अपना विश्लेषण ब्राह्मण-श्रमण या ब्राह्मण-क्षत्रिय संघर्ष को अपनी पूरी नग्नता में उजागर करता है। इसी को अगर प्राचीन भारतीय भौतिकवाद के विश्लेषण के साथ रखा जाए तो यह संघर्ष देव-असुर संग्राम को भी ब्राह्मण-क्षत्रिय संग्राम की तरह निरूपित कर सकता है। भविष्य के लिए यह तर्क और यह तरीक़ा महत्त्वपूर्ण है। इसका ठीक इस्तेमाल करते हुए हम देख पाते हैं कि एक आततायी संस्कृति के प्रतिनिधियों ने मूलनिवासी संस्कृति को एक जैसे तरीक़ों और षड्यंत्रों से कमज़ोर कर परास्त किया है। यह तरीक़ा क्या था? वह धार्मिक-दार्शनिक उपाय क्या था? इसका उत्तर असुरों, बौद्धों, कबीर और रविदास के ख़िलाफ़ रची गयी मिथकीय कथाओं में मिलता है। बुद्ध, कबीर और असुरों के ख़िलाफ़ रची गयी प्रति-संस्कृति और मिथकीय

प्रचार को हम न्यूनाधिक जानते ही हैं, लेकिन इनके अलावा अब गोंडी दर्शन और संस्कृति की तरफ़ से भी अब ठीक यही आख्यान उभर रहा है जिसका उल्लेख शायद इस तरह के विमर्शों में आज तक नहीं हुआ है।

गोंडी पुनेम दर्शन और ब्राह्मणी धर्म

गोंड एक समय में शक्तिशाली राज्य व्यवस्था के संस्थापक रहे हैं। दलपतशाह जैसे महान गोंडी राजाओं ने विस्तृत भू-भाग पर शासन किया है। आज भी उनके नाम पर मध्य प्रदेश के बालाघाट सहित अन्य अनेक ज़िलों में उनके व अन्य गोंड राजाओं के क़िलों, मंदिरों और अन्य भवनों के खँडहर मौजूद हैं। पुरातात्विक खोजें अब यह सिद्ध कर रही हैं कि भारत के प्रत्येक राज्य में प्राचीन मंदिरों और क़िलों के खँडहरों में गोंडी राज चिह्न (हाथी पर बैठा शेर) पाया जाता रहा है। इससे आभास होता है कि गोंडी संस्कृति संभवतः पूरे भारत में फली-फूली होगी और बाद में आर्य या ब्राह्मणी षड्यंत्रों से उसी तरह नष्ट की गयी जिस तरह कि बाद में महिषासुर, रावण, बुद्ध, कबीर और उनके सम्प्रदायों को नष्ट किया गया। डॉ. मोतिरावण कंगाली के अध्ययन से इस मान्यता को न केवल बल मिलता है बल्कि एक अर्थ में उनकी महान खोज इस बात को स्थापित कर देती है कि गोंडी पुनेम दर्शन और संस्कृति पहला अखिल भारतीय दर्शन और संस्कृति रही है। उनका अध्ययन स्पष्ट करता है कि किस तरह ब्राह्मणी धर्म ने गोंडी धर्म और संस्कृति को बुद्ध के उदय के बहुत पहले ही आत्मसात् करके मूल गोंडी समुदायों को षड्यंत्रपूर्वक समाज व राज्य व्यवस्था में निचले पायदानों पर धकेलकर जंगलों में ही सीमित कर दिया था।

यह देखना उपयोगी है कि लोकयातिकों और मूल सांख्य सहित तंत्र के समान ही गोंडी दर्शन भी ईश्वर को नहीं मानता, बल्कि प्रकृति की शक्तियों को मानता है। गोंडी सृष्टि-सृजन या सृष्टिकर्ता में विश्वास नहीं करते। उनके लिए यह प्रकृति ही सब कुछ है। जो न कभी पैदा हुई न कभी समाप्त होगी। मध्य प्रदेश के मंडला और बालाघाट ज़िलों के शिक्षित गोंड आज भी गर्व

से कहते हैं कि भगवान शब्द उनका दिया हुआ है जिसमें भ से भूमि, ग से गगन, व से वायु अ से अग्नि और न से नीर है। गोंड शब्द को भी वे अपनी विशिष्ट शैली में भगवान शब्द का ही अन्य रूप मानते हैं। यह अर्थ असल में इस लोक के समर्थन में है, इसमें कोई अतिभौतिक या पारलौकिक तत्त्व शामिल नहीं है और यह अर्थ सृष्टिकर्ता या परमात्मा की सत्ता की बजाय प्रकृति की शक्तियों को महत्त्व देता है।

अगर हम यह कहें कि बुद्ध भी गोंडी लोगों के प्रथम दार्शनिक पारी कुपार लिंगो की ही तरह या उन्हीं के प्रवाह में भौतिकवादी दर्शन पर अपने दर्शन की नींव रख रहे हैं तो यह बात तर्कपूर्ण लगती है। जिस तरह से पारलौकिक और अतिभौतिक को पारी कुपार लिंगो ने अधिक महत्त्व नहीं दिया है उसी तरह बुद्ध भी इहलोकवादी दर्शन का प्रस्ताव कर रहे हैं। इसी कारण गौतम बुद्ध पंचमहाभूतों पर अपने विचार के परिणाम में इस निष्कर्ष तक आते हैं कि आकाश तत्त्व आत्मा, परमात्मा और पुनर्जन्म जैसे पाखंडों का आधार बन जाता है। इसीलिए वे पंचमहाभूतों की बजाय चार महाभूतों की प्रस्तावना करते हैं। यह सही है कि हमारे पास लिंगो के दर्शन का विस्तारित रूप और उपलब्ध नहीं है लेकिन उनके द्वारा दिये गये मौलिक सूत्रों और मान्यताओं का बुद्ध की मान्यताओं से साम्य नज़र आता है और यह भी प्रतीत होता है कि बुद्ध स्वयं भी कुपार लिंगो के दर्शन के तार्किक प्रवाह में हैं। इसीलिए बुद्ध ने विचारपूर्वक अपने चार महाभूतों में आकाश तत्त्व को शामिल ही नहीं किया है। भगवान शब्द पर एक अन्य दृष्टि से विचार करें तो प्राचीन आदिवासियों और गोंडों से हट कर बुद्ध या अन्य श्रमण भगवान शब्द का प्रयोग उस व्यक्ति के लिए करते हैं जो ज्ञान को उपलब्ध हो चुका हो, यह भगवत्ता का अर्थ है भगवान (सृष्टिकर्ता या गॉड) का अर्थ नहीं है। यह भगवत्ता इसी लोक की है। इस तरह एक बार फिर मूलनिवासी और श्रमण मान्यताएँ सिद्ध करती हैं कि न केवल दार्शनिक मान्यताओं बल्कि मिथकीय मान्यताओं और अपने विशिष्ट विश्वोत्पत्ति विज्ञान के स्तर पर भी उनमें काफ़ी समानताएँ हैं।

एक अन्य महत्त्वपूर्ण पहलू यह है कि यही विश्वोत्पत्ति विज्ञान, तंत्र और मूल सांख्य में भी पाया जाता है।[14] यह समानता कहीं अधिक गंभीर और दूरगामी दार्शनिक एकता भी सिद्ध करती है। यह न केवल गोंडों, असुरों और श्रमणों को एक श्रेणी में ले आती है बल्कि इसी के आधार पर सांख्य और तंत्र के विश्वोत्पत्ति विज्ञान की आपसी समानता स्वयं सांख्य व तंत्र को असुरों और श्रमणों के भौतिकवादी दर्शन से जोड़ देती है। पुरुष व प्रकृति के मिलन से विश्व की उत्पत्ति को तंत्र में नर व मादा तत्त्व के मिलन के रूप में दिखाया गया है। पारी कुपार लिंगो के गोंडी पुनेम दर्शन में भी प्रकृति (एक अर्थ में संसार-चक्र) सल्लाँ और गांगरा नाम के दो तत्त्वों के मिलने से बनता है। यहाँ सल्लाँ असल में पूना (धन तत्त्व) है और गांगरा असल में ऊना (ऋण तत्त्व) है। इन्हीं के संयोग से प्रकृति की उत्पत्ति होती है।[15] पुरुष प्रकृति के मिलन का यही संकेत नर्मदा नदी को दिये गये भिन्न नाम से भी ज़ाहिर होता है। मध्य प्रदेश के बालाघाट ज़िले में गोंडों की लोककथाओं के अनुसार नर्मदा नदी असल में 'नर-मादा' नदी है। वे आज भी इसी तर्क और इसी प्रतीकवाद का इस्तेमाल करते हैं।

गोंडी पुनेम दर्शन और गोंडों की अन्य मान्यताओं पर गहन शोध से निर्मित ग्रंथ पारी कुपार लिंगो गोंडी पुनेम दर्शन को थोड़ा विस्तार में जानना ज़रूरी है। यह दर्शन गोंडी धर्म के प्रथम दार्शनिक और आदिगुरु पारी कुपार लिंगो द्वारा रचा गया है और जिसे डॉ. कंगाली ने पहली बार व्यवस्थित दर्शन के रूप में संकलित किया है। यह आर्य-असुर या आर्य-मूलनिवासी संघर्ष का एक अन्य और सबसे प्राचीन आख्यान प्रस्तुत करता है। यह आख्यान असुर-आर्य संघर्ष से भी पुराना है। संभवतः यह पहले से ज्ञात अन्य नेरेटिव्ज़ से अधिक विस्तृत है और अन्यों की अपेक्षा अधिक विश्वसनीय प्रमाणों पर आधारित है। यह कोयवंशी गोंड जनजातीय समाज में फैले मिथकों और लोककथाओं सहित उनकी धार्मिक मान्यताओं में आज भी अंकित है। उनकी वाचिक परंपरा में इसे आज भी देखा जा सकता है।

---

[14] देवी प्रसाद चट्टोपाध्याय (1992).

[15] मोतिरावण कंगाली (2011).

असुर, गोंड और मूलनिवासी धर्म

जैसा कि हमने देखा कि लोकायत धर्म मानने वाले असुर असल में इस देश के प्राचीन मूल निवासी थे। उनकी संस्कृति को छलपूर्वक आर्यों ने नष्ट किया और कालांतर में हीन स्थान देकर समाज के निचली पायदानों पर धकेल दिया गया। यह बात डॉ. आम्बेडकर की सबसे प्रमुख स्थापनाओं में से एक है। इसी तरह गोंडी संस्कृति और धर्म के विशेषज्ञ डॉ. मोतीरावण कंगाली (1949-2015) ने भी अपने शोध से यह स्थापित किया है कि मूलनिवासी संस्कृति की अधिकतर ऊँची उपलब्धियाँ आर्यों या ब्राह्मण धर्म द्वारा स्वयं में समाहित कर ली गयी हैं और अब उन्हें पहचानना भी कठिन हो गया है। उनका निष्कर्ष है कि आज के गोंड सहित अन्य अनेक जनजातीय समाज, जो घोटुल नाम की संस्था से आपस में जुड़े रहे हैं, वे सब के सब किसी अन्य लुप्त हो चुकी महान् संस्कृति के वारिस हैं जिनकी संस्कृति को छलपूर्वक नष्ट किया गया है और चुराया गया है। चुराए गये इन प्रतीकों और चरित्रों की सूची लम्बी है। उदाहरण के लिए मध्य प्रदेश में हिंदुओं की बम्लेश्वरी देवी के बारे में उनका दावा है कि असल में यह गोंडों की बम्लाई दाई हैं जिसे कि आर्य ब्राह्मण पंडितों ने बम्लेश्वरी देवी बना दिया है, इसी तरह गोंडी समुदाय के आदिपुरुष संभूसेक बाद में हिंदुओं के महादेव बन जाते हैं। इसी तरह गोंडी जनों का पवित्र भूभाग पेंकमेढ़ी बाद में पचमढ़ी बना दिया जाता है। और इसी तरह बीसियों नाम और प्रतीक व व्यवहार हैं जो थोड़े बदलाव के साथ सीधे-सीधे ब्राह्मणी धर्म के अनुयायियों ने चुरा लिए हैं।[16]

डॉ. कंगाली के बारे में एक अन्य महत्त्वपूर्ण तथ्य है कि वे प्राचीन हड़प्पन सभ्यता की सैंधव लिपि को गोंडी व्याकरण के आधार पर सफलता से पढ़ सकने वाले विश्व के पहले विद्वान हैं। भाषाशास्त्रीय आधारों पर वे स्थापित करते हैं कि सैंधव सभ्यता के सामाजिक धार्मिक और सांस्कृतिक मूल्य आज के गोंडों के मूल्यों से गहराई से एकरूप रहे हैं।[17] भाषा की समानता के आधार पर भी उनकी शोध से यह मान्यता स्थापित होती है कि

[16] मोतिरावण कंगाली (2002).

[17] वही.

गोंडों की आज की भाषा असल में द्रविड पूर्व भाषा थी, इसीलिए गोंडी भाषा को द्रविड परिवार की सभी भाषाओं की जननी माना जा सकता है। उनके इस दावे में सच्चाई मालूम होती है। क्योंकि आज भी अधिकतर द्रविड भाषाओं और गोंडी भाषा के बीच समानता पायी जाती है।

उपनिषदों के अध्ययन के आधार पर यह निष्कर्ष भी निकलता है कि प्राचीन जनजातीय समाज या असुर समाज और उनका असुर मत असल में बुद्ध से भी प्राचीन रहा है। प्रोफ़ेसर दासगुप्त (1925)[18] का अध्ययन बताता है कि असुर लोगों में शव को दफ़नाने की प्रथा रही है, जिसके उल्लेख *छांदोग्य उपनिषद* में भी मिलते हैं। आज भी यह प्रथा कई आदिवासी समुदायों में है। गोंड जनजाति में इसे आज भी माना जाता है। इस प्रकार असुर मत या लोकायत के अर्थ का भौतिकवाद हालाँकि एक विकसित भौतिकवाद नहीं था, लेकिन यह जिस भी रूप में रहा था वह बुद्ध से पूर्व का प्रतीत होता है।[19] इस बिंदु पर आकर यह समझा जा सकता है कि अकसर ही गोंडों के प्राचीन मंदिरों और क़िलों में गोंडी राजचिह्नों के साथ-साथ श्रमण व तांत्रिक परंपरा की मूर्तियाँ क्यों पायी जाती हैं। यहाँ उल्लेख करना ज़रूरी है कि मध्य प्रदेश के बालाघाट में लांजी नामक स्थान पर नेताम वंश के गोंड शासकों के प्राचीन दुर्ग की खुदाई में जो मूर्तियाँ प्राप्त हुई हैं उनमें बुद्ध, महावीर, गणपति, और सम्भोगरत युगल की मूर्ति भी पाई गयी है।

यहाँ हम अन्य मूर्तियों और पुरातात्विक महत्त्व की वस्तुओं के बीच साम्य को कुछ अन्य विस्तार में देखने का प्रयास करेंगे। यह प्रमाण नये नहीं हैं लेकिन इस प्रकार के विमर्शों में संभवतः पहली बार एक दार्शनिक व ऐतिहासिक संगति में रख कर देखे जा रहे हैं। लेखक ने अपने बालाघाट भ्रमण से जो तस्वीरें इकट्ठी की हैं, वे कोणार्क की अन्य मूर्तियों से काफ़ी हद तक समानता रखती हैं।

---

[18] एस. एन. दासगुप्त (1922) : 55.

[19] देवी प्रसाद चट्टोपाध्याय (1992).

इस प्रकार असुर और श्रमण परंपरा में एक समानता उभरती है और स्पष्ट होता है कि लोकायतिक या प्राचीन असुर मत बुद्ध से भी पूर्व का मत है जिसे आगे चलकर श्रमण परंपरा विशेषकर बौद्ध दार्शनिक शिखर पर पहुँचाते हैं।

प्राचीन भारतीय धार्मिक साहित्य में बृहस्पति सुरों या देवों के गुरु माने गये हैं। इनके बारे में उल्लेख है कि उन्होंने असुरों के बीच लोकायत दर्शन का प्रचार करके उन्हें भ्रष्ट किया और अधर्म और अनैतिकता का पालन करने से असुर नष्ट हुए। यही उल्लेख बाद में बुद्ध के बारे में है। बुद्ध को भी इसी तरह से वेद विरोधी और नास्तिकवादी भौतिकवादी दर्शन का प्रचार करके लोगों को गुमराह करने वाले विष्णु-अवतार के रूप में चित्रित किया गया है।[20] ठीक इसी तरह की किंवदंतियाँ कबीर के बारे में भी हैं जिनका उल्लेख डॉक्टर धर्मवीर[21] ने भी अपनी महत्त्वपूर्ण रचना *कबीर : खसम ख़ुशी क्यों होई* में किया है। इस किंवदंती के बारे में वे बताते हैं कि यह बनारस के आसपास के इलाक़ों में सुनी जाती है। इसके अनुसार कबीर एक बार अपना भौतिक शरीर छोड़कर सूक्ष्म शरीर से तीर्थ दर्शन करने गये। इस बीच कोई भूत आकर उनके शरीर में घुस गया और उनके द्वारा वेद विरुद्ध और ब्राह्मण धर्म के विरुद्ध साहित्य रचवा कर चला गया। बाद में जब कबीर लौटे तो वह भूत उन्हें देख कर भाग गया। इसलिए ब्राह्मणवादी तर्क कहता है कि कबीर की शिक्षाओं को गंभीरता से नहीं लेना चाहिए।

इस प्रकार हम देखते हैं कि प्राचीन असुर, फिर बाद के श्रमण, जिनमें बुद्ध प्रमुख हैं, और इनके बाद के कबीर जैसे संतों के ख़िलाफ़ एक जैसी युक्तियाँ अपनायी गयी हैं। आगे गोंडी पुनेम दर्शन पर विस्तार से चर्चा करते हुए हम देखेंगे कि इसी तरह संभूसेक (गोंडों के आदि पुरुष का नाम) के ख़िलाफ़ भी इसी तरह के षड्यंत्र रचे गये हैं। इन सबके मौलिक महात्म्य को तर्क या दर्शन द्वारा नहीं बल्कि कूटनीतिक षड्यंत्र करके और छल द्वारा

---

[20] गेल ऑम्वेट (2003).

[21] डॉ. धर्मवीर (2013) : 146.

नष्ट किया गया है। इसीलिए यह मानना चाहिए कि प्राचीन असुर, आज के गोंड, बौद्ध, रविदासी और कबीरपंथी एक ही श्रेणी में हैं और उनके सनातन शत्रु देव या सुर या आर्य या ब्राह्मण एक ही हैं।

गोंडी पुनेम दर्शन में महादेव, पार्वती और महिषासुर के संकेत

आज प्रचलित ब्राह्मणी धर्म में सर्वाधिक महत्त्वपूर्ण समझे जाने वाले महादेव या शिव, जिनका एक नाम शंभू भी है, और उनकी संगिनी पार्वती सहित गौरी और सती से मिलते-जुलते उल्लेख गोंडी संस्कृति की प्राचीन कथाओं में पाए जाते हैं। कोई यह तर्क दे सकता है कि यह प्रतीक और चरित्र गोंडों ने हिंदू या ब्राह्मणी धर्म से लिए होंगे। लेकिन इस आरोप का परीक्षण करें तो यह अपनी मौत ख़ुद ही मर जाता है। ज्ञात इतिहास में कोयवंशी गोंड या आदिवासी समुदाय एक वनवासी समुदाय रहा है। उनका स्थान आर्यों की वर्ण व्यवस्था में कहीं भी नहीं है। वे वर्णाश्रम धर्म की किसी भी व्यवस्था में किसी भी सामाजिक राजनीतिक स्थिति या भूमिका में नहीं रहे हैं। उन्हें किसी भी तरह न तो ब्राह्मणी धर्म की पवित्र भाषा संस्कृत सिखाई जा सकती थी, न ही वे ब्राह्मणी मंदिरों में प्रवेश करके दीक्षित हो सकते थे। बल्कि इसके विपरीत उनसे आर्यों के युद्ध और संघर्ष के अनेक उल्लेख मिलते हैं। इसीलिए उनके संबंध में यदि यह माना जाए कि वे आर्यों के साथ सामाजिक या धार्मिक प्रक्रियाओं के माध्यम से शिक्षित हुए और फिर उन्होंने ब्राह्मणी प्रतीकों के आधार पर दक्षिण में सुदूर मदुरै, कोणार्क से लेकर मध्य के अजंता-एलोरा, गढ़-चिरोली, अमरकंटक सहित सुदूर पश्चिम के कांधार और हड़प्पा मोहनजोदाड़ो तक अपने प्रतीक व भाषा सहित मिथक भी रच लिए तो यह कल्पना, सुझाव या आरोप हास्यास्पद ही सिद्ध होगा।

इस विमर्श को आगे बढ़ाते हुए यह तर्क दिया जा सकता है कि गोंडों की संस्कृति के ख़िलाफ़ आर्य प्रति-संस्कृति का यह उभार असल में आर्यों का पहला सफल प्रयोग था। यह लेख दावा करना चाहता है कि असुरों से भी पहले आर्यों का सामना कोयवंशी गोंडों और संभुसेक द्वारा निर्मित

संस्कृति से हुआ था। कालांतर में आर्यों ने इस संस्कृति को चयनात्मक ढंग से आत्मसात् करके उसी के आधार पर अपने विश्वास और कर्मकांड रचे। यह घटना समय के सुदीर्घ विस्तार में हुई होगी। इसके बाद यहाँ स्थापित हो जाने के बाद उन्होंने देव और असुर जैसी दो स्पष्ट श्रेणियों का निर्माण करके उसके आधार पर मिथक और मिथकीय इतिहास रचा। इस तरह के दावे करने का एक बड़ा कारण है यह है कि गोंडों की वाचिक परंपरा में संभुसेक का उल्लेख है जो बाद में हिंदुओं के महादेव बन जाते हैं। इसी तरह वैदिक और पौराणिक साहित्य में भी प्रमाण हैं कि शिव या महादेव कोई अचानक से प्रगट हो गये देवता नहीं हैं। कहीं कहीं तो गणेश और शिव एक ही समान प्रतीत होते हैं। इस प्रकार हिंदू परंपरा में महादेव और गणेश दोनों की उत्पत्ति और अस्तित्व जटिल है। आर्य-गोंड संग्राम को देवासुर संग्राम से प्राचीन मानने का दूसरा कारण है कि आर्यों का देव-असुर संग्राम असल में ब्राह्मण आर्यों द्वारा गोंडी संस्कृति और गोंडी देवताओं को विशेषकर संभुसेक को आत्मसात् कर महादेव बना देने के बाद में आकार ले रहा है। इसीलिए देव असुर संग्राम के ब्राह्मणवादी संस्करण में अकसर ही महादेव या शंभू का ज़िक्र आता है जो देवताओं को बचाने के लिए स्वयं युद्ध में उतरते हैं या ब्रह्मा या विष्णु या अन्य किसी देवी देवता के ज़रिये आर्यों या देवों की मदद करते हैं।

डॉ. कंगाली ने गोंडी वाचिक परंपरा से जो विवरण दिये हैं उनका तर्कपूर्ण ढंग से विश्लेषण करने पर एक अन्य पहेली सुलझती है। वह है हिंदुओं के महादेव का वीभत्स रूप। इसे समझना कठिन है कि कोई समाज अपने देवता को वीभत्स और घृणित क्यों मानेगा और क्यों उसे भयानक चित्रित करेगा? ग़ौर से देखें तो यह महादेव या शंभू अपने बाह्य आचरण व धार्मिक दार्शनिक मान्यताओं में भी आर्यों और इंद्र सहित बाद में उभरने वाले विष्णु जैसे उनके अन्य देवताओं के समान नहीं हैं। लेकिन फिर भी उन्हें शक्तिशाली और घृणित, दोनों ही एक साथ माना गया है। बाद में ऐसी ही मान्यता महिषासुर के साथ भी उभरती है जिसमें वे महाप्रतापी लेकिन घृणित राक्षस की तरह चित्रित किये गये हैं। आर्यों के सबसे महत्त्वपूर्ण देव इंद्र या

विष्णु जो सुसज्जित सुसंस्कृत सफ़ाई से और शृंगार आदि में रहने वाले देव हैं, जबकि महादेव जटाजूटधारी हैं, श्मशान वासी हैं और भूत-प्रेतों सहित अन्य घृणित जीवों के देवता है। कालांतर में न केवल वे देव बन जाते हैं, बल्कि इंद्र से भी अधिक पराक्रमी बन कर ब्राह्मणी त्रिमूर्ति के अविभाज्य अंग बन जाते हैं। यह बिल्कुल वही पहेली है जो बाद में गणपति और महिषासुर के साथ बनी हुई है।

महादेव और महिषासुर की मान्यताओं और स्वीकार्यताओं के भेद से एक अन्य बात सिद्ध होती है जो स्वयं में एक अन्य सच्चाई की तरफ़ संकेत करती है। संभूसेक को महादेव बना डालने के बावजूद उनका व्यक्तित्व और प्रभाव इतना विराट है कि वे लोकमानस से बाहर नहीं निकल सके। इसीलिए उन्हें उनकी महिमा के साथ चुराने और उनके संबंध में नशाखोर, उन्मुक्त कामी और भयानक होने के आरोपणों के बावजूद वे लोकमानस में पूज्य बने रहे। संभवतः इसीलिए वे ब्राह्मणी धर्म द्वारा कल्पित की गयी त्रिमूर्ति के भी अनिवार्य अंग भी बन गये। इसी तरह गणेश या गणपति भी चुराए गये हैं। उनके संबंध में अत्यंत प्राचीन विवरणों और क्रमशः कम प्राचीन विवरणों में विरोधी स्वर पाए जाते हैं। संभूसेक और गणेश दोनों चुरा लिए जाने के बावजूद लोकमानस में पूजनीय देवताओं की तरह अंकित रहे लेकिन महिषासुर काफ़ी हद तक भुला ही दिये गये। यह एक अन्य पहेली है जिसका उत्तर थोड़े तर्कपूर्ण विश्लेषण से खोजा जा सकता है।

यहाँ देखना ज़रूरी है कि संभूसेक और गणपति कोई एक व्यक्ति नहीं हैं। गोंडी पुनेम-दर्शन में अट्ठासी संभुसेकों का उल्लेख है। इसी तरह ऋग्वेदिक व पौराणिक उल्लेखों में कई गणेश या गणपति पाए जाते हैं। यह दोनों चरित्र असल में व्यक्ति नहीं बल्कि पदवियाँ हैं। इसलिए समय की धारा में इनका और इनकी महिमा का एक सातत्य रहा है जो लोकमानस में ऐतिहासिक रूप से स्थापित हो गया और इसी कारण ब्राह्मणी परंपरा अपनी सारी चालबाज़ियों के साथ भी उन्हें उखाड़ नहीं सकी। इसके विपरीत महिषासुर चूँकि एक व्यक्ति या एक चरित्र हैं, वे इतिहास या संस्कृति के विस्तार में फैले हुए पद का नाम

नहीं हैं, इसीलिए संभवतः वे सारे पराक्रम और सफलताओं के बावजूद भुला दिये गये। इसी से एक अन्य गहरा संकेत मिलता है वह यह कि संभूसेक और गणपति का क्रमशः महादेव और विघ्नहर्ता के रूप में बचे रहना असल में व्यक्तियों का नहीं बल्कि संस्थाओं का बचे रहना है। महिषासुर चूँकि व्यक्ति हैं इसलिए वे लगभग पूरी तरह मिटा दिये गये। लेकिन इसी क्रम में अगर हम असुर परंपरा या समाज को देखें तो वह बची रही। आज भी कम संख्या में ही सही लेकिन असुर परिवार मौजूद हैं।

एक अन्य कारण भी हो सकता है जो समझाता है कि क्यों महिषासुर महादेव की भाँति नायक की तरह आत्मसात् नहीं किये गये बल्कि एक राक्षस और खलनायक की तरह दिखाए गये हैं। इसका कारण यह भी है कि संभुसेक को मोहित करने के लिए जिन पार्वती को भेजा गया था वे स्वयं ही सम्मोहित होकर उनकी पत्नी व शिष्या बन गयी थीं। इस तरह आर्यों की चाल उल्टी पड़ गयी और बाद में जिस तरह से आर्यों द्वारा पार्वती की छलपूर्वक हत्या की गयी उसके कारण संभुसेक और पार्वती दोनों ही तात्कालिक लोकमानस में सहानुभूति और श्रद्धा के पात्र बन गये होंगे। लेकिन महिषासुर के ख़िलाफ़ जिन दुर्गा देवी को भेजा गया था, वे अपने कार्य में सफल हुईं और उन्होंने महिषासुर की सफलता से हत्या कर दी। अगर हम संभुसेक और महिषासुर को अलग-अलग मानें तो दोनों के साथ घट रही इन घटनाओं में समानता भी है और एक अंतर भी है। यही अंतर इनकी ऐतिहासिक मान्यताओं को आकार दे रहा है।

लेकिन एक अन्य कारण भी हो सकता है जिसे नकारना कठिन होगा। संभुसेक और पार्वती का मिथक महिषासुर की तुलना में प्राचीन लगता है। अतः गोंडों के संभुसेक और पार्वती आर्यों के शंभू-पार्वती बना लिए गये होंगे, और इस प्रकार कोयवंशी गोंडों को परास्त करने के बाद उनका सामना आगे चलकर असुरों से हुआ होगा। बाद में असुरों के ख़िलाफ़ भी इसी तरह की रणनीति अपनायी गयी होगी जो सफल रही। यहाँ अगर हम दो जनजातियों के अलग-अलग आख्यानों की भिन्नता पर ग़ौर करें तो यह

भिन्नता भी अपने आप में बहुत कुछ व्यक्त करती है। अर्थात् कोयवंशी गोंडों का आख्यान अलग ढंग से इस घटना को रिकॉर्ड कर रहा है और असुरों का आख्यान अलग ढंग से। इस तरह इन दो जनजातियों की आपसी भिन्नता और शक्ति संरचना के सापेक्ष इनके मिथकों ने आकार लिया होगा और पीढ़ी दर पीढ़ी स्वयं को बचाया होगा। मिथक के इस संरक्षण और संचरण के तरीक़ों की भिन्नता भी महिषासुर और शिव की मिथकीय पहचान में भिन्नता का एक कारण हो सकती है।

जो भी हो, इन दोनों को अलग मानने पर भी इनकी महिमा के अंतर को समझा जा सकता है और इन दोनों को एक ही माना जाए तो भी इन्हीं तर्कों से उनकी महिमा के अंतर को समझाया जा सकता है। हो सकता है जो आख्यान असुरों से आ रहा है, वह बाद में कमज़ोर और असंगठित हो चुके खेतिहर या वनवासी समाज का आख्यान हो जो गोंडों के शक्ति संस्थान के बिखर जाने के बाद उपजा हो। यह संभावना हो सकती है। अगर इस संभावना पर विश्वास करें तो यह समझाती है कि चूँकि गोंड उन्नत दार्शनिक समझ वाले समुदाय थे उन्होंने दार्शनिक व धार्मिक बिंदुओं के आधार पर अपने नायक की जय-पराजय और उसके जीवन को सँजो कर रखा। इसके विपरीत असुर संभवतः गोंडी पराजय के बाद उपजा कोई समुदाय है जो सिर्फ़ युद्ध की जय पराजय के अर्थ में अपने नायक को याद रख सका है। इस तर्क के साथ भी महिषासुर और संभुसेक या महादेव को एक ही माना जा सकता है, और दो अलग-अलग व्यक्ति भी माना जा सकता है। अगर यह एक थे तो भी अलग-अलग जनजातियों की अपनी विशिष्ट प्रवृत्तियों ने इन्हें भिन्न रूप से याद किया है। अगर यह अलग थे तब तो अलग-अलग कहानियाँ स्वयं भी इन्हें अलग कर ही रही हैं। लेकिन इस अलगाव की दशा में भी इनके साथ जुड़ी घटना की प्रकृति बिल्कुल एक ही ठहरती है। वह है शूरवीर मूलनिवासियों के ख़िलाफ़ आर्यों द्वारा स्त्रियों का इस्तेमाल करना।

इसी दिशा में आगे बढ़ें और महिषासुर को व्यक्ति या संस्था मानने के प्रश्न पर विचार करें तो हमारी यह मान्यता भी खंडित हो सकती है कि महिषासुर एक व्यक्ति हैं। प्रमोद रंजन का ज़मीनी अध्ययन[22] बताता है कि महिषासुर अपने मूलनाम (असल में ब्राह्मणों द्वारा दिये गये नाम) से नहीं बल्कि अन्य नामों जैसे मैकासुर, भैंसासुर, म्हसोबा, मनुज देवा, जैसे अनेक स्थानीय नामों से जाने जाते हैं। इससे स्पष्ट प्रतीत होता है कि महिषासुर का मूल नाम कुछ भी रहा हो लेकिन आर्यों ने उन्हें यह नाम देकर उनकी प्रतिनिधि परंपरा को नष्ट करने के बाद उनकी पहचान मिटा दी और उनके अपने सम्प्रदाय के लोकमानस से उनके प्रमाण समय की प्रक्रिया में नष्ट हो गये। इस तरह देखें तो महिषासुर भी एक संस्था की तरह उभरते हैं जो महिषासुर नाम से नहीं बल्कि अन्य अनेक नामों से पूरे भारत में विद्यमान हैं।

इस बिंदु पर आकर एक उलझन खड़ी होती है। अब जो समस्या गणपति या शिव के साथ है वही समस्या महिषासुर के साथ नज़र आने लगती है। इन तीनों में एक गहरी समानता है और एक छोटा-सा अंतर भी है। समानता यह है कि इन तीनों को आरम्भिक आर्य धर्म साहित्य में महाशक्तिशाली वीभत्स और हेय बताया गया है बाद में इन्हें पूजा बना दिया गया है। इसी तरह संभुसेक जो स्वयं डॉ. कंगाली के अध्ययन में हड़प्पा की सील में अंकित भैंस के सींगों का मुकुट या महिषासुर मुकुट पहनने वाले आदि नायक हैं वे बहुत कुछ महिषासुर जैसे प्रतीत होते हैं। डॉ. कंगाली स्वयं ही सिद्ध करते हैं कि संभुसेक ही महादेव या शिव हैं। इस समानता को आगे बढ़ाते हुए यह लेख दावा करना चाहता है कि अंतिम संभुसेक और महादेव और महिषासुर भी एक ही हैं। इसीलिए न केवल इन तीनों का चित्रण आर्य साहित्य में एक जैसा है बल्कि इनकी महिमा को नष्ट करने का और इनकी हत्या करने का षड्यंत्र भी एक जैसा रचा गया है। इस तरह दोहरी समानताएँ हैं जो इस दावे का समर्थन करती हैं कि यह तीनों चरित्र एक ही हैं। यह समानता यह भी बताती है कि वर्तमान ब्राह्मणी या हिंदू धर्म जिस शंकर या शिव को पूज रहा है वह असल में संभुसेक का ही विकृत रूप है।

[22] प्रमोद रंजन (2014) : 3-7.

इसी तरह *लोकायत* नामक ग्रंथ में जो विवेचन देबी प्रसाद चट्टोपाध्याय करते हैं वह दिखाता है कि गणपति पहले विघ्नकर्ता थे बाद में उन्हें आर्यों ने अपने देवताओं में शामिल कर लिया और विघ्नहर्ता बना दिया। ऋग्वेदिक सूत्रों में ऐसी प्रार्थनाएँ पायी जाती हैं जिनमें कहा गया है कि हमें गणपतियों से बचाओ।[23] बाद में गणपति को प्रथम वंदनीय बनाकर शंभू या शिव या असल में महादेव और पार्वती के परिवार में दिखाया जाता है। इसका अर्थ यह हुआ कि डॉ. कंगाली जिस संभूसेक के महादेव बन जाने का उल्लेख कर रहे हैं वह असल में आर्यों द्वारा गणपति को षड्यंत्रपूर्वक आत्मसात् कर लेने के बहुत पहले की घटना है। गणपति को शिव या महादेव के परिवार में शामिल करने का अर्थ ही यह है कि शिव या महादेव पहले ही ब्राह्मणी धर्म में शामिल हो चुके हैं। बाद में गणपति को जिस तरह से शामिल किया जा रहा है वह देखना भी महत्त्वपूर्ण है। वे सम्मानजनक ढंग से शिव या पार्वती के परिवार में शामिल नहीं हो रहे हैं। उन्हें भी घृणित तरीक़े से शामिल किया जा रहा है। गणेश के जन्म के बारे में जो पौराणिक उल्लेख है उनमें वे प्राकृतिक रूप से पैदा नहीं हो रहे हैं बल्कि वे भी एक घृणित और निंदित तरीक़े से अस्तित्व में आ रहे हैं। इसे समझाने के लिए *स्कंदपुराण* में जो उल्लेख है वह गणपति या गणेश को पार्वती के मैल से निर्मित बताता है। कुछ अन्य पुराण उन्हें पार्वती की विष्ठा या मल से निर्मित बताते हैं। यह फिर से वही बात है जो महादेव यानी संभुसेक को निंदित व घृणित बनाने के लिए की गयी थी। संभुसेक के महादेव बन जाने की बात आगे हम विस्तार से करेंगे। यहाँ अभी यह महत्त्वपूर्ण है कि गणपति और गणेश भाषा के व्याकरण के अनुसार एक ही ठहरते हैं। पति और ईश दोनों का अर्थ मालिक या स्वामी ठहरता है। इस तरह कुछ मूल शब्दों और उनसे जुड़े चरित्रों सहित मिथकीय विस्तार में देखने से यह भी स्पष्ट होता है कि गण, शंभू, पार्वती, महादेव, त्रिशूल, त्रिमूर्ति, नर्मदा, पंचमढ़ी इत्यादि अनेक शब्द और उनसे जुड़ी दार्शनिक या धार्मिक मान्यताएँ असल में गोंडी धर्म भाषा और संस्कृति से सीधे सीधे चुराए गये हैं।

---

[23] देवी प्रसाद चट्टोपाध्याय (1992).

अब हम यह जानेंगे कि संभुसेक किस तरह और किन समानताओं के आधार पर ब्राह्मणों के महादेव बना लिए गये और इस ऐतिहासिक अपहरण या आत्मसातीकरण को कैसे पकड़ा जा सकता है। इसका सूत्र हमें डॉ. कंगाली से मिलता है जब वे अपने गोंडी पुनेम दर्शन में गोंडों की मिथकीय मान्यताओं के बारे में लिखते हैं। यह मिथक आज भी गोंडी लोकगीतों में अंकित है। उनके अनुसार संभूसेक गोंडी पुनेम दर्शन में सबसे अधिक महिमाशाली शब्द है। असल में यह एक पदवी है। यह एक मिथकीय पदवी है जिसका अर्थ है पञ्चखंड धरती का राजा।[24] यही संभूसेक शब्द संभू मा-दाव के रूप में भी जाना जाता है। संभू मा-दाव का अर्थ है संभू हमारा पिता। डॉ. कंगाली के अनुसार यही संभू मा-दाव बाद में ब्राह्मणों का शंभू महादेव बन जाता है। ऐसे अट्ठासी संभूसेक हुए हैं जिनके अलग-अलग नाम हैं। यह सभी अपनी पत्नियों के साथ बताए गये हैं। इनके कुछ नाम इस प्रकार हैं : संभू-मूला, संभू-गोंदा, संभू-मूरा, संभू-सैया, संभु-गवरा इत्यादि। यहाँ अंतिम तीन नाम विशेष रूप से उल्लेखनीय हैं। जो इस प्रकार हैं संभू-सती, संभू-गीरजा और संभू-पार्बती। ये शब्द ब्राह्मणी धर्म के शंभू-सती और शंभू-पार्वती से मिलते जुलते हैं। इसी तरह एक अन्य शब्द है कलि कंगाली। यह कलि कंगाली एक अर्थ में गोंडी जनों की आदि माता (दाई) मानी गयी हैं। उनकी मान्यता है कि कोय वंशीय गोंड सगा समुदाय (गोंड जन या मूल गोंडी में गंडजन) असल में कली कंगाली नामक माता या दाई की कोय (कोख) से उत्पन्न हुए हैं इसीलिए वे कोयवंशी गोंड कहलाते हैं। महान गोंडी दार्शनिक पारी कुपार लिंगो असल में संभू-गवरा के कार्यकाल में पैदा हुए थे और उन्होंने जिस गढ़ से अपना पुनेम दर्शन का प्रचार आरम्भ किया था वह लिंगो गढ़ आज भी अमरकूट या अमरकंटक के पास देखा जा सकता है। इन्हीं पारी कुपार लिंगो ने संभू-गवरा के 'गोएंदडी' या डमरू की आवाज़ से 'गोयेदाडी वाणी' की रचना की और उसी से गोंडी पुनेम दर्शन का प्रचार किया और 'मुंदमुन्शूल सर्री' अर्थात् 'त्रैगुण्य मार्ग या त्रिशूल मार्ग' की

---

[24] मोतिरावण कंगाली (2011).

स्थापना की।[25] भाषा की समानता के आधार पर इन्हीं संभू-गवरा को शंभू गौरा का आदि रूप माना जा सकता है, और शिव या महादेव के डमरू को संभु-गवरा का 'गोएंदडी' माना जा सकता है।

संभूसेक शृंखला में संभू-पार्बती अंतिम जोड़ी थी और इन्हीं के दौर में एशिया माइनर के विदेशी आर्यों ने हमला करना शुरू किया था। अब आगे जो विवरण डॉ. कंगाली देते हैं वह अंतिम संभूसेक को महिषासुर, बुद्ध और कबीर की श्रेणी में ला कर खड़ा कर देता है। उनके अनुसार अंतिम संभूसेक ने आर्य आक्रमणों का करारा उत्तर दिया और आर्य उन्हें सीधी टक्कर में सैनिक उपायों से परास्त करने में बार-बार विफल हुए। अंत में उन्होंने कूटनीति का इस्तेमाल किया।

संभूसेक को कूटनीति से अपने वश में करने हेतु आर्यों ने दक्ष कन्या पार्वती को इस्तेमाल किया। उसे अनेक प्रकार के नशीले द्रव्यों का आदी बनाया गया। भोले संभू आर्यों की कूटनीति को समझ नहीं पाए। संभूसेक पार्वती के मोहजाल में फँसकर सुप्त अवस्था में पहुँच गये।[26]

आगे चलकर इसी कारण संभू और कुपार लिंगो की व्यवस्था नष्ट हो गयी और आर्य विजयी हुए। फिर ब्राह्मणी प्रचार तंत्र ने अपना अगला दाँव चलते हुए जिस तरह के पौराणिक व धार्मिक आख्यान रचे उनमें संभुसेक को नशेड़ी, कामुक, घृणित, भयावह और श्मशानवासी तक बताया गया है। यह उन्हें जनमानस में राक्षस या खलनायक सिद्ध करने का प्रयास माना जा सकता है। अंतिम संभूसेक को परास्त करने के लिए जिस कन्या पार्वती को भेजा गया उसका नाम संभू-पार्वती के मूल गोंडी नाम से मिलता-जुलता है। इस समानता को देखकर कोई यह कह सकता है कि संभू-पार्वती शब्द युग्म का पार्वती शब्द असल में दक्ष कन्या का नाम है। डॉ. कंगाली अन्य स्थान पर यह स्पष्ट करते हैं कि यह पार्वती जो कि संभुसेक को मोहित करके परास्त करने के लिए भेजी गयी थीं वे स्वयं संभुसेक से

---

[25] वही.

[26] वही : 14.

मोहित होकर उनकी शिष्य और पत्नी बन जाती हैं। इसीलिए हिंदुओं के चित्रण में भी शिव जटाजूटधारी और काले हैं और पार्वती गौर वर्ण एवं सुंदर देवी हैं। इसी लेख में आगे इस विषय को कुछ और विस्तार में दिखाया गया है।

बंगाल, झारखंड और अन्य स्थानों पर असुर जनजातीय समाजों की वाचिक परंपरा के अनुसार ठीक यही षड्यंत्र महिषासुर के साथ खेला गया है। अंतर इतना है कि महिषासुर के साथ पार्वती की भूमिका में दुर्गा को रखा गया है। इस प्रकार इतिहास के अलग-अलग मोड़ों पर संभूसेक और महिषासुर के ख़िलाफ़ एक ही षड्यंत्र रचा जा रहा है और उनके ख़िलाफ़ जिन कन्याओं को भेजा गया है उन्हें भी मिथकीय भाषा में किसी एक ही सत्ता के अलग-अलग समयों में पैदा हुए अवतार की तरह चित्रित किया गया है। इस बिंदु पर आकर एक अन्य संकेत प्राप्त होता है। संभवतः प्राचीन संभूसेक (महादेव) और महिषासुर भी एक ही हो सकते हैं। इस तरह सोचने के लिए एक अन्य प्रमाण मौजूद है जो महत्त्वपूर्ण है। हड़प्पा की खुदाई में एक मुद्रा प्राप्त हुई है जिसमें एक देवता दिखाया गया है। यह देवता भैसों के सींग का मुकुट पहने बैठा है। यह एक गहरा संकेत है जो बताता है कि हड़प्पा की संस्कृति में भैसों के सींग वाला या भैंसों के मुकुट वाला कोई दिव्य पुरुष राजा या शूरवीर उस संस्कृति के लिए अत्यंत महत्त्वपूर्ण या केंद्रीय चरित्र के रूप में माना जाता होगा। इस पुरुष या देवता या शूरवीर का चित्रण महिषासुर से समानता दिखाता है।

इसी के साथ एक अन्य महत्त्वपूर्ण सूत्र यह है कि गोंडों का अपना धर्मचिह्न इस तरह बना है कि उसमें शिवलिंग की तरह एक पिंडी मध्य में है और उसके दोनों ओर भैंस के सींग की तरह दो आकृतियाँ उभरी हुई हैं। इस आकार की समानता शिवलिंग से बनती है। अब अगर ध्यान से देखें तो हड़प्पा की सील और गोंडी धर्मचिह्न और शिवलिंग के आधुनिक रूप में बहुत समानता है। यह समानता यह भी बताती है कि गोंडी धर्मचिह्न

असल में हड़प्पा के देवता और शिवलिंग के बीच की कड़ी है जिसमें महिषासुर के सींगों के प्रतीक अभी भी जड़े हुए हैं और बाद में शिवलिंग के आधुनिक रूप में इन्हें हटा दिया गया है।

इन प्रमाणों के आधार पर ऐसा प्रतीत होता है कि संभवतः हड़प्पा में भी संभूसेक या महिषासुर का कोई पूर्ववर्ती रहा होगा या स्वयं संभूसेक या महिषासुर ही वह केंद्रीय चरित्र हैं अथवा महिषासुर की भाँति अन्य पूर्ववर्ती प्रतापी असुर या गोंड राजा एक राजमुकुट की तरह भैंस के सींगों का इस्तेमाल करते रहे होंगे। नीचे दिये चित्रों में एक समानता और उदविकासीय अनुक्रम देखा जा सकता है। प्रथम चित्र हड़प्पा के देव पुरुष का है जो भैंसों के सींग का मुकुट पहने है। दूसरा चित्र गोंडी आदिपुरुष पारी कुपार लिंगो का है और तीसरा चित्र गोंडवाना के वर्तमान पवित्र चिह्न का है। अगला चित्र वर्तमान में पूज्य शिवलिंग का है। यहाँ स्पष्ट होता है कि पारी कुपार लिंगो का चिह्न और उनका नाम ख़ुद भी कालांतर में शिव की पिंडी और लिंग बन जाता है। यहाँ यह भी उल्लेखनीय है कि पारी कुपार लिंगो बुद्धि मुद्रा में बैठे हैं जो योग की मुद्रा है। इस तरह यह संकेत मिलता है कि वे योग के प्राचीन ज्ञाताओं या जन्मदाताओं में से एक हो सकते हैं।

इसी के साथ हड़प्पन सीलों में जो अन्य चिह्न हैं उनकी गोंडों के धार्मिक चिह्नों से समानता नज़र आती है उदाहरण के लिए गोंडों के सात प्रमुख गोत्र हैं जिन्हें देवों की संख्या के अनुसार बाँटा गया है। इन्हें एक से लेकर सात देव वाले गोंड कहा जाता है। यह सात देव हड़प्पा की सील में आदिपुरुष संभुसेक के और अन्य टोटेम चिह्नों के साथ हड़प्पा की सील पर स्पष्ट रूप से अंकित हैं। लेखक की बालाघाट खोजयात्रा में भी यही सात देव लांजी नामक स्थान पर गोंडों के नेताम राजवंश के खँडहर हो चुके दुर्ग में भी पायी गयी।

ये प्रमाण पुरातत्व और इतिहास के प्रमाण हैं लेकिन इनसे भी कहीं अधिक महत्त्वपूर्ण और जीवंत समाजशास्त्रीय और मानवशास्त्रीय प्रमाण भी हमारे पास हैं जो इस दिशा में निर्मित हो रहे आख्यान को लगभग

स्थापित ही कर देते हैं। हमारे पास वे प्रमाण मौजूद हैं जिनके आधार पर संभुसेक और बड़ादेव या शिव एक ही ठहरते हैं। डॉ. कंगाली द्वारा निर्मित वेबसाइट http://jayseva.com/ पर यह प्रमाण देखे जा सकते हैं। अपने विषय से साम्य रखने वाले इनमें से कुछ प्रमाणों पर हम यहाँ ग़ौर करेंगे।

गोंडों में एक विशेष त्यौहार मनाया जाता है जिसे 'संभुसेक नाका' या 'शिवजागरण' कहा जाता है।[27] यह शिव के जागरण के उपलक्ष्य में माघ पूर्णिमा के तेरह दिन बाद मनाया जाता है। गोंडी मान्यता के अनुसार संभुसेक ने पंचखंड धरती के लोगों को सारा ज़हर ख़ुद पीकर बचाया था और इस दिन होश में आकर उन्होंने महान चेतना प्राप्त की थी। इस अर्थ में यह त्यौहार संभु जागरण त्यौहार भी कहलाता है। इसके पीछे विस्तार से जो कहानी दी गयी है उसके अनुसार संभुसेक एक सिद्ध योगी[28] और महावीर योद्धा थे जिनकी अनुमति के बिना कोई भी उनके प्रदेश में दाख़िल नहीं हो सकता था। उन्हें हराने के लिए आर्यों ने दक्ष पुत्री पार्वती को भेजा, लेकिन वे पार्वती स्वयं ही संभुसेक की शिष्या बन गयीं। इसी समय कोयवंशी गोंडों और आर्यों में भयानक युद्ध चल रहा था, जिसमें आर्यों को कड़ी टक्कर मिल रही थी। युद्ध के किसी मोड़ पर आर्यों के प्रतिनिधि इंद्र, ब्रह्मा और विष्णु मिलकर गोंडों के प्रतिनिधि संभुसेक के सामने समझौते का प्रस्ताव लेकर जाते हैं। समझौते के अनुसार एक सामूहिक भोज का आयोजन किया जाता है जिसमें दोनों पक्षों को माघ पूर्णिमा के दिन मिल कर भोज करना था। यह आर्यों की चाल थी जिसके तहत वे संभुसेक और गोंडों को ज़हर देना चाहते थे। संभुसेक ने अपने योगबल से यह जान लिया और भोज के समय अपने लोगों को भोजन से मना करके सारा भोजन ख़ुद ग्रहण कर गये। इस प्रकार सर्प विष की

---

[27] http://jayseva.com/shiv-jagran-pooja/.

[28] पुनः यहाँ किसी ज्ञात ब्राह्मण योगी से पहले संभुसेक नामक श्रमण योगी का ज़िक्र आ रहा है (जो यह संकेत करता है कि योग संभवतः एक ब्राह्मण परंपरा नहीं बल्कि प्राचीन श्रमण परंपरा है.

अधिकता से वे तेरह दिन तक अचेत रहे। इस बीच उनकी सेनाओं ने आर्य सेना को बुरी तरह खदेड़ा और मारा। बाद में जिस दिन संभुसेक चैतन्य हुए उस दिन को उन्होंने त्यौहार की तरह मनाया।

इसी तरह 'शिमगा पण्डूम' मनाया जाता है जिसे होली या शिवमगौरा भी कहा जाता है। आज जिस तरह का हिंदुओं का होली का त्यौहार है यह उससे भिन्न है। इसके संबंध में डॉ. अनुराधा पॉल[29] ने निम्नलिखित विवरण दिया है। उल्लेखनीय है कि यह विवरण उनकी जिस शोध पर आधारित है वह डॉ. कंगाली के मार्गदर्शन में ही किया गया है :

इसे फाल्गुन पूर्णिमा की शाम को मनाया जाता है ... त्यौहार के पंद्रह दिन पहले गाँव के लड़के शंभू गौरा की जय-जयकार करते हुए लकड़ियाँ आदि एकत्र करते हैं तथा गाँव की पूर्वी सीमा पर ढेर लगाकर घर लौट आते हैं। पूर्णिमा की शाम को गाँव का भूमका[30] अन्य लोगों के साथ जाकर आरती उतारता है। ज़मीन में एक गहरा गड्ढा खोदा जाता है, इसमें पीसी हल्दी तथा पिसे चावल और लोहे के कण बिखेरे जाते हैं। तब इस स्तम्भ को पीसी हल्दी व पिसे चावल से लिपा जाता है। तब इस स्तम्भ को गड्ढ़े में स्थापित कर इसकी पूजा की जाती है। अन्य सभी लकड़ियों को इस केंद्रीय स्तम्भ के सहारे लगा दिया जाता है, तथा इसे जलाया जाता है। गेहूँ के आटे से बनी पार्वती की प्रतिमा को शंभू-गौरा की जय-जयकार के बीच अग्नि में रखा जाता है। इसके साथ शिवमगौरा गीत गाया जाता है। इस प्रकार गाते हुए पाँच परिक्रमाएँ अग्नि के चारों ओर घड़ी की सुई की विपरीत दिशा में लगाई जाती है। इसी बीच एक व्यक्ति संभु के वस्त्रों में सज कर हाथ में त्रिशूल लिए आता है तथा त्रिशूल से अग्नि पर आक्रमण करता है। फिर जय-जयकार के बीच सभी लोग अग्नि के चारों ओर सात फेरे लेते हैं और सारी रात जागरण करते हैं तथा संभु गौरा की प्रशंसा में गीत गाते है।[31]

---

[29] डॉ. अनुराधा पॉल (2014).

[30] मुख्य पुजारी.

[31] डॉ. अनुराधा पॉल (2014) : 63.

इसका संबंध शिव और गौरा के प्रणय से है। इसके साथ जुड़े अन्य विवरण हिंदू मिथकों में दिये गये मिथकों से भिन्न हैं और असल में उन मिथकों में छूट रही कड़ियों और स्वाभाविक रूप से उमड़ रहे प्रश्नों का उत्तर देते हैं। उदाहरण के लिए ब्राह्मणी हिंदू मिथक कहता है कि दक्ष प्रजापति ने यज्ञ का आयोजन किया और शिव को नहीं बुलाया इसीलिए रुष्ट होकर पार्वती के आदिरूप सती ने उस यज्ञ में कूद कर प्राण त्याग दिये। लेकिन अनुराधा पॉल के अनुसार गोंडी मिथक कहता है कि संभुसेक (शिव) को मोहित कर परास्त करने के लिए पार्वती को भेजा गया था, जो स्वयं ही संभुसेक से मोहित होकर उनकी शिष्या बन गयीं। इसका बदला लेने के लिए आर्यों ने पार्वती को मारने का निश्चय किया। दक्ष प्रजापति ने एक महायज्ञ का आयोजन किया और सभी आर्य राजाओं को निमंत्रित किया लेकिन शंभू को नहीं किया इसलिए वे यज्ञ में नहीं गये। इस कारण पार्वती को अकेले जाना पड़ा। यज्ञ में उनका अपमान किया गया और विरोध करने पर उन्हें अग्नि में धकेल दिया गया। उनके साथ उनके रक्षकों का जो दल गया था वह हताश होकर शिवमगौरा! शिवमगौरा! चिल्लाते हुए लौट आया। बाद में कथा कहती है कि कुपित होकर शिव ने दक्ष के महल पर अपनी तीसरी आँख खोलकर हमला किया और उसे जला कर राख कर दिया। इसीलिए गोंडी लोग इस कहानी में बताए अनुसार गौरा की राख अपने माथे पर मलते हैं। और, जिन आर्यों ने उन्हें इतना दुःख दिया उनका विनाश करने की शपथ लेते हैं।

आगे अनुराधा पॉल लिखती हैं कि शिवमगौरा शब्द का अर्थ इस प्रकार है : शिव (शंभू)=(ओम)+ गौरा का। शिव+ओम = ले जाओ+गौरा=पार्वती। शिवमगौरा का अर्थ है शंभू, गौरा को ले जाओ।[32]

---

[32] वही : 64.

असुर, गोंड, बुद्ध, रविदास और कबीर

डॉ. कंगाली अपने विराट अध्ययन से जिस निष्कर्ष पर पहुँचे वह असुर (लोकायत) दर्शन और गोंडी दर्शन सहित बौद्ध दर्शन में एक समानता स्थापित करता है। स्वयं उनके शब्दों में :

> गोंडी पुनेम-दर्शन और बुद्ध के विचारों में काफ़ी समानता झलकती है। पारी कुपार लिंगो ने प्राकृतिक शक्ति पर्सापेन (बुढाल पेन, फड़ा पेन, सज़ोरपेन, सिंगाबोंगा पेन, भिलोटापेन) रूपी सल्लाँ गांगरा (ऋण-धन) शक्ति को माना है, तो बुद्ध ने भी प्राकृतिक शक्ति को ही सर्वोच्च शक्ति माना है। भौतिक जगत की निर्मिति स्वयंसिद्ध है किसी ईश्वर पर उसका अस्तित्व निर्भर नहीं है ऐसा पारी कुपार लिंगो का मत है, तो ठीक ऐसा ही बुद्ध का भी दर्शन है। पारी कुपार लिंगो ने गोंगोओं (देवी-देवताओं) की शक्ति को पूर्वजों के रूप में मान्य किया है, तो बुद्ध ने भी ठीक इसी तरह देवताओं का अस्तित्व मान्य किया है। परंतु उन्होंने कोई कर्त्ता शक्ति या ईश्वर के रूप में नहीं माना है ... पारी कुपार लिंगो का मार्ग त्रिशूल मार्ग है, तो बुद्ध का त्रिशरण मार्ग है। पारी कुपार लिंगो ने अपने सगे शिष्यों को पाँच कर्त्तव्य दिये हैं, तो बुद्ध ने पंचशील मार्ग प्रतिपादित किया है। पारी कुपार लिंगो ने प्राकृतिक न्याय तत्त्व पर आधारित मुंजोक्क सिद्धांत बताया है तो बुद्ध ने अहिंसा सिद्धांत प्रतिपादित किया है।[33]

डॉ. कंगाली द्वारा यह समरूपण और इस प्रकार की समानता देखने का यह आग्रह दार्शनिक और धार्मिक क्रम-विकास को देखने-दिखाने वाले गंभीर विमर्शों के लिए विश्वसनीय न भी हो, तो भी इसकी दिशा और मंशा से बहुत कुछ सिद्ध होता है। सबसे पहली और बड़ी बात तो यह कि डॉ. कंगाली के रूप में गोंडी धर्म के ज्ञात इतिहास के सबसे बड़े विद्वान ने बुद्ध के दर्शन और कुपार लिंगो के दर्शन में समानता देखने का प्रयास किया है। यह अचानक ही नहीं हुआ होगा। इसके अपने धार्मिक, कर्मकांडीय, ऐतिहासिक और मिथकीय प्रमाण उन्होंने ढूँढ़े होंगे। इनमें से कुछ सबसे महत्त्वपूर्ण प्रमाणों को उनके विस्तार में हम पिछले पृष्ठों में देख भी आये हैं।

---

[33] मोतिरावण कंगाली (2011) : 19-20.

अब इतने विमर्श और विश्लेषण के बाद असुरों, कोयवंशीय गोंडों, बौद्धों, कबीरपंथियों और रैदासियों में एक दार्शनिक एकता स्थापित हो जाती है। मध्य प्रदेश के मालवा निमाड़ क्षेत्र में कबीरपंथ का गहराई से अध्ययन करने वाली प्रोफ़ेसर लिंडा हेस ने स्पष्ट किया है कि कबीर की वेद विरुद्ध क्रांति असल में बुद्ध की क्रांति से अनिवार्य रूप से जुड़ती है।[34] इसी तरह गेल ऑम्वेट भी बताती हैं कि अन्य विद्वानों ने जो काम किया है (जैसे कि इलिनॅर ज़िलियॅट और ए.एच. सालुंखे) उनकी रिसर्च आगे चलकर चोखामेला और तुकाराम को भी विद्रोही बौद्ध क्रांति के अधिक नज़दीक बताती है। इस अर्थ में स्वामी अछूतानंद का उल्लेख करना महत्त्वपूर्ण होगा, हालाँकि स्वामी अछूतानंद बुद्ध की बजाय रविदास के अधिक पक्षधर थे। उन्होंने रविदास को केंद्र में रखकर रविदास के नाम से जुलूस और समारोह आरम्भ किये और आदि हिंदू महासभा की स्थापना की। असल में यह संस्था उनके आंदोलन का एक राजनीतिक घटक थी।[35] स्वामी अछूतानंद के उत्त-राधिकारी आचार्य ईश्वरदत्त मेधार्थी (1900-1971) हुए। उन्होंने भी इसी विचार को और अधिक गहरे से बुना और अपनी एक लघु पुस्तिका में भारत के आदिवासी पूर्वजन और संत धर्म में आदि हिंदू की अवधारणा को अधिक मज़बूती से पेश किया। आचार्य मेधार्थी की प्रस्तावना यह थी कि संत धर्म इस देश का मूल धर्म था जो कि समता, सहयोग और बंधुत्व पर आधारित था। प्राचीन काल में जिसे सनातन धर्म कहा जाता है वह असल में संत धर्म था। इस तर्क से चलते हुए वे आगे बौद्ध धर्म के साथ संत धर्म की एकता सिद्ध करने का प्रयास करते हैं और इस क्रम में वे यह भी कहते हैं कि बुद्ध ने असल में सब संतों को बुद्धों के रूप में निरूपित किया और पहचाना है इसलिए बुद्ध असल में प्राचीन संत धर्म की ही परंपरा में हैं। यह जानकर आश्चर्य होता है कि डॉ. आम्बेडकर के पूर्व आचार्य मेधार्थी और प्रोफ़ेसर पी.एल. नरसू (1911) बौद्ध धर्म तक पहुँच चुके थे। प्रोफ़ेसर नरसू की पुस्तक

---

[34] लिंडा हेस और सुखदेव थोरात (2002).

[35] नंदिनी गुप्ता (1993) : 277-298.

बौद्ध धर्म का सार की भूमिका लिखते हुए स्वयं डॉ. आम्बेडकर ने कहा है कि यह बौद्ध धर्म पर अब तक की सबसे अच्छी पुस्तक है। प्रोफ़ेसर नरसू[36] आदि हिंदू या संत धर्म जैसी किसी धारा का उल्लेख नहीं करते और ख़ालिस बुद्ध की शिक्षाओं और बौद्ध दर्शन के आधार पर बौद्ध धर्म को मानव मात्र के लाभ के लिए एक अच्छा धर्म निरूपित करते हैं। लेकिन आचार्य मेधार्थी, जो स्वयं पिछड़ी जाति से थे, का प्रयास अंत में यह बताता है कि बुद्ध ने जीवन भर जो भी सिखाया वह असल में संत धर्म की ही शिक्षाएँ थीं। इसीलिए मेधार्थी का आग्रह और सुझाव था कि संत धर्म के अनुयायियों को बुद्ध की शिक्षाओं पर विशेष ध्यान देना चाहिए।[37] मेधार्थी आगे चल कर डॉ. आम्बेडकर के पाली भाषा के शिक्षक भी बने। आचार्य मेधार्थी ने एक स्कूल भी चलाया जिसके भ्रमण के लिए स्वयं डॉ. आम्बेडकर 1940 में गये थे।[38] ज़ाहिर है कि आम्बेडकर के पूर्व भी अछूत और मूलनिवासी चिंतकों में बौद्ध धर्म के प्रति एक स्वागत-भाव निर्मित हो चुका था। इसीलिए डॉ. आम्बेडकर द्वारा 14 अक्टूबर, 1956 को बौद्ध धर्म अंगीकार करने का इतना व्यापक असर हुआ कि कानपुर के दलितों ने इस पहल को हाथोंहाथ लिया। न केवल कइयों ने बौद्ध धर्म को अपनाया और भविष्य में आजीवन बुद्ध के संदेश के लिए समर्पित हो गये, बल्कि हिंदू धर्म के देवी-देवताओं को भी बाईस मंदिरों से निकाल बाहर करके उन्हें बुद्ध के मंदिरों में रूपांतरित कर दिया।[39] संत धर्म को बौद्ध धर्म से समान दिखा कर एक बड़ा संकेत दिया गया है। असल में बुद्ध की समतावादी और वर्ण व्यवस्था विरोधी प्रज्ञा और रविदास की प्रज्ञा में समानता ही इस प्रयास की प्रेरणा रही होगी, ऐसा माना जा सकता है। इसीलिए कई दलित चिंतक रविदास को बौद्ध धर्म से प्रेरित संत बताते हैं।[40]

---

36 पी. एल. नरसू (2010).

37 ईश्वर दत्त मेधार्थी (1939).

38 एम. बेल्विन्कल (2004) : 245-66 .

39 ओवेन लिंच (1969) : 119-201.

40 एलिनॅर ज़िलियॅट और रोहिणी मोकाशी-पुणेकर (2005).

स्वामी अछूतानंद, आचार्य मेधार्थी और भदंत बोधानंद महास्थविर के अनेक प्रयास अनेक दिशाओं में जाते हैं, लेकिन फिर भी उनकी चिंतन धारा और मूलनिवासियों के बारे में उनकी मान्यताएँ हमारे विषय के लिए प्रासंगिक हैं।

स्वामी अछूतानंद ने आर्य श्रेष्ठता के दावे को ख़ारिज किया और बताया कि आर्य कोई उन्नत या विकसित संस्कृति नहीं थे, बल्कि यहाँ के मूलनिवासी उनसे अधिक उन्नत थे।[41] यह एक मान्यता हमारे लिए वह सब कह डालती है जो अन्य मूलनिवासी या असुर आंदोलन सिद्ध करना चाहते हैं। इसी तरह की स्थापना और प्रस्तावना डॉ. आम्बेडकर के पूर्व भदंत बोधानंद महास्थविर (1874-1952) द्वारा भी दी गयी है। उन्होंने भी इसी अर्थ में मूलनिवासी या स्थानीय सभ्यता के आर्य सभ्यता से अधिक उन्नत होने का दावा किया।[42] *अछूत कौन थे?* के लेखन के बहुत पहले ही महास्थविर का कहना था कि मूलनिवासी भारत के वास्तविक निवासी थे, और वास्तव में आजकल के अछूत और पिछड़े वर्ग के लोग यही हैं।[43] अनेक लोग जो मानते हैं कि डॉ. आम्बेडकर अचानक ही शूद्र कौन थे? के उत्तर पर पहुँच गये, उन्हें अन्य विद्वानों का काम भी देखना परखना चाहिए। स्वामी अछूतानंद और भदंत बोधानंद सहित चंद्रिका प्रसाद जिज्ञासु उनमें से महत्त्वपूर्ण हैं। भदंत बोधानंद की एक महत्त्वपूर्ण रचना *मूल भारतवासी और आर्य* कभी प्रकाशित नहीं हो सकी, लेकिन इसमें जो सिद्धांत और दिशा दी गयी थी उसने हज़ारों लोगों को प्रभावित किया। उनकी इस स्थापना और इसी दिशा के विमर्श ने मूलनिवासी शब्द को इतना महत्त्वपूर्ण बना दिया। इसके बाद में जो प्रभाव पड़े, वे अपने आप में एक इतिहास हैं।[44]

यह जानना अपने आप में रोचक है कि अछूत और अंत्यज, जो बाद में दलित कहलाए, में से सबसे प्रगतिशील और समर्थ समुदाय और उनके चिंतक भक्ति को बौद्ध धर्म के क़रीब ला रहे हैं और रविदास को बुद्ध से प्रेरित

---

41 गेल ऑम्वेट (1994).

42 छेदीलाल साथी (1999).

43 आर. के. क्षीरसागर (1994).

44 विवेक कुमार (2006).

सिद्ध कर रहे हैं। इस प्रकार रविदास, कबीर और अन्य भक्तिकालीन संतों के निर्गुण को बुद्ध के शून्य से जोड़ा जा रहा है। एक दार्शनिक या धार्मिक संश्लेषण के स्तर पर यह प्रयास कितना भी वैध या कारगर हो या न हो, लेकिन यह प्रयास इतना तो अवश्य बताता है कि अछूतों में परलोकवादी ब्राह्मण या आर्य धर्म के प्रति एक तिरस्कार का भाव प्रबल रूप ले चुका था और उसकी परिणति इस प्रकार के साहित्यिक दार्शनिक प्रयासों में होने लगी थी। ये प्रयास यह भी बताते हैं कि शोषण से पीड़ित समाज अंतिम रूप से भाववादी दर्शन के विरुद्ध भौतिकवादी मान्यताओं के पक्ष में लामबंद हो रहे हैं। चार महाभूतों को आधार बनाने वाला बौद्ध-दर्शन और लोकायत या असुर-दर्शन आधुनिक समय के अछूतों के सबसे प्रतिभाशाली विद्वानों को अपनी तरफ़ हज़ारों साल बाद फिर से आकर्षित कर रहा है। इसी क्रम में दलितों और अछूतों की ही तरह अब पिछड़ों और मूलनिवासियों की तरफ़ से भी अपनी खोई हुई संस्कृति को दुबारा खोजने का प्रयास आरम्भ हुआ है। इसे महिषासुर आंदोलन के आईने में देखा जा सकता है।

महिषासुर आंदोलन और मिथकीय पुनर्पाठ

इस विस्तार में जाने के बाद अब हम महिषासुर आंदोलन और इसके साथ आरम्भ हुए मिथकीय पुनर्पाठ को उसके व्यापक और सही संदर्भ में देख सकते हैं। महिषासुर आंदोलन ऊपर वर्णित दलदल में सतह पर नज़र आने वाला एक महत्त्वपूर्ण सबूत है जिसके सहारे अन्य सभी परंपराओं के उद्विकासीय संघर्ष और षड्यंत्रों को भी देखा जा सकता है। अभी तक जो साक्ष्य और तथ्य महिषासुर के संबंध में हैं, वे मूलतः मिथकीय विवरणों और बंगाल, ओडीशा, झारखंड इत्यादि में फैले मूलनिवासी व असुर समुदाय की लोक कहावतों और किंवदंतियों सहित उनके पूजा विधानों के विश्लेषण पर आधारित हैं। यह एक महत्त्वपूर्ण बात है। इसका यह अर्थ हुआ कि आज भी छोटानागपुर के असुरों में या उत्तर प्रदेश के महोबा ज़िले के महिषासुर मंदिर के आसपास के या छत्तीसगढ़ और झारखंड के अनेक मूलनिवासी समुदायों में महिषासुर एक सच्चाई है।

पश्चिम बंगाल के उत्तरी इलाक़े में जलपाईगुड़ी ज़िले में स्थित अलीपुरदुआर के पास माझेरडाबरी चाय बाग़ान में रहने वाली एक जनजाति के लोग दुर्गापूजा के दौरान मातम मनाते हैं। इस दौरान वे न तो नये कपड़े पहनते हैं और न ही घरों से बाहर निकलते हैं। ये लोग असुर हैं और महिषासुर को अपना पूर्वज मानते हैं।[45] इस प्रकार जो केस स्टडीज़ और ख़बरें आ रही हैं, वे आज भी मौजूद असुर समुदाय को उजागर कर रहे हैं। उनकी मिथकीय व धार्मिक मान्यताओं के सूत्र आज भी आसानी से ढूँढ़े जा सकते हैं। उनकी अपनी मान्यताओं में महिषासुर एक नायक हैं, और दुर्गा खलनायिका हैं। इसी के मुताबिक माझेरडाबरी के असुर दुर्गा और महिषासुर के संग्राम को अलग नज़रिये से देखते हैं :

> उनमें इस बात का गुस्सा है कि दुर्गा ने ही महिषासुर को मारा था। इसी वजह से पूरा राज्य जब खुशियाँ मनाने में डूबा होता है तब यह लोग मातम मनाते रहते हैं। इस जनजाति के बच्चे मिट्टी से बने शेर के खिलौनों से खेलते तो हैं, लेकिन उनमें से किसी के कंधे पर सिर नहीं होता। बच्चे शेरों की गर्दन मरोड़ देते हैं। यह दुर्गा की सवारी जो है। सात साल का आनंद असुर ऐसा ही एक खिलौना दिखाते हुए कहता है, 'मैं एक असुर हूँ। शेरों से मुझे सख़्त नफ़रत है। इसलिए पहले दिन ही मैंने इसकी गर्दन मरोड़ दी।'[46]

इसी तरह अन्य स्थानीय जनजातीय समुदाय रावण और मेघनाद को पूजते हैं। उन्हें अपना पूर्वज मानते हैं और उनकी मृत्यु का शोक मनाते हैं। महिषासुर सहित अन्य सभी राक्षसों और दैत्यों की हत्या से जुड़े ब्राह्मणी मिथक एक आयामी और कृत्रिम लगते हैं और उनके विस्तार में जाने पर यह प्रतीत होता है कि उन्हें छलपूर्वक मारा गया है। प्रयास करने पर भी यह स्पष्ट नहीं होता कि असुरों को किस अपराध के लिए मारा जा रहा था। उनकी हत्याओं के जो कारण मिथकों में बताए जा रहे हैं, वे कहते हैं कि आर्यों के यज्ञ को बाधित करने के अपराध के दंडस्वरूप उन्हें मारा गया। इन सभी मिथकीय

---

[45] बीबीसी हिंदी (2015).

[46] वही.

कथाओं में और विशेष रूप से महिषासुर के मिथक में कुछ छिपाया गया है। आज भी असुर जनजाति के लोगों की यही मान्यता है। महिषासुर न केवल असुर जनजाति से, बल्कि यादव व अहीर जैसी पिछड़ी जातियों से भी आसानी से जुड़ते प्रतीत होते हैं। जैसा कि प्रेम कुमार मणि[47] बताते हैं :

> महिष का मतलब भैंस होता है। महिषासुर यानी महिष का असुर। असुर मतलब सुर से अलग। सुर का मतलब देवता। देवता मतलब ब्राह्मण या सवर्ण। सुर कोई काम नहीं करते। असुर मतलब जो काम करते हों। आज के अर्थ में कर्मी। महिषासुर का अर्थ होगा भैंस पालने वाले लोग अर्थात् भैंस पालक। दूध का धंधा करने वाला। ग्वाला। असुर से अहुर और अहुर से अहीर भी बन सकता है।

शब्दों के आधार पर यह समानता और उस समानता का यह अर्थ अचम्भित नहीं करता। असल में भारतीय मिथक और भारतीय सामाजिक परम्पराएँ जिस तरह से आकार लेती रही हैं, उनमें इस तरह के अर्थों के सत्य होने की पूरी संभावना होती है। कुछ विद्वान तो आर्य आक्रमण सिद्धांत को आधार बनाकर यह भी सिद्ध करते हैं कि आर्यों का दुर्गा का मिथक भी असल में सुमेरियन/मेसोपोटामियन मिथकों से लिया गया है। सुमेरियन लोगों में इनन्ना नामक युद्ध और उर्वरता की देवी की मान्यता थी और यह देवी भी सिंह पर सवारी करती थी।[48]

ऐसा माना जाता है कि इसी देवी के मिथक ने ईरान, सिंधु सभ्यता और बाद में अन्य भारतीय महाद्वीप के मिथकों को आकार दिया होगा।[49] अगर यह सत्य है तो यह माना जा सकता है कि आर्यों ने अपने शत्रुओं का छलपूर्वक नाश करते हुए अपने प्राचीन मिथकों की कथाओं में ही कोयवंशीय गोंडों असुरों और अन्य भारतीय मूलनिवासियों को खलनायक की तरह शामिल कर लिया। इन खलनायकों के नाश के लिए जिस दुर्गा की कल्पना की गयी, उसकी प्रेरणा उनकी देवी इनन्ना में ही थी। इसीलिए

[47] प्रमोद रंजन (2014) : 11.

[48] http://www.examiner.com/article/inanna-dumuzi-and-solomon.

[49] स्टीफेन वॉलपर्ट (2006).

अलग-अलग कालखंडों में अलग-अलग मूलनिवासी शूरवीरों के ख़िलाफ़ इस देवी तथा इनके जैसी अन्य देवियों का मिथक खड़ा किया गया। चूँकि आर्य गौर वर्ण और तीखे नक़्श वाले थे इसलिए आज भी इन देवियों की वैसी ही मूर्तियाँ बनायी जाती हैं। लेकिन संभुसेक के मूल चरित्र से जुड़ी कलि कंगाली, जो मेघनाद की आराध्या के अर्थ में महाकाली जैसी प्रतीत होती हैं, को काली और विकराल चित्रित किया गया है। यहाँ भी ग़ौर से देखने पर एक अन्य षड्यंत्र उजागर होता है। वह है गोंडों की पूज्य दाई कलि कंगाली को भी काली के रूप में घृणित बनाने का शुरुआती प्रयास और बाद में उन्हें भी उसी तरह आत्मसात् कर लेना जिस तरह संभुसेक को महादेव के रूप में कर लिया गया।

इनन्ना देवी के लिए भारतीय संदर्भ में पक्ष या विपक्ष में प्रमाण जुटाने की उतनी सुविधा नहीं है। लेकिन इसके विपरीत भारतीय गोंडों में संभुसेक पर हमले और असुर व अन्य जनजातियों में महिषासुर की हत्या के बारे में वाचिक परंपरा में जो किंवदंतियाँ और लोक कहावतें हैं वे आसानी से एक स्थानीय आख्यान को उभारती हैं। यह स्थानीय आख्यान बहुत अर्थों में दूसरी दिशा से देवी इनन्ना के मेसोपोटामियन या सुमेरियन सभ्यता के मूल का होने का संकेत देता है। जिस अर्थ में इस देवी को वहाँ उर्वरता और युद्ध की देवी माना गया है उसी के समानांतर अर्थ में उन्हें भारत में भी आर्यों द्वारा स्थापित किया जा रहा है। इसीलिए गोंडों और असुरों की वाचिक परंपरा से उभर रहा यह आख्यान वास्तव में आर्य-गोंड और बाद में आर्य-असुर संघर्ष की सबसे महत्त्वपूर्ण और निर्णायक घटना बन जाती है। अब चूँकि महिषासुर गहराई से गोंडों और असुरों की धार्मिक दार्शनिक परंपरा के लिए भी एक महत्त्वपूर्ण कड़ी बनकर उभरते हैं इसीलिए महिषासुर आंदोलन के निहितार्थ बहुत बड़े हैं और इसी कारण इसमें भारत के धार्मिक-दार्शनिक विमर्श को हिला देने की इतनी विराट ताक़त है।

उपसंहार

महिषासुर आंदोलन या इसके साथ आरम्भ हुए मिथकीय पुनर्पाठ का आंदोलन कोई छोटी-सी या अकेली पहल नहीं है। इसकी ऐतिहासिक दार्शनिक और धार्मिक सांस्कृतिक पृष्ठभूमि बहुत विराट है और इस एक आंदोलन ने जिन खो गयी कड़ियों को आपस में जोड़ा है वैसा भारतीय इतिहास में बहुत कम हुआ है। अन्य शोध और मिथक किन्हीं खो गयी परंपराओं की दार्शनिक, धार्मिक या भाषागत समानता के आधार पर सिद्ध किये जाते रहे हैं। लेकिन पहली बार एक समाजशास्त्रीय और मानवशास्त्रीय आधार पर ठोस दार्शनिक विमर्श को केंद्र में रखने वाला आंदोलन उभर रहा है। असुरों और गोंडों की बची हुई आबादी और उनके साथ उनकी मिथकीय कथा में शामिल अन्य दलित पिछड़ी और मूलनिवासी जातियों से एक तरह का दार्शनिक और धार्मिक सांस्कृतिक संबंध निर्मित होता दिखाई दे रहा है। सबसे बड़ी बात यह है कि यह संबंध असल में प्राचीन भारत की सभी विद्रोही परंपराओं को मूलनिवासी साबित करने की तरफ़ बढ़ रहा है।

अन्य विद्वानों के पूर्व में किये हुए शोध को देखें तो भी इस तरह की प्रवृत्तियाँ आकार लेती नज़र आती हैं। प्राचीन भारतीय भौतिकवाद के गहन अध्ययन से लोकायतिक अर्थात् प्राचीन असुरों और उनके बाद के बौद्धों के बीच में ऐतिहासिक क्रम-विकास का एक सीधा संबंध निर्मित होता दिखाई देता है। प्रतीत होता है कि असुर या लोकायतिक या मूल सांख्य या तांत्रिक दर्शनों को मानने वाले मूलनिवासी समुदायों में ही लोकायत के रूप में एक भौतिकवादी दर्शन ने आकार लिया और संभवतः यही श्रमण परंपरा के लिए एक दार्शनिक आधार बन कर प्रकट हुआ। साथ ही इसने इस लोक (इह-लौकिक) के सुख की प्राप्ति (चार्वाक) और इस लोक के दुःख की निर्जरा (बौद्ध) जैसे दर्शनों को भी ठोस भौतिकवादी आधार दिये। संभवतः यही असुर जनजातीय लोकायत (जिसके मानने वाले सुदूर लंकावासी रावण और मेघनाद आदि भी थे) और जो तंत्र और मूल सांख्य की अपनी प्रवृत्तियों में आरम्भ में अल्पविकसित था, वही बाद में अपने पूर्णतः विकसित रूप अर्थात् बौद्ध धर्म के रूप में प्रकट हुआ। फिर संभूसेक और महिषासुर सहित असुरों की संस्कृति

को छल से नष्ट करके ब्राह्मणवादी धर्म में आत्मसात् कर लिया गया। बाद में इसी तरीक़े से बुद्ध और कबीर को भी आत्मसात् कर लिया गया। यह एक ऐसा सूत्र है जो प्राचीन भौतिकवाद और आधुनिक बौद्ध रहस्यवाद सहित मध्यकालीन संतों के भक्ति आंदोलन को और उनके सनातन शत्रुओं को एक साथ एक सीधी रेखा में बाँध देता है।

इसी पूरी विमर्श यात्रा में यह लेख तीन दावे करना चाहता है। पहला, देव-असुर संग्राम के बहुत पहले ही आर्य और कोयवंशी गोंड संग्राम हो चुका था। दूसरा, गोंडों के संभुसेक, असुरों के महिषासुर और ब्राह्मणी धर्म के महादेव एक ही व्यक्ति या संस्था हैं और आज के शिव या शंकर उनका विकृत व ब्राह्मणीकृत रूप हैं। तीसरा, श्रमण दर्शन और पारी कुपार लिंगो का पुनेम-दर्शन आपस में जुड़े हुए हैं। बहुत बाद में गौतम बुद्ध ने इसी पुनेम-दर्शन की आरम्भिक प्रवृत्तियों और मान्यताओं पर अपने विस्तृत दर्शन का भवन खड़ा किया। इसी कारण महिषासुर के मिथक सहित संभूसेक, गोंडी धर्म, असुर व श्रमण व मातृसत्तात्मक या तांत्रिक या लोकायतिक दर्शनों पर और अधिक गहराई से शोध की आवश्यकता है। यह शोध बहुजन समाज की मूल संरचना और उसके ऐतिहासिक उद्विकास सहित उसके पतन की खोज है ताकि ब्राह्मणी या आर्य षड्यंत्र को उसकी संपूर्णता में देखा जा सके। यही शोध आज हमारी आँख के सामने चल रहे उसी सनातन षड्यंत्र को दुबारा उजागर करेगा। यह न केवल ऐतिहासिक अर्थों में उद्विकास और पतन की नयी तस्वीर उजागर करेगा, बल्कि भविष्य में ब्राह्मणवादी पाखंड के शमन के लिए प्रगतिशीलों और मुक्तिकामियों सहित सम्पूर्ण बहुजन समाज के सभी धड़ों को एक साथ संगठित भी करेगा। अंततः भारत में एक निरीश्वरवादी प्रकृतिरक्षक मातृसत्तात्मक और इस लोक में भरोसा करते हुए परलोक को नकारने वाले वैज्ञानिक व समतामूलक समाज की स्थापना का आधार यही बनेगा।

संदर्भ

आर.के. क्षीरसागर (1994), *दलित मूवमेंट्स इन इंडिया ऐंड इट्स लीडर्स*, एम.डी. पब्लिकेशंस, नयी दिल्ली.

ओवेन लिंच (1969), *द पॉलिटिक्स ऑफ़ अनटचेबिलिटी : सोशल मोबिलिटी ऐंड सोशल चेंज इन अ सिटी ऑफ़ इंडिया*, कोलम्बिया युनिवर्सिटी प्रेस, न्यू यॉर्क और लंदन.

ईश्वर दत्त मेधार्थी (1939), *भारत के आदिवासी पूर्वज और संत धर्म*, भारती वेद विद्यालय, कानपुर.
ए. कीथ (1925), *द रिलीजन ऐंड फ़िलॉसफ़ी ऑफ़ द वेदा ऐंड उपनिषद्स*, हार्वर्ड ओरिएंटल सीरीज़, खंड 31, केम्ब्रिज.
एम. बेल्विन्केल, (2004), 'रूट्स ऑफ़ आम्बेडकर्स बुद्धिज़म इन कानपुर', सुरेंद्र जोंधाले, जोहान्नेस बेल्त्ज़ (सं.), *रिकंस्ट्रक्टिंग द वर्ल्ड : बी.आर. आम्बेडकर ऐंड बुद्धिज़म इन इंडिया*, ऑक्सफ़र्ड युनिवर्सिटी प्रेस, नयी दिल्ली.
एलिनॅर ज़िलियॅट और रोहिणी मोकाशी-पुणेकर (सं.) (2005), *अनटचेबल सेंट्स : एन इंडियन फ़ेनोमेना*, मनोहर पब्लिकेशंस, नयी दिल्ली.
एस.एन. दासगुप्त (1922), *अ हिस्ट्री ऑफ़ इंडियन फ़िलॉसफ़ी*, गगनदीप प्रकाशन, नयी दिल्ली.
क्रिस्टॉफ़ वॉन फ़्युरेर-हैमेंड्राफ़, माइकेल यॉर्क और जयप्रकाश राव (1982), *ट्राइब्स ऑफ़ इंडिया*, युनिवर्सिटी ऑफ़ केलिफ़ोर्निया प्रेस, न्यू यॉर्क.
गेल ऑम्वेट (1994), *दलित्ज़ ऐंड द डेमोक्रेटिक रिवोल्यूशन : डॉ. आम्बेडकर ऐंड द दलित मूवमेंट इन कोलोनियल इंडिया*, सेज पब्लिकेशन, नयी दिल्ली.
———(2003), *बुद्धिज़म इन इंडिया : चेलेंजिंग ब्राह्मनिज़म ऐंड कास्ट*, सेज पब्लिकेशन नयी दिल्ली.
छेदीलाल साथी (सं.) (1999), *भदंत बोधानंद महास्थविर : जीवन और कार्य*, बुद्ध विहार, लखनऊ.
जॉर्ज. एम. विलियम्स (2003), *हैंडबुक ऑफ़ हिंदू माइथोलॉजी*, एबीसी-सीएलआइओ, सांता बारबरा.
डॉ. अनुराधा पॉल (2014), *गोंड उत्पत्ति, इतिहास तथा संस्कृति*, राष्ट्रीय पुस्तक न्यास, नयी दिल्ली.
डॉ. धर्मवीर (2013), *कबीर : ख़सम ख़ुशी क्यों होई*, वाणी प्रकाशन, नयी दिल्ली.
देबी प्रसाद चट्टोपाध्याय (1992), *लोकायत : अ स्टडी इन एंशियेंट इंडियन मैटेरियलिज़म*, पीपुल्स प्रकाशन, नयी दिल्ली.
धनंजय कीर, मालसे एवं फड़के (सं.)(2006), *फुले समग्र वांङ्मय*, महाराष्ट्र सरकार प्रकाशन, मुंबई.
नंदिनी गुप्ता (1993), 'कास्ट ऐंड लेबर : अनटचेबल सोशल मूवमेंट इन अर्बन उत्तर प्रदेश इन अर्ली ट्वेंटियथ सेंचुरी', पीटर रॉब (सं.), दलित मूवेमेंट्स ऐंड द मीनिंग्स ऑफ़ लेबर इन इंडिया, ऑक्सफ़र्ड युनिवर्सिटी प्रेस, नयी दिल्ली.
प्रमोद रंजन (सं.)(2014), *महिषासुर*, दुसाध प्रकाशन, लखनऊ.
पी.एल. नरसू (2010), *द एसेंस ऑफ़ बुद्धिज़म*, दिव्यांश प्रकाशन, लखनऊ.
बी.आर. आम्बेडकर (1960), *हू वर द शूद्राज़? : हाउ दे केम टू बी द फ़ोर्थ वर्ना इन द इंडो-आर्यन सोसाइटी*, ठेकर्स पब्लिशिंग, बॉम्बे.
———(2009), *हिंदू धर्म की रिडल*, अनु. : डॉ. भदंत आनंद कौसल्यायन, गौतम बुक सेंटर, नयी दिल्ली.
बीबीसी हिंदी, http://www.bbc.com/hindi/india/2009/09/090927_festival_mourners_adas. shtml,11 दिसंबर, 2015 को देखा गया.
मोतिरावण कंगाली (2002), *डिसाइफ़रमेंट ऑफ़ इंडस स्क्रिप्ट इन गोंडी*, चंद्रलेखा कंगाली, नागपुर.
———(2011), *डोंगरगढ़ की बम्लाई दाई बम्लेश्वरी*, चंद्रलेखा कंगाली, नागपुर.
———(2011), *पारी कुपार लिंगो पुनेम-दर्शन*, चंद्रलेखा कंगाली, नागपुर.
लिंडा हेस और सुखदेव थोरात (2002), द *बीजक ऑफ़ कबीर*, ऑक्सफ़र्ड युनिवर्सिटी प्रेस, न्यू यॉर्क.
रॉस एफ़. (2008), बुद्धिज़म (बीस खंड), *रौटलेज लाइब्रेरी एडिशन*, *रौटलेज*, लंदन.
रोजालिंड ओ'हैनलोन (1985), *कास्ट, कॉन्फ्रिलक्ट ऐंड आइडियोलॅजी : महात्मा ज्योतिराव फुले ऐंड लो कास्ट प्रोटेस्ट इन नाइंटींथ-सेंचुरी वेस्टर्न इंडिया*, केम्ब्रिज युनिवर्सिटी प्रेस, न्यू यॉर्क.
लवली गोस्वामी (2014), *प्राचीन भारत में मातृसत्ता और यौनिकता*, दख़ल प्रकाशन, नयी दिल्ली.
विवेक कुमार (2006), *इंडियाज़ रोरिंग रिवोल्यूशन : दलित असर्शन ऐंड न्यू होराइज़ंस*, गगनदीप पब्लिकेशन, नयी दिल्ली.
स्टीफ़न वॉलपर्ट (2006), *इंसाइक्लोपीडिया ऑफ़ इंडिया*, चार्ल्स स्क्रिब्नेर्स संस, थॉमसन गेल, डेट्रॉइट.

स्वच्छ भारत अभियान

कितने सारे मौन ?

सुभाष गाताडे

प्रतिमान, जनवरी-जून, 2015, वर्ष 3, अंक 5 में पूर्व-प्रकाशित : पृ.सं. 46-63.

हिंदू समाज व्यवस्था एक ऐसे श्रम विभाजन पर टिकी है जिसके अंतर्गत हिंदुओं के लिए स्वच्छ और सम्मानजनक काम आरक्षित किये गये हैं और अछूतों को गंदे और हलके काम सौंपे गये हैं। इस तरह वह व्यवस्था हिंदुओं को सम्मान के आवरण से ढँकती है और अछूतों पर लांछन लादती है।

— 'द रिवोल्ट ऑफ़ अनटचेबिल्स' : डॉ. बाबासाहेब आम्बेडकर
('एसेज़ ऑन अनटचेबिल्स ऐंड अनटचेबिलिटी',
राइटिंग ऐंड स्पीचेज़, खंड 5, महाराष्ट्र सरकार, 1989 : 256-58.

पिछले दिनों मोदी सरकार द्वारा स्वच्छ भारत अभियान का टीवी कैमरों के सामने 'लाइव' आगाज़ बड़ी धूमधाम से तमाम मंत्रियों, नौकरशाहों और उनके चहेतों की मंडली के बीच हुआ। इस अभियान की 'नवीनता' और 'सृजनशीलता' के क़ायल ऐसे लोग भी होते दिखे, जो मौजूदा हुक़ूमत के आलोचक रहे हैं। इस अभियान को ले कर कूड़ा बीनने में लगे रहने वाले संजय की प्रतिक्रिया बड़ी दिलचस्प थी। संजय अपने माता-पिता के साथ दिल्ली के मेहरौली में रहता है। टीवी पर मंत्रियों, नौकरशाहों और उनकी मंडली को झाड़ू पकड़े देख उसने आश्चर्य प्रगट करते हुए कहा :

ये वही लोग हैं जिनके घरों का कूड़ा हम रोज़ उठाते हैं। यह हमारी ज़िंदगी का हिस्सा है। हम नहीं समझ पा रहे हैं कि आज उसी को ले कर ये सब इतना दिखावा क्यों कर रहे हैं।

— मल्लिका जोशी[1]

I

एक मोटे अनुमान के हिसाब से संजय को हम राजधानी के उन तीन लाख लोगों की आबादी में शुमार कर सकते हैं जो आमतौर पर नज़र नहीं आते। मगर शहर के कूड़ा-प्रबंधन में — घरों से कूड़ा उठाने से ले कर उसे

[1] मल्लिका जोशी (2014).

रीसाइकिल करने के लिए अलग-अलग करने तक — अहम भूमिका अदा करते हैं। हम जानते हैं कि उनके बिना यह शहर ठप्प हो सकता है। यह देखना मुश्किल नहीं है कि इतनी सारी आबादी की मौजूदगी से सरकार बिल्कुल ग़ाफ़िल है, जबकि वह इन लोगों की कड़ी मेहनत का लाभ उठाने में संकोच करती नहीं दिखती। कुछ साल पहले दिल्ली में राष्ट्रमंडलीय खेलों का आयोजन हुआ था। उन दिनों सूबे में हुकूमत की तरफ़ से कुछ सौ कूड़ा बीनने वालों को यूनिफ़ॉर्म और सुरक्षा उपकरण भी दिये गये थे और शहर साफ़ रखने में उनकी सेवाओं पर 'मुहर' भी लगाई गयी थी।

अब समय शायद बदल गया है और सत्ता का सूत्र सँभालते लोगों की निगाह में इनका कोई वजूद नहीं रह गया है। संजय की प्रतिक्रिया को प्रकाशित करने वाले उसी अख़बार ने आगे यह भी जोड़ा था कि 'जबकि उनकी कड़ी मेहनत का लाभ उठाने से सरकार को गुरेज़ नहीं है, मगर वह उनकी मौजूदगी से पूरी तरह इंकार करती दिखती है।'

वैसे 'क्लीन इंडिया' के नाम पर चलने वाली मुहिमों से संजय जैसों का सम्पूर्ण हाशियाकरण आश्चर्यजनक नहीं जान पड़ता। वह दरअसल उन तमाम 'चुप्पियों' और 'विलोपों' को ही प्रतिबिम्बित करता दिखता है, जो इन मुहिमों को शुरू करते समय नज़र आयी थीं। चंद विश्लेषकों ने इस बात की तरफ़ भी बख़ूबी इशारा किया था कि किस तरह उपनिवेशवाद और हर क़िस्म के सम्प्रदायवाद के ख़िलाफ़ गाँधी द्वारा ताउम्र चलाए गये संघर्ष को लगभग भुलाते हुए उनकी विरासत को इस अभियान के तहत महज़ 'सफ़ाई' तक घटा दिया गया है। इसी के साथ अतीत के असुविधाजनक दिखने वाले पन्नों की भी 'सफ़ाई' करने की कोशिश की गयी है। यशस्वी क़रार दे दिये गये प्रधानमंत्री की अगुआई में शुरू इस अभियान के ज़रिये एक अलग क़िस्म के साफ़-सुथराकरण अर्थात् सैनिटाइज़ेशन की पहल की गयी, जिसके ज़रिये हमारे समाज का एक समरस चित्र प्रस्तुत करने की कोशिश हुई। इसमें सफ़ाई या उसका अभाव 'भारत माता' की तरफ़ हमारे 'कर्तव्य' को ही उजागर करता दिख रहा था। उपस्थितों को जो शपथ प्रधानमंत्री की तरफ़ से दिलाई गयी थी वह इस प्रकार की थी :

> 'अब हमारा कर्तव्य है कि गंदगी को दूर करके भारतमाता की सेवा करें।' क्या इस समूची आपाधापी में किसी के कानों में 'जाति-व्यवस्था' का नाम पड़ा। ज़ाहिर-सी बात है कि नहीं। बजाय इसके राष्ट्रीय मीडिया के नुमाइंदे इस 'पल' को अपने कैमरे में क़ैद करने के लिए सक्रिय बने रहे? दरअसल जाति-व्यवस्था और उससे जुड़ा भेदभाव इतना आम हो चला है और हमारे मानस का इस क़दर हिस्सा बन चुका है कि मीडिया में बैठे लोगों को भी उसमें ख़बर देने लायक़ कुछ नहीं दिखता। एक क्षेपक के तौर पर यहाँ इस बात का भी उल्लेख करना समीचीन होगा कि चाहे प्रिंट हो या इलेक्ट्रॉनिक, दोनों तरह मीडिया में, निर्णायक पदों पर वर्चस्वी जातियों के पुरुषों की इस क़दर बहुतायत है कि उत्पीड़ित जातियों की ख़बरें ख़ास जगह बना ही नहीं पातीं।[2]

इस लेख में हमारा सरोकार यह दिखाना है कि 'स्वच्छ भारत अभियान' जैसे कई बार सरल से दिखने वाले नारे आकर्षक अवश्य जान पड़ते हैं, मगर उनके साथ एक अंदेशा हमेशा रहता है कि उनका सतहीपन व्यापक जटिल यथार्थ को समेटने में नाकाम हो कर ऐतिहासिक विषमताओं, अन्यायों और नस्लवाद के आधुनिक रूपों को नयी मज़बूती प्रदान न करने लगे।

II

इसके पहले कि हम गाजे-बाजे के साथ शुरू की गयी इस मुहिम का बारीक़ी से विश्लेषण करें, एक सरसरी निगाह उन लोगों की ज़िंदगियों की तरफ़ डाली जा सकती है, जो इस पेशे में लगे हैं। मशहूर फ़ोटो-पत्रकार सुधाकर ओलवे द्वारा ऐसे लोगों की ज़िंदगी पर तैयार किया 'फ़ोटो निबंध' — 'इन सर्च ऑफ़ डिग्निटी ऐंड जस्टिस' आँखें खोलने वाला साबित हो सकता है।[3] उन्होंने अपना कैमरा सफ़ाई कर्मचारियों और ऐसे ही हाशियाकृत तबक़ों पर केंद्रित किया है। वे बताते हैं कि मुम्बई में लगभग तीस हज़ार सफ़ाई कर्मचारी हैं जो बृहन्-मुम्बई म्युनिसिपल कॉरपोरेशन के लिए काम करते हैं। उनके मुताबिक़ :

---

[2] देखें, मीडिया स्टडी ग्रुप की तरफ़ से कुछ साल पहले किये गये अध्ययन की रिपोर्ट : http://defencefprumindia.com /forum/politics-delhi.html and http://thehoot.org/web/The-untold-story-of-Dalit-journalists/6956-1-1-19-true.html/

[3] http://www.galli.in2013/10/search-dignity-justice-sudharak-olwe.html

वे सभी दलित हैं, जो जाति व्यवस्था के सबसे निचले पायदान पर स्थित हैं। वे न के बराबर शिक्षित हैं। बिना अपवाद, सभी अपने काम से घृणा करते हैं। शेष समाज द्वारा उनकी पूरी तरह उपेक्षा की जाती है या उन्हें नीची निगाहों से देखा जाता है। उन्हें बजबजाती गंदगी के बीच काम करना पड़ता है, जहाँ उन्हें बचाने के लिए कोई सुरक्षा उपकरण भी नहीं होता। यहाँ तक कि ठीक से पानी तक उपलब्ध नहीं होता कि वे ख़ुद को धो सकें। अधिकतर शराब के आदी होते हैं, बेहद ग़रीबी में रहते हैं ... यह सभी कामगार अपनी पत्नियों और बच्चों से दुर्व्यवहार करते हैं। और जब पतियों की मौत होती है तो यह घृणित काम विधवाओं को सौंपा जाता है, और निराशा का चक्र जारी रहता है।

सुधाकर अपने कथन में आगे जोड़ते हैं : 'मैं चाहता हूँ कि नागरिक इन कामगारों को देखें और उनकी मौजूदगी तथा योगदान को क़बूल करें।' अपनी छोटी-सी टिप्पणी के अंत में वे 'फ़ोटोग्राफ़ी को लेकर अपनी समझ का परिचय इन शब्दों में देते हैं : 'लोगों से कुछ करने का आह्वान करना,इन चित्रों को देखते हुए लोग व्यापक चित्र अर्थात् परिदृश्य बदलने के बारे में सोचें, यही मेरी कामना है।'

सुधाकर ओलवे द्वारा प्रस्तुत दृश्य-आख्यान एक तरह से मुझे अपने उस संक्षिप्त अनुभव की याद दिलाता है जब हम कुछ साथियों ने सीवर में होने वाली मौतों को ले कर कुछ करने की कोशिश की थी। वह 2004 का वर्ष था जब अख़बारों में सीवर में होने वाली मौतों को लेकर कुछ समाचार छपे। इन ख़बरों से विचलित हो हम लोगों ने कुछ करने की ठानी। सबसे पहला क़दम था, इन मौतों से जुड़े तथ्यों का संग्रह करना, गटर कामगार अर्थात् सीवर मज़दूरों की काम करने की परिस्थितियों के बारे में जानना, उन पीड़ित परिवारों से भी मिलना जिन्होंने अपने किसी आत्मीय को इस गटर-सफ़ाई में खोया है, सफ़ाई कर्मचारी आयोग के अधिकारियों से मिलकर उनसे जानकारी हासिल करना तथा इस क्षेत्र में पहले से कार्यरत लोगों और संगठनों से मुलाक़ात करना। इन तथ्यों के आधार पर हम लोगों ने एक कच्ची रिपोर्ट तैयार की। दूसरा क़दम था इस मुद्दे को लेकर सिविल सोसायटी अर्थात् आम नागरिकों के बीच प्रचार अभियान चलाना ताकि उन्हें इस बात के प्रति संवेदनशील

बनाया जा सके कि यह पेशा जनतंत्र का एक कलंक है। अपनी बातों को लोगों तक पहुँचाने के लिए हम लोगों ने एक छोटा-सा नुक्कड़ नाटक तैयार किया, हैंडबिल भी बनाया और अलग-अलग इलाक़ों में जाकर आम सभाएँ भी कीं। इस मुहिम की परिणति दिल्ली के कांस्टीट्यूशन क्लब में एक विशाल जन सभा में हुई, जिसमें कुछ पीड़ित परिवार भी आये थे।

पिछले दिनों मेरी निगाह अचानक उस पर्चे पर गयी, जो उन दिनों हम लोगों ने बाँटा था। 'शहर के सीवर या मौत के कुएँ' शीर्षक उस पर्चे की शुरुआत उन्हीं दिनों, 12 जून, 2004 को समयपुर बादली नामक दिल्ली के इलाक़े में, सीवर सफ़ाई करते हुए आला और उमेश की मौत से होती है। यह पर्चा ऐसी मौतों के बारे में सत्ताधारी तबक़े की बेरुखी और मीडिया की निर्लिप्तता की बात करते हुए इस बात की भी चर्चा करता है कि किस तरह सीवर में उतरने वाले श्रमिकों को कोई सुरक्षा उपकरण नहीं दिये जाते। पर्चे का अंत सीवर में होने वाली मौतों को लेकर मुआवज़े का अभाव और किसी भी व्यक्ति पर न चलने वाले मुक़दमें के साथ होता है। यक़ीन मानिए, मैं जब उस पर्चे को फिर पढ़ रहा था, तो मुझे लगा कि जहाँ तक इस मसले का ताल्लुक़ है, हमारी समझदारी बेहद प्रारम्भिक क़िस्म की थी। न हम स्थिति की गंभीरता से वाक़िफ़ थे और न ही उन उपायों की सीमाओं से परिचित थे जिन्हें समस्या को क़ाबू में रखने के लिए प्रस्तुत किया जा रहा था।

हमारे संक्षिप्त हस्तक्षेप के महज़ तीन साल बाद अर्थात् 2007 में सिरियावन आनंद नामक पत्रकार ने अंग्रेज़ी साप्ताहिक *तहलका* में इस पर एक स्टोरी की जिसका शीर्षक था 'लाइफ़ इनसाइड ए ब्लैक होल'। लेख में 'भारत की बढ़ती चकाचौंध में छिपे उन स्याह कोणों की चर्चा थी, जिसमें ज़हरीली गैसें भरी होती हैं और लाखों दलितों को बीमारियों एवं अस्पृश्यता के एवज में यहाँ जीवनयापन के लिए काम करना पड़ता है।'

इस रिपोर्ट के कुछ तथ्य दिमाग़ को सुन्न करने के लिए काफ़ी थे। आनंद के मुताबिक़ हर साल सैनिटेशन के काम में एक दलित उपजाति के 22, 327 लोग मरते हैं। सफ़ाई कामगार विकास संघ, जो बृहन्-मुम्बई म्युनिसिपल

कॉरपोरेशन के सैनिटेशन कामगारों की नुमाइंदगी करने वाली संस्था है। उसने सूचना के अधिकार के ज़रिये 2006 में तथ्य एकत्रित करने की कोशिश की और पाया कि 2004-05 के दरमियान 288 सफ़ाई कामगार मरे। 2003-04 में यह आँकड़ा 316 था। 2002-03 में 320 लोग मरे थे। यह संख्या कॉरपोरेशन के 24 वार्डों में से महज़ 14 वार्डों की थी। यानी हर माह 25 मौतें। इनमें सिविल अस्पताल के कामगार, गटर कामगार या ठेके पर काम करने वाले सैनिटेशन मज़दूरों के आँकड़े शामिल नहीं हैं। आप इन आँकड़ों की तुलना 1990 से 2007 के दरमियान जम्मू कश्मीर में आतंकवाद से लड़ते मारे गये 5,100 सैनिकों की संख्या के साथ कर सकते हैं।

लेख में यह भी रेखांकित किया गया था कि ज़हरीली गैसों से मरने वालों की यही एकमात्र संख्या नहीं है। दरअसल सीवर में काम करने वाले अधिकतर मज़दूर रिटायरमेंट के पहले ही मर जाते हैं। मेनहोल में काम करने वाले कामगार का औसत जीवन 45 साल होता है। अगर कामगार मेनहोल के अंदर नहीं मरता है तो उसके लिए उसे कोई वित्तीय मुआवज़ा नहीं मिलता। ऐसी मौतों को पेशागत ख़तरे की तार्किक परिणति समझा जाता है, जिसके लिए कामगार को 'रिस्क अलाउंस' अर्थात् 'जोखिम भत्ता' मिलता है, जो दिल्ली में प्रतिमाह महज़ 50 रुपये है।

इस रिपोर्ट में पेशागत स्वास्थ्य चिकित्सक आशिष मित्तल को उद्धृत किया गया था। उन्होंने 2005 में सीवर कामगारों पर एक अध्ययन किया है : 'होल टू हेल'। इसमें उस प्रश्न का भी जवाब देने की कोशिश की गयी है, जो सवाल ऐसी बहस में आमतौर पर उठता है। सीवर मौतों के सिलसिले में हम भारत की परिस्थिति की तुलना अधिकतर विकसित मुल्कों की परिस्थिति के साथ किस तरह कर सकते हैं? इस रपट में बताया गया था :

> वहाँ के मेनहोल कामगारों को बाक़ायदा बनी सूट दिये जाते हैं ताकि दूषित पानी से उनका संपर्क न हो और उन्हें साँस लेने का उपकरण भी दिया जाता है। सीवर में भरपूर रौशनी होती है, जिनमें बड़े पंखों से हवा चलाई जाती है और इस वजह से उनमें कभी भी ऑक्सीजन की कमी नहीं होती। हांगकांग

में, एक सीवर कामगार को पर्याप्त प्रशिक्षण के बाद कम से कम 15 लाइसेंस और परमिटों की ज़रूरत होती है, जिसके बिना वह मेनहोल में उतर नहीं सकता।

अब अगर भारत की बात करें तो यहाँ :

> मेनहोल कामगार हाफ़ पैंट या महज़ लुंगी या धोती पहन कर अंदर उतरते हैं। दिल्ली में, राष्ट्रीय मानवाधिकार आयोग के निर्देशों के बाद यानी अक्टूबर, 2002 से दिल्ली जल बोर्ड के स्थायी कर्मचारी एक 'सेफ़्टी बेल्ट' पहन लेते हैं, जो एक मज़ाक है। यह बेल्ट, जो गटर में उतरने वाले कामगार को मोटी रस्सी के ज़रिये ऊपर खड़े आदमी से जोड़ती है, उन ज़हरीली गैसों से कोई सुरक्षा प्रदान नहीं करती और न ही उन धारदार वस्तुओं से उसे बचाता है, जिनसे मेनहोल कामगार को निपटना पड़ता है। अधिक से अधिक, वह उस कामगार को बाहर निकालने में मदद करती है, जब वह बेहोश हो जाता है या मर जाता है।

इस रिपोर्ट के आख़िरी हिस्से में इस बात पर ज़ोर दिया गया था कि समस्या फ़ंड की कमी या टेक्नॉलॅजी की नहीं है। अगर उपग्रहों/ सैटेलाइटों को आसमान में छोड़ने के लिए टेक्नॉलॅजी का इस्तेमाल किया जा सकता है तो कूड़ा और गंदगी को हटाने के लिए क्यों नहीं किया जा सकता। ड्रेनेज और सीवरेज़ के लिए हज़ारों करोड़ रुपये के आवंटन का विवरण देते हुए उसमें प्रश्न पूछा गया था कि आख़िर इतना सारा पैसा ऐसे पाइपों या नालियों को बिछाने के लिए क्यों ख़र्च होता है, जो एक तरह से लोगों को मारने के लिए बने हों?

> भारत के शहर नियोजक, डिज़ाइनर और टेक्नॉलॉजिस्टों को अभी भी कूड़ा और सीवेज के प्रबंधन की मानव अनुकूल प्रणाली गढ़ने का ख़याल तक नहीं आया। इसके बजाय, वह कभी भी ख़त्म न होने वाले, सस्ते, दलित श्रम पर निर्भर रहते हैं।

'लगभग अदृश्य दिखने वाले सीवर कामगार' (अधिकतर किसी दलित जाति का सदस्य) और हमारे समाज के प्रबुद्ध एवं मुखर तबक़े के बीच जो अंतराल नज़र आता है और ऐसे कामगारों की पीड़ा एवं व्यथा से उनकी दूरी को हम रेडियो मिर्ची से जुड़े टेलिविज़न कमर्शियल पर उनकी प्रतिक्रिया में

देख सकते हैं। इसका उल्लेख उसी आलेख में मिलता है। यह विज्ञापन दरअसल दो साल तक चलता रहा। इसकी शुरुआत एक गीत से होती है, जिसकी आवाज़ मेनहोल से आ रही है :

ये सुहाना मौसम, ये खुला आसमाँ,
खो गये हम यहाँ, खो गये हम यहाँ

दर्शक देख रहे थे कि पान चबाता सफ़ारी सूट पहना आदमी बहुत उत्सुकता से देख रहा है कि मेनहोल में काम कर रहा आदमी इतना ख़ुश क्यों है कि वह गाये जा रहा है। अचानक कैमरा मेनहोल कामगार की पेंट और चप्पल की तरफ़ घूमता है, जो मेनहोल के कवर के पास रखी है और फिर टैगलाइन नमूदार हो जाती है 'मिरची सुनने वाले ... हमेशा ख़ुश।' प्रसून जोशी द्वारा कल्पित यह विज्ञापन, दर्शकों या मानवाधिकार समूहों की तरफ़ से किसी विरोध के बिना दो साल तक चलता रहा।

III

क्या हम अपने आप से पूछ सकते हैं कि आख़िर किसी ने इस विज्ञापन को लेकर विरोध क्यों नहीं किया या प्रश्न क्यों नहीं उठाया?

कल्पना करें कि अगर किसी विकसित मुल्क में किसी ख़ास नस्ल या समुदाय पर इसी तरह लांछन लगाया जा रहा हो तो क्या प्रतिक्रिया इसी क़िस्म की होती? जिस मुल्क में लगभग 22,000 लोग हर साल मरते हैं — आप चाहें तो इन आँकड़ों पर बहस कर सकते हैं — ताकि आप के सीवर जाम न हों और उनमें से अधिकतर रिटायरमेंट के पहले कालकवलित न हों, और हमें इस बात का 'तसव्वुर करने' से भी कोई गुरेज़ नहीं है कि सीवर में काम करने वाला व्यक्ति अपने काम को 'एंजॉय' कर रहा है।

इस घटनाक्रम का एकमात्र संभव 'स्पष्टीकरण' यह हो सकता है कि जाति और उससे जुड़ा भेदभाव हमारे मानस का इस तरह हिस्सा बन चुका है कि हमें कुछ भी घृणास्पद नहीं लगता। आख़िर इस अनोखे सोपानक्रम के बारे में — जिसे व्यापक समाज की वैधता हासिल है और

जिस पर धर्म ने भी अपनी मुहर लगाई है — जिसने अपने ही कहे जाने वाले लोगों को सफ़ाई, झाड़ू काम, मल उठाने जैसे 'पेशे' तक सदियों से सीमित कर रखा है, के बारे में वे लोग कैसे बोलेंगे, जो प्रत्यक्ष-अप्रत्यक्ष उससे लाभान्वित होते रहे हैं। बाहर की दुनिया को क्या बताया जाए कि इस मुल्क की, जो 21वीं सदी में 'आर्थिक महाशक्ति' बनने का इरादा रखता है, आधे से अधिक आबादी खुले में शौच करती है और आज भी लाखों लोग मल उठाने के 'पेशे' में मुब्तिला हैं। दरअसल यहाँ कई समुदाय चिह्नित हैं जिन्हें सदियों से यह अमानवीकृत काम करने के लिए मजबूर किया जाता रहा है।

अगर हम बारीक़ी से देखें तो पता लगेगा ये लोग देश के अलग-अलग भागों में अलग-अलग नामों से जाने जाते हैं। गीता रामस्वामी अपनी किताब *इंडिया स्टिंकिंग* (नवयान, 2007) में बताती हैं : 'दिल्ली में ये लोग भंगी, वाल्मीकि, मेहतर, चुहड़ा नाम से, तो यूपी में धानुक, तो बंगाल में हान, हादी नाम से, असम में मेहतर, भंगी नाम से, हैदराबाद में मेहतर नाम से तो तटीय आंध्र में पाकी नाम से, तो तमिलनाडु में थोती नाम से, पंजाब में मीरा, लालबेगी, चुहड़ा, बालाशाही नाम से जाने जाते हैं।'

नाम अलग-अलग हो सकते हैं मगर उनकी नियति एक ही है : वे हिंदू सामाजिक सोपानक्रम की निचली सीढ़ियों पर स्थित हैं और अस्पृश्य हैं। ऐसी जातियों, जो अपने आप को ऊँचा समझती हैं, को पेशा चुनने की आज़ादी रहती है, जबकि आज के दलितों के लिए सबसे कम वांछनीय पेशे उपलब्ध होते हैं जैसे — मानवीय मल को उठाना, सफ़ाई, झाड़ू काम, चमड़ा काम, मृत जानवरों की चमड़ी उतारना, मनुष्य और जानवरों की लाशों को हटाना, सूअर पालन आदि। हम सामाजिक सोपानक्रम के इस मॉडल को अन्य धार्मिक समुदायों में भी दोहराता हुआ देख सकते हैं।

कुछ साल पहले हाथ से मल उठाने की प्रथा पर पी. अमुधन नामक एक युवा निर्देशक की तीन छोटी-छोटी फ़िल्में प्रसारित हुई थीं, जिनमें से एक फ़िल्म *वंदेमातरम — ए शिट वरज़न* की पार्श्वभूमि पर ए.आर. रहमान का

चर्चित गीत 'वंदे मातरम्' चलता दिख रहा था। यह फ़िल्म मदुरै में हाथ से मल उठाने वाली एक महिला की रोज़मर्रा की दिनचर्या पर केंद्रित थी। यह रिमिक्स अलबम एक तरह का सचेत प्रयास था लोगों की नक़ली देशभक्ति को प्रश्नांकित करने का और उस समाज के सामने प्रश्न खड़ा करने का जो जाति के आधार पर हाथ से मल उठाने जैसी घृणित प्रथाओं को आज भी चलने देता है। इस म्यूज़िकल विडियो ने उन दिनों तमिलनाडु में हंगामा खड़ा कर दिया था, और वहाँ की सरकार को स्थानीय कलेक्टर के ख़िलाफ़ कार्रवाई करनी पड़ी थी। वजह बताई गयी कि उसने इस प्रथा की अनदेखी की। दरअसल, यह अपने चेहरे को बचाने की सरकारी क़वायद थी, जो अकसर दावे करती आयी थी कि राज्य में मल उठाने की प्रथा अस्तित्व में ही नहीं है।

जो हाल तमिलनाडु का है, वही हाल बाक़ी देश का भी है। यह प्रथा समूचे भारत में प्रचलित है, गोया इसके ज़रिये महान् कहे जाने वाले इस देश की बहुचर्चित 'विविधता में एकता' का सिद्धांत उजागर होता है। आधिकारिक आँकड़ों के हिसाब से देखें तो दुनिया में भारत खुले में शौच के मामले में अव्वल नंबर पर है। यहाँ 60 करोड़ से अधिक लोगों के घरों में सैनिटेशन की कोई सुविधा नहीं है। वे या तो खेतों में जाते हैं या शुष्क शौचालयों का सहारा लेते हैं। सरकारी आँकड़ों के हिसाब से — सामाजिक न्याय और आधिकारिता मंत्रालय, भारत सरकार — भारत में 6.73 लाख लोग, जिनमें से 95 फ़ीसदी स्त्रियाँ हैं, आज की तारीख़ में हाथ से मल उठाने में लगी हुई हैं। अगर ग़ैर-सरकारी आँकड़ों को देखें तो यह संख्या 13 लाख तक पहुँचती है।

अगर पी. अमुधन ने मदुरै में हाथ से मल उठाने वाली स्त्री को 'अमर' किया, तो अग्रणी पत्रकार पी. साईनाथ ने उसी तरह राजस्थान के जोधपुर की पतासीबाई पर अपने आप को केंद्रित किया, जो अपने सर पर दूसरों का मल उठा कर जीवनयापन कर रही थी। 'हमारे पास तो लोगों का मल उठाने के लिए कोई हाथगाड़ी तक नहीं है', ... 'बहुत बदबू आती है मगर हम और कर क्या सकते हैं', 'मुझे प्रति घर प्रतिमाह दस रुपये मिलते हैं, कभी-कभी घर की स्त्री बासी रोटियाँ भी पकड़ा देती हैं।' पतासीबाई जैसों की जीवन-कथा पर साईनाथ की क़लम चली थी। बेजवाड़ा विल्सन, जो लम्बे समय से हाथ से

मल उठाने में मुब्तिला लोगों को 'सफ़ाई कर्मचारी आंदोलन' के बैनर तले उनके 'पेशे' से मुक्ति दिलाने के प्रयास कर रहे हैं। गीता रामस्वामी *इंडिया स्टिंकिंग* में लिखती हैं :

> आख़िर कीड़ों-मकोड़ों से बजबजाते, बदबू करने वाले लोगों के मल को उठाने में किसे गर्व हो सकता है? आदतन नथुनों को बंद करते हुए, इन टॉयलेटों में घुसने के पहले अपने सीने में अधिक से अधिक ताज़ा हवा भर लेने वाले, हम सफ़ाई कर्मचारी साँस एवं चमड़ी की सबसे गंभीर क़िस्म की बीमारियों से परेशान रहते हैं ... कई लोग हमें बताते हैं कि किस तरह आठ साल या ग्यारह साल की उम्र में उन्होंने इस काम को करना शुरू किया, कितने दिनों तक ख़ाना होंठों के पास लाना उनके लिए संभव नहीं हुआ था; इस मल की गंध किस तरह उनके नथुनों में हमेशा जमी रहती है; और किस तरह वे उस शर्म और अपमान को उगल देने की कोशिश करते रहे।

ऐसा नहीं कहा जा सकता कि संसद के स्तर पर या कार्यपालिका के स्तर पर इस प्रथा को समाप्त करने की कोशिशें न हुई हों, मगर वे हमेशा आधे मन से चली हैं और उसमें शासकों की बेरुखी का ही प्रदर्शन हुआ है। उदाहरण के तौर पर, सरकार ने 'द एम्प्लायमेंट ऑफ़ मैन्युअल स्केवेंजर्स ऐंड कंस्ट्रक्शन ऑफ़ ड्राई लैटरिंस प्रोहिबिशन ऐक्ट' 1993 में बनाया मगर उसे अधिसूचित करने में ही चार साल लगा दिये। किसी भी राज्य ने उसे जारी करने को लेकर 2000 तक कोई रुचि नहीं दिखायी। और, यह क़ानून बनने के बीस साल बाद तक किसी भी सरकारी अफ़सर या किसी कम्पनी के अधिकारी को इस मामले में दोषी सिद्ध नहीं किया गया था, न किसी को इस प्रथा को जारी रखने के लिए दंडित किया गया था। दरअसल, देखने में तो यह आया था कि इस क़ानून की सबसे बड़ा उल्लंघनकर्ता तो सरकार ही है। पैसों की कमी का हवाला देते हुए भारतीय रेल इस क़ानून के अमल का लगातार विरोध करती आयी है।

गोया अपनी नाकामी को ही रेखांकित करने के लिए सरकार ने सितंबर, 2013 में एक नया क़ानून बनाया 'द प्रोहिबिशन ऑफ़ एम्प्लायमेंट ऐज़ मैन्युअल स्केवेंजर्स ऐंड देअर रिहेबिलिटेशन ऐक्ट, 2013' और सरकार ने उसके लिए अधिसूचना भी जारी कर दी। इस बात पर ज़ोर डालना ज़रूरी है कि

स्थानीय और रेलवे अधिकारियों के लिए — जो अभी भी हाथ से मल उठाने के काम में कामगारों को लगाते हैं — इसमें एक बचने का रास्ता पहले से ही दे दिया गया। यह क़ानून कामगारों को दिये जाने वाले सुरक्षा उपकरणों आदि को यांत्रिकीकरण का विकल्प मानता है, और इस अधिनियम के अंतर्गत, जो लोग केंद्र सरकार द्वारा अधिसूचित नियमों के अंतर्गत सुरक्षा उपकरणों का इस्तेमाल कर रहे हैं, वे 'हाथ से मल उठाने' की श्रेणी में नहीं गिने जाएँगे।[4]

IV

कुछ समय के लिए पश्चिमी अनुभव को भूल कर हम भारत में सैनिटेशन सुगमता की स्थिति उसके दक्षिण एशियाई पड़ोसियों के साथ तुलना करके देखते हैं। दिलचस्प बात यह है कि सभी दक्षिण एशियाई मुल्कों की सैनिटेशन सुगमता भारत से बेहतर है। हम विश्व स्वास्थ्य संगठन की 2013 की रिपोर्ट पलटें तो उसके मुताबिक़ पाकिस्तान, बांग्लादेश और नेपाल में खुले में मल विसर्जन का प्रतिशत लगातार कम हो रहा है। वहाँ यह 25 फ़ीसदी के आसपास रह गया है।[5]

इसके पहले 2001 में जारी संयुक्त राष्ट्र संघ के मानव विकास रिपोर्ट में जारी आँकड़े काफ़ी कुछ बताते हैं :

मानव विकास सूचकांक		**सुधरे हुए सैनिटेशन वाली आबादी (प्रतिशत)**	
		1900	**2000**
142	पाकिस्तान	36	62
127	भारत	16	28
138	बांग्लादेश	41	48
96	श्रीलंका	85	94

[4] *द हिंदू*, 13 सितंबर, 2013 (संपादकीय)

[5] http://www.hardnewsmedia.com/2014/10/6419#sthash.BdIfDqUN.dpuf

हम नोट कर सकते हैं कि भारत के अलावा, बाक़ी तीनों दक्षिण एशियाई मुल्कों में जाति प्रथा की अनुपस्थिति है या उसकी मामूली उपस्थिति है। क्या हम कह सकते हैं कि भारत इस मामले में इतना फ़िसड्डी इस वजह से है क्योंकि यहाँ जाति प्रथा का वर्चस्व है?

इस प्रश्न का उत्तर तभी दिया जा सकता है जब हम भारत पर ग़ौर करें और यह समझने की कोशिश करें कि क्या सैनिटेशन सुविधाओं के प्रति सुगमता यहाँ पहले से ख़राब हुई है या बेहतर होती गयी है। मुअनजोदड़ो-हड़प्पा के उपलब्ध रेकार्ड इस मामले में शिक्षाप्रद हो सकते हैं।

विकीपीडिया के मुताबिक़ :

> उत्तर पश्चिम भारत की प्राचीन सिंधु घाटी सभ्यता, जिसमें पाकिस्तान और भारत के हिस्से को भी समाविष्ट किया जा सकता है, हाइड्रॉलिक इंजिनी-यरिंग के मामले में आगे थी। वहाँ पानी की आपूर्ति और सैनिटेशन की ऐसी सुविधाएँ थीं, जो पहली बार कहीं देखने को मिलती हैं। अन्य तमाम चीज़ों के अलावा, उसमें दुनिया के पहली जानी हुई फ़्लश टॉयलेट की प्रणाली दिखती है। वह कई घरों में उपलब्ध थी, जिसे एक साझे सीवरेज पाइप से जोड़ा गया था। अधिकतर घरों में निजी कुएँ थे।[6]

अगर हम अहमदाबाद से 62 किलोमीटर दूर स्थित लोथल को देखें, जो हड़प्पा सभ्यता का हिस्सा माना जाता है, तो हम पाते हैं कि ईसा पूर्व 2500 साल पहले लोगों के घरों में पानी से जुड़े टॉयलेट मौजूद थे, जो मिट्टी की ईंटों से ढँकी नालियों से आपस में जुड़े थे। इस निकास प्रणाली में मेनहोल और चेम्बर्स थे। हम देख सकते हैं कि सिंधु घाटी सभ्यता के अवसान के साथ सैनिटेरी इंजीनियरिंग के विज्ञान को झटका लगा।

बाद के धार्मिक ग्रंथों में — जैसे *नारद् संहिता* या *वाजनेयी संहिता* में हम गुलामों के कर्तव्य के तौर पर इस बात का साफ़ उल्लेख देखते हैं कि उनका काम 'मानवीय मल का निपटारा' करना था। ह्वेनसांग, चीनी

---

[6] http://en.wikipedia.org/wiki/Sanitation_of_the_Indus_Valley_Civilization

बौद्ध विद्वान् ने ईस्वी 630 से 645 के दरमियान भारत के विभिन्न स्थानों की यात्रा करते हुए जाति विभाजित समाज का उल्लेख किया है। उन्होंने यह भी बताया है कि उस समय 'अछूतों' की अवधारणा अस्तित्व में थी। चाण्डालों या शूद्रों को गाँवों के बाहर रहना पड़ता था। दरअसल, अस्पृश्यता का उदय — जिसका कालखंड डॉ. आम्बेडकर के मुताबिक़ ईस्वी 400 है — की वजह से सैनिटरी इंजीनियरिंग को मिले झटके की पुनर्समीक्षा करने की ज़रूरत पड़ी, क्योंकि मानवीय मल के निपटारे के लिए लोगों का एक हिस्सा मौजूद था। और आज, हम ख़ुद देख सकते हैं कि मल और हिंदू समाज की 'प्रदूषण' की धारणा के बीच का समीकरण एक तरह से सीवरेज़ की आपराधिक उपेक्षा में परिणत हुआ है :

> *इंडिया स्टिंकिंग* के पृ. 14 पर गीता रामस्वामी कहती हैं :
>
> पश्चिमी दुनिया के बड़े हिस्से में, मानवीय मल और रोग के बीच का रिश्ता स्थापित है। ढेर सारे संक्रामक रोगों के प्रसार में मानवीय मल को प्रधान कारक समझा जाता है ... भारत में, मल को अशुद्ध समझा जाता है ... पारम्परिक प्रथाएँ मल के वैज्ञानिक निपटारे के साथ सामंजस्य नहीं रख पायी हैं, जिसका परिणाम विचित्र प्रणालियों में हुआ है, ख़ास कर हमारे बाद किसी के सफ़ाई के लिए तैनात होने के रूप में।

मल से दूरी को एक तरह आवश्यक कर्म समझा जाता है : मल विसर्जन के बाद नहाया जाता है... वर्ण हिंदू समाज ने इस बात की कभी परवाह नहीं की कि सार्वजनिक स्थानों पर मल पड़ा है मगर इस बात पर अवश्य ज़ोर दिया कि घर के अंदर का भाग ऐसी गंदगी से मुक्त होना चाहिए।

एक नैमित्तिक कर्म के तौर पर मल से दूरी और यह हक़ीक़त कि मल से दूरी बनाए नहीं रखी जा सकती, इसका समाधान वर्ण हिंदू समाज ने, 'प्रदूषित' जातियों में ढूँढ़ लिया है जो हाथ से मल उठाती हैं। मल उठाना और जाति का प्रश्न इस तरह आपस में गूँथ दिया गया है।

V

झाड़ू का महिमामंडन, जब उसे छोड़ने की आवाज़ बुलंद हो रही है!

ऐसा प्रतीत हो सकता है कि जो कुछ चल रहा है उसके प्रति दलित समुदाय की तरफ़ से कोई प्रतिरोध नहीं है। सच्चाई इससे बिल्कुल अलग है।

उलटे हम यह देख सकते हैं कि समुदाय के अंदर पुराने 'पेशे' को चुनौती देने वाली आवाज़ें बुलंद हो रही हैं और समुदाय का युवा तबक़ा झाड़ू और मानवीय गंदगी में लिप्त पीढ़ी-दर-पीढ़ी ज़िंदगी से बाहर आने की कोशिश में है। सफ़ाई कर्मचारी आंदोलन जैसे संगठनों तथा कई स्थानों पर अलग-अलग लोगों ने शुष्क शौचालय को तोड़ने की मुहिम हाथ में लिए हुए हैं। ऐसे कई अवसर देखे जा सकते हैं जब लोग सामूहिक तौर पर आगे आये हैं और उन्होंने सफ़ाई काम में प्रयुक्त झाड़ू और टोकरी को आग के हवाले किया है। ऐसे संगठनों, व्यक्तियों, समुदाय आधारित संगठनों या एनजीओ के अनुभवों पर हम ग़ौर कर सकते हैं जो

1. हाथ से मल उठाने की प्रथा की व्यापकता को सामने ला रहे हैं।
2. शुष्क शौचालयों के ध्वंस और हाथ से मल उठाने में लगे लोगों के पुनर्वास में लगे हैं।
3. जो हुक़्मरानों की जातिवादी मानसिकता की आलोचना करते हैं और उसे बेपर्द करते हैं क्योंकि करोड़ों रुपये मल उठाने में लगे लोगों के पुनर्वास के लिए आवंटित किया जा रहा है, मगर उसका बहुलांश बिना ख़र्च पड़ा रहता है। मिसाल के तौर पर? 2012-12 में भारत सरकार ने समूचे वित्त वर्ष में 100 करोड़ रुपया इसके लिए आवंटित किया था, मगर उस पूरे वित्तीय वर्ष में उसमें से एक रुपया भी ख़र्च नहीं हुआ। और इसके लिए किसी को ज़िम्मेदार तक नहीं ठहराया गया।
4. हाथ से मल उठाने की प्रथा पर प्रतिबंध लगाने और लोगों के पुनर्वास के लिए न्यायपालिका का सहारा लेना।

'अस्वच्छ पेशे' को छोड़ने की उनकी माँग, जिसने सदियों से उन्हें लांछन की ज़िंदगी जीने के लिए मजबूर किया है या इस समुदाय में उठ रही 'झाड़ू छोड़ो, क़लम उठाओ' जैसी आवाज़ों के उद्गम के तौर पर हम डॉ.

आम्बेडकर के 1927 के ऐतिहासिक सत्याग्रह को याद कर सकते हैं, जब महाड़ के चवदार तालाब पर दलितों और उनके समानधर्मा लोगों ने सत्याग्रह किया था और उसका पानी पिया था। उन्होंने उन वर्ण-वर्चस्ववादी लोगों को चुनौती दी थी जिनका ऐलान था कि दलित उस पानी को छू तक नहीं सकते हैं। उसके बाद हुए सम्मेलन में डॉ. आम्बेडकर के आह्वान पर लोगों ने संकल्प लिया था कि 'आइंदा कोई दलित हिंदुओं के मरे जानवर का चमड़ा नहीं उतारेगा, या उसे उठाएगा नहीं या उसका मांस नहीं खाएगा।'

और अगर हम समुदाय के अंदर उठ रही इन प्रतिरोध की आवाज़ों को, जो इस 'पेशे' से मुक्ति चाहती हैं, के बरअक्स उन आवाज़ों को देखें जो 'स्वच्छ भारत अभियान' के नाम पर पैदा की जा रही हैं — तो हम देख सकते हैं कि यह एक तरह से झाड़ू को फिर से लोकप्रिय बनाने का बल्कि उसके इर्द-गिर्द ग्लैमर पैदा करने का प्रयास चल रहा है। यह एक अप्रत्यक्ष तरीक़ा है प्रतिरोध की आवाज़ों को कुंद करने का। गाँधी के नक़्शेक़दम पर चलने की अपनी जल्दबाज़ी में जनाब मोदी ने अपनी मुहिम उसी बाल्मीकि बस्ती से शुरू की जहाँ पर गाँधी कुछ समय के लिए रहे थे। उन्होंने इस बात की चिंता नहीं की कि ऐसा क़दम उस समुदाय पर पहले से चिपके लेबिल को नयी मज़बूती देगा। वैसे मीडिया ने इस पर सवाल नहीं उठाया, मगर जो लोग इस मुल्क की भगवा राजनीति के अध्येता हैं, उन्हें कोई आश्चर्य नहीं हुआ क्योंकि वे जानते थे कि इस 'पेशे' को लेकर मोदी के क्या विचार हैं। मोदी के विचार उनकी किताब *कर्मयोग* में दर्ज हैं जिसमें वे सफ़ाई मज़दूरों के काम की तुलना 'आध्यात्मिक अनुभव' से करते हैं :

> मैं नहीं मानता कि वे (सफ़ाई कामगार) इस काम को महज़ जीवनयापन के लिए कर रहे हैं। अगर ऐसा होता तो उन्होंने पीढ़ी-दर-पीढ़ी इस काम को नहीं किया होता। किसी वक़्त उन्हें यह प्रबोधन हुआ होगा कि वाल्मीकि समुदाय का काम है कि समूचे समाज को ख़ुशी के लिए काम करना, इस काम को उन्हें भगवान ने सौंपा है, और सफ़ाई का यह काम आंतरिक आध्यात्मिक गतिविधि के तौर पर जारी रखना चाहिए। इस पर यक़ीन नहीं किया जा सकता कि उनके पूर्वजों के पास अन्य कोई उद्यम करने का विकल्प नहीं रहा होगा। (पृ. 48-49)

इस किताब का प्रकाशन 2007 में हुआ था, जिसमें आईएएस अधिकारियों के चिंतन शिविरों में मोदी द्वारा दिये गये व्याख्यानों को संकलित किया गया है। गुजरात स्टेट पेट्रोलियम कॉरपोरेशन जैसे अग्रणी सार्वजनिक प्रतिष्ठान के सहयोग से इसकी पाँच हज़ार प्रतियाँ छापी गयी थीं। गुजरात के वरिष्ठ पत्रकार राजीव शाह के चलते ही इस बात का खुलासा हुआ था।[7]

जाति प्रथा एवं वर्णाश्रम की अमानवीयता को औचित्य प्रदान करने वाला उपरोक्त संविधान द्रोही वक़्तव्य *टाइम्स ऑफ़ इंडिया* में नवंबर, 2007 में प्रकाशित भी हुआ था। आप इसे गुजरात के दलितों के एक हिस्से के हिंदुत्वकरण का परिणाम कहें या जनतांत्रिक आंदोलन के कमज़ोर होने का लक्षण कि गुजरात में इस विवादित वक़्तव्य पर कोई प्रतिक्रिया नहीं हुई, मगर जब तमिलनाडु में यह समाचार छपा तो वहाँ दलितों ने इस बात के ख़िलाफ़ उग्र प्रदर्शन किये जिसमें मैला ढोने को 'आध्यात्मिक अनुभव' की संज्ञा दी गयी थी। उन्होंने जगह-जगह मोदी के पुतलों का दहन किया। अपनी वर्ण-मानसिकता के उजागर होने के ख़तरे को देखते हुए जनाब मोदी ने इस किताब की पाँच हज़ार कापियाँ बाज़ार से वापस मँगवा लीं, मगर अपनी राय नहीं बदली। 2009 में सफ़ाई कर्मचारियों की एक सभा को सम्बोधित करते हुए उन्होंने उनके काम को मंदिर के पुरोहित के काम के समकक्ष रखा था। उन्होंने कहा : जिस तरह पूजा के पहले पुजारी मंदिर को साफ़ करता है, आप भी मंदिर की ही तरह शहर को साफ़ करते हैं।

जब मैं *कर्मयोग* के पन्नों को पलट रहा था तो मैंने पाया कि उसमें अभिव्यक्ति विचार और आज़ादी के बाद हाथ से मल उठाने में लगे लोगों की समस्याओं पर ग़ौर करने के लिए बनी बर्वे कमेटी, 1949 या उसके बाद बनी मलकानी कमेटी, 1956 के विचारों में बहुत समानता है। बर्वे कमेटी ने यह आपत्तिजनक सुझाव भी रखा था कि स्वच्छकार लोग अपने काम को गंदा नहीं समझते। उसने पीड़ितों को ही दोषी ठहराया था :

---

[7] http://blogs.timessofindia.indiatimes.com/true-lies/entry/modi-s-spiritual-potion-to-woo-karmayogis

> इन भंगियों के पुरखे निम्न जाति से जुड़े श्रमिक थे, मगर उन्होंने कभी भी मल उठाने का काम नहीं किया था। इनमें से कुछ लोगों ने पाख़ाने साफ़ करने का काम लाभ/मुनाफ़ा कमाने के मक़सद से शुरू किया। धीरे-धीरे इस पर उनका एकाधिकार हो गया। एक ऐसा मुक़ाम भी आया जब भंगी अपने इस वर्चस्व को अपने फ़ायदे के लिए इस्तेमाल करना चाह रहे थे और इस तरह इस पर उनका पारंपरिक अधिकार स्थापित हो गया। आदत के चलते उसने अपने स्वाभिमान को इस क़दर खोया कि संडास साफ़ करने जैसे गंदे काम से बाहर आने का विचार भी उसने त्याग दिया।

अब जहाँ तक मलकानी कमेटी का सवाल है तो 'स्वच्छकारों के पारंपरिक अधिकारों' के बारे में उसका यह कहना था :

> मल उठाना परिवार की ज़िंदगी का तरीक़ा है। शिक्षा की कमी और रोज़गार के अन्य अवसरों की ग़ैर-मौजूदगी के चलते एक तरह का नियतिवादी रुझान लोगों में व्याप्त रहता है।

अब अगर हम मोदी द्वारा 'गटर सफ़ाई के आध्यात्मिक अनुभव' की बात की तरफ़ लौटें तो यह कह सकते हैं कि यह उनके लिए काफ़ी शिक्षाप्रद होता कि वह आम्बेडकर की उस प्रतिक्रिया से अवगत होते जिसका इज़हार उन्होंने गाँधी के उस वक्तव्य पर दिया था जब उन्होंने *नवजीवन* के अंक में 'सफ़ाई काम को समाज का सबसे उदात्त काम कहा था' और यह भी रेखांकित किया था कि 'स्वच्छता का यह काम कितना पवित्र है।'[8]

यह उपदेश देना कि दरिद्रता शूद्रों के लिए ठीक है और अन्य किसी के लिए नहीं, यह प्रवचन देना कि मल उठाना अछूत के लिए अच्छा है और अन्य किसी के लिए नहीं और इस कठिन आरोपणों को जीवन के स्वैच्छिक उद्देश्य के तौर पर लेना, और उनकी कमज़ोरियों को देखते हुए ऐसी अपील करना, एक तरह का इन असहाय तबक़ों पर किया जा रहा क्रूर मज़ाक है जिसे महज़ मि. गाँधी ही निःसंकोच अंज़ाम दे सकते हैं। इस संबंध में वाल्तेयर के शब्दों को याद कर सकते हैं 'ओह, यह कहना कि लोगों की

---

[8] देखें, *नवजीवन*, 8 जनवरी, 1925.

पीड़ा और परेशानी कुछ अन्य के लिए ख़ुशी लाती है और समग्र की भलाई करती है, यह एक क्रूर मज़ाक है। मरने के क़रीब पहुँचे व्यक्ति को यह कह कर क्या फ़ायदा कि उसके सड़ते शरीर से हज़ारों कीड़े जन्म लेंगे।[9]

जातिगत विषमताओं पर परदा डालने में, उन्हें महिमामंडित करने या जाति की दीवारों को मज़बूती दिलाने में महज़ मि. मोदी की आवाज़ अकेली नहीं है। मुख्यधारा की पार्टियों के अधिकतर नेताओं के विचार उसी क़िस्म के नज़र आते हैं। उदाहरण के तौर पर कुछ साल पहले हरियाणा में सत्तासीन कांग्रेस की हुड्डा सरकार ने एक सरकारी विज्ञप्ति निकाली थी 'दलितों के लिए स्वर्णिम अवसर, सफ़ाई कर्मचारियों के ग्यारह हज़ार पद ख़ाली, जिस पर अनुसूचित जातियों से ही भरती होगी।' ख़ुद को आम्बेडकर की राजनीति की वाहक होने का दावा करने वाली मायावती करनाल की अपनी जनसभा में उत्तर प्रदेश के मुख्यमंत्री होने के नाते अपने एक 'ऐतिहासिक निर्णय' से जनता को अवगत कराते हुए बताया था कि उनकी सरकार ने 'ग्रामीण इलाक़े में सफ़ाई कर्मचारी के लिए एक लाख पोस्ट आरक्षित किये हैं, जो आमतौर पर अनुसूचित जातियों के लिए और ख़ासकर वाल्मीकियों के लिए आरक्षित हैं।' शुद्धता और प्रदूषण को लेकर व्याप्त धारणाओं के अलावा एक अतिरिक्त जटिलता इस वजह से भी उभरती है कि किस तरह अलग-अलग धार्मिक समुदायों में मल विसर्जन के अलग-अलग रूप दिखाई देते हैं। उदाहरण के तौर पर मिहिर शर्मा की किताब (जिसका उल्लेख कांति बाजपेयी के *टाइम्स ऑफ़ इंडिया* के लेख 'एट यूअर कनवीनियेंस' में मिलता है) *रिस्टार्ट : द लास्ट चांस फ़ॉर इंडियन इकॉनॉमी* बताती है कि ग्रामीण हिस्से में रहने वाले अस्सी फ़ीसदी हिंदू जहाँ खुले में मल विसर्जन करते हैं, वहीं मुसलमानों में यह अनुपात 50 फ़ीसदी है। लगभग 40 फ़ीसदी हिंदू जिन्हें 'कामकाजी सरकारी संडास' की सुविधा उपलब्ध है, उसका इस्तेमाल नहीं करते हैं, जबकि मुसलमानों में यह अनुपात महज़ सात फ़ीसदी है, जो सुविधा होने के बावजूद खुले में मल विसर्जन करते हैं।

---

[9] डॉ. बाबासाहेब आम्बेडकर, 'व्हाट कांग्रेस ऐंड गाँधी हैव डन टू अनटचेबिल्स', *राइटिंग्ज़ ऐंड स्पीचेज़*, खंड 9, महाराष्ट्र सरकार, 1990 : 290-93.

दिलचस्प बात है कि यह अपने प्रकार का पहला अध्ययन नहीं है जो इन दोनों समुदायों के बीच अंतर उजागर करता है। माइकेल गेरूसो और डीन स्पीअर्स अपने पर्चे में 'सैनिटेशन ऐंड हेल्थ एक्स्टरनलिटीज़ : रिज़ाल्विंग द मुसलिम मॉर्टलिटी पैराडॉक्स?' इसी तथ्य को रेखांकित करते हैं :

> खुले में मल विसर्जन की व्यापकता भारत की हिंदू बहुसंख्या में दिखाई देती है। नेशनल हेल्थ ऐंड फैमिली सर्वे ऑफ़ इंडिया के ताज़े आँकड़ों के मुताबिक़ ईसवीं 2005 तक, लगभग 67 फ़ीसदी हिंदू परिवार खुले में मल-विसर्जन करते थे, उदाहरण के तौर पर खेतों में, सड़कों के पास, झाड़ियों के पीछे। इसकी तुलना में, सापेक्षतः ग़रीब तबक़े के मुसलिम घरों के महज़ 42 फ़ीसदी लोग बाहर मल-विसर्जन करने जाते रहे। रामस्वामी (2005) और बथरन (2011) दोनों हिंदुओं में खुले में मल विसर्जन के आधुनिक दौर में भी टिके रहने को हिंदू जाति प्रथा का असर मानते हैं : मल-विसर्जन को घर के बाहर रख कर मल से कर्मकांडीय दूरी बनाई रखी जाती है, बल्कि इसके साथ ही उसकी सफ़ाई के काम को दलितों को सौंप कर इसे अंजाम दिया जाता है।[10]

हार्डन्यूज़ पत्रिका के अक्टूबर अंक में[11] लिली टेकसेंग के 'ओ शीट' लेख में बताया गया था कि रिपोर्टों के हिसाब से हर रोज़ भारत में पाँच साल से कम उम्र के 1600 बच्चों की मौत होती है। यह संख्या दुनिया में सबसे अधिक है। इसे 'एशियाई पहेली' के तौर पर सम्बोधित किया जाता है, अर्थात् जहाँ सापेक्षतः बेहतर आर्थिक समृद्धि और बाल पोषण को प्रभावित करने वाले कारकों में हुई बेहतर प्रगति के बावजूद दक्षिण एशिया के बच्चों के पोषण की स्थिति सबसहारन अफ़्रीका के बच्चों से बुरी है। लेख के मुताबिक़ कुछ ने इस एशियाई पहेली की जड़ों को स्त्रियों की स्थिति और निरक्षरता आदि से जोड़ने की कोशिश की है। मगर हालिया अध्ययन के मुताबिक़ इसका सीधा संबंध खुले में शौच से है। अध्ययन के मुताबिक़ खुले में शौच और बच्चों की कम ऊँचाई और आंत्र की समस्याओं के बीच सीधा रिश्ता है।

---

[10] July 2014, https://laits.utexas.edu/~mlg2296/images/MuslimSanitation.pdf

[11] http://www.hardnewsmedia.com/2014/10/6419/

VI

वैसे जनाब मोदी के प्रधानमंत्री पद के अंतर्गत स्वच्छ भारत अभियान की पैकेजिंग और प्रस्तुति में जाति के विमर्श पर बरते गये 'मौन' या उसके साफ़सुथराकरण को देखते हुए बरबस सूबा गुजरात में अस्पृश्यता की मौजूदगी और कुछ समय पहले उसके अदृश्य किये जाने का प्रसंग बरबस याद आता है। हम जानते हैं कि मोदी 2001 से 2014 तक गुजरात के मुख्यमंत्री रह चुके हैं।

इसकी पुष्टि करनी हो तो आप गुजरात सरकार द्वारा प्रायोजित रिपोर्ट 'इम्पेक्ट ऑफ़ कास्ट डिस्क्रिमिनेशन ऐंड डिस्टिंक्शंस ऑन ईक्वल आपर्चुनिटीज़' को देख सकते हैं जिसे सीईपीटी (सेंटर फ़ॉर एनवायर-नमेंट प्लानिंग ऐंड टेक्नोलॅजी) युनिवर्सिटी से जुड़े प्रोफ़ेसर आर. पार्थसारथी की अगुआई में तैयार किया गया है। अपने ब्लॉग 'ट्रू लाईज़' में वरिष्ठ पत्रकार राजीव शाह ने इस अध्ययन की विस्तृत आलोचना कुछ समय पहले पेश की थी। निचोड़ के तौर पर बता दें कि यह रिपोर्ट नवसर्जन नामक संस्था द्वारा गुजरात के लगभग 1600 गाँवों में अस्पृश्यता की मौजूदगी को लेकर किये गये अध्ययन 'अंडरस्टैडिंग अनटचेबिलिटी' पर सामने आयी सरकारी प्रतिक्रिया है।

आख़िर नवसर्जन की रिपोर्ट में ऐसी क्या बात सामने आयी थी जिसने सरकार को सफ़ाई देने के लिए मजबूर किया था।

मंदिर प्रवेश से लेकर साझे जलाशयों के इस्तेमाल आदि तमाम बिंदुओं को लेकर दलितों एवं वर्ण जातियों के बीच अंतर्क्रिया की स्थिति को नापते हुए यह रिपोर्ट इस विचलित करने वाले तथ्य को उजागर करती है कि सर्वेक्षित गाँवों में से 98 फ़ीसदी गाँवों में उन्हें अस्पृश्यता देखने को मिली है। ग़ौरतलब था कि 2009 में प्रकाशित नवसर्जन की उपरोक्त रिपोर्ट पर मुख्यधारा की मीडिया में काफ़ी चर्चा हुई और विश्लेषकों ने स्पंदित या वायब्रेंट कहे जाने वाले गुजरात की असलियत पर सवाल उठाए। वैसे यह कोई पहला मौका नहीं था जब यह सच्चाई सामने आयी थी और यह अपेक्षा की जा रही थी कि सरकार इसके निष्कर्षों पर ग़ौर करेगी और अनुरूप क़दम उठाएगी। मगर हम देख सकते हैं कि ऐसा कुछ नहीं हुआ।

इसी को मद्देनज़र रखते हुए कि यह रिपोर्ट 'समरस' के तौर पर पेश किये जाने वाले गुजरात की छवि को पंक्चर करती दिख रही थी, मोदी सरकार ने आनन-फ़ानन में सीईपीटी विश्वविद्यालय के विद्वानों को नवसर्जन की उपरोक्त रिपोर्ट की पड़ताल एवं समीक्षा करने के लिए कहा। दरअसल सरकार ख़ुद को क्लीन चिट देने के लिए इतनी उतावली थी कि उसने इस प्रायोजित अध्ययन के अलावा एक दूसरा तरीक़ा भी अपनाया। उसने सामाजिक न्याय मंत्री फ़क़ीरभाई वाघेला की अध्यक्षता में विभिन्न संबंधित विभागों के सचिवों की एक टीम का गठन किया जिसे यह ज़िम्मा सौंपा गया कि वह रिपोर्ट के निष्कर्षों को ख़ारिज कर दे। इस उच्चस्तरीय कमेटी ने अपने मातहत अधिकारियों को आदेश दिया कि वह गाँव के अनुसूचित जाति के लोगों से यह शपथपत्र लिखवा ले कि उनके गाँव में 'अस्पृश्यता' नहीं है।

टाइम्स ऑफ़ इंडिया तथा अन्य अग्रणी अख़बारों से लम्बे समय तक सम्बद्ध रहे वरिष्ठ पत्रकार राजीव शाह अपने ब्लॉग में लिखते हैं कि सरकार द्वारा प्रायोजित यह तीन सौ पेज की रिपोर्ट 'अंडरस्टैडिंग अनटचेबिलिटी की समीक्षा नहीं करती है बल्कि इस व्यवहार को औचित्य प्रदान करती दिखती है। 'नवसर्जन द्वारा किये गये 1,589 गाँवों के अध्ययन के बरअक्स सीईपीटी की रिपोर्ट महज़ पाँच गाँवों को कवर करती है और इन गाँवों का विस्तृत सामाजिक-आर्थिक आँकड़े इकट्ठा करती है। पूरी रिपोर्ट में कहीं भी अस्पृश्यता शब्द का ज़िक्र नहीं है, हाँ जातिगत भेदभाव का अवश्य ज़िक्र है।

प्रख्यात समाजशास्त्री घनश्याम शाह भी सीईपीटी की रिपोर्ट की समीक्षा करते हुए इसी क़िस्म के निष्कर्ष तक पहुँचते हैं[12] और कहते हैं कि कितने 'हलक़े' तरीक़े से सरकार ने भेदभाव की समस्या की पड़ताल की है। वे बताते हैं कि 'न केवल विद्वज्जन बल्कि सरकार भी यही सोचती है कि अगर उत्सव में या गाँव की दावत में दलितों को अपने बरतन लाने पड़ते हैं या सबसे आख़िर में खाने के लिए कहा जाता है, तो इसमें कुछ गड़बड़ नहीं है।'

---

[12] www.counterview.org13 नवंबर, 2013

विडम्बना यही कही जाएगी कि जिन अग्रणी विद्वानों ने सरकार द्वारा प्रायोजित इस अध्ययन रिपोर्ट को तैयार किया, वे जातिगत भेदभाव (संविधान की धारा 15) और अस्पृश्यता (धारा 17) के बीच का अंतर भी नहीं समझते थे या समझना नहीं चाहते थे, क्योंकि उन्होंने अपने आप को सामाजिक-आर्थिक सर्वेक्षण तक सीमित रखा और यही संकेत दिया कि एक अलग क़िस्म के रंगभेद की तरह समझी जाने वाली अस्पृश्यता की कड़वी हक़ीक़त, जिससे लाखों लोगों का हर पल साबिक़ा होता है, के बारे में वे ख़ामोश रहना चाहते हैं।

एक अन्य विचलित करने वाला तथ्य है कि सरकारी रिपोर्ट वर्णाश्रम में सबसे निचले पायदान पर समझे जाने वाले वाल्मीकियों की स्थिति पर सिर्फ़ मौन ही नहीं रहती, बल्कि उनका उल्लेख तक नहीं करती। उनका समूचा फ़ोकस बुनकरों पर है — जो सामाजिक तौर पर अधिक 'स्वीकार्य' कहे जाने वाला दलित समुदाय हैं। निश्चित ही वाल्मीकियों का अनुल्लेख कोई मानवीय भूल नहीं है। उनके विशाल हिस्से का आज भी नारकीय कहे जाने वाले कामों में लिप्त रहना, जहाँ उन्हें आये दिन अपमान एवं कभी-कभी 'दुर्घटनाओं' में मौत का सामना करना पड़ता है, यह ऐसी कड़वी सच्चाई है,जिससे इंकार नहीं किया जा सकता। वैसे यह कोई पहली दफ़ा नहीं है कि सरकार ने उनके वजूद से ही इंकार किया हो। तथ्य बताते हैं कि 2003 में गुजरात सरकार ने सुप्रीम कोर्ट में यह शपथ-पत्र दाख़िल किया था कि उनके राज्य में हाथ से मल उठाने की प्रथा नहीं है, जबकि कई अन्य रिपोर्टों एवं इस मसले पर तैयार डॉक्युमेंटरीज़ में उसकी मौजूदगी को दिखाया गया है। 2007 में जब टाटा इंस्टिटयूट ऑफ़ सोशल साइंसेज़ ने अपने अध्ययन में उजागर किया कि इस राज्य में 92,000 लोग हाथ से मल उठाते हैं, तब भी राज्य का यही रुख़ था।

VII

स्वच्छ भारत अभियान की चर्चा करते हुए गुजरात के पर्यावरण कार्यकर्ता रोहित प्रजापति ने अपने आलेख में बिल्कुल अलग मुद्दा उठाया है। उनके लेख के मुताबिक़ 'जनाब मोदी भले स्वच्छ भारत की बात करते हों, मगर गुजरात के मुख्यमंत्री होने के नाते कूड़ा प्रबंधन और प्रदूषण को नियंत्रित करने का 'उनका रेकार्ड गंदा' है।[13] वे चर्चा करते हैं कि किस तरह गुजरात में उन्होंने 2007 में 'निर्मल गुजरात' नाम से मुहिम शुरू की थी और उसका नतीजा क्या निकला। उनके मुताबिक़ 'इस मुहिम के दौरान भी मोदी ने बड़े दावे किये, मगर उसकी सच्चाई अहमदाबाद के ग़ैरक़ानूनी डम्पिंग साइट — जिसे ग्यासपुर-पिराना डम्पिंग साइट कहा जाता है — पर उजागर होती है, जहाँ मुख्य सड़क के निकट साबरमती नदी के किनारे कूड़े का एक पहाड़ खड़ा हुआ है।'

इस आलेख में भारत के योजना आयोग द्वारा तैयार की गयी 'रिपोर्ट ऑफ़ द टास्क फोर्स ऑन वेस्ट टू एनर्जी', 12 मई, 2014 में उल्लिखित बुनियादी तथ्यों की भी चर्चा की गयी है :

2012 की केंद्रीय प्रदूषण नियंत्रण ब्यूरो की रिपोर्ट के मुताबिक़ भारत के 13 म्युनिसिपल इलाक़े हर रोज़ 1,33,760 टन म्युनिसिपल सॉलिड वेस्ट/अपशिष्ट/गंदगी पैदा करते हैं जिनमें से महज़ 91,152 टन प्रतिदिन इकट्ठा हो पाती है और उसमें से 25,884 टन का ट्रीटमेंट होता है' ... 'इसके अलावा हर साल 62 मिलियन टन म्युनिसिपल सॉलिड गंदगी को बिना ट्रीटमेंट के डम्प किया जाता है, जिसके लिए प्रति वर्ष 1240 हेक्टेयर ज़मीन की ज़रूरत लैंडफ़िल के तौर पर पड़ेगी। अगर हम 2031 तक अनुमानित की जा रही 16 करोड़ 50 लाख टन गंदगी को देखें तो आने वाले बीस सालों में हम 66 हज़ार हेक्टेयर क़ीमती ज़मीन इसके लिए आवंटित करनी पड़ेगी जो हमारे लिए संभव नहीं है।

---

[13] http://sacw.net/article9679.html

यहाँ रोहित प्रजापति के आलेख के एक हिस्से को उद्धृत करना समीचीन होगा :

> जनाब मोदी, चीज़ें उतनी सरल नहीं हैं जैसा कि आप सोचते हैं। यह अपशिष्ट/गंदगी/वेस्ट के पैदा होने के जो आँकड़े पेश किये जा रहे हैं वे भारत की 31.5 फ़ीसदी आबादी तक ही संबंधित हैं। अगर हम समूचे भारत में पैदा हो रहे अपशिष्ट को देखें तो आँकड़े और प्रचंड जान पड़ेंगे। योजना आयोग, जिसे मि. मोदी समाप्त करना चाहते हैं, की रिपोर्ट आगे बताती है 'म्युनिसिपल सॉलिड वेस्ट को लेकर 2000 में बने नियमों पर राज्यों द्वारा किये गये अमल की स्थिति पर किया गया अध्ययन देश के क्लास-1 में शुमार किये जाने वाले शहरों पर केंद्रित रहा। उसमें पता चला कि 128 शहरों की सड़कों पर झाड़ू चलाने और यातायात के अलावा बाक़ी मामलों में इन नियमों का पालन पचास फ़ीसदी से भी कम हो रहा है और जहाँ तक गंदगी की निकासी का सवाल है तो उसका प्रतिशत 1.4 फ़ीसदी से भी कम है। आख़िर 'म्युनिसिपल सॉलिड वेस्ट/ मेनेजमेंड ऐंड हैंडलिंग/ रूल्स 2000 पर अमल करने तथा अपशिष्ट को कम करने के लिए नीति निर्धारण में सरकार की प्रमुख भूमिका क्या है? अब जहाँ तक गुजरात का सवाल है तो उसमें नियमों के अमल को लेकर आप का रेकार्ड सबसे ख़राब रहा है।
>
> प्रदूषण प्रभावित लोगों, जनसंगठनों और एनजीओ द्वारा भारत के औद्योगिक इलाक़ों में बढ़ते प्रदूषण के स्तर की निगरानी को लेकर जो काम लगातार किया गया, उसके चलते केंद्रीय प्रदूषण नियंत्रण बोर्ड और राज्य प्रदूषण नियंत्रण बोर्ड को 1989 में गंभीर रूप से प्रदूषित इलाक़ों के सूचकांकन/इंडेक्सिंग/ की प्रक्रिया शुरू करनी पड़ी। उस वक़्त 24 औद्योगिक इलाक़े, जिनमें वापी, अंकलेश्वर, लुधियाना शामिल थे, उन्हें 'गंभीर रूप से प्रदूषित' घोषित किया गया। 2009 में केंद्रीय प्रदूषण नियंत्रण बोर्ड और आईआईटी दिल्ली ने पर्यावरण के मुद्दों पर सक्रिय जन-संगठनों की माँग के अनुरूप इन इलाक़ों के 'प्रदूषण' स्तर के सूचकांकन/इंडेक्सिंग के लिए नयी पद्धति का इस्तेमाल करना तय किया, जिसे 'कॉम्प्रिहेंसिव एनवायरनमेंटल पोल्युशन इंडेक्स' (सीईपीआई) कहा जाता है। सीईपीआई में इलाक़े के लोगों के लिए हवा, पानी, ज़मीन प्रदूषण और अन्य स्वास्थ्य ख़तरों को आकलन भी शामिल रहता है। हालाँकि हमारी माँग रही है कि उसमें कामगार का स्वास्थ्य, ज़मीन की उत्पादकता और अन्न/कृषि उत्पाद की गुणवत्ता को भी शामिल किया जाए, क्योंकि अनाज उत्पादों में रसायनों और भारी धातुओं की अधिक मात्रा के प्रयोग से स्वास्थ्य को लेकर गंभीर

परिणाम होते हैं। इसका असर औद्योगिक इलाक़े के इर्द-गिर्द रहने वाले लोगों पर ही नहीं बल्कि उसका उपभोग करने वाले पर होता है — और जो विशिष्ट औद्योगिक इलाक़े तक सीमित नहीं रहता।

2009 में 88 औद्योगिक संकुलों/क्लस्टर्स की सीईपीआई का मापन किया गया था और तभी केंद्रीय प्रदूषण नियंत्रण बोर्ड और पर्यावरण और वन मंत्रालय भारत सरकार को इनमें से 43 संकुलों को 'अत्यधिक प्रदूषित क्लस्टर्स' कहने के लिए और अन्य 32 औद्योगिक संकुलों को 'गंभीर रूप से प्रदूषित' घोषित करने के लिए मजबूर हुई। इस अध्ययन के बाद मंत्रालय को 13 जनवरी, 2010 को इन 43 'अत्यधिक प्रदूषित क्लस्टर्स' में नये उद्योगों के खुलने या अस्तित्वमान उद्योगों की क्षमता पर प्रतिबंध लगाने की घोषणा करनी पड़ी। बोर्ड द्वारा वर्ष 2011 तथा 2013 में इसी क़िस्म की रिपोर्टें जारी की गयीं, मगर पिछली सरकार और वर्तमान मोदी सरकार ने भी उनकी उपेक्षा की है।

लेख के निष्कर्षात्मक हिस्से में लेखक चर्चा करता है कि सत्ता में आने के बाद मोदी सरकार इन 88 औद्योगिक संकुलों का पर्यावरण सुधारने के काम में जुटने के बजाय उसने गाज़ियाबाद / इंदौर / एमपी / झारसुगड़ा / ओडिशा/लुधियाना

पंजाब / पानीपत / हरियाणा / पटनचेरू-बोल्लारम / आंध्र प्रदेश / सिंगरौली / उत्तर प्रदेश तथा मप्र/ और वापी/गुजरात/इन इलाक़ों पर लगाए गये प्रतिबंध उठाने का सिलसिला शुरू किया। लेखक वापी का रेकार्ड बताते हुए कहता है कि वहाँ प्रदूषण फैला रहे उद्योगों के ख़िलाफ़ तथा गुजरात प्रदूषण नियंत्रण बोर्ड के अधिकारियों के ख़िलाफ़ 'सख़्त कार्रवाई' की ज़रूरत है, न कि उस पर लगे प्रतिबंध हटाने की।

लेख कुछ अन्य आँकड़ों एवं एक बड़े प्रश्न के साथ समाप्त होता है : 2009 में अंकलेश्वर औद्योगिक क्षेत्र, जिसका सीईपीआई 88.5 है, भारत में 'अत्यधिक प्रदूषित इलाक़ों में' अव्वल था। 2011 और 2013 में वापी औद्योगिक क्षेत्र, जिसका सीईपीआई 85.39 है, इसमें अव्वल था। इस तरह गुजरात 2009 में 'अत्यधिक प्रदूषित इलाक़ों' में अव्वल था और 2011 तथा 2013 में भी अव्वल था।

गुजरात सरकार ने हमेशा ही इन मुद्दों पर प्रतिक्रिया देने की बजाय कन्नी काटना ही मुनासिब समझा है। जनाब मोदी, भारत के इन अत्यधिक और गंभीर रूप से प्रदूषित औद्योगिक संकुलों की सफ़ाई के लिए आप के पास कोई योजना है?

VIII

स्वच्छ भारत अभियान के नाम पर छेड़ी गयी राष्ट्रव्यापी मुहिम में बड़े पैमाने पर वित्तीय और मानवीय संसाधनों का इस्तेमाल होगा। अपना दूसरा बजट पेश करते हुए सरकार ने स्वच्छ भारत के प्रति अपनी प्रतिबद्धता दोहराई और आने वाले पाँच सालों में पूरे देश में कम से कम छह करोड़ टॉयलेट बनाने का लक्ष्य सामने रखा। इसमें 620 अरब रुपयों की लागत लगने वाली है। सरकार ने इसके लिए 14 करोड़ 60 लाख रुपयों का इंतज़ाम किया है और उसकी अपेक्षा है कि बाक़ी कमी कॉरपोरेट क्षेत्र, अंतर्राष्ट्रीय दाता एजेंसियों आदि से पूरी होगी। यह भी कहा जा रहा है कि इस कार्यक्रम का मुख्य लक्ष्य देश में खुले शौच को समाप्त करना है — क्योंकि 120 करोड़ आबादी का लगभग आधा आज भी खुले में शौच करता है।

यह सब सुनने में बहुत अच्छा लगता है। उन अनिवासी भारतीयों को तो यह भी सुहाना लगता है जो बाहर जाकर देश की इसी छवि से चिंतित रहते हैं। मगर ये तमाम कोशिशें कहीं जाती नहीं दिखतीं, क्योंकि जैसा कि हमने पहले ही कहा है कि मूलभूत सवालों को सम्बोधित करने की कोशिश कहीं नहीं हो रही है। स्वच्छ भारत अभियान की जाति, जेंडर, श्रम, सार्वजनिक स्वास्थ्य, पर्यावरण और शहर के जीवन आदि विभिन्न पहलुओं के आधार पर पड़ताल करने का काम अभी महज़ शुरू हुआ है। अगर हम बारीक़ी से देखने-समझने की कोशिश करेंगे तो हम ऐसी तमाम चुप्पियों और विलोपों को ढूँढ़ सकते हैं जिनमें से कुछ का ज़िक्र हम ऊपर कर चुके हैं।

ऐसा लग रहा है कि जनाब मोदी इतिहास पर प्रभाव डालने के लिए बहुत बेताब हैं। वे निश्चित ही अपने पूर्ववर्तियों की तरह कामयाब हो सकते हैं। अगर हम आज इंदिरा गाँधी के नाम के साथ 'ग़रीबी हटाओ' के नारे को याद करते हैं, राजीव गाँधी के प्रधानमंत्री पद काल को 'कम्प्यूटरों के युग' के तौर पर चिह्नित करते हैं तो आने वाली पीढ़ियाँ उसी तरह स्वच्छ भारत अभियान को मोदी के नाम के साथ जोड़ कर देखेंगी, जबकि वे साथ ही साथ देश के साथ जुड़े लक़ब 'दुनिया का सबसे गंदा मुल्क' को लेकर जूझ रही होंगी।

आधुनिकता और चंडीगढ़ का तिलिस्म

पितृसत्ता, जाति और एक शहर की दास्तान

नवप्रीत कौर

प्रतिमान, जुलाई-दिसंबर, 2013, वर्ष 1, अंक 2 में पूर्व-प्रकाशित : पृ.सं. 562-580.

उत्तर-औपनिवेशिक भारत के नियोजित शहरों में सबसे पहले चंडीगढ़ बसाया गया था। 'ख़ूबसूरत शहर' की उपमा से विभूषित इस शहर की रचना नगरवाद के आधुनिकतावादी विमर्श की देन है। इसीलिए चंडीगढ़ महज़ एक शहर न रह कर नेहरूवादी आधुनिकता का एक जीवंत नमूना बन गया है। इसे नेहरू के मानस-पुत्र की तरह भी देखा जाता है। बँटवारे के संताप से गुज़र रहे पंजाब की नयी राजधानी के रूप में विकसित और नयी दिल्ली के उत्तर में 388 किलोमीटर दूर स्थित चंडीगढ़ के आधारभूत विचार के बारे में रवि कालिया का कहना है, 'इसका मक़सद था समाज-सुधार तथा इससे जुड़े हुए उद्देश्य हासिल करते हुए शहरी रूपरेखा और जीवन की पुनर्संरचना कुछ इस तरह से करना कि प्रकृति, प्रौद्योगिकी और आर्थिक-सामाजिक श्रेणियों के बीच बेहतर और सामंजस्यपूर्वक विकास हो। चंडीगढ़ के संदर्भ में ये उद्देश्य उसके वास्तुकार ल कार्बूज़िए ने रेखांकित किये और नेहरू ने उस पर अपनी सहमति की मोहर लगायी। ये दोनों एक ऐसा शहर बनाने का सपना देख रहे थे जो दुनिया के लिए न सही लेकिन राष्ट्र के लिए तो शहरी नियोजन का आदर्श साबित हो ही सके।[1]

आज़ादी के बाद भारत में गाँधी को आधिकारिक तौर पर नवनिर्मित भारतीय राष्ट्र के पिता की उपाधि मिली। लेकिन भारतीय आधुनिकता के सफ़र पर ग़ौर करने से पता लगता है कि बड़े बाँध हों, भारी उद्योगों की स्थापना हो या फिर नये शहरों के माध्यम से चली राष्ट्र-निर्माण की प्रक्रिया हो — सभी कुछ जवाहरलाल नेहरू के सपनों को धरती पर उतारने की कोशिशों का नतीजा था। ऐसे ही अपने एक स्वप्न-शिशु चंडीगढ़ शहर के ज़रिये नेहरू एक 'नयी शुरुआत' करना चाहते थे। लेकिन जानबूझ कर परंपरा से हट कर डिज़ाइन किये गये इस 'आधुनिक' शहर का जन्म बिना नाभिनाल के हुआ, क्योंकि वह अपने अतीत से, अपने वर्तमान और अपने ही संवर्धन के स्रोतों से कटा हुआ था। सुनील खिलनानी के मुताबिक़ एक राष्ट्रीय परियोजना के रूप में चंडीगढ़ के लिए जो जगह चुनी गयी थी, उसके बारे में

[1] रवि कालिया (1987) : 121.

नेहरू की मान्यता थी, 'चुना गया स्थल पुराने शहरों के बोझ से दबा हुआ नहीं है।' नेहरू का ख़याल था कि नया बनने वाला शहर 'अतीत की परंपराओं के बंधन से मुक्त भारत की आज़ादी का प्रतीक ... राष्ट्र की भविष्य में आस्था की अभिव्यक्ति' बन जाएगा।[2] विरोधाभास यह था कि जिस शहर को भविष्य के भारत की अभिव्यक्ति की तरह देखा जा रहा था, वह उसी देश के अतीत की एक गहरी अवहेलना से पैदा हुआ था।

अतीतरूपी नाभिनाल के बिना एक 'नयी' शुरुआत करने का इरादा नेहरूवादी आधुनिकता में निहित परंपरा के प्रति एक गहरी नफ़रत की तरफ़ भी इशारा करता है। नेहरूवादी आधुनिकता ने 'आधुनिक' होने के चक्कर में वह सब कुछ ख़ारिज किया जो उसे परम्परागत, मैला, प्रदूषित और गंदा लगता था। जाति की संकल्पना से पूरी तरह से अलग रहना नेहरूवादी आधुनिकता के इस दृष्टिकोण का एक उदाहरण है। 'नये' राष्ट्र के प्रतीक के रूप में एक नया शहर बसाने की क़वायद भी अतीत और परंपरा दोनों को ख़ारिज करने की कोशिश थी। सुनील खिलनानी का विचार है, 'चंडीगढ़ उस राष्ट्रवादी कला-दीर्घा का अंग था जिसमें संविधान और पंचवर्षीय योजनाएँ सजी हुई थीं। चंडीगढ़ की रचना के पीछे वह बुनियादी संकेत निहित था जिसके ज़रिये आधुनिक विश्व में भारत ने अपनी दिशा और अपने स्थान का निर्धारण किया था,[3] चंडीगढ़ शहर केवल इस मायने में महत्त्वपूर्ण नहीं था कि उसकी रचना ल कार्बूज़िए के आधुनिकतावादी स्थापत्य के आधार पर की गयी थी। उसकी अहमियत इस बात में भी थी कि उसे एक ऐसे शहर के रूप में कल्पित किया गया था जिसके होने से उत्तर-औपनिवेशिक भारत एक प्रबोधित युग में प्रवेश कर पाएगा। एक ऐसा युग, जो अंग्रेज़ी राज की विरासत के तौर पर मिले शहरी जीवन के धुँधलके से बिल्कुल अलग होगा। अपनी बाकी बड़ी परियोजनाओं की तरह ही नेहरू ने इस शहर के निर्माण में व्यक्तिगत रुचि ली। न केवल वे इस शहर की नयी इमारतों का उद्घाटन करने

[2] सुनील खिलनानी (2001) : 144.

[3] वही : 145.

यहाँ कई बार आये, बल्कि इस परियोजना की प्रगति जानने के लिए भी उन्होंने कई दौरे किये। उस दौरान अपने भाषणों में अकसर वे चंडीगढ़ को आधुनिक भारत का सर्वोत्तम शहर क़रार देते थे। यह अलग बात है कि उसी दौरान कई लोग इस शहर की परियोजना और डिज़ाइन की आलोचना भी कर रहे थे। इतना ही नहीं, इस परियोजना को उन ग्रामीणों के तीखे प्रतिरोध आंदोलनों का सामना भी करना पड़ रहा था, जिन्हें अपनी ज़मीन से उजाड़ कर यह शहर बसाया जा रहा था।

I

आधुनिक राष्ट्र का निर्माण : वास्तुशिल्प और शहर

मार्च, 1955 में हाईकोर्ट की नयी इमारत का उद्घाटन करने नेहरू चंडीगढ़ आये।[4] साथ ही वे पंजाब में निर्माणाधीन भाखड़ा नंगल बाँध की प्रगति देखने भी गये। इस समय तक चंडीगढ़ की परियोजना ल कार्बूज़िए की डिज़ाइन बुक के पन्नों से बाहर निकल कर शिवालिक पहाड़ियों की तलहटी में पंजाब की विशाल समतल ज़मीन पर अपने पैर फैला चुकी थी।[5] एक बड़े जनसमूह को सम्बोधित करते हुए नेहरू ने न केवल चंडीगढ़ की बल्कि भाखड़ा बाँध परियोजना की भी ख़ूब सराहना की।[6] इस क्षेत्र के सबसे बड़े अंग्रेज़ी अख़बार द *ट्रिब्यून* ने नेहरू के उस भाषण को, जहाँ उन्होंने न्याय के संपादन को वास्तुशिल्प के साथ जोड़ा था, कुछ इस तरह छापा :

> प्रधानमंत्री ने कहा कि वे अपने सामने खड़ी इस शानदार इमारत से बेहद प्रभावित हुए हैं। उनके अनुसार न्याय के संपादन के लिहाज़ से यह इमारत वैसी ही खुली दिखाई देती है जैसी कि इसे होना चाहिए। ऐसे कार्यों का संपादन किसी बंद दिखने वाली इमारत से नहीं होना चाहिए। न्याय का संपादन कोई गोपनीय कार्य नहीं, इसीलिए उच्च न्यायालय की इमारत भी

---

4 द संडे *ट्रिब्यून* (20 मार्च, 1955).

5 यह प्रकरण कश्मीरी लाल ज़ाकिर के उपन्यास *मेरा शहर अधूरा-सा* से लिया गया है. इसमें ज़ाकिर चंडीगढ़ शहर के बनने का काफ़ी तफ़सील से ज़िक्र करते हैं. देखें, कश्मीरी लाल ज़ाकिर (1996).

6 द संडे *ट्रिब्यून* (20 मार्च, 1955).

> खुली ही होनी चाहिए। वे इस बात से काफ़ी खुश थे कि हाईकोर्ट की नयी इमारत इसी तरह से बनाई गयी है। इसके लिए उन्होंने पंजाब तथा वहाँ के लोगों के साथ-साथ ल कार्बूज़िए का भी शुक्रिया अदा किया।[7]

नेहरू आकृति-विज्ञान पर आधारित संरचनाओं को केवल उनके नियोजन या डिज़ाइन के संदर्भ में ही नहीं बल्कि उनकी अमूर्त आवश्यकता के संदर्भ में भी देखते थे। उनके अनुसार आधुनिक वास्तुशिल्प तथा डिज़ाइन केवल इमारतें गढ़ने का ही काम नहीं करते, बल्कि भारतीय संविधान द्वारा प्रतिपादित न्याय तथा स्वतंत्रता के सिद्धांतों को चित्रित करने की क्षमता भी रखते हैं। नेहरू की इस समझ के अनुसार इमारतें सिर्फ़ मिट्टी-ईंट के बने ढाँचे नहीं बल्कि जीवंत वस्तुएँ थीं जिनके माध्यम से नवर्निमित राष्ट्र की संस्थाएँ भारतीय संविधान में निहित आदर्शों की प्राप्ति के लिए कार्य करेंगी। कंक्रीट की इन इमारतों में स्थापित किये जाने वाले संस्थान भारतीय राष्ट्र की उम्मीदों के मुताबिक़ थे जिनके द्वारा राज्य ने अपने नागरिकों से न्याय-संपादन का वायदा किया था।

लेकिन राष्ट्र-राज्य द्वारा किया जाने वाला न्याय का यह वायदा एक ऐसी बुनियाद पर खड़ा था जिसे आख़िर टूटना ही था। इसकी वजह यह थी कि न्याय-संपादन की यह अवधारणा उन बड़ी योजनाओं और परियोजनाओं पर आधारित थी जिनकी पूर्ति हज़ारों-लाखों लोगों के विस्थापन के बाद ही संभव हो सकी। इन योजनाओं से हुए विस्थापन ने लोगों की आजीविका और जीवन-शैली पर मारक प्रहार किया। इस शहर के बहुत पुराने बाशिंदों में से एक कश्मीरी लाल ज़ाकिर उस दौर को याद करते हुए नंगला नामक विस्थापित गाँव के बाशिंदों पर तत्कालीन राज्य द्वारा बरपाई गयी हिंसा के बारे में बताते हैं।[8] ज़ाकिर इन प्रदर्शनकारियों पर पुलिस द्वारा चलाई गयी गोलियों को याद करते हुए कहते हैं कि सरकार ने विरोध-प्रदर्शन कुचलने के लिए हथियारबंद पुलिस बल का इस्तेमाल किया।[9] ज़ाकिर के उपन्यास *मेरा*

---

[7] वही.

[8] कश्मीरी लाल ज़ाकिर (साहित्यकार और हरियाणा उर्दू अकादमी के चेयरमैन) के साथ 12 अगस्त, 2009 को हुए इंटरव्यू से.

[9] वही.

शहर अधूरा-सा में प्रदर्शनकारी ग्रामीणों पर राज्य के कहर का ज़िक्र किया गया है।[10] इस उपन्यास में नये बन रहे शहर की तुलना एक नवजात शिशु से कुछ इस तरह की गयी है :

> यह कैसा नायाब बच्चा था! इसे ज़िंदगी में सिवाय सोते रहने के और कोई काम नहीं था। गाँव उजड़ रहे थे, घरों को गिराया जा रहा था और छतें टूट रही थीं। दीवारें टूट कर बिखर रही थीं और लोगों में इसे लेकर बेचैनी थी। लोग चिल्ला रहे थे और चारों तरफ़ चीख़-पुकार का माहौल था। वे अपने विस्थापन को लेकर सरकार के ख़िलाफ़ प्रदर्शन कर रहे थे। ख़ुद को संगठित कर वे सरकार के ख़िलाफ़ विद्रोह का नारा उठा रहे थे। उसी दौरान गोली भी चली। लोग मारे भी गये। लोगों पर प्रतिबंध भी लगाए गये। औरतें बेवा हो गयीं। मारे गये लोगों की आख़िरी रस्में भी की गयीं। मारे गये लोगों का मातम भी मनाया गया।[11]

शहर बनने की प्रक्रिया में विस्थापित हुए ग्रामीणों के संघर्ष के बारे में शर्मा व अन्य ने लिखा है कि इस शहर को बसाने के ख़िलाफ़ विस्थापितों द्वारा किये गये विरोध के तीन चरण थे।[12] पहले चरण में शहर बनने के ख़िलाफ़ सीधे और खुले तौर पर विरोध प्रदर्शन हुए।[13] दूसरे चरण का संघर्ष मुआवज़े की राशि ज़ारी करने के बारे में था जिसका वायदा सरकार ने लोगों से किया था।[14] संघर्ष के तीसरे चरण में अपने अधिकार राज्य से माँगने के लिए लोगों ने केवल विरोध प्रदर्शन ही नहीं किये बल्कि न्यायिक उपायों का सहारा भी लिया।[15] इस बात पर ग़ौर करना भी ज़रूरी है कि द *ट्रिब्यून* जैसे बड़े अख़बार ने चंडीगढ़ बनने के दौरान नेहरू द्वारा किये गये दौरों को तो काफ़ी जगह दी लेकिन इस परियोजना के ख़िलाफ़ हो रहे विरोध प्रदर्शनों को कोई ख़ास तवज्ज़ो नहीं दी। पचास और साठ के दशक में चंडीगढ़ शहर की

---

[10] *मेरा शहर अधूरा-सा* की 'प्रस्तावना', देखें, कश्मीरी लाल ज़ाकिर (1996).

[11] वही.

[12] कविता शर्मा व अन्य (1999) : 24.

[13] वही.

[14] वही.

[15] वही.

वजह से राज्य द्वारा विस्थापित किये गये किसानों की कहानी का यदि कोई लेखा-जोखा बचा है तो वह यहाँ के बड़े-बूढ़ों का मौखिक इतिहास ही है। राज्य के पूरे विमर्श ने, जिसके मुख्य प्रवक्ता जवाहरलाल नेहरू थे, इन विरोध प्रदर्शनों को राष्ट्र-निर्माण के शोरगुल में दरकिनार करना ही उचित समझा। राज्य के इस विमर्श में नये बन रहे शहर को 'वहाँ रहने वाले लोगों के आर्थिक व सामाजिक जीवन का प्रतिनिधित्व' करते हुए ही दर्शाया गया :

> कुछ लोगों ने चंडीगढ़ तथा उसकी इमारतों की आलोचना की है। लेकिन प्रधानमंत्री के अनुसार चंडीगढ़ इस राज्य के लोगों का तथा नये जीवन का प्रतीक है। किसी भी शहर के घर व इमारतें वहाँ रहने वाले बाशिंदों की आर्थिक व सामाजिक ज़िंदगी दर्शाती हैं। इसीलिए उन्होंने बताया कि चंडीगढ़ बनते हुए देखकर उनके मन को काफ़ी संतोष मिलता है। यह पंजाबियों द्वारा जीवन में की जा रही नयी शुरुआत तथा उनकी प्रगति का प्रतीक भी है।[16]

यह शहर न केवल औपनिवेशिक अतीत के ज़ख़्मों को भरने की एक प्रतीकात्मक जगह बन गया, बल्कि देश के बँटवारे की भयावह सच्चाई से उबर कर एक नयी शुरुआत करने का प्रतीक भी बना। अपने चंडीगढ़ दौरे में नेहरू ने इन पहलुओं पर सीधे-सीधे टिप्पणी की :

> प्रधानमंत्री ने कहा कि आज चंडीगढ़ देख कर व उसके निर्माण की रफ़्तार के बारे में जान कर उन्हें काफ़ी खुशी और संतोष हुआ। वे इसके आलोचक नहीं हो सकते और न ही ख़ुद को ऐसा करने में सक्षम मानते हैं। वे इस धारणा के साथ वापिस जाएँगे कि चंडीगढ़ एक ऐसा शहर है जो नये जीवन का प्रतीक है और जिससे हमें सीख भी लेनी चाहिए। अंग्रेज़ अपने शासनकाल के दौरान स्थापत्य का एक ख़ास नमूना प्रचलन में लाये जो कि न तो ब्रिटिश था और न ही भारतीय। हमारे यहाँ भी कुछ लोग शायद इसी नमूने को पसंद करने लगे। अब यही लोग गृह-निर्माण की उन नयी योजनाओं व नये डिज़ाइनों की सराहना नहीं कर पा रहे हैं जो नये मानस व जीवन के प्रतीक हैं। लेकिन उन्हें इस बात का पूरा यक़ीन था कि

---

[16] *द संडे ट्रिब्यून* (20 मार्च, 1955).

> लोग बहुत जल्दी ही इन योजनाओं तथा इमारतों को सराहने लगेंगे। उनके अनुसार इसकी वजह यह थी कि *जब लोगों ने समाज के समाजवादी ढाँचे के निर्माण की कल्पना की थी तो यह नया शहर भी उसी नयी भावना तथा अतीत से चले आ रहे भेदभावों को मिटाने का भी प्रतीक है* (ज़ोर मेरा)। यहाँ की इमारतें बदलते वक़्त की द्योतक हैं।[17]

इस कथन से ज़ाहिर है कि नेहरू शहर की योजना के विरोध के बारे में जानते थे। लेकिन उन्होंने इसका कारण यह बताया कि लोक-दृष्टि सौंदर्य-बोध की कमी की शिकार है। उनका विचार था कि भारतीय लोक-दृष्टि 'ब्रिटिश मॉडल की इमारतों' की आदी हो चुकी है। इसी वजह से उसमें आधुनिक डिज़ाइन व भवन-कला को सराहने की क्षमता नहीं है। दूसरे, नेहरू ने कांग्रेस पार्टी को मिले वोटों का तात्पर्य 'नागरिकों' द्वारा नेहरूवादी आधुनिकता को दी गयी सहमति के रूप में ग्रहण किया था। कांग्रेस की चुनावी जीत को उत्तर-औपनिवेशिक राज्य में आधुनिकता लाने के इरादे से शुरू की गयी बड़ी परियोजनाओं के प्रति लोगों की पूर्ण सहमति मान लिया गया था। इसी चक्कर में राज्य-व्यवस्था ने विरोध के उन सभी स्वरों को ख़ारिज कर दिया जो अलग-अलग तरह से आधुनिकता के इस बड़े प्रोजेक्ट पर सवालिया निशान लगा रहे थे। ये विरोधी स्वर उन सभी विस्थापितों के थे जिनके खेत-खलिहानों को ज़बरदस्ती अधिगृहीत कर राज्य ने देश के विभिन्न भागों में ऐसी योजनाएँ तथा परियोजनाएँ शुरू की थीं।

चंडीगढ़ की वजह से ग्रामीण समाज में बहुत बड़े स्तर पर हुए विस्थापन के मायने शायद समाज के अलग-अलग तबक़ों के लिए अलग-अलग थे। भूमि-अधिग्रहण का मालिकाना हक़ रखने वाली मज़बूत जातियों, जैसे कि जाटों इत्यादि ने, इसका डट कर विरोध किया। लेकिन भूमिहीन जातियों ने नये बन रहे शहर से नये रोज़गार पाने और अपने हालात सुधरने की उम्मीद लगाई। इस नियोजित शहर के सामाजिक इतिहास पर लिखी अपनी किताब में शर्मा व अन्य इसका ज़िक्र एक छोटी-सी पाद-टिप्पणी में करते हैं, 'ऐसे मौक़ों पर जातिगत

[17] वही : 7.

तनाव ने भी अपनी भूमिका अदा की। मलोया गाँव के व्यापारी चमनलाल याद करते हैं कि पिरथी सिंह आज़ाद नामक व्यक्ति ने गाँव वालों को यह समझाने की कोशिश की कि नये बन रहे शहर में उन्हें भी नौकरियाँ तथा घर मिलने की संभावना है। लेकिन ऊँची जाति के जाटों ने उसकी इस बात का मज़ाक उड़ाया। उनके अनुसार उस जैसे चमार में इस स्थिति में अपना भला-बुरा पहचानने की शायद क्षमता ही नहीं थी।'[18] चमार जाति के पिरथी सिंह आज़ाद ही शायद अकेले ग्रामीण नहीं थे जिन्होंने नये बन रहे शहर को उम्मीद भरी नज़रों से देखा। लेकिन जाति-उत्पीड़न की बेड़ियों से जकड़े ग्रामीण उत्तर भारत में हर दिन 'निम्न-जाति' होने का संताप झेलते इन देहातियों की उम्मीद के कारण नेहरू द्वारा शहर से की गयी उम्मीदों के कारणों से काफ़ी अलग थे।

दरअसल, यह शहर लोगों की स्थानीय ज़रूरतों से कटा हुआ था। विचार तथा संरचना, दोनों ही स्तरों पर यह सीधे-सीधे पश्चिम से आयातित था। शर्मा व अन्य के अनुसार, 'यह जानना काफ़ी रुचिकर है कि वे सभी लोग जिन्होंने चंडीगढ़ की परिकल्पना की, चाहे वे राजनेता और प्रशासनिक अधिकारी हों या फिर वास्तुशिल्पी, सभी ने ही नगर-परियोजना तथा भवन-कला की भारतीय परंपराओं की पूरी तरह से अनदेखी की। चंडीगढ़ डिज़ाइन करने के लिए चुने गये वास्तुशिल्पी, ख़ास कर ल कार्बूज़िए, सत्ता तथा नियंत्रण के मुद्दों के बारे में ज़रूरत से ज़्यादा चिंतित थे। इसमें मन का मनुष्य पर नियंत्रण, मनुष्य का वातावरण पर नियंत्रण तथा सरकार व इसके तंत्र का समाज पर नियंत्रण शामिल था। नियंत्रण की यह भाषा, जो कार्बूज़िए ने चुनी, ख़ास तरह की युरोपीय भाषा थी। उसमें स्थानीय विचारों, रुचियों तथा अभिलाषाओं के साथ संवाद की कोई गुंजाइश नहीं थी। ल कार्बूज़िए के असल ग्राहक़ तो नेहरू थे जो कि ख़ुद पाश्चात्य शिक्षा प्रणाली एवं बौद्धिक परंपरा की उपज थे। भारतीय समाज के बारे में समझ तो अधपकी थी ही, पंजाबी समाज के बारे में कार्बूज़िए की समझ न के बराबर ही थी। स्थानीय

[18] कविता शर्मा व अन्य : 27.

समाज के साथ जहाँ तक उनके व्यक्तिगत संपर्क की बात है तो वे एक साल में केवल दो महीने के लिए ही चंडीगढ़ आते थे। यह सिलसिला तीन साल तक चलता रहा।'[19]

भारत के भविष्य की स्वर्ग-नगरी के रूप में कल्पित इस शहर की कथाएँ ब्रिटेन जैसे दूर-दराज़ के देशों तक भी पहुँची। इनसे प्रभावित होकर एक ब्रिटिश यात्री ने 1950 के दशक में महाराष्ट्र के सतारा से चंडीगढ़ तक साइकिल यात्रा भी कर डाली। हेरल्ड एल्विन नामक यह यात्री इसका ज़िक्र कुछ इस तरह से करता है :

> मैं कोई स्वर्ग नहीं देख पा रहा हूँ और न ही कोई शहर। केवल एक रास्ता दिखाई पड़ता है जो किसी ऐसी जगह की ओर ले जाता है जहाँ कोई बहुत बड़ा कार्य संपादित किया जा रहा है। बिल्कुल वैसे ही जैसे चींटियों के बनाए बड़े मिट्टी के ढेलों के बाहर का दृश्य होता है। कारें, ट्रैक्टर, बसें — ये सब बिना घरों की गलियों में दौड़ते हुए बिंदुओं जैसे प्रतीत होते हैं। एक-दो मील आगे चल कर वही जगह आ जाती है जहाँ यह शहर खड़ा होगा हालाँकि अभी यहाँ समतल खेत ही दिखाई देते हैं। यही वह जगह है जहाँ ल कार्बूज़िए, फ्राई, जेन ड्रू और जॉनरेट हमारे लिए हमारा आधुनिक वास्तुशिल्प का मक्का खड़ा करेंगे। यह बनना शुरू भी हो गया है। इसकी योजना पूरी तरह से तैयार है और इसके छब्बीसवें अंश का निर्माण भी हो गया है।[20]

इस यात्रा-वृत्तांत के लेखक ने एक शाम आर्किटेक्ट दम्पती जेन ड्रू व मैक्सवेल फ्राइ और जॉनरेट के साथ गुज़ारी। ल कार्बूज़िए के अलावा ये तीनों वास्तुशिल्पी भी शहर को डिज़ाइन कर रहे थे। इस मुलाक़ात का ज़िक्र एल्विन ने अपने यात्रा-वृत्तांत में कुछ इस तरह किया :

> मैंने कहा : 'शायद यह बात नज़रअंदाज़ नहीं की जा सकती कि अमीरों व ग़रीबों के लिए एक शहर बाक़ायदा डिज़ाइन करना काफ़ी भयावह लगता है। आप एक घर लेना चाहते हैं और आपसे आपकी आमदनी पूछी जाती

---

[19] वही : 17-18.

[20] हेरल्ड एल्विन (1957) : 319.

है। फिर उसी हिसाब से आपको तेरह में से किसी एक श्रेणी का घर दिया जाता है। मसलन डेढ़ लाख रुपये की क़ीमत के सभी घर उत्तर में मिलेंगे और चपरासियों के लिए बने 3,250 रुपये के घर दक्षिण में स्थित होंगे। एक सेक्टर में ज़्यादा से ज़्यादा तीन या चार ऐसी श्रेणियों के लिए घर बसाए गये हैं। क्या यह बात काफ़ी अजीब नहीं है कि इस शहर में सभी तेरह श्रेणियों के घर एक ही साथ एक ही जगह नहीं बनाए गये।'

जवाब : 'हमें भी इस बात ने लगातार काफ़ी परेशान किया है। लेकिन क्या किया जा सकता है? अमीर और ग़रीब दोनों एक साथ रहना कभी पसंद नहीं करेंगे।'

क्या वास्तव में ग़रीब और अमीर एक साथ रहना पसंद नहीं करेंगे? पोम्पी में भी तो उन्हें साथ-साथ बसाया गया था। निश्चित तौर पर कुछ हद तक वे ऑक्सफ़र्ड स्ट्रीट में भी साथ-साथ बसे थे। कई और जगहों पर भी ऐसा ही है। शायद इस समस्या का कोई हल नहीं, लेकिन अगर दूसरे शहरों के इलाक़े अमीरों और ग़रीबों के हिसाब से आबाद हुए तो यह महज़ एक इत्तेफ़ाक या फिर जम्हूरी इत्तेफ़ाक रहा होगा। कितना भयावह है कि एक शहर की योजना इस तरह भी बनाई जा सकती है।[21]

आधुनिक वास्तुशिल्प पर आधारित इस शहर में स्पेस का पृथक्करण काफ़ी हद तक वर्ग-आधारित भी था। एल्विन अपने वृत्तांत में बताते हैं कि शहर की योजना ही कुछ इस तरह से बनाई गयी थी जिससे वह वर्ग के आधार पर बँट जाता था। इसका एक बड़ा उदाहरण शहर को दो भागों में बाँटने वाली रेखा है, जो 'मध्यमार्ग' के नाम से प्रचलित है। मध्यमार्ग एक सड़क नहीं है, बल्कि शहर के उत्तरी भाग के संभ्रांत सेक्टरों को इसके दक्षिण में बसे मध्य तथा निम्न-मध्यवर्गीय सेक्टरों में बाँटती हुई एक लक्ष्मण रेखा है।

---

[21] वही : 327.

II

एक शहर और एक महबूबा : रोमांच का शहर व शहर का रोमांस

कश्मीरी लाल ज़ाकिर का 1978 में लिखा गया यह उपन्यास[22] हरियाणा के एक गाँव से भाग कर चंडीगढ़ आये एक रिक्शा चालक के प्रेम-प्रसंग की कहानी है। उपन्यास के प्राक्कथन में लेखक ने विस्थापित होने से पहले के दिनों के ग्रामीण जीवन की मार्मिक तस्वीर खींची हैं :

> यह कहानी उस दौर की है जब इस शहर को इसका कार्बूज़िए नहीं मिला था। आज जहाँ लंबी-चौड़ी सड़कें, ख़ूबसूरत इमारतें, थियेटर, सिनेमाघर तथा ज़िंदगी से लबालब बाज़ार दिखाई पड़ते हैं, ठीक उसी जगह पर एक ज़माने में बहुत से छोटे-छोटे गाँव बसा करते थे। फ़सलों से भरे खेतों और आम के बड़े-बड़े बग़ीचों के बीच गाँव के बाशिंदे अपनी ज़िंदगी सुकून से गुज़ारते थे। जिस ज़मीन ने एक लम्बे अर्से से उन्हें अपनी गोद में पनाह दी, वे उससे मुहब्बत करते थे। फिर ये गाँव उजड़ गये। गाँव की गलियाँ वीरान हो गयीं, शाम ढलते ही, आमों के पेड़ उदास दिखने लगे। दूर तक फैले हुए ज़मीन के खुले मैदानों पर एक नये शहर का नक़्शा उभरने लगा। धीरे-धीरे पुराने गाँव के खँडहरों की परछाइयों से एक नये शहर का अक्स उभर रहा था।
>
> पूरी दुनिया को यह ख़बर हो गयी कि देश के पंजाब नामक हरे-भरे व ख़ुशहाल प्रदेश में एक अति-आधुनिक शहर का निर्माण होने जा रहा है। धीरे-धीरे इस शहर का नाम सब की ज़ुबाँ पर चढ़ने लगा।[23]

उपन्यास में केवल विस्थापन के शिकार ग्रामीण जीवन का ही ज़िक्र नहीं है, बल्कि बेघर रिक्शा चालक के जीवन के इर्द-गिर्द झुग्गी बस्ती भी भौतिक और अवधारणात्मक रूप में विद्यमान है। चंडीगढ़ का इस्तेमाल केवल उपन्यास को एक स्थानिकता देने के लिए ही नहीं किया गया है, बल्कि पूरे कथानक की विषय-वस्तु का केंद्र बिंदु भी है। उपन्यासकार ने प्राक्कथन में इस बारे में बाक़ायदा ज़िक्र भी किया है।

---

[22] उपन्यास के बारे में बातचीत के दौरान कश्मीरी लाल ज़ाकिर ने बताया कि उनका यह उपन्यास दरअसल पूरी तरह से काल्पनिक नहीं है. उपन्यास लिखने के दौरान उन्होंने कुछ महीने हरियाणा के किसी गाँव से भाग कर आये एक नवयुवक रिक्शा चालक के साथ शहर की दुकानों के बरामदे में चाय पीते और गपशप करते हुए गुज़ारे थे : 12 अगस्त वाले इंटरव्यू से.

[23] कश्मीरी लाल ज़ाकिर (1980) : 2.

मेरे उपन्यास में धड़कता हुआ यह शहर जीवन-रहित नहीं। शहर अपने आप में एक पूरा चरित्र है जिससे प्रेम किया जा सकता है और कभी-कभी नफ़रत भी ... यह शहर कोई बड़े दिल का शहर नहीं... अलग-अलग लोगों की इस शहर के बारे में अलग-अलग राय है। इस शहर के बारे में बहुत आम और मूल विचार प्रचलित है कि यह सरकारी मुलाज़िमों का शहर है। सख़्त, रूखा, बेजान और बेयक़ीन। शायद यही वजह है कि यह शहर अपने मेहमानों का खुले दिल से स्वागत नहीं कर सकता... इस शहर में दूसरों को अपनी ओर खींचने की क्षमता तो है लेकिन यह उन्हें ख़ुद का हिस्सा नहीं बना पाता, इस शहर की सबसे बड़ी त्रासदी यही है। यह शहर एक ख़ूबसूरत महबूबा तो है, लेकिन इसमें इतना यक़ीन व चाहत नहीं कि ख़ुद किसी को सुपुर्द कर पाए।[24]

राष्ट्र-राज्य के इस स्वप्न-शहर में यहाँ के बाशिंदों को रोज़मर्रा की ज़िंदगी के दौरान अलग-अलग तरह के मोहभंग हुए। शहर को क़रीब से देखने और जीने के बाद यहाँ आये प्रवासियों का तिलिस्म ख़त्म हो जाता है। शहर के सपने का इस तरह भंग होना राष्ट्र के जीवन के लिए गहरे अभिप्रायों की तरफ़ इशारा करता है। दरअसल, यह मोहभंग राष्ट्र की दंतकथा भी विखंडित करता है। उपन्यास का प्रमुख किरदार हीरा भी शहर से मोहभंग और क्षति के एहसास से कई बार गुज़रता है। सबसे पहले ऐसा तब होता है जब वह गाँव से भाग कर अपने सपनों के इस जादुई शहर में पहला क़दम रखता है। इस शहर के बारे में हीरा ने बहुत से लोगों से बड़े आख्यान सुने थे। लेकिन शहर से पहली मुलाक़ात उसके अंदर भय और परायेपन की भावना पैदा करती है :

जब हीरा शहर जाने वाली बस से चंडीगढ़ पहुँचा, तब रात के तक़रीबन दस बजे रहे थे, और यह आख़िरी बस थी। एक सुनसान बस स्टैंड पर उतरने के बाद कुछ यात्रियों ने अपने पते-ठिकानों पर पहुँचने के लिए रिक्शा लिया और कई पैदल ही चल पड़े। हीरा अकेले ही इस सुनसान बस स्टैंड पर खड़ा रहा।

---

[24] वही : 4.

> बस स्टैंड की विशालकाय, लेकिन अधूरी बनी इमारत उसे काफ़ी भयावह लगी। डर के मारे उसने चारों ओर नज़र दौड़ाई और फिर बस स्टैंड से बाहर निकल आया।[25]

सिर्फ़ हीरा ने ही शहर के स्थापत्य से भय महसूस नहीं किया। शहर के हाईकोर्ट की इमारत का उद्घाटन करने आये नेहरू को भी यह लगा था कि जैसे हाईकोर्ट की इमारत उन पर छा गयी हो। शहर में जीवन बिताने के अपने सपने से हीरा को घिन आयी।

कुछ दिनों तक बाहर रहने के बाद हीरा ने एक आर्मी अफ़सर के गैराज़ में रहना शुरू कर दिया। उसका काम उनकी किशोर पुत्री चन्नी को रिक्शे से स्कूल ले जाना और वापिस लाना था। चन्नी के पहल करने पर हिचकिचाते हुए हीरा का उससे एक बहुत छोटा प्रेम-प्रसंग शुरू हो जाता है। इस प्रेम-प्रसंग का जल्दी अंत हो गया जब इसके बारे में पता चलने पर हीरा को पीट कर वहाँ से निकाल दिया गया। बहुत सालों बाद हीरा एक सड़क हादसे में घायल चन्नी को बचाने के लिए उसके पिता के अनुरोध पर अपना ख़ून देता है। उपन्यास के अंत में हीरा हर उस अवमानना से आहत है जो उसे इस शहर में झेलनी पड़ी।

> उसकी ग़लतियों का दूसरा हिस्सा यह भी था कि उसने इस बड़े, दूर तक फैले हुए, नियोजित व अति-आधुनिक शहर के एक ख़ूबसूरत स्त्री के रूप में सिमट जाने की तमन्ना की थी। एक ऐसी औरत जो कि उसकी प्रेमिका होगी। यह शहर जो दिन-ब-दिन फैलता जा रहा है एक छोटा-सा बिंदु बन जाएगा या फिर होंठों का एक कोना या गाल पर पड़ा छोटा सा गड्ढ़ा, बालों की एक ख़ूबसूरत लट या फिर आँखों का एक रहस्यमय इशारा।
>
> उन अनदेखे और अनजाने बिंदुओं जैसा जिनकी परिभाषा वह अपनी ज्यामिति की किताबों में पढ़ता था। उसकी ग़लती सिर्फ़ यह थी कि उसने अपनी महबूबा में समा जाने की ख़्वाहिश की थी।[26]

---

[25] वही.

[26] वही.

उपन्यास के अन्त में नायक जब शहर में अपने जीवन की ओर मुड़ कर वापिस देखता है तो पाता है कि उसके भीतर की गहन स्वैर-कल्पना केवल अपनी प्रेमिका चन्नी के लिए ही नहीं थी, बल्कि इस शहर के लिए भी थी। वह शहर जिसने उसे हमेशा अपनी ओर खींचा और अपने तिलिस्म में बाँधे रखा। लेकिन, साथ ही वही शहर बहुत रहस्यमय ढंग से उसकी पहुँच से बाहर भी रहा। शहर हीरा को अपने ऊपर किसी भी तरह का अधिकार नहीं देता। उसका एक बेघर रिक्शा-चालक होना शहर पर उसके किसी भी तरह के हक़ होने के दावे को ख़ारिज करने का आधार बन जाता है। शहर का उसकी पहुँच में होना इस बात पर निर्भर करता है कि 'नागरिकता की कुछ दूसरी शर्तें'[27] पूरी की जा सकें। हीरा के लिए ये शर्तें पूरी करना असंभव था। हालाँकि ऐसा नहीं था कि हीरा को ही शहर की ज़रूरत हो। शहर को भी अपनी ज़िंदगी चलाने के लिए हीरा तथा उस जैसे लाखों श्रमिकों की आवश्यकता थी। इस दूसरे पहलू को इस उपन्यास में तो काफ़ी अच्छे से रेखांकित किया गया है, लेकिन इस हक़ीक़त को हमेशा ही राज्य ने चंडीगढ़ शहर और इसकी प्रचलित कहानियों से परे रखा।

चंडीगढ़ से संबंधित प्रचलित विमर्श में उसकी हैसियत 'ख़ूबसूरत शहर' की बनी रही, यहाँ की झुग्गी-बस्तियों, यहाँ रहने वाले श्रमिकों (जैसे कि रिक्शाचालकों व शहर के उच्च व मध्यवर्गीय घरों में काम करने वाले घरेलू कामगारों को) 'गंदा' या 'मैला' मान कर शहर की प्रचलित कहानियों व बिम्बों से दूर ही रखा गया। इन लोगों को अदृश्य बनाए रखने का एक कारण शोषित वर्ग के वजूद को उभरने में निहित अंदेशों से जुड़ा है। निम्न-वर्गीय मज़दूर की देह शहर द्वारा किये गये आर्थिक व अनुभूति आधारित शोषण का केंद्र भी बनती है। शहर की अर्थव्यवस्था के पहियों को चालू रखने के लिए हीरा के ख़ून-पसीने की ज़रूरत पड़ती है। सड़क हादसे में घायल उसकी पूर्व-प्रेमिका को बचाने के लिए उसके ख़ून का इस्तेमाल उसकी दैहिक व

[27] आदित्य निगम इन्हें 'सभ्य' होने के मानकों की संज्ञा देते हैं जो शहर में 'प्रवेश' पाने की एक पूर्व शर्त होती है. देखें, आदित्य निगम (2002) : 29.

अनुभूति आधारित दुर्बलताओं का द्योतक है जिससे उसकी देह को गुज़रना पड़ता है। हीरा की देह उपन्यास में एक ऐसे मुक़ाम की तरह उभरती है जो शहर द्वारा अपनाए जाने वाले विभिन्न प्रकार के हथकंडों के लिए हमेशा आसानी से उपलब्ध रहती है, लेकिन जिसे अपनाने के लिए कोई तैयार नहीं होता। शहर की अपनी प्रेमिका के रूप में कल्पना ही इस देह द्वारा अपने बेजा इस्तेमाल से उबरने का एक ज़रिया बन जाती है। शहर के भौतिक रूप को प्रेमिका की देह मानने की कल्पना, दरअसल शहर की शारीरिकता को बहुत निकटता से महसूस करने की बाहरी ख़्वाहिश को भी व्यक्त करती है। इसके साथ ही शहर में समा जाने की हीरा की ख़्वाहिश को विद्रोह की दबी हुई ख़्वाहिश के रूप में भी देखा जा सकता है। ख़ासकर तब, जब शहर की बुनियाद ही बहिर्वेशन की शर्तों पर रखी गयी हो।

III

उत्तर-औपनिवेशिक दौर में प्रेम, विवाह और परिवार

आलेख के इस भाग में हम चर्चा करेंगे कि नये राष्ट्र के 'आधुनिक' नागरिक होने के विचार को किस प्रकार परिवार तथा विवाह जैसी संस्थाओं में अहम तब्दीलियों द्वारा नये तरह से समझा-समझाया गया है। इस प्रक्रिया को चंडीगढ़ शहर के निर्माण की पृष्ठभूमि में लिखे गये एक अंग्रेज़ी उपन्यास *नेशन ऑफ़ फ़ूल्ज़* द्वारा समझने की कोशिश की जाएगी।[28]

यह उपन्यास भारतीय राष्ट्र के जीवन के उन ऐतिहासिक पलों को समेटता है जब उसके नागरिकों ने, नये राष्ट्र तथा नये शहर के बाशिंदे होने के परिणामस्वरूप अपने जीवन के कई महत्त्वपूर्ण पहलुओं में कुछ ऐसे बदलाव किये जो न केवल उनके 'आधुनिक' होने के प्रतीक थे बल्कि जो राष्ट्र के 'आधुनिक युग में क़दम रखने' के लिए भी ज़रूरी थे। यह उपन्यास, शहर बनने की प्रक्रिया के साथ-साथ एक ऐसे परिवार की जीवन-शैली में बदलाव की कहानी रेखांकित करता है जो बँटवारे के कारण विस्थापित

---

[28] बलराज खन्ना (1984).

होकर अंबाला कैम्प में बसा है। लेकिन इस परिवार की असल मंज़िल निर्माणाधीन चंडीगढ़ है। बदलाव की इस उठा-पटक में इस परिवार का पुराने से 'नये' शहर में भौतिक पारगमन ही नहीं होता बल्कि जीवन जीने के 'नये' तौर-तरीक़ों की खोज भी इस बदलाव का एक हिस्सा है। यही प्रक्रिया व्यक्तिगत तथा सामाजिक स्तरों पर वैध/अवैध, शुद्ध/अशुद्ध, क़ानूनी/ग़ैर-क़ानूनी आदि की सीमाओं को 'नये' शहर और 'नये' युग की ज़रूरतों के हिसाब से निर्धारित भी करती है। यदि 'पुराने' क़स्बे में सेक्शुअलिटी पर कई तरह के बंधन हैं, तो 'नया' शहर ऐसे खुलेपन का प्रतीक है जहाँ मध्यवर्गीय परिवार अपनी नौजवान पीढ़ी को कई पुरानी लक्ष्मण-रेखाएँ लाँघने की इजाज़त देता है। ऐसा बदलाव पितृसत्ता की गहरी आलोचना की वजह से नहीं बल्कि 'आधुनिक' होने की ज़रूरतों की वजह से होता है।

इस उपन्यास में ओमी नामक मुख्य किरदार की कहानी दरअसल एक छोटे क़स्बे में रहने वाले मैट्रिक फ़ेल किशोर की एक पढ़े-लिखे, अंग्रेज़ी बोलने वाले 'आधुनिक' युवक बनने तक के सफ़र की नुमाइंदगी करती है जो बहुत गहराई से शहर के बनने के सफ़र से जुड़ी हुई है। ओमी के इस सफ़र में दो प्रेम-संबंध और कुछ आकस्मिक क़िस्म की सेक्शुअल मुठभेड़ें भी शामिल हैं। इन संबंधों का ताना-बाना ओमी तथा उसके परिवार के एक 'नये' युग में प्रवेश करने की कहानी से जुड़ा हुआ है। यह युग उत्तर-औपनिवेशिक भारत के शहरी आधुनिकता में क़दम रखने का युग भी है।

ओमी चंडीगढ़ के नज़दीक ही पंचकुला नामक छोटे से क़स्बे में रहने वाली एक शर्मीली तथा संकोची लड़की से प्रेम करता है। पंचकुला जैसे छोटे क़स्बे के घुटन भरे माहौल में इस युवा जोड़े की सेक्शुअल तथा रूमानी ख़्वाहिशें वहाँ की पितृसत्तात्मक मान्यताओं द्वारा तय होती हैं। ओमी न केवल गुड्डी से प्रेम करने की 'ग़लती' कर बैठता है, बल्कि गुड्डी के बड़े भाई के प्रभाव में जनसंघ की राजनीति में भी सक्रिय हो जाता है। यह 'ग़लती' इसलिए है क्योंकि ओमी के पिता खत्री एक पक्के कांग्रेसी होने के साथ-साथ नेहरू को अपना आदर्श मानते हैं। ओमी के इन अतिक्रमणों पर उसके

परिवार द्वारा लगाम उसे बिना बताए एक संभ्रांत स्टेशन मास्टर की बेटी से उसकी शादी तय करके लगाई जाती है। अचानक होने वाली ये घटनाएँ ओमी को इस क़दर परेशान करती हैं कि वह घर छोड़ कर कहीं भाग जाना चाहता है। शादी से पहले चंडीगढ़ के नामी-गिरामी कॉलेज से अंग्रेज़ी-माध्यम में पढ़ाई को ले कर उसके पिता और भावी ससुराल की दिलचस्पी का भेद अब उसके सामने खुलता है :

> 'ओह!' अब समझ में आया, कि ससुराल वालों ने वो महँगी मिठाइयाँ, कमीज़, और फाउंटेनपेन तोहफ़े में क्यों भेजा था। इसीलिए ... इसीलिए ही हमारी 'नयी राजधानी' में 'पक्के कॉलेज प्रोफ़ेसर' से अंग्रेज़ी की ट्यूशन पढ़ाने का इंतज़ाम भी किया गया।[29]

नये बन रहे शहर को लेकर इसके बाशिंदों में बेहद उत्साह था। उन्होंने बड़े चाव और ख़ुशी से अपनी ज़िंदगी में 'नयी' ज़रूरतों के हिसाब से कुछ 'नयी' चीज़ें जोड़ीं। अंग्रेज़ी सीखना और बोलना भी इन्हीं नयी ज़रूरतों में से एक था। पहले अकसर लोग अंग्रेज़ी भाषा को सिर्फ़ पश्चिमी संस्कृति और उससे जुड़ी कई 'वाहियात' चीज़ों, जैसे अंग्रेज़ी फ़िल्में से जोड़कर देखते थे। नये बन रहे शहर में किसी का अंग्रेज़ी भाषा जानना सही मायनों में 'शहरी' होने की तसदीक भी करता था। अपनी सगाई के बाद और गुड्डी के अपने जीवन से चले जाने के बाद ओमी को गहरे अकेलेपन का अहसास हुआ। इसे दूर करने के लिए अब उसका ज़्यादातर वक़्त आने वाली शहरी ज़िंदगी की पेशीनगोइयों और इसके बारे में ख़्वाब देखते हुए गुज़रता था :

> यह वक़्त अकेलेपन से भरा था। अब तो पिता का घर पर चक्कर लगना दिन-ब-दिन कम होता जा रहा था। इस बात का एक ही मतलब था। वह यह, कि वे अपने सपने के क़रीब पहुँच रहे होंगे। यह सपना चंडीगढ़ का था। हमारी अपनी राजधानी, चंडीगढ़! चंडीगढ़!! हमारी राजधानी! उसी जगह पर मेरी ज़िंदगी की शुरुआत होगी। अभी तक जो कुछ भी हुआ, वह महज़ इत्तेफ़ाक़ था, सिवाय एक-दो चीज़ों को छोड़ कर। गुड्डी उनमें से एक थी और दूसरी ...? ओमी ने उसके बारे में कभी नहीं सोचा।[30]

---

[29] वही : 74.

[30] वही.

पंचकुला जैसे छोटे से क़स्बे की रवायतें अगर गुड्डी को लड़की होने की वजह से कई तरह के बंधनों में बाँधती थीं, तो समाज ओमी से भी अपने द्वारा तय की हुई हदें न लाँघने की उम्मीद करता था। उससे यह उम्मीद तो की ही जाती है कि वह अपने पुरुषत्व को समाज की ज़रूरतों के मुताबिक़ दृढ़ता से घोषित करे। साथ ही यह भी समझे कि इस पुरुषत्व की भी सीमाएँ हैं जिनके अनुसार इसका इस्तेमाल केवल परिवार तथा राष्ट्र की सेवा में ही होना चाहिए। जैसे ही ओमी के पिता को इस बात की भनक लगती है कि वह परिवार तथा समाज की इन तयशुदा सीमाओं को लाँघ रहा है, वे अलग-अलग तरह से इस अवज्ञाकारी पुरुषत्व पर नकेल कसने की कोशिश करते हैं।

सेक्शुअल दमन के इस घुटन भरे माहौल में पुरुष नारी को उपभोग की एक वस्तु की तरह ही देखते हैं। इतना ही नहीं ख़ुद पुरुष-इयत्ता का भी बुरा हाल हो जाता है। यही वजह है कि एक निर्माणाधीन स्थल की मज़दूर औरतों का बेपर्दा होकर नहाना ओमी और उसके दोस्तों के लिए सेक्शुअल विलास की वजह बनता है। छोटे क़स्बे में सेक्शुअल इच्छाओं के लगातार कुचले जाने की वजह से पुरुष-यौनिकता के लिए इन मज़दूर औरतों की हैसियत एक वस्तु मात्र से अधिक नहीं होती। ओमी और उसके दोस्त नारी देह के प्रति अपनी दबी-कुचली उत्सुकता के चक्कर में इन मज़दूर औरतों के जीवन में स्नानगृह जैसी मूलभूत सुविधाओं के अभाव के आर्थिक पहलुओं से पूरी तरह अनजान और कटे रहते हैं। पुरुष और स्त्री की यह दमित सेक्शुअलिटी कई बार ऐसे रूप ले लेती है, जिन्हें आधुनिकता के प्रसंग में पथभ्रष्ट और दीवानावार माना गया है। लेकिन अपनी रोज़मर्रा की ज़िंदगी के तथाकथित धार्मिक दायरे में लोग इन 'असामान्य' व्यवहारों को सहज तरीक़े से जीते हैं। यह उनके धार्मिक और आध्यात्मिक जीवन का एक अभिन्न हिस्सा है। ऐसी ही एक घटना ओमी के साथ भी होती है।

> फलों के बाग़ से आधे मील की दूरी पर एक जाने-माने तीर्थ-स्थल के पास पहुँचा। यह एक अति-पुरातन चबूतरा था, जिसे मड़ी कहा जाता है। ऐसी मान्यता थी कि वहाँ किसी देवी या उसकी अस्थियों को दबाया गया था।

> यह छोटी-छोटी लाल ईंटों से बना आठ फुट ऊँचा पिरामिड था। जिन औरतों को संतान नहीं हो पाती थी वे यहाँ इसके लिए पूजा करती थीं? आदमियों का इस जगह आना या इसके आस-पास भटकना तक मना था। ऐसी मान्यता थी कि ऐसा करना भगवान के काम में बाधा डालने के बराबर है। इसी वजह से पुरुष वहाँ आते भी नहीं थे। ओमी को भी इस बात का पता था। जैसे ही उसे इस बात का एहसास हुआ कि वह कहाँ है, उसने जल्दी से वहाँ से हटने की कोशिश की। उसी वक़्त उसने वैसी ही आवाज़ें सुनीं जैसी कि उसे पिछली रात को नींद में सुनाई दी थीं। कोई कराह-सा रहा था। वह झाड़ी के पीछे छुप कर उन आवाज़ों को सुनने लगा। उसे पिरामिड के पास एक गहरी परछाईं दिखाई दी जो किसी इनसान की थी। उसकी धड़कनें रुक गयीं। उसे यह किसी भूत के होने जैसा लगा। उस इनसानी परछाईं ने मिट्टी का एक दिया जला कर पिरामिड के नीचे रख दिया। दिये की धीमी रोशनी में ओमी को पता चला कि वह एक औरत थी। उस औरत ने अपने कपड़े उतारे और पिरामिड के ठीक सामने धीरे-धीरे नाचने लगी।[31]

इसके बाद वह स्त्री धीरे-धीरे अंतरलीन तन्मयता जैसी स्थिति में चली जाती है जहाँ उसका नाचना तेज़ और दीवानावार हो जाता है। इसी दौरान उसके कहने पर ओमी और उस स्त्री में शारीरिक संबंध क़ायम होता है। बाद में ओमी को मालूम हुआ कि उस दिन मड़ी पर उसे मिली वह स्त्री कोई और नहीं बल्कि उसके पड़ोस में रहने वाली रानी थी। रानी संतानहीन थी। वह जवान और बेहद ख़ूबसूरत थी। उसका पति अकसर ही रोज़ रात को उसकी पिटाई करता था।

यह आकस्मिक सेक्शुअल प्रसंग ओमी के लिए इतना भयावह और डरावना था कि उसने इस बारे में दुबारा कभी न सोचने तक का निर्णय ले लिया। लेकिन एक महत्त्वपूर्ण सवाल यह भी है कि ओमी जैसे पुरुषों के लिए अपनी ही यौनिकता के कुछ आयाम इतने ख़तरनाक और डरावने क्यों हो जाते हैं कि उनसे किसी भी प्रकार का संवाद करने की बजाय वे या तो उन्हें

---

[31] वही.

अपने मन के किसी कोने में दबा देना चाहते हैं या फिर उन्हें अपने आप से पूरी तरह बाहरी मान कर मन से निकाल देना चाहते हैं। क्या रानी के साथ इस आकस्मिक यौन प्रकरण ने ओमी को अपनी यौनिकता के दमित पहलुओं के बरअक्स लाकर खड़ा कर दिया? या फिर उसे इस बात का अहसास हुआ कि ख़तरा असल में एक 'बेलगाम' नारी यौनिकता से नहीं है, जैसा कि बचपन से ही समाज की रीति-रवायतों ने उसे सिखाया था, बल्कि उसे असल ख़तरा तो अपनी ही दमित यौनिकता के कुछ ऐसे दुर्दम्य आयामों से था जिनमें उसके पौरुष के पूरी तरह से संविलीन होने की गहरी संभावना छुपी थी। इस बात के बारे में उसके न सोचने की एक वजह शायद उसके भीतर विवाह की संस्था व उसकी नैतिकता पर सवालिया निशान लगने से भी जुड़ी थी।

ऊपर उठाए गये सवालों का दरअसल परंपरा और आधुनिकता के सवालों से एक गहरा रिश्ता है। आम तौर पर साहित्य व सिनेमा जैसी विधाओं में आधुनिकता को सेक्शुअल प्रेम की अभिव्यक्ति के लिए एक खुले विचार-क्षेत्र के रूप में देखा गया है। इसी के उलट परंपरा को एक ऐसी संस्थिति (साइट) के रूप में देखा जाता है जहाँ यौनिक प्रेम को समाज द्वारा अभिव्यक्ति की जगह नहीं मिलती, बल्कि उसे कई अलग-अलग तरीक़ों द्वारा दमित किया जाता है। ऐसा क्यों है कि इस निरूपण के बावजूद, रोज़मर्रा के जीवन में अपनी दमित यौन इच्छाओं की अभिव्यक्ति के लिए एक बहुत बड़ा तबक़ा 'परम्परागत' संस्थितियों पर ही निर्भर करता है।

आम तौर पर जिसे दैवी या धार्मिक संस्थिति कहा जाता है वह दमित यौनिकता के प्रकटीकरण की अहम संस्थिति बन जाती है। सुधीर कक्कड़ अपनी रचना *शमंस, मिस्टिक्स ऐंड डॉक्टरर्स* में इसका ज़िक्र करते हुए लिखते हैं :

> उपन्यास में देवी की मड़ी, रानी के लिए सिर्फ़ अपने बाँझपन का इलाज करने की संस्थिति ही नहीं बल्कि एक ऐसा प्रतीक भी है जहाँ वह अपनी देह तथा यौनिकता को अंतरलीन तल्लीनता के कुछ क्षणों में ऐसी जकड़नों से मुक्त कर देती है जो पितृसत्तात्मक व्यवस्था की देन

> है। इन क्षणों में मड़ी केवल एक दैवी या धार्मिक संस्थिति नहीं रहती बल्कि तथाकथित 'पथभ्रष्टता' की खुली अभिव्यक्ति का प्रतीक भी बन जाती है। पति के दुर्व्यवहार और 'बाँझपन' की वजह से समाज के हाशिये पर रहती हुई स्त्री अपने शरीर तथा मन की पीड़ा एवं यौन इच्छाओं को यहाँ आ कर अभिव्यक्त करती है। आधुनिकता की दृष्टि में यह पागलपन एवं उन्मादी व्यवहार हो सकता है जिसमें आधुनिक मनोचिकित्सा मानसिक विकृति देख सकती है।[32]

लेकिन प्रतीकात्मक तथा भौतिक रूप में मड़ी जैसी जगह किसी छोटे क़स्बे में स्थित होने की संभावनाएँ काफ़ी अधिक हैं। किसी नियोजित एवं आधुनिक शहर में मड़ी के लिए गुंजाइश काफ़ी कम थी। सवाल यह भी उठता है कि आधुनिक शहर ऐसी कौन-सी संस्थितियाँ गढ़ता है जिनके द्वारा अवचेतन में छिपी इनसानी यौनिकता की अभिव्यक्ति हो पाए? क्या शहर के पास इस तरह के साधन हैं जिससे कि वह सब अभिव्यक्त किया जाए जिसकी अभिव्यक्ति रोज़ाना की ज़िंदगी में संभव नहीं हो पाती। यदि छोटे क़स्बे में ओमी अपनी यौन इच्छाओं को दबा-कुचला महसूस करता है तो शहर का 'खुलापन' इन्हें पूरा करने का एक नायाब वायदा भी करता है। शहरी जीवन में सिनेमा व सिनेमाघर ऐसी ही संस्थिति है जहाँ ओमी और उसके दोस्तों की रोमानी एवं यौनिक कल्पनाओं को स्पर्श मिलता है। लेकिन यह सवाल भी अत्यंत महत्त्वपूर्ण है कि क्या सिनेमा जैसी संस्थिति केवल 'अपनी शर्तों पर' उपलब्ध होती है या सिनेमा के होने की एवं समाज में इसकी स्वीकृति की कोई और वजहें भी हैं? पंचकुला जैसे क़स्बे में ओमी को सिनेमा देखने की इजाज़त नहीं थी। अपनी इस 'ख़्वाहिश' को उसे चोरी-छिपे पूरा करना पड़ता था। यहाँ उसके लिए सिनेमा अपनी ख़्वाहिशें पूरा करने के लिए हमेशा एक अतिक्रमित संस्थिति ही बना रहा। सिनेमा जैसी अतिक्रमित जगह पर जाने की वजह से ओमी को कई बार अपने पिता के हाथों पिटना पड़ा। इतनी ही नहीं, एक बार तो देर रात में चोरी-छुपे अकेले सिनेमा देखने जाते हुए वह हवालात में भी पहुँच जाता है। पचास

[32] वही.

और साठ के दशक की पृष्ठभूमि में लिखे गये इस उपन्यास में, उस दौर में किसी पुरुष के लिए देर रात अकेले सिनेमा देखने जाना, भ्रष्ट पुलिस व्यवस्था द्वारा उसका ऐसा 'अतिक्रामी' व्यवहार पैसा ऐंठने की वजह बन जाता है।

लेकिन नये शहर में सिनेमा के अर्थ न केवल ओमी के लिए बल्कि समाज के लिए भी बदल गये। शहरी आधुनिकता का आदर्श पूरा करने के लिए सिनेमा भी एक सामान्य ज़रूरत बन गया। इस अर्थ में सिनेमा आधुनिकता का ऐसा माध्यम बन गया जो नये शहर के भावी-नागरिकों को 'शहरी' बनने में मदद करता है। सिनेमा के माध्यम से 'आधुनिक' होने का 'प्रशिक्षण' ओढ़ने-पहनने से लेकर बोलचाल और उठने-बैठने के सलीक़े अपनाने द्वारा होता है। उपन्यास में सिनेमा द्वारा ओमी शहरी जीवन के लायक़ बनने का तर्क अपने पिता के सामने कुछ इस प्रकार रखता है :

> 'पिता जी, आपको अब मुझे अंग्रेज़ी फ़िल्में देखने देनी चाहिए,' ओमी ने कहा।
>
> अंग्रेज़ी फ़िल्में बगल के ही एक सिनेमाघर में दिखाई जाती थीं जो कि बढ़िया से सैक्टर 22 में स्थित था। यह ओमी का पसंदीदा सिनेमाघर था।
>
> 'अंग्रेज़ी फ़िल्मों में तो चुम्बन और ऐसी ही और भी कई वाहियात चीज़ें दिखाई जाती हैं,' पास ही बैठी चतकरनी नामक ब्राह्मण विधवा बोली।
>
> 'हाँ', सत्या ने हामी भरी और कहा, 'अंग्रेज़ी फ़िल्में तो केवल बुरे काम दिखाने के लिए ही मशहूर हैं।'
>
> 'और तुम यह सब देखना चाहते हो? राम, राम, राम!', ओमी की माँ ने कान पकड़ते हुए कहा।
>
> 'नहीं बेटा! सभ्य घराने के सभ्य लड़कों के लिए यह सब देखना अच्छी बात नहीं,' ओमी के पिता खत्री बोले।
>
> उन्होंने सुन रखा था कि अंग्रेज़ी फ़िल्मों में अधनंगी औरतें दिखाई जाती हैं। अगर वे कपड़े पहने हुए भी होती हैं तो भी उनमें काफ़ी कुछ दिखाई पड़ता है।
>
> 'यह 1955 है पिताजी, कोई उन्नीसवीं शताब्दी नहीं। प्रोफ़ेसर भटनागर तो कहते हैं कि अंग्रेज़ी बोली सीखने के लिए ये फ़िल्में सबसे बेहतरीन तरीक़ा है। चाहे तो यह बात आप ख़ुद भी उनसे पूछ

सकते हैं,' ओमी ने कहा।

खत्री ने प्रोफ़ेसर भटनागर की राय ली।

'ओमी के लिए अंग्रेज़ लोगों द्वारा बोली जाने वाली अंग्रेज़ी सुनना काफ़ी मददगार साबित होगा,' प्रोफ़ेसर भटनागर ने कहा।

उसी रविवार को खत्री ने ओमी को फ़िल्म देखने के लिए टिकट के पैसे दिये।[33]

IV
जाति के आईने में शहर

शोध-लेख का यह भाग शहर के स्थानिक मानचित्र को जाति के आईने में उकेरने की एक कोशिश है। यदि ख़ुद को केवल शहर की आबादी के आँकड़ों तक को सीमित रखा जाए तो ऐसी कई ज़मीनी हक़ीक़तें छूट जाने की संभावना रहती है जिनके द्वारा शहर जाति को रचना करता है। शहरी स्पेस, सत्ता के विमर्श द्वारा जाति के ग़ैर-बराबरी विमर्शी रूपों को पैदा करने की जगह बनती है। आम तौर पर शहर की कल्पना अलग-अलग तरह के हाशियों से पूर्ण मुक्त या फिर इनसे मुक्त करवाने वाली जगह की तरह की गयी है। ऐसी ही कई कल्पनाएँ चंडीगढ़ के बारे में भी की गयी हैं। लेकिन असल में शहर, उन सभी विविध ज़मीनों को ढँकने की जगह बनाता है जिनके द्वारा शहरी जीवन के प्रमुख आयामों की रचना होती है।

'मंकीमैन' की परिघटना को लेकर लिखा गया आदित्य निगम का लेख इसका एक उदाहरण है जिसमें वे दिल्ली के निम्न तथा निम्न-मध्य-मवर्गीय मोहल्लों में एक रहस्यमय 'मंकीमैन' की गतिविधियों के क़िस्सों का विश्लेषण करते हैं।[34] निगम सामाजिक व अवधारणात्मक धरातलों का ज़िक्र करते हुए राज्य, नागरिक समाज तथा 'जनता' (जो कि सामुदायिक जीवन से जुड़ा है) के स्तर पर तीन सामाजिक / अवधारणात्मक धरातलों

[33] वही : 130-131.

[34] आदित्य निगम : 28-29.

की परतों की बात कहते हैं। इन तीनों में से पहले दो आधुनिकता के विमर्श को जन्म देते हैं जबकि तीसरा उसे चुनौती देता है। पहले दो धरातल, मंकीमैन को 'ग़ैर-तार्किक' या 'वैज्ञानिक सोच के ख़िलाफ़' कहकर स्वयं को आधुनिकता के साथ जोड़ते हैं। इसी प्रक्रिया में ये तीसरे धरातल (जो कि 'जनता' का है) को 'ग़ैर-तार्किक' होने की तोहमत लगाकर 'ऐसी स्थितियों पर तार्किक तरीक़े से प्रतिक्रिया करने की शिक्षा लेने' पर ज़ोर देते हैं।[35] निगम कहते हैं कि, 'यह तीसरा धरातल वह है जहाँ कि छोटे तथा आमने-सामने रहने वाले समुदायों की कल्पना-शक्ति अभी भी काफ़ी प्रबल है तथा यह सबाल्टर्न बस्तियों की जीवन स्थितियों में रोज़ाना पुनः संपादित होती है,[36] निगम आगे लिखते हैं कि शहर में सबाल्टर्न मौज़ूदगी से निपटने के लिए यह 'जाग्रत' नागरिक वर्ग स्वयं को इस स्पेस से पृथक् कर लेता है तथा 'देहाती' व 'असंस्कृत' का नागरिक समाज में प्रवेश उसके स्वयं को 'सभ्य' में तब्दील करने की पूर्व-शर्त पर निर्भर करता है।[37]

इसी तर्क को आगे बढ़ाते हुए यह कहा जा सकता है कि दलित कर्त्ता को प्राक्-आधुनिक कह कर रेखांकित करना दरअसल सत्ता के एकाधिक आयामों द्वारा उसे अपने प्रश्न में जीतने तथा आधुनिक में बदलने की साज़िश का हिस्सा है। एक आधुनिक शहर में दलित को जीतने, साधने तथा अनुशासित करने की यह प्रक्रिया आख़िर कैसे घटित होती है? दलित होने को 'अतार्किक' तथा 'आदिम' बता कर कैसे यह प्रक्रिया उसे बुद्धिवादी विचारों और आचरणों को मानने के लिए मजबूर करती है? अतार्किक तथा आदिम दलित को बाध्य कर दिया जाता है कि वह दलित होने की पहचान को त्याग दे तथा किन्हीं अन्य नयी पहचानों को अपनाए ताकि शहर में जीवन जीने के 'लायक़' हो सके।

---

[35] वही : 29.

[36] वही : 29.

[37] वही : 30.

इस प्रक्रिया को समझने के लिए *मोची दा पुत्त* (मोची का बेटा) नामक पंजाबी कहानी एक बढ़िया संदर्भ प्रदान करती है।[38]

आत्मकथा के लहजे में लिखी गयी यह कहानी लेखक के बचपन से शुरू होती है। पंजाब के एक गाँव में रहने वाले उसके पिता मोची का काम करते हैं। सदियों से ग्रामीण पंजाब में जाति पर आधारित अवमानना तथा अलगाव झेलते हुए उसके पुरखे इसी गाँव में रहते थे। अपने माता-पिता को लगातार 'उच्च-जाति' और ज़मींदार जाटों की प्रताड़ना सहन करते देखते हुए लेखक का बचपन गाँव में ही बीता। बाद में वह शहर आ गया :

> मुझे कॉलेज में पढ़ते हुए ही एक नौकरी मिल गयी। वह भी चंडीगढ़ जैसे शहर में, क्योंकि मैं शहर में नया था इसलिए मुझे अपने लिए यहाँ एक घर तलाशने में काफ़ी मुश्किल हुई। तुम कहाँ से आये हो? कौन हो? तुम्हारी जाति क्या है? कितनी तनख़्वाह पाते हो? आख़िरकार किराये का एक मकान मिल ही गया। पड़ोस में चोपड़ा व जैन इत्यादि के घर थे। चोपड़ा मेरे बगल के घर में ही रहता था। एक दिन वह मुझसे मिलने आया। 'तो शर्माजी, कैसे हैं आप', उसने पूछा। 'मैं ठीक हूँ लेकिन आपने मेरे नाम के साथ शर्माजी क्यों लगाया?' मैंने उससे कहा। 'अरे नहीं! लेकिन मैं तो आपको शर्माजी ही कहूँगा', वह बोला। ख़ैर, मैंने इस बात को ज़्यादा तवज्जो नहीं दी और चोपड़ा मुस्कुराता हुआ चला गया।[39]

देहाती इलाक़ों में अलग-अलग भौगोलिक दायरे जाति के आधार पर क़ायम रखे जाते हैं इसी तरह शहरी इलाक़े में भी जाति उसके स्थानिक मानचित्र को अहम अभिव्यक्ति बनाती है। चंडीगढ़ के आधुनिक शहरी इलाक़े में भी शहर पर दलितों का हक़ अस्पृश्यता की प्रच्छन्न और प्रत्यक्ष अभिव्यक्तियों के ज़रिये तय होता है। उच्च जाति के पड़ोसी द्वारा दलित को

---

[38] यह कहानी मोहलनलाल फिलौरिया की है जो कि पंजाबी के प्रसिद्ध दलित लेखक हैं. नौकरी के दौरान वे कई साल चंडीगढ़ में रहे. शोध के दौरान कई मुलाक़ातों में उन्होंने अपने तथा अपने दलित जानकार साथियों के अनेक ऐसे अनुभव साझा किये जहाँ उनके दलित होने को अलग-अलग तरीकों से ख़ारिज किया गया. शहर की गुमनामी ने लगातार यह दबाव क़ायम रखा कि दलित पहचान छोड़ कर 'शहरी' होने की दूसरी पहचानें तलाशी जाएँ. इस अर्थ में यह कहानी पूरी तरह से काल्पनिक नहीं, बल्कि दलित लेखक के विभिन्न अनुभवों पर आधारित एक कथानक है. देखें, मोहनलाल फिलौरिया (2007).

[39] वही : 7.

'शर्माजी' कह कर सम्बोधित करना केवल इस बात का प्रमाण नहीं है कि मध्यवर्गीय शहरी मोहल्ले में दलितों का प्रवेश कई तरह से बाधित होता है, बल्कि दलितों को यह संकेत भी देता है कि उच्च जातियों के लिए इन इलाक़ों में रहना 'स्वाभाविक' है। इसके साथ ही यह भी कि यदि दलित इन इलाक़ों में बसने के लिए आते हैं तो उन्हें अपनी जातिगत पहचान ऐसे रूपों में बदलनी होगी जो कि उच्च जातियों को 'स्वीकार्य' हो।

उच्च-जाति का यह आख्यान उस समय गड़बड़ाया जब लेखक का पिता उसके साथ रहने के लिए गाँव से शहर आता है। जो पिता ख़ुद गाँव में मोची का काम करते थे, उनकी दोस्ती उस मध्यवर्गीय मोहल्ले की सड़क पर बैठने वाले मोची से हो जाती है। एक दिन पिता को घर लौटने में देरी हो जाती है। उन्हें ढूँढ़ने के लिए मोहल्ले के कई लोग जाते हैं तथा अंत में वह पड़ोस के मोची की दुकान पर हुक्का पीते हुए मिल जाते हैं।

> हमें यह देख कर काफ़ी शर्मिंदगी महसूस हुई। मेरे पड़ोसी चोपड़ा ने उनसे कहा, 'शर्माजी, शर्मा होने के बावजूद आप इन मोची-चमारों के साथ बैठकर हुक्का पी रहे हैं। अगर आपको हुक्का पीने का इतना ही शौक है तो वो हम आपको घर पर ला कर भी दे सकते हैं।' हम बापू को घर ले आये। 'यार, यह मोची जो चौक पर बैठता है, मुझे तो बहुत भला आदमी लगा। मेरठ का रहने वाला है। जब मैंने उसे तुम्हारे बारे में बताया तो वो काफ़ी हैरान था। वो तुम सब कोठियों वालों को जानता है। सोचता है कि तुम ब्राह्मण हो।' चोपड़ा दोबारा हमारे घर आया। उसके सामने मैं खुल कर कुछ भी न बोल पाया। सिर्फ़ इतना ही कह पाया, 'यहाँ लोगों के माथे पर थोड़े ही लिखा है कि कौन किस जाति से है?'
>
> चोपड़ा ने बोलना शुरू किया, 'बापू आप हुक्का पीने उस मोची के साथ बैठे थे। आपने हमें बता दिया होता। हम आपके लिए सिगरेट ले आते।'
>
> 'फिर क्या हुआ! वो भी हमारी बिरादरी से है। जब से मैं यहाँ आया हूँ तब से मैं उससे मिलने और उसके पास समय बिताने जाता हूँ। वह मेरा बहुत ख़याल रखता है। एक बार तो उसने मुझे दारू भी पिलाई थी। वो बहुत ही बढ़िया आदमी है।'

> मुझे अब और सहन नहीं हो पा रहा था मेरे पड़ोसियों को मेरे चमार होने का राज़ पता चल गया था। 'बापूजी यह शहर है, गाँव नहीं। कम से कम यहाँ मेरे ओहदे का तो ख़याल करिए। कल से आप उस मोची के साथ हुक्का नहीं पिएँगे।'
>
> जैसे ही मैंने यह शब्द कहे, मेरे पिता गुस्से से आग बबूला हो गये।
>
> 'ओए ज़रा मेरी बात सुन, किताबी कीड़े! मेरे कपड़े लाओ, मैं यहाँ अब एक पल भी नहीं ठहरने वाला। तुम्हें अपनी औक़ात भूल गयी... कि तुम भी एक मोची के बेटे हो... ऊपर से तुम मुझे बता रहे हो कि मैं किसी मोची के साथ हुक्का नहीं पी सकता। भाड़ में जाए तुम्हारी पढ़ाई-लिखाई और तुम्हारी नौकरी।'
>
> बापू को समझाना बहुत मुश्किल था। बड़ी ही मुश्किल से हम उन्हें शांत कर पाए। हमारे पड़ोसी यह सब होने के बाद भी हमसे रोज़ाना दुआ-सलाम करते रहे, लेकिन उन्होंने धीरे-धीरे हमसे दूरियाँ बना लीं। हमारा आपसी लेन-देन लगभग ख़त्म हो गया। छोटी-छोटी चीज़ें जैसे एक-दूसरे घर में दाल-सब्जी देना-लेना भी अब पूरी तरह बंद हो गया।

शहरी माहौल में उच्च जातियों द्वारा दलित पहचान की कमतरी के ख़िलाफ़ पिता की आवाज़ विद्रोह का एक आख्यान बन जाती है। यह कमतरी शहरी माहौल में कई रूप लेती है जिनमें से एक दलितों द्वारा रोज़मर्रा की अवमानना की वजह से ऊँचे जाति सूचक उपनामों का इस्तेमाल करना भी है। अवमानना का यह डर दलित होने के असल परिणामों के ख़ामियाज़े पर आधारित है। चंडीगढ़ के दलित-आख्यान को ध्यान से सुनें तो यह कहानी अपनी कथावस्तु से कहीं आगे की बात कहती है। ऐसे ही एक आख्यान में एक मध्यवर्गीय घरेलू प्रकाश महमी नामक दलित स्त्री शहर में अपने दलित होने के अनुभव को कुछ इस तरह बयान करती है :

> मुझे याद है कि हम 1975-76 के दौरान इस शहर में आये थे। उन दिनों में लोग छुआछूत मानते थे। अब हम खुले तौर पर रह रहे हैं और अब वैसा कुछ भी नहीं है। लोग अब हमारे सामने कुछ नहीं कहते, बल्कि पीठ पीछे बातें करते हैं। जब हम यहाँ किरायेदार की तरह रहने आये थे तो उस वक़्त मकान मालिक हमारी जाति के लोगों को थोड़ा अरुचि के साथ देखते थे।

मैं कह नहीं सकती कि वे ही इस तरह व्यवहार करते थे या हमारे मन में उनके प्रति इस तरह की भावना आती थी। मुझे लगता था कि अगर मैंने अपनी जाति के बारे में बता दिया तो वे हमारे बारे में पता नहीं क्या-क्या सोचेंगे। हम एक खत्री परिवार के घर में किराये पर रहते थे। वे हमारे साथ बहुत अच्छा व्यवहार करते थे। हालाँकि जब बात जाति पर आती थी तो वे हमारी जाति पूछते हुए कहते थे, 'क्या आप बनिया हैं?' एक बार मुझे जवाब में कहना ही पड़ा कि हम बनिया जाति से हैं। लेकिन यह बात मुझे कुछ हज़म नहीं हुई और मैं इसे लेकर काफ़ी परेशान थी। मैं इसके बारे में अकसर सोचती और मुझे ख़ुद के बारे में काफ़ी बुरा महसूस होता। लेकिन हम वहाँ किरायेदारों की हैसियत से रहते थे। मैंने तब ख़ुद से कहा था कि जब हमारा ख़ुद का घर होगा तो हम कभी भी अपनी जाति को लेकर झूठ नहीं बोलेंगे... कभी अपनी जाति नहीं छुपाएँगे... चाहे कुछ भी हो जाए। 1977 में हमारा ख़ुद का घर हो गया। यहाँ सभी जातियों के लोग रहते हैं : खत्री, ब्राह्मण, जाट... सभी हैं। किसी ने कभी भी हमारे साथ कोई ख़ास भेदभाव नहीं किया क्योंकि मैं शुरू में ही सबको बता देती हूँ कि मैं एक शेड्यूल्ड कास्ट स्त्री हूँ, हम एस.सी. हैं। अगर आप हमारे साथ सामाजिक संबंध रखना चाहते हैं तो ठीक है, यदि नहीं भी रखना चाहते तो कोई फ़र्क नहीं पड़ता। जब उन्हें मेरी जाति के बारे में पता चलता है तो उनमें से कुछ मेरी पीठ के पीछे बातें करते हैं लेकिन मेरे सामने किसी की कुछ भी कहने की हिम्मत नहीं पड़ती।[40]

भौगोलिक स्पेस पर उच्च जातियों की पारंपरिक मिल्कियत की वजह से ऊँची जातियों को अधिकार मिल जाता है कि दलितों को स्पेस मुहैया न कराया जाए। लेकिन बहुत बार भौगोलिक स्पेस पर दलितों की मिल्कियत भी उन्हें जाति पर आधारित अवमानना के ख़िलाफ़ संरक्षण की गारंटी नहीं दे पाती। दरअसल, अवमानना के ये मौक़े लगातार आते रहते हैं। ऊँची जातियों का विमर्श है ही ऐसा। मसलन साफ़-सफ़ाई के बारे में जैसे ही बात होती है, अवमानना की नौबत दिखने लगती है।

[40] प्रकाश महमी से 21 सितंबर, 2007 को हुई बातचीत से.

प्रकाश महमी आगे बताती हैं :

> कई बार मैंने औरतों को मेरी जाति के बारे में बात करते हुए पकड़ा है लेकिन मुझे देखते ही वे चुप हो जाती हैं। उन्हें मुझसे डर भी लगता है, क्योंकि मैं यह सब सहन नहीं करती। हमारे पड़ोस में एक महिला रहती थी और हमारे बच्चे आपस में मिल कर खेलते थे। किसी बात पर अपनी बेटियों को डाँटते हुए वह अकसर कहती, 'तुम चूहड़े-चमारों के बच्चों जैसे व्यवहार क्यों करते हो?' फिर मेरी उस औरत से तनातनी होती और मैं कहती, 'अगर तुम चूहड़े-चमारों के बारे में ऐसे बात करोगी तो किसी दिन चूहड़े-चमार ही तुम्हारी बेटियों को फुसला कर ले जाएँगे, जैसे वे टेढ़ी भाषा में हमारे बारे में बात करते थे वैसे ही मैं भी उनको टेढ़ी भाषा में जवाब देती ताकि उन्हें भी पता चले। इसी तरह हमारे पड़ोस में एक पंडित (ब्राह्मण) परिवार रहता था। कई बार वे पुराने ज़माने की बात करते हुए कहते कि पुराने दिनों में ये लोग गंदे रहते थे और कई-कई दिनों तक नहाते तक नहीं थे।

अंत में...

अंत में यह कहना ज़रूरी है कि नेहरूवादी आधुनिकता के दौर में चलाई गयी राष्ट्र-निर्माण की परियोजना को एक बड़े फ़लक पर देखना-समझना इसके अध्ययन का एक अहम पहलू है, पर इसी के साथ इस प्रोजेक्ट को जन-जीवन के उन छोटे-छोटे निहायत अंतरंग और रोज़मर्रा के आईनों में भी देखा जाना चाहिए जिनमें इस आधुनिकता की वजह से बेचैनियों और उथल-पुथल के अक्स दर्ज हुए। नेहरूवादी आधुनिकता ने जहाँ राष्ट्र के मानचित्र पर बड़े बाँधों और नये शहरों को टाँका, वहीं उसने आधुनिक राष्ट्र के 'नागरिकों' के जीवन के नितांत निजी आयामों को भी गहराई से स्पर्श किया। इसी के परिणामस्वरूप ये 'नागरिक' चाहे-अनचाहे अपने निजी जीवन को नये राष्ट्र के नये सपनों की माँगों के हिसाब से तब्दील करने पर मजबूर हुए। 'आधुनिक' राष्ट्र-निर्माण की इस प्रक्रिया में राज्य और उसकी संस्थाओं द्वारा अलग-अलग तरीक़ों से 'नये' नागरिक का उदय बड़े चाव से रेखांकित

किया गया। लेकिन इसी के साथ यही राज्य इस नागरिक के कंधों पर पड़ी राष्ट्र की भारी-भरकम आधुनिकता ढोने की बोझिल ज़िम्मेदारी को मान्यता देने से इंकार करता रहा, बावजूद इसके कि इस मान्यता की पूर्व-शर्त के तहत ही यह नागरिक नये राष्ट्र और नये शहर द्वारा अपनाया जा सकता था।

संदर्भ

आदित्य निगम (2002), 'थियेटर ऑफ़ द अरबन : द स्ट्रेंज केस ऑफ़ मंकीमैन', *सराय रीडर 02*, 'द सिटीज़ ऑफ़ ऐवरी डे लाइफ़', *सराय : द न्यू मीडिया इनीशिएटिव*, दिल्ली.

कश्मीरी लाल ज़ाकिर (1996), *मेरा शहर अधूरा-सा,* जनवाणी प्रकाशन, नयी दिल्ली.

———————————— (1980), *एक शहर, एक महबूबा,* स्टार पब्लिकेशन, नयी दिल्ली : 2.

बलराज खन्ना (1984), *नेशन ऑफ़ फूल्ज़ : सीन्स फ्रॉम इंडियन लाइफ़,* माइकल जोजफ़, लंदन.

मोहनलाल फिलौरिया (2007), *मोची दा पुत्त* (पंजाबी), तरलोचन पब्लिशर्स, चंडीगढ़.

रवि कालिया (1987), *चंडीगढ़ : द मेकिंग ऑफ़ ऐन अरबन सिटी,* ऑक्सफ़र्ड युनिवर्सिटी प्रेस, नयी दिल्ली.

कविता शर्मा व अन्य (1999), *चंडीगढ़ लाइफ़स्केप्स : ब्रीफ़ सोशल हिस्ट्री ऑफ़ ए प्लैंड सिटी,* चंडीगढ़ प्रशासन, चंडीगढ़.

सुनील खिलनानी (2001), *भारतनामा (द आइडिया ऑफ़ इंडिया)*, अंग्रेज़ी से अनुवाद : अभय कुमार दुबे, राजकमल प्रकाशन, नयी दिल्ली.

हेरल्ड एल्विन (1957), *द राइड टू चंडीगढ़,* मैकमिलन, न्यू यॉर्क.

रहबर से अपनी राह जुदा

संतराम, जाति और लिंग

चारु गुप्ता

प्रतिमान, जुलाई-दिसंबर, 2018, वर्ष 6, अंक 12 में पूर्व-प्रकाशित : पृ.सं. 295-324.

भूमिका : शताब्दी एक, शब्द अनेक

पंजाब के संतराम बीए (1887-1988, 101 साल का जीवनकाल) हिंदी के विख्यात लेखक, परिवर्तनकामी, जातिप्रथा के कड़े आलोचक और समाज-सुधारक थे। उन्होंने सौ से ज़्यादा पुस्तकें और आत्मकथा *मेरे जीवन के अनुभव* समेत अनेक पुस्तक-पुस्तिकाएँ लिखीं और प्रकाशित कीं।[1] वे काफ़ी समय तक आर्य समाज के सदस्य रहे और 1922 में उन्होंने जात-पाँत तोड़क मंडल की स्थापना की। इतने महत्त्वपूर्ण बौद्धिक और सांगठनिक योगदान के बावजूद वे अकादमिक शोध और विमर्श में हाशिये पर रहे हैं। संतराम की ख्याति का एक मुख्य कारण यह है कि उन्होंने डॉ. आम्बेडकर को जात-पाँत तोड़क मंडल के वार्षिक सम्मेलन में मुख्य वक्ता के रूप में निमंत्रित किया जिसे संगठन के भीतर हुए विरोध के कारण अंततः स्थगित करना पड़ा। आम्बेडकर के कथित भाषण का मजमून उनकी प्रसिद्ध कृति *ऐनिहिलेशन ऑफ़ कास्ट (जाति का उन्मूलन)* के रूप में सामने आया।[2]

संतराम के जीवन और लेखन के बारीक़ विश्लेषण की ज़रूरत है। कई कारणों से उन्हें उनके अपने आधारों पर ही जाँचना-परखना चाहिए। शूद्र जाति के संतराम ने अन्य मुखर जाति विरोधी नेताओं, जैसे आम्बेडकर और पेरियार से अलग हट कर जातिप्रथा की कटु आलोचना करते हुए भी जाति-सुधार के प्रश्न पर हिंदू-विमर्श के दायरे में रह कर विचार किया। उनके इस उद्यम की सीमाएँ भी थीं, और उसमें संभावनाएँ भी निहित थीं। संतराम का जीवन केवल इसलिए महत्त्वपूर्ण नहीं है कि उसके केंद्र में जाति का दंश था, बल्कि वह इसलिए ज़्यादा मानीख़ेज़ है कि उनके जीवन में कई परतें थीं। वे गाँधी और आम्बेडकर, बूर्ज़्वा और वंचित, आर्य समाज और आदधर्म के बीच एक पुल बनाने की कोशिश करते हुए दिखते हैं। इस दौरान उनका हिंदू

---

[1] संतराम बीए (1963). पुनर्प्रकाशन, 1974. मेरे सभी संदर्भ 1963 में प्रकाशित संस्करण से हैं.

[2] लाहौर के जात-पाँत तोड़क मंडल के वार्षिक सम्मेलन के लिए डॉ. बी. आर. आम्बेडकर द्वारा तैयार भाषण—*ऐनिहिलेशन ऑफ़ कास्ट*, जिसे स्वागत समिति द्वारा सम्मेलन को रद्द करने के कारण वितरित नहीं किया गया क्योंकि कमेटी का मानना था कि भाषण में व्यक्त विचार सम्मेलन में असहनीय होंगे, 15 मई, 1936, प्रस्तावना : I-VIII.

धर्म के साथ राग-विराग और प्रेम-तिरस्कार का संबंध चलता रहता है। संतराम ने ऐसी अनजानी-अनराही जगह पर खड़े हो कर ही अपनी जाति-विरोधी मीमांसा की। अपनी इस त्रिशंकु स्थिति में ही संतराम की महत्ता निहित है। संतराम का लेखन पढ़ते हुए हम जाति की कई गलियों और पगडंडियों से गुज़रते हैं — आड़े-तिरछे, निर्जन-दुर्गम रास्तों से जिन्हें हम किसी स्पष्ट, निश्चित साँचे में नहीं ढाल सकते। यद्यपि संतराम कई परिवर्तनकामी और क्रांतिकारी जाति-विरोधी नेताओं के बीच कभी-कभी थके-पुराने भी नज़र आ सकते हैं, लेकिन उनकी यात्रा बेहद प्रासंगिक है। वह एक ऐसी धरोहर, एक ऐसी स्मृति है जिससे शोषित उद्वेलित होते हैं और साथ ही संतराम की सीमाएँ हमें बेचैन भी करती चलती हैं।

1960 के दशक में जब संतराम ने अपनी आत्मकथा लिखी, उस समय तक उनकी ज़िंदगी विभिन्न अवस्थाओं से गुज़र कर एक आकार ले चुकी थी। आत्मकथा में उन्होंने अपने जीवन को बड़ी स्पष्टता से चित्रित किया है। उनकी विविध और बहुरंगी कृति *मेरे जीवन के अनुभव* जाति को चुनौती देने वाला एक प्रकार का प्रचारात्मक साहित्य भी कहा जा सकता है। आत्मकथा के कई प्रसंग एक बृहत्तर आलेख के साथ संगति बैठाते हैं क्योंकि संतराम का जीवन उनकी शूद्र स्थिति, आर्य समाज, आम्बेडकर और जात-पाँत तोड़क मंडल से संचालित था। संतराम अपनी आत्मकथा अपनी सामान्यता और मामूलीपन पर ज़ोर देकर शुरू करते हैं और अपनी पहचान के लिए जाति को केंद्रीय बताते हैं :

> मेरी धारणा थी कि अपनी आत्मकथा छपाना एक प्रकार से अपना बड़प्पन दिखाना है। मैं ऐसे बड़प्पन के दिखलावे से बचना ही हितकर समझता था। दूसरी बात यह थी कि कथित बड़े लोगों के जीवन-वृत्तांतों को तो लोग पढ़ते और उनसे लाभ उठाते हैं, मैं न तो कोई विलक्षण प्रतिभाशाली विद्वान हूँ और न कोई क्रांतिकारी राजनीतिक नेता। मैंने तो सारी आयु जात-पाँत के विरुद्ध संघर्ष और हिंदी की सेवा में ही लगा दी है। ... परंतु मेरे मित्रों का कहना था कि जात-पाँत भारत का एक महा-भयंकर शत्रु है। ... आप की आत्मकथा एक प्रकार से आधुनिक भारत में

जाति-भेद-निवारण और पंजाब में हिंदी-प्रचार का ही इतिहास होगा। ... बस उनके आग्रह का पालन करने के लिए ही मैंने यह पुस्तक लिखी है। ... जब कोई मनुष्य जात-पाँत को मिटाने जैसा कोई सामाजिक सुधार का काम करता है, तो परायों का तो कहना ही क्या, स्वयं उसके अपने बंधु-बांधव भी उसका तिरस्कार एवं विरोध करने लगते हैं! उसके फ़ोटो समाचार-पत्रों में नहीं छपते। उसका कोई स्मारक नहीं बनाया जाता। उसे आयु भर जीते-जी चिता में जलना पड़ता है।[3]

एम.एस.एस. पांडियन का विश्लेषण है कि कई दलित आलेख 'अपने वर्णित जीवन की स्वचेतन सामान्यता को रेखांकित और संवादित करते हैं।'[4] फ़्रांसीसी दार्शनिक जॉक रांसिएर का कहना है कि 'सामान्य जीवन की स्वीकृति कविता के केवल एक सम्भावित विषय के रूप में नहीं, बल्कि कविता के एक बेहद उत्कृष्ट विषय के रूप में होनी चाहिए।'[5] संतराम की आत्मकथा में सामान्य जीवन का ऐसा ही साँचा है जिसका मुख्य फ़ोकस जाति पर है।

संतराम के जीवन और लेखन के ज़रिये इस लेख में उत्तर भारत में बीसवीं सदी की शुरुआत में जाति के सामाजिक इतिहास के अध्ययन और पुनरवलोकन की कोशिश की गयी है। इसी के साथ संतराम ने अपने जीवन और जाति-विरोधी विचारों के बारे में दूसरों को जो बताया-सुनाया, उसकी जाँच-पड़ताल भी की गयी है। जाति के बारे में संतराम की क्रिया-प्रतिक्रिया से उनके व्यक्तित्व, परिवार और जाति-विरोधी समाज सुधार की झलक मिलती है। साथ ही उनके व्यक्तिगत, साहित्यिक और सामाजिक जीवन के आपसी ताने-बाने भी ज़ाहिर होते हैं। उनकी आत्मकथा में रोटी-बेटी के इर्द-गिर्द जाति के रोज़ाना के टंटों और गाँधीवादी और आर्य समाजी राजनीति के संकुचन का पता चलता है। वे सनातनी हिंदू और दकियानूसी प्रवृत्ति पर गंभीर हमला करते हैं। संतराम का स्याह-सफ़ेद के चश्में से मूल्यांकन नहीं

[3] संतराम (1963), वही, प्राक्कथन : 3-6.

[4] एम.एस.एस. पांडियन (2008) : 34-40.

[5] जॉक रांसिएर (2011) : 175.

किया जा सकता। उनमें जाति के 'स्व', समाज सुधार, हिंदू धर्म और राष्ट्र का विरोधाभासी मिश्रण है। वे निजी और सार्वजनिक, व्यक्तिगत और राजनीतिक, स्व और राष्ट्र, व्यक्ति और समुदाय, आंतरिक और सामाजिक के बीच आसानी से विचरण करते हैं। इस लेख में यह तर्क दिया गया है कि संतराम के विचारों को महिमामंडन या मूर्तिभंजन के दायरों में सीमित नहीं किया जा सकता, बल्कि वह इस तथ्य का एक सटीक उदाहरण है कि हमारे कुछ सुधारक औपनिवेशिक भारत के उथल-पुथल भरे परिवर्तनों के बीच किस प्रकार की परस्पर विरोधाभासी धाराओं में फँसे थे। संतराम जाति के बारे में अनेक अर्थ और विविध आग्रह प्रस्तुत करते थे जिसमें एक ओर वे अंतर्जातीय विवाह के प्रबल समर्थक थे, तो दूसरी ओर उनमें जाति-सुधार और सम्मान की अनेकार्थी और अस्पष्ट भाषा भी निहित थी। इसी के साथ संतराम के लेखन में आधुनिकता और परंपरा का परस्पर-विरोधी समागम दिखाई देता है जहाँ वे जाति पर हमला करने के लिए कभी तार्किकता का इस्तेमाल करते हैं तो कभी धार्मिकता का। उनके जीवन का राजनीतिक स्वरूप दुहैरी प्रवृत्तियों और विचारों के पंचमेल से तय होता है। कहीं-कहीं उनके जीवन का यह विवरण हिंदू धर्म का एक स्वीकृत मॉडल और संदेश भी प्रतीत होता है। साथ ही उनके जीवन में जाति की एक नयी सामाजिकता का भी प्रस्ताव दिखता है जिसमें जाति प्रतिष्ठापित और रूपांतरित, दोनों स्थितियाँ धारण करती है।

यह लेख जाति को अंतरंग प्रेम-संबंध के नज़रिये से भी विश्लेषित करता है — यहाँ संतराम के अंतर्जातीय विवाह को प्रोत्साहित करने और सगोत्रीय विवाहों और इस प्रकार पारंपरिक स्वीकार्यता में सेंध लगाने की कोशिशों पर भी ध्यान दिया गया है। सगोत्रीय विवाह को चुनौती दे कर संतराम ने जाति को अंतरंगता, प्रेम और विवाह के इतिहास के साथ आबद्ध किया और जाति तथा लिंग के बीच गहन और पेचीदा नाता स्थापित किया। इससे जाति के बारे में एक नया विमर्श भी विकसित हुआ जिसका प्रतिफलन जात-पाँत तोड़क मंडल के रूप में होता हुआ दिखता है।

जीवन-इतिहास और जाति : स्व और सामूहिक पहचान

डेविड आर्नोल्ड और स्टुअर्ट ब्लैकबर्न कहते हैं कि भारत में जीवन-इतिहास समाज में स्व का निर्माण है जो एक ओर सबको समाहित करने वाली सामूहिकता और दूसरी ओर निपट व्यक्तिवादिता के बीच की परस्पर विरोधी स्थिति की तुलना में कहीं ज़्यादा जटिल और गूढ़ है।[6] हाल ही में उदय कुमार ने रेखांकित किया है कि भारत में उन्नीसवीं सदी के जीवन-विवरण निजी आंतरिकताओं की बहुत कम बात करते हैं, और उसका केंद्र बिंदु व्यक्तिगत जीवन की ख़ासियत में स्थित नहीं है। इसके बजाय, जीवन-विवरण कुछ बृहत्तर बताने का बहाना बन जाता है।[7] प्रसिद्ध इतिहासकार रिचर्ड ईटन जीवन-विवरणों की थाती के ज़रिये दक्खन की पिछली चार शताब्दियों के सामाजिक इतिहास पर रोशनी डालते हैं।[8] संतराम की जीवन कथा भी ऐसे नैतिक-राजनीतिक सरोकारों का प्रतिबिम्ब है जहाँ जाति के मसले पर स्व निरंतर ही सामाजिक और सार्वजनिक हस्तक्षेपों के साथ संवाद करता है — इससे व्यक्तिगत जातिपरक स्मृतियों और सामूहिक जाति-इतिहास का अभिलेखागार बनता है। संतराम की आत्मकथा में आपस में गुत्थम-गुत्था होने वाली ताक़तें अपने अलग-अलग उद्देश्यों और सम्बोधनों का महत्त्व जताने का प्रयास करती हैं। संतराम के प्रशंसक इसीलिए लिखते हैं : 'उनके सत्तानवे वर्ष की जीवन-गाथा, गाथा मात्र नहीं, एक प्रकार से आधुनिक भारत में जाति-निवारण और पंजाब में हिंदी-प्रचार का इतिहास है।'[9]

आत्मकथाएँ या जीवन-विवरण वंचितों, शोषितों और दलितों के ऐतिहासिक औज़ार रहे हैं,[10] जिनमें प्रायः अपनी सांस्कृतिक पूँजी के रूप में व्यक्तिगत और सामूहिक अधिकारों की भाषा में पीड़ा, दुःख और

---

[6] डेविड आर्नोल्ड और स्टुअर्ट ब्लैकबर्न (2004) : 1-28.

[7] उदय कुमार (2016) : 13-4.

[8] रिचर्ड एम. ईटन (2005).

[9] सुधीर विद्यार्थी (1985) : 142-3.

[10] ज्ञानेंद्र पांडेय (2013) : 131-2.

जातीय हिंसा की अभिव्यक्ति होती रही है।[11] हाल में लौरा ब्रुएक ने यह तर्क दिया है कि हिंदी दलित साहित्यिक हलक़ा एक 'प्रति लोकवृत्त' (काउंटर पब्लिक स्फ़ियर) है, एक अलग राजनीतिक और सौंदर्यमूलक आंदोलन;[12] और तोरल गजरावाला का मानना है कि दलित साहित्य एक ऐसी जगह है जहाँ अब यथार्थवाद बसता है।[13]

कई अन्य दलित जीवन-विवरणों के समान ही संतराम की आत्मकथा में जाति एक सर्वव्यापक फ़लक के तौर पर उभरती है क्योंकि ऐसे जीवन-वृत्तांत अपने वंचित अस्तित्व को याद करते हैं, उसे परिकल्पित और निर्मित करते हैं। उनकी आत्मकथा एक ऐसे परिदृश्य का निर्माण करती है जिसमें वर्गीय-बोध, दुःख, प्रतिकार और स्वाधीनता की विभिन्न पटकथाएँ प्रस्तुत होती हैं। उनके द्वारा लिखित सबसे महत्त्वपूर्ण पुस्तक *हमारा समाज*[14] के साथ उनकी आत्मकथा को पढ़ते हुए हमें उनके जीवन में जाति की केंद्रीयता के साथ उस समय की संशयात्मकता का भी अंदाज़ा मिलता है।

ये दोनों ही पुस्तकें कई संस्करणों में प्रकाशित हुईं और आज तक प्रकाशित हो रही हैं। पर इनका प्रकाशन आर्य समाज द्वारा नहीं बल्कि दलित प्रकाशन समूहों से हो रहा है। जाति पर संतराम की कई अन्य पुस्तकों और पुस्तिकाओं को भी दलित प्रकाशनों ने काफ़ी प्रकाशित किया है। यह उल्लेखनीय है कि एक अग्रणी हिंदी दलित लेखक सतनाम सिंह और प्रमुख दलित प्रकाशन संस्थान सम्यक प्रकाशन ने 2008 में *मेरे जीवन के अनुभव* के अंश प्रकाशित/वर्णित किये, और किताब के मुखपृष्ठ पर यह दावा किया कि वह 'दलित साहित्य की पहली आत्म-कथा' है।[15] सतनाम सिंह कहते हैं :

---

[11] विस्तार के लिए देखें : देबजानी गांगुली (2009) : 429-42; सरह बेथ हंट (2014) : 176-208; राज कुमार (2010) : 157-256; शर्मिला रेगे (2006); मोहनदास नैमिशराय (2011).

[12] लौरा ब्रुएक (2014).

[13] तोरल जतिन गजरावाला (2013) : 3.

[14] संतराम बीए (1949). इसका एक अन्य संस्करण होशियारपुर, विश्वेश्वरन वैदिक शोध संस्थान से 1987 में प्रकाशित हुआ. बाद में इसके बहुत से संस्करण दलित प्रकाशनों से भी छपे. मेरे सभी संदर्भ 1949 के संस्करण से लिए गये हैं.

[15] सतनाम सिंह (2008) : मुखपृष्ठ.

दलित साहित्य के आलोचक प्रायः आज तक यह तय नहीं कर पाए हैं कि हिंदी में दलित साहित्य की पहली आत्म-कथा किसे माना जाए। जबकि आत्म-कथाओं से ही दलित साहित्य चर्चा में आया। ... संतराम बीए प्रेमचंद द्वारा संपादित *हंस* पत्रिका के जनवरी-फ़रवरी 1932 के आत्मकथा विशेषांक में स्व-कथन लिख चुके थे। यह निश्चित तौर पर कहा जा सकता है कि (आधुनिक काल) यह किसी भी दलित लेखक द्वारा लिखा गया प्रकाशित पहला 'स्व-कथन' है। ... जुलाई, 1955 के *आजकल* मासिक में संतराम बीए ने एक और स्वकथन लिखा। यही नहीं बाद में उनके अन्य स्व कथन अप्रैल, 1959, दिसंबर, 1959 और सितंबर, 1960 के अंकों में भी छपे। इन्हीं स्व कथनों को विस्तार देते हुए संतराम बीए ने 1963 में *मेरे जीवन के अनुभव* नाम से अपनी आत्म-कथा छपवायी। इस प्रकार यह हिंदी में दलित साहित्य की पहली आत्म-कथा है। ... दलित साहित्य शास्त्र के अंतर्गत आने वाली प्रवृत्तियों के आधार पर भी हमें उन्हें हिंदी का पहला स्व-जीवनीकार मानने में कोई गुरेज़ नहीं होना चाहिए। ... क्योंकि इनमें जाति से अपमानित होने के भी अनुभव हैं तथा जाति के आधार पर उत्पीड़न से लड़ने के भी।[16]

सतनाम सिंह यह भी दावा करते हैं कि संतराम हिंदी के पहले दलित पत्रकार थे।[17] यद्यपि सतनाम सिंह के दावे की काट की जा सकती है, पर इससे संतराम की आत्मकथा का महत्त्व अवश्य उजागर होता है जो कई सामान्य और अलग, विशिष्ट स्तरों पर दलित जीवन की तर्ज़ेबयानी करती है। मार्के की बात है कि कई और दलित विचारकों, जैसे कंवल भारती और धर्मवीर, ने भी संतराम पर लेख लिखे हैं।[18] इसके अलावा विभिन्न

---

[16] सतनाम सिंह (2008) : 6-12.

[17] वही : 107-12. 9 फ़रवरी,2016 को दिल्ली में लिए गये एक साक्षात्कार में सतनाम सिंह ने यह बात फिर दोहराई.

[18] कंवल भारती (2017). देखें, https://www.forwardpress.in/2017/07/santram-b-a-a-committed-anti-caste-warriorhindi/; धर्मवीर (2008) : 170-89.

दलित संग्रहों और ज्ञानकोशों में भी संतराम का उल्लेख मिलता है।[19] संतराम कृत *हमारा समाज* को पुनः प्रकाशित करते हुए सम्यक प्रकाशन के कर्ता-धर्ता शांति स्वरूप बौद्ध ने अपने प्रकाशकीय में लिखा :

> एक कुम्हार जाति में जन्म लेकर भी बड़े से बड़े ब्राह्मण विद्वान से टकरा जाने वाले तथा देखते ही देखते अपनी मेधा शक्ति के बल पर उन्हें परास्त कर देने वाले माननीय संतराम बीए जी वास्तव में ही हमारे समाज के गौरव रत्न हैं।[20]

सम्यक प्रकाशन नियमित रूप से संतराम का जन्म-दिन भी मनाता है। संतराम की स्वीकृति दलित राजनीति की विविधता का सूचक है। दलितों के बीच एक विरोधी प्रवृत्ति भी रही है जिसके तहत उन्होंने दलित-लेखन का एक लम्बा साहित्यिक इतिहास क़ायम किया है — यहाँ दलितों की दावेदारी का एक व्यापक कैनवास है, साथ ही दलित-विमर्श की हदों का विस्तार भी। अपने बहुचर्चित अध्ययन में कांचा इलैया दलित-बहुजन शब्द का प्रयोग करते हैं जिसके अनुसार कई तरह के अंतर्विरोधों के बावजूद कई सांस्कृतिक और आर्थिक तथा उत्पादक ज्ञान की ऐसी समानताएँ हैं जो पिछड़ी जातियाँ और दलितों को एक कपड़े के धागों की तरह साथ-साथ बाँधती हैं।[21] इसी प्रकार दलित पैंथर्स अपनी अवधारणा का दायरा विस्तृत करते हैं और दलित शब्द को व्यापक, सामान्य और समावेशी रूप में इस्तेमाल करते हैं।[22] शायद ऐसी ही कई वजहों से संतराम को दलित-संकलनों में स्वीकृति मिली है।

---

19 उदाहरण के लिए, संजय पासवान और परमांशी जयदेव (2004) : 189-90. ; आर.के. क्षीरसागर (1994) : 323-4.

20 संतराम बीए (2007) : 3. यह संस्करण सम्यक प्रकाशन द्वारा प्रकाशित किया गया था.

21 कांचा इलैया (2002) : ix.

22 लता मुरुगकर (1991) : 237; एस. शंकर (2012) : 67-74.

पारिवारिक और सामाजिक जड़ें : जातिगत भेदभाव, आर्य समाज और हिंदी-प्रोत्साहन

संतराम पंजाब के होशियारपुर ज़िले के एक छोटे-से गाँव पुरानी बस्ती में 14 फ़रवरी, 1887 को जन्मे। उनके पिता रामदास गोहिल मध्य एशियाई क्षेत्रों जैसे यारकंद और लद्दाख आदि में व्यापार करते थे। उनकी माता का नाम मालिनी देवी था। संतराम सात लड़कों और एक लड़की में चौथे नंबर पर थे।[23] यद्यपि यह परिवार आर्थिक रूप से सक्षम था, पर उसकी सामाजिक जड़ें दीन-हीन थीं। वे शिल्पकार कुम्हार जाति के थे जो जातिगत वर्गीकरण में काफ़ी नीचे थी और पंजाब में शूद्र की हैसियत रखती थी। पंजाब में मानवशास्त्रीय अध्ययन करने वाले प्रसिद्ध विद्वान डेंजिल इबेटसन के अनुसार :

> कुम्हार देश में मिट्टी के बर्तन बनाने और ईंट जलाने का काम करते हैं। ... वे गाँव के सच्चे चाकर हैं जिन्हें घरेलू उपयोग के लिए मिट्टी के सारे बर्तनों की आपूर्ति करने के एवज में पारंपरिक तौर पर मज़दूरी मिलती है। वे पंजाब की सभी जातियों में अकेले हैं जो गधे भी रखते हैं। ... वे गाँवों और शहरों में छोटे-मोटे सामान भी ढोते हैं। ... उनकी सामाजिक औक़ात काफ़ी नीची है — लोहार से भी नीचे और चमार से कोई ज़्यादा ऊपर नहीं, क्योंकि अशुद्ध जानवर गधे से उनका पैतृक नाता है — एक ऐसा जानवर जो चेचक की देवी शीतला के लिए पवित्र माना जाता है। उन्हें इसलिए अशुद्ध माना जाता है, क्योंकि वे गंदगी ढोने और सफ़ाई करने के लिए तैयार रहते हैं।[24]

होशियारपुर डिस्ट्रिक्ट ग़ज़ेटियर में दर्ज किया गया : 'कुम्हार गधे रखते हैं, जो पालमपुर और होशियारपुर के बीच व्यापार के काफ़ी काम आते हैं।'[25] कुम्हार की शूद्र औक़ात बताने वाली कई अपमानजनक जातिगत उक्तियाँ मिलती हैं।

---

[23] संतराम बीए (1963) : 5-6; संतराम बीए (1952) : 2, 7.

[24] एच.ए. रोज (1911) : 562.

[25] *गज़ट ऑफ़ द होशियारपुर डिस्ट्रिक्ट*, 1883-4 (1885) : 107.

एक देखिए : कुम्हार कहे तः गधे पः ना चढ़े / अर्थात् दुष्ट व्यक्ति कहना नहीं मानता। यहाँ कुम्हार को दुष्ट कह कर सम्बोधित किया गया है। एक अन्य उक्ति इस प्रकार है : कुम्हार की गधी, घर-घर लदी / अर्थात् कुम्हार के गधे का पूरा गाँव प्रयोग करता है। यह कहावत बेगार की ओर भी इशारा करती है। और देखिए : ऊत गाँव में कुम्हार ही महती / अर्थात् निकृष्ट गाँव में कुम्हार ही प्रधान होता है। इससे यह भाव निकलता है कि जिस गाँव का प्रधान कोई कुम्हार बन जाए, वह गाँव नीच हो जाता है। एक अन्य कहावत में कुम्हारों की ग़रीबी बतायी गयी है : ढील धोती बनिया, उल्टा मोछ सुबीर, बेंडा पैर कुम्हार के टीनू के पहचान / अर्थात् बनिया ढीली धोती पहनता है, वीर मूँछ उलट कर रखता है और कुम्हार नंगे पैर रहता है।[26]

एस.डब्ल्यू. फैलन भी अपने 1887 में संकलित कहावत कोश में कुम्हार से संबंधित कहावत दर्ज करते हैं : कुम्हार के घर बासन का काल, कुम्हार के घर चुक्के का दुःख / अर्थात् कुम्हार, जो बर्तन गढ़ता है, उसके स्वयं के घर में भुखमरी के कारण बर्तनों का अकाल रहता है।[27] कुम्हार जाति के बारे में स्वयं संतराम का कहना था :

> ये लोग मिट्टी के बर्तन नहीं बनाते। इन पर 'कुम्हार' का लेबल जन्म-जाति के कारण ही लगा है। ये लोग देश-देशांतर में वाणिज्य-व्यापार करते हैं। बहुत से लोगों के पास खच्चर हैं। इन पर वे माल ले जा कर पहाड़ी स्थानों में बेचते हैं।[28]

इस पृष्ठभूमि में संतराम को बहुत जल्दी ही शिक्षा के महत्त्व का एहसास हो गया। कई अध्येताओं ने यह विश्लेषित किया है कि औपनिवेशिक भारत में, जहाँ अस्पृश्यता और जाति-वर्गीकरण को शैक्षणिक संस्थानों के माध्यम से पुनः उत्पन्न किया गया, वहीं दलित बुद्धिजीवियों की पहली पीढ़ी ने शिक्षा, ज्ञान, भाषा और प्रिंट को अपनी मुखरता और अग्रगति के एक केंद्रीय

---

[26] इन कहावतों के लिए देखें, सतनाम सिंह (2008) : 13-4.

[27] एस.डबल्यू. फ़ैलन (1991) : 144. मूल संस्करण 1886 में प्रकाशित.

[28] संतराम बीए (1963) : 4.

तत्त्व के रूप में समझा।[29] यह भी तर्क दिया गया है कि प्रिंट पत्रकारिता ने हिंदी में एक प्रति-दलित लोकवृत्त विकसित करने में मदद की, जिसकी सीमाएँ 'मुख्यतः जाति के व्याख्यात्मक विमर्श में अवस्थित थीं।'[30] संतराम ने जाति की प्रभावशाली आलोचना में इन उपकरणों को विकसित किया और अपनी शिक्षा, कर्म और लेखन के ज़रिये एक प्रकार से स्वयं को निर्मित किया। कई अन्य दलित लेखकों के समान वे भी दलितों के सम्मान और गति के लिए प्रिंट और प्रकाशन को काफ़ी महत्त्वपूर्ण उपकरण मानते थे।[31] संतराम ने बजवाड़ा, अम्बाला, जालंधर और लाहौर में छात्रवृत्तियों द्वारा शिक्षा हासिल की, 1909 में बीए की डिग्री प्राप्त की और 1912 से सक्रिय लेखन शुरू किया।[32] तब से उन्होंने अपने तमाम लेखन में अपना जातिसूचक परिचय त्याग दिया और अपने नाम संतराम के साथ अपनी शैक्षणिक योग्यता और डिग्री बीए को अपना परिचय बना लिया — यह उनके नाम का अभिन्न अंग बन गया।[33] नामकरण, और उसमें परिवर्तन, दलितों द्वारा कलंकित अतीत को चुनौती देने में एक केंद्रीय राजनीतिक तत्त्व रहा है।[34] संतराम ने इसे शिक्षा के साथ क़रीब से जोड़कर उसे एक व्यापक अर्थ दिया, जैसा कि उस समय के कई अन्य लेखकों ने भी किया था।

यह कहा गया है कि दलित आत्मकथाएँ अपमान के अनुभवों को निरंतर बयान करती हैं और इस प्रकार 'समाज में एक-दूसरे के साथ व्यवहार को संचालित करनेवाले मानकों पर सार्वजनिक दावेदारी' करती हैं।[35] संतराम की आत्मकथा की स्मृतियाँ भी जाति के पूर्वग्रहों और इसके बरअक्स एक

[29] फ़िलिप कोंस्टेबल (2000) : 383-422; ऑक्ज़िलिअरी कमेटी ऑफ़ द इंडियन स्टेच्युटरी कमीशन (1930) : 217-28; मैनुएला सियाटी (2006) : 899-916.

[30] लौरा ब्रुएक (2014) : 50.

[31] दलित साहित्यिक लेखन का विभिन्न भाषाओं में उल्लेखनीय विस्तार हुआ है. देखें, के. सत्यनारायण और सूज़ी थारू (2011); के. सत्यनारायण और सूज़ी थारू (2013).

[32] संतराम बीए (1963) : 9; सतनाम सिंह (2008) :13.

[33] मदन गोपाल (1987).

[34] शैलजा पायक (2011) : 217-41; ज्ञानेंद्र पांडे (2013) : 207-10; अनुपमा राव (2009) : 205-13; उदय कुमार (2016) : 6.

[35] उदय कुमार (2016), वही : 17.

सम्मानजनक ज़िंदगी जीने के प्रयासों से रंजित है। उनके स्कूल और कॉलेज जीवन में शूद्र पहचान के कारण अपमान के कड़वे-कसैले अनुभव बेहद कटु, तीखे और प्रत्यक्ष थे जो *मेरे जीवन के अनुभव* के स्व-विवरणों में प्रमुखता से मिलते हैं। संतराम कहते हैं :

> जब चौथी कक्षा में मैं अम्बाला स्कूल में भरती हुआ, तो रजिस्टर में मेरी जाति भी लिखी गयी। ... मेरे सहपाठी मुझे 'कुम्हार' कह कर छेड़ने लगे। छेड़ते भी क्यों न, जब तुलसीदास जैसे महात्मा और महाकवि कह गये हैं : जे बर्नाधम तेली कुम्हारा। / स्वपच किरात कोल कलवारा।। ... मैं उनके व्यंग चुपचाप सहन करता रहा।[36]

आगे संतराम अपने कॉलेज का अनुभव बयान करते हैं जब वे लाहौर के गवर्नमेंट कॉलेज की बीए की कक्षा में पढ़ते थे :

> मैं होस्टल के जिस किचन में खाना खाता था वह बड़ा कट्टरपंथी भोजनालय था। ... लड़कों ने एक चिट लिख कर मेरी सीट पर और माली जाति के मेरे एक दूसरे मित्र ...की सीट पर चोरी से रख दी। चिट पर लिखा था कि आप क्योंकि नीची जाति के हैं, इसलिए आप चौके से बाहर खाना खाया करें, नहीं तो प्रिंसिपल के पास शिकायत जाएगी। ... तब मैंने कहा कि प्रिंसिपल छोड़ तुम गवर्नर के पास शिकायत ले जाओ, मैं चौके के भीतर ही बैठ कर खाना खाऊँगा।[37]

संतराम को बाद में भी लगातार जाति के दंश का सामना करना पड़ा। अपनी जीवनी में एक अन्य स्थान पर वे लिखते हैं :

> सियालकोट के किसी श्री मूलराज नागर नाम के एक जीर्ण मताभिमानी व्यक्ति ने मेरे जात-पाँत तोड़क आंदोलन से चिढ़ कर गालियों से भरा एक विज्ञापन छाप कर बाँटा। ... उसमें उन्होंने लिखा कि संतराम अपनी जाति चाहे जितना ही क्यों न छिपाए, परंतु उसके लेखों में गधे की हिनहिनाहट से उसकी कुम्हार जाति छिपी नहीं रहती।[38]

---

[36] संतराम (1963) : 16. यहाँ वे तुलसीदास पर स्पष्ट कटाक्ष करते हैं.

[37] वही : 17-18.

[38] संतराम (1963), वही : 225.

ऐसी स्मृतियों के ज़रिये संतराम सृजनात्मक रूप से अपना 'स्व' बुनते हैं जिसमें जाति कलंक के धागे मिलते हैं। संतराम के विवरणों में रोज़ाना के जाति दंश, खान-पान और चमड़ी के रंग संबंधी मिथ, हिंदू धर्मग्रंथों और जातिवादी बुद्धिजीवियों की समालोचना रहती है। इसके ज़रिये जाति निजी और सार्वजनिक ज़िंदगी में बहुस्तरीय आलोचना की शक्ल ग्रहण करती है।

विवादों से भरे माहौल में संतराम के लिए दयानंद सरस्वती का शिक्षण और पंजाब में आर्य समाज का विस्तार — आर्य समाज ने सिद्धांत और कथन के स्तर पर अपने को जाति से अलग कर लिया था — काफ़ी आकर्षक था।[39] विद्वानों ने इंगित किया है कि कई दलित और निम्न जाति के लोग आर्य समाज के समर्थक बन गये थे। पंजाब में दलित बुद्धिजीवियों की पहली पीढ़ी ऐसे ही लोगों के बीच से उभरी थी।[40] आदधर्म के कई कार्यकर्ता भी पहले आर्य समाज से जुड़े हुए थे।[41] 1901 में आर्य समाज के ज़्यादातर सदस्य हिंदू धर्म की ऊँची जातियों से वास्ता रखते थे, पर इसके बाद 1911 तक पंजाब में संगठन की सदस्यता में भारी वृद्धि हुई। तत्कालीन जनगणना के एक अनुमान के अनुसार इस क्षेत्र के कोई दो-तिहाई आर्य समाजी निम्न जाति के थे।[42] होशियारपुर इसका एक सक्रिय आधार था जहाँ बड़ी संख्या में अस्पृश्य थे — आबादी का कोई 23 प्रतिशत।[43]

यह उल्लेखनीय है कि संतराम और आदधर्म आंदोलन के तेजस्वी नेता मंगू राम, दोनों ही होशियारपुर से थे। मार्क जुर्गेंस्मेयर यह बताते हैं कि आर्य समाज की विचारधारा ख़ासकर व्यवसायी जाति के शहरी हिंदुओं में भी लोकप्रिय हो गयी थी।[44] संतराम का आर्य समाज के समतावादी सिद्धांतों और अपेक्षाकृत प्रगतिशील विचारधारा के प्रति आकर्षण उनके शैक्षणिक, शहरी और सामाजिक संदर्भों में सहज ही समझा जा सकता है।

---

[39] केनेथ जोंस (2006).

[40] मार्क जुर्गेंस्मेयर (2009); सी.एस. ऐडकोक (2014) : 128.

[41] मार्क जुर्गेंस्मेयर, वही : 27, 35-7; रोंकी राम (2004) : 323-49.

[42] *सेंसस ऑफ़ इंडिया*, 1911 (1912) : 123-4. 1921 में भी यह प्रवृत्ति जारी रही; *सेंसस ऑफ़ इंडिया*, 1921 (1922) : 181.

[43] मार्क जुर्गेंस्मेयर, वही : 72.

[44] वही : 38.

अन्य निम्न जातियों की तरह[45] संतराम ने आर्य समाज के शिक्षण और विचारधारात्मक पहलुओं को इस दृष्टि से स्वीकार या ख़ारिज किया कि आर्य समाज की कौन-सी बातें उनकी सामाजिक हैसियत और समानता के मक़सदों की पूर्ति में सहायक हो सकती थीं। वे शाकाहार, शुद्धि और ब्रह्मचर्य के समर्थक थे, लेकिन ब्रह्मचर्य को उन्होंने जल्द ही पूरी तरह नकार दिया। जाति को लेकर आर्य समाज का ज़मीनी विरोधाभास एक हद तक संतराम का अपना विरोधाभास भी था। लेकिन साथ ही उनका आर्य समाज के ऊँची जाति के समर्थकों के साथ नियमित टकराव भी था। संतराम लगातार इस बात का उलाहना देते थे कि आर्य समाजियों ने उनके रास्ते में कितनी रुकावटें पैदा कीं और कैसे जात-पाँत तोड़क मंडल और उनका मुख्य विरोध आर्य समाज द्वारा ही शुरू हुआ।[46]

संतराम का हिंदी प्रेम पंजाब में आर्य समाज की प्रगति के साथ-साथ घटित हुआ। वे मेरे जीवन के अनुभव में बताते हैं :

> कॉलेज के तीसरे वर्ष तक मुझे नागरी अक्षरों का ज्ञान तक न था। उस समय मेरे विचार से सबसे मधुर भाषा फ़ारसी, सबसे सुंदर देश फ़ारस और सबसे बड़े कवि सादी, उमर ख़य्याम और फ़िरदौसी आदि थे। ... परंतु लाहौर में आर्य-समाज के सत्संग से विचारों में भारी परिवर्तन हो गया। ... उन दिनों आर्य समाज का प्रमुख पत्र *सद्धर्म्म प्रचारक* उर्दू में निकला करता था। मैं उस पत्र को बड़े चाव से पढ़ता था। ... कुछ दिनों बाद उन्होंने घोषणा कर दी कि अमुक दिनांक से पत्र हिंदी में निकलेगा। ... पत्र को पढ़ने के लिए मैंने नागरी अक्षर सीखना आरम्भ कर दिया। ... उसी प्रभाव से मेरी रुचि उर्दू से हटकर हिंदी की ओर हुई।[47]

संतराम अंग्रेज़ी, फ़ारसी, उर्दू और हिंदी में निपुण थे और अपनी दूसरी पत्नी सुंदरबाई से उन्होंने मराठी और गुजराती सीखी थी।[48] उन्होंने कई प्रकार के विषयों पर हिंदी में लेखन किया और कई लेखकों की रचनाओं का हिंदी

---

[45] रामनारायण रावत (2012). ; ऐडकोक (2014).

[46] संतराम (1963) : 199.

[47] वही : 133-4.

[48] वही : 109.

में अनुवाद किया जिसमें अल-बरूनी, इत्सिंग, हशनु ओ. हारा और सर्वाधिक महत्त्वपूर्ण मैरी स्टॉप्स शामिल हैं।[49] संतराम ने अपने आपको हिंदी भाषा के प्रचारक के रूप में प्रस्तुत किया। हिंदी की दुनिया के प्रिंट-लोकवृत्त में अपना नाम स्थापित किया। ख़ासकर, जाति के विरोध में उनकी किताबें, पर्चे, पत्रिकाएँ और हज़ारों लेख काफ़ी प्रभावशाली साबित हुए।[50] उन्होंने दो मासिक पत्रिकाओं का संपादन किया — उर्दू में *जात-पात तोड़क,* जिसका नाम बाद में *क्रांति* रखा गया, और हिंदी में *युगांतर*, जिसके द्वारा जात-पाँत तोड़क मंडल का संदेश प्रचारित किया गया।[51] भारत-विभाजन के बाद दोनों ही प्रकाशन बंद हो गये। इसके अलावा संतराम कई हिंदी पत्रिकाओं से संपादक के रूप में जुड़े थे, हालाँकि उनमें से कई अल्पकालिक थीं क्योंकि पंजाब में हिंदी का प्रसार उतना व्यापक नहीं था। उदाहरण के लिए, उन्होंने जनवरी, 1914 में लाहौर से मासिक हिंदी पत्रिका *उषा* शुरू की, जिसे उन्हें अप्रैल, 1915 में बंद करना पड़ा। उन्होंने जनवरी, 1922 में कन्या महाविद्यालय, जालंधर शहर के हिंदी मासिक *भारती* का संपादकीय प्रभार सँभाला जो 22 महीने तक चला।[52] संतराम के लेख कई प्रसिद्ध हिंदी पत्रिकाओं जैसे *सरस्वती*, *चाँद*, *सुधा*, *आजकल*, *माधुरी*, *आज*, *हिंदुस्तान*, *जागृति* आदि में निरंतर छपते रहते थे।

---

[49] संतराम द्वारा अनुवाद की गयी किताबों की एक लम्बी सूची है. 1917-20 के दौरान उन्होंने अलबरूनी तथा इत्सिंग की भारत-यात्राओं का अनुवाद किया. इन दोनों पुस्तकों के लिए उन्हें पंजाब सरकार ने सम्मानित भी किया था. उनके द्वारा अनूदित विभिन्न पुस्तकों का उल्लेख संदर्भ-सूची में किया गया है.

[50] इनमें शामिल हैं : *हमारा समाज*, मेरे जीवन के अनुभव, और कई पुस्तिकाएँ. उदाहरण के लिए, जात-पाँत के संबंध में कुछ कड़वे-कसैले अनुभव, होशियारपुर : जात-पाँत तोड़क मंडल, 1958; *अगर कश्ती डूबी तो डूबोगे सारे*, होशियारपुर : *जात-पाँत तोड़क मंडल*, 1974; *राष्ट्र का सबसे बड़ा शत्रु*, होशियारपुर : जात-पाँत तोड़क मंडल, 1968; *हिंदू और जात-पाँत*, होशियारपुर : *जात-पाँत तोड़क मंडल*, 1967, दूसरा सं; पाकिस्तान की स्थापना में हिंदुओं का हाथ, होशियारपुर : *जात-पाँत तोड़क मंडल*, 1969; *राष्ट्र-रक्षा के उपाय*, होशियारपुर : *जात-पाँत तोड़क मंडल*, 1965; *अंतर्जातीय विवाह ही क्यों*, होशियारपुर : जात-पाँत तोड़क मंडल, 1959; राष्ट्रीय एकता और जतिभेद, होशियारपुर : जात-पाँत तोड़क मंडल, 1963; *हिंदुत्व जो हिंदुओं को ही ले डूबा*, होशियारपुर : जात-पाँत तोड़क मंडल, 1962; *विनाश का मार्ग छोड़िए*,होशियारपुर : *जात-पाँत तोड़क मंडल*, 1971. इनमें से कई को सम्यक प्रकाशन, दिल्ली ने पुनर्प्रकाशित किया है. इनके अलावा, संतराम ने *सरस्वती*, *हंस*, *सुधा*, *प्रभा*, *माधुरी*,और साप्ताहिक आज जैसे कई हिंदी समाचार पत्रों और पत्रिकाओं में नियमित रूप से लिखा. देखें, संतराम (1963) : 70. हिंदी पत्रकारिता में योगदान के लिए उन्हें हिंदी साहित्य अकादेमी के पुरस्कार से भी सम्मानित किया गया.

[51] संतराम (1963) : 186-7.

[52] वही : 32-3.

आज़ादी के बाद वे होशियारपुर से प्रकाशित होने वाली पत्रिका *विश्वज्योति* के साथ जुड़ गये थे।[53] संतराम की हिंदी सेवा के लिए उन्हें पंजाब सरकार ने 'हिंदी के सर्वश्रेष्ठ विद्वान' के रूप में सरोपा दिया और उस उपलक्ष्य में 1961 में उनके जीवन और कृतित्व पर एक अभिनंदन ग्रंथ भी प्रकाशित किया।

हिंदी की दुनिया में आकंठ डूबे संतराम के लिए प्रिंट जाति के विरोध और रूपांतरण का एक महत्त्वपूर्ण लेकिन अनिर्णीत मंच बन गया। व्यक्तिगत स्तर पर कई दुर्घटनाओं ने — जून, 1924 में उनकी पहली पत्नी गंगा देवी और मई, 1928 में उनके पुत्र वेदव्रत के निधन — संतराम के शुरुआती वयस्क जीवन को बहुत प्रभावित किया जिसका दुखपूर्ण वर्णन उन्होंने अपनी आत्मकथा में किया है। कुछ सालों बाद *जात-पाँत तोड़क मंडल* में उनके दोस्त भूमानंद ने उन्हें अंतर्जातीय विवाह के लिए तैयार किया और फिर संतराम के जीवन का एक नया अध्याय शुरू हुआ। पहली पत्नी से उनकी एक बेटी गार्गी थी, उनकी एकमात्र संतान जो जीवित रही और जिसके वे बेहद क़रीब थे।[54] यद्यपि संतराम का बृहद् परिवार संपन्न था, पर वे लगातार अपनी ग़रीबी और आर्थिक-वित्तीय दिक़्क़तों की चर्चा करते हैं — अपने सिद्धांतों से कभी समझौता न करने वाले संतराम के पास कभी स्थायी नौकरी नहीं रही, न ही वे कभी किसी जीविका से संतुष्ट हुए।[55]

लेख के बाक़ी हिस्से में मैं संतराम की आत्मकथा के टुकड़े-टुकड़े और अन्य लेखन के ज़रिये, जो एक हद तक उनके जीवन का विवरण भी है और कुछ जात-पाँत तोड़क मंडल का भी इतिहास है, यह बताने की कोशिश करूँगी कि संतराम ने किस प्रकार और क्यों एक मिश्रित उदारतावादी फ़लक बनाने की कोशिश की जो गाँधी-आम्बेडकर और आर्य समाज-आदधर्म के बीच मध्यवर्ती ज़मीन पर खड़ा होता है। यहाँ संतराम जाति की समालोचना में आधुनिकता का विरोधाभासी इस्तेमाल

[53] वही : 136.

[54] वही : 73, 93-8; गार्गी की पुत्री और संतराम की पोती मधु चड्ढा से साक्षात्कार, 25 जनवरी, 2016, दिल्ली.

[55] वही : 19, 32-3, 44-6.

करते हैं और अंतरंगता एवं अंतर्जातीय विवाह की संभावनाओं का पक्ष लेते नज़र आते हैं। इन तथ्यों से ज़ाहिर होता है कि वे हिंदू धर्म की सीमाओं के अंदर तैर रहे थे, लेकिन साथ ही अकसर उसकी मुख्यधारा की लहरों के ख़िलाफ़ भी चले जाते थे।

इंद्रधनुष का नीला रंग : स्व और जात-पाँत तोड़क मंडल का सामाजिक इतिहास

नवंबर, 1922 में लाहौर में परमानंद के जोशीले भाषणों से प्रभावित होकर संतराम और उनके मित्र समूह ने जात-पाँत तोड़क मंडल की स्थापना की। यह नामकरण संतराम ने किया। शुरू में इससे दो स्त्रियों समेत,18 लोग सम्बद्ध थे।[56] कई अन्य रैडिकल क्षेत्रीय जाति आंदोलनों से अलग, जात-पाँत तोड़क मंडल मुख्यतः शिक्षितों के बीच का शहरी आंदोलन था।

प्रारम्भ में परमानंद संगठन के अध्यक्ष थे, पर सचिव के रूप में संतराम इसके मुख्य प्रेरक तत्त्व थे। समाचारपत्रों में संगठन के बारे में लेख प्रकाशित हुए और संगठन ने अपनी मासिक पत्रिकाएँ—*जात-पाँत तोड़क*, *क्रांति* और *युगांतर*—प्रकाशित की जिसके संपादक संतराम थे। संगठन ने जाति के ख़िलाफ़ कई पुस्तिकाएँ प्रकाशित कीं और उनका निःशुल्क वितरण किया। इसके अलावा संगठन के सदस्यों ने आर्य समाज की विभिन्न बैठकों और समारोहों में जा-जा कर जाति के ख़िलाफ़ भाषण और वक्तव्य भी दिये।[57] जात-पाँत तोड़क मंडल का पहला और सबसे महत्त्वपूर्ण नियम था — जन्म आधारित जाति व्यवस्था को तोड़ना और अंतर्जातीय विवाह को प्रोत्साहित करना। संगठन के विकास और उसकी गतिविधियों का यह एक केंद्रीय तत्त्व था जिस पर मैं थोड़ा बाद में चर्चा करूँगी।

---

[56] वही : 184-5; द *जात-पाँत तोड़क मंडल*, लाहौर : जनरल रिव्यू (1939) : 1.

[57] संतराम (1963) : 185-7; द *जात-पाँत तोड़क मंडल*, लाहौर : *जनरल रिव्यू* (1939) : 2-3. ; संतराम (1938) : 1-2.

शोधकर्ताओं ने दिखाया है कि औपनिवेशिक भारत में जाति औपनिवेशिक पूँजीवाद, समाज सुधार और हिंदू राष्ट्रवाद के लिए एक बहुरूपी कोटि बन गयी — यहाँ दसवर्षीय जनगणना ने भी एक केंद्रीय भूमिका निभायी जिसमें एक तरफ़ तो हिंदू धर्म का राजनीतीकरण हुआ, तो दूसरी तरफ़ जाति संरचना का 'सेकुलरीकरण' हुआ और उसे चुनौती भी मिली।[58] अपनी आत्मकथा में संतराम अपने जीवन-विवरण का एक हिस्सा 1931 में जात-पाँत तोड़क मंडल के उस आंदोलन से जोड़ते हैं जिसमें जनगणना और कॉलेजों और विश्वविद्यालयों में जाति का कॉलम हटाने की माँग बुलंद की गयी थी। इससे संगठन को एक व्यापक दायरा हासिल हुआ और देश के कई बड़े शहरों के लोग संगठन से जुड़ने लगे।[59] 1931 में पंजाब की जनगणना में यह दर्ज किया गया :

> साथ-ही-साथ निम्न जाति के लोगों में ... कोई जाति नहीं दर्ज करने की प्रवृत्ति पायी गयी। इस बारे में प्रचार ख़ासकर जात-पाँत तोड़क मंडल द्वारा किया गया। ... निर्देश जारी हुए कि 'कोई जाति नहीं' दर्ज करनी चाहिए। जहाँ लोगों को जाति का उल्लेख करने में ईमानदारी से आपत्ति है, उनके शादी-विवाह और खान-पान के रिश्तों में जाति का अस्तित्व समाप्त हो गया है।[60]

यह दिलचस्प है कि मार्क जुर्गेंस्मेयर 1931 की जनगणना और उसके इर्द-गिर्द आदधर्म के अभियान को एक ऐसा 'अभिषेकपूर्ण पल' बताते हैं जिसमें 'सब एक साथ जुड़ गये', क्योंकि यह आंदोलन आदधर्म को सिख, मुसलमान और हिंदू से अलग एक पृथक् धार्मिक समुदाय का स्वरूप देने में सफल हुआ। पर इससे आदधर्म और आर्य समाज के बीच तनाव बढ़ गया।[61] संतराम के 1931 की जनगणना में हस्तक्षेप की हमें संभवतः इसी पृष्ठभूमि में समीक्षा करनी चाहिए।

---

58 इशिता बनर्जी-दुबे (2010) : xv-lxiv; सुज़न बेली (1999) : 1-96, 144-86; निकोलस डर्क्स (2001) : 3-18.

59 संतराम (1963) : 187-8; *जात-पाँत तोड़क मंडल*, लाहौर : *जेनरेलरिव्यू* (1939) : 4-5; संतराम (1938) : 2. ; 'एंटी-कास्ट सेंसस कैंपेन', *इंडियन सोशन रिफॉर्मर* (1930) : 44; *इंडियन सोशल रिफॉर्मर* (1931) : 395-6.

60 *सेंसस ऑफ़ इंडिया*, 1931 (1933) : 325.

61 मार्क जुर्गेंस्मेयर (2009) : 72-80.

आर्य समाज की विचारधारा के क़रीब होने के बावजूद उसके साथ जात-पाँत तोड़क मंडल और संतराम का एक तनावपूर्ण संबंध था। यह तनाव आदधर्म आंदोलन के संबंध में भी नज़र आता है। संतराम ने धर्म परिवर्तन की आलोचना की, शुद्धि का समर्थन किया और शाकाहारी भोजन की वकालत की। उन्होंने निम्न जातियों को हिंदू धर्म के दायरे में शामिल करते हुए जाति की कड़ी आलोचना की और निम्न जातियों की कुछ निहित कथित विशेषताओं और व्यवहारों को भी 'बेहतर' बनाने की कोशिश की। लेकिन साथ ही, उन्होंने इन हलक़ों में आर्य समाज के शिक्षण की नक़ल न करके उस पर लगातार सवालिया निशान लगाए; उसकी रैडिकल व्याख्या की और जातिगत पूर्वग्रहों की अनवरत कड़ी निंदा करते रहे। संतराम के लिए शुद्धि आक्रामक हिंदू राष्ट्रवाद की अभिव्यक्ति नहीं थी, बल्कि यह निम्न जाति के लोगों के लिए जाति सुधार की एक रैडिकल और मुखर अभिव्यक्ति थी।[62] उनके द्वारा संपादित पत्रिका *युगांतर* के कुछ कार्टून अकसर जाति के निर्देशात्मक विमर्शों की देहरी लाँघ जाते थे। उदाहरण के लिए, शुद्धि के दायरे में बँधे होने के बावजूद, एक कार्टून में दलित स्त्रियों के यौन शोषण की ओर इशारा करते हुए ब्राह्मण पर व्यंग्य कसा गया।

रोमांस, प्यार और शादी के कारण इस्लाम में धर्म परिवर्तन को लेकर अपनी उद्विग्नता ज़ाहिर करते हुए भी अपने लेखन में संतराम आर्य समाज के कई लेखकों की तरह मुसलमान, पीर और इस्लाम को लेकर कोई नकारात्मक विमर्श मुखर करते हुए नहीं दिखते। संतराम ने ऐसी शादियों को स्वीकार करने के लिए मुस्लिमों के बृहत्तर मानस पटल की सराहना की और इस संदर्भ में हिंदुओं के संकीर्ण रवैये की निंदा की थी।[63] मिशनरियों और ईसाइयों के प्रति भी उनका रवैया नरम था। वास्तव में, उन्होंने इस्लाम और ईसाई धर्म के चुनिंदा उदाहरण देकर अपने तर्क गढ़े। हिंदू धर्म के अंदर होते हुए भी संतराम के विचार कई बार आगे निकल जाते थे। उन्होंने उद्वेलित होकर लिखा :

---

[62] सी.एस. ऐडकोक (2014).

[63] संतराम (1963) : 48-53.

> यदि मैं अछूत होता तो मैं भी इस दासता से छुटकारा पाने के लिए मुसलमान हो जाता। ... अछूत इस समय हिंदुस्तान में कौन सुख भोग रहे हैं जो पाकिस्तान में उनका जीवन दुःखमय हो जाएगा। ... यदि मैं मुसलमान होता तो मैं जिन्ना से भी अधिक हिंदू शासन का विरोध करता। मैं जोशीला हिंदू होते हुए भी ईमानदारी से अनुभव करता हूँ कि यदि जात-पाँत का अंत नहीं होगा तो मेरे लिए हिंदुस्तान की अपेक्षा पाकिस्तान में रहना अच्छा है। ... ब्राह्मण की स्वाधीनता शूद्र और मुसलमान की पराधीनता है। ... भारतीय मुसलमानों और अछूतों के हिंदू-विरोध का मूल कारण भी मैं हिंदुओं की दूषित मनोवृत्ति को ही समझता था।[64]

संतराम की आलोचना करते हुए एक समाचार पत्र *हिंदू* ने कहा : 'श्री संतराम जी के आजकल के लेखों पर यदि उनका नाम लिखा न हो तो ऐसा मालूम देने लगता है कि ये किसी हिंदू-प्रेमी के लिखे हुए नहीं, वरन मिस मेयो के किसी भाई के हैं।'[65] इस प्रकार संतराम एक मिली-जुली, समन्वित संस्कृति का प्रतिनिधित्व कर रहे थे — जाति के ख़िलाफ़ तर्क जुटाने के लिए विविध धार्मिक धाराओं से सृजित करना, लेकिन साथ ही उनका परिप्रेक्ष्य हिंदू प्रकृति का रहा। इसलिए एक स्थान पर उन्होंने लिखा : 'जाति-भेद सामाजिक रूप से हिंदुओं के लिए बहुत हानिकारक सिद्ध हुआ है। ... हिंदुओं की संख्या-वृद्धि संतोषजनक नहीं। ... जाति-भेद के कारण ही हमारा 'शुद्धि' आंदोलन सफल नहीं हुआ।'[66] यह उनकी वैचारिक स्थिति के विरोधाभासों को रेखांकित करता है।

हिंदूवाद के दायरे के अंदर सक्रियता के बावजूद संतराम की शूद्र पृष्ठभूमि, वर्ण व्यवस्था के ख़िलाफ़ और अंतर्जातीय विवाहों पर उनके रैडिकल विचारों के कारण उन्हें हिंदू संकीर्णतावादियों और आर्य समाज, दोनों का कट्टर विरोध झेलना पड़ा। एक बार संतराम ने अपने दो दलित मित्रों को घर पर खाने के लिए बुलाया। उन्हें अपने रसोईघर में खाना खिलाया और अपने कुएँ से पानी पिलाया। पूरे गाँव ने संतराम का विरोध किया। पंचों ने उनका

---

[64] वही : 206-13.

[65] *हिंदू*, 6 अक्टूबर, 1943.

[66] संतराम (1949) : 189-90.

'हुक्का पानी' बंद कर दिया। संतराम ने कहा : 'हुक्का मैं पीता नहीं, पानी मेरे घर में है।'[67] प्रतिष्ठित हिंदी लेखक निराला ने अपना ब्राह्मणवादी रुझान दिखाते हुए एक लम्बे लेख 'वर्णाश्रम धर्म की वर्तमान स्थिति' में संतराम द्वारा जात-पाँत तोड़क मंडल की स्थापना पर गहरा दुःख व्यक्त करते हुए संतराम पर कटु प्रहार किया। उन्होंने अंतर्जातीय विवाह तथा अंतर खान-पान की तीखी आलोचना की और जाति विभाजन व वर्णाश्रम धर्म का पुरज़ोर समर्थन किया। निराला के लेख के कुछ अंश इस प्रकार हैं :

> दोषों में संस्पर्श-दोष भी एक माना गया है। ... म्लेच्छों के राज्य में रहने से उनके संस्पर्श से द्विजातीयत्व भी नष्ट होता है, दुराचरण फैलते हैं, समाज में अधोगति होती है, वर्णाश्रम-धर्म नहीं रह जाता। ... शूद्रों के प्रति केवल सहानुभूति प्रदर्शन कर देने से ब्राह्मण-धर्म की कर्तव्यपरता समाप्त नहीं हो जाती, न जाति-पाँति तोड़क मंडल के मंत्री संतरामजी के क़रार देने से इधर दो हज़ार वर्ष के अंदर का संपार का सर्वश्रेष्ठ विद्वान महामेधावी त्यागीश्वर शंकर शूद्रों के यथार्थ शत्रु सिद्ध हो सकते हैं। ... जाति-पाँति तोड़क मंडल को मैं किसी हद तक सार्थक समझता, यदि वह 'जाति-पाँति-योजक मंडल' होता। ... अछूतों के साथ रोटी-बेटी का संबंध स्थापित कर उन्हें समाज में मिला लिया जाय या इसके न होने के कारण ही एक विशाल संख्या हिंदू-राष्ट्रीयता से अलग है, यह एक कल्पना के सिवा और कुछ नहीं। दो मनों की जो साम्य-स्थिति विवाह की बुनियाद है और प्रेम का कारण, इस तरह के विवाह में उसका सर्वथा अभाव ही रहेगा। और, जिस यूरोप की वैवाहिक प्रथा की अनुकूलता संतरामजी ने की है, वहाँ भी यहाँ की तरह वैषम्य का साम्राज्य है। किसी लार्ड-घराने की लड़की के साथ किसी निर्धन और निर्गुण मज़दूर का विवाह नहीं हुआ।[68]

संतराम के आर्य समाज के साथ अंतर्निहित अंतर्विरोध और भी ज़्यादा उजागर हैं क्योंकि उनके कुछ विचार आर्य समाज के अग्रणी विचारकों से सीधे टकराते थे, इसलिए आर्य समाज में सत्ता के स्थापित ढाँचे से अलग-थलग पड़ते थे। संतराम अपने जीवन की एक घटना का हवाला देकर इसे

[67] गार्गी चड्ढा (1988) : 28-34.

[68] सूर्यकांत त्रिपाठी 'निराला' (1929) : 836-43.

बखूबी बयान करते हैं। 1914 में लाहौर ज़िले में पट्टी के पास संतराम ने एक कृषि आश्रम में खेती करते हुए कई देशों के कृषि विभागों का अध्ययन किया। उनके आधार पर उन्होंने बिखरी पड़ी मृत पशुओं की हड्डियाँ इकट्ठा करके अपने खेतों में उनकी खाद डालने का विचार किया। संतराम के मित्र और *आर्य गज़ट* के संपादक तथा कहानीकार सुदर्शन ने हड्डियों का ढेर खेत में देख लिया और बिगड़ कर कहा कि संतराम पाप कर रहे हैं। संतराम के इस तर्क को कि यह बहुमूल्य और उपजाऊ खाद है, सुदर्शन ने अनसुना कर दिया और अपने पत्र में संतराम के ख़िलाफ़ टिप्पणी लिखी। गाँव भर में, विशेषकर हिंदुओं के बीच, और विस्तृत परिवार में, संतराम का घोर विरोध हुआ लेकिन वे अपनी बात और काम पर डटे रहे।[69] *मेरे जीवन के अनुभव* के कई पृष्ठों में ऐसी घटनाओं का चित्रण है जहाँ संतराम यह दिखाते हैं कि यद्यपि जात-पाँत तोड़क मंडल वर्ण व्यवस्था के दो-टूक ख़िलाफ़ था, पर आर्य समाज के लिए यह एक पवित्र सिद्धांत था। यहाँ तक कि आर्य समाज ने जात-पाँत तोड़क मंडल के नाम का भी विरोध किया और संतराम को सुझाव दिया कि वे अपनी संस्था का नाम जात-पाँत तोड़क मंडल से बदलकर 'वर्ण व्यवस्था मंडल' या 'हिंदू साम्यवादी दल' रख लें, जिससे उन्हें चंदा भी मिलेगा। लेकिन संतराम का स्पष्ट मानना था कि मंडल का काम जात-पाँत को मिटाना था, और इसलिए यही नाम उपयुक्त था।[70] 1924 तक आते-आते उनके कई आर्य समाजियों से गंभीर मनमुटाव हो गये। निरंतर समझौता और तनाव अंततः आख़िरी टूटन बिंदु पर पहुँच गया जहाँ संतराम ने अपने को आर्य समाज से अलग कर लिया,[71] और वे संभवतः बौद्ध परंपरा के प्रति आकर्षित हुए।[72] इसीलिए वे स्पष्ट लिखते हैं : 'हमारी सारी शक्ति आर्य समाज के काम में लग जाती है और हमारा प्रचार नहीं हो पाता। तब

---

[69] संतराम (1963) : 38-41.

[70] वही : 226-8.

[71] मार्क जुर्गेंस्मेयर (2009) : 38-9.

[72] सतनाम सिंह (2008) : 3.

हमने इस निरर्थक काम को आप ही छोड़ दिया।'[73] उनकी आत्मकथा प्रायः दलित आंदोलनों से सृजित विवरणों से जुड़ती है। लेकिन मंगू राम या आम्बेडकर से अलग, संतराम कभी भी अपने को हिंदू-विमर्श से दूर नहीं ले जा पाए और कई बार जाति सम्मान के अस्पष्ट परिणामों वाली भाषा अख़्तियार करते दिखे।

दलित संगठनों और नेताओं के साथ उनका कोई ख़ास संबंध नहीं था, और न ही वे अपने समय के दलित आंदोलन के प्रति सहज थे। जाति की बेलाग आलोचना करने और अंतर्जातीय विवाह का प्रबल समर्थन करने के बावजूद वे मंगू राम की तरह दलित मुद्दों के नायक नहीं बन पाए। वास्तव में, उन्होंने उस समय के प्रभावी आदधर्म आंदोलन का अस्तित्व स्वीकार नहीं किया, जबकि वे और मंगू राम एक ही क्षेत्र के थे और दोनों का देश-काल आपस में मिलता-जुलता था। मार्क जुर्गेंस्मेयर का कहना है कि जात-पाँत तोड़क मंडल 'आदधर्म के लिए कोई आदर्श नहीं था क्योंकि इसकी शहरी, सुधारवादी हिंदू, अंतर्जातीय संरचना आदधर्म के लगावों से काफ़ी अलग थी।'[74] यह भी तर्क दिया जा सकता है कि जात-पाँत तोड़क मंडल, आर्य समाज की ही तरह, आदधर्म आंदोलन के बढ़ते हुए प्रभाव से चिंतित था और दलितों को अपने साथ जोड़ कर और अपनी व्यापक हिंदू पहचान के ज़रिये उसकी बढ़त और ताक़त को रोकने की उम्मीद कर रहा था। लेकिन यह भी उल्लेखनीय है कि संतराम ने 1938 में जालंधर में सफ़ाई कर्मचारियों की हड़ताल का नेतृत्व किया।[75] मंगू राम और संतराम दोनों ने ही आंशिक रूप से आर्य समाज से प्रेरणा ली, पर दोनों ही उसके विचारों की सीमाबंदी के पार चले गये और अपने अलग-अलग तरीक़ों से उसके ख़िलाफ़ विद्रोह किया — संतराम ने उसके तहत और मंगू राम ने उसके बग़ैर। संतराम अपनी आत्मकथा में जो चुनाव और

---

[73] संतराम (1963) : 203.

[74] मार्क जुर्गेंस्मेयर (2009) : 39.

[75] आर.के. क्षीरसागर (1994) : 323.

झुकाव दिखाते हैं — आर्य समाज के साथ तनावों पर उनका बारम्बार ज़ोर जबकि आदधर्म पर उनकी ख़ामोशी — उनके मध्य-मार्गी व्यक्तित्व की ओर इशारा करती है।

इसके साथ ही संतराम ने गाँधी और आम्बेडकर के बीच एक मध्यम मार्ग अख़्तियार किया — गाँधी की परेशान करने वाली कमियों, ख़ासकर सनातनी हिंदूवाद के प्रति उनके झुकाव का विरोध करते हुए भी हिंदू धर्म का समर्थन किया और आम्बेडकर के गुणों, ख़ासकर धर्मांतरण को लेकर उनके रवैये के प्रति संकोच जताते हुए भी उनके विचारों का गुणगान किया। संतराम के विचार और कथन न केवल जाति पर गाँधी-आम्बेडकर विवाद में ख़ासा योगदान करते हैं, बल्कि उन दोनों की गुत्थमगुत्था के बीच में एक तीसरे पक्ष की ओर भी इंगित करते हैं। संतराम दोनों के साथ, दोनों के लिए मुश्किल नज़र आते हैं, यद्यपि वे आम्बेडकर के ज़्यादा क़रीब लगते हैं। संतराम का गाँधी के साथ कुछ तीखा आदान-प्रदान हुआ। वे अपनी जीवनी में एक दिलचस्प घटना का बयान करते हैं :

> सन् 1933 या 34 की बात है। महात्मा गाँधी लाहौर आये। ... हमारे जात-पाँत तोड़क मंडल का एक डेपुटेशन उनसे मिलने गया। ... उन दिनों महात्मा गाँधी जात-पाँत में विश्वास रखते थे। ... मेरे प्रश्न करने पर वे बोले कि जात-पाँत में एक बड़ा लाभ यह है कि व्यवसायों में प्रतियोगिता बहुत कम हो जाती है। ... मैंने आपत्ति करते हुए कहा — 'यह ठीक है कि इस व्यवस्था में ब्राह्मण के लड़के को, अयोग्य होने पर भी, पठन-पाठन या मंदिर में पूजा का काम मिल जाएगा। क्षत्रिय का लड़का, कायर होने पर भी, सेना में सिपाही या मेजर बन जाएगा। ... परंतु एक भंगी, जिस के दादा-परदादा आठ आना मासिक पर टट्टी उठाते रहे हैं, विद्वान बनने की योग्यता रहते हुए भी, स्वयं टट्टी उठा रहा है, और उसके पोते-पड़पोते भी टट्टी उठाते रहेंगे। यह कहाँ का न्याय है? ... महात्माजी, आप जाति से बनिया हैं। बनिये का काम नमक-तेल बेचना है। फिर आप हमें उपदेश क्यों देते हैं? जाइए, कहीं जाकर दाल-आटे की दूकान खोल लीजिए!'[76]

[76] संतराम (1963) : 234-5. यह भी देखें, संतराम का श्याम लाल मनचंदा से साक्षात्कार, 15 जुलाई, 1971. : 18-9.

संतराम पेरियार और आम्बेडकर, दोनों के साथ संवादरत थे और दोनों से उनकी नज़दीकी थी। उन्होंने जून 1953 में एक प्रमुख तमिल समाचारपत्र *विदुथलाई* में पेरियार के समर्थन में एक लेख प्रकाशित किया।[77] संतराम पेरियार से अपने वार्तालाप की चर्चा करते हैं, जब वे एक बार संतराम से मिलने उनके घर लाहौर आये थे। हिंदी और हिंदू समर्थक होते हुए भी संतराम पेरियार से न केवल संवाद करते हैं, बल्कि उनका पक्ष बिना किसी कटाक्ष या व्यंग्य के प्रस्तुत भी करते हैं। पेरियार ने कहा : 'हम ऐसी भाषा को क्यों अपनाएँ जिसका साहित्य हमें नीच और शूद्र बनाने में लगा है?' संतराम कहते हैं कि पेरियार की इस आपत्ति पर हमें ध्यान देना चाहिए।[78]

आम्बेडकर के प्रति उन्होंने प्रायः अपनी उत्कट प्रशंसा व्यक्त की और कभी उनकी खुली आलोचना नहीं की। कभी-कभार वे आम्बेडकर से थोड़ा परेशान ज़रूर हो जाते थे — यह जात-पाँत तोड़क मंडल के उस सम्मेलन को स्थगित करने के निर्णय से ज़ाहिर होता है जिसमें आम्बेडकर आमंत्रित किये गये थे। संगठन के कई सदस्यों को आम्बेडकर के भाषण के वितरण-पूर्व मसविदे को पढ़ कर दिक़्क़त हुई। उस भाषण में हिंदू धर्म की सीधी, तीखी आलोचना की गयी थी और धर्मांतरण का समर्थन किया गया था। यद्यपि संतराम ने सीधे कुछ नहीं कहा और आम्बेडकर से उनकी व्यक्तिगत मित्रता बनी रही, पर ऐसा प्रतीत होता है कि वे प्रकारांतर से आम्बेडकर के भाषण की आलोचनाओं से कुछ हद तक सहमत थे, लेकिन साथ ही आम्बेडकर के विचारों का समर्थन करते हुए संतराम अपनी आत्मकथा में एक अन्य घटना का बयान करते हैं कि एक बार आम्बेडकर किसी सरकारी काम से लाहौर आये। जब नानकचंद पंडित ने आम्बेडकर से पूछा कि 'क्या कोई ऐसा उपाय है जिससे आप अपने धर्म-परिवर्तन के संकल्प को बदल दें?' आम्बेडकर बोले कि 'केवल एक ही उपाय है और वह यह कि जो कुछ जात-

---

[77] फ़ाइल 2, 'व्यक्तिगत संग्रह : संतराम बीए के दस्तावेज़ों का संकलन', सूची 430, नेहरू स्मारक संग्रहालय एवं पुस्तकालय, दिल्ली.

[78] संतराम (1963) : 251-3.

पाँत तोड़क मंडल कहता है, हिंदू समाज उसे अपना ले। परंतु यह बात सौ वर्ष में भी संभव नहीं।' इस पर बद्रीदास बोले कि 'पंजाब में छूतछात बिल्कुल नहीं। चलिए हम आपको आर्य समाज के मंदिर ले चलते हैं।' आम्बेडकर चट बोले : 'आर्य समाज मंदिर में नहीं, किसी सनातन धर्मी देव-मंदिर में मुझे और मेरे साथ चार-पाँच दूसरे अछूतों को भी ले चलिए। तब मैं आपकी बात सत्य मानूँ।' इस पर सब को चुप रह जाना पड़ा। आम्बेडकर की पीड़ा महसूस करते हुए संतराम इसी क्रम में लिखते हैं कि कैसे जब एक अछूत नवयुवक ने बड़ी कठिनाइयों से दयानंद ऐंग्लो वैदिक कॉलेज से बीए पास किया और वे उसे नौकरी के लिए एक आर्य समाजी नेता के पास लेकर गये तो उनका कहना था : 'मैं नहीं चाहता, अछूत चौथी-पाँचवीं कक्षा से अधिक पढ़े। हमारे अपने लड़कों को ही नौकरियाँ नहीं मिलतीं, हम इनको कहाँ से नौकरी दें?' संतराम यह सुन कर बहुत दुखी हुए और लिखा : 'डॉ आम्बेडकर का द्विज हिंदुओं पर से जो विश्वास उठ गया है, उसका एक बड़ा कारण अधिकांश द्विजों की यही दूषित और संकीर्ण मनोवृत्ति है।'[79] संतराम-आम्बेडकर के बीच लगातार पत्र-व्यवहार रहा और एक आदान-प्रदान में आम्बेडकर ने यह लिखा :

> मैं जाति प्रथा तोड़ने के आपके प्रयासों की सराहना करता हूँ। पर मुझे यह कहने की अनुमति दीजिए कि मैं इस समस्या पर हमला करने के आपके तरीक़े से सहमत नहीं हूँ। मुझे यह समझ नहीं आता है कि आप उन धार्मिक अवधारणाओं का उन्मूलन किये बग़ैर जाति का ख़ात्मा कैसे करेंगे जिस पर जाति व्यवस्था आधारित है। मैं अभी अपना तर्क विकसित नहीं कर सकता हूँ। ... साथ ही मैं यह आप पर छोड़ता हूँ कि आप इस सवाल से जैसे चाहें वैसे जूझें।[80]

यह भी उल्लेखनीय है कि संतराम आम्बेडकर के अभिभाषण के प्रशंसक भी थे और यह बात उन्होंने गाँधी को लिखे एक पत्र में कही भी, जो हरिजन में 15 अगस्त, 1936 को प्रकाशित हुआ। संतराम ने आगे लिखा : 'जहाँ तक मेरा ज्ञान है, वह (*ऐनिहिलेशन ऑफ़ कास्ट*) इस विषय पर

[79] वही : 223-4.

[80] बी.आर. आम्बेडकर (1935).

सर्वाधिक विद्वत्तापूर्ण प्रबंध है और इस योग्य है कि भारत की प्रत्येक भाषा में इसका अनुवाद हो।'[81] संतराम ने हिंदी में पहली बार *ऐनिहिलेशन ऑफ़ कास्ट* का अनुवाद *जातिभेद का उच्छेद* नाम से किया और उसे जात-पाँत तोड़क मंडल की ओर से प्रकाशित किया।[82] उन्होंने अपनी पत्रिका क्रांति में इसे उर्दू में भी प्रकाशित किया।[83] संतराम की एक निरंतर समस्या थी हिंदू रूपकों और मुहावरों पर उनकी सतत निर्भरता और अंतर्जातीय विवाह के क्षेत्र में भी द्विजों का सहारा। फिर भी, आज संतराम का लेखन उदारतावादी आर्य समाजियों की तुलना में दलितों के बीच कहीं ज़्यादा स्वीकार्य है, यद्यपि उनके व्यापक इतिहास को लगभग भुला दिया गया है। संतराम कोई मंगू राम या आम्बेडकर नहीं थे, फिर भी अपने जीवन और समय के बारे में उनका कथन हमें जाति के आधुनिक इतिहास के बारे में काफ़ी कुछ बताता है। वे एक उदारतावादी प्रत्यय और एक मध्यमार्गीय सोच के प्रतीक थे — कभी अपने समय से संचालित, तो कभी अपने समय से आगे देखने वाले। दलित लेखक धर्मवीर लिखते हैं कि संतराम 'के विचार एकदम ठीक थे लेकिन वे हमेशा ग़ैरों के बीच रहे। उन्हें अपने विचारों के अनुकूल अपनी उठ-बैठ ढूँढ़नी चाहिए थी। उन का पूरा हिंदू वातावरण उनके विचारों के लिए असहज था। ... वे अपने अंतर्मन में हिंदू-जाल से उभर नहीं सके। ... उनके दुःख सच्चे हैं लेकिन उन के समाधान कच्चे हैं।'[84] धर्मवीर का लेख समृद्ध होते हुए भी अंतर्जातीय विवाह पर संतराम के विचारों को लेकर चुप है, जो संतराम के चिंतन का केंद्र था। मेरा मानना है कि अंतर्जातीय विवाह के बारे में संतराम की समझ शायद जाति-विरोधी राजनीति की सबसे प्रमुख विरासत है। साथ ही यह उनके परस्पर विरोधाभासी आग्रहों — पवित्र और सेकुलर, धार्मिक और आधुनिकता के मेलजोल को भी सामने लाती है। इसकी चर्चा मैं आगे करूँगी।

---

[81] संतराम (1963) : 221.

[82] संतराम बीए (1937) (अनु.).

[83] क्षीरसागर (1994) : 323.

[84] धर्मवीर (2008) : 178-80.

अतिक्रमण करती अंतरंगता : अंतर्जातीय विवाह, सेक्स और संतराम

अंतर्जातीय विवाह का समर्थन करते हुए संतराम ने लिखा : प्रेम न देखे जात-कुजात / भूख न देखे जूठा भात / नींद न देखे टूटी खाट।[85] एक अन्य स्थान पर अंतर्जातीय प्रेम को क़ायम करते हुए वे कहते हैं :प्यार किसी को किया नहीं जाता / प्यार किसी पर हो जाता है / नयनों की खिड़की से सुंदर / कोई ज्यों ही मुस्कराता है।[86]

रोटी-बेटी की वर्जनाएँ जाति प्रथा के स्थानिक और शारीरिक भेदभाव में केंद्रीय हैं। सगोत्रीय विवाह जाति का एक मूल आधार है जो स्त्री के शरीर पर जाति का घनघोर दबदबा दिखाता है। स्त्री-पुरुष विवाह के पारंपरिक दायरों में बँधे रहने के बावजूद अंतर्जातीय विवाहों में रोज़ाना का पुलिसिया पहरा और हिंसा उजागर होती है जिसे फ़ूको के शब्दों में 'लैंगिकता का गठजोड़ मॉडल'[87] कहा जा सकता है : शादियों की ऐसी व्यवस्था जिसमें धर्म एवं जाति की सीमाओं का पहरा लगा होता है। दलित धर्मांतरणों को लेकर बढ़ती चिंता और भय के कारण आर्य समाज और हिंदू महासभा दिखावटी और बाहरी तौर पर अंतर्जातीय विवाह का समर्थन करने के लिए मजबूर हुए। इसके अलावा,1932 का प्रस्तावित सांप्रदायिक अधिनियम दलितों को अलग प्रतिनिधित्व देने का वादा करता था जो हिंदू महासभा और द्विज राष्ट्रवादी राजनीति के लिए ख़तरे का संकेत था। इसी परिप्रेक्ष्य में हिंदू महासभा ने 1935 में पूना में अपने सत्रहवें अधिवेशन में यह प्रस्ताव पारित किया कि हिंदू समाज में अंतर्जातीय विवाह को पूर्ण समर्थन और स्वतंत्रता दी जानी चाहिए।[88] पर इस सवाल को लेकर ज़मीन पर गहरा विवाद और बेचैनी व्याप्त थी क्योंकि ज़्यादातर सुधारक यौनिकता और विवाह के सवाल पर संकीर्ण नज़रिया ही रखते थे।[89] यह उल्लेखनीय है कि आम्बेडकर अंतर्जातीय विवाह को दलित

---

[85] संतराम बीए (1959) : 31.

[86] वही : 32.

[87] मिशेल फ़ूको (1978) : 106-11.

[88] हिंदू महासभा के दस्तावेज़.

[89] चारु गुप्ता (2016) : 77-83.

उन्नति का प्रतीक और जाति के विनाश का एक महत्त्वपूर्ण समाधान मानते थे क्योंकि इससे जाति की 'पवित्रता' को बरक़रार और स्त्री की यौनिकता को नियंत्रित करने वाली व्यवस्था को गहरी चुनौती मिलती थी।[90]

संतराम को अंतर्जातीय विवाह संबंधी अपने विमर्श में जाति, लिंग, यौनिकता, प्रेम और कामना को एक साथ जोड़कर इसे जाति-विरोधी अभिव्यक्ति का एक महत्त्वपूर्ण वाहक बनाने का श्रेय जाता है। आम्बेडकर की शब्दावली अपनाते हुए उन्होंने यह तर्क दिया :

> जिस अस्पृश्यता को मानवता का कलंक कहा जाता है : वह जात-पाँत का अनिवार्य परिणाम है। कारण यह है कि जात-पाँत एक क्रमबद्ध अछूतपन है। ... और अंतर्जातीय विवाह से ही जातिभेद की समाप्ति हो सकती है।[91]

उन्होंने एक अन्य स्थान पर कहा :

> जात-पाँत में बेटी-बंदी ही नहीं, व्यवसाय-बंदी भी है। अर्थात् एक चमार यही नहीं कि एक ग़ैर-चमार से ब्याह-शादी ही नहीं कर सकता, वरन जूता बनाने के सिवा दूसरा कोई व्यवसाय करने का भी उसके लिए शास्त्रीय निषेध है।[92]

संतराम के नेतृत्व में जात-पाँत तोड़क मंडल की स्थापना का स्वागत करते हुए *इंडियन सोशलरिफ़ॉर्मर* के संपादक ने ब्रह्म समाज और आर्य समाज जैसे सुधार आंदोलनों की सीमाओं की चर्चा की :

> आर्य समाज और अन्य संगठनों ने जाति व्यवस्था का गढ़ भेदने के लिए अंतर्जातीय खान-पान और अंतर्जातीय विवाह का आयोजन करने के लिए बेहद कम काम किया। ... ये आंदोलन समाज सुधारों के लिए मजबूती और स्पष्टता से सामने आने की बजाय, कट्टरपंथी प्रतिगामी हिंदूवाद के अंग बन गये। ... एक नयी जान भरने के मक़सद से हाल में जात-पाँत तोड़क मंडल शुरू किया गया।[93]

---

[90] शर्मिला रेगे (2013) : 59-64.

[91] संतराम (1959) : 23.

[92] वही :: 4.

[93] संतराम (1923) : 320.

जात-पाँत तोड़क मंडल का पहला और प्रमुख नियम था जन्म आधारित जाति व्यवस्था तोड़ना और अंतर्जातीय विवाह को प्रोत्साहित करना। संतराम की जाति आलोचना और जात-पाँत तोड़क मंडल की गतिविधियों के पीछे यही केंद्रीय तत्त्व था। संगठन का नियम था कि केवल वही हिंदू मंडल के सदस्य बन सकते हैं जो अपनी जाति में विवाह न करने की प्रतिज्ञा लें, साथ ही अपने विवाह के बाद अपने बच्चों के लिए भी यही प्रतिज्ञा दुहराएँ। अंतर्जातीय विवाहों में सहायता देने के लिए जात-पाँत तोड़क मंडल का एक अलग विभाग था। मंडल के प्रयत्न से कई सौ जात-पाँत तोड़क विवाह हुए, जिनकी सूची मंडल की *मधुर वीणा* नामक पुस्तिका में दर्ज की जाती थी।[94] 1939 में मंडल की गतिविधियों की एक समीक्षा में कहा गया कि ऐसे विवाहों को जोड़ा जाए, तो यह संख्या निश्चित रूप से पाँच सौ होगी।[95] संगठन की सदस्यता और प्रभाव ज़्यादातर शहर आधारित और सीमित था, पर यह कई क्षेत्रों में फैला था और इसकी गतिविधियों का केंद्रीय तत्त्व था अंतर्जातीय विवाह। जात-पाँत तोड़क मंडल के प्रभाव से इसी प्रकार की संस्थाएँ कई दूसरे स्थानों पर भी स्थापित हुईं, जैसे आंध्र में 'जातिभेद निर्मूलक मंडल', पुणे में 'जाति-निर्मूलन संस्था' और कानपुर में 'अंतर्जातीय विवाह समिति'।[96]

अपनी आत्मकथा समेत कई लेखनों में संतराम अपने या संगठन के प्रयासों से संपन्न कई अंतर्जातीय विवाहों का उदाहरण देते हैं। पर ऐसा लगता है कि इनमें से ज़्यादातर शिखर के तीन वर्णों, कथित 'द्वि-जन्मी' जातियों से थे। संतराम यदा-कदा ही ऐसे उदाहरण देते हैं जहाँ मंडल ने दलित पुरुषों और स्त्रियों का जात-पाँत तोड़ कर विवाह कराया।[97] अंतर्जातीय विवाहों के नाम पर ज़्यादातर समानांतर गठबंधनों को प्रोत्साहित किया गया। जैसे संतराम 1914 की एक घटना का हवाला देते हैं :

---

94 संतराम (1963) : 188.

95 *जात-पाँत तोड़क मंडल, लाहौर : जेनेरल रिव्यू* (1939) : 4.; संतराम (1938) : 2.

96 संतराम (1963) : 194.

97 संतराम का श्याम लाल मनचंदा से साक्षात्कार : 23.

> पंडित भूमानंदजी हमारे मंडल के प्रचारक बने। वे जन्म से ब्राह्मण थे। उनकी सगाई एक ब्राह्मण लड़की से हुई थी। फिर जब वे मंडल में आये तो उन्होंने वह सगाई तोड़ दी। उसके बाद हमने उनकी सगाई मुल्तान की एक अरोड़ा लड़की से करायी। उनके विवाह में केवल मंडल के ही लोग लाहौर से मुल्तान गये। भूमानंदजी के परिवार का कोई भी व्यक्ति विवाह में सम्मिलित नहीं हुआ। श्री भूमानंदजी ने बड़ा साहस दिखलाया।[98]

उस समय की प्रमुख हिंदी पत्रिकाओं में भी जात-पाँत तोड़क मंडल ने इस प्रकार के अंतर्जातीय विवाहों का तस्वीरों द्वारा प्रचार किया।

संतराम को प्रायः ऐसे विवाह आयोजित कराने के लिए धमकियाँ भी मिलती थीं।[99] मुख्यतः इन प्रयासों के कारण ही अंतर्जातीय विवाह प्रगतिशील शहरी आधुनिकता का एक प्रतीक बन गया जो अभिजातों के एक छोटे समूह में जात-पाँत तोड़क मंडल द्वारा संचालित था। यह निश्चित रूप से जाति तोड़ने का एक सद्प्रयास था, पर इसमें प्रायः 'ऊपर' से नज़रिया और नेतृत्व मिलता था — संतराम की संभावना और सीमा यहीं से ज़ाहिर होती हैं। फिर भी, यहाँ उल्लेखनीय है कि अपनी पहली पत्नी के निधन के बाद संतराम ने 1929 में स्वयं एक महाराष्ट्रीय ब्राह्मण विधवा सुंदर बाई प्रधान से विवाह किया। संतराम के मित्र भूमानंद ने कहा कि इस पुनर्विवाह से 'जात-पाँत भी टूटती है, विधवा विवाह भी होता है, और प्रांत-भेद भी दूर होता है।'[100] आम्बेडकर के दूसरे विवाह की तरह यह एक अंतर्जातीय प्रतिलोम विवाह भी था — एक शूद्र पुरुष और एक ब्राह्मण विधवा के बीच, जिसकी कट्टरपंथियों ने काफ़ी आलोचना की। साथ ही, अपनी लेखनी में संतराम अख़बारों और पत्रिकाओं से कई अंतर्जातीय विवाहों के उदाहरण देते थे, जैसे *दैनिक प्रताप,* जालंधर, में 26 सितंबर, 1959 को ख़बर छपी कि रोपड़ में एक 23 वर्षीय ब्राह्मण लड़की ने एक हरिजन युवक के साथ विवाह किया। *वीर प्रताप,* जालंधर, ने दिनांक 6 अप्रैल 1959 को सूचित किया कि दिल्ली में एक खत्री लड़की ने एक वाल्मीकि (भंगी) से विवाह किया। साथ ही

---

[98] संतराम का श्याम लाल मनचंदा से साक्षात्कार : 18-9. यह भी देखें : संतराम (1963) : 36.

[99] संतराम (1963) : 56-9.

[100] वही : 104.

वे अंतर्धार्मिक विवाहों के भी उदाहरण देते हुए उनके प्रति अपना समर्थन व्यक्त करते थे।[101] एक प्रकार से अंतर्जातीय विवाह पर केंद्रित इस फ़ोकस से संतराम यह दर्शाने में सफल रहे कि जाति हमारे अंतरंग स्थलों में बसी है और इन्हीं स्थलों पर ही उसे सबसे ज़्यादा चुनौती देने की ज़रूरत है।

जाति को एक रोग बताते हुए संतराम ने कहा कि यह चार वर्जनाओं — स्पर्श-बंदी, व्यवसाय-बंदी, रोटी-बंदी और बेटी-बंदी पर टिकी है।[102] मनु पर निरंतर सवाल उठाते हुए और आम्बेडकर का समर्थन करते हुए उन्होंने बेहद संजीदगी से जाति उन्मूलन के केंद्र में अंतर्जातीय, अंतर्क्षेत्रीय और अंतर्धार्मिक विवाह को स्थान दिया। एक बार वैद्य हेमराज के साथ संतराम की मनु पर बहस हो रही थी। संतराम अपने साक्षात्कार में लिखते हैं :

> किसी बात को इसलिए ही सत्य नहीं मान लेना चाहिए कि वह किसी ग्रंथ में लिखी है या उसका प्रचार कोई संत महात्मा करता रहा है। बात अपनी बुद्धि से सोच कर देखनी चाहिए। यदि वह सत्य प्रमाणित हो तो माननी चाहिए। नहीं तो नहीं। मनु कोई निभ्रांत व्यक्ति नहीं था।' इस पर वैद्यजी बोले, 'क्या आप मनु से अधिक ज्ञानवान हैं?' मैंने कहा, 'हाँ। मनु को क्या पता था कि 'टेलीपैथी' क्या होती है, 'टेलिस्कोप' क्या होता है और रेल कैसे चलती है जबकि मुझे इन सब बातों का ज्ञान है। मनु कुछ था तो अपने ज़माने में होगा। इस वक़्त हमारा ज्ञान बहुत बढ़ चुका है।[103]

संतराम ने सगोत्रीय विवाह ख़त्म करने के लिए बहुपक्षीय तर्क दिये — एक तरफ़ धार्मिक, भक्तिपरक, शास्त्रीय, तो दूसरी तरफ़ सामाजिक, सेकुलर, आधुनिक, वैज्ञानिक और तार्किक विचार। प्राचीन धर्मग्रंथों से अंशतः उद्धृत करते हुए उन्होंने कई अवसरों पर अतीत में वर्ण-संकर — अनुलोम और प्रतिलोम विवाह के उदाहरण दिये। जैसे भीम ने हिडिम्बा से विवाह किया और घटोत्कच को जन्म दिया। प्रमाता ब्राह्मणी का विवाह एक नाई के साथ हुआ। इनके पुत्र मत्तंग महामुनि थे। कर्दम ऋषि की कन्या अरुंधती और वेश्या

---

[101] संतराम (1959) : 31-2.

[102] संतराम (1949) : 3.

[103] संतराम का श्याम लाल मनचंदा से साक्षात्कार : 7-8.

के पुत्र वशिष्ठ मुनि का विवाह हुआ। उनके पुत्र का नाम शक्ति था जिसका विवाह चांडाल कन्या अद्रिश्यंति से हुआ। शक्ति के पुत्र पराशर एक महान ऋषि थे जिन्होंने एक मछुआरे की बेटी सत्यवती से शादी की — वे महाभारत के लेखक व्यास के पिता थे।[104] संतराम ने अपनी सूची में उन जाने-माने व्यक्तियों — गाँधी, परमानंद, नेहरू, गोकुल चंद और राजा नरेंद्रनाथ को शामिल किया जिन्होंने अंतर्जातीय/अंतर्क्षेत्रीय विवाह किया था और जिन्हें हिंदू समाज से बहिष्कृत नहीं किया जा सकता था।[105] इस विचार को आगे बढ़ाते हुए वे सहज रूप से आधुनिक, वैज्ञानिक और सेकुलर धारा में शामिल होते थे जिसमें समानता और न्याय का भी आग्रह था। पॉल गिलरॉय अश्वेत आत्मकथा लेखक डगलस की चर्चा करते हैं, जो 'दासता के नैतिक अँधेरे में विवेक की रोशनी' लाए थे।[106] इसी लय-ताल में संतराम ने जाति के विरोध के लिए जागरूक आधुनिक विमर्श और तर्क मीमांसा का उपयोग किया। संतराम ने विचार प्रकट किया :

> मैं अनुभव करता था कि रामचंद्र, हरिश्चंद्र, कृष्ण, शिवाजी और प्रताप प्रभृति इतने हिंदू राजे-महाराजे हुए, क्या कभी किसी को भील, गोंड आदि अन्य जातियों और अछूतों और शूद्रों को पढ़ा-लिखा कर नागरिकता के पूर्ण अधिकार देने का विचार आया। अब ईसाई उनको पढ़ा-लिखा कर कम-से-कम सभ्य नागरिक तो बनाते हैं।[107]

एक अन्य जगह पर उन्होंने गाँधी के वर्ण व्यवस्था संबंधी विचारों से अपनी स्पष्ट असहमति व्यक्त करते हुए कहते है : 'अस्पृश्यता और जातिभेद को दूर करने के लिए शास्त्रों की सहायता ढूँढ़ना कीचड़ को कीचड़ से धोने के सामान है'।[108] हिंदुओं की कटु आलोचना करते हुए उन्होंने लिखा :

> मैं आज भी देखता हूँ, कोई हिंदू सोशलिस्ट बन जाए, कम्युनिस्ट बन जाए, कांग्रेसी बन जाए और चाहे सर्वोदय का प्रचारक हो जाए, वह बेटी-

[104] संतराम (1949) : 11-5; संतराम (1959) : 13-4.

[105] संतराम बीए (1936).

[106] पॉल गिलरॉय (1993) : 59.

[107] संतराम (1963) : 213-4.

[108] संतराम बीए (1936), 15 अगस्त .

> व्यवहार में जात-पाँत का ही पाबंद रहता है। वह केवल आर्थिक और राजनीतिक समता पर ही बल देता है, सामाजिक समता पर आँखें मींच लेता है।[109]

संतराम ने एक ख़ास भारतीय अंदाज़ में पश्चिमी उदारतावादी मॉडल अपनाया जिससे उन्हें एक नये प्रकार की 'स्व' जाति निर्मित करने में मदद मिली। संतराम प्रायः अपने विचारों के समर्थन में जर्मन-अमेरिकी मानव विज्ञानी फ़्रांज़ बोआस जैसे विद्वानों को उद्धृत करते थे जो वैज्ञानिक नस्लवाद की विचारधारा के प्रमुख आलोचक थे। उन्होंने अन्य विचारकों जैसे हेवलॉक एलिस, विलियम केसल, गालटन, डेवन पोर्ट आदि का लगातार सहारा लिया।[110] इसके अलावा कई अन्य दलित पैरोकारों के समान संतराम ब्रिटिश राज की चुनिंदा प्रशंसा भी करते थे। एक स्थान पर उन्होंने लिखा :

> अछूतों और शूद्रों के लिए अंग्रेज़ी राज्य सचमुच एक अपूर्व ईश्वरीय वरदान है। ... अंग्रेज़ी राज्य में शूद्रों को उन्नति के जितने सुयोग और सुविधाएँ उपलब्ध हैं उतनी न हिंदुओं के राज्य में कभी थीं और न हो सकती हैं। ... वे (अछूत) बड़े ही मूर्ख होंगे यदि वे अंग्रेज़ी राज के बजाय हिंदू बहुसंख्या का राज्य पसंद करेंगे।[111]

'विभिन्नता' और 'समरूपता' के विभिन्न विमर्शों और अर्थों की सीमाओं से सचेत संतराम ने एकरूपता, एकता, स्व-सामर्थ्यता, स्व-ज्ञान, एक पहचान और विभाजित दृष्टि की अवधारणाओं का मूल्यांकन किया। उन्होंने 'वर्ण संकरता' के गुणों पर ज़ोर दिया जो उनके अनुसार एक मज़बूत और ज़्यादा सृजनात्मक तीसरे पक्ष को जन्म देता है। उनका कहना था :

> विज्ञान का एक सर्वमान्य सिद्धांत है कि जितने एक-दूसरे से अधिक भिन्न दो पदार्थों का आपस में संयोग होगा उनके मिलाप से उतना ही अधिक अच्छा नया पदार्थ बनेगा। ऑक्सीजन और हाइड्रोजन नाम के दो बिल्कुल विभिन्न गुणों वाली गैसों के संयोग से जल का उत्तम पदार्थ बनता है। ...

[109] संतराम (1963) : 225.

[110] संतराम (1949) : 133-47.

[111] संतराम (1963) : 208.

> घोड़ा और गधा दो विभिन्न जातियों के जीव हैं। इसलिए उनके संयोग से जो खच्चर उत्पन्न होता है यह उन दोनों से अधिक मज़बूत और बलवान होता है। [112]

उनका तर्क था कि सगोत्रीय विवाह एक कमतर प्रकार का विवाह है। साथ-ही-साथ, उनका यह भी ज़ोर था कि एक ब्राह्मण के दिमाग़ और बुद्धिमानी और एक क्षत्रिय की शारीरिक ताक़त के बीच मेल-जोल से बेहतर संतान पैदा होगी। संतराम के विचारों में ही उनकी सीमाएँ निहित हैं क्योंकि वे कई बार विभिन्न वर्णों के बारे में बने-बनाए साँचे और निर्धारित समझ को ही पुष्ट करते हैं। उन्होंने लिखा :

> अपनी-अपनी संकुचित जाति-बिरादरी के भीतर ही विवाह करते रहने का कुफल यह हुआ है कि मनुष्य को पूर्ण मनुष्य बनाने वाले सद्गुण अलग-अलग जातियों में पूँजीभूत हो गये हैं। ब्राह्मण बुद्धिमान तो है पर साथ ही वृथाभिमानी भी है। क्षत्रिय वीर तो है पर साथ ही अदूरदर्शी भी। वैश्य व्यापार-कुशल तो है पर साथ ही कायरता की सजीव प्रतिमा भी। शूद्र परिश्रमी तो है, पर साथ ही उसकी आत्मा इतनी कुचली हुई है, उसकी उमंग इतनी दबी हुई है कि उसमें वह मानवी प्रतिष्ठा ही नहीं रह गयी जिसके बिना यह जीवन दूभर मालूम होने लगता है।[113]

उन्होंने राष्ट्रीय संवृद्धि, विकास, उन्नति, पौरुष और ख़ास कर सज्जनता के विचारों को स्वीकार कर अंतर्जातीय विवाहों की वकालत की जिसके अनेकार्थ और संदिग्ध परिणाम थे। पुरुषत्व की कमी, कमज़ोरी, बुद्धिमत्ता का निम्न स्तर, अतीत के युद्धों में हिंदुओं की लगातार पराजय, अस्वस्थ वंश, कमज़ोर राष्ट्र — इन सबको सगोत्रीय विवाह का दुष्परिणाम बताया। इसके विपरीत, संतराम के अनुसार, अंतर्जातीय विवाहों से मज़बूत, स्वस्थ और तेजस्वी संतानें होती हैं, रोज़गार में विविधता आती है, पौरुष बल में इज़ाफा होता है और कुल मिला कर हिंदुओं की उन्नति होती है।[114] सहजता,

---

[112] संतराम (1959) : 1-2.

[113] संतराम (1949) : 193-4.

[114] संतराम (1959) : 3, 6.

समानता, उन्नति, आज़ादी, आधुनिकता और विवेक संतराम के विवरणों में हिंदू धार्मिकता, परम्परागतता और हिंदू केंद्रित सोच के साथ मिले-जुले हैं — ये सभी पक्ष भौतिकता और आध्यात्मिकता के बीच एक पेंडुलम की तरह गतिमान रहते हैं।

संतराम अपने तर्कों में जाति-सत्ता का खंडन करते हैं, लेकिन साथ ही अनायास ढंग से बने-बनाए साँचों और पितृसत्ता का भी समर्थन कर जाते हैं। एक स्थान पर वे कहते हैं : 'वैज्ञानिकों का मत है कि जात-पाँत तोड़क विवाहों से प्रायः लड़कियों की अपेक्षा लड़के ही अधिक उत्पन्न होंगे।'[115] एक बार आर्य समाज, लाहौर के वार्षिक सम्मेलन में संतराम और गुरुकुल कांगड़ी के शिक्षक रामदेव के बीच वर्णव्यवस्था पर विवाद चल रहा था — रामदेव व्यवस्था के समर्थक और संतराम उसके कट्टर विरोधी। संतराम ने हलके अंदाज़ में कहा :

> आप लोग कहते हैं कि सब लोगों पर 'वर्ण' का लेबल लगाया जाय और एक ही लेबल वाले स्त्री-पुरुषों का अर्थात् सवर्ण विवाह हो। ... पर मान लीजिए, पति और पत्नी दोनों एक ही वर्ण के हैं, दोनों क्रोधी एवं झगड़ालू हैं। एक ही गुण, कर्म, स्वभाव के हैं, तो उनके घर में सदा झगड़ा रहेगा। ... इसलिए सवर्ण विवाह अहितकर है।[116]

उनकी दोहरी और विरोधाभासपूर्ण भाषा और शब्दावली कई बार प्रकारांतर से उल्टा असर डालती थी। प्रसिद्ध पत्रिका *सुधा* में प्रकाशित अपने एक लम्बे लेख में संतराम अंतर्जातीय विवाह के ख़िलाफ़ तमाम आपत्तियों का जवाब देते हैं। वे कहते हैं कि एक अमृतलाल राय का कहना है कि अंतर्जातीय विवाह से गुप्त यौनिक संबंध, रोमांस और घरेलू नौकरानी या निम्न जातीय पुरुष के साथ संपर्क बढ़ेगा। संतराम एक संरक्षक की तरह जवाब देते हैं कि एक दासी भी 'रूपवती, गुणवती और सदाचारिणी' हो सकती है और कई चमार स्त्रियाँ आकर्षक और गोरी होती हैं। वे इस तर्क का तिरस्कार करते हैं कि ऐसे मेलजोल से स्त्री की पवित्रता और सम्मान का महती आदर्श नीचा होगा।[117] लेकिन साथ-

---

115 वही : 11.

116 संतराम (1963) : 199-201.

117 संतराम बीए (1929) : 596-608.

ही-साथ, अंतर्जातीय विवाहों पर अपने विचारों के ज़रिये उन्होंने न केवल जाति वर्गीकरण बल्कि पितृसत्तात्मक वर्चस्व को चुनौती भी दी। उन्होंने ज़ोर देकर कहा :

> जात-पाँत से स्त्री जाति को घोर हानि हुई है। कई बिरादरियों में लड़के कम और लड़कियाँ अधिक हैं ... वहाँ लड़की वालों को भारी दहेज़ देने पड़ते हैं। ... जिन बिरादरियों में लड़के अधिक और लड़कियाँ कम हैं वहाँ लड़कियाँ मोल बिकती और व्यभिचार फैलता है। बुड्ढ़ों के साथ अल्पवयस्क कन्याएँ ब्याही जाती हैं। ... जात-पाँत ने लड़की की स्वतंत्र सत्ता न रहने देकर उसे एक माल बना दिया है।[118]

संतराम स्त्री की इच्छाओं पर पहरेदारी बिठाने की आलोचना करते थे। उन्होंने इस प्रवृत्ति पर भी सवाल उठाए कि स्त्रियों के ठठा कर हँसने या रात में बाहर जाने पर उन्हें संदेह की निगाह से क्यों देखा जाता है। उन्होंने स्त्री की शुचिता के बारे में मिथ्या समझ के प्रचार-प्रसार के लिए रामायण को दोषी क़रार किया।[119] एक अन्य स्थान पर संतराम ने सतीत्व की सुरक्षा के नाम पर जौहर प्रथा का विरोध करते हुए कहा कि यह प्रथा पहले दर्जे की मूर्खता दर्शाती थी।[120] सगोत्रीय विवाह को किसी भी प्रकार से सकारात्मक, स्थायी या अच्छा समझने की सोच पर सवाल उठाते हुए संतराम ने अंतर्जातीय विवाह को ज़्यादा सार्थक, अर्थवान और सुदृढ़ क़रार किया।

इसके साथ-साथ यह भी दर्ज किया जाना चाहिए कि जाति के विरुद्ध और अंतर्जातीय विवाह के समर्थन में संतराम के अग्रणी कार्य को उनके सेक्स संबंधी विपुल लेखन से अलग नहीं किया जा सकता। संतराम ने हिंदी में सेक्स और जन्म नियंत्रण पर कई लेख और पुस्तकें प्रकाशित कीं। उन्होंने पहली बार 1920-30 के दशक में प्रसिद्ध डॉ. मैरी स्टॉप्स की किताबों और संस्कृत के सेक्स संबंधी उत्कृष्ट साहित्य का हिंदी अनुवाद भी किया। स्टॉप्स से गहरे प्रभावित संतराम ने उनकी कई प्रसिद्ध और लोकप्रिय किताबों का

[118] संतराम (1959) : 17-9.

[119] संतराम (1949) : 97-100.

[120] संतराम (1963) : 200.

पहली बार हिंदी में अनुवाद किया। जैसे स्टॉप्स की सबसे प्रसिद्ध किताब *मैरिड लव : अ न्यू कंट्रीब्यूशन टू द सोल्युशन ऑफ़ सेक्शुअल डिफ़ीकल्टीज़* को संतराम ने विवाहित प्रेम के नाम से प्रकाशित किया,[121] जिसका बाद में एक अन्य संस्करण *प्रेम विवाह* के नाम से प्रकाशित हुआ। एक अन्य रचना *कंट्रासेप्शन* को संतराम ने दिलचस्प नाम *संतान संख्या का सीमा बंधन अर्थात् दम्पती मित्र* के नाम से प्रकाशित किया।[122] स्टॉप्स की रचना *एंड्योरिंग पैशन* को *रति विलास* नाम से अनूदित किया।[123] इसके अलावा उन्होंने काम संबंधी आनंद जैसे विषय पर भी पुस्तकें प्रकाशित कीं जो संस्कृत के उत्कृष्ट सेक्स साहित्य जैसे वात्स्यायन के *कामसूत्र*, कोका के *रति रहस्य*,[124] पद्मश्री के *नागर सर्वस्वं*,[125] फ्रॉयड और स्टॉप्स की रचनाओं के अंश और इस विषय पर संतराम के अपने विचारों का संकलन था। इस क्रम में उनकी कई और किताबें भी आयीं, जैसे रति विज्ञान जो न केवल निर्देशात्मक है बल्कि उत्तेजक भी है;[126] *काम-कुञ्ज* — स्त्री और पुरुषों के लिए एक सेक्स निर्देशिका — जिसे लखनऊ के प्रतिष्ठित नवल किशोर प्रेस ने प्रकाशित किया;[127] *आदर्श पत्नी*—एक किताब जो स्त्रियों को प्यार और सेक्स समेत कई मुद्दों पर सलाह देती है;[128] और *आदर्श पति* जो इसी प्रकार पुरुषों को सलाह देती है।[129] संतराम ने तत्कालीन स्त्रियों की एक अग्रणी पत्रिका *माधुरी* में सेक्स विज्ञान के प्रकाशन के समर्थन में कई लम्बे लेख भी लिखे जिनमें उनकी अपनी सेक्स निर्देशिकाओं का प्रचार भी निहित था।[130]

---

[121] संतराम बीए (1925). ये भी देखें : नये वर्ष का सूचीपत्र, लाहौर : 44. कोई तारीख़ नहीं.

[122] संतराम बीए (1926). यह भी देखें, : राजेन्द्र जिज्ञासु (1998) : 53. ; नये वर्ष का सूचीपत्र : 43. ; संतराम (1963) : 132, 161.

[123] संतराम बीए (1931).

[124] एक मध्ययुगीन भारतीय यौन संबंधी ग्रंथ.

[125] एक बौद्ध विद्वान पद्मश्री द्वारा लगभग 1000 ईस्वी में लिखा गया एक कामशास्त्रीय ग्रंथ.

[126] संतराम बीए (1950). ; यह भी देखें, रामनारायण टंडन (1951) : 307.

[127] संतराम बीए (1929). प्रेस के बारे में अधिक जानकारी के लिए देखें, उलरिक स्टार्क (2007).

[128] संतराम बीए (1924). ; संतराम (1963) : 111.

[129] संतराम बीए (1932).

[130] संतराम (1924) : 601-5; संतराम (1923) : 789-95.

इन पुस्तकों में संतराम ने उस दौर में यौन आनंद की कल्पना करने का साहस दिखाया जब इसे तुच्छ और हीन माना जाता था। ख़ासकर, समाज सुधारकों, राष्ट्रवादियों, हिंदू साहित्यकारों और ब्रिटिश अधिकारियों का एक बड़ा तबक़ा इस विषय को संदेह की दृष्टि से देखता था; साथ ही आमतौर पर ऐसी किताबों पर अश्लीलता के आरोप भी लगाए जाते थे।[131] अश्लीलता के आरोपों का खंडन करते हुए संतराम ने लिखा :

> अनेक लोग कामशास्त्र का नाम सुनते ही, अपनी झूठी धार्मिकता और पवित्रता का आडम्बर खड़ा करने के लिए, नाक-भौं चढ़ाते हुए छीः छीः करने लगते हैं। इस प्रकार पवित्रता का प्रमाणपत्र मिलना है भी बहुत सुगम। परंतु यदि तनिक विचार से काम लिया जाए तो मालूम होगा कि कामशास्त्र संबंधी किसी पुस्तक को अश्लील ठहराने में केवल उनका भाव काम करता है, इसमें बुद्धि का कुछ भी प्रवेश नहीं होता। ... जिस चीज़ की आवश्यकता को बुद्धि या प्रयोजन स्वीकार करता है वह अश्लील नहीं हो सकती। देशाचार उसे चाहे अस्थायी रूप से अश्लील ठहरा दे, परंतु विज्ञान के सामने देशाचार की मृत्यु हो जाती है, और जिस चीज़ की आवश्यकता का अनुभव बुद्धि और प्रयोजन करता है वह गर्हित नहीं ठहराई जा सकती।[132]

संतराम का पक्का विश्वास था की सेक्स और वैवाहिक ज़िंदगी में कामुकता की गूढ़ताओं पर खुलकर बातचीत करनी चाहिए क्योंकि सेक्सजनित आनंद आधुनिक वैवाहिक जीवन का एक महत्त्वपूर्ण पहलू है। उन्होंने तर्क दिया :

> कामशास्त्र आजकल बहुत बदनाम हो चुका है। ... इस बात को जानते हुए भी मैं एक ऐसी पत्रिका में इस विषय पर अपने विचार प्रकट करने का साहस करने लगा हूँ जिसे स्त्रियाँ भी पढ़ती हैं। इसका कारण यही है कि मैं इस शास्त्र को अश्लील नहीं समझता। ... प्रत्येक हृदय अपने लिए जोड़ीदार चाहता है। ... कामशास्त्र का उद्देश्य विवाह के आनंद को बढ़ाना और शोकों को दूर करने की विधि बताना है। ... एक बात बड़े मज़े की है। जो कार्य स्वयं अश्लील या बुरा नहीं समझा जाता, उसके शास्त्रीय वर्णन को

[131] चारु गुप्ता (2012) : 37-62.

[132] संतराम (1950) : 28, 31.

> अश्लील ठहराया जाता है। आलिंगन, चुम्बन और आसन मैथुन के लिए आवश्यक हैं। जो लोग विवाहित हैं, वे सब ये क्रियाएँ करते हैं, क्योंकि भगवान ने मनुष्य की उत्पत्ति के लिए इसी 'अश्लील' विधि का विधान किया है। फिर क्यों नहीं विधाता पर भारतीय दंड विधान की धारा 292 तथा 293 के अनुसार अभियोग चला दिया जाता? [133]

एक साक्षात्कार में उन्होंने खुलेआम स्वीकार किया कि वे सेक्स संबंधी किताबों के उत्साही और नियमित पाठक हैं : 'मुझे भी उन दिनों यौन संबंधी पुस्तकें पढ़ने का शौक था। मुझे लाजपतराय की लाइब्रेरी में यौन संबंधी बहुत अच्छी-अच्छी पुस्तकें पढ़ने को मिलीं।'[134] उन्होंने काव्यात्मक रूप से घोषणा की : 'काम वह वस्तु है जिसके बिना मनुष्य का जीवन नीरस है। इसके बिना कवियों के काव्य फीके, लेखकों के लेख नीरस और संपार के व्यवहार शुष्क हैं।'[135] सेक्स-विज्ञान पर उनकी पुस्तकें प्रायः सेक्स विज्ञान, कामोत्तेजक कला और अश्लीलता के बीच की विभाजन रेखा मिटाती हैं। संतराम विविध मुक़ामों के बीच सफ़र करते रहते हैं — एक ओर वे कामशास्त्र के शास्त्रीय साहित्य से प्रेरणा लेते हुए उसे सेक्स विज्ञान के लिए उपयोगी कहते हैं, तो दूसरी ओर वे पश्चिमी सेक्स विशेषज्ञों और सुजनन संबंधी तर्कों की मदद लेते हुए आनंद और इच्छा को आधुनिक सेक्स जीवन का महत्त्वपूर्ण हिस्सा बताते हैं। इस प्रकार वे एक संकरित सेक्सशास्त्र प्रस्तावित करते हैं जो पश्चिमी सुजनन अवधारणाओं और आधुनिक बुद्धिवादी सेक्स विज्ञान के साथ भारतीय शास्त्रीय सेक्स विचारों का संगम है। उनके अनुवाद केवल भाषांतर नहीं थे, बल्कि उनमें सेक्स के बारे में वर्चस्वशाली और नियामक अवधारणाओं पर अप्रत्यक्ष रूप से सवाल उठाए गये थे। अपने लेखों के ज़रिये संतराम ने सेक्स संबंधों की सराहना करने के लिए एक अंतरंग-स्थानिक जगह बनायी — उन्होंने स्पर्श, लैंगिक संबंध, प्यार, आंतरिकता, रूपांतरकारी सेक्स मापदंड के नये रास्तों और गलियों का निर्माण किया।

---

[133] संतराम (1929) : 160-7.

[134] संतराम का श्याम लाल मनचंदा से साक्षात्कार : 29.

[135] संतराम (1950) : 3.

सेक्स और लिंग के सवालों पर संतराम प्रायः अपने समय से आगे थे। वे स्त्री और पुरुष, दोनों के सेक्स आनंद के पक्के समर्थक थे, ब्रह्मचर्य के घोर विरोधी और जन्म-नियंत्रण के हिमायती। पुरुष की सेक्स दुश्चिंताओं और स्त्री की यौनेच्छाओं को सम्बोधित करते हुए उन्होंने सेक्स मुद्दों के बारे में पुरुषों की अनभिज्ञता की आलोचना की, साथ ही स्त्रियों को एक सक्रिय सेक्स भागीदार मानने पर ज़ोर दिया।[136] पुरुषों को सम्बोधित करते हुए अपनी पुस्तक *आदर्श पति* में संतराम ने विभिन्न स्थानों पर लिखा :

> जो पुरुष स्त्री को कठोरता से वश में करना चाहता है : वह मूर्ख है। ... प्रत्येक बात में अपनी ऐंठ न दिखलाओ। घर में केवल तुम्हीं बुद्धिमान नहीं। ... जहाँ तुम्हारा और तुम्हारी पत्नी का मतभेद हो वहाँ उसकी बात को मान लेना अपना अपमान मत समझो। ... पत्नी को ...परदे में बंद रखने का यत्न मत करो। ... पत्नी को फ़िल्में और नाटक दिखाओ।[137]

स्टॉप्स को अनुवाद करते हुए वे एक पाद-टीका में कहते हैं :

> चतुर पुरुष को चाहिए कि सुहाग-रात में प्रेमालाप, आलिंगन, और चुम्बन आदि बाह्य रति के द्वारा स्त्री में काम का उद्दीपन करे। जब उसके अंदर कामेच्छापूर्ण रूप से उत्तेजित हो जाए तब ही रमण करे। जो पुरुष काम के वशीभूत होकर स्त्री पर एकदम टूट पड़ता है वह मूर्ख है।[138]

अपने विचारों को मज़बूती देने के लिए उन्होंने स्त्री अधिकारों की प्रबल समर्थक मैरी वोल्सटनक्राफ़्ट को उद्धृत किया।[139] उन्होंने घोषणा की : 'विका-सवाद की दृष्टि से संपार में सबसे अधिक विकसित देहधारी स्त्री है। इंद्रियाँ जितनी नारी के शरीर में विशेषत्व को प्राप्त हैं, उतनी नर शरीर में नहीं'।[140] उन्होंने पूरी शिद्दत से ब्रह्मचर्य पर हमला किया जिसने संतराम के अनुसार उन्हें व्यक्तिगत रूप से काफ़ी नुक़सान पहुँचाया था। उनका कथन था :

---

136 संतराम (1929) : 1, 160-1; (अनु.) संतराम (1925).

137 संतराम (1932) : 5-6, 21, 47, 69.

138 संतराम (1925) (अनु.) : 33. पाद-टीका.

139 संतराम (1929) : 171.

140 वही : 152.

> आर्य समाज के प्रभाव में मैं ब्रह्मचर्य पालन को बहुत महत्त्व देता था। ... इससे मेरी स्त्री भी दुखी रहती थी। ... परंतु इस कथित ब्रह्मचर्य से लाभ की अपेक्षा मुझे हानि अधिक हुई। ब्रह्मचर्य की मेरी कल्पना अशुद्ध थी। बाद में मैरी स्टॉप्स की पुस्तक *एंड्यौरिंग पैशन* पढ़ने से मुझे बहुत लाभ हुआ।[141]

उन्होंने स्टॉप्स के साथ व्यक्तिगत पत्रों का आदान-प्रदान किया — अपने जीवन की अंतरंग बातें बताते हुए और उनकी सलाह माँगते हुए।[142] संतराम जन्म नियंत्रण के भी पुरज़ोर समर्थक थे — एक ओर स्टॉप्स से जुड़ते हुए तो दूसरी ओर पेरियार से प्रभावित। संतराम ने 1926 में मैरी स्टॉप्स की *कंट्रासेप्शन* का अनुवाद करते हुए उसे 'विवाहित दम्पतियों का मित्र' कहा। चित्रों समेत यह तीन सौ पृष्ठों की किताब थी। यह संभवतः भारत में हिंदी में परिवार नियंत्रण पर पहली पुस्तक थी। जन्म नियंत्रण के विभिन्न तरीक़ों का खुला सुझाव देते हुए पुस्तक में अवांछित गर्भधारण रोकने के कई उपाय बताए गये हैं। वे सुजनन के तर्कों से प्रभावित थे, पर उन्होंने मुख्यतः स्त्रियों को जन्म नियंत्रण की एजेंसी और अधिकार दिया। इस पुस्तक को लेकर गंभीर विवाद शुरू हुआ और आर्य समाज के सदस्यों समेत कई लोगों ने इसे 'अनैतिक' और 'अश्लील' क़रार किया और संतराम को मुक़दमें की धमकी दी। पर कइयों ने उन्हें इस पुस्तक के प्रकाशन के लिए धन्यवाद किया।[143] संतराम का कहना था :

> मैंने अंग्रेज़ी पुस्तक *कंट्रासेप्शन* का भी अनुवाद 1923 में *दम्पती मित्र* नाम से किया। इसमें गर्भ-निरोध की विधियाँ बतायी गयी थीं। कुछ लोगों ने इसकी बहुत निंदा की और इसे अश्लील बता कर अभियोग चलाने की धमकी दी। ... पुस्तक के प्रकाशक मेरे मित्र श्री राजपाल ने मुझे बताया कि जो घोर आर्य समाजी इस पुस्तक के कारण आपकी निंदा करते और न्यायालय में घसीटने की धमकी देते हैं, उनकी पत्नियों ने इसे गुप्त रूप से ख़रीद कर पढ़ा है।[144]

---

[141] संतराम (1963) : 85.

[142] संतराम द्वारा मैरी स्टॉप्स को लिखा एक ख़त, तारीख़ 16 मार्च, 1930, एम.एस.एस. संख्या 58578, *स्टॉप्स डॉक्यूमेंट्स*, पांडुलिपि विभाग, ब्रिटिश पुस्तकालय, लंदन में उपलब्ध है.

[143] राजेन्द्र जिज्ञासु (1998) : 53.

[144] संतराम (1963) : 161-2.

संतराम इस प्रकार एक विरोधाभासी सामाजिक मुक़ाम पर खड़े होते हैं — कुछ मामलों में हिंदू धर्म को एक विशेषाधिकार के रूप में अंगीकार करना, और अन्य में उसका तिरस्कार करना। उन्होंने साथ ही साथ दो तर्कधाराओं से अंतर्जातीय विवाह का समर्थन किया — पहले में धर्मग्रंथीय और वेदांती शब्दावली है, तो दूसरे में आधुनिकता, सुजननता, राष्ट्र, समानता और समाधिकार के तर्क हैं। संकर तरीक़ों के ऐसे कुशल उपयोग से, जिसमें उन्होंने विविध अभिव्यक्तियों के ज़रिये अंतर्जातीय विवाह के विभिन्न प्रकार और संभावनाएँ व्यक्त की, अस्पष्ट और संदिग्ध प्रभाव थे। एक तरफ़ तो उन्होंने विभिन्न वर्णों और स्त्रियों के निश्चित, निर्धारित विशेषताओं के बारे में व्याप्त समझ की आलोचना की तो दूसरी तरफ़ स्वस्थ्य वंश, विभिन्नता और शक्तिशाली राष्ट्र के बारे में उनकी समझ से हिंदुत्व और पितृसत्ता को बल मिलता था। लेकिन, इसके साथ उनका यह विश्वास भी गुँथा हुआ था कि अंतर्जातीय विवाह की संतान न केवल माता-पिता, दोनों के गुणों की वाहक होती है और जाति के स्थापित ढाँचे में नहीं पटी होती, बल्कि एक तीसरी, अलग पहचान स्थापित करती है।

सेक्स-विज्ञान पर संतराम के विविध लेखन को यदि अंतर्जातीय विवाह पर उनके विचारों के साथ जोड़ कर देखा जाए, तो इससे हमें सेक्स अनुराग, हठी प्यार और अंतरंगता की शब्दावली मिलती है — यह लैंगिक संबंधों की भी पुनर्रचना करती है। सगोत्रीय विवाह के तोड़-मोड़ से जाति विभेद को महत्त्वपूर्ण चुनौती मिली, और अंतरंग प्रेम और इच्छाओं को भी एक भंजनकारी स्थल मिला। यहाँ पुरुष और स्त्री के बीच के संबंधों को पुनर्गठित करने का भी एक उत्कट आग्रह था। जाति और सेक्स से संबंधित उनका लेखन लैंगिक संबंधों और सेक्स आनंद को पुनर्भाषित करता है और एक बेहतर लैंगिक जीवन जीने की संभावनाएँ प्रस्तुत करता है।

निष्कर्ष : साधो संत बौराना

संतराम की आत्मकथा और अन्य रचनाएँ केवल साहित्य के गहने नहीं हैं, वे संचार और संवाद के ऐसे उपक्रम हैं जिससे वे अपने जाति-विरोधी रूपक,

संहिताएँ और व्यवहार विकसित करते हैं। संतराम की सक्रियता से भरपूर *मेरे जीवन के अनुभव* केवल एक व्यक्तित्व तक सीमित नहीं है बल्कि इसके तहत एक युग की जाति संबंधी विविध, बेचैन, पीड़ाजनक प्रवृत्तियाँ निहित हैं। उनका जीवन और लेखन एक विशेष संदर्भ में जाति-विरोधी विचारों का एक अभि-लेखागार है और वह आधुनिक भारत में जाति के सामाजिक इतिहास का एक जीवंत स्थल और संग्राहक बन जाता है। यह संतराम के निजी जीवन और सार्वजनिक प्रतिबद्धताओं की एक बेहद समृद्ध बानगी पेश करता है, जबकि उनके जाति-विरोधी संकल्प एक संकरित, उदारतावादी ज़मीन तैयार करने की कोशिश करते हैं। वे गाँधी और आम्बेडकर, आर्य समाज और आदधर्म के बीच भटकते दिखते हैं और इस भटकन में कई दरारें देखी जा सकती हैं। उनके जीवन-विवरण में व्यक्तिगत-निजी जीवन और सामूहिक-सार्वजनिक इतिहास साथ-साथ बसते हैं क्योंकि वे दोनों ही जाति-चिह्नित हैं। संतराम के जीवन और लेखन को किसी सीधे साँचे में नहीं रखा जा सकता है क्योंकि इसमें कई अनिश्चि-तताएँ हैं जो एक ओर जाति से मुक्त होने की गहरी इच्छा रखती हैं, तो दूसरी ओर अपना दामन हिंदूवाद से भी जोड़े रखती हैं। वे सेकुलर-पावन, भक्ति-आधुनिकता विमर्श के द्विभाजनों के बीच डोलते रहते हैं और जाति के विरोध के लिए सामाजिक और आध्यात्मिक को एक साथ साधने की कोशिश करते हैं। इस सब में विविध और जटिल व्यक्ति सापेक्षता के तत्त्व निहित हैं जो प्रायः एक-दूसरे से असंगत रहते हैं। आर्य समाज से गहरे विक्षोभ के बावजूद उन्होंने आर्य समाज और जाति विरोधी विचारों को एक साथ लाने की कोशिश की। संतराम ने मुख्यतः शहरी, शिक्षित, उच्च जाति के ज़रिये समाज सुधार लाने की कोशिश की और इस प्रक्रिया में हिंदूवाद को कुशाग्रता से पुनर्गठित और पुनर्स्थापित किया। इसके साथ ही संतराम ने जाति के बारे में विवादपूर्ण, तीखे विमर्श से लगातार सामंजस्य क़ायम करने की कोशिश की जिसने उनके व्यक्तिगत और सामाजिक जीवन को प्रभावित किया। इस सारे उपक्रम का उद्देश्य था जाति के वर्चस्वशाली अभिलेखों का अतिक्रमण करना।

संतराम का लेखन जाति पर एक वैकल्पिक अभिलेखागार निर्मित करने में योगदान करता है क्योंकि वे चुनिंदा तौर पर आर्य समाज, आम्बेडकर और

अंतर्जातीय विवाह की भाषा अख़्तियार करते हैं। संतराम के जीवन-विवरणों में जाति और सेक्स के बेबाक इतिहास की झलक देखी जा सकती है। उनकी भाषाई अभिव्यक्तियाँ प्रायः विभिन्न संदर्भों वाले वैकल्पिक अभिलेखागार से सृजित होती थीं जो अन्य वर्चस्वशाली लेखों से संवाद करते हुए एक संकरित-उदारतावादी विमर्श के ज़रिये जातिवाद के विरोध का इतिहास प्रस्तुत करती है। इन निर्मितियों के कारण उनका जीवन जाति के प्रतिवाद की स्वाधीनताकामी गतिविधियों और अन्य हस्तक्षेपकारी कार्यवाहियों के लिए तैयार रहता था। शायद यही कारण है कि संतराम को दलित लेखकों और बुद्धिजीवियों ने कहीं ज़्यादा स्वीकार किया है, और आर्य समाज ने उन्हें हाशिये पर रखा है।

एक ही समय में शूद्र और दलित, आर्य समाज के अंदरूनी सदस्य और बाहरी प्रेक्षक के रूप में उनकी दुहरी पहचान संतराम के जीवन को एक रैडिकल धार देती है। फुले, पेरियार और आम्बेडकर के समान ही सगोत्रीय विवाह पर उनकी कड़ी आलोचना जाति-विरोधी विचार और लिंग के बीच एक मिलन बिंदु बनाती हैं जिससे लैंगिक नियंत्रण और जाति के पुनर्जीवन के अंतर्संबंध प्रश्नांकित होते हैं। अंतर्जातीय विवाह के बारे में संतराम के विद्वत्तापूर्ण विचारों से जाति-लिंग की भौतिक, दैहिक जंजीरों को तोड़ने और अंतरंगता के नये रास्ते खोलने में मदद मिलती है। सेक्स-विज्ञान के साथ अंतर्जातीय गठबंधनों को जोड़ कर संतराम ने न केवल जाति को और तरल बनाया बल्कि अंतरंग रिश्तों को एक नया स्थल दिया जिसने उस समय की द्वंद्वपूर्ण इच्छाओं को एक शक्ल देने में अहम योगदान किया। संतराम का वैविध्यपूर्ण लेखन औपनिवेशिक भारत में जारी उथल-पुथल के बिम्ब, तत्कालीन सामाजिक स्थितियों और जाति एवं लिंग के बदलते संबंधों के एक मापक के रूप में देखा जा सकता है। यह बेहद महत्त्वपूर्ण है कि हम इस आधे-अधूरे और एक तरह से भुला दिये गये समाज सुधारक की सीमांत ज़िंदगी की एक बार फिर पुनर्रचना करें क्योंकि यह एक ऐसा व्यक्तित्व है जिसकी रैडिकल संभावनाएँ हमें बार-बार आकर्षित करती हैं।

संदर्भ

अनुपमा राव (2009), द *कास्ट क्वेश्चन : दलित्स ऐंड द पॉलिटिक्स ऑफ़ मॉडर्न इंडिया*, परमानेंट ब्लैक, रानीखेत.

आर.के. क्षीरसागर (1994), *दलित मूवमेंट इन इंडिया ऐंड इट्स लीडर्स (1857-1956)*,एम.डी. पब्लिकेशंस, नयी दिल्ली.

ऑग्ज़िलिअरी कमेटी ऑफ़ द इंडियन स्टेच्युटेरी कमीशन (1930), *रिव्यू ऑफ़ ग्रोथ ऑफ़ एजुकेशन इन ब्रिटिश इंडिया*, गवर्नमेंट ऑफ़ इंडिया प्रेस, दिल्ली.

इशिता बनर्जी-दुबे (सं.) (2010), 'इंट्रोडक्शन : क्वेश्चंस ऑफ़ कास्ट', *कास्ट इन हिस्ट्री*, ऑक्सफ़र्ड युनिवर्सिटी प्रेस, नयी दिल्ली.

उदय कुमार (2016), *राइटिंग द फ़र्स्ट पर्सन : लिटरेचर, हिस्ट्री ऐंड ऑटोबायोग्राफ़ी इन मॉडर्न केरला*, परमानेंट ब्लैक, रानीखेत.

उलरिक स्टार्क (2007), *एन एम्पायर ऑफ़ बुक्स : द नवल किशोर प्रेस ऐंड द डिक्रयूजन ऑफ़ द प्रिंटेड वर्ड इन कॉलोनियल इंडिया*, परमानेंट ब्लैक, नयी दिल्ली.

एच.ए. रोज़ (सं.) (1911), *अ ग्लोसरी ऑफ़ द ट्राइब्स ऐंड कास्ट्स ऑफ़ द पंजाब ऐंड नार्थ-वेस्ट प्रोविंस, खंड 2*, सिविल ऐंड मिलिट्री गज़ट प्रेस, लाहौर.

एस.डब्ल्यू. फ़ैलन (1991), *हिंदुस्तानी-इंग्लिश डिक्शनरी ऑफ़ इडियम्स ऐंड प्रोवर्ब्स*, स्टार पब्लिकेशंस, नयी दिल्ली (मूल संस्करण 1886 में प्रकाशित).

एम.एस.एस. पांडियन (2008), 'राइटिंग ऑर्डिनरी लाईव्ज़', *इकनॉमिक ऐंड पॉलिटिकल वीकली*, 43 (38), 20 सितंबर.

कंवल भारती (2017), 'संतराम बीए : एक प्रतिबद्ध जाति तोड़क', फ़ॉरवर्ड प्रेस, 26 जुलाई. . https://www.forwardpress.in/2017/07/santram-b-a-a-committed-anti-caste-warrior-hindi/

'कास्ट ऐंड द सेंसस' (1931), *इंडियन सोशल रिफ़ॉर्मर*, 61(25), 21 फ़रवरी.

कांचा इलैया (2002), *व्हाई आई एम नॉट अ हिंदू : अ शूद्रा क्रिटीक ऑफ़ हिंदुत्व फ़िलॉसॉफ़ी, कल्चर ऐंड पॉलिटिकल इकॉनॉमी*, साम्या, कलकत्ता.

के. सत्यनारायण और सूज़ी थारू (सं.) (2011), *नो अल्फ़ाबेट इन साइट : न्यू दलित राइटिंग फ़्रॉम साउथ इंडिया : तमिल ऐंड मलयालम*, पेंगुइन, नयी दिल्ली.

डेस्ट्रोय्ड', *ट्रिब्युन*, 11 दिसंबर.

———(2013),*स्टील निब्स आर स्प्राउटिंग : न्यू दलित राइटिंग फ़्रॉम साउथ इंडिया : कन्नड़ ऐंड तेलुगु*, हार्पर कोलिंस, नयी दिल्ली.

केनेथ जोंस (2006), *आर्य धर्म : हिंदू कांशसनेस इन नाइंटींथ सेंचुरी पंजाब*, मनोहर, नयी दिल्ली. (मूल संस्करण 1976 में प्रकाशित).

गज़ट ऑफ़ द होशियारपुर डिस्ट्रिक्ट, 1883-4,(1885), *सिविल ऐंड मिलिट्री गज़ट प्रेस*, लाहौर.

गार्गी चड्ढा (1988), 'उनकी यादें और छोटी-छोटी बातें', *विश्वज्योति* (श्री संतराम बीए स्मृति-अंक), सितंबर.

जॉक रांसिएर (2011), द *पॉलिटिक्स ऑफ़ लिटरेचर*, *अनु. जूली रोज़*,पॉलिटी प्रेस, केम्ब्रिज.

डेविड आर्नोल्ड और स्टुअर्ट ब्लैकबर्न (2004), 'इंट्रोडक्शन : लाइफ़ हिस्टरीज़ इन इंडिया', डेविड

आर्नोल्ड और स्टुअर्ट ब्लैकबर्न (सं.), टेलिंग लाइव्ज़ इन इंडिया : बायोग्राफ़ी, ऑटोबायोग्राफ़ी ऐंड लाइफ़ हिस्ट्री, इंडियाना युनिवर्सिटी प्रेस, ब्लूमिंगटन.

तोरल जतिन गजरावाला (2013), *अनटचेबल फ़िक्शंस : लिटरेरी रियलिज़म ऐंड द क्राइसिस ऑफ़ कास्ट*,फोर्डहम युनिवर्सिटी प्रेस, न्यू यॉर्क.

देबजानी गांगुली (2009), 'पेन, *पर्सनहुड ऐंड द क्लेक्टिव : दलित लाइफ़ नैरेटिव्ज़', एशिया स्टडीज़ रिव्यू*, 33 (4), दिसंबर.

धर्मवीर (2008), 'संतराम बीए : ग़ैरों के बीच', *दलित चिंतन का विकास : अभिशप्त चिंतन से इतिहास चिंतन की ओर*, वाणी प्रकाशन, नयी दिल्ली.

नये वर्ष का सूचीपत्र, राजपाल ऐंड संस, लाहौर. कोई तारीख़ नहीं.

निकोलस डर्क्स (2001),*कास्ट्स ऑफ़ माइंड : कोलोनियलिज़म ऐंड द मेकिंग ऑफ़ मॉडर्न इंडिया*, प्रिंसटन युनिवर्सिटी प्रेस, प्रिंसटन.

पॉल गिलरॉय (1993), द *ब्लैक अटलांटिक : मॉडर्निटी ऐंड डबल कांशसनेस*, वर्सो, लंदन.

फ़ाइल 2, 'व्यक्तिगत संग्रह : संतराम बीए के दस्तावेज़ों का संकलन', सूची 430, नेहरू स्मारक संग्रहालय एवं पुस्तकालय, नयी दिल्ली.

फिलिप कोंस्टेबल (2000), 'सिटिंग ऑन द वरानडाह : द आइडियोलॅजी ऐंड प्रैक्टिस ऑफ़ 'अनटचेबल' एजुकेशनल प्रोटेस्ट इन लेट नाइंटींथ सेंचुरी वेस्टर्न इंडिया', द *इंडियन इकनॉमिक ऐंड सोशल हिस्ट्री रिव्यू*, 37(4).

बी.आर. आम्बेडकर (1935), 'रिलीजियस नोशंस ऑन विच कास्ट सिस्टम इज़ बेस्ड शुड बी डेस्ट्रोय्ड', *ट्रिब्युन*, 11 दिसंबर.

———(1936), *ऐनिहिलेशन ऑफ़ कास्ट*, 15 मई, 1936, प्रस्तावना.

मदन गोपाल (1987), 'अ हंड्रेड इयर्स ऑफ़ राइटिंग', *टाइम्स ऑफ़ इंडिया*, 16 फ़रवरी.

मार्क जुर्गेंस्मेयर (2009), *रिलीजियस रेबेल्स इन द पंजाब : द आदधर्म चैलेंज टू कास्ट*, नवायन, नयी दिल्ली (मूल संस्करण 1982 में प्रकाशित).

मिशेल फ़ूको (1978), द *हिस्ट्री ऑफ़ सेक्शुअलिटी : 1*, (अनु.) रॉबर्ट हर्ली, विंटेज, न्यू यॉर्क.

मैनुएला सियाटी (2006), 'इन द पास्ट वी वर अ बिट ऑफ़ 'चमार' : एजुकेशन एज़ अ सेल्फ़ ऐंड कम्युनिटी इंजीनियरिंग प्रोसेस इन नॉर्थन इंडिया', *जर्नल ऑफ़ द रॉयल ऐंथ्रोपॉलॅजिकल इंस्टीट्यूट*, 12 (1), दिसंबर.

मोहनदास नैमिशराय (2006), *हिंदी दलित साहित्य*, साहित्य अकादेमी, नयी दिल्ली.

रिचर्ड एम. ईटन (2005), *अ सोशल हिस्ट्री ऑफ़ द डेकन*, 1300-1761 : *ऐट इंडियन लाईव्ज़*, केम्ब्रिज युनिवर्सिटी प्रेस, केम्ब्रिज

राज कुमार (2010), *दलित पर्सनल नैरेटिव्ज़ : रीडिंग कास्ट*, नेशन ऐंड आइडेंटिटी, ओरिएंट ब्लैकस्वान, हैदराबाद.

राजेन्द्र जिज्ञासु (1998), *धर्म की बलिवेदी पर : महाशय राजपाल जी की बलिदान गाथा*, राजपाल ऐंड संस, दिल्ली.

रामनारायण टंडन (1951) (सं.), *हिंदी सेवी संसार, भाग 1*, तीसरा सं., लखनऊ.

रामनारायण रावत (2012), *रिकंसिडरिंग अनटचेबिलिटी : चमार्स ऐंड दलित हिस्ट्री इन नार्थ इंडिया*, परमानेंट ब्लैक, रानीखेत.

रोंकी राम (2004), 'अनटचेबिलिटी, दलित कांशसनेस, ऐंड द आद धर्म मूवमेंट इन पंजाब', *कंट्रीब्यूशंस टू इंडियन सोसियोलॅजी*, 38 (3).

लता मुरुगकर (1991), *दलित पैंथर मूवमेंट इन महाराष्ट्र : अ सोसियोलॉजिकल अप्रेज़ल*, पॉपुलर प्रकाशन, बॉम्बे.

'लीग टू अबोलिश कास्ट सिस्टम' (1923), *इंडियन सोशल रिफ़ॉर्मर*, 33 (20), 13 जनवरी.

लौरा ब्रुएक (2014), *राइटिंग रेज़िस्टेंस : द रेटरिकल इमेजिनेशन ऑफ़ हिंदी लिटरेचर*, कोलंबिया युनिवर्सिटी प्रेस, न्यू यॉर्क.

शर्मिला रेगे (2011), *राइटिंग कास्ट/राइटिंग जेंडर : रीडिंग दलित वुमंस टेस्टिमॅनीज़*, ज़ुबान, नयी दिल्ली.

——— (2013), *अगेंस्ट द मैडनेस ऑफ़ मनु : बी.आर. आम्बेडकर्स राईटिंग्स ऑन ब्राह्मनिकल पेट्रिआर्की*, नवयान, दिल्ली.

शैलजा पायक (2011), 'महार-दलित-बुद्धिस्ट : द हिस्ट्री ऐंड पॉलिटिक्स ऑफ़ नेमिंग इन महाराष्ट्र', *कंट्रीब्यूशंस टू इंडियन सोसियोलॅजी*, 45 (2).

सतनाम सिंह (2008), *संतराम बीए कृत मेरे जीवन के अनुभव : दलित साहित्य की पहली स्व-जीवनी*, सम्यक प्रकाशन, नयी दिल्ली.

सरह बेथ हंट (2014), *हिंदी लिट्रेचर ऐंड द पॉलिटिक्स ऑफ़ रिप्रज़ेंटेशन*, रौटलेज, नयी दिल्ली.

संजय पासवान और परमांशी जयदेव (2004), *इनसाइक्लोपीडिया ऑफ़ दलित्स इन इंडिया : लीडर्स (खंड 4)*, कल्पाज़ पब्लिकेशंस, नयी दिल्ली.

संतराम बीए (अनु.) (1917), *एकाग्रता और दिव्य शक्ति, उदयलाल काशीलीवाल*, बम्बई [हशनु ओ. हारा (1906), *कंसंट्रेशन ऐंड द एक्वायरमेंट ऑफ़ पर्सनल मैगनेटिज़्म*].

———(अनु.)(1918, 1920, 1928), *अलबरूनी का भारत*, इंडियन प्रेस, लिमिटेड, इलाहाबाद. इसे 1994 में दो हिस्सों में दोबारा प्रकाशित किया गया. संतराम बीए (अनु.), *अल-बरूनी वर्णित भारत, 2 खंड*,पब्लिकेशन स्कीम, जयपुर.

———(1923), 'लीग टू अबोलिश कास्ट सिस्टम', *इंडियन सोशल रिफॉर्मर*, 33 (20), जनवरी 13.

———(1923), 'संस्कृत साहित्य में काम-शास्त्र का स्थान', *माधुरी*, वर्ष 2, खंड 2, संख्या 6.

———(1924), *आदर्श पत्नी*, राजपाल, सरस्वती आश्रम, लाहौर.

———(1924), 'रति-रहस्य', *माधुरी*, वर्ष 3, खंड 1, संख्या 5, दिसंबर.

———(अनु.)(1925), *इत्सिंग की भारत यात्रा*, इंडियन प्रेस लिमिटेड, इलाहाबाद.

———(अनु.)(1925), *विवाहित प्रेम*, राजपाल, सरस्वती आश्रम,लाहौर.

———(अनु.)(1925), *मानव जीवन का विधान, इंडियन प्रेस*, प्रयाग. [रॉबर्ट डोइस्ले (1939)], द इकॉनॉमी ऑफ़ ह्यूमन लाइफ़].

———-(अनु.) (1925), *कर्मयोग*, गंगा पुस्तकमाला कार्यालय,लखनऊ. [हशनु ओ. हारा (1909), प्रैक्टिकल योगा].

———(अनु.)(1928), *भारत में बाइबल*, दुलारेलाल भार्गव,लखनऊ. [लुई जैकोलिओट्स (1870), बाइबिल इन इंडिया].

———(1929), 'अंतर्जातीय विवाह', *सुधा*, वर्ष 2, खंड 2, संख्या 6, जुलाई.

———(1929), *काम-कुब्ज*, नवल किशोर प्रेस, लखनऊ.

———(1931),'कास्ट ऐंड द सेंसस', *इंडियन सोशल रिफॉर्मर*, 61 (25), फ़रवरी 21.

———(अनु.)(1931), *रति विलास,* राजपाल, सरस्वती आश्रम, लाहौर.
———(1932), *आदर्श पति,* द्वितीय संस्करण,राजपाल ऐंड संस, लाहौर.
———(1936), *हरिजन*, 15 अगस्त.
———(1936), 'हिंदू रेसेज़ ऐंड द कास्ट', *ट्रिब्युन*, 28 फ़रवरी.
———(1949*), हमारा समाज,* नालंदा प्रकाशन, बम्बई.
———(1950), *रति-विज्ञान,* द्वितीय संस्करण, भारतवर्ष प्रकाशन, बम्बई.
———(1952), 'टॉन्टिड ऐंड स्कोल्ड बाय ओर्थोडॉक्सी : ऐंटी-कास्ट मूवमेंट इन द पंजाब : एक्स-पीरिऐंसेज़ ऑफ़ अ सोशल रिफ़ॉर्मर', *द संडे ऑब्जर्वर*, 13 जुलाई.
———(अनु.)(1959), लोक व्यवहार, अर्थात् मित्र बनाने और जनता को प्रभावित करने की विधियाँ, चौथा (सं.), डी.बी. तारापोरवाला, बम्बई. [डेल कार्नेगी (1936), *हाउ टू विन फ़्रेंड्स ऐंड इन्फ़्लुएंस पीपुल]*.
———(1963*), मेरे जीवन के अनुभव,* हिंदी प्रचारक पुस्तकालय, वाराणसी.
———(2007), *हमारा समाज,*शांति स्वरूप बौद्ध द्वारा प्रकाशकीय, तृतीय (सं.), सम्यक प्रकाशन, नयी दिल्ली.
संतराम का श्याम लाल मनचंदा से साक्षात्कार, 15 जुलाई, 1971, मौखिक इतिहास प्रतिलेख, संख्या 238, नेहरू स्मारक संग्रहालय एवं पुस्तकालय, दिल्ली.
संतराम द्वारा मैरी स्टॉप्स को लिखा एक ख़त, तारीख़ 16 मार्च 1930, एम.एस.एस. संख्या 58578, स्टॉप्स पेपर्स, पांडुलिपि विभाग, ब्रिटिश पुस्तकालय, लंदन.
सी.एस. ऐडकोक (2014), *द लिमिट्स ऑफ़ टॉलरेंस : इंडियन सेकुलरिज़म ऐंड द पॉलिटिक्स ऑफ़ रिलीजिस फ़्रीडम,*ऑक्सफ़र्ड युनिवर्सिटी प्रेस, न्यू यॉर्क.
सूज़न बेली (1999), *कास्ट, सोसाइटी ऐंड पॉलिटिक्स इन इंडिया : फ़्रॉम द ऐटींथ सेंचुरी टू द मॉडर्न एज़,* केम्ब्रिज युनिवर्सिटी प्रेस, केम्ब्रिज.
सुधीर विद्यार्थी (1985), 'जात-पाँत के ख़िलाफ़ संतराम बीए का जेहाद ख़त्म नहीं हुआ', *विश्वज्योति (जात पाँत-तोड़क अंक 2),* जून-जुलाई.
सुब्रह्मण्यम शंकर (2012), *फ़्लेश ऐंड फ़िश ब्लड : पोस्टकोलोनियलिज़म, ट्रांसलेशन ऐंड द वर्नाकुलर,* ओरिएंट ब्लैकस्वान, हैदराबाद.
सूर्यकांत त्रिपाठी 'निराला'(1929), 'वर्णाश्रम-धर्म की वर्तमान स्थिति', *माधुरी*, वर्ष 8, खंड 1, संख्या 5.
सेंसस ऑफ़ इंडिया, 1911, खंड 1, भाग-1 (1912), सुपरिंटेंडेंट ऑफ़ गवर्नमेंट प्रिंटिंग, कलकत्ता.
सेंसस ऑफ़ इंडिया, 1921, खंड 15, पंजाब और दिल्ली, भाग I (1922), सुपरिंटेंडेंट ऑफ़ गवर्नमेंट प्रिंटिंग, कलकत्ता.
सेंसस ऑफ़ इंडिया, 1931, खंड XVII, पंजाब, भाग I, रिपोर्ट (1933), ख़ान अहमद हसन ख़ान, सिविल ऐंड मिलिट्री ग़ज़ट प्रेस, लाहौर.
हिंदू, 6 अक्टूबर, 1943.
हिंदू महासभा के दस्तावेज़, एम-3, नेहरू स्मारक संग्रहालय एवं पुस्तकालय, दिल्ली.
ज्ञानेंद्र पांडे (2013*), अ हिस्ट्री ऑफ़ प्रेजुडिस : रेस, कास्ट, ऐंड डिफ़रेंस इन इंडिया ऐंड द युनाइटेड स्टेट्स,* केम्ब्रिज युनिवर्सिटी प्रेस, केम्ब्रिज.

दलित और मुस्लिम अंतर्संबंध

साझापन की तलाश और मुश्किलें

कमल नयन चौबे

प्रतिमान, जुलाई-दिसंबर, 2020, वर्ष 8, अंक 16 में पूर्व-प्रकाशित : पृ.सं. 31-54.

दलितों और मुस्लिमों के अंतर्संबंधों के अध्ययन में सबसे महत्त्वपूर्ण पहलू यह है कि इन दोनों ही समुदायों में आंतरिक रूप से काफ़ी विविधता है। अर्थात् जब हम दलित या मुस्लिम शब्द का प्रयोग करते हैं तो हमें यह याद रखने की आवश्यकता है कि इनके भीतर मौजूद कुछ जातियाँ संख्यात्मक स्तर पर बड़ी और आर्थिक रूप से मजबूत हैं, जबकि बहुत सी अन्य जातियों की स्थिति ज़्यादा ख़राब है। इसके साथ ही, इन दोनों समुदायों के बीच आपसी संबंधों का मसला इसलिए भी पेचीदा हो जाता है क्योंकि जहाँ एक ओर यह माना जाता है कि अगर ये दोनों समुदाय वास्तविक अर्थों में एक साथ आ जाएँ, तो देश की राजनीति की दिशा और दशा बदल सकते हैं, वहीं दूसरी ओर हाल-फ़िलहाल में हुए दंगों में मुस्लिमों के ख़िलाफ़ होने वाली हिंसा में दलित युवाओं के भागीदारी का तथ्य भी सामने आता है, और दलित परिप्रेक्ष्य से लेखन करने वाले कई मूर्धन्य चिंतक यह मानते हैं कि मुस्लिम दलितों के साथ हो रहे अन्याय के मसले पर खुलकर उनका साथ नहीं देते हैं।[1]

इस आलेख में दलित और मुस्लिम संबंधों को तीन स्तरों पर समझने का प्रयास किया गया है। पहले स्तर पर इस बात का विश्लेषण किया गया है कि क्या व्यापक मुस्लिम समुदाय के भीतर भी कोई अस्पृश्य या बहिष्कृत तबक़ा है, क्या मुस्लिमों के भीतर दलित हैं? और यदि हैं तो उनकी सामाजिक स्थिति और राजनीतिक चेतना कैसी है? क्या इन दलित-मुस्लिमों को अनुसूचित जाति की श्रेणी में शामिल करने की कोई गुंजाइश है? दूसरे स्तर पर, राष्ट्रीय स्वयंसेवक संघ (आरएसएस) द्वारा दलितों को ख़ुद से जोड़ने के लिए मुस्लिमों को साझा शत्रु के रूप में प्रस्तुत करने की कोशिशों का विश्लेषण किया गया है। आरएसएस द्वारा इतिहास की 'नवीन' व्याख्या करने और आम्बेडकर को अपनाने और उनके विचारों को अपने विचारों के अनुरूप साबित करने की कोशिश की गयी है। इस संदर्भ में आम्बेडकर

[1] मसलन, कांचा इलैया (2002).

की पुस्तक *थॉट्स ऑन पाकिस्तान*[2] और आरएसएस द्वारा इसकी व्याख्या का परीक्षण किया गया है। तीसरे स्तर पर, दलितों और मुस्लिमों को साथ लाने की हाल में हुई कोशिशों और इनकी सीमाओं पर विचार किया गया है। इस संदर्भ में कांचा इलैया और गेल ऑम्वेट के विचारों के परीक्षण के माध्यम से दलित-विमर्श की कुछ सीमाओं को रेखांकित करने की कोशिश भी की गयी है।

दलित-मुस्लिम : धार्मिक हाशियाकरण और राजनीतिक उपेक्षा

हिंदू धर्म में अस्पृश्यता के मसले पर काफ़ी अध्ययन किया गया है, लेकिन मुस्लिम या ईसाई धर्म में इस तरह की परिघटना के बारे में बहुत कम व्यवस्थित अध्ययन किया गया है। अमूमन समाज विज्ञान के शोधों में इस प्रश्न की उपेक्षा ही गयी है कि क्या मुस्लिमों में भी ऐसी जातियाँ या समूह हैं, जिनके साथ अस्पृश्यता का व्यवहार किया जाता है, और जिन्हें 'दलितों' की श्रेणी के नज़दीक या उनकी तरह माना जा सकता है? मसलन, हाल-फ़िलहाल में घनश्याम शाह और अन्य का अध्ययन समकालीन भारत में अस्पृश्यता के बारे में एक बेहतरीन अध्ययन के रूप में जाना जाता है किंतु इसमें भी दलित-मुस्लिमों की स्थिति के बारे में विचार नहीं किया गया है।[3] अस्पृश्यता के दायरे में जीवन के सभी क्षेत्र आते हैं, लेकिन इसमें भोजन, निवास, सामाजिक मेल-मिलाप और धार्मिक स्थान में जाने की अनुमति जैसे आयाम ज़्यादा महत्त्वपूर्ण होते हैं। आम तौर पर, हिंदुओं के विपरीत मुस्लिम इन (अस्पृश्यता) व्यवहारों को खुलकर स्वीकार नहीं करते हैं। उनके द्वारा इस बात पर ज़ोर दिया जाता है कि इस्लामिक व्यवस्था में इस तरह के व्यवहारों

---

[2] पहली बार यह पुस्तक दिसंबर 1940 में प्रकाशित हुई (पुस्तक में इसका प्रकाशन वर्ष 1941 दर्ज है) इसका दूसरा संस्करण फ़रवरी 1945 और तीसरा संस्करण 1946 में प्रकाशित हुआ. 1945 के संस्करण में इसका शीर्षक बदलकर *पाकिस्तान ऑर पार्टीशन ऑफ़ इंडिया* कर दिया गया. इस दूसरे संस्करण में आम्बेडकर ने इस पुस्तक में तीन अन्य अध्याय जोड़े. महाराष्ट्र सरकार ने आम्बेडकर *कलेक्टेड वर्क* के खंड में आठ में 1990 में इसे पुनर्प्रकाशित किया. देखें, आम्बेडकर (1990). इस आलेख में *थॉट्स ऑन पाकिस्तान* और 1990 में प्रकाशन का संदर्भ दिया गया है, और इसे क्रमश: बी. आर. आम्बेडकर (1941) और डॉ. बाबासाहेब आम्बेडकर (1990, प्रथम प्रकाशन 1945) के रूप में उद्धृत किया गया है.

[3] घनश्याम शाह और अन्य (2006).

को धार्मिक वैधता प्राप्त नहीं हैं, और इस्लाम समतावादी मूल्यों पर आधारित है। विशेष तौर पर मुस्लिम की अच्छी पहचान के बारे में जागरूक उलेमाओं आदि द्वारा यह दावा किया जाता है कि मुस्लिमों में जाति का अस्तित्व नहीं होता है। अचरज की बात यह है कि गौस अंसारी[4] और इम्तियाज अहमद[5] जैसे विद्वानों द्वारा मुस्लिमों में जाति के अस्तित्व के बारे में लिखने के बावजूद भी यह भरोसा बना रहा। गौस अंसारी ने 1960 में प्रकाशित अपनी पुस्तक में निम्नलिखित विचार व्यक्त किये : 'एक मुस्लिम या ग़ैर-मुस्लिम भंगी चाहे कितना भी साफ़ हो उसे मस्जिद या अशराफ़, मुस्लिम राजपूतों या स्वच्छ माने जाने वाले काम करने वाली जातियों के यहाँ जाने की अनुमति नहीं होती है... भंगी, चाहे मुस्लिम हो गया ग़ैर-मुस्लिम, उन्हें आम तौर पर उनके बर्तन में खाना दिया जाता है... (और) उन्हें पीने के लिए इस तरह पानी दिया जाता है, ताकि जार उनके होठों को न छुए।'[6] इम्तियाज अहमद द्वारा संपादित पुस्तक में भी इस बात का उल्लेख किया गया कि कैसे कुछ 'मुस्लिम भंगियों' के साथ अन्य मुस्लिम खाना नहीं खाते थे और कलकत्ता जैसी जगहों पर उन्हें अपने परिजनों को साझा मुस्लिम क़ब्रगाह में दफ़नाने में काफ़ी कठिनाइयों का सामना करना पड़ता था।[7] हालाँकि मुस्लिमों के बीच जातिगत भेदभावों के बारे में लम्बे समय तक व्यवस्थित अध्ययन करने का प्रयास नहीं किया गया। इसका एक नतीजा यह भी हुआ कि दलित परिप्रेक्ष्य से विचार करने वाले बहुत से विद्वानों ने भी यह मान लिया कि मुस्लिम धर्म में कोई जातिगत भेदभाव नहीं होता है। मसलन, गेल ऑम्वेट ने यह विचार व्यक्त किया कि जो लोग मुस्लिम बन गये, वे जातिगत प्रतिबंधों से बच गये।[8]

---

[4] इम्तियाज़ अहमद (सं.), (1973).

[5] वही.

[6] गौस अंसारी (1960) : 50.

[7] इम्तियाज़ अहमद (1973) : 27-29.

[8] गेल ऑम्वेट (2005).

एक लम्बी ख़ामोशी रहने के बाद पिछले दो दशकों में समाज विज्ञान में इस मुद्दे पर बहस की शुरुआत हुई है, और कई अध्ययन हुए हैं। इन अध्ययनों में मुस्लिमों में अस्पृश्यता के अस्तित्व को रेखांकित किया गया है। मसूद आलम फ़लाही ने भी अपनी पुस्तक में यह दिखाया है कि सफ़ाई के काम में लगे मुस्लिम जातियों को बहिष्करण और भेदभाव का सामना करना पड़ता है।[9] दलित मुस्लिमों पर काम करने वाले विद्वानों ने 'धर्मग्रंथीय (टेक्स्चुअल) इस्लाम' और 'व्यवहारीय (लिव्ड) इस्लाम' के बीच अंतर किया है। उन्होंने दलित मुस्लिमों और अन्य सामाजिक समूहों की सामाजिक आर्थिक असमानताओं को रेखांकित किया है, तथा उनके साथ होने वाले अस्पृश्यता के व्यवहारों को सामने लाने का प्रयास किया है। आफ़ताब आलम ने अपने अध्ययन में इस बात पर ज़ोर दिया है कि शुद्धता और अशुद्धता की अवधारणा, स्वच्छ और गंदी जातियाँ मुस्लिम समूहों के बीच भी मौजूद हैं। अशराफ़ मुस्लिमों द्वारा दलित मुस्लिमों को गंदा और अशुद्ध माना जाता है। उनके अनुसार, मुस्लिमों के बीच विभिन्न प्रकार की अस्पृश्यता मौजूद है। अशराफ़ दलित मुस्लिमों द्वारा उपयोग में लाए गये ग्लास या बर्तन में पानी पीने से मना कर देते हैं, दलित मुस्लिमों को पानी का स्रोत छूने की अनुमति नहीं देते हैं, और उन्हें खाने के लिए बचा-खुचा भोजन दिया जाता है, और पृथक् बस्तियों में रहते हैं। दलित मुस्लिमों के साथ मस्जिदों में भी भेदभाव किया जाता है, और कुछ मामलों में उन्हें आख़िरी पंक्ति में बैठने के लिए कहा जाता है। इस तरह के भेदभावों से बचने के लिए कुछ स्थानों पर दलित मुस्लिमों ने अपनी मस्जिदें बना ली हैं।[10] अली अनवर ने अपनी पुस्तक *मसावत की जंग* में यह दिखाया है कि रोज़मर्रा के जीवन में अशराफ़ लोगों के द्वारा भेदभाव और अवमानना का व्यवहार किया जाता है। इस तरह का भेदभाव मस्जिदों में होता है, और यहाँ तक कि लोगों की मृत्यु के बाद भी

[9] मसूद आलम फलाही (2007).

[10] आफ़ताब आलम (2014) प्रशांत त्रिवेदी और अन्य (2016) में उद्धृत.

होता है।[11] दलित जातियों के सामाजिक-आर्थिक और 'कर्मकांडीय' हैसियत या स्थिति की तुलना अनुसूचित जाति की श्रेणी में सम्मिलित अन्य जातियों से करते हुए अली अनवर ने यह तर्क दिया है कि 'हमारी यात्रा कमोबेश एक जैसी सामाजिक, शैक्षणिक और आर्थिक स्थिति से आरंभ हुई। हमने उनकी तरह कपड़े धोए। हमें भी उनकी तरह धोबी कहा गया। सिर्फ़ एक अंतर यह था कि उनका हिंदू नाम था और हमारा मुस्लिम। हमारी तरह उन्होंने भी गंदगी साफ़ करने का काम किया। मुख्य अंतर यही था कि उन्हें डोम और भंगी कहा गया, और हमें, मेस्तर, खाखरोब या हलालख़ोर कहा गया।'[12] अनवर का मुख्य ज़ोर इसी बात पर है कि मुस्लिमों के भीतर भी हिंदुओं में दलितों जैसी स्थिति और हैसियत वाले समुदाय हैं।

दलित-मुस्लिमों के संदर्भ में हमें सबसे बुनियादी स्तर पर यह समझने की आवश्यकता है कि ऐसी किसी श्रेणी को मान्यता नहीं दी गयी है। अर्थात् कोई भी दलित-मुस्लिम अनुसूचित जाति की श्रेणी का भाग नहीं है। अनुसूचित जातियों की सूची 1936 में जे. एच. हट्टन के द्वारा तैयार की गयी, जो 1931 की जनगणना के जनगणना आयुक्त थे। हिंदू जा़तियों को ही अनुसूचित जनजाति की श्रेणी में शामिल करने के पीछे मूल रूप से यह तर्क दिया गया कि ये जातियाँ प्रत्यक्ष रूप अस्पृश्यता के व्यवहार से जुड़ी हुई हैं, और इन निम्न जातियों के ख़िलाफ़ ही जातिगत प्रतिबंधों का प्रयोग होता है। चूँकि जाति को मूल रूप से हिंदू धर्म से जुड़ी हुई संस्था माना गया, और इसे किसी अन्य धर्म के मूल विश्वासों से जुड़ा हुआ नहीं माना गया इसलिए सिर्फ़ हिंदू दलितों को ही अनुसूचित जातियों की श्रेणी में सम्मिलित करने का फ़ैसला किया गया।[13] लेकिन ऐसा नहीं है कि औपनिवेशिक शासन के दौरान मुस्लिम के भीतर अस्पृश्यता की मौजूदगी के बारे में कोई जानकारी या चर्चा नहीं थी। मसलन, आम्बेडकर ने *पाकिस्तान ऑर पार्टिशन ऑफ़ इंडिया* में

[11] देखें, अली अनवर (2005); साथ ही देखें, इरफ़ान अहमद (2003).

[12] देखें, अली अनवर (2005) : 2.

[13] सतीश देशपांडे और गीतिका बापना (2008) : 65-66; साथ ही देखें, अश्विनी देशपांडे (2013) : 60-64.

मुस्लिम धर्म और भारत में उनकी स्थिति और पाकिस्तान की माँग के बारे में कई महत्त्वपूर्ण विचार व्यक्त किये हैं। आम्बेडकर इस तथ्य पर ज़ोर देते हैं कि अमूमन इस्लाम में भी वैसी ही कई बुराईयाँ मौजूद हैं, जो हिंदू धर्म में हैं। इस संदर्भ में स्त्रियों की स्थिति का विश्लेषण करने के साथ ही आम्बेडकर जाति प्रथा के बारे में भी बात करते हैं। उन्होंने 1901 की जनगणना में बंगाल प्रांत के सुपरिटेंडेंट ऑफ़ सेंशस के विचारों को विस्तार से उद्धृत किया है, जिन्होंने यह बताया था कि बंगाल के मुस्लिमों को तीन भागों में बाँटा जा सकता है। पहला, अशराफ़ या अच्छे हैसियत वाले मुसलमान। इस श्रेणी में सैयद, शेख, पठान, मुग़ल और मलिक को सम्मिलित किया गया। दूसरा, अजलाफ़ या निम्न वर्ग के मुसलमान। इसमें खेती करने वाले शेख, दर्जी, जुलाहा, फ़कीर, हज्जाम आदि जातियों को सम्मिलित किया गया। और तीसरा, अजराल या सबसे निम्न वर्ग। तीसरे वर्ग में भानर, हलालख़ोर, हिजड़ा, लालबेगी, मउगता और मेहतर जैसी जातियों को सम्मिलित किया गया। आम्बेडकर ने इस बात पर ज़ोर दिया कि 'अन्य राज्यों में भी वहाँ की जनसंख्या रपटों के माध्यम से इसी तरह के तथ्य एकत्रित किये जा सकते हैं। लेकिन बंगाल का उदाहरण यह दिखाने के लिए काफ़ी है कि मुसलमान सिर्फ़ जाति प्रथा को ही नहीं मानते हैं, बल्कि वे अस्पृश्यता का भी पालन करते हैं।'[14]

वर्ष 1950 में भारत के राष्ट्रपति ने 'कॉन्स्टीट्यूशन (शेड्यूल्ड कॉस्ट्स) ऑर्डर 1950' जारी किया। इसमें उन्होंने संविधान के अनुच्छेद 341 के अनुसार मिले प्राधिकार का उपयोग करते हुए अनुसूचित जाति के रूप में मान्यता प्राप्त जातियों की सूची जारी की। इस आदेश के तीसरे पैराग्राफ़ में यह स्पष्ट किया गया कि हिंदू धर्म के अतिरिक्त किसी भी अन्य धर्म को मानने वाले व्यक्ति को अनुसूचित जाति का सदस्य नहीं माना जाएगा। 1950 के राष्ट्रपति के आदेश में 1956 और 1990 में संशोधन किया गया 1956 के आदेश के माध्यम से कुछ चुनिंदा सिख जातियों और 1990 के आदेश से

[14] डॉ. बाबासाहेब आम्बेडकर (1990, प्रथम प्रकाशन 1945) : 230.

बौद्ध धर्म के दलित जातियों को अनुसूचित जाति की श्रेणी में सम्मिलित करने का फ़ैसला किया गया। दलित मुस्लिमों या दलित ईसाइयों का इस श्रेणी में स्थान नहीं दिया गया।[15] सरकारी एजेंसियाँ आँकड़ों को एकत्रित करते समय अनुसूचित जाति की श्रेणी में सम्मिलित जातियों पर ही ध्यान केंद्रित करती हैं। ऐसे में, इनके बारे में पर्याप्त आँकड़ा, या अलग से जानकारी प्राप्त न होने के कारण शोधकर्ता इनके बारे में गहन अध्ययन की दिशा में आगे नहीं बढ़ पाते हैं।

ऐसा नहीं है कि संवैधानिक भेदभाव के ख़िलाफ़ अदालत का दरवाज़ा नहीं खटखटाया गया। विशेष रूप से दलित ईसाइयों द्वारा इसे अदालत में चुनौती दी गयी। सर्वोच्च न्यायालय में दायर याचिकाओं में यह कहा गया कि उन्हें अनुसूचित जाति की श्रेणी में सम्मिलित न करना संविधान के अनुच्छेद 14 (क़ानून के सामने समानता), अनुच्छेद 15 (धर्म के आधार पर भेदभाव का निषेध) और 25 (अपने धर्म को मानने की आज़ादी) का उल्लंघन है।[16] ऐसा लगता है कि अदालतें यह बिंदु स्वीकार करने के लिए तैयार रही हैं कि धर्मांतरण के बाद भी जाति क़ायम रहती है। साथ ही, एक ऐसे धर्म को मानने के बावजूद जिसके धर्मग्रंथों में जातिगत भेदभाव का कोई उल्लेख न हो, किसी व्यक्ति को मूल जाति से जुड़ा हुआ माना जा सकता है। न्यायालय ने इस दावे को नकार दिया है कि विवाह के द्वारा जाति हासिल की जा सकती है।[17] लेकिन अदालत के द्वारा यह माना गया है कि धर्मांतरण और पुनर्धर्मांतरण के बावजूद जाति क़ायम रहती है।[18] इस तरह, अन्य धर्मों को अपनाने वाले लोगों के जाति की स्थिति, या ग़ैर-हिंदू के रूप में जन्म लेने वाले लोगों की जाति की स्थिति अदालतों के लिए मुख्य मुद्दा नहीं है। बहरहाल, सबूत की कसौटी और मानकों के बारे में काफ़ी वाद-विवाद रहा

---

[15] सतीश देशपांडे और गीतिका बापना (2008) : 65-66.

[16] वही : 65.

[17] वलसम्मा पॉल (मिसेज) वर्सेज कोचीन युनिवर्सिटी ऐंड अदर्स, केरला पब्लिक सर्विस कमीशन वर्सेज डॉ. कनजम्मा एलेक्स ऐड अनदर (1996), एससी 3950. सतीश देशपांडे और गीतिका बापना (2008): 70 पर उद्धृत.

[18] एस. अनबालागन वर्सेज बी. देवाराशन ऐंड अदर्स (1984) एआईआर, एससी 411, सतीश देशपांडे और गीतिका बापना (2008) : 70 पर उद्धृत.

है। इस संदर्भ में सूसाई केस काफ़ी महत्त्वपूर्ण है। इसमें जस्टिस पाठक ने अपने निर्णय में यह कहा कि 'यह दिखाना पर्याप्त नहीं है कि धर्मांतरण के बाद भी वही जाति क़ायम रही। बल्कि इसके आगे यह स्थापित करना भी आवश्यक है कि संबंधित व्यक्ति अपने मूल हिंदू धर्म की जाति में जिन बाधाओं का सामना कर रहा था, वे भिन्न धार्मिक समुदाय के नये वातावरण में भी उतने दमनकारी गहनता के साथ मौजूद हैं।'[19] इसी निर्णय में यह भी कहा गया कि इस संदर्भ में सबूत देने का दायित्व राज्य का नहीं है, बल्कि उस पक्ष का है जो अपने साथ मनमाना व्यवहार होने की शिकायत कर रहा है।[20]

यहाँ मुस्लिम समुदाय के भीतर अस्पृश्यता की मौजूदगी के बारे में हाल में हुए दो अध्ययनों का उल्लेख करना आवश्यक है। प्रशांत त्रिवेदी और अन्य[21] ने अपने विस्तृत सर्वेक्षण के आधार पर मुस्लिमों के बीच अस्पृश्यता और बहिष्करण का अध्ययन किया है। वहीं, जॉयल ली ने मानवशास्त्रीय अध्ययन के आधार पर हलालखोर जाति का अध्ययन किया है।[22] प्रशांत त्रिवेदी और अन्य का यह तर्क है कि दलित मुस्लिमों को लेकर हुए या तो व्यक्तिगत अनुभवों पर आधारित हैं या फिर बहुत छोटे स्तर के सर्वेक्षणों पर। उनके अनुसार, इसी कारण सरकार ने इस मुद्दे को ज़्यादा गंभीरता से नहीं लिया है। अपने इस अध्ययन में उन्होंने ज़्यादा व्यापक अनुभवसिद्ध अध्ययन के माध्यम से मुस्लिमों में अस्पृश्यता के व्यवहार का अध्ययन किया है।[23]

---

[19] सूसाई वर्सेज यूनियन ऑफ़ इंडिया ऐंड अदर्स (1985) एससीसी 590. सतीश देशपांडे और गीतिका बापना (2008) : 71 पर उद्धृत.

[20] इस संदर्भ में जितने मुक़द में हुए वे मुख्य रूप से दलित ईसाइयों द्वारा हुए, यह दलित मुस्लिम के बीच इस मसले को लेकर कम जागरूकता होने की ओर संकेत करता है. देखें, सतीश देशपांडे और गीतिका बापना (2008) : 65-67.

[21] प्रशांत त्रिवेदी और अन्य (2016).

[22] जॉयल ली (2018).

[23] प्रशांत त्रिवेदी और अन्य ने अपने शोध में उत्तर प्रदेश के 14 ज़िलों में घर-घर सर्वेक्षण करके ग़ैर-दलित मुस्लिमों और हिंदुओं के दलितों मुस्लिमों के साथ अस्पृश्यता के व्यवहार के बारे में अंतर्विरोधी दावों की जाँच-पड़ताल की है. बहरहाल, यह सच है कि जनगणना या नैशनल सैंपल सर्वे या नैशनल हेल्थ सर्वे या इंडियन ह्युमन डिवेलपमेंट सर्वे जैसे बड़े सर्वेक्षणों में दलित मुस्लिम जातियों के बारे में अलग से अध्ययन नहीं किया जाता है, बल्कि उन्हें आधिकारिक रूप से ओबीसी की श्रेणी के रूप में रखा जाता है. इसके कारण, विभिन्न मुस्लिम दलित जातियों के बारे में जानकारी नहीं मिल पाती है. इन जातियों को पहचानने के लिए दो स्तरीय तरीक़े को अपनाया गया : पहला, इन्हें ऐसे पेशे में लगे समूहों से पहचाना गया, जिन पेशों से जुड़े हिंदू

इस अध्ययन में एकत्रित किये गये आँकड़ों के अनुसार दलित मुस्लिमों के एक बड़े अनुपात ने यह बताया कि उन्हें ग़ैर-दलितों के विवाह भोज आदि में आमंत्रण नहीं मिलता है। एक चौथाई ग़ैर-दलित मुस्लिमों ने यह कहा कि उनके गाँव में कोई दलित-मुस्लिम परिवार नहीं है। हालाँकि तीन-चौथाई दलित परिवारों ने यह कहा कि उन्हें आमंत्रण मिलता है। ऐसे समारोहों/पारिवारिक उत्सवों में बैठने की व्यवस्था के बारे में पूछे जाने पर दलित-मुस्लिमों के एक तबक़े ने कहा कि उन्हें ग़ैर-दलित मुस्लिमों के पारिवारिक आयोजनों में अलग बिठाया जाता है। तक़रीबन इतने ही लोगों ने यह भी कहा कि उन्हें उच्च जाति के लोगों के खाना खा लेने के बाद खिलाया जाता है। तक़रीबन 5 से 10 प्रतिशत लोगों ने यह भी कहा कि उन्हें अलग तरीक़े के प्लेटों में खाना दिया जाता है। निश्चित रूप से यह मुस्लिमों के बीच अस्पृश्यता के अस्तित्व को दिखाता है।[24] इस सर्वेक्षण के अनुसार शिक्षा और संपत्ति के मामले में ऊपर की ओर जाने पर अस्पृश्यता में वृद्धि हुई, और ग्रामीण क्षेत्रों की तुलना में शहरी क्षेत्रों में इस प्रकार की अस्पृश्यता ज़्यादा थी।[25]

एक-तिहाई दलित मुस्लिमों ने यह कहा कि उन्हें उच्च जाति के क़ब्रिस्तान में अपने परिजनों को दफ़नाने की अनुमति नहीं मिलती है। या तो उन्हें किसी अन्य क़ब्रिस्तान में जाना पड़ता है या वे उसी क़ब्रिस्तान में कोने में अपने परिजनों को दफ़नाते हैं। अधिकांश मुस्लिम एक ही मस्जिद में नमाज अदा करते हैं लेकिन कुछ स्थान पर दलित मुस्लिमों ने यह कहा कि मुख्य मस्जिद में उनके साथ भेदभाव किया जाता है। बहुत से दलित मुस्लिमों ने यह भी कहा कि उनके समुदाय को छोटे काम से जुड़ा हुआ माना जाता है।[26] उच्च जाति के मुस्लिमों

पहले से ही अनुसूचित जनजाति की श्रेणी में सम्मिलित हैं. दूसरा, पहले के अध्ययनों में जिन जातियों को सम्मिलित किया गया था, उन्हें भी अनुभवसिद्ध प्रमाणीकरण के लिए सम्मिलित किया गया। इस तरह, दलित मुस्लिम जातियों में निम्नलिखित जातियाँ सामने आयीं : भटियारा, फ़क़ीर, शाह, डफाली, नट, हलालखोर, लालबेगी, बंजारा, धोबी, रांकी, रंगरेज, जोगी, मोची, मुकेरी, बाखो और भिश्ती. कुल-मिलाकर उत्तर प्रदेश के 14 ज़िलों में स्थित 7,195 परिवारों का सैंपल एकत्रित किया गया. प्रशांत त्रिवेदी और अन्य (2016) : 33.

[24] वही : 34.

[25] वही : 34-35.

[26] वही : 35.

के घरों में अपने अनुभवों को बताते हुए 13 प्रतिशत दलित मुस्लिमों ने यह कहा कि उन्हें खाना या पानी अलग बर्तन में दिया जाता है। उच्च जाति के हिंदू घरों में यह अनुपात 46 प्रतिशत था। इसी तरह, 20 प्रतिशत दलित मुस्लिमों ने यह कहा कि उच्च जाति के मुस्लिम उनसे दूरी बनाकर रखते हैं, वहीं 25 प्रतिशत मुस्लिमों ने यही बात उच्च जाति के हिंदुओं के बारे में कही। उच्च जाति के मुस्लिमों से बातचीत में यह बात सामने आयी कि 27 प्रतिशत उच्च जाति के मुस्लिमों के मोहल्ले में दलित मुस्लिमों का कोई घर नहीं था। 20 प्रतिशत उच्च जाति के मुस्लिमों ने यह कहा कि उनका दलित मुस्लिमों से कोई सामाजिक मेल-जोल नहीं हैं। जिन घरों में दलित-मुस्लिम जाते थे, उनमें से 20 प्रतिशत ने यह कहा कि वे उन्हें खाने की वस्तुएँ नहीं देते हैं, या फिर एक जैसे बर्तन में नहीं देते हैं। इस अध्ययन में प्रस्तुत आँकड़ों से यह बात साफ़ होती है कि अस्पृश्यता का व्यवहार सिर्फ़ हिंदू धर्म तक सीमित नहीं है। इसका विस्तार काफ़ी व्यापक है और शायद मुस्लिम सहित कोई भारतीय धार्मिक समुदाय इससे अछूता होने का दावा नहीं कर सकता है। बहरहाल, यह स्वीकर करने की आवश्यकता है कि जब इस सामाजिक व्यवहार को उत्साहपूर्वक लागू करने की बात आती है तो इस मामले में उच्च जाति के मुस्लिम उच्च जाति के हिंदुओं से काफ़ी पीछे हैं।[27]

जॉयल ली ने पूर्वी उत्तर प्रदेश और बिहार में ऐतिहासिक और एथ्नोग्राफ़िक अध्ययन के माध्यम से यह दिखाने का प्रयास किया है कि कैसे हलालख़ोर (एक जाति का नाम, जिसका अर्थ ईमानदारी से जीविका अर्जित करने वाला होता है) की अवधारणा के जिनियोलॉजिकल और ऐथिकल वृत्तांतों के माध्यम से अपने सह-धर्मियों के उच्चतर हैसियत की समीक्षा करते हैं, और एक ज़्यादा समतावादी इस्लामिक समुदाय को उत्पन्न करते हैं। इस आलेख में लेखक ने ऐतिहासिक रेकार्ड और मुस्लिम ओरल टेड्रिशंस में इसके प्रयोग के द्वारा इस समुदाय की उत्पत्ति और सफ़ाई के काम से इसके जुड़ाव को

[27] वही : 35-36.; मुस्लिमों में अशराफ़ और अज़लाफ़ से संबंधित सियासी मुद्दों की बारीक़ समझ के लिए देखें, हिलाल अहमद (2019).

समझने का प्रयास किया है। जॉयल ली के अनुसार, उत्तर भारत में दलित मुस्लिमों की दुनिया में उन्हें रोज़मर्रा के जीवन में जाति के व्यवहारों और इस्लामिक नीतिशास्त्र के बीच के अंतर्विरोधों का सामना करना पड़ता है। मैनुअल स्कैवेंजिग और सफ़ाई से संबंधित अन्य कामों में लगे दलित मुस्लिम इन अंतर्विरोधों का लगातार सामना करते हैं, क्योंकि उनके काम का स्थान और उसका प्रभाव जॉयल ली के शब्दों में 'नज़दीकी अस्पृश्यता' (इंटीमेट अनटचेबिलिटी) को बढ़ावा देता है।[28]

जॉयल ली का यह मानना है कि पूर्वी उत्तर प्रदेश और बिहार में मुस्लिम हलालख़ोर, हेला, डोम और वाल्मीकी जैसी जातियों के साथ-साथ सफ़ाई के काम में लगे हुए हैं। और इन्हें भी इनकी तरह ही रोज़मर्रा के जीवन में जातिगत अवमानना का सामना करना पड़ता है। लेकिन जहाँ बाद की तीन जातियाँ अनुसूचित जनजातियों की श्रेणी में शामिल हैं, वहीं हलालख़ोर इस्लाम का अनुयायी होने के कारण इस श्रेणी से बाहर हैं।[29] ऐसा लगता है कि पिछले 50 वर्षों में मस्जिद प्रवेश पर रोक को हटा लिया गया है किंतु इन अंतर्विवाह पर रोक जारी है, जो कि जाति व्यवस्था को क़ायम रखने की अनिवार्य शर्त है।[30] 1940 के दशक में हलालख़ोरों द्वारा किये गये संघर्षों के कारण ही उन्हें मस्जिदों में प्रवेश की अनुमति मिली।[31] बहरहाल, ली के अध्ययन से अस्पृश्यता का सामना करने वाले एक दलित-मुस्लिम जाति के भीतर अपनी स्थिति और अपने काम को लेकर मौजूद सोच की झलक भी मिलती है। जॉयल ली हलालख़ोर लोगों की उत्पत्ति के बारे में ओरल हिस्ट्री का सहारा लेते हुए यह बताते हैं कि हलालख़ोर यह मानते हैं कि उनके पूर्वजों ने बीमारी के समय पैगंबर की देखभाल और साफ़-सफ़ाई का काम किया। हालाँकि इस्लामिक धर्मग्रंथों में इसका उल्लेख नहीं मिलता, किंतु हडिथ में ऐसे कुछ लोगों को उल्लेख मिलता है जिन्होंने बीमारी के समय पैगंबर की

---

[28] जॉयल ली (2018).

[29] वही : 5.

[30] वही : 7.

[31] वही : 9.

देख-भाल की। हलालख़ोर अपने लोक धर्मशास्त्र (फोक थिएलॉजी) में इस स्थिति को नज़दीकी स्पृश्यता (इंटीमेट टचेबिलिटी) के रूप में प्रस्तुत करते हैं (यानी, कमज़ोर स्थिति में सहयोग, शारीरिक साफ़-सफ़ाई या घरेलू साफ़-सफ़ाई में सहयोग करने वाले लोग)।[32] इसका अर्थ यह निकाला जा सकता है कि हलालख़ोर मैनुअल स्कैवेंजिंग (मैला ढोने) के काम को सही मानते हैं, लेकिन जॉयल ली के अनुसार, इस कहानी को बताने वाले, या जितने भी लोगों से उन्होंने बात की, उन सभी ने मैला ढोने के काम को छोड़ देने का उल्लेख किया, और उन्होंने इसे अपने समुदाय की प्रगति के रूप में रेखांकित किया। जॉयल ली के अनुसार, 'हलालख़ोर की उत्पत्ति से जुड़ी मौखिक परंपरा से यह बात सामने आती है कि इनकी राजनीति में मौजूदा दलित राजनीति व्यवहार के वर्गीकरणों को सम्मिलित नहीं किया जा सकता है। यह एक इस्लामिक राजनीति है, जो एक साथ यूटोपियाई, प्रभुत्वशाली जातियों की आलोचक और परंपरा को अपील करने वाली है।'[33] हलालख़ोर समुदाय से जुड़े बहुत से लोग यह मानते हैं कि सबसे महत्त्वपूर्ण बात यह है कि सरकार इस बात को मान्यता दे कि इस श्रेणी से जुड़े लोगों ने लम्बे समय से अस्पृश्यता के संरचनात्मक हिंसा को झेला है, और वे अभी भी इसे झेल रहे हैं। इनका यह भी मानना है कि 1950 में इन्हें अनुसूचित जाति की श्रेणी से बाहर रखकर एक ऐतिहासिक भूल की गयी, जिसे लोकतांत्रिक राजनीतिक साधनों द्वारा सुधारा जा सकता है, और सुधारा जाना चाहिए।[34]

दलित-मुस्लिमों के बारे में मौजूदा अध्ययनों के आधार पर कुछ बिंदुओं को रेखांकित किया जा सकता है : पहला, मुस्लिम समुदाय में एक ऐसा तबक़ा है जो अस्पृश्यता और बहिष्करण का सामना करता है। दूसरा, जनसंख्यात्मक रूप से सिर्फ़ मुस्लिम समुदाय की गणना होने के कारण दलित-मुस्लिम अपनी वास्तविक जनसंख्यात्मक स्थिति के बारे में जागरूक नहीं है। सुदीप्त कविराज

---

[32] वही : 22.

[33] वही : 23-24.

[34] वही : 24.

ने औपनिवेशिक दौर में जनगणना आरंभ होने से पहले 'धुँधले' (फजी) समुदाय की परिकल्पना प्रस्तुत की है। औपनिवेशिक दौर में हुए बदलावों को रेखांकित करते हुए उन्होंने यह विचार व्यक्त किया कि 'औपनिवेशिक प्रशासकों ने संज्ञानात्मक व्यवहारों (कॉग्निटिव प्रैक्टिसेज) को लागू करते हुए पहचानों में बदलाव किया। उन्होंने पहले के फजी या अस्पष्ट पहचानों को आधुनिक एन्यूमेरेटेड या गणना किये हुए समुदायों में बदल दिया। इसके लिए उन्होंने मैपिंग और जनगणना जैसे साधनों का प्रयोग करके सामाजिक विश्व की गणना की, और समूहों को एक एजेंटिव या कर्तायुक्त राजनीतिक पहचान देकर सामाजिक सत्तामीमांसा (सोशल ऑन्टोलॉजी) को हमेशा के लिए बदल दिया।'[35] मौजूदा समय में दलित-मुस्लिम धुँधले या अस्पष्ट समुदाय के रूप हैं। इसके कारण, न तो ये ख़ुद को राजनीतिक रूप से गोलबंद कर पाते हैं, और न ही रानजीतिक दल इन्हें गंभीरता से लेते हैं। एक बड़े मुस्लिम पहचान के भीतर इनकी पहचान समाहित हो गयी है। शायद इसीलिए दलित-मुस्लिमों के रूप में न तो इनकी माँगे ठोस राजनीतिक रूप ले पाती हैं, और न ही राजनीतिक दल इन्हें गंभीरता से लेते हैं। तीसरा, व्यापक मुस्लिम पहचान ने इनकी व्यक्तिगतता या सब्जेक्टिविटी को भी प्रभावित किया है, अर्थात् ये अपनी स्थिति के लिए मुस्लिम धर्म या इसके वर्चस्वशाली भूमिका पर ज़्यादा गहराई से विचार करने के बजाय अपनी मुस्लिम पहचान के साथ गहराई से जुड़े हुए हैं, और साथ ही इनमें अशराफ़ मुस्लिमों के सांस्कृतिक रूपकों को अपनाने की प्रवृत्ति ज़्यादा है। यह काफ़ी हद तक उस परिघटना की तरह है, जिसे एक अन्य संदर्भ में एम. एन. श्रीनिवास ने संस्कृतीकरण के रूप में व्याख्यायित किया है।[36] चौथा, इनकी आर्थिक स्थिति काफ़ी दयनीय है। सतीश देशपांडे और गीतिका बापना ने अपने

---

[35] सुदीप्त कविराज 2010 (प्रथम प्रकाशन : 2003) : 219; साथ ही देखें, सुदीप्त कविराज (1992).

[36] एम. एन. श्रीनिवास ने समाजशास्त्र में संस्कृतीकरण की अवधारणा को 1950 के दशक में लोकप्रिय बनाया. इसका तात्पर्य यह है कि जब निम्न जातियों को प्रगति करने का मौक़ा मिलता है, तो वे उच्च जातियों के सांस्कृतिक व्यवहार अपनाकर उनके जैसा बनने का प्रयास करती हैं. श्रीनिवास के विचारों की समझ के लिए देखें एम. एन. श्रीनिवास (1994; प्रथम प्रकाशन 1962); क्रिस्तॉफ़ जैफ़्रलो ने यह तर्क दिया है कि श्रीनिवास से तक़रीबन 40 वर्षों पूर्व आम्बेडकर ने अपनी पुस्तक *कास्ट्स इन इंडिया : देयर मैकेनिजम, जेनेसिस ऐंड डिवेलपमेंट* में इस तरह की परिघटना की ओर संकेत किया था. क्रिस्तॉफ़ जैफ़्रलो (2006) : 33.

अध्ययन में यह रेखांकित किया है कि 'निर्धनता या समृद्धि में जनसंख्या के अनुपात के संदर्भ में ग्रामीण और शहरी — दोनों ही क्षेत्रों में दलित-मुस्लिम सभी दलितों से बुरी स्थिति में हैं। शहरी भारत के समृद्ध तबक़े में दलित मुस्लिम पूरी तरह ग़ायब हैं।'[37] पाँचवाँ, राज्य या समुदाय द्वारा दलित मुस्लिमों के मुद्दे पर कभी ध्यान न दिये जाने का कारण यह है कि अमूमन यह विमर्श बहुत से स्तरों पर पाखंड का शिकार रहा है। भारत के संविधान द्वारा भारतीय राज्य को यह निर्देश और ज़िम्मेदारी दी गयी है कि वह धर्म, नस्ल, जाति, लिंग आदि के आधार पर किसी भी नागरिक के साथ भेदभाव न करे। लेकिन अनुसूचित जाति की श्रेणी को सिर्फ़ तीन धर्मों तक सीमित रखकर भारतीय राज्य स्पष्ट रूप से भेदभाव करने और इसके बढ़ावा देने का ही काम कर रहा है। इन समुदायों द्वारा अपने अधिकारों की माँग के किसी प्रयास को रूढ़िवादी मुस्लिमों द्वारा कुरान के आयतों का उद्धरण देकर विरोध किया गया है। इसमें कोई संदेह नहीं है कि दलित-मुस्लिमों के अस्तित्व और अधिकारों को सुनिश्चित रूप से मान्यता दिलाने के लिए एक लम्बे संघर्ष की आवश्यकता है।

दलित, मुसलमान और हिंदुत्ववादी राजनीति

राष्ट्रीय स्वयंसेवक संघ (आरएसएस) और उसके कार्यकर्ताओं ने मुस्लिमों के बारे में दलितों के मन में रूढ़बद्ध धारणा या स्टीरियोटाइप बनाने का भी प्रयास किया है। इस संदर्भ में उनके द्वारा आम्बेडकर द्वारा लिखी गयी पुस्तक *थॉटस ऑन पाकिस्तान* (जिसे दूसरे संस्करण में *पाकिस्तान ऑर द पार्टिशन ऑफ़ इंडिया* शीर्षक से प्रकाशित किया गया) में प्रकाशित विचारों के आधार पर यह साबित करने का प्रयास किया जाता है कि आम्बेडकर इस्लाम की कट्टरता से परिचित थे, और वे मुस्लिमों को भरोसा करने लायक़ नहीं मानते थे। हालाँकि आम्बेडकर ने अपनी इस पुस्तक में मुख्य रूप से मुस्लिम लीग द्वारा पाकिस्तान बनाने का प्रस्ताव पारित करने के संबंध में बनी स्थितियों और संभावनाओं का गहन विश्लेषण प्रस्तुत करते हैं। लेकिन इसी प्रक्रिया में

[37] सतीश देशपांडे और गीतिका बापना (2008) : 9.

आम्बेडकर के वर्णन में कई ऐसे दृष्टांत सामने आते हैं, जिसे मौजूदा समय में आरएसएस नेतृत्व अपनी समझ के अनुरूप मानता है। मसलन, इस पुस्तक के 'कम्युनल अग्रेसन' शीर्षक अध्याय में ऐसे कई उदाहरण मिलते हैं जहाँ आम्बेडकर मुस्लिमों का इस तरह वर्णन करते हैं जिससे उनकी अत्यंत नकारात्मक छवि सामने आती है। मिसाल के तौर पर, उनके अनुसार, 'मुस्लिमों के बारे में ध्यान देने वाली दूसरी बात यह है कि उनके भीतर हिंदुओं की कमज़ोरी का फ़ायदा उठाने की भावना होती है। यदि हिंदू किसी चीज़ पर आपत्ति करते हैं तो ऐसा लगता है कि मुस्लिमों की नीति उस पर ज़ोर देने की होती है, और वे तभी मानते हैं जब हिंदू उन्हें कुछ अन्य छूटों की क़ीमत देने के लिए तैयार हो जाते हैं।'[38] इसी तरह, गो-हत्या पर मुस्लिमों के व्यवहार की आलोचना करते हुए वे लिखते हैं कि 'मुस्लिमों की दोहन की भावना का एक अन्य उदाहरण उनके द्वारा गो-हत्या पर ज़ोर देना और मस्जिद के सामने संगीत बजाने पर रोक लगाना है। इस्लाम का क़ानून क़ुर्बानी देने के मक़सद के लिए गाय की हत्या पर ज़ोर नहीं देता है, और जब भी कोई मुसलमान हज के लिए जाता है तो वह मक्का और मदीना में गायों की बलि नहीं देता है। लेकिन भारत में वे किसी भी अन्य जीव की क़ुर्बानी से संतुष्ट नहीं होते हैं। एक मुस्लिम देश में मस्जिद के सामने बिना किसी आपत्ति के संगीत बजाया जा सकता है ... लेकिन भारत में मुसलमान इस पर सिर्फ़ इसलिए ज़ोर देते हैं क्योंकि हिंदू ऐसा करने के अपने अधिकार का दावा करते हैं।'[39] इसी तरह, उन्होंने मुस्लिमों की राजनीति की आलोचना करते हुए यह रेखांकित किया कि 'मुस्लिमों ने राजनीति की गैंगस्टर पद्धति को अपना लिया है। दंगे इस बात का पर्याप्त प्रमाण हैं कि गैंगस्टरवाद राजनीति की रणनीति का एक सुनिश्चित भाग बन चुका है।[40] वे हिंदुओं की इसी तरह की राजनीति को मुस्लिमों की राजनीति की प्रतिक्रिया मानते हैं। लेकिन आम्बेडकर हिंदू

---

[38] डॉ. बाबासाहेब आम्बेडकर (1990) : 268.

[39] वही : 269.

[40] वही : 269.

महासभा की 'मुस्लिमों के सफ़ाये की राजनीति' को पूरी तरह नकार देते हैं। आम्बेडकर के अनुसार, 'हिंदू महासभा के सरल दिमाग़ वाले देशभक्त यह विश्वास करते हैं कि हिंदुओं को मुसलमानों का सफ़ाया करने का फ़ैसला कर लेना चाहिए, ऐसा करके ही मुसलमानों को सबक़ सिखाया जा सकता है...हिंदू महासभा की योजना एकता लाने वाली नहीं है। इसके विपरीत, यह प्रगति के रास्ते में बाधा है। हिंदू महासभा के अध्यक्ष का यह नारा कि हिंदुस्तान हिंदुओं का है, न सिर्फ़ अहंकार से भरा हुआ बल्कि पूरी तरह से बेतुका है।'[41]

हालाँकि इस बात से इंकार नहीं किया जा सकता है कि हिंदू महासभा की 'मुस्लिमों के सफ़ाए' की राजनीति को पूरी तरह नकार देने के बावजूद आम्बेडकर को मुस्लिमों की राजनीति पर गहरा संदेह था, या फिर वे इसके बारे में एक निष्कर्ष तक पहुँच चुके थे। उनका निष्कर्ष मुस्लिमों और हिंदुओं — दोनों के बारे में एक तरह के इसेंसियलिज़्म या तत्त्ववाद का प्रतिनिधित्व करता है, जिसमें वे मुस्लिमों के भीतर की वैचारिक और अन्य भिन्नताओं की अवहेलना करते हुए उन्हें कुछ रूढ़बद्ध गुणों के आधार पर परिभाषित करते हैं और कई स्थानों पर नकारात्मक रूप से चित्रित करते हैं। ऐसा प्रतीत होता है कि वे यह मानकर चल रहे हैं कि हर मुसलमान मुस्लिम लीग के साथ है, वह हिंदुओं के भय के कारण सुधार के लिए तैयार नहीं है, और उसकी राजनीतिक सोच कट्टरता से प्रेरित है।

पार्थ चटर्जी ने आम्बेडकर की इस पुस्तक का विश्लेषण करते हुए यह विचार व्यक्त किया है कि आम्बेडकर ने इस पुस्तक में अपने पहले के विचारों की तुलना में एक भिन्न सैद्धांतिक विचार प्रस्तुत किया। अभी तक आम्बेडकर लगातार यह तर्क देते आये थे कि भारत के बहुत सारे अल्पसंख्यक समुदायों में से सिर्फ़ मुस्लिमों और दलित वर्गों (डिप्रेस्ड क्लासेज) जैसे कुछ अल्पसंख्यक समूहों को छोड़कर किसी को भी निरंकुश बहुमत से सुरक्षित रखने के लिए विशेष राजनीतिक प्रतिनिधित्व देने की

[41] वही : 269-70.

आवश्यकता नहीं है। लेकिन अब उन्होंने यह घोषणा की कि जहाँ अछूत, ईसाई और पारसी अल्पसंख्यक समुदाय हैं, वहीं मुस्लिम एक राष्ट्र हैं।[42] चटर्जी के अनुसार, इस पुस्तक के आख़िरी पृष्ठों पर आम्बेडकर ने यह टिप्पणी की कि इस अंतर का तात्कालिक रूप से कोई प्रभाव नहीं है क्योंकि एक अल्पसंख्यक समुदाय और एक छोटे राष्ट्र — दोनों को ही बहुमत के दमन से सुरक्षा की आवश्यकता होती है। किंतु *थॉट्स ऑन पाकिस्तान* की प्रस्तावना में (जो शायद पुस्तक को ख़त्म किये जाने के बाद लिखी गयी होगी) आम्बेडकर यह तर्क देते हैं कि एक राष्ट्र होने के कारण मुस्लिम सिर्फ़ चुने हुए संसद में विशेष प्रतिनिधित्व के ही हक़दार नहीं हैं, बल्कि उन्हें आत्म-निर्णय या सेल्फ़ डिटरमिनेशन का भी अधिकार है।[43]

इसलिए यह आश्चर्य की बात नहीं है कि वर्तमान दौर में आरएसएस को आम्बेडकर के ये विचार अपनी राजनीति के लिए मुफ़ीद लगते हैं, और उससे जुड़े नेता और बुद्धिजीवी समय-समय पर इसका प्रयोग भी करते हैं। सिर्फ़ निचले स्तर के आरएसएस कार्यकर्ता ही इस पहलू पर ज़ोर नहीं देते हैं, बल्कि उच्च स्तर के नेता और यहाँ तक ख़ुद सरसंघचालक मोहन भागवत भी इस आयाम को प्रमुखता से सामने लाने का प्रयास करते रहे हैं। मसलन, 2019 के कुंभ मेला के दौरान 31 जनवरी, 2019 को विश्व हिंदू परिषद द्वारा आयोजित 'धर्म संसद' में साधु-संतों को संबोधित करते हुए आरएसएस के सरसंघचालक ने यह कहा कि 'बाबासाहेब भीम राव आम्बेडकर मुस्लिमों के कुत्सित मंसूबों से परिचित थे, इसलिए वे मुस्लिमों के साथ किसी भी

---

[42] बी. आर. आम्बेडकर (1941) : 337-9, चटर्जी (2018) : 120 पर उद्धृत.

[43] वहीं : 4-5, चटर्जी (2018) : 120 पर उद्धृत. आम्बेडकर के विश्लेषण में पाकिस्तान के एक व्यवहार्य राज्य के रूप में निर्माण के साधन के तौर पर मुस्लिम आत्म-निर्णय की व्यवहार्यता तथा भारत में खंडित हिंदू राज्य की शक्ति का मूल्यांकन किया गया है. वे सिर्फ़ जनसंख्यात्मक प्रश्न का ही अध्ययन नहीं करते हैं, बल्कि वित्तीय संसाधनों, प्रशासनिक क्षमता तथा सशस्त्र बलों के सामर्थ्य और मनोबल का विश्लेषण करते हुए यह निष्कर्ष निकालते हैं कि पाकिस्तान का निर्माण, और इसके साथ पंजाब और बंगाल का विभाजन, और कुछ निश्चित क्षेत्रों में जनसंख्या का पर्यवेक्षित आदान-प्रदान मुस्लिमों और हिंदुओं के लिए एक अच्छा समाधान होगा. पार्थ चटर्जी (2018) : 122; आम्बेडकर द्वारा थॉट्स ऑन पाकिस्तान में प्रस्तुत पाकिस्तान के पक्ष और विपक्ष के विशिष्ट विश्लेषण की विवेचना हाल के समय में इतिहासकार फ़ैसल देवजी और वेंकट धुलीपाला ने किया है। देखें फ़ैसल देवजी (2013) : 166.200; वेंकट धुलीपाला (2015) : 120-190.

(राजनीतिक) जुड़ाव के ख़िलाफ़ थे।...अब दलित-मुस्लिम गठजोड़ की बात की जा रही है, लेकिन बाबासाहेब ख़ुद इन जेहादियों को भरोसे के लायक़ नहीं मानते थे। हमें लोगों को इस बारे में जागरूक करने की आवश्यकता है।'[44] आरएसएस समर्थक व्हाट्सएप ग्रुप्स या वेबसाइट्स पर इस तरह के संदेश या लेख भरे होते हैं , जिसमें आम्बेडकर को मुस्लिम विरोधी या मुस्लिमों को संदिग्ध मानने वाला दिखाया जाता है। इस तरह के लेखों या संदेशों के प्रसार के माध्यम से आरएसएस और उससे जुड़े दलित चिंतक या कार्यकर्ता दलितों के मन में मुस्लिमों के प्रति संदेह और शत्रुताभाव को बढ़ाने का प्रयास करते हैं।[45]

हालाँकि बहुत से विद्वान यह मानते हैं कि आम्बेडकर ने अपने विचारों में इस्लाम और हिंदू धर्म — दोनों की कमियों को रेखांकित किया था[46], इसलिए हिंदू धर्म की उनकी आलोचना को भुलाकर सिर्फ़ इस्लाम की उनकी आलोचना को सामने रखना आम्बेडकर के विचारों को आंशिक और मनमाने रूप से प्रस्तुत करने की तरह है। ग़ौरतलब है कि आम्बेडकर भारतीय संविधान की प्रारूप समिति के सबसे प्रमुख सदस्य थे, और उसके बाद उन्होंने भारत सरकार के विधि मंत्री के रूप में काम किया। इस लिहाज़ से उन्होंने नागरिकता और अधिकारों की नयी संकल्पनाओं को आकार देने में महत्त्वपूर्ण भूमिका अदा की। इस भूमिका में उन्होंने अपनी दृष्टिकोण की तरफ़दारी नहीं की, बल्कि उन्होंने लोगों की सामूहिक आवाज़ को अभिव्यक्त किया। लेकिन मार्च 1947 में संविधान सभा में दिये ज्ञापन में उन्होंने अल्पसंख्यक अधिकारों के बारे में अपने विचारों को स्पष्ट रूप से सामने रखा। पार्थ चटर्जी ने आम्बेडकर की वैचारिक यात्रा और विशेष रूप से मार्च 1947 के ज्ञापन का विश्लेषण करते

---

[44] पवन दीक्षित (2019); उत्तर प्रदेश के मुख्यमंत्री योगी आदित्यनाथ ने भी कई सभाओं में यह कहा कि आम्बेडकर दलित और मुस्लिम एकता के ख़िलाफ़ थे. देखें, 'दलित-मुस्लिम एकता के सख़्त विरोधी थे आम्बेडकर : सीएम योगी', अमर उजाला, 19 अप्रैल, 2019.

[45] इस प्रकार के लेखों के कुछ उदाहरणों के लिए देखिए : अनुपम कुमार सिंह (2019); अभिषेक बनर्जी (2018).

[46] जिया उस सलाम (2016).

हुए इस बात पर ज़ोर दिया है कि उनके लेखन में अल्पसंख्यकों के सामान्य और विशिष्ट सिद्धांत सामने आते हैं। अल्पसंख्यक अधिकारों के सामान्य सिद्धांत में निम्नलिखित पहलुओं को सम्मिलित किया जा सकता है :

1. एक अल्पसंख्यक समूह जिसने एक राष्ट्र की चेतना हासिल कर ली है, और वह बहुमत के समुदाय के साथ साझा नियति की भागीदारी करने से इंकार करता है, और जिसके पास एक राज्य का निर्माण करने की भू-क्षेत्रीय, प्रशासनिक और वित्तीय व्यवहार्यता है, उसे अपने संवैधानिक राज्य के स्वरूप को तय करने का अधिकार है।

2. संविधान को अपने सभी नागरिकों को नागरिक अधिकारों की गारंटी देनी चाहिए, सभी वयस्कों को वोट देने और धार्मिक स्वतंत्रता का अधिकार होना चाहिए। साथ ही, भेदभाव, अनैच्छिक दासता और नागरिक अक्षमताओं पर प्रतिबंध लगना चाहिए। राज्य के पास यह शक्ति होनी चाहिए कि वह सभी नागरिकों के समान अधिकारों को बाधित करने वाली नागरिक अक्षमताओं को हटाने के लिए संपत्ति या धर्म की संस्था में हस्तक्षेप करे।

3. जो अल्पसंख्यक समुदाय बहुसंख्यक समुदाय के साथ एक ही संवैधानिक व्यवस्था में रहने की सहमति देता है, उसे बहुमत के भेदभाव से क़ानूनी सुरक्षा की गारंटी दी जानी चाहिए।

4. इसके अतिरिक्त, ग़रीब और दुर्बल अल्पसंख्यक समुदाय को इस तरह विशेष राजनीतिक प्रतिनिधित्व दिया जाना चाहिए, जिससे वह विधायी बहुमत के फ़ैसले को प्रभावित करने में समर्थ हो पाएँ। इस तरह के प्रतिनिधित्व का विशेष स्वरूप, मसलन विधायिका में सीटों के आरक्षण या पृथक् निर्वाचक मंडल के बारे में अल्पसंख्यक समुदाय द्वारा फ़ैसला किया जाना चाहिए, न कि इसे बहुमत द्वारा थोपा जाना चाहिए।[47]

पार्थ चटर्जी आम्बेडकर के अल्पसंख्यक अधिकारों के सामान्य सिद्धांत से ही विशिष्ट सिद्धांत के प्रस्तावों को विकसित करते हैं :

1. अल्पसंख्यकों के सुरक्षा के विशिष्ट संवैधानिक क़ानूनी रूप या सरकार के अंगों में उनके प्रतिनिधित्व में सत्ता के संघीय वितरण, विधायी बहुमत की शक्तियाँ, विशेष प्रतिनिधित्व की प्रक्रिया और मात्रा जैसे प्रश्न

[47] पार्थ चटर्जी (2018) : 127-28.

सम्मिलित हैं। ये ऐसे मसले हैं जो अल्पसंख्यकों की असमर्थता/दुर्बलता की विशेष परिस्थितियों पर निर्भर होते हैं।

2. इस तरह के क़ानूनी संवैधानिक रूपों का आकस्मिक चयन प्राथमिक रूप से ख़ुद अल्पसंख्यक समूह पर छोड़ देना चाहिए, और इसे बहुमत द्वारा थोपा नहीं जाना चाहिए।[48]

3. निश्चित रूप से, अल्पसंख्यक अधिकारों के बारे में आम्बडेकर के विचार काफ़ी ठोस हैं, और वे मौजूदा स्थिति में मुस्लिमों और अन्य अल्पसंख्यक समूहों के प्रतिनिधित्व को सुनिश्चित करने में महत्त्वपूर्ण भूमिका निभा सकते हैं। *थॉट्स ऑन पाकिस्तान* को एक विशेष संदर्भ में लिखी गयी पुस्तक के रूप में ही देखा जाना चाहिए, हालाँकि आरएसएस इस पुस्तक को मुस्लिमों के नकारात्मक चित्रण के लिए लगातार इस्तेमाल करता रहा है।

इसके अलावा, संघ परिवार की यह कोशिश रही है कि वह अस्पृश्यता का ठीकरा मुस्लिम शासकों के मत्थे मढ़ दे और हिंदू धर्म की संस्कृति और इतिहास को इसके बोझ से मुक्त कर दे। इस संदर्भ में डॉ. विजय सोनकर शास्त्री जैसे संघ से जुड़े दलित विद्वानों ने अपने लेखन के माध्यम से एक वैकल्पिक इतिहास पेश करने की कोशिश की है। शास्त्री ने अपनी कई पुस्तकों के माध्यम से इस बात पर ज़ोर दिया है कि मुस्लिम शासन के आगमन के बाद ही भारत में अस्पृश्यता का उदय हुआ। उनके अनुसार, जिन ब्राह्मणों और क्षत्रिय लोगों ने इस्लाम धर्म को अपनाने से इंकार कर दिया, उन्हें मल ढोने और चमड़े के काम में लगा दिया गया।[49] असल में, समय-

[48] वही : 131. ; पार्थ चटर्जी इस बात पर ज़ोर देते हैं कि यदि आम्बेडकर के सिद्धांत का अनुसरण करते हुए मुस्लिम अल्पसंख्यक के लिए विधायिकाओं में आरक्षण का प्रावधान किया जाता, तो यह भाजपा के लिए बाधा का काम करता, जो कि छह दशकों के बाद देश में एक स्थायी सांप्रदायिक बहुमत के निर्माण का प्रयास कर रही है. देखें, वहीं : 133.

[49] विकास पाठक (2015); डॉ. विजय सोनकर शास्त्री के इन विचारों के लिए देखें, डॉ. विजय सोनकर शास्त्री (2014); (2016); शास्त्री के इन पुस्तकों का विमोचन आरएसएस के सरसंघचालक मोहन भागवत ने किया. आरएसएस में पदाधिकारियों के पदसोपान में नंबर दो की हैसियत रखने वाले भैयाजी जोशी के अनुसार, हिंदू धर्मग्रंथों में शूद्र कभी भी अस्पृश्य नहीं माने जाते थे. मध्य युग में 'इस्लाम के अत्याचारों के कारण ही अछूतों, दलितों और भारतीय मुस्लिमों का उदय हुआ. वे इस बात पर भी ज़ोर देते हैं कि चंद्रवंशीय क्षत्रियों के हिंदू स्वाभिमान को खंडित करने के लिए अरब के विदेशी आक्रांताओं, मुस्लिम शासकों और गोमांस खाने वालों ने उन्हें गायों को मारने, उनकी चमड़ी निकालने और उनके शवों को ख़ाली स्थानों पर फेंकने का काम दे दिया.

समय पर संघ परिवार से जुड़े कई पदाधिकारी भी इस थीसिस पर ज़ोर देते रहे हैं। कांचा इलैया और मोहसिना अंजुम अंसारी ने भी विजय सोनकर शास्त्री के दावों को पूरी तरह नकार दिया है। उन्होंने प्राचीन हिंदू धर्मग्रंथों के हवाले से यह साबित करने का प्रयास किया है कि भारत में इस्लाम के एक धर्म के रूप में सामने आने से पहले से अस्पृश्यता थी क्योंकि इन धर्मग्रंथों की रचना इस्लाम के एक धर्म के रूप में उदय होने के पहले की गयी थी। इस संदर्भ में वे *मनुस्मृति*, *ऋग्वेद* और *गीता* का हवाला देते हुए यह इस बात पर ज़ोर देते हैं कि ये सभी धर्मग्रंथ अस्पृश्यता के सुपरिभाषित व्यवहार को मान्यता देते हैं।[50] वे अल-बरूनी अबू रिहान मोहम्मद बिन अहमद, जो कि अल-बरूनी के नाम से प्रसिद्ध हैं, की प्रसिद्ध पुस्तक *तारीख़-अल-हिंद* के अंग्रेज़ी अनुवाद *अल-बरूनीज इंडिया* में दिये गये विवरणों के माध्यम से यह स्थापित करने का प्रयास करते हैं कि भारत में व्यवस्थित रूप से मुस्लिम शासन की स्थापना होने से पहले भी अस्पृश्यता बड़े पैमाने पर मौजूद थी। अल-बरूनी 11वीं सदी में मोहम्मद गजनवी के साथ भारत आये थे और वे काफ़ी समय तक यहाँ रहे थे। उन्होंने अपने वर्णन में भारत में अस्पृश्यता की अस्तित्व और सामाजिक स्तर पर इसके व्यवहार को रेखांकित किया है। ब्राह्मण, क्षत्रिय, वैश्य और शूद्रों की चर्चा करने के बाद वे अछूतों के बारे में बताते हैं। उनके अनुसार, जिन लोगों को हाड़ी, डोम, चंडाल और बधातु के रूप में जाता। वे किसी भी जाति के सदस्य नहीं होते हैं। वे गाँवों की सफ़ाई और अन्य गंदा माने जाने वाले कामों में लगे रहते हैं। इन्हें एक वर्ग के रूप में माना जाता है, और इन्हें इनके पेशे के अनुसार अलग किया जाता है।[51] इसीलिए कांचा इलैया और मोहसिना अंजुम अंसारी ने सोनकर शास्त्री और आरएसएस के अन्य विद्वानों के इस दावे को पूरी तरह नकारा है, जिसमें वे अस्पृश्यता को मध्ययुगीन मुस्लिम शासन की देन मानते हैं। वे इसे पूरी तरह

इस तरह, विदेशी शासकों ने गर्वशाली हिंदू क़ैदियों को सज़ा देने के लिए उनसे ऐसे काम करवाए, और चर्म-कर्मा जाति का निर्माण किया. देखें, डी. के. सिंह (2014).

[50] कांचा इलैया और मोहसिना अंजुम अंसारी (2015).

[51] कांचा इलैया और मोहसिना अंजुम अंसारी (2015).

से झूठ और ऐतिहासिक मिथक की संज्ञा देते हैं।[52] इसी तरह, ख़ुद आम्बेडकर ने भी इस बात पर बल दिया कि अस्पृश्यता 400 ईस्वी के आस-पास आरंभ हुआ जब गोमांस के सेवन पर प्रतिबंध लगा दिया गया, और जो लोग गोमांस खाते रहें, उन्हें अस्पृश्य घोषित कर दिया गया। स्पष्टत: हिंदुओं ने ही अस्पृश्यता को जन्म दिया।[53]

यह भी सच है कि आरएसएस ने दलितों के प्रति अपने नज़रिये में लगातार परिवर्तन करते हुए उनके बीच अपनी पैठ बढ़ाने का प्रयत्न किया है। मसलन, 1970 के दशक में इसने जाति व्यवस्था पर अपने विचारों में परिवर्तन करते हुए यह कहना शुरू किया उसका जाति में विश्वास नहीं है। 1980 के दशक के आरंभ में फुले और आम्बेडकर के नाम को दैनिक प्रात:कालीन प्रार्थना में सम्मिलित किया गया। आम्बेडकर पर अपनी दावेदारी मजबूत करने के लिए 1983 में आरएसएस द्वारा सामाजिक समरसता मंच की स्थापना की गयी। हेडगेवार और आम्बेडकर के बीच संश्लेषण या समन्वय स्थापित करने का प्रयास किया गया। फिर, संघ परिवार के कुछ संगठनों ने ख़ुद को आम्बेडकर और उनके अनुयायियों से जोड़ने के लिए 14 अप्रैल और 6 दिसंबर के दिन कार्यक्रम आयोजित करना शुरू कर दिया। गोपाल गुरु का मानना है कि आरएसएस आम्बेडकर को अपनाकर अपनी छवि को मज़बूत बनाना चाहती थी, लेकिन इसके साथ ही वह आम्बेडकर के रैडिकल परिवर्तनकारी विरासत पर दावा नहीं करना चाहती थी। इसीलिए उन्होंने इसे आम्बेडकर का 'हिंदूकरण' करने की रणनीति की संज्ञा दी।[54] हाल के दौर में, नरेंद्र मोदी सरकार आम्बेडकर के लिए दिल्ली में स्मारक का निर्माण करवाया। इसने यह सुनिश्चित किया कि

---

[52] वही.

[53] देखें, भीम राव आम्बेडकर (2015); आम्बेडकर के इस आलेख का शीर्षक है : 'अस्पृश्यता, मृत गाय और ब्राह्मणवाद'. यह आलेख इस पुस्तक में भी संकलित है. यह आम्बेडकर के 1948 में प्रकाशित रचना द *अनटचेबल्स : हू वेयर दे ऐंड व्हाय दे बिकेम अनटचेबल्स* के दसवें से चौदहवें अध्यायों के मुख्य अंशों से संकलित की गयी है. ग़ौरतलब है कि यह रचना महाराष्ट्र सरकार द्वारा 1990 में प्रकाशित डॉ. बाबासाहेब आम्बेडकर : राइटिंग्स ऐंड स्पीचेज के सातवें खंड में पुनर्मुद्रित की गयी थी.

[54] गोपाल गुरु (1991) : 339-41.

वे लंदन में जिस घर में रहें, उसे भी एक स्मारक बनाया जाए।[55] इसके अलावा, संघ ने भी लगातार यह प्रयास किया है कि अगर उसके किसी काम से दलित नाराज़ न हों।[56]

कुल-मिलाकर यह कहा जा सकता है कि हिंदुत्व की राजनीति ने दलितों को अपने साथ जोड़ने में काफ़ी हद तक कामयाबी हासिल की है। उसकी इस कामयाबी में निम्नलिखित कारकों की भूमिका स्पष्ट रही है : पहला, उन्होंने मुस्लिमों को दलितों सहित हिंदुओं के एक साझे शत्रु के रूप में प्रस्तुत और स्थापित करने पर ज़ोर दिया है। दूसरा, मुस्लिमों को शत्रु के रूप में प्रस्तुत करने के लिए आरएसएस ने आम्बेडकर के लेखन में मुस्लिमों के वर्णन को इस रूप में इस्तेमाल किया है, मानो आम्बेडकर के विचार भी मुस्लिमों को भरोसे के लायक़ न मानने के आरएसएस के विचारों के अनुरूप थे। हालाँकि आम्बेडकर ने मुस्लिमों और हिंदुओं — दोनों की आलोचना की, लेकिन इस तथ्य से इंकार नहीं किया जा सकता कि मुस्लिमों के बारे में उनका वर्णन कुछ हद तक दक्षिणपंथी हिंदुत्ववादी ताक़तों द्वारा फैलाए गये रूढ़िबद्ध या स्टीरियोटाइप सोच के अनुरूप लगता है, और इसलिए उनके द्वारा आम्बेडकर के इस लेखन का काफ़ी उपयोग (दुरुपयोग) भी किया गया है। तीसरा, इसके लिए सिर्फ़ राजनीतिक बयानबाज़ी के बजाय ठोस रूप से इतिहास की 'पुनर्व्याख्या' करने पर ज़ोर दिया गया है, और ऐसा करते हुए अस्पृश्यता के लिए मुस्लिम शासकों को ज़िम्मेदार ठहराने का हर संभव प्रयत्न किया गया है। चौथा, इसके अलावा, आरएसएस ने अपने भीतर भी काफ़ी बदलाव किया है, इसने आम्बेडकर को सम्मान देकर, दलितों को पद देकर और *मनुस्मृति* जैसे ग्रंथों को त्यागकर दलितों में अपने पैठ बढ़ायी है। इसलिए यह आश्चर्य की बात नहीं है कि पिछले दो दशकों में मुस्लिमों के ख़िलाफ़ हुए दंगों में दलितों ने काफ़ी बढ़-चढ़कर हिस्सा लिया है। इस संदर्भ

[55] आनंद तेलतुम्बडे ने इसे आम्बेडकर के 'स्मारक बनाने, लेकिन उनके मिशन को दफ़नाने' की संज्ञा दी. देखें, आनंद तेलतुम्बडे (2015).

[56] मसलन देखें, वॉल्टर ऐंडर्सन और श्रीधर डी. दामले (2018) : 89-90.

में विशेष रूप से गुजरात दंगों का उल्लेख किया जा सकता है।[57] ऐसे में यह सवाल लाज़िमी है कि क्या दलितों और मुस्लिमों के सहयोग की कोई संभावना मौजूद है? क्या कोई ऐसा साझा आधार तैयार हो सकता है जो दलितों और मुस्लिमों को एक साथ जुड़कर राजनीतिक और सामाजिक स्तर पर काम करने के लिए प्रेरित करें।

दलित और मुस्लिम : राजनीतिक सहयोग का रास्ता और दुश्वारियाँ

यह माना जाता है कि सामाजिक, आर्थिक और राजनीतिक स्तर पर दलित और मुस्लिम भारत के सबसे वंचित तबक़ों में सम्मिलित हैं। हाल के दशकों में हिंदुत्ववादी राजनीति के उभार के बाद मुस्लिमों का हाशियाकरण बढ़ा है; दलितों का एक तबक़ा ज़रूर भाजपा के निकट गया है लेकिन एक बड़ा भाग अभी भी भाजपा से दूर है। हालाँकि भाजपा के नज़दीक या दूर जाने से दलितों के ख़िलाफ़ होने वाले उत्पीड़न की घटनाओं पर कोई गहरा प्रभाव नहीं पड़ा है। अर्थात् अभी भी दलित विविध स्तरों पर वंचना, अस्पृश्यता और शोषण सहने के लिए मजबूर हैं। मुस्लिमों में दलित मुस्लिमों की स्थिति ज़्यादा ख़राब है, क्योंकि उन्हें अपने समुदाय के भीतर भी बहिष्करण, और कई मामलों में अस्पृश्यता का सामना करना पड़ता है, लेकिन कुल-मिलाकर एक धार्मिक समूह के रूप में भी मुस्लिमों की स्थिति बहुत बेहतर नहीं मानी जा सकती है।[58] ऐसे में, सिर्फ़ राजनीतिक स्तर पर ही नहीं, बल्कि जीवन के अन्य आयामों में भी दलित और संपूर्ण मुस्लिम समुदाय के बीच सहयोग का प्रश्न काफ़ी प्रासंगिक हो जाता है। आख़िर इस तरह के सहयोग की क्या संभावनाएँ हैं, और इसके रास्ते में किस तरह की मुश्किलें हैं? क्या हाल

---

[57] आनंद तेलतुम्बडे और कांचा इलैया जैसे विद्वानों ने इस तथ्य को स्वीकार किया कि 2002 के गुजरात दंगों में दलितों ने भी हिंदुत्ववादी शक्तियों की ओर से बढ़-चढ़कर हिस्सा लिया. देखें, आनंद तेलतुम्बडे (2005); और कांचा इलैया (2002).

[58] मुस्लिमों की स्थिति के बारे में विश्लेषण के लिए भारत सरकार द्वारा में गठित रजिंदर सच्चर समिति की रिपोर्ट देखी जा सकती है. इसका गठन मार्च 2005 में किया गया और इसने नवंबर 2006 में अपनी रपट प्रस्तुत की. देखें, गवर्नमेंट ऑफ़ इंडिया (2006).

के समय में इस तरह के सहयोग या गठजोड़ निर्माण की प्रक्रिया ने उन सभी मुद्दों को गंभीरता से लिया है, जो इन दो समुदायों के जीवन को प्रभावित करती है?

दलित दृष्टिकोण से विचार करने वाले कुछ प्रमुख विद्वानों में से एक कांचा इलैया ने इस संदर्भ में मुस्लिम बुद्धिजीवी वर्ग की भूमिका का परीक्षण किया है। ऐसा प्रतीत होता है कि कांचा इलैया दलित, आदिवासी और अन्य पिछड़ी जातियों के मुस्लिमों से संबंध के बारे में पूरी ज़िम्मेदारी मुस्लिम बुद्धिजीवी वर्ग पर डाल देते हैं। उनके अनुसार, मुस्लिम बुद्धिजीवी वर्ग को जाति और अस्पृश्यता के मुद्दे पर उदासीन रहने के लिए ज़िम्मेदार ठहराया जा सकता है। वे मानते हैं कि ऐतिहासिक रूप से अंग्रेज़ों के आगमन से पहले मुस्लिम शासकों और विद्वानों ने जाति के प्रश्न को समझने का कोई प्रयास नहीं किया, और यह अचरज की बात है कि उस समय या बाद में उन्होंने दलित-बहुजनों के लिए कोई सामाजिक या शैक्षणिक कार्य नहीं किया। कांचा इलैया यह रेखांकित करते हैं कि बाद के दौर में भी मुस्लिम विद्वानों ने मुख्य रूप से शासक वर्ग के सामंती विचारधारा के अनुसार काम किया है, और कुछ अपवादों को छोड़कर (मसलन, इतिहासकार इरफ़ान हबीब) उनके द्वारा जातिगत अत्याचारों को गंभीरता से नहीं लिया गया है। उनके अनुसार, इस्लाम में न तो कोई खोजी परंपरा है, और न ही सामाजिक सेवा की कोई ऐसी परंपरा है, जिसमें इस्लाम अपनाने वाले लोगों के साथ सामाजिक स्तर पर मेल-जोल बढ़ाया जाए। वे इनकी तुलना ईसाई मिशनरियों के कामों से करते हैं, और वे यह कहते हैं कि मुस्लिम बुद्धिजीवियों को उनसे यह सीखना चाहिए कि वे कैसे दलित, आदिवासी और ओबीसी के साथ एक भरोसे का संबंध बना सकते हैं।[59]

इसी तरह, गेल ऑम्वेट ने यह विचार व्यक्त किया है कि आम्बेडकर और अन्य जाति-विरोधी सुधारकों ने ब्राह्मणवाद और जाति के साझा विरोध के रूप में एकता का एक आधार प्रस्तुत किया क्योंकि ब्राह्मणवाद से दलित और

[59] कांचा इलैया (2002).

मुस्लिम दोनों ही पीड़ित थे, लेकिन उदारवादी मुस्लिमों ने इसकी उपेक्षा की।[60] ऑम्वेट के अनुसार, भविष्य के लिए एक ठोस दलित और मुस्लिम गठजोड़ से ही एक समृद्ध, समानतावादी और जाति तथा पितृसत्ता से मुक्त भारत का निर्माण हो सकता है। उनके अनुसार, मुस्लिम इसमें तीन तरह से योगदान दे सकते हैं : पहला, एक ऐसी मुस्लिम संस्कृति का निर्माण करके, जो अतीत के कलात्मक और सांस्कृतिक उपलब्धियों को फिर से हासिल करे, आधुनिकतावाद का समर्थन करे। एक प्रामाणिक रूप से बहुलवादी समाज के भीतर अपनी पहचान क़ायम रखने की दिशा में काम करने वाला इस्लाम भारतीय राष्ट्रीय समुदाय के आधारों के पुनर्निर्माण में एक शक्तिशाली ताक़त की भूमिका निभा सकता है। दूसरा, मुस्लिमों को यह स्वीकार करने की आवश्यकता है कि भारतीय समाज के भीतर प्रभुत्वशाली बन चुके ब्राह्मणवाद से संघर्ष करना एक विशेष कार्य है। भारतीय संस्कृति को ब्राह्मणवाद के जकड़न से मुक्त करने से ही एक प्रामाणिक राष्ट्रीय विकास का आधार तैयार होगा। 'हिंदू-मुस्लिम एकता' की रूपरेखा के तौर पर गाँधीवाद को स्वीकार करने से यह काम नहीं होगा। इसे सिर्फ़ आम्बेडकर , फूले, पेरियार, लयोथी थास — और वर्तमान समय में मायावती और कांशीराम के माध्यम से आने वाली दलित आवाज़ को सुनकर ही किया जा सकता है। तीसरा, चूँकि दलित एक नयी आस्था की तलाश में है, इसलिए इस्लाम को इस प्रक्रिया में भागीदारी करनी चाहिए। एक स्वायत्त समुदाय के रूप में दलितों का सम्मान किया जाना चाहिए।[61]

उपरोक्त दोनों विचारकों का दलित चिंतन में काफ़ी सम्मानजनक स्थान है, लेकिन ऐसा प्रतीत होता है कि दलित और मुस्लिम एकता के संदर्भ में ये सारी ज़िम्मेदारी मुस्लिमों पर डाल देते हैं। इस संदर्भ में कुछ प्रमुख बिंदुओं पर ध्यान देने की ज़रूरत है : पहला, कांचा इलैया गुजरात दंगों में दलितों, आदिवासियों और ओबीसी की भागीदारी का ठीकरा मुस्लिम बुद्धिजीवी

---

[60] गेल ऑम्वेट (2005).

[61] वही.

वर्ग पर डाल देते हैं, किंतु वे दलित बुद्धिजीवी वर्ग और उसकी नाकामी की बारे में पूरी तरह ख़ामोश रहते हैं। उनकी पूरी की पूरी शिकायत मुस्लिम बुद्धिजीवी वर्ग से है जिसने दलितों के लिए उस तरह काम करने की कोशिश नहीं की, जैसे कि ईसाई मिशनरियों ने की। दूसरा, दलित और मुस्लिम एकता के संदर्भ में गेल ऑम्वेट भी पूरी ज़िम्मेदारी मुस्लिमों पर ही डाल देती हैं, और परोक्ष रूप से उन्हें आधुनिकतावाद को अपनाने की सलाह देती हैं। तीसरा, यह भी ग़ौरतलब है कि जब ये दोनों लेख लिखे गये, उसके पहले ही गुजरात दंगों के बाद मायावती भाजपा के साथ मिलकर तीसरी बार सरकार बना चुकी थीं। लेकिन दोनों में से कोई लेखक मायावती के इस क़दम की आलोचना या समीक्षा नहीं करता। ऑम्वेट दो क़दम आगे जाकर मुस्लिमों से कहती हैं कि वे 'दलित आवाज़ों' को सुनें, और इसमें वे मायावती और कांशीराम की आवाज़ों को प्रमुख स्थान देती हैं। आख़िर गुजरात दंगे में सक्रिय भागीदारी करने वाले संगठन अर्थात् आरएसएस-भाजपा से सहयोग करने वाली मायावती की आवाज़ सुनकर मुस्लिम कौन सी राहत पा सकते हैं? ऑम्वेट और इलैया — दोनों ही दलित नेतृत्व को आलोचना की कसौटी पर कसने से बचते हैं। चौथा, मुस्लिमों के भीतर दलित जातियों के अस्तित्व और उन्हें अनुसूचित जाति की श्रेणी में शामिल करने और इसे दलित और मुस्लिम एकता का आधार बनाने के संदर्भ में दोनों विद्वान पूरी तरह से ख़ामोश हैं।

असल में, सिर्फ़ दलित मुद्दों पर लिखने वाले विद्वानों ने ही दलित और मुस्लिम एकता के विभिन्न आयामों की निष्पक्ष विश्लेषण की अवहेलना नहीं की है, बल्कि राजनीतिक स्तर पर भी मुख्य रूप से यही प्रवृत्ति रही है। दलित नेताओं/बुद्धिजीवियों ने मुस्लिमों को, और मुस्लिमों ने दलितों को एक ऐसे बड़े व्यापक मतदाता समूह के रूप में देखा है, जिसके माध्यम से वे चुनावी राजनीति में अपना लक्ष्य हासिल कर सकते हैं। मिसाल के तौर पर, नवंबर 2016 में जमात उलेमा ए हिंद ने अपने अजमेर सम्मेलन में दलित और मुस्लिम एकता का आह्वान किया। एक टीकाकार अरशद आलम ने इस

प्रकार के पहल की प्रशंसा की क्योंकि दलित और मुस्लिम—दोनों ही हाशिये पर पड़े समूह हैं, और दक्षिणपंथी दलों के दमन का शिकार हो रहे हैं। हालाँकि वे इस बात पर भी ज़ोर देते हैं कि मुस्लिमों को अपने समुदाय के भीतर मौजूद जातिगत भेदभावों की भी शिनाख़्त करनी होगी। ऐसा होने पर ही वास्तविक अर्थों में दलित और मुस्लिम एकता स्थापित हो सकती है।[62]

असल में, हाल के दशकों में दलित और मुस्लिम गठजोड़ को दक्षिणपंथी राजनीति के एक आकर्षक और प्रगतिशील विकल्प के रूप में देखा जाने लगा है। 1990 के दशक के पहले उत्तर प्रदेश में ये दोनों समूह मोटे तौर पर कांग्रेस के साथ थे। बाद में कांग्रेस कमज़ोर होने और बाबरी मस्जिद विध्वंस के कारण मुस्लिम कांग्रेस से दूर हुए और बसपा के उभार ने दलितों को कांग्रेस से दूर किया। 1993 के विधानसभा चुनावों में सपा-बसपा गठबंधन ने भाजपा को क़रारी मात दी। सामाजिक स्तर पर, इसे दलित, मुस्लिम और पिछड़ी जातियों (मुख्यत: यादव और कुछ अन्य जातियों) के गठजोड़ के रूप में देखा गया। बाद के समय में बसपा और इसकी नेता मायावती ने भाजपा के समर्थन से तीन बार उत्तर प्रदेश में सरकार बनायी। 2002 के गुजरात दंगों के बाद भी उन्होंने न सिर्फ़ भाजपा से अपना राजनीतिक संबंध बनाया, बल्कि इन दंगों के बाद हुए चुनावों में उन्होंने गुजरात जाकर नरेंद्र मोदी का प्रचार भी किया। यद्यपि भाजपा की सांप्रदायिक राजनीति को हराने के नाम पर उन्हें चुनावों में मुस्लिम मतदाताओं के मत मिले, किंतु बसपा के लगातार बदलते रुख़ के कारण दलित और मुस्लिमों के बीच में सामाजिक स्तर पर एक सहज संबंध नहीं बन पाया। अर्थात् राजनीतिक गठजोड़ सामाजिक गठजोड़ में तब्दील नहीं हो पाया। इसका एक बड़ा कारण यह भी है कि दलित नेताओं ने भी अन्य दलों और नेताओं की तरह मुस्लिमों को एक ईकाई के रूप में देखा, और उन्होंने मुस्लिमों के बीच मौजूद भिन्नता या असमानता के सवालों को उठाने की जहमत नहीं उठायी।

---

[62] अरशद आलम (2016).

मायावती की तरह ही कई अन्य बड़े किंतु क्षेत्रीय दलित नेताओं ने भी समय-समय पर भाजपा से गठजोड़ किया। रामविलास पासवान भी एक बड़े दलित नेता रहे हैं। 2002 में इन्होंने राष्ट्रीय जनतांत्रिक गठबंधन को गुजरात दंगों को हवाला देते हुए छोड़ दिया था। बाद में, 2014 में उन्होंने भाजपा के साथ फिर से गठजोड़ कर लिया। रामदास अठावले एक अन्य नेता हैं जिन्होंने सुविधा के अनुसार पाला बदला है। असल में, दलित नेताओं के रुख़ में इस तरह बदलाव होने के कारण राजनीतिक स्तर पर दलित और मुस्लिम गठजोड़ का निर्माण नहीं हो पाया है।[63] हाल के दौर में, असदुद्दीन ओवैसी की पार्टी ऑल इंडिया मजलिस-ए-इत्तेहादुल मुस्लमीन ने इस बात की लगातार तरफ़दारी की है कि दलितों और मुस्लिमों के बीच में राजनीतिक गठजोड़ बनना चाहिए। मसलन, 6 अप्रैल, 2018 को जमात-ए-उलमा हिंद (मौलान अरशद मदानी ग्रुप) द्वारा हैदराबाद में आयोजित सम्मेलन को संबोधित करते हुए उन्होंने कहा कि 'हर 15 मिनट में दलितों का उत्पीड़न होता है, उन्हें पीटा जाता है। उनके ख़िलाफ़ होने वाले अपराध में 66 प्रतिशत की वृद्धि हुई है। हमें दलित भाइयों के साथ मिलकर काम करना होगा। बहुत वर्षों से उनका उत्पीड़न हो रहा है। आज दलित मुस्लिमों की ओर कुछ उम्मीदों से देख रहे हैं। क्या ये दोनों उत्पीड़ित समुदाय एक साथ आएँगे? मुझे भरोसा है कि वे आ सकते हैं।[64]

बहरहाल, दलित और मुस्लिम गठजोड़ की चुनौतियों और संभावनाओं के बारे में कुछ बिंदुओं को रेखांकित किया जा सकता है : पहला, अमूमन इस तरह का गठजोड़ नेताओं, पार्टियों या कार्यकर्ताओं के बीच गहरे सैद्धांतिक समझ और दीर्घकालिक योजना का नतीजा नहीं होती हैं, बल्कि तात्कालिक चुनावी हितों से प्रभावित होती हैं। इसके कारण, ऐसे गठजोड़ हर चुनाव में सामने आते हैं और फिर कुछ समय बाद बिखर जाते हैं।

---

[63] महाराष्ट्र में दलित आंदोलन और दलितों की राजनीति करने वाले दलों और आरएसएस भाजपा से उनके संबंधों को समझने के लिए देखें सुहास पल्शीकर (2005).

[64] 'ओवैसी पिचेस फ़ॉर दलित मुस्लिम यूनिटी', *द हिंदू*, 7 अप्रैल, 2018.

अधिकांश प्रमुख दलित नेता कभी-न-कभी भाजपा की मदद से सत्ता का स्वाद चख चुके हैं, जो मुस्लिमों के बीच उनकी विश्वनीयता को कम करता है। दूसरा, सामाजिक स्तर पर दलित या मुस्लिम बुद्धिजीवियों ने अपने-अपने समुदायों के लोगों के बीच समरसता को बढ़ाने की कोशिश नहीं की है। तीसरा, इस आलेख के पिछले भाग में मैंने यह विश्लेषण किया है कि आरएसएस और भाजपा द्वारा दलितों को अपनी ओर खींचने के प्रयास में मुस्लिमों को एक शत्रु के रूप में चित्रित करने का प्रयास किया गया है। इसके लिए वे कई बार आम्बेडकर के विचारों को भी हथियार के रूप में इस्तेमाल करते हैं। दलित बुद्धिजीवियों या दलों ने इससे निपटने के लिए कोई व्यवस्थित या सक्रिय प्रयास नहीं किया है।

हालाँकि इस बात से भी इंकार नहीं किया जा सकता है कि दलित और मुस्लिम समुदायों के बीच सहयोग की संभावनाएँ भी काफ़ी हैं। आम्बेडकर जन संघर्षों के लिए एक मज़बूत प्रतीक के रूप में उभरे हैं। दिसंबर 2019 में नागरिकता संशोधन क़ानून के ख़िलाफ़ हुए आंदोलनों में मुस्लिम महिलाओं द्वारा शाहीन ब़ाग में किये गये लम्बे प्रदर्शनों में गाँधी के साथ-साथ आम्बेडकर की तस्वीरें भी प्रमुखता से लगी होती थीं। इसके अलावा, बहुत से आम्बेडकर वादी विद्वान और कार्यकर्ता मुस्लिमों की उत्पीड़न के मुद्दे पर और मुस्लिम एक्टिविस्ट दलितों के साथ होने वाले अत्याचारों का मुखरता से विरोध करते रहे हैं। हालाँकि साझापन और सहयोग के इस आधार को विस्तृत करने के लिए काफ़ी ज़्यादा काम करने की आवश्यकता है।

निष्कर्ष

दलित और मुस्लिम समुदायों आपसी संबंधों की कई जटिल परतें हैं। इसमें कोई संदेह नहीं है कि इन व्यापक समुदायों के भीतर कई स्तरों पर असमानताएँ और आंतरिक भिन्नताएँ मौजूद हैं। इस संदर्भ में इस आलेख में विशेष रूप से मुस्लिम के भीतर अस्पृश्यता की मौजूदगी और दलित-मुस्लिम श्रेणी से जुड़े विभिन्न आयामों का विश्लेषण किया गया है। निश्चित

रूप से, यह एक ऐसा आयाम है जिस पर कोई बड़ा मुस्लिम नेता या मुस्लिमों और दलितों की एकता की बात करने वाले नेता ज़्यादा ध्यान नहीं देते। अमूमन मुस्लिम नेता या विद्वान इसे अपने समुदाय की 'छवि' से जोड़कर देखते हैं, और दलित विद्वान या नेता इस प्रश्न को दूसरे समुदाय के आंतरिक मसलों में दख़लंदाज़ी मानते हुए इस पर बात नहीं करते। लेकिन दलित-मुस्लिमों की स्थिति ऐसी है कि उन्हें अनुसूचित जाति की श्रेणी में सम्मिलित करके राज्य की सकारात्मक कार्रवाई का लाभ दिया जाना चाहिए। इससे उनकी स्थिति में सुधार हो सकता है।

आरएसएस की राजनीति की सफलता और दलित तथा मुस्लिम नेताओं की अदूरदर्शिता के कारण भारत के राजनीतिक परिदृश्य में दो सबसे हाशियाकृत समूहों अर्थात् दलितों और मुस्लिमों के साथ जुड़कर अपने हितों की प्राप्ति के प्रयासों को मजबूती नहीं मिल सकी है। इतिहास की नवीन व्याख्याओं और मुस्लिमों के ख़िलाफ़ भ्रामक प्रचार तथा इसके लिए कई बार आम्बेडकर के लेखन का इस्तेमाल करके आरएसएस ने दलितों के मन में मुस्लिमों के ख़िलाफ़ ज़हर भरने में कामयाबी पायी है। इसी कारण बहुत मुस्लिम विरोधी दंगों में दलितों ने बढ़-चढ़कर हिस्सा लिया है। बसपा में जाटव जाति के वर्चस्व ने भी भाजपा का काम आसान किया है। हालाँकि दलित और मुस्लिमों को साथ लाने का विचार काफ़ी आकर्षक है, और समय-समय पर कई राजनीतिज्ञ इसके लिए प्रयास भी करते रहते हैं, लेकिन इसके लिए दीर्घकालिक योजना बनाकर सामाजिक स्तर पर काम करने की आवश्यकता है। निश्चित रूप से, यदि गहरे समझ के साथ ये दो समुदाय (या इनका बड़ा हिस्सा) एक साथ आते हैं, तो इससे भारतीय राजनीति में आमूलचूल परिवर्तन हो सकता है।

संदर्भ

अली अनवर (2005) *मसावत की जंग* (स्ट्रगल फ़ॉर इक्वैलिटी), अनुवाद : मोहम्मद इमरान अली और जाकिया जौहर, इंडियन सोशल इंस्टीट्यूट, नयी दिल्ली.

अनुपम कुमार सिंह (2019), 'वतन के बदले कुरान के प्रति वफ़ादार हैं मुस्लिम, वे कभी हिंदुओं को स्वजन नहीं मानेंगे : आम्बेडकर', ऑफ़ इंडिया, 21 अक्टूबर, वेब पता : https://hindi.opindia.com/opinion/social-issues/when-babasaheb-bhimrao-ambedkar-criticised-islam/], देखने की तारीख़: 5 जुलाई, 2020.

अभिषेक बनर्जी (2018), '10 थिंग्स आम्बेडकर सेड दैट इंडियन सेक्युलरिस्ट वुडंट बियर टू हियर', ऑप इंडिया, 11 अप्रैल, वेब पता : https://www.opindia.com/2018/04/10-things-ambedkar-said-that-indian-secularists-wouldnt-bear-to-hear/, देखने की तारीख़ : 5 जुलाई, 2020.

अमर उजाला (2019), 'दलित-मुस्लिम एकता के सख़्त विरोधी थे आम्बेडकर : सीएम योगी', 10 अप्रैल, वेब पता : https://www.amarujala.com/lucknow/lok-sabha-election-2019-cm-yogi-comment-on-ambedkar, देखने की तारीख़ 5 जुलाई, 2020.

अरशद आलम (2016), 'इज़ अ दलित-मुस्लिम यूनिटी पॉसिबल?' *न्यू ऐज इस्लाम*, 26 नवंबर, वेब पता : https://www.newageislam.com/interfaith-dialogue/arshad-alam,-new-age-islam/is-a-dalit-muslim-unity-possible/d/109203], देखने की तारीख़, 30 जून, 2020.

अश्विनी देशपांडे (2013), *अफ़र्मेटिव एक्शन इन इंडिया*, ऑक्सफ़र्ड इंडिया शॉर्ट इंट्रोडक्शन, ऑक्सफ़र्ड युनिवर्सिटी प्रेस, नयी दिल्ली.

आनंद तेलतुम्बडे (2005), 'हिंदुत्व, दलित ऐंड द नियोलिबरल ऑर्डर', आनंद तेलतुम्बडे (सं.), *हिंदुत्व ऐंड दलित्स : पर्सपेक्टिव फ़ॉर अंडरस्टैंडिंग कम्युनल प्रैक्सिस*, सौम्या, कोलकाता.

आनंद तेलतुम्बडे (2015), 'इन दाई नेम, आम्बेडकर ', *इकनॉमिक ऐंड पॉलिटिकल वीकली*, 50(40).

आफ़ताब आलम (2014), 'डिस्क्रिमिनेशन, मार्जिनलाइजेशन ऐंड डिमांड फ़ॉर रिकॉग्निशन : अ केस ऑफ़ दलित मुस्लिम्स इन इंडिया', आईसीएसएसआर, नयी दिल्ली तथा गिरी इंस्टीट्यूट ऑफ़ डिवेलपमेंट स्टडीज, लखनऊ द्वारा आयोजित सोशल साइंस कांग्रेस में प्रस्तुत लेख.

इम्तियाज़ अहमद (सं.), (1973) *कास्ट ऐंड सोशल स्ट्रैटिफ़िकेशन अमॉन्ग मुस्लिम्स इन इंडिया*, मनोहर, नयी दिल्ली.

इम्तियाज़ अहमद (2010), 'कैन देयर बी अ कैटेगरी कॉल्ड दलित मुस्लिम्स?', इम्तियाज़ अहमद और शशिभूषण उपाध्याय (सं.), *दलित असर्सशन इन सोसायटी, लिटरेचर ऐंड हिस्ट्री*, ऑरियंट ब्लैकस्वान, हैदराबाद.

इरफ़ान अहमद (2003), 'अ डिफ़रेंट जिहाद : दलित मुस्लिम्स चैलेंज टू अशराफ़ हेजिमनी, *इकनॉमिक ऐंड पॉलिटिकल वीकली*, खंड 38, अंक 46.

एम. एन. श्रीनिवास (1994), *कास्ट इन मॉडर्न इंडिया ऐंड अदर एसेज*, (11वाँ पुनर्मुद्रण) मीडिया प्रोमोटर्स ऐंड पब्लिशर्स प्राइवेट लिमिटेड, बॉम्बे (प्रथम प्रकाशन 1962)

कांचा इलैया (2002), 'दलित, ओबीसी ऐंड मुस्लिम रिलेशंस', *आउटलुक*, मई 29, वेब पता : https://www.outlookindia.com/website/story/dalit-obc-and-muslim-relations/215825, देखने की तारीख़ 12 अप्रैल, 2020.

कांचा इलैया और मोहसिना अंजुम अंसारी (2015), 'इज अनटचेबिलिटी इन इंडिया क्रिएटेड बाई इस्लाम', *मेनस्ट्रीम*, खंड LIII, अंक 43.

क्रिस्तॉफ़ जैफ़्रलो (2006), *डॉ. आम्बेडकर ऐंड अनटचेबिलिटी : एनालाइजिंग ऐंड फ़ाइटिंग कास्ट*, परमानेंट ब्लैक, रानीखेत (पहला प्रकाशन : 2005).

गवर्नमेंट ऑफ़ इंडिया (2005), *सोशियो-इकनॉमिक ऐंड एजुकेशनल स्टेट्स ऑफ़ द मुस्लिम कम्युनिटी ऑफ़ इंडिया : अ रिपोर्ट, प्राइम मिनिस्टर हाई लेवल कमिटी*, केबिनेट सेक्रेटेरियट, नयी दिल्ली.

गेल ऑम्वेट (2005), 'मुस्लिम-दलित रिलेशंस', *काउंटर करेंट*, ओरजी, 22 मई, वेब पता : %https://www.countercurrents.org/dalit-omvedt220505.htm, देखने की तारीख : 29 जून 2005.

गोपाल गुरु (1991), 'हिंदुआइजेशन ऑफ़ आम्बेडकर इन महाराष्ट्र,' *इकनॉमिक ऐंड पॉलिटिकल वीकली*, 16 फ़रवरी.

घनश्याम शाह, हर्ष मंदर, सुखदेव थोरात, सतीश देशपांडे और अमिता बाविस्कर (2006), *अनटचेबिलिटी इन रूरल इंडिया*, सेज, नयी दिल्ली.

गौस अंसारी (1960), *मुस्लिम कास्ट इन उत्तर प्रदेश : अ स्टडी इन कल्चरल कॉन्टेक्ट*, एथ्नोग्राफ़िक ऐंड फोक कल्चर सोसायटी, लखनऊ.

जॉयल ली (2018), 'हू इज़ अ टू हलालखोरः जिनियोलॉजी ऐंड एथिक्स इन दलित मुस्लिम ओरल ट्रेडिशंस', *कंट्रीब्यूशन्स टू इंडियन सोशियोलॉजी*, अंक 52, खंड 1.

जिया उस सलाम (2016), 'स्मूदरिंग विद अफेक्शन', *द हिंदू*, 25 मार्च, वेब पताः https://www.thehindu.com/opinion/columns/Ziya_Us_Salam/smothering-with-affection/article8396864.ece] देखने की तारीख़ : 2 जुलाई 2020.

डी. के. सिंह (2014), 'आरएसएस रिराइट्स हिस्ट्रीः दलित्स क्रिएटेड बाई इनवेडर्स', हिंदुस्तान टाइम्स, 22 सितंबर, वेब पता : https://www.hindustantimes.com/india/rss-rewrites-history-dalits-created-by-invaders/story-eyBt99Y2XbICUbadzCsSkM.html] ,देखने की तारीख़ : 2 जुलाई 2020.

डॉ. बाबासाहेब आम्बेडकर (1990), राइटिंग्स ऐंड स्पीचेज : पाकिस्तान ऑर द पार्टिशन ऑफ़ इंडिया, खंड 9, वसंत मून(सं.), गवर्नमेंट ऑफ़ महाराष्ट्र, बम्बई.

डॉ. विजय सोनकर शास्त्री (2014), *हिंदू वाल्मीकि जाति : एक गौरवशाली इतिहास के पतन का सिंहावलोकन*, प्रभात प्रकाशन, नयी दिल्ली.

————— (2016), *हिंदू चर्मकार जाति : एक स्वर्णिम गौरवशाली राजवंशीय इतिहास*, प्रभात प्रकाशन, नयी दिल्ली.

द हिंदू (2018),'ओवैसी पिचेस फ़ॉर दलित मुस्लिम यूनिटी', 7 अप्रैल, वेब पता : https://www.thehindu.com/news/cities/Hyderabad/owaisi-pitches-for-dalit-

muslim-unity/article23468991.ece, देखने की तारीख़ : 2 जुलाई, 2020.
पवन दीक्षित (2019), 'कोटिंग' आम्बेडकर , आरएसएस चीफ वार्न्स अगेंस्ट दलित-मुस्लिम अलायंस इन पॉलिटिक्स', *हिंदुस्तान टाइम्स*, 1 फ़रवरी, वेब पता : https://www.hindustantimes.com/lucknow/quoting-ambedkar-rss-chief-warns-against-dalit-muslim-alliance-in-politics/story-HBMYoE3jUTpRBnE3s5pO9N.html, देखने की तारीख़ : 2 जुलाई 2020.
पार्थ चटर्जी (2018), 'आम्बेडकर्स थियरी ऑफ़माइनॉरिटी राइट्स', सूरज येंगडे और आनंद तेलतुम्बडे (सं.) (2018), *द रैडिकल इन आम्बेडकर : क्रिटिकल रिफ्लेक्शंस*, पेंगुइन, नयी दिल्ली,
प्रशांत त्रिवेदी, श्रीनिवास गोली, फ़हिमुद्दीन और सुरिंदर कुमार (2016), 'डज अनटचेबिलिटी एग्जिस्ट अमंग मुस्लिम्स?' : एविडेंस फ्रॉम उत्तर प्रदेश' *इकनॉमिक ऐंड पॉलिटिकल वीकली*, 51(15).
फ़ैसल देवजी (2013), *मुस्लिम जियॉनः पाकिस्तान ऐज अ पॉलिटिकल आइडिया*, हार्वर्ड युनिवर्सिटी प्रेस, केम्ब्रिज, मैसाचुसेट्स.
बी. आर. आम्बेडकर (1941), *थॉट्स ऑन पाकिस्तान*, थैकर, बॉम्बे.
भीम राव आम्बेडकर (2015), 'अस्पृश्यता, मृत गाय और ब्राह्मणवाद', *प्रतिमान समय समाज संस्कृति*, खंड 3, अंक 2 (प्रथम प्रकाशनः 1948)
मसूद आलम फ़लाही (2007), *हिंदुस्तान में जाँत पात और मुसलमान*, अल काज़ी, दिल्ली.
सतीश देशपांडे और गीतीका बापना (2008), *दलित्स इन द मुस्लिम ऐंड क्रिश्चियन कम्युनिटीजः अ स्टेट्स रिपोर्ट ऑन करेंट सोशल साइंटिफिक नॉलेज*, राष्ट्रीय अल्पसंख्यक आयोग के लिए तैयार की गयी रिपोर्ट, गवर्नमेंट ऑफ़ इंडिया, नयी दिल्ली.
सुदीप्त कविराज (1992), 'द इमैजिनरी इंस्टीट्यूशंस ऑफ़ इंडिया', पार्थ चटर्जी और ज्ञानेंद्र पांडे (सं.), *सबॉल्टर्न स्टडीज VII*, ऑक्सफ़र्ड युनिवर्सिटी प्रेस, नयी दिल्ली.
———— (2010), 'अ स्टेट ऑफ़ कॉन्ट्राडिक्शंस : द पोस्ट-कोलोनियल स्टेट इन इंडिया', सुदीप्त कविराज (सं.), *द इमैजिनरी इंस्टीट्यूशंस ऑफ़ इंडिया : पॉलिटिक्स ऐंड आइडियाज*, परमानेंट ब्लैक, रानीखेत.
सुहास पल्शीकर (2005), 'महाराष्ट्रः दलित पॉलिटिक्स इन द हिंदुत्व ट्रैप', आनंद तेलतुम्बडे (सं.), *हिंदुत्व ऐंड दलित्स : पर्सपेक्टिव फ़ॉर अंडरस्टैडिंग कम्युनल प्रैक्सिस*, समय, कोलकाता.
वॉल्टर के. ऐंडर्सन और श्रीधर डी. दामले (2018), *द आरएसएस : अ व्यू टू द इनसाइड*, पेंगुइन-वाइकिंग, गुड़गाँव.
विकास पाठक (2015), 'दलित्स वर अपर कास्ट्स : बीजेपी लीडर', *द हिंदू*, 29 अक्टूबर 2015, वेब पताः https://www.thehindu.com/news/national/dalits-were-upper-castes-bjp-leader/article7815509.ece, देखने की तारीख़ : 7 अप्रैल, 2020.
वेंकट धुलीपाला (2015), *क्रिएटिंग अ न्यू मदीना : स्टेट पॉवर, इस्लाम ऐंड द क्वेस्ट फ़ॉर पाकिस्तान इन लेट कोलोनियल नॉर्थ इंडिया*, केम्ब्रिज युनिवर्सिटी प्रेस, नयी दिल्ली.
हिलाल अहमद (2019), *सियासी मुस्लिम्स : स्टोरी ऑफ़ पॉलिटिकल इस्लाम*, पेंगुइन, दिल्ली.

लेखक-परिचय

डॉ. भीम राव आम्बेडकर

भारतीय संविधान के निर्माता, महान मानवतावादी और आधुनिकतावादी चिंतक डॉक्टर भीम राव आम्बेडकर के मृत गाय और अस्पृश्यता के बीच के संबंधों की पड़ताल करने वाले लेखन के अंश को इस पुस्तक में सम्मिलित किया है। इसमें आम्बेडकर की 1948 में प्रकाशित रचना द *अनटचेबल्स : हू वेअर दे ऐंड व्हाय दे बिकेम अनटचेबल्स* के दसवें से चौदहवें अध्यायों के मुख्य अंशों से संकलित। यह रचना महाराष्ट्र सरकार द्वारा 1990 में प्रकाशित *डॉ. बाबासाहेब आम्बेडकर : राइटिंग्स ऐंड स्पीचेज़* के सातवें खंड में पुनर्मुद्रित की गयी थी।

गोपाल गुरु

गोपाल गुरु एक भारतीय राजनीतिक वैज्ञानिक हैं। इन्होंने अपने दार्शनिक रुझानों के कारण दलित विषयक चिंतन में सर्वथा नयी अंतर्दृष्टियाँ प्रस्तुत की हैं, और दलित जीवन और अवमानना के विभिन्न आयामों पर गहन अनुसंधान किया है। वे सेंटर फ़ॉर पॉलिटिकल स्टडीज, जवाहरलाल नेहरू विश्वविद्यालय, दिल्ली से सेवानिवृत्त हुए हैं। इसके पहले इन्होंने पुणे विश्वविद्यालय और दिल्ली विश्वविद्यालय में भी अध्यापन कार्य किया है। इन्होंने अंग्रेज़ी के साथ-साथ मराठी में भी लेखन किया है। वर्तमान में ये समाज विज्ञान की सुप्रसिद्ध

पत्रिका इकनॉमिक *ऐंड पॉलिटिकल वीकली* के संपादक हैं। इनकी कुछ प्रमुख पुस्तकें इस प्रकार हैं : *ह्यूमिलिएशन : कॉन्टेक्स्ट ऐंड क्लेम्स* (संपादित, 2011); द *क्रैक्ड मिरर: एन इंडियन डिबेट ऑन एक्सपीरियंस ऐंड थ्योरी* (सह-लेखक- सुंदर सरुक्कई, 2012); *एक्सपीरियंस कास्ट ऐंड द एवरीडे सोशल* (सह-लेखक- सुंदर सरुक्कई, 2019)। देश-विदेश के विभिन्न पत्रिकाओं और जर्नल में इनके कई आलेख प्रकाशित हुए हैं।

अभय कुमार दुबे

अभय कुमार दुबे विकासशील समाज अध्ययन पीठ (सीएसडीएस) में प्रोफ़ेसर हैं, और यहाँ पर भारतीय भाषा कार्यक्रम के निदेशक हैं। वे सीएस-डीएस से प्रकाशित होने वाले समाज विज्ञान और मानविकी के जर्नल *प्रतिमान समय समाज संस्कृति* के मुख्य संपादक भी हैं। भारत में एक सुपरिचित लोक बुद्धिजीवी के रूप में प्रसिद्ध अभय कुमार दुबे का रचना संसार काफ़ी व्यापक है। इनके द्वारा लिखित/संपादित कुछ प्रमुख पुस्तकें इस प्रकार हैं : *क्रांति का आत्म-संघर्ष : नक्सलवादी आंदोलन के बदलते चेहरे* (1990); *राजनीति की किताब* (संपादक, 2002) *लोकतंत्र के सात अध्याय* (2002) *आधुनिकता के आईने में दलित* (संपादक, 2003); *बीच बहस में सेकुलरवाद* (संपादक, 2005); *भारत का भूमंडलीकरण* (2003); *हिंदी में हम : आधुनिकता के कारख़ाने में भाषा और विचार* (2015); *सेकुलर/सांप्रदायिक : एक भारतीय उलझन के कुछ आयाम* (2016) *साहित्य में अनामंत्रित* (2018); *हिंदू एकता बनाम ज्ञान की राजनीति* (2019); इन्होंने *समाज विज्ञान विश्वकोश* (2013) के 6 खंडों का संपादन भी किया है। अभय दुबे ने बहुत-सी महत्त्वपूर्ण पुस्तकों का हिंदी में अनुवाद भी किया है।

भीखू पारेख

सुप्रसिद्ध राजनीतिक सिद्धांतकार भीखू पारेख 1982 से 2001 तक यूनिवर्सिटी ऑफ़ हल में राजनीति सिद्धांत के प्रोफ़ेसर रहे, तथा 2001 से 2009 तक वे यूनिवर्सिटी ऑफ़ वेस्टमिंस्टर में राजनीति दर्शन के प्रोफ़ेसर रहें. 2003 से 2008 तक वे अकादेमी ऑफ़ सोशल साइंसेज के अध्यक्ष भी रहे। 2007 में भारत सरकार ने इन्हें साहित्य और शिक्षा के क्षेत्र में योगदान के लिए पद्मभूषण से सम्मानित किया। पारेख लेबर पार्टी से हाउस ऑफ़ लॉडर्स के सदस्य भी हैं। इनकी कुछ प्रसिद्ध पुस्तकें इस प्रकार हैं : *हन्ना अरेंट : सर्च फ़ॉर अ न्यू पॉलिटिकल फ़िलॉसफ़ी* (1980); *कार्ल मार्क्सेज थ्योरी ऑफ़ आइडियोलॉजी* (1981); कंटेम्पररी पॉलिटिकल थिंकर्स (1982); *गाँधीज पॉलिटिकल फिलोसॉफ़ी* (1989); *रिथिंकिंग मल्टीकल्चरलिज़म* (2020); *द फ़्चूयर ऑफ़ मल्टी एथ्निक ब्रिटेन* (2020)।

मणीन्द्र नाथ ठाकुर

मणीन्द्र नाथ ठाकुर दिल्ली के जवाहरलाल नेहरू विश्वविद्यालय के राजनीति अध्ययन केंद्र में एसोसिएट प्रोफ़ेसर हैं। इन्होंने धर्म और मार्क्सवाद के अंतर्सबंधों का गहन अध्ययन किया है। ज़मीनी स्तर पर चलने वाली राजनीतिक गतिविधियों और आंदोलनों में इनकी विशेष रुचि है, और इन्होंने इन अनुभवों के परिप्रेक्ष्य में व्यापक सिद्धांतीकरण की प्रवृत्तियों का विश्लेषण करने का काम किया है। इन्होंने *डेमोक्रसी ऑन द मूव? रिफ्लेक्शंस ऑन मोमेंट्स, प्रोमिसेज ऐंड कॉण्ट्राडिक्शंस* (2013) का धनंजय राय के साथ सह-संपादन किया है।

सौम्यब्रत चौधरी

सौम्यब्रत चौधरी दिल्ली स्थित जवाहरलाल नेहरू विश्वविद्यालय के स्कूल ऑफ़ आर्ट ऐंड एस्थेटिक्स में एसोसिएट प्रोफ़ेसर हैं। ये विकासशील समाज अध्ययन पीठ (सीएसडीएस) (दिल्ली) में एसोसिएट फ़ेलो रहे हैं और कोलकाता के सेंटर फ़ॉर स्टडीज ऑफ़ सोशल साइंसेज में एसोसिएट प्रोफ़ेसर के रूप में काम कर चुके हैं। इन्होंने कई पाश्चात्य चिंतकों के चिंतन के विविध आयामों का तुलनात्मक अध्ययन करते हुए कई महत्त्वपूर्ण आलेख लिखे हैं। इनके आलेख कई संपादित पुस्तकों और विश्वस्तरीय जर्नल में प्रकाशित हो चुके हैं।

बद्री नारायण

कवि, जन बुद्धिजीवी और समाज विज्ञानी बद्री नारायण हिंदी और अंग्रेज़ी भाषाओं में समान रूप से सृजनरत हैं। इस समय वे गोविंद बल्लभ पंत सामाजिक विज्ञान संस्थान, प्रयागराज में सामाजिक इतिहास और सांस्कृतिक मानव विज्ञान के प्रोफ़ेसर और निदेशक हैं। उन्होंने *डाक्युमेंटिंग डिसेंट* (2001), *विमेन हीरोज ऐंड दलित असर्सन इन नार्थ इंडिया* (2006), *फैसिनेटिंग हिंदुत्व-सैफ्रोन पॉलिटिक्स ऐंड दलित मॉबिलाइजेशन* (2009), *मेकिंग ऑफ़ दलित पब्लिक इन नार्थ इंडिया* (2011) और *फ्रैक्चर्ड टेल्स : इनविजिबल इन इंडियन डेमोक्रेसी* (2016) जैसी महत्त्वपूर्ण पुस्तकें लिखी हैं। उन्होंने राजनेता कांशीराम की जीवनी *कांशीराम : लीडर ऑफ़ द दलित्स* (2014) लिखी है और पीपुल्स लिंग्विस्टिक सर्वे ऑफ़ इंडिया के लिए *उत्तर प्रदेश की भाषाएँ* (2016) का संपादन किया है।

अभी हाल ही में आयी उनकी किताब *रिपब्लिक ऑफ़ हिंदुत्व : हाउ द संघ इज़ रिशेपिंग इंडियन डेमोक्रेसी* (2021) ने भारतीय लोकतंत्र की संरचना के अंदर राष्ट्रीय स्वयंसेवक संघ की कार्य पद्धति, संगठन, विचार और उसकी व्यापकता पर प्रकाश डाला है।

सुहास पल्शीकर

सुहास पल्शीकर एक भारतीय अकादमिक और सामाजिक और राजनीतिक वैज्ञानिक हैं। उन्होंने सावित्रीबाई फुले विश्वविद्यालय, पुणे में राजनीति विज्ञान का अध्यापन किया। वे सीएसडीएस के लोकनीति कार्यक्रम से भी लम्बे समय से जुड़े रहे हैं। भारत के कई अख़बारों में वे समकालीन राजनीतिक मसलों पर विद्वतापूर्ण स्तम्भ लिखते रहे हैं। पल्शीकर ने अंग्रेज़ी और मराठी दोनों ही भाषाओं में लेखन किया है। हाल के वर्षों में प्रकाशित इनकी कुछ प्रमुख कृतियाँ इस प्रकार हैं : *पार्टी कॉम्पीटिशन इन इंडियन स्टेट्स* (के. सी. सूरी और योगेन्द्र यादव के साथ सह-संपादन, 2014); *इंडियन डेमोक्रेसी* (2017); *राज्करांचा तालेबंध* (मराठी, 2017) *रीडिंग इंडिया*, के तीसरे खंड का सह-संपादन (नंदिनी सुंदर और पुलाप्रे बालाकृष्णन के साथ, 2019); *पॉलिटिक्स ऐंड सोसाइटी बिटवीन इलेक्शंस : पब्लिक ओपिनियन इन इंडियाज स्टेट्स* (सिद्धार्थ स्वामीनाथन के साथ सह-संपादन, 2020); *द लास्ट फोटरीस ऑफ़ कांग्रेस डॉमिनेंस : महाराष्ट्र सिंस 1990* (सह-लेखन राजेश्वरी देशपांडे, 2021)।

राजेन्द्र वोरा

राजेन्द्र वोरा पुणे विश्वविद्यालय के राजनीति विज्ञान विभाग में लोकमान्य तिलक विश्वविद्यालय में प्रोफ़ेसर थे, और इस पद से उन्होंने सितंबर 2006 में अवकाश ग्रहण किया। 2008 में अपनी मृत्यु तक उन्होंने भारतीय राजनीति के विविध आयामों पर लेखन कार्य किया। इनके द्वारा लिखी गयी कुछ प्रमुख पुस्तकें इस प्रकार हैं : *होम, फैमिली ऐंड किनशिप इन महाराष्ट्र* (1999, इरिना गुल्शकोवा के साथ सह-संपादन); *इंडियन डेमोक्रेसी : मीनिंग्स ऐंड प्रैक्टिसेज* (2004, सुहास पल्शीकर के साथ सह-संपादन); *सोशियो-इकनॉमिक प्रोफाइल ऑफ़ रूरल इंडिया* (2005, वोल्यूम 3, 2005 का संपादन); *रीजन, कल्चर ऐंड पॉलिटिक्स इन इंडिया* (2006, एन.

फ़ेल्डहॉउस के साथ सह-संपादन); द *वर्ल्डस फर्स्ट एंटी-डैम मूवमेंट* (2009)। उन्होंने मराठी में राजनीति विज्ञान के एक विश्वकोश का भी संपादन किया जो *राज्यशास्त्र कोश* (1987) शीर्षक से प्रकाशित हुआ।

ज्योति मिश्रा

ज्योति मिश्रा सीएसडीएस की लोकनीति कार्यक्रम से जुड़ी हुई हैं। भारत के विभिन्न चुनावों के अध्ययन से संबंधित इनके आलेख विभिन्न अख़बारों, संपादित पुस्तकों और जर्नल में प्रकाशित हुए हैं।

विभा अत्री

विभा अत्री ने सीएसडीएस के लोकनीति कार्यक्रम से जुड़कर भारत के कई राज्यों के चुनावों के अध्ययन में योगदान दिया है। इन्होंने चुनावों के अध्ययन से संबंधित कई आलेख भी लिखे हैं, जो विभिन्न संपादित पुस्तकों, जर्नल और अख़बारों में प्रकाशित हुए हैं।

संजय जोठे

संजय जोठे एक स्वतंत्र लेखक, अनुवादक एवं शोधकर्ता हैं। इन्होंने इंग्लैंड की ससेक्स युनिवर्सिटी से अंतर्राष्ट्रीय विकास अध्ययन (इंटरनेशनल डिवलपमेंट स्टडीज़) में स्नातकोत्तर उपाधि ली है, एवं मुंबई के टाटा इंस्टिट्यूट ऑफ सोशल साइंस से पीएचडी कर रहे हैं। ये मूलतः मध्यप्रदेश के देवास शहर से हैं और बीते पंद्रह सालों से सामाजिक विकास के मुद्दों पर कार्य करते रहे हैं। साथ ही बहुजन समाज के धर्म, संस्कृति एवं राजनीति से जुड़े विषयों पर स्वतंत्र लेखन कर रहे हैं। इनकी ज्योतिबा फुले पर एक किताब सन् 2015 में दिल्ली के दख़ल प्रकाशन से आ चुकी है। संप्रति ये विभिन्न ऑनलाइन पोर्टल्स एवं पत्र-पत्रिकाओं में फुले-आम्बेडकरवादी दृष्टिकोण से दलित बहुजन समाज के सशक्तिकरण से जुड़े मुद्दों पर शोधपूर्ण लेखन कर रहे हैं।

सुभाष गाताडे

सुभाष गाताडे एक वामपंथी एक्टिविस्ट और लेखक हैं। उनके पास इंजीनियरिंग की डिग्री है, लेकिन वे स्वतंत्र पत्रकार और अनुवादक के रूप में काम करते हैं। इन्होंने सांप्रदायिकता और दलित मुक्ति के प्रश्न पर बहुत विस्तार से लेखन किया है। गाताडे ने हिंदी, अंग्रेज़ी और मराठी में विस्तृत लेखन किया है। उनके द्वारा लिखित कुछ प्रमुख पुस्तकें इस प्रकार हैं : *चार्वाक के वारिस* (हिंदी, 2018); *आम्बेडकर अणि राष्ट्रीय स्वयंसेवक संघ* (मराठी, 2016); *गोड्सेज चिल्ड्रेन : हिंदुत्व टेरर इन इंडिया* (2011); *द सैफरन कंडीशन* (2011); इन्होंने बच्चों के लिए भी लेखन किया है, जिसमें उनकी प्रकाशित पुस्तक *पहाड़ से ऊँचा आदमी* (2010) सर्वप्रमुख है।

नवप्रीत कौर

नवप्रीत कौर ने शहरी अध्ययन और दलित अध्ययन के जटिल और उलझावपूर्ण संबंधों पर शोध-कार्य किया है। उन्होंने 'दलित्स ऐंड द पॉलिटिक्स ऑफ़ एक्सक्लूशन : कास्ट, क्लास ऐंड जेंडर इन चंडीगढ़' (2009) विषय पर दिल्ली विश्वविद्यालय के राजनीति शास्त्र विभाग से पीएचडी डिग्री हासिल की। इसके बाद उन्होंने सीएसडीएस, दिल्ली में विज़िटिंग एसोसिएट फ़ेलो (2012), आईआईएसईआर मोहाली में पोस्ट-डॉक्टरल फ़ेलो (2015-17) और आईसीएसएसआर पोस्ट-डॉक्टरल फ़ेलो (2018- 2020) के बतौर शोध-कार्य किया। उन्होंने विश्वविद्यालय एवं कॉलेज स्तर पर भारतीय राजनीति, भारतीय राजनीतिक विचार, राष्ट्रवाद एवम अंतरराष्ट्रीय संबंधों पर अध्यापन कार्य भी किया है। वे आज कल पंजाब विश्वविद्यालय, चंडीगढ़ में अतिथि-अध्यापक के रूप में कार्यरत हैं। वर्तमान समय में नवप्रीत चंडीगढ़ के विशेष संदर्भ में दलित, आधुनिकता और भेदभाव विषय पर अपनी पुस्तक पर काम कर रही हैं।

चारु गुप्ता

चारु गुप्ता दिल्ली विश्वविद्यालय के इतिहास विभाग में प्रोफ़ेसर हैं। इन्होंने औपनिवेशिक दौर में दलितों की पितृसत्ता और दलित महिलाओं की स्थिति पर गहन अनुसंधान किया है। इनकी कुछ प्रमुख कृतियाँ हैं : *सेक्सुअलिटी, ओब्सिनिटी, कम्युनिटी* (2001),; *द जेंडर ऑफ़ कास्ट : रिप्रेजेंटिंग दलित्स इन प्रिंट* (2016),; इन्होंने मुकुल शर्मा के साथ *कांटेस्टेड कोस्टलाइंस* (2008) का लेखन किया है। अंग्रेज़ी के साथ ही साथ ये हिंदी में भी लेखन करती हैं। हिंदी में उनकी पुस्तक *स्त्रीत्व से हिंदुत्व* तक (2012) प्रकाशित हुई है। इन्होंने बहुत से राष्ट्रीय और अंतर्राष्ट्रीय जर्नलों में भी अपने आलेख प्रकाशित किये हैं।

सताक्षी मालवीय

सताक्षी मालवीय दिल्ली विश्वविद्यालय के राजनीति विज्ञान विभाग से एम.फिल कर रही हैं। इनके अध्ययन का क्षेत्र लोकतंत्र में राज्य की निगरानी के विभिन्न पहलुओं की पड़ताल से संबंधित है।

सुनील कुमार

सुनील कुमार दिल्ली विश्वविद्यालय, दिल्ली के राजनीति विज्ञान विभाग में अनुसंधानकर्त्ता हैं।

विवेक रत्न

विवेक रत्न, दयाल सिंह कॉलेज, दिल्ली विश्वविद्यालय में राजनीति विज्ञान विभाग में असिस्टेंट प्रोफ़ेसर पद पर कार्यरत हैं। वर्तमान में वे

दिल्ली विश्वविद्यालय के राजनीति विज्ञान विभाग से 'भारत में निशानदेही की राजनीति : झारखंड के रामगढ़ जिला में आधार-आधारित मनरेगा का अध्ययन' विषय पर पीएचडी कर रहे हैं।

नरेश गोस्वामी

हिंदी समाज विज्ञान कोश (सं. अभय कुमार दुबे) में पैंसठ लेखों का योगदान। इनके बहुत से शोध आलेख एवं समीक्षाएँ विभिन्न पत्रिकाओं में प्रकाशित हो चुकी हैं। इन्होंने ग्रेनविल ऑस्टिन की प्रसिद्ध रचना द *इंडियन कॉन्स्टीट्यूशन : कॉर्नरस्टोन ऑफ़ अ नेशन* तथा निवेदिता मेनन की कृति *सीइंग लाइक अ फ़ेमिनिस्ट* का हिंदी में अनुवाद भी किया है। गोस्वामी ने धर्म और राजनीति के अंतर्संबंधों पर गहन शोध किया है। फ़िलहाल विकासशील समाज अध्ययन पीठ (सीएसडीएस) द्वारा प्रकाशित समाज-विज्ञानों की पूर्व-समीक्षित पत्रिका *प्रतिमान समय समाज संस्कृति* में सहायक संपादक।

कमल नयन चौबे

कमल नयन चौबे दिल्ली विश्वविद्यालय के दयाल सिंह कॉलेज के राजनीति विज्ञान विभाग में एसोसिएट प्रोफ़ेसर हैं। इनकी प्रकाशित पुस्तकों में *जातियों का राजनीतीकरण : बिहार में पिछड़ी जातियों के उभार की दास्तान* (2008); *जंगल की हकदारी : राजनीति और संघर्ष* सम्मिलित (2015) हैं। इन्होंने जॉन रॉल्स और विल किमलिका जैसे सुप्रसिद्ध राजनीतिक सिद्धांतकारों तथा ए. आर. देसाई, रामचंद्र गुहा और माधव गाडगिल, उज्ज्वल कुमार सिंह और अनुपमा रॉय जैसे भारतीय विद्वानों की कृतियों का हिंदी अनुवाद किया है।

कमल ने ज्यां द्रेज़ के साथ *भारतीय नीतियों का सामाजिक पक्ष* (2017) और सुरिंदर एस. जोधका के साथ *भारतीय ग्राम शृंखला* (2019) के तीन खंडों का सह-संपादन किया है। कमल सीएसडीएस के भारतीय भाषा कार्यक्रम से प्रकाशित होने वाले सुप्रसिद्ध जर्नल *प्रतिमान समय समाज संस्कृति* के संपादकीय टीम से भी जुड़े हैं।

अनुक्रमणिका

इ

उ

ऋ

ए

ऐ

ओ

घ

च

ज

ट

ड

त

थ

द

ध

न

प

भ

म

य

र

ल

व

ज्ञ